공학계열 ▶

교과세특
탐구주제
바이블

저자 소개

이남설 ── 수원외국어고등학교 진로전담교사

- 주요 대학 교사자문위원, 한국교원연수원 고교학점제 대표강사
- 네이버 카페 '진로진학상담 무작정 따라하기', '1만시간의법칙으로 명문대학가기' 운영자
- 2022 개정 교육과정 고등학교 〈진로와 직업〉 교과서 집필
- 〈독서탐구 바이블〉, 〈직업 바이블〉, 〈면접 바이블〉, 〈학생부 바이블〉, 〈교과세특 탐구주제 바이블〉, 〈교과세특 기재 예시 바이블〉 등 다수 집필
- 진로 포트폴리오 〈하이라이트〉(고등학교) 개발
- 엑셀을 활용한 '교과세특 전문가', '진로 기반 학생부', '진로 진학 수시 상담', '1만 시간의 법칙 공부 시간 관리' 등 다수 프로그램 개발

김래홍 ── 신평고등학교 진로전담교사

- 충청남도진학교육지원단
- 충청남도고교학점제전문지원단
- 주요 대학 교사자문위원

허정욱 ── 의정부여자고등학교 영어교과교사

- 〈성공적인 대입을 위한 면접 바이블〉, 〈학과연계 독서탐구 바이블〉 집필

전소영 ── 청학고등학교 영어교과교사

- 경기도교육청 학교생활기록부 강사요원
- 구리남양주교육청 학교생활기록부 현장지원단
- 디지털 기반 교육혁신 선도학교 터치교사단 및 현장지원단
- 경기도 미래교실연구회
- 창의인성영어수업디자인연구회
- 네이버 블로그 '꿈꾸는 영어쌤' 운영자 (학교생활기록부 업무 및 영어 수업) ⌂ https://bit.ly/46UO9Jr
- 유튜브 '꿈꾸는 영어쌤' 운영자(학교생활기록부 및 에듀테크) ⌂ https://bit.ly/3Tmz0cT
- 〈학생부 바이블〉 집필

고재현 ── 성남여자고등학교 국어교과교사

- 유튜브 '고재쌤' 운영
- 대입, 고입, 공부법, 학생부종합전형, 면접 관련 컨설팅 다수
- 한국외국어대학교 대입교사자문위원회 자문위원
- 〈성공적인 대입을 위한 면접 바이블〉, 〈학과연계 독서탐구 바이블〉 집필

은동현 ⟩ **대구 함지고등학교 국어교과교사**

- 네이버 밴드 '고등학교 담임샘들의 시너지' 운영자 ⌂ https://band.us/@sorry95
- 대구가톨릭대학교 사범대학 국어교육과 산학협력 교수
- '주제 탐구활동 기획 및 기재 전략', '학교생활기록부 차별화 전략', '고교학점제와 28대입 전략' 등
  중고등학교 대상 특강 다수 진행
- 고등학교 학교생활기록부 컨설팅 자문위원 활동
- 前) 국어과 연구 교사(대구시교육청)
- 前) '중등교사 특색 있는 수업 발표대회' 국어계열 1등급 수상(대구시교육청)
- 〈교과세특 추천 도서 300(공학계열)〉, 〈출제자의 시선〉 집필

강서희 ⟩ **안양문화고등학교 진로전담교사**

- 2022 개정 교육과정 〈성공적인 직업생활〉 교과서 집필
- 〈10대를 위한 홀랜드 유형별 유망 직업 사전〉, 〈교과세특 탐구주제 바이블〉, 〈교과세특 추천 도서 300〉,
  〈학생부 바이블〉 등 다수 집필
- 2022 개정 교육과정 〈직업계고 진로 워크북〉, 2022 개정 교육과정 〈중학교 창체 진로활동 워크북〉 집필
- 〈청소년을 위한 직업 카드〉, 〈미래 유망 신직업 카드〉, 〈MBTI 롤모델 카드〉, 〈드림온 스토리텔링 보드게임〉,
  〈원하는 진로를 잡아라 보드게임〉 등 다수 개발

김강석 ⟩ **숭신여자고등학교 진로전담교사**

- 한국교원연수원 고교학점제 대표강사
- UN청소년환경총회 자문 및 심사위원
- 前) 경기진로전담교사협의회 부회장
- 前) 교육과정평가원, 환경부, 교육부, 한국과학창의재단 자문위원
- 〈학과 바이블〉, 〈나만의 진로 가이드북〉, 〈학생부 바이블〉, 〈교과세특 탐구주제 바이블〉, 〈면접 바이블〉 집필
- 2009 ~ 2022 교육과정 환경 및 진로 교과서 등 총 10종의 교과서 집필
- 고등학교 진로 부교재 〈하이라이트〉 등 다수의 진로 관련 도서 집필
- 청소년 진로·직업 온라인 교육 콘텐츠 '초현실 세계가 온다, 메타버스의 세계' 개발
- KB은행 진로 영상 제작(교육부, 전국진로진학협의회)

한승배 : 양평 청운고등학교 진로전담교사

- 前) 청소년 사이버범죄예방 교과연구회, 정보통신윤리교육 교과연구회 회장
- 前) 전국선플교사협의회 회장
- 네이버 카페 '꿈샘 진로수업 나눔방' 운영자 ⌂ https://cafe.naver.com/jinro77
- 2022 개정 교육과정 중학교, 고등학교 〈진로와 직업〉 교과서 집필
- 2015 개정 교육과정 중학교, 고등학교 〈진로와 직업〉, 〈성공적인 직업생활〉, 〈기술·가정〉 교과서 집필
- 〈10대를 위한 직업 백과〉, 〈미리 알려주는 미래 유망 직업〉, 〈직업 바이블〉, 〈10대를 위한 홀랜드 유망 직업 사전〉, 〈유 노 직업 퀴즈 활동북〉, 〈학습만화 직업을 찾아라〉 집필
- 〈학과 바이블〉, 〈학생부 바이블〉, 〈고교학점제 바이블〉, 〈교과세특 탐구주제 바이블〉, 〈교과세특 추천 도서 300〉, 〈면접 바이블〉, 〈학과연계 독서탐구 바이블〉, 〈특성화고 학생을 위한 진학 바이블〉, 〈미디어 진로탐색 바이블〉 집필
- 〈청소년을 위한 학과 카드〉, 〈청소년을 위한 직업 카드〉 개발
- 〈드림온 스토리텔링 보드게임〉, 〈원하는 진로를 잡아라 보드게임〉 개발

서수환 : 장곡고등학교 진로전담교사

- 주요 대학 교사자문위원 활동
- 2009 개정 교육과정 교과서 집필
- 〈성공적인 대입을 위한 면접 바이블〉, 〈학과연계 독서탐구 바이블〉 집필

유홍규 : 서신여자고등학교 진로전담교사

- 충남진학교육지원단, 충남진학지도협의회
- 2022 개정 교육과정 고등학교 〈진로와 직업〉 집필
- 〈성공적인 대입을 위한 면접 바이블〉, 〈학과연계 독서탐구 바이블〉 등 집필

안병선 : 광덕고등학교 진로전담교사

- 2022 개정 교육과정 고등학교 〈진로와 직업〉 교과서 집필
- 〈성공적인 대입을 위한 면접 바이블〉, 〈학과연계 독서탐구 바이블〉 집필

안준범 : 광주 중앙고등학교 진로전담교사

- 現) 건국대학교 진로진학상담전공 겸임교수
- 2022 개정 교육과정 고등학교 〈진로와 직업〉 교과서 집필

차례

1. 교과 세부능력 및 특기사항(교과세특)이란

1 교과학습 발달상황이란?

학교생활기록부 중 교과 학습 발달상황에서는 학생의 학업능력을 확인할 수 있는 핵심 자료로 학업에 대한 수월성과 충실성을 살펴볼 수 있다. 이곳에서는 수강자 수, 등급, 원점수, 평균, 표준편차 등을 종합적으로 고려한 과목별 학업성취도와 선택교과 이수 현황을 통해 학업역량을 확인할 수 있으며, 전공 및 진로와 관련된 교과 이수 현황과 성취도를 통해 학업 우수성 및 전공(계열) 적합성을 확인할 수 있다. 이와 함께 학년별 성적 추이와 전반적인 교과에서 균형 잡힌 고른 성취 등을 통해 학생의 성장 잠재력과 발전 가능성, 그리고 학업에 임하는 성실성을 엿볼 수 있다.

교과 담당 선생님의 기록인 세부능력 및 특기사항은 학생의 수업태도, 수업활동 및 학습내용(발표, 토론, 실험 등), 과제 수행 과정 및 내용, 교사와의 상호 작용 등 정량적인 수치에서 드러나지 않는 학생의 학업 역량 및 인성적 측면을 살펴볼 수 있는 의미 있는 자료이다. 더불어 학업에서 어려움을 극복하고 자신의 방식으로 발전하려는 모습을 통해 자기주도적 학습태도를 확인할 수 있다. 따라서 평소 학교 수업을 충실히 준비하고 적극적으로 참여하려는 것이 중요하다.

> ✏️ **대학에서는 이렇게 평가해요.**
>
> 1. 학생부교과전형에서는 학업 성취도가 지원자의 학업 역량을 평가하는 주요 지표가 된다.
> 2. 학생부종합전형에서는 학업 역량, 진로 역량, 공동체 역량 등을 판단하는 여러 요소 가운데 하나로 활용되고 있다. 등급과 원점수뿐만 아니라 이수 과목, 이수자 수, 평균과 표준편차 등을 종합적으로 평가한다.
> 3. 종합적인 학업 성취도와 함께 학년의 변화에 따른 성적 변화를 함께 고려해 발전 가능성 등을 평가한다.
> 4. 다양한 과목 구분에 따라 학기별로 분석된 자료를 참고해 지원자의 학업 성취도를 평가하고 전 과목이나 주요 과목을 통해 전체적인 학업 능력을 평가하며, 지원자가 전공하고자 하는 분야와 관련된 교과목에 대한 개별적인 평가를 진행한다.
> 5. 세부능력 및 특기사항 기록 내용을 통해서 교과 수업에서 이루어진 학습 활동을 바탕으로 학생이 실제 습득한 학업 역량과 학업 태도를 종합적으로 평가한다.
> 6. 수업과 과제수행 과정에서 학생이 보여 준 주도적인 학업 노력, 열의와 관심, 성취 수준, 다양한 탐구 방법의 모색 등 의미 있는 지적 성취에 대한 교사의 관찰 결과에 주목한다.
> 7. 교과 관련 독서, 토론, 글쓰기, 탐구 활동, 실험 등 다양한 학습 경험에 대한 교사의 기록 내용을 참고로 학생의 학업 태도를 파악한다.
> 8. 교과 세부능력 및 특기사항을 통해 자기 주도적인 배움의 확장성, 토론이나 실험, 과제 수행, 집단 학습 같은 다양한

학습 경험과 창의성, 자기 주도성, 학업에 대한 열정 등을 평가한다.

9. 교과 수업 중 각종 탐구활동에 얼마나 자기 주도적으로 참여하였는지, 본인의 역량을 키우기 위해 어떤 프로그램에 관심을 갖고 참여하였는지를 평가한다.

② 교과 세부능력 및 특기사항

교과 세부능력 및 특기사항은 흔히 '교과 세특'이라고 줄여서 사용한다. 교과 세특은 과목 담당 교사가 한 학기 동안 수업 시간을 통해 관찰한 학생의 성장 과정과 탐구 모습을 기록하는 항목이다. 단순한 성취 결과보다 과목별 성취 기준에 따른 성취 수준의 특성 및 참여도, 태도 등 특기할 만한 사항을 구체적이고 객관적으로 입력한다.

또한 교과 세특에 기재된 내용을 통해 수업 환경을 확인하고, 과목별 수업 시간에 나타난 학생의 자세, 태도, 교과 관련 활동, 탐구 과정, 성취와 결과, 개인의 우수성 등을 전체적으로 확인해 종합적으로 평가한다.

대학은 세특 항목을 통해 학업 역량 및 진로 역량 외에도 공동체 역량, 학습 태도, 성실성, 적극성, 창의성, 문제해결 능력 등 다양한 역량을 평가할 수 있다. 과제수행 과정 및 결과, 수업 시간 내 토론, 모둠활동, 발표의 주도성 등을 통해 드러난 모습을 통해 학생이 가진 대부분의 역량을 파악할 수 있다 해도 과언이 아니다. 따라서 세특 기록에 자신의 역량이 구체적으로 잘 나타나도록 적극적으로 수업에 참여한다면 긍정적인 평가를 받을 수 있다.

③ 교과 세부능력 및 특기사항의 중요성

교과 세부능력 및 특기사항이 중요한 이유는 과목의 수업 시수가 창의적 체험활동 전체 시수보다 많기 때문이다. 여러 과목의 평가가 모여 서술되기 때문에 물리적으로 시간이 더욱 많으며 내용도 창의적 체험활동보다 많아 지원자에 대한 정보가 풍성하다.

또한 학생에 대한 평가가 보다 객관적이다. 창의적 체험활동의 진로활동이나 행동특성 및 종합의견의 경우 담임교사가 기재하기 때문에 한 사람의 서술이지만, 교과 세특은 고교 3년 동안 여러 명의 교과 담당 교사가 한 학생을 평가하는 것이어서 상대적으로 더 높은 신뢰도를 가지게 된다.

2. 탐구활동 방법 및 결과물

① 탐구활동이란

탐구활동에 관하여 명확하게 정의된 내용은 없다. 하지만 고등학교에서 이루어지는 탐구활동은 '평소 의문을 가지고 있던 다양한 문제를 여러 가지 방법을 이용하여 해결해 가는 것으로, 학생 스스로 탐구주제를 정하고 주제에 맞게 탐구를 설계하며, 탐구를 통하여 문제를 해결해 가는 일련의 활동'이라고 할 수 있다.

즉 학생이 궁금하던 문제를 찾아 효과적인 방법을 스스로 모색하고, 그 방법으로 문제를 해결한 뒤 이를 다른 사람에게 알리는 과정을 의미한다.

이러한 탐구활동에는 관찰, 실험, 현장조사, 문헌조사 등이 있다.

1. 관찰	2. 실험	3. 현장조사	4. 문헌조사
식물의 재배나 동물의 사육, 에너지 사용 실태	다양한 기구 및 약품을 활용한 실험	수목원 또는 동물원 견학	전문 서적 또는 논문 조사

③ 탐구활동 결과물 예시

탐구활동 후에는 발표 및 전시 이외에도 다음과 같은 다양한 결과물을 만들 수 있다.

탐구활동 결과물	예시
지필 결과물	연구보고서, 담화, 편지, 포스터, 계획서, 시, 브로슈어, 팸플릿, 질문지, 자서전, 에세이, 서평, 보고서, 사설, 영화 스크립트.
프레젠테이션 결과물	연설, 토론, 연극, 노래, 뮤지컬, 구두 보고, 패널 토론, 드라마 연극, 뉴스 방송, 토론, 춤, 제안서, 데이터 표현(차트 등), 전시, 사진
테크놀로지 결과물	컴퓨터 토론, 컴퓨터 그래픽, 프로그램, 웹사이트, 커뮤니티 맵핑 자료
미디어 결과물	오디오테이프, 슬라이드 쇼, 비디오테이프, 작도, 회화, 조각, 콜라주, 지도, 스크랩북, 역사적 증언, 사진 앨범
연습 결과물	프로그램, 매뉴얼, 작업 모형, 아이디어 노트, 통화 일지 등
계획 결과물	계획서, 예측, 입찰, 로드맵, 순서도, 일정표
구성 결과물	물리적 모형, 소비자 제품, 시스템, 과학적 실험, 음악회

3. 탐구주제 선정 방법

이러한 탐구활동을 위해 가장 먼저 해야 할 일은 바로 탐구주제를 선정하는 것이다.

"좋은 교과 학생부(세특)의 시작은 좋은 탐구주제 선정부터"

좋은 탐구활동 그리고 좋은 교과 세부능력 및 특기사항의 시작은 좋은 주제 선정부터라는 말이 있듯이 탐구활동을 하는 데 있어 가장 중요한 것이 바로 탐구주제 선정이다. 하지만 대부분 학생이 탐구주제 선정에 어려움을 겪고 있다.

그 이유 중 하나가 너무 큰 욕심으로 실현 불가능한 탐구주제를 선정하거나 주제에 대한 기본적인 이해가 없기 때문이다. 또한 모둠활동의 경우 모둠원과의 합의 과정에서 많은 시간과 열정을 소비하게 되면서 탐구 시작부터 너무 많은 에너지를 쓰기 때문에 주제 선정에 어려움을 겪게 된다.

그러므로 탐구주제를 선정할 때는 평소 교과 수업을 들을 때나 자신이 희망하는 전공(계열) 분야에 관련해서 품었던 호기심을 해결하기 위한 탐구주제를 선정해야 한다. 우리 주변의 아주 작고 사소한 소재라 할지라도 평소 무심히 지나쳤던 것들에 조금만 더 관심을 갖고 의문을 품어 본다면 좋은 탐구주제가 될 수 있다.

그 외에도 TV나 도서 그리고 매체를 통해 접했던 것들을 떠올려 보거나, 일상 속에서 불편함을 느꼈던 것들을 찾는 과정 중 내가 더 알고 싶은 것을 탐구주제로 선정할 수 있다.

1 탐구주제 선정 시 유의할 사항

1) 이 주제를 선정할 충분한 이유(동기)가 있는가?
2) 주제에 대한 충분한 흥미가 있고 나의 전공, 계열과 연계된 문제인가?
3) 고등학교 수준에 적합한 주제인가?
4) 새롭고 독창적인 문제인가?
5) 탐구 진행 시 충분한 시간과 기술을 가지고 있는가?
6) 고등학생으로서 필요한 자료의 수집이 가능한가?
7) 모둠원들의 능력과 지식으로 해결할 만한 주제인가?

선정 이유	흥미/관련성	난이도	독창성	시간	자료 수집	해결 가능성
주제 선정 시 충분한 이유(동기)가 있는가?	주제에 흥미, 희망 전공과의 관련성이 있는가?	고등학교 수준에 적합한 주제인가?	새롭고 독창적인 문제인가?	탐구활동 진행 시 충분한 시간이 있는가?	고등학생으로서 필요한 자료의 수집이 가능한가?	모둠원들의 능력과 지식으로 해결 가능한가?

tip 탐구활동의 독창성

이를 위해 탐구주제를 선정할 때 독창성을 고려해야 한다. 독창성은 탐구의 생명이자 가장 중요한 요소이다. 탐구의 독창성은 새로운 사실이나 소재의 발견, 새로운 이론의 발견을 통해 달성할 수 있다. 하지만 이미 다루어진 사실이나 소재를 대상으로 하더라도 그것을 다루는 원리나 방법이 새롭고, 이미 밝혀진 이론을 적용하더라도 결과물이 새로운 것이라면 이 또한 충분히 독창성이 있다고 볼 수 있다.

❷ 학교에서 배운 내용에서 탐구주제 찾아보기[1]

대학의 평가자들은 학생을 평가할 때 고교의 교육과정에 충실했는지에 관심이 있다. 예를 들어 지원자가 〈생명과학〉 과목을 이수했다면 '효소의 작용'을 제대로 이해했는지 확인하고 싶어 한다. 그래서 학교생활기록부에는 효소의 작용을 잘 이해했는지를 알 수 있게 특기사항을 기록한다. 그런데 우수한 학생을 선발하려고 하는 대입 과정에서는 교과 내용의 이해에만 그치면 좋은 평가를 받지 못한다. 그다음이 있어야 한다.

효소의 작용을 배울 때 활성화 에너지와 기질 특이성에 대해서도 배운다. 여기서는 적어도 세 개의 과학적 개념을 이해해야 한다. '효소', '활성화 에너지', '기질 특이성'이다. 이를 알게 되었다면, 이 개념들로 생명체의 다양한 기관에서 벌어지는 현상을 분석할 수 있어야 한다. 즉 적용할 수 있어야 한다. 쉽게 말해 학교에서 배운 내용을 써먹을 줄 알아야 한다는 것이다.

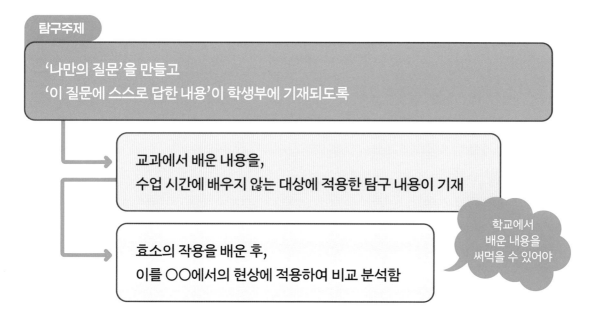

즉 교과 내용을 이해한 후, 그 내용에 관심을 가지고 궁금해 하는 호기심이 필요하다.

예를 들어 대기권의 층상 구조에는 대류권, 성층권, 중간권, 열권이 있다. 이 중 오존층이 있는 곳은 성층권으로 이는 수업 시간에 배우는 내용이다. 그런데 이 내용에 더 호기심을 가지게 된다면 다음과 같은 질문을 할 수 있으며, 이는 좋은 탐구주제가 된다.

"왜? 오존층은 성층권에만 있을까?"

또한 좋은 탐구주제를 위해서는 개념을 이용하여 어떤 현상을 이해할 수 있도록 심화 질문을 만들고 책이나 논문을 통해 그 답을 찾는 과정이 필요하다.

---

1. 의약 계열 특기사항은 이렇게 관리하세요(문성준, 〈조선에듀〉, 2023. 4. 28)

| 심화 질문을 만들고 책이나 논문을 통해 그 답을 찾아보기 |

• 효소의 작용에 문제가 있다면 어떤 질병을 앓게 될까?
• 그 질병은 어떻게 치료할 수 있을까?

책: 궁금한 내용을 큰 틀에서 여러 다른 개념과 현상을 연결 지어 이해할 수 있음 (탐구의 확장)
논문: 구체적인 데이터와 깊이 있는 설명과 분석을 얻을 수 있음 (새로운 지식 습득 가능)

그 외에도 학생 수준에 맞는 문제해결 과제를 설정하고 해결방안을 구상해 보는 것이 중요하다. 즉 효소의 내용을 배운 후 효소를 이용한 치료제 개발 가능성에 대해 학생 수준에 맞는 자료를 찾고 제시한다면 좋은 탐구주제와 세특이 될 수 있다.

다음은 〈생명과학〉 과목을 이수하고 '효소의 작용'을 주제로 진행한 탐구활동에 대한 교과 세부능력 및 특기사항의 예시이다.

학생부 예시 : 생명과학

효소의 작용을 배운 후, 인체에 소화기관에서 작용하는 립아제 효소의 활성 이상으로 발병하는 췌장암 질환의 치료 가능성을 책과 심화 자료를 참고하여 탐구함. 립아제 효소가 비활성 상태에서 ○○한 이유로 작용하지 못함을 알고, 비활성 상태에 대한 약물 실험에서 ○○한 과정으로 호전됨을 바탕으로 치료 가능성을 제시함.

'○○'에는 매우 구체적인 내용이 기재되어야 탐구 과정도 드러나고 근거를 바탕으로 한 탐구 내용도 담을 수 있음.

마지막으로 대학은 지원자가 기본적으로 고교 교육과정에 충실했는지를 본다. 문학 과목에서 문학 비평 개념을 배웠다면 이를 교과서 외 문학 작품에 적용해서 분석하는 탐구활동을 해야 한다. 국어 교과에서 매체별 특징적인 언어 현상을 배웠다면 특정 매체의 언어 현상을 더 구체적으로 분석할 수 있어야 한다.

하지만 하나의 주제를 가지고 한 과목에서만 심화 탐구를 해서는 안 된다. 국어, 영어, 사회, 과학, 교양 등 다양한 과목과 연결 지어 탐구할 수 있다면 예시와 같이 관련 주제를 연결하여 탐구가 가능하다.

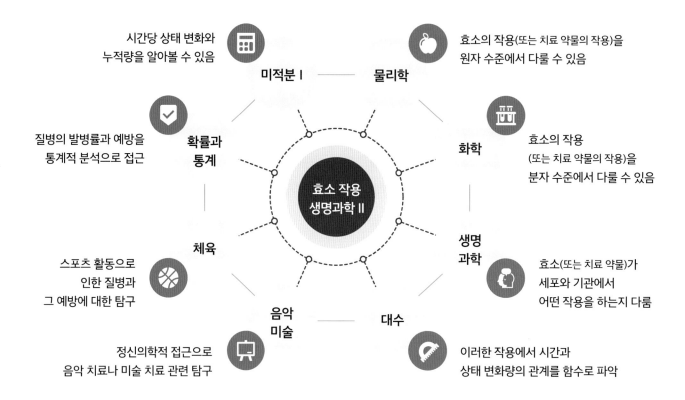

시간당 상태 변화와 누적량을 알아볼 수 있음 — **미적분 I**

효소의 작용(또는 치료 약물의 작용)을 원자 수준에서 다룰 수 있음 — **물리학**

질병의 발병률과 예방을 통계적 분석으로 접근 — **확률과 통계**

효소의 작용 (또는 치료 약물의 작용)을 분자 수준에서 다룰 수 있음 — **화학**

효소 작용 생명과학 II

스포츠 활동으로 인한 질병과 그 예방에 대한 탐구 — **체육**

효소(또는 치료 약물)가 세포와 기관에서 어떤 작용을 하는지 다룸 — **생명 과학**

정신의학적 접근으로 음악 치료나 미술 치료 관련 탐구 — **음악 미술**

이러한 작용에서 시간과 상태 변화량의 관계를 함수로 파악 — **대수**

③ 선택 교육과정을 통한 탐구주제 선정하기

탐구주제를 선정하는 가장 좋은 방법은 학교 수업시간에 배운 내용에 호기심을 가지고 이를 심화·확장하는 것이다.

지금까지 배운 교과에서 자신이 진행한 교과활동의 목록을 확인하고 학교 교육과정을 살펴보아 올해 또는 다음 연도의 선택교과 중 심화 또는 확장할 수 있는 주제를 검토해 탐구 로드맵을 작성한다면 고등학교 과정 전체의 탐구주제를 명확히 할 수 있을 것이다.

이때 다음과 같이 질문을 통해 탐구주제를 구체화하면 좋은 탐구주제를 선정할 수 있다.

탐구주제 선정의 팁!

- 이전 연도 학생부 교과세특에서 나의 탐구 역량이 드러난 탐구주제 목록을 나열한 후, 그중에서 심화 또는 확장 가능한 주제를 추출하기
- 올해 교과 수업을 통해 호기심을 갖게 된 주제가 있는지 질문형으로 적어 보기
- 내년도 교육과정 편제표를 확인한 후, 자신의 전공 적합성이 드러날 과목을 선택하여, 이번 주제와 연계될 수 있는 탐구주제 로드맵을 구상하기(주제 심화, 확장, 융합)
- 사회적 또는 범세계적으로 최근 이슈가 되고 있는 내용이 무엇인지 키워드로 적어 보기
- DBpia, 국회전자도서관 등을 통해 기존 연구논문의 주제 및 제언에서 주제 참고하기
- 자신이 나열한 주제들 중에서 나의 진로, 적성 분야와 관련된 주제 선정하기

이를 위해 아래와 같이 자신이 배운 교과 중 기억에 남는 내용을 정리하고 2, 3학년 때 선택할 교과를 정리할 필요가 있다.

주요 수업 내용 기록장 ①

| 소속 | | 학번 | | 성명 | |

교과	교과 (군)	기억에 남는 수업		일반선택과목		진로·융합 선택과목	
		과목	수업내용	2학년	3학년	2학년	3학년
기초	국어						
	수학						
	영어						

주요 수업 내용 기록장 ②

| 소속 | | 학번 | | 성명 | |

교과	교과 (군)	기억에 남는 수업		일반선택과목		진로·융합 선택과목	
		과목	수업내용	2학년	3학년	2학년	3학년
기초	과학						
	사회						
	체육 예술						
	생활 교양						
	창체활동						

4 키워드를 활용한 탐구주제 선정하기

고등학교 교과수업 및 자신이 희망하는 학과에 대해 호기심이 크지 않다면 교과 세특을 위한 탐구주제를 단박에 선정하기란 어려운 일이다. 그런 경우 호기심을 가지고 있는 키워드를 먼저 생각하고 이 키워드를 활용해 탐구주제를 선정하는 것도 방법이 될 수 있다.

예를 들어 지속가능경영이 궁금하다면, 국립중앙도서관, 국회전자도서관, 국가전자도서관, 구글 학술 검색, 네이버 학술정보, DBpia 등에서 검색을 통해 선행연구를 확인할 수 있다. 선행연구를 통해 다음 과정을 이해하고 새로운 아이디어를 만들 수 있다.

1) 탐구하려고 하는 주제와 관련하여 어떤 이론들이 있고 얼마만큼 연구가 진행되었는지 파악

2) 선행연구에서 연구 문제 도출, 연구 가설 설정, 그리고 연구 방법 등을 포함한 다양한 측면에서 장애 요인이나 한계점은 없는지 확인

3) 선행연구에서 다루지 않은 변인들이 무엇이며 학생 수준에서 다룰 수 있는 변인이 무엇인지 추론

4) 선행연구 분석을 통해 자신이 탐구할 주제에 대한 새로운 아이디어 생산

국회전자도서관의 경우 '인포그래픽 → 연관어 분석'을 통해 최근 키워드와 연관된 단어들을 검색할 수 있어 이를 통해 탐구주제의 내용을 심화·확장할 수 있다.

5 탐구주제 아이디어 떠올리기[2]

탐구주제는 어떻게 선정해야 할까? 평소에 내가 관심을 가졌던 대상이나 하고 싶은 연구 분야가 있었다면 정리해 보자. 이 단계에서는 가능한 한 많은 아이디어를 떠올리는 것이 좋다. 브레인스토밍, 친구와의 논의, 자료 찾기 등 여러 방법을 통해 아이디어를 끌어내 보자. 아래 제시된 방법을 활용해도 좋다.

---

2. 〈자유 주제 탐구 학생 안내서〉, 김성원 외 5명, 한국과학창의재단(2020)

▶ 내가 관심 있는 주제(topic)를 선택한다. 평소에 더 알고 싶거나 궁금했던 주제가 있을 것이다. 주제를 선정하면 꽤 긴 시간 동안 그 주제에 관해 연구하게 된다. 그러니 신중하게 선택하자.

▶ 인터넷으로 검색해 보자. 이미 수행된 연구 프로젝트나 보고서를 포함하여 내가 수행하게 될 분야 전반에 대한 일반적인 정보를 수집해 보자.

▶ TV나 인터넷에서 내가 들어 본 적이 있는 주제를 떠올려 보자. 무엇이 있었는가?

▶ 내 가족과 관련된 이슈를 생각해 보자. 특정한 주제에 관심이 가는 개인적인 이유가 있을 수도 있다.

▶ 교과서나 잡지 또는 관련 도서 등을 펼쳐 보고 아이디어를 얻자.

▶ 최근 학교에서 배운 내용이 무엇이었나? 더 알아보고 싶은 것이 있었다면 무엇인가?

연구 주제를 결정했다면 이제 해야 할 일은 구체적인 형식의 질문을 만드는 것이다. 이때, '왜'보다는 '어떻게, 무엇이, 언제, 누가, 또는 어떤'을 이용해 질문을 만들어 보도록 하자. "왜 물고기의 수정체는 사람의 수정체와 다르게 생긴 걸까?" 같은 질문은 범위가 너무 넓어서 실험을 통해 알아보기가 어렵다. 이 질문을 좀 더 구체적으로 쪼개어 다음과 같이 과학 실험이 가능한 질문으로 만들 수 있다. "물속 환경에서 잘 적응하기 위한 어류 수정체의 구조는 무엇일까?"

이러한 과정을 통해 연구 주제를 결정했다면 실제 연구를 수행할 수 있는 주제로 구체화해야 한다. 이를 위해 다음 그림을 활용하면서 연구 주제를 선정해 보자.

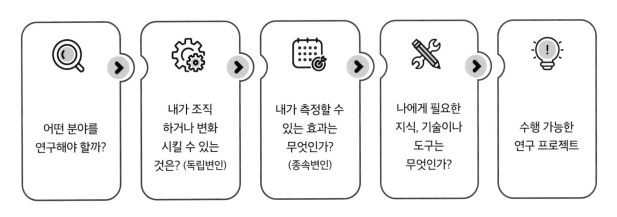

4. 교과 세특 탐구활동 수행 방법

탐구주제가 선정되었다면 본격적으로 다음과 같이 탐구활동을 수행해야 한다.

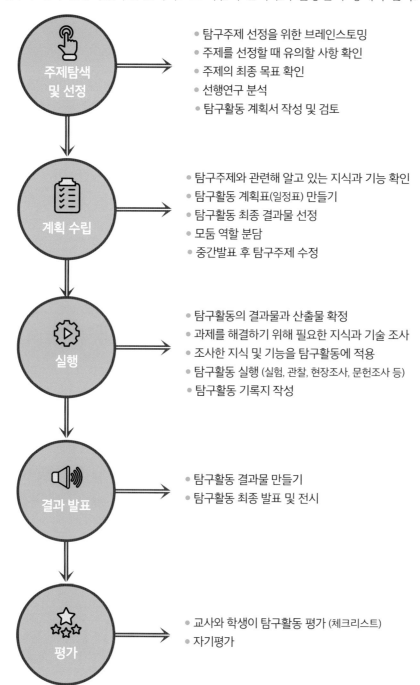

주제탐색 및 선정
- 탐구주제 선정을 위한 브레인스토밍
- 주제를 선정할 때 유의할 사항 확인
- 주제의 최종 목표 확인
- 선행연구 분석
- 탐구활동 계획서 작성 및 검토

계획 수립
- 탐구주제와 관련해 알고 있는 지식과 기능 확인
- 탐구활동 계획표(일정표) 만들기
- 탐구활동 최종 결과물 선정
- 모둠 역할 분담
- 중간발표 후 탐구주제 수정

실행
- 탐구활동의 결과물과 산출물 확정
- 과제를 해결하기 위해 필요한 지식과 기술 조사
- 조사한 지식 및 기능을 탐구활동에 적용
- 탐구활동 실행 (실험, 관찰, 현장조사, 문헌조사 등)
- 탐구활동 기록지 작성

결과 발표
- 탐구활동 결과물 만들기
- 탐구활동 최종 발표 및 전시

평가
- 교사와 학생이 탐구활동 평가 (체크리스트)
- 자기평가

무엇보다 탐구활동의 과정에서 예상했던 결과와 다르게 나올 경우 왜 예상과 다른 결과가 나오게 되었는지 분석하는 과정이 꼭 필요하다.

탐구활동은 탐구 과정을 통해 희망 전공 관련 또는 교과의 호기심을 채워나가는 것이다. 하지만 좋은 결과만 좋은 탐구활동이 되는 것은 아니다. 탐구활동을 수행하는 과정에서 다양한 문제 상황에 대처하는 과정, 탐구활동을 통해 모둠원과 의사소통하고 갈등을 해결하는 과정, 그리고 이 모든 과정을 통해 배우고 느낀 점을 통해 앞으로 탐구 과정에서 성장하는 모습이 탐구활동을 하는 더 큰 이유가 될 것이다.

국어 교과군

구분	교과(군)	공통 과목	선택 과목		
			일반 선택	진로 선택	융합 선택
보통 교과	국어	공통국어1 공통국어2	화법과 언어 독서와 작문 문학	주제 탐구 독서 문학과 영상 직무 의사소통	독서 토론과 글쓰기 매체 의사소통 언어생활 탐구

공통 과목	수능	공통국어1	절대평가	상대평가
	X		5단계	5등급

단원명 | 듣기·말하기

| 🔍 | 화자, 청자, 상황 맥락, 사회·문화적 맥락, 담화 공동체, 담화 관습, 대화, 토론, 쟁점, 논증

[10공국1-01-01] ● ● ●

대화의 원리를 고려하여 대화하고 자신의 듣기·말하기 과정과 공동체의 담화 관습을 성찰한다.

➲ 미래에는 인간과 인공지능이 대화할 수 있는 가능성이 더 커질 것으로 예측된다. 자연어 처리 기술이 발달함에 따라 인공지능이 인간 간의 의사소통에서 나타나는 상황 맥락과 사회·문화적 맥락을 분석할 것이라 기대된다. 그렇다면 '비판적 대화' 상황에서 어떤 상황 맥락을 코드화할 수 있을지 논의하고, 그 맥락들에 실제로 임의의 번호를 부여하여 분류하고 서로 점검해 보자.

관련 학과 소프트웨어공학과, 소프트웨어학과, 컴퓨터공학과

《**자연어처리 바이블**》, 임희석·고려대학교 자연어처리연구실, 휴먼싸이언스(2019)

[10공국1-01-02] ● ● ●

논제의 필수 쟁점별로 논증을 구성하고 논증이 타당한지 평가하며 토론한다.

➲ 공학 윤리는 공학자가 지켜야 할 윤리를 일컬으며, 공학자의 합리적 도덕성 결여는 많은 사회 문제를 낳는다. 대개 공학 윤리는 경제적 성장을 우선시하며 안전성, 안정성을 지키지 않을 때 필요성이 제기된다. 급속 성장을 위해서는 공학 윤리가 특정 경우 배제될 수도 있다는 주장도 존재한다. 두 주장의 쟁점이 무엇인지 파악하고, 이를 토대로 합리적인 근거를 들어 토론해 보자.

관련 학과 공학계열 전체

《**공학윤리의 쟁점**》, 송성수, 생각의 힘(2013)

단원명 | 읽기

| 🔍 | 독자, 배경지식, 경험, 의미 능동적 구성, 상황 맥락, 사회·문화적 맥락, 목적, 점검·조정, 문제 해결, 읽기 전략, 긍정적 정서, 사회적 독서 문화

[10공국1-02-01] ● ● ●

다양한 글이나 자료를 읽으며 논증의 타당성을 평가하고 자신의 관점을 바탕으로 논증을 재구성한다.

➜ 수학적, 과학적으로 논지를 증명해야 하는 공학에서의 글쓰기는 불필요한 말이 들어갈 경우 논증에 방해가 될 수 있다. 차세대 디스플레이 기술인 '무기발광 디스플레이'의 표준화와 관련된 글을 읽고, 불필요한 부분을 찾아 덜어 내는 방식으로 내용을 재구성해 보자. 그 글을 서로 돌려 읽으면서 어떤 차이가 있는지 비교해 보자.

관련 학과 공학계열 전체

《**한 권으로 이해하는 OLED&LCD 디스플레이**》, 사이토 가쓰히로, 권오현·오가윤 역, 북스힐(2023)

[10공국1-02-02] ●●●

자신의 진로나 관심 분야와 관련한 다양한 글이나 자료를 찾아 주제 통합적으로 읽고 읽은 결과를 공유한다.

➜ 빅데이터를 학습한 인공지능은 '책 추천 서비스'를 할 수 있다. 그런데 이를 위해서는 '유사도'를 확인해야 한다. 주변의 책들을 모아 제목 및 목차를 통해 핵심 어구를 추출한 뒤 임의의 좌표를 부여하고 평면상에 표현해 보자. 나아가 유사도 검증을 통해 유사한 책을 선정한 후, 실제로 내용이 유사한지 반 친구들과 확인해 보자.

관련 학과 도시공학과, 산업공학과, 소프트웨어공학과, 소프트웨어학과, 정보보안학과, 정보통신공학과, 컴퓨터공학과, 환경공학과

《**한국어 기본어휘 의미 빈도 사전**》, 서상규, 한국문화사(2019)

단원명 | 쓰기

🔍 필자, 기호, 매체, 인간의 생각과 감정, 의미 구성, 상황 맥락, 사회·문화적 맥락, 의사소통 목적의 문제 해결, 쓰기 전략, 쓰기 경험, 쓰기 윤리, 의사소통 문화

[10공국1-03-01] ●●●

내용 전개의 일반적 원리를 고려하여 사회적 쟁점에 대한 자신의 견해를 정교하게 표현하는 글을 쓴다.

➜ '평등한 식탁'은 사회학, 인류학을 넘어 식품공학, 식품영양학 등 다양한 학문이 직간접적으로 연계되어 있다. 쓰기 워크숍 시간에 이 주제에 대하여 다양한 자료를 조사해 보고, 평등한 식탁과 관련된 사회적 쟁점을 정리해 보자. 나아가 이에 대한 자신의 생각을 '논증'의 과정을 통해 제시하고, 논증된 생각이 타당한지에 대해 의논해 보자.

관련 학과 산업공학과, 생명공학과, 식품공학과, 화장품공학과, 화학공학과

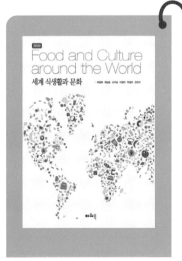

책 소개

세계 각국의 식문화에 대해 소개한 이 책은, 문화에 대한 공시적, 통시적 서술 방식을 활용한다. 그 식문화가 어디에서부터 기원했으며, 정치, 경제, 사회, 문화, 역사, 철학 등과 어떻게 연결되어 있는지를 상세하게 설명한다. 이 책을 통해 다양한 국가의 식생활 문화를 보다 깊이 있게 이해할 수 있을 것이다.

세특 예시

사회적 쟁점에 대해 자신의 견해를 밝히는 방법에 대해 학습한 후, 식품 공학과 사회학을 융합하여 '평등한 식탁'이라는 주제로 작문을 실시함. 자본주의가 발달함에 따라 식품과 관련되어 발생하는 불평등한 문제점을

발견하고, 그것을 '과시성 식품'이라고 직접 정의함. 이 과정에서 '세계 식생활과 문화(최정희 외)'를 읽고 과시성 식품에 대한 사례를 찾아보는 능동적인 독서를 실행함.

[10공국1-03-02] • • •

다양한 언어 공동체의 특성을 고려하며 필자의 개성이 드러나는 글을 쓴다.

➡️ 이론과 사례의 탄탄한 연결, 주장과 근거의 논리적 관계성은 타당성을 입증하기 위한 가장 근본적인 원리이다. 신뢰성, 타당성, 공정성 등의 기준을 토대로 '자연과학적 문제-공학적 해결' 방식의 구조를 택하고 있는 글 중 하나를 선택한 뒤, 그 글을 위의 기준으로 평가해 보자. 나아가 이 평가 결과에 대해 반 친구들과 논의해 보고 반성적 실마리를 발견해 보자.

관련 학과 공학계열 전체

《신뢰성 분석》, 송인식, 이담북스(2018)

단원명 | 문법

🔍 규칙과 원리, 문법 탐구, 체계와 구조, 의미 생성 자원, 관습적 규약, 문화적 산물, 의사소통의 결과물, 언어 주체로서의 정체성, 국어 의식

[10공국1-04-01] • • •

언어 공동체가 다변화함에 따라 다양해진 언어 실천 양상을 분석하고 언어 주체로서 책임감을 가지며 국어생활을 한다.

➡️ '상온 초전도체'에 대한 논의가 끊이지 않고 있다. 우리 사회에 있어서 새로운 공학 기술의 도입은 그만큼 현실성, 경제성, 부작용 등에 대한 논의를 전제로 하고 있다. 기존 입장을 견지하고 있는 이들에게 새로운 기술을 어떻게 언어적으로 설명할 것인지에 대한 고민이 필요한 것이다. 이러한 배경을 토대로, 사신이 평소 관심을 가지고 있던 공학 기술을 다른 사람에게 타당하게 설명하는 글을 써 보자.

관련 학과 공학계열 전체

《공학은 언제나 여기 있어》, 박재용, 우리학교(2022)

[10공국1-04-02] • • •

음운 변동을 탐구하여 발음과 표기에 올바르게 적용한다.

➡️ 오실로스코프는 파동과 같은 주기적인 변화를 시각적으로 보여 주는 장비로서, 주파수 측정을 통해 소리의 특성을 파악할 수 있다. 음운 변동 네 가지(교체, 축약, 첨가, 탈락)의 사례를 각각 1~2개 정도 정하여 실제로 마이크로폰을 통해 올바르게 발음해 보고, 이때의 오실로스코프 상의 주파수가 어떻게 전개되는지에 대해 분석해 보자.

관련 학과 건축공학과, 건축학과, 교통공학과, 기계공학과, 도시공학과, 메카트로닉스공학과, 에너지공학과, 자동차공학과, 전기공학과, 전자공학과, 제어계측공학과, 환경공학과

말소리의 이해

신지영, 한국문화사(2022)

국어 교과군

영어 교과군

수학 교과군

도덕 교과군

사회 교과군

과학 교과군

책 소개

일반적인 음운론적 정보만을 담고 있는 음운 이론서와는 달리, 이 책은 음향 및 음성학과 관련하여 '음성 전사'를 구체적으로 다루고 있다. 특히 음성 전사를 위한 기초적인 내용과, 말소리의 음향적 이해를 담고 있는 6~8장을 통해 국어 음운에 대한 공학적인 이해를 도모할 수 있을 것이다.

세특 예시

국어의 음운 변동 현상(교체, 첨가, 축약, 탈락)에 대해 학습한 후, 각 음운 변동 현상이 일어날 때의 소리 그래프 파형에 대해 관심이 생겨 '말소리의 이해(신지영)'를 읽고 직접 소리를 녹음한 뒤 오실로스코프를 통해 파형을 분석함. 특히 '국밥[국빱]', '좋고[조코]' 등의 된소리되기나 거센소리되기가 일어날 때 그것이 예사소리와 어떤 차이가 있는지를 분석함.

[10공국1-04-03] ● ● ●

다양한 분야의 글과 담화에 나타난 문법 요소 및 어휘의 표현 효과를 평가하고 적절한 표현을 생성한다.

⊙ 전문어는 전문성이 필요한 분야에서 그 일을 하는 사람들끼리 원활하면서도 경제적인 의사소통을 도모하기 위해 사용하는 말이다. 특히 공학 계열에는 수많은 전문어가 있는데, 자신의 희망 직업, 진로, 전공에서 필요로 하는 전문어를 찾아 사전적 정의, 실제 용례를 소개하고, 이러한 전문어를 풀어 쓰거나 풀어서 말하게 되면 경제적인 부분에서 어떤 변화가 있을지 분석하여 친구들에게 발표해 보자.

관련 학과 공학계열 전체

《**현대 신어 연구**》, 남길임 외 3명, 한국문화사(2022)

단원명 | 문학

| 🔎 | 인간의 삶, 형상화, 타자와의 소통, 갈래, 작가와 독자, 사회와 문화, 문학사, 수용·생산, 해석, 감상, 비평, 창작, 향유, 자아 성찰, 공동체

[10공국1-05-01] ● ● ●

문학 소통의 특성을 고려하며 문학 소통에 참여한다.

⊙ 공상 과학 소설(science fiction)은 기술의 발전과 그에 따른 사회적 현상을 절묘하게 조합하는 방식으로 나름의 스토리 라인을 전개해 나간다. 따라서 소설 속에서 기술 발전과 사회, 윤리적 우려는 전통적으로 대립각을 형성해 왔다. 소설《클라라와 태양》을 읽고 공학적 주제인 태양 에너지, 인공지능, 유전자 조작, 로봇 등이 인간과 조화할 수 있을지 그 가능성에 대해 자신의 생각을 친구들에게 발표해 보자.

관련 학과 기계공학과, 도시공학과, 메카트로닉스공학과, 산업공학과, 생명공학과, 소프트웨어공학과, 소프트웨어학과, 에너지공학과, 전기공학과, 전자공학과, 정보보안학과, 정보통신공학과, 컴퓨터공학과

《**클라라와 태양**》, 가즈오 이시구로, 홍한별 역, 민음사(2021)

갈래에 따른 형상화 방법의 특성을 고려하며 작품을 수용한다.

➡ 소설은 '플롯(plot)'에 의해 이야기가 전개되는 갈래이다. 또한 문학 작품에서 이러한 이야기를 구성하는 일종의 요소를 '모티프'라고 한다. 플롯과 모티프를 나름의 기준으로 나누어 코드로 설정한다면, 이 코드들을 적절하게 조합하는 것만으로도 익숙하지만 새로운 이야기를 만들어 낼 수 있을 것이다. 평소 자신이 즐겨 읽었던 우화나 동화 등의 플롯 및 모티프를 코드로 구성해 보고, 이를 알고리즘 구조로 편성해 보자. 나아가 이러한 코드가 결합되었을 때 나타나는 문학 작품에 대한 감상을 비교해 보자.

관련 학과 기계공학과, 도시공학과, 메카트로닉스공학과, 산업공학과, 생명공학과, 소프트웨어공학과, 소프트웨어학과, 에너지공학과, 전기공학과, 전자공학과, 정보보안학과, 정보통신공학과, 컴퓨터공학과

《플롯 강화》, 노아 루크먼, 신소희 역, 복복서가(2021)

작품 구성 요소의 유기적 관계와 맥락에 유의하여 작품을 수용하고 생산한다.

➡ 이규보의 〈이옥설(理屋說)〉은 구조를 '고치는 것'의 미학을 말하는 작품으로 볼 수 있다. 만드는 데 그치지 않고, 그것을 꾸준히 살피고 고치려는 의지를 가지지 않으면 으레 썩기 마련이라는 메시지를 담고 있기 때문이다. 건축, 기계 설비 등의 공학적 차원에서 '살피고 고친다는 것'이 어떠한 위상을 가지고 있는지에 대해 논의해 보자. 나아가 이를 토대로 한 공학자의 자세에 대해 정리해 보자.

관련 학과 건축공학과, 건축학과, 교통공학과, 기계공학과, 도시공학과, 메카트로닉스공학과, 산업공학과, 소프트웨어공학과, 소프트웨어학과, 신소재공학과, 에너지공학과, 전기공학과, 전자공학과, 제어계측공학과, 조선해양공학과, 컴퓨터공학과, 토목공학과, 항공우주공학과, 환경공학과

《생활인 이규보》, 김용선, 일조각(2013)

단원명 | 매체

> 🔍 소통을 매개하는 도구, 기술, 환경, 소통 방식, 소통 문화, 주체적 수용과 생산, 정체성 형성, 사회적 의미 구성, 자신과 타인의 권리, 건강한 소통 공동체

사회적 의제를 다룬 매체 자료를 비판적으로 분석한다.

➡ 상온 초전도체 LK-99가 상온 및 상압 조건에서 초전도 현상을 구현했다는 기사는 한국을 넘어 세계 공학계에 큰 반향을 불러일으켰다. 그러나 기술에 대한 완전한 검증을 거치지 않고 보도된 내용 때문에 국민들이 혼란을 겪기도 하였다. 공학 기술과 관련된 매체 자료를 접할 때 '신뢰성, 타당성, 공정성'에 초점을 두고 비판적 읽기 전략으로 접근해 보자. 또한 이번 '상온 초전도체' 보도 자료를 기준으로 상정해 보고, 이러한 공학 기술 기사를 토대로 실제 과학 관련 기사를 낼 때 어떻게 접근해야 할지 '과학 언론 보도 지침'을 만들어 보자.

관련 학과 금속공학과, 반도체공학과, 산업공학과, 신소재공학과, 에너지공학과, 원자력공학과, 전기공학과, 전자공학과, 화학공학과

《물질의 재발견》, 정세영 외 10명, 김영사(2023)

국어 교과군

영어 교과군

수학 교과군

도덕 교과군

사회 교과군

과학 교과군

[10공국1-06-02]   ● ● ●

소통 맥락과 매체 특성을 고려하여 다양한 목적의 매체 자료를 제작한다.

⊙ 챗봇 프로그램이라고 하는 매체의 숙명은 '실제 대화의 구현'이다. 이를 위해서는 '대화의 맥락'을 파악하는
   것이 특히 중요한데, 대화의 맥락에는 화자와 청자의 물리적, 심리적 거리감이나 관계, 지위뿐만 아니라 시간,
   공간, 상황 등이 포함된다. 다양한 맥락을 하나의 코드로 환산하고, 다양한 언어 시나리오를 반영하여 '타인을
   위로하는 AI'라는 챗봇 프로그램을 만들어 보자.

   관련 학과 건축공학과, 건축학과, 교통공학과, 기계공학과, 도시공학과, 메카트로닉스공학과, 산업공학과, 소프트웨어공학과,
            소프트웨어학과, 신소재공학과, 에너지공학과, 전기공학과, 전자공학과, 제어계측공학과, 조선해양공학과, 컴퓨터공
            학과, 토목공학과, 항공우주공학과, 환경공학과

                        《처음 배우는 딥러닝 챗봇》, 조경래, 한빛미디어(2020)

공통 과목	수능	공통국어2	절대평가	상대평가
	X		5단계	5등급

단원명 | 듣기·말하기

| 🔎 | 청중 분석, 상호 작용, 언어적 표현, 준언어적 표현, 비언어적 표현, 매체, 발표, 상황 맥락, 사회·문화적 맥락, 쟁점, 이해관계, 협상, 사회적 소통 윤리

[10공국2-01-01]   • • •

청중의 관심과 요구에 맞게 내용을 구성하여 발표하고 청중의 질문에 효과적으로 답변한다.

➡ '다크 패턴'은 이용자를 속이기 위해 교묘하게 설계된 인터페이스를 뜻하는 단어로, 부드러운 개입으로 사람들의 선택을 유도한다는 점에서 '넛지'와 비슷하지만 속임수에 가깝고 사람들에게 손해를 일으키기도 하므로 주의할 필요가 있다. 한국소비자원의 다크 패턴 실태조사 발표에 따르면 조사한 앱 중 97%에서 1개 이상의 다크 패턴이 나타났고, 하나의 앱에서 6개까지 사용된 경우도 있었다고 한다. 다크 패턴으로 인한 구체적인 피해 사례를 탐구해 보고, 다크 패턴의 개념 및 유형에 대해 파악한 뒤 다크 패턴의 세부 유형 중 현행법으로 제재가 불가능한 사례들을 찾아 그 원인을 분석하여 실질적인 대응 방안을 마련해 보자.

　관련 학과　소프트웨어공학과, 소프트웨어학과, 정보보안학과, 정보통신공학과
《UX/UI의 10가지 심리학 법칙》, 존 야블론스키, 이미령 역, 책만(2024)

[10공국2-01-02]   • • •

쟁점과 이해관계를 고려하여 문제를 해결할 수 있는 대안을 탐색하며 협상한다.

➡ 전남 영광 지역의 한빛 원자력 발전소 내부에 고준위 핵폐기물 건식 저장시설을 설치하려는 '고준위 방사성 폐기물 관리 특별법안'으로 인해 정부와 지역 주민들 사이에 갈등이 심화되고 있다. 고준위 방사성 폐기물이란 사용 후 핵연료 또는 핵 재처리 과정에서 발생한 방사선 세기가 강한 폐기물을 말하는 것으로, 해당 법안에는 핵폐기물 중간 저장시설이나 영구 처분시설이 마련될 때까지 건식 저장시설에 고준위 폐기물을 저장한다는 내용이 포함되어 있어 정부와 지역 주민들 사이에 이견이 좀처럼 좁혀지지 않고 있다. 이와 관련된 협상의 쟁점과 집단의 이해관계를 분석하고, 지역 주민이나 정부의 입장에서 성공적인 협상을 위한 대안을 제시해 보자.

　관련 학과　건축공학과, 건축학과, 도시공학과, 에너지공학과, 원자력공학과, 토목공학과, 화학공학과, 환경공학과
《사회적 갈등, 어떻게 해결할 것인가》, 이승호·김기홍, 페가수스(2019)

[10공국2-01-03]   • • •

사회적 소통 과정에서 말의 영향력을 고려하여 책임감 있게 듣고 말한다.

➡ 1995년 서울에서 삼풍백화점 붕괴 사고가 발생했다. 당시 건축주는 더 많은 이익 추구를 위해 시공 과정에서

부터 전문가의 말을 무시하고 부실 공사를 진행했으며, 건물의 상가 배치 과정에서도 마찬가지였다. 또한 건물에 붕괴 전조 현상이 나타났을 때 안전진단 검사를 실시한 결과 토목공학자들에게 위험 경고를 받았지만 어떠한 조치도 취하지 않았다. 이처럼 사회적 소통 과정에서 책임감 있게 듣는 것이 매우 중요함에도, 우리 사회는 이에 대한 사회적 인식이 부족한 편이다. 위의 사례처럼 전문가의 조언을 듣지 않아 문제가 된 사례를 찾아 탐구해 보고, 사회적 소통 과정에서 듣기의 중요성에 대해 발표해 보자. 또한 당시 삼풍백화점의 붕괴 사고의 원인으로 지목되기도 했던 무량판 구조에 대해 탐구해 보자.

관련 학과 공학계열 전체

《1995년 서울, 삼풍》, 메모리[人]서울프로젝트 기억수집가, 동아시아(2016)

단원명 | 읽기

🔍 내용의 타당성, 신뢰성, 공정성, 표현의 적절성, 비판적 읽기, 주제 통합적 읽기, 글 재구성하기, 읽기 목적 및 전략, 사회·문화적 맥락, 읽기 과정의 점검 및 조정

[10공국2-02-01] •••

복합양식으로 구성된 글이나 자료에 내재된 필자의 관점이나 의도, 표현 방법을 평가하며 읽는다.

➡️ 후쿠시마 원전 오염수 해양 방류를 앞두고, 일본의 후쿠시마현은 자체 유튜브 홍보 채널을 통해 '서울과 후쿠시마의 방사선량이 동일하다'는 식의 대외 홍보를 벌이고 있어서 논란이 되고 있다. 세계 주요 도시의 공간선량률(공간에 존재하는 방사선의 양)을 비교하는 내용이 문제가 되었는데, 해당 영상은 서울의 공간선량률이 일본의 후쿠시마현 인근의 주요 도시들보다 더 높다는 메시지를 전달하고 있다. 이와 관련해 일본은 자신에게 유리한 자료만 선택하여 공개함으로써 의도적으로 사실을 왜곡한다는 비판을 받고 있다. 후쿠시마 원전 오염수 해양 방류에 대한 찬반 양측의 근거 및 관련 기사들에 대한 사실 검증을 해 보자. 이를 바탕으로 필자의 관점이나 의도를 평가하며 글이나 자료를 이해하는 것의 중요성에 대한 보고서를 작성해 보자.

관련 학과 에너지공학과, 원자력공학과, 토목공학과, 화학공학과, 환경공학과

방사능 팩트 체크

조건우·박세용, 북스힐(2021)

책 소개

이 책은 일본의 후쿠시마 방사능 관련 사실을 과학적으로 바라보고 싶었던 작가가 국제방사선방호위원회(ICRP)의 위원인 조건우 박사의 도움을 받아 일본의 후쿠시마 방사능과 관련된 과학적 사실을 대중들이 쉽게 이해할 수 있도록 정리한 책으로, 제3회 한국팩트체크대상에서 '대상'을 수상하기도 했다.

세특 예시

복합양식으로 구성된 자료를 필자의 의도를 평가하며 읽는 활동에서 서울과 후쿠시마의 방사선량이 동일하다고 주장하는 후쿠시마현의 영상을 시청한 후 타당성 여부에 대한 궁금증을 가짐. 주장의 과학적 근거를 다각도로 분석하기 위해 '방사능 팩트 체크(조건우 외)'를 찾아 읽고 관련 연구 자료를 수집하여 영상의 과학적 타당성에 대해 평가함. 또한 영상에 내재된 제작자의 의도를 추론하여, 후쿠시마현의 영상에 대한 탐구 보고

서를 제출함. 보고서의 내용 중 연출자가 의도적으로 자신에게 유리한 방식으로만 데이터를 수집하여 전달했을 때 독자는 그것을 비판적으로 읽어 낼 수 있는 능력을 키울 필요가 있다는 것을 역설한 부분이 인상적임.

[10공국2-02-02] ● ● ●

동일한 화제의 글이나 자료라도 서로 다른 관점과 형식으로 표현됨을 이해하며 읽기 목적을 고려하여 글이나 자료를 주제 통합적으로 읽는다.

➡ 전 세계는 '챗GPT의 시대'라고 해도 과언이 아닐 정도로 챗GTP에 열광하고 있다. 챗GPT란 미국의 기업 Open AI가 2022년 12월 1일에 공개한 대화하는 인공지능 챗봇으로, 인류의 새로운 미래를 열어 줄 무궁무진한 가능성을 가진 기술이라는 긍정적 전망이 있는 반면, 인간에게 치명적인 해악을 끼칠 여지가 무수히 많다는 부정적 전망 또한 존재한다. 챗GPT에 대한 긍정적, 부정적 전망을 다룬 글을 모두 찾아 읽고서 내용을 비교·분석해 보자. 또한 긍정적인 글을 통해서는 세부적 활용 방안에 대한 정보를 찾고, 부정적인 글을 통해서는 위기 상황에 대비할 수 있는 식견을 갖춘 뒤 챗GPT를 포함한 인공지능 기술과 관련하여 '인류 미래 보고서'를 작성해 보자.

관련 학과 데이터사이언스학과, 빅데이터학과, 소프트웨어공학과, 소프트웨어학과, 인공지능공학과, 정보보안학과, 정보통신공학과, 컴퓨터공학과

《챗GPT, 기회인가 위기인가》, 서민준 외 3명, 동아엠앤비(2023)

[10공국2-02-03] ● ● ●

의미 있는 사회적 독서 활동에 참여함으로써 타인과 교류하고 다양한 지식이나 정보, 삶에 대한 가치관 등을 이해하는 태도를 지닌다.

➡ '우주 태양광 발전(Space Based Solar Power, SBSP)'이란 우주 공간에서 태양광으로 발전하여 그 전력을 지구로 보내는 발전 방법을 말한다. 발전 시간이 한정되어 있지 않다는 점, 효율이 높은 발전이 가능하다는 점 외에도 핵폐기물이 발생하는 원자력 발전에 비해 부산물이 없다는 점에서 탄소중립을 달성할 수 있는 신재생 에너지 자원으로 각광을 받고 있다. 그러나 우주 송전을 수신하는 지역들은 전자기파 피해 등의 문제가 생길 수 있고, 누군가 고의로 전자기파를 보내 인명 피해를 입힐 수도 있다는 우려 섞인 목소리도 있다. 우주 태양광 발전에 대한 자료를 찾아 읽으며 발전 원리 및 장단점, 세계 각국의 진행 상황 등에 대해 탐구하고, 관련 정보를 인포그래픽 자료로 제작하여 학급에 공유해 보자.

관련 학과 반도체공학과, 신소재공학과, 에너지공학과, 원자력공학과, 전기공학과, 전자공학과, 정보통신공학과, 제어계측공학과, 컴퓨터공학과, 항공우주공학과, 화학공학과, 환경공학과

《우리의 미래를 결정할 과학 4.0》, 박재용, 북루덴스(2023)

단원명 | 쓰기

🔍 언어 공동체, 쓰기 윤리, 작문 관습, 쓰기 과정 및 전략의 점검, 사회적 책임, 논증 요소, 논증하는 글쓰기, 신뢰할 수 있는 자료, 복합양식 자료, 공동 보고서 쓰기

[10공국2-03-01]

언어 공동체가 공유하는 작문 관습의 특성을 이해하고 쓰기 과정과 전략을 점검하며 책임감 있게 글을 쓴다.

➡ 언어 공동체 내에서 글은 갈래에 따라 전형적 구조나 전개 방식, 표현 방식 등을 보이는데, 이를 작문 관습이라 한다. 작문 관습은 필자가 글을 쓰는 과정과 독자가 글의 의미를 이해하는 과정에 영향을 미치기 때문에, 언어 공동체의 구성원은 작문 관습을 준수할 필요가 있다. 이런 이유로 과학자나 공학자의 논문이나 보고서에는 주장과 논거로 구성된 글의 짜임, 객관적이고 건조한 문체 등의 특징이 나타난다. 자신이 관심 있는 주제의 소논문이나 탐구 보고서를 여러 편 찾아 읽으며 이런 갈래의 글이 갖는 언어 공동체의 작문 관습의 특성에 대해 깊이 있게 탐구해 보자. 이를 바탕으로 과학기술 글쓰기를 위한 매뉴얼을 제작해 보자.

관련 학과 공학계열 전체

《**과학탐구보고서, 소논문 쓰기**》, 이철구 외 3명, 상상아카데미(2018)

[10공국2-03-02]

논증 요소에 따른 분석을 바탕으로 효과적으로 내용을 조직하여 논증하는 글을 쓴다.

➡ 동일한 발명이 중복으로 출원되었을 때 어느 발명에 우선적으로 특허권을 부여할 것인가를 결정하는 기준으로는 선(先)발명주의와 선(先)출원주의가 있다. 선발명주의는 출원의 시기와 관계없이 먼저 이루어진 발명에 특허권을 부여하자는 입장으로, 특허 획득에 드는 비용이나 절차를 고려할 때 대기업에 비해 영세한 개인 발명가를 보호할 수 있다는 장점이 있다. 반면 선출원주의는 발명의 시기와 관계없이 특허청에 먼저 출원한 발명에 특허권을 부여하자는 입장으로, 신속한 발명의 공개를 유도할 수 있다는 장점이 있다. 선발명주의와 선출원주의의 장단점에 대한 분석을 바탕으로, 두 기준 중 어느 것이 보다 합리적인지 타당한 근거를 들어 논증하는 글을 써 보자.

관련 학과 공학계열 전체

《**누구나 따라 할 수 있는 돈이 되는 발명·특허**》, 김상준, 바이북스(2021)

[10공국2-03-03]

신뢰할 수 있는 정보를 종합하여 복합양식 자료가 포함된 공동 보고서를 쓴다.

➡ 최근 자율주행차 시장이 급성장하고 있는 상황에서 관련 업계에서는 자율주행차가 시장의 판도를 바꿀 것으로 전망하고, 자율주행 기술 특허 분야의 주도권을 잡기 위해 치열하게 경쟁하고 있다. 우리나라 국회에서는 자율주행차 상용화를 목적으로 관련 법안의 개정안을 지속적으로 입법하며, 자율주행차 기술의 발전에 부합하는 제도 마련을 위해 노력하고 있다. 그런데 수많은 기술의 발전이 그러하듯 자율주행차 역시 상용화 시 기대되는 긍정적 효과도 있지만, 사고 발생 시 주체 판단에 대한 논란, 트롤리 딜레마에 따른 판단 논란, 보안 문제 발생 시 대규모 인명 피해 가능성 등 여러 윤리적 문제에 대한 논란이 존재한다. 자율주행차에 적용되는 기술의 유형 및 현재 개발 상황, 상용화 시 예상되는 기대 효과 및 논란에 대해 탐구한 뒤, 자율주행차 상용화를 주제로 보고서를 써 보자.

관련 학과 교통공학과, 기계공학과, 메카트로닉스공학과, 반도체공학과, 소프트웨어공학과, 소프트웨어학과, 자동차공학과, 전자공학과, 정보보안학과, 정보통신공학과, 제어계측공학과, 컴퓨터공학과

《**자동차 자율주행 기술 교과서**》, 이정원, 보누스(2024)

단원명 | 문법

| 🔍 | 국어의 변화, 국어의 역사성, 신조어, 언어의 사회 반영, 국어문화 발전, 한글 맞춤법, 문제 해결적 사고, 국어생활 성찰 및 개선, 국어 의식

[10공국2-04-01]   •••

과거 및 현재의 국어생활에 나타나는 국어의 변화를 이해하고 국어문화 발전에 참여한다.

➡ 용어 순화가 절실한 분야 중 하나인 건설업계에서 일본식 용어와 어려운 한자어를 우리말로 바꾸려는 움직임이 일어나고 있다. 일제 강점기 때 서양식 건축이 국내에 도입되며 쓰였던 용어들이 계속 이어져 온 데다, 건설업 자체가 도제식이다 보니 고착화된 용어는 쉽게 바뀌지 않았다. 일본식 용어나 한자 어투를 사용하지 않으면 동료들과의 소통이 어려워 결국 그 용어들을 배우고 사용할 수밖에 없는 악순환이 계속되었던 것이다. 그러나 최근 몇몇 공공기관과 대형 건설사에서는 어려운 용어들을 쉬운 우리말로 순화해 표준화하는 작업을 진행 중이다. 한국도로공사는 어려운 건축 및 건설 용어 250개를 우리말로 순화한 용어집《우리길 우리말》을 발간하였으며, 국토교통부와 협의하여 이 용어들의 표준화 고시를 추진하였다. 이처럼 건축 및 건설 분야, 더 나아가 공학 분야에서 순화가 필요한 용어들을 찾아 우리말로 고쳐 보고, 이러한 국어문화 개선의 노력이 해당 분야에 미칠 영향에 대해 탐구해 보자.

관련 학과 공학계열 전체

《**일본어 유래 사전**》, 다산교육콘텐츠연구소, 프리윌(2021)

[10공국2-04-02]   •••

한글 맞춤법의 원리를 적용하여 국어생활을 성찰하고 문제를 해결한다.

➡ 맞춤법과 띄어쓰기는 한국어 사용자의 영원한 숙제이다. 한 취업 포털에서 10~50대를 대상으로 설문 조사를 한 결과, 한글 사용의 가장 어려운 점으로 55.3%가 '맞춤법', 38.2%가 '띄어쓰기'라고 응답했다. 또 다른 설문 조사에서는 취업 준비생 10명 중 4명이 '맞춤법, 띄어쓰기 등을 틀린 자기소개서를 제출한 경험이 있다'고 응답할 정도로, 국민들은 맞춤법과 띄어쓰기에 어려움을 겪고 있는 것으로 나타났다. 그런데 인사 담당자의 90%가 맞춤법이 틀리면 평가에서 불이익을 준다고 응답한 만큼, 사소한 맞춤법이라도 틀리면 신뢰가 무너질 수 있어 유의할 필요가 있다. 사람들이 자주 틀리는 띄어쓰기 및 맞춤법의 사례를 조사하고 이를 교정하기 위한 학습 내용을 구상하여, 한글 맞춤법 학습 콘텐츠나 교육 프로그램을 제작하기 위한 스토리보드를 제작해 보자.

관련 학과 AI융합학과, 미디어콘텐츠학과, 소프트웨어공학과, 소프트웨어학과, 융합소프트웨어학과, 인공지능공학과, 정보통신공학과, 컴퓨터공학과

《**다시 정리한 다정한 맞춤법**》, 김주절, 리듬앤북스(2022)

단원명 | 문학

| 🔍 | 한국 문학사, 작가 맥락, 독자 맥락, 사회·문화적 맥락, 문학사적 맥락, 문학의 수용과 생산, 작품의 가치 평가, 주체적 관점에서의 작품 해석, 해석의 다양성

[10공국2-05-01]   ● ● ● ●

한국 문학사의 흐름을 고려하여 작품을 수용한다.

⊙ 한국 문학사에서 서사 문학은 그 시대의 모습을 담는 그릇과도 같은 역할을 하며 발전해 왔다. 특히 현대 문학에는 격변하는 시대상이 작품 속에 고스란히 반영되어 있는데, 그중 1960~70년대 문학 작품들에는 산업화, 기계화로 인해 소외되거나 인간성과 도덕성이 결여된 인간 군상의 모습이 잘 나타나 있다. 김광섭의 시 〈성북동 비둘기〉는 도시화, 산업화로 인해 보금자리를 잃고 떠돌이 신세가 된 인간의 모습을 '비둘기'에 빗대어 나타냈고, 황석영의 소설 〈삼포 가는 길〉은 급속한 산업화가 진행되던 시기에 고향을 잃고 떠돌아다니던 사람들의 황량한 삶을 그려 냈다. 이들 작품의 배경이 되는 1960~70년대 우리나라 산업화의 특징을 분석해 보고, 이러한 산업화의 양상이 당대의 인간과 사회, 그리고 문학에 미친 영향에 대해 탐구해 보자.

관련 학과 공학계열 전체

《삼포 가는 길》, 황석영, 문학동네(2020)

[10공국2-05-02]   ● ● ●

주체적인 관점에서 작품을 해석하고 평가하며 문학을 생활화하는 태도를 지닌다.

⊙ 고려 시대의 문인 이규보가 남긴 고전 수필 〈괴토실설(壞土室說)〉에는 동양의 전통적 자연관이 잘 드러나 있다. 옛 선조들은 인간을 한낱 자연의 작은 일부분에 불과한 존재로 보았으며, 인간은 자연과 늘 더불어 살아야 한다고 생각하였다. 그렇기에 이 작품에서 이규보는 추운 날씨를 따뜻하게 보내고 화초와 과일을 저장하기 위해 만든 '토실(土室, 오늘날의 온실)'을 자연의 이치를 거스르는 것이라 보고 허물라고 명한다. 생활의 편의를 위해 만든 토실이 계절의 순환에 역행하는 인간의 이기심에 불과하다고 본 것이다. 그러나 토실이 정말 인간의 이기심의 산물인지, 아니면 우리 조상들의 지혜가 담긴 기술의 결과물인지는 생각해 볼 문제이다. 〈괴토실설〉에 드러난 이규보의 가치관을 현대 기술문명의 관점에서 비판적으로 감상하고, 작품 속 '토실'에 대한 자신의 의견을 논리적인 근거와 함께 서술해 보자.

관련 학과 공학계열 전체

《설(說)_이야기》, 정연우, 파랑새미디어(2014)

단원명 | 매체

| 🔍 | 매체 비평 자료, 비판적 수용, 주체적 수용과 생활화, 사회·문화적 맥락, 매체의 변화, 매체 기반 소통, 소통 문화, 성찰하기

[10공국2-06-01]   ● ● ●

매체 비평 자료를 비판적으로 수용하고 자신의 관점을 담아 매체 비평 자료를 제작한다.

⊙ 2021년 12월 국토교통부는 '국토교통 2050 탄소중립 로드맵'을 발표했는데, 이 가운데 건축 분야의 '신축 건물 제로에너지화'가 주목할 만하다. '제로에너지건축물'이란 건축물에 필요한 에너지 부하를 최소화하고, 신에너지 및 재생에너지를 활용하여 에너지 소요량을 최소화하는 녹색 건축물을 말한다. 하지만 위 정의에서 상식적인 '제로'의 의미는 찾아볼 수 없다. '제로에너지건축물 인증 등급'에 따라 차등적으로 인증 등급을 부

여하고 있기 때문이다. 에너지 자립률이 100% 이상이면 1등급, 80% 이상 100% 미만이면 2등급, 20% 이상 40% 미만이면 5등급을 부여한다. 그런데 제로에너지건축물 등급별 인증 현황(2017~2021)을 살펴보면 1~3등급을 합산해도 약 17%인 반면, 4~5등급이 약 83%를 차지하고 있어서 현재의 제로에너지건축물 개념 및 관련 제도가 눈속임이라고 비평하는 글들을 찾아볼 수 있다. 이와 관련해 상반된 입장을 보이는 매체 비평 자료를 분석하고 문제에 대한 자신의 관점을 정한 뒤, 그것을 담은 매체 비평 자료를 직접 제작해 보자.

관련 학과 건축공학과, 건축학과, 도시공학과, 신소재공학과, 신재생에너지과, 에너지공학과, 토목공학과, 환경공학과

《제로 에너지 건축물과 BIPV》, 박성진 외 7명, 신구문화사(2023)

[10공국2-06-02]   ● ● ●

매체의 변화가 소통 문화에 끼치는 영향을 탐구한다.

⊙ 스마트폰과 디지털 매체의 발달로 모바일 앱은 우리 생활에 있어 필수적인 기능이 되었다. 하지만 장애인과 고령자 등 디지털 기기 사용이 익숙하지 않은 이들에게는 여전히 접근이 쉽지 않다. 특히 음식 배달 앱인 '배달의 민족'의 경우 2020년 장애인과 고령자가 쓰기 가장 불편한 앱 1위로 선정된 바 있다. 그런데 배달의민족이 최근 장애인의 날을 맞아 장애인과 고령층 모두 쉽게 이용할 수 있도록 '쉬운 배달 앱 설명서'를 무료 배포하여 화제가 되었다. 아울러 시각 장애인을 위한 화면 낭독기 기능과 저시력자를 위한 고대비, 돋보기, 크기 조절 기능이 탑재된 웹 설명서를 함께 공개하기도 했다. 이처럼 디지털 기술을 사용하여 정보 격차를 줄이는 것이 정보 소외 계층을 위한 새로운 대안이 되고 있는데, QR코드로 인식하여 설명서를 확대한 후 원하는 글씨 크기로 글을 읽게 하거나, 인공지능(AI)을 기반으로 상품 설명서를 읽어 주는 등의 방안에 대해서도 활발히 연구되고 있다. 정보 소외 계층을 위한 디지털 기술의 구체적 사례를 찾아 분석하고, 그 효과에 대해 탐구해 보자.

관련 학과 공학계열 전체

《디지털 디바이드》, 얀 반 다이크, 심재웅 역, 유재(2022)

선택 과목	수능		절대평가	상대평가
일반 선택	○	**화법과 언어**	5단계	5등급

🔍	의사소통 목적과 맥락, 담화 참여자, 음성 언어, 의미 구성, 사고 행위, 언어적 실천, 소통 행위, 의미 기능, 맥락, 담화 수행, 비판적 사고, 능동적 참여, 언어생활 성찰, 문화 형성

[12화언01-01] ● ● ●

언어를 인간의 삶과 관련지어 이해하고, 국어와 국어생활이 시간의 흐름에 따라 변화하는 양상을 분석한다.

➡ 일반적으로 우리는 무지개를 일곱 개의 색으로 보지만, 아프리카에서는 무지개를 세 개의 색으로 보고 있다고 한다. 이는 언어의 '분절성'과 관련이 있는데, 이러한 분절성은 특정 사물이나 관념을 규정하는 힘으로 작용하기도 한다. 공학에서 쓰이는 언어가 지니는 분절성은 무엇인지, 그 분절성에 의해 특정 개념이 다른 개념과 어떻게 분리되는지에 대해 구체적인 사례를 들어 설명해 보자.

관련 학과 공학계열 전체

《과학과 언어》, 구자현, 한국문화사(2019)

[12화언01-02] ● ● ●

표준 발음을 이해하고 정확하게 발음하는 국어생활을 한다.

➡ 음운 변동 현상에서 교체는 음운의 개수의 변동이 없고, 축약과 탈락은 음운의 개수가 하나 줄며, 첨가는 음운의 개수가 하나 늘어난다. 밥물, 급행, 맑다, 물약 등의 음운 변동 현상을 분석하고, 이를 코드화하여 적절한 표준 발음을 도출하는 프로그램을 만들어 보자. 이 과정에서 일반적인 로직으로 설명되지 않는 음운 변동 현상의 예외를 도출하고, 그 이유를 분석한 다음 이를 다시 프로그램에 반영하는 프로젝트를 진행해 보자.

관련 학과 기계공학과, 메카트로닉스공학과, 산업공학과, 소프트웨어공학과, 소프트웨어학과, 정보통신공학과, 제어계측공학과, 컴퓨터공학과

《인공지능기술 활용 언어교육》, 김주혜 외 5명, 교육과학사(2022)

[12화언01-03] ● ● ●

품사와 문장 구조에 대한 지식을 활용하여 언어 자료를 분석하고 설명한다.

➡ 기계 장치의 제작, 운용, 정비 등에는 반드시 그 작업에 상응하는 '매뉴얼'이 필요하고, 매뉴얼은 군더더기 없이 최대한 간결한 언어로 표현되어야 한다. 우리나라에서 발사에 성공한 '누리호'와 관련해 제원, 구성, 작동 원리, 동반되는 과학·공학적 지식 등 여러 자료를 조사해 보고, 이를 예상 독자(급위)를 고려하여 간결하게 요약해 보자. 또한 그 과정에서 어떤 품사 및 문장 성분에 대한 개념이 필요했는지, 각각 세 가지 이상 찾아 설명해 보자.

관련 학과 기계공학과, 메카트로닉스공학과, 반도체공학과, 자동차공학과, 전기공학과, 전자공학과, 항공우주공학과, 항공운항학과

《누리호, 우주로 가는 길을 열다》, 오승협, 알에이치코리아(2023)

[12화언01-04]

단어의 짜임과 의미, 단어 간의 의미 관계를 중심으로 어휘를 이해하고 담화에 적절히 활용한다.

➡️ '반의어(反意語)'는 상보 반의어, 정도 반의어, 방향 반의어 등으로 나뉜다. 그중 정도 반의어는 '양 극단 사이에 중간 항이 존재하는 것'을 의미한다. '짧다'와 '길다', '빠르다'와 '느리다' 등이 정도 반의어의 예이다. 공학적 설계 과정에서 정도 반의어에 해당하는 언어를 사용하는 것이 지니는 '애매성'에 대해 여러 학술 자료를 조사하여 발표해 보자. 나아가 공학 보고서나 설명서, 학술 자료에서 정도 반의어를 쓰기 위해서 선행해야 하는 태도가 무엇인지에 대해 토의하여 결론을 도출하고, 이를 학생들에게 알리는 캠페인 활동을 해 보자.

`관련 학과` 공학계열 전체

《**국어 의미의 탐구**》, 남경완, 한국문화사(2020)

[12화언01-05]

담화의 맥락에 적절한 어휘와 문법 요소를 선택하여 화자의 태도를 드러낸다.

➡️ 직접 인용을 간접 인용으로 바꿀 때는 발화자의 시점에서 직접 인용에 대해 해석한 실마리를 반영해야 한다. 자신이 나아가고자 하는 전공이나 진로와 관련하여 저명한 학자 등이 한 대사를 그대로 전사(傳寫)해 보고, 이를 간접 인용으로 바꾸어 보자. 이 과정에서 구체적으로 어떠한 문장 성분이 바뀌었는지를 분석해 보고, 이에 대한 자신의 생각을 반 친구들과 논의해 보자.

`관련 학과` 공학계열 전체

《**한국어 문법 교육과 한국어 표현 범주**》, 최윤곤, 한국문화사(2010)

[12화언01-06]

담화의 구조를 고려하여 적절한 어휘와 문장으로 응집성 있는 담화를 구성한다.

➡️ 건축 구조물이나 기계 장치 등은 각 재료나 부품들의 안전성과 안정성도 중요하지만, 구조적 짜임도 매우 중요하다. 글 또한 구조적 짜임, 즉 응집성이 중요한데, 건축이나 기계에서 서로 다른 대상을 연결하는 모르타르, 시멘트, 납 등이 '담화' 차원에서는 무엇에 해당하는지 밝혀 보자. 그리고 이러한 담화 요소를 활용하여 자신의 견해나 생각을 담은 한 편의 글을 작성해 보자. 나아가 이 글의 응집성에 대해 반 친구들과 상호 평가해 보자.

`관련 학과` 건축공학과, 건축학과, 기계공학과, 도시공학과, 메카트로닉스공학과, 자동차공학과, 전기공학과, 전자공학과

《**퓰리처상 문장 수업**》, 잭 하트, 강주헌 역, 김영사(2022)

[12화언01-07]

다양한 유형의 담화와 매체를 대상으로 언어의 공공성을 이해하고 평가한다.

➡️ 여러 혼합물, 화합물을 만드는 실험을 다루는 유튜브 매체를 본 후, 이 매체들이 '실험 과정'에서 시청자들이 충분히 인지할 만한 언어로 설명했는지, 그리고 그 실험 설계가 윤리적, 과학적으로 적절한지에 대해 모둠원들과 자유롭게 토론하는 '버즈 토의' 시간을 가져 보자. 나아가 과학, 공학적 차원에서 영상 매체에 과도한 내용이나 표현이 있었다면 그것을 어떻게 고쳐야 할지에 대해 논의해 보자.

`관련 학과` 공학계열 전체

《**공학윤리: 개념과 사례들**》, Charles E. Harris Jr 외 4명, 권오양 외 2명 역, 북스힐(2020)

국어 교과군

영어 교과군

수학 교과군

도덕 교과군

사회 교과군

과학 교과군

[12화언01-08] ● ● ●

자아 개념이 의사소통 방식에 미치는 영향을 인식하고 협력적인 관계 형성에 적절한 방식으로 대화한다.

➡ AI(artificial intelligence)의 시대에 인간이 인공지능과 차별화하기 위해 더 연마해야 할 역량으로는 EI(emotional intelligence), 즉 '감성 지능'이 있다. 이를 위해서는 타인의 감정을 인식하는 연습이 필요하다. 평소 교실 안에서 나누는 대화를 친구들의 동의를 얻어 녹음한 후, 이 대화 속에서 친구의 감정은 어떠한지를 분석하여 '우리 반 감성 사전'을 만들어 보자. 나아가 이 감정들을 데이터로 환산해 '감정 구름'을 만들어 친구들에게 배포하고, 지배적 감정에 대해 이야기를 나누어 보자.

관련 학과 산업공학과, 소프트웨어공학과, 소프트웨어학과, 정보보안학과, 정보통신공학과, 컴퓨터공학과, 항공우주공학과

《**하버드 감성지능 강의**》, 하버드 공개강의연구회, 송은진 편, 북아지트(2022)

[12화언01-09] ● ● ●

정제된 언어적 표현 전략 및 적절한 준언어적·비언어적 표현 전략을 활용하여 발표한다.

➡ 로봇이 인간의 준언어, 비언어적인 메시지를 담아 인간과 의사소통할 수 있을까? 톤, 어조, 강세 혹은 눈빛, 손짓, 어깻짓 같은 몸의 가벼운 떨림, 눈썹의 오르내림, 입술의 씰룩거림 등이 어떤 맥락적 상황 속에서 구현될 수 있게 하려면 코드를 어떻게 구성해야 할까? 의사소통 로봇의 준언어, 비언어적 코드 구성에 대한 자신의 의견 및 구체적 맥락 설정 방법을 친구들 앞에서 사례를 들어 발표해 보자.

관련 학과 기계공학과, 메카트로닉스공학과, 산업공학과, 소프트웨어공학과, 소프트웨어학과, 정보보안학과, 정보통신공학과, 컴퓨터공학과, 항공우주공학과

《**안녕, 트랜스포머**》, 이진기, 에이콘출판사(2022)

[12화언01-10] ● ● ●

화자의 공신력을 이해하고 효과적인 설득 전략을 활용하여 연설한다.

➡ '활성오니법'은 전통적인 폐수 정화 방법 중 하나이다. 그러나 '폭기(曝氣)' 과정에 시간과 공간이 많이 소요되며, 비용도 많이 발생한다. 폐수를 처리하는 다양한 방법에 대해 조사한 후, 예상되는 장단점에 대한 분석을 토대로 반 친구들 앞에서 자신이 가장 옳다고 생각하는 폐수 정화 시스템을 제시하는 연설을 해 보자.

관련 학과 도시공학과, 산업공학과, 생명공학과, 조선해양공학과, 토목공학과, 환경공학과

《**수질오염방지기술**》, 이승석·박진아, 동화기술(2022)

[12화언01-11] ● ● ●

토의에서 주제와 관련된 다양한 자료를 통해 공동체의 문제를 분석하고 합리적으로 해결한다.

➡ '도시환경 정비사업'은 도시 기능을 회복하기 위해 정비 구역 안에 있는 기반 시설을 정리하고 주택 등의 건축물을 개량하거나 건설하는 사업을 말한다. 우리가 살고 있는 도시의 환경을 정비하기 위해 건축학, 교통공학, 토목공학, 환경공학적 차원에서 어떠한 공학 기술이 적용되면 좋을지에 대해 분야별로 자료를 조사하고, 이 자료를 합리적으로 통합한 뒤 '살기 좋은 우리 도시'를 만들기 위한 회의를 개최하여 의견을 나누어 보자.

관련 학과 건축공학과, 건축학과, 교통공학과, 도시공학과, 산업공학과, 에너지공학과, 자동차공학과, 토목공학과, 환경공학과

《**도시환경리모델링의 사례집**》, 워크디자인북 편집부, 워크디자인북(2023)

[12화언01-12]

주장, 이유, 근거를 비판적으로 검토하여 논증의 타당성, 신뢰성, 공정성에 대해 반대 신문하며 토론한다.

➡️ 상온 초전도체에 대한 논의는 과학과 공학의 차원을 넘어 사회, 경영, 경제, 정책적으로 큰 변화를 불러일으킬 수 있을 정도로 중요한 문제이다. 따라서 '상온 초전도체의 상용화 가능성'에 대한 논의는 수많은 자료를 기반으로 이루어져야 할 것이다. 위의 논제에 대해 어떤 자료를 수집하고 정리할 것인지 계획을 수립하고, 모둠별로 논의한 후 실제로 자료를 조사하여 자신의 입장을 타당하게 하는 논리적 과정을 만들어 보자.

관련 학과 금속공학과, 기계공학과, 반도체공학과, 신소재공학과, 전기공학과, 전자공학과, 제어계측공학과, 화학공학과

《초전도 제로저항의 세계를 열다》, 김찬중, 하늬바람에영글다(2023)

[12화언01-13]

상황에 맞는 협상 전략을 사용하여 서로 만족할 수 있는 대안을 찾아 의사 결정을 한다.

➡️ '한국항공우주산업'이 진행하고 있는 각종 방위 산업은 보안을 위해 제작 기술의 공유 정도를 최소화해야 하는 경우가 있다. 이와 관련해 공학 기술의 교류를 통해 전 국가적 기술 산업의 발전을 도모해야 한다는 입장과 보안을 지키기 위해 제한적 항공우주 정보 공개가 필요하다는 입장 중 자신의 입장을 선택하고, 이를 토대로 상대방과 본인이 서로 만족할 수 있을 만한 대안을 만드는 '마라톤협상'을 진행해 보자. 이 과정에서 타인의 입장을 충분히 존중해 줄 수 있는 방법을 생각하고 실천해 보자.

관련 학과 기계공학과, 메카트로닉스공학과, 에너지공학과, 자동차공학과, 전기공학과, 전자공학과, 토목공학과, 항공우주공학과, 항공운항학과

《과학기술, 미래 국방과 만나다》, 박영욱 외 20명, 나무와숲(2022)

[12화언01-14]

기호를 활용한 사회적 행위로서의 국어생활을 성찰하고 문제점을 개선하는 태도를 지닌다.

➡️ '아스키코드'와 '유니코드'는 국제적인 문자 코드 규약으로, 이진수를 이용하여 우리말과 외국어를 나타낼 수 있다. 이 코드의 원리를 분석해 보고, '국밥[국빱]', '밟다[밥따]' 등의 음운 변동 현상을 이러한 이진수 숫자와의 관계성을 토대로 도출하여 나타낼 수 있을지, 그 가능성을 토의해 보자. 나아가 이러한 코드의 사용이 컴퓨터에서의 문자 표현적 측면에서 어떤 편리성을 지니고 있는지 조사하여 친구들에게 소개해 보자.

관련 학과 기계공학과, 메카트로닉스공학과, 산업공학과, 소프트웨어공학과, 소프트웨어학과, 정보통신공학과, 컴퓨터공학과

《흔적을 남기는 글쓰기》, 매슈 배틀스, 송섬별 역, 반비(2020)

[12화언01-15]

언어 공동체의 담화 관습을 이해하고, 다양성을 존중하는 의사소통 문화 형성에 기여하는 태도를 지닌다.

➡️ '수(數)'와 '기호'를 토대로 소통하는 공학 계열의 담화 관습은 나름의 민감성을 내포한다. 이러한 언어 관습에서는 대략, 어느 정도, 단순하게, 살짝, 강하게 등의 부사어나 부사절의 사용이 오히려 명확한 의사소통을 방해할 수 있다. 자신이 평소 말하는 언어 습관이 공학 계열의 사회에서는 어떻게 인식될지 상상하여 설명해 보고, '수치를 토대로 하는 말하기' 관습이 지니는 장점을 여러 사례를 통해 조사하여 발표해 보자.

관련 학과 공학계열 전체

《보고는 요약이다》, 박준서·김용무, 갈매나무(2022)

선택 과목	수능	**독서와 작문**	절대평가	상대평가
일반 선택	○		5단계	5등급

🔍 문어 의사소통, 사회·문화적 맥락, 독서 전략 및 관습, 사실적 읽기, 비판적 읽기, 추론적 읽기, 주제 통합적 읽기, 작문 전략 및 관습, 정보 전달 글쓰기, 논증하는 글쓰기, 성찰하는 글쓰기

[12독작01-01] •••

독서와 작문의 의사소통 방법과 특성을 이해하고 문어 의사소통 생활을 주도적으로 실천하고 성찰한다.

➡ 필자는 작문 주제에 대해 일정량의 정보를 갖추고 충분한 수준의 이해에 도달한 다음, 자신이 전달하고자 하는 정보를 글에 담는다. 그러면 독자는 사실적, 추론적, 비판적 읽기 등의 과정을 통해 필자가 제공하는 정보를 수용한다. 이러한 과정을 통해 독자는 주제에 대해 일정 수준의 이해에 도달하고, 자신이 이해한 정보를 재가공하여 또 다른 누군가에게 필자로서 정보를 전달하기도 한다. 위와 같은 일련의 과정을 반복하기에 독서와 작문은 의사소통의 성격을 갖고 있다고 본다. 이런 맥락에서 지금 우리 사회는 여러 구성원들이 IT를 주제로 정보를 생산하고 수용하며 상호 소통하고 있다고 볼 수 있다. IT에 관한 책을 찾아 읽으며 새로운 기술이나 일상생활에 광범위하게 적용되는 기술에 대해 탐구해 보고, 이를 통해 알게 된 지식들을 재가공하여 비전공자를 대상으로 정보를 전달하는 글을 써 보자.

관련 학과 반도체공학과, 산업공학과, 소프트웨어공학과, 소프트웨어학과, 신소재공학과, 자동차공학과, 전기공학과, 전자공학과, 정보보안학과, 정보통신공학과, 컴퓨터공학과, 항공우주공학과

《비전공자를 위한 이해할 수 있는 IT 지식》, 최원영, 티더블유아이지(2020)

[12독작01-02] •••

독서의 목적과 작문의 맥락을 고려하여 가치 있는 글이나 자료를 탐색하고 선별한다.

➡ 세계 드론 시장이 빠르게 성장하고 있는 가운데, 우리나라 곳곳에서도 드론을 상용화하고자 하는 움직임이 활발하게 전개되고 있다. 여수시는 남해안 도서 지역의 대표적 불편 사항 중 하나인 택배 배송 문제를 해결하기 위해 드론을 활용하는 '순환형 드론 배송 서비스'를 구축 중이다. 또한 제주도에서는 CCTV 사각지대가 많은 올레길에 드론 보안관이 뜨는 '올레길 안심 서비스'를 시행 중인데, 최근 오름 주변에서 길을 잃은 관광객 6명이 드론 수색으로 신속하게 구조되기도 하였다. 이처럼 드론이 점차 일상생활에 스며들고 있으나, 여전히 관련 분야의 인력 양성, 안전 관리, 인프라 등 해결해야 할 과제들이 남아 있다. 드론 활용 사례에 대한 탐구를 통해 관련 기술을 분석하고, 드론 상용화에 따르는 문제점과 해결책에 관한 자료를 찾아 드론 상용화에 대한 자신의 의견을 작성해 보자.

관련 학과 교통공학과, 기계공학과, 로봇공학과, 반도체공학과, 자동차공학과, 전자공학과, 정보통신공학과, 컴퓨터공학과, 항공운항학과

《드론 비즈니스》, 고바야시 아키히토, 배성인 역, 안테나(2016)

글에 드러난 정보를 바탕으로 글의 내용을 파악하고 글에 드러나지 않은 정보를 추론하며 읽는다.

➡ 딥페이크(Deepfake)란 인공지능을 기반으로 한 인간 이미지 합성 기술을 말하는데, 과거 사진이나 영상을 단순 합성하던 것에서 나아가 합성 여부를 확인하기 어려울 정도로 기술이 정교해지고 있다. 이 기술은 특수 효과 등 엔터테인먼트 산업의 발전에도 이바지하고 있는데, 배우의 과거를 재현하거나 더는 실존하지 않는 인물을 영상으로 구현해 내기도 한다. 실제로 해외에서는 드라마 방영을 앞두고 사회적 물의를 일으킨 배우에 대해 딥페이크 기술로 얼굴만 바꾸어 문제를 수습하기도 했다. 그러나 최근 각종 피싱이나 가짜 뉴스에 딥페이크 기술이 활용되는 등 악용 사례가 끊이지 않고 있다. 특히 음란물과 관련하여 딥페이크 기술이 주로 사용되고 있어 그 폐해가 심각하다. 딥페이크 기술의 원리와 활용 및 악용 사례에 대한 글을 읽고, 해당 기술의 문제점과 개선 방안에 대해 탐구해 보자.

　　`관련 학과` IT융합학과, 멀티미디어공학과, 소프트웨어공학과, 소프트웨어학과, 인공지능학과, 정보보안학과, 컴퓨터공학과
《**딥페이크의 얼굴**》, 이소은·최순욱, 스리체어스(2023)

글의 내용이나 관점, 표현 방법, 필자의 의도나 사회·문화적 이념을 평가하며 읽는다.

➡ 챗GPT를 개발한 Open AI의 최고경영자 샘 울트먼이 세계 각국을 다니며 AI 규제를 위한 전 세계적 협력이 필요하다고 강조하고 있다. AI 열풍을 불러일으킨 당사자가 AI 규제를 부르짖는 뜻밖의 상황이 벌어지고 있는 것이다. 이와 관련해 인공지능의 악용으로 인한 사회 문제를 우려한 행보라는 원론적 해석도 있지만, 한편에서는 AI 후발 주자를 견제하기 위한 목적이라는 해석도 있다. 우리나라의 경우 아직 AI 개발에 뒤처져 있어서 규제보다는 진흥이 필요한 상황인데, 현재 주축을 이루고 있는 AI 관련 기업들이 자기 입맛대로 규제를 논의하게 된다면 불리하게 작용할 가능성이 크다. AI 규제를 위한 전 세계적 협력을 요구하는 Open AI 최고경영자의 주장이 갖는 의도를 사회·문화적 맥락을 고려하여 추론해 보고, 이에 대해 평가해 보자.

　　`관련 학과` 데이터사이언스학과, 빅데이터학과, 소프트웨어공학과, 소프트웨어학과, 인공지능공학과, 정보보안학과, 정보통신공학과, 컴퓨터공학과
《**인공지능 메타버스 시대 미래전략**》, 안종배 외 30명, 박영사(2022)

글을 읽으며 다양한 내용 조직 방법과 표현 전략을 찾고 이를 글쓰기에 활용한다.

➡ 현재 전 세계적으로 급격히 성장하고 있는 시장 중 하나가 바로 전기자동차 시장이다. 차세대 운송 수단으로 평가받는 전기자동차는 2차 전지가 만들어 내는 전기를 동력으로 하기 때문에 2차 전지 시장 또한 급격히 성장하고 있다. 따라서 반도체와 더불어 우리나라의 핵심 먹거리로 부상할 2차 전지에 대한 관심과 투자가 반드시 필요하다. 청소년을 예상 독자로 하는 2차 전지 관련 글을 읽으며 복잡한 원리를 쉽게 설명하기 위해 어떤 방식으로 내용을 조직하고 표현하고 있는지 분석하고, 이를 토대로 산화·환원 반응, 표준 환원 전위 등 고등학교 과학 교과 내용과 연계하여 2차 전지의 주요 원리에 대해 정보를 전달하는 기사문을 작성해 보자.

　　`관련 학과` 기계공학과, 반도체공학과, 신소재공학과, 에너지공학과, 자동차공학과, 전기공학과, 전자공학과, 화학공학과, 환경공학과
《**처음 읽는 2차전지 이야기**》, 시라이시 다쿠, 이인호 역, 플루토(2021)

공통 과목

일반 선택

진로 선택

융합 선택

사회 선택

과학 선택

[12독작01-06]　●●●

자신의 글을 분석적·비판적 관점으로 읽고, 내용과 형식을 효과적으로 고쳐 쓴다.

➡ 20세기의 산업을 논할 때 석유를 빼놓을 수 없듯, 반도체는 21세기 산업의 핵심이라고 볼 수 있다. 특히 우리나라는 반도체 산업을 미래의 먹거리로 판단하고 있어 관련 분야에 적극적인 투자를 하고 있다. 이런 취지로 2024학년도 대입에서는 반도체, AI 등 첨단 분야 신입생 1,829명을 더 뽑기로 확정하였다. 해외의 경우 반도체 강국인 대만은 고등학교에 반도체 교육 과정을 도입하려고 추진 중이고, 중국은 한국의 반도체 기술을 받아들이기 위해 꾸준히 노력 중이다. 반도체 관련 기술의 원리에 대해 탐구해 보고, 더 나아가 우리나라 반도체 산업의 강점과 약점, 반도체 산업 육성을 위한 국가적 투자 현황 등을 해외의 사례와 비교·분석해 보자. 또한 이를 바탕으로 반도체 산업의 미래 가치를 주제로 글을 써 보고, 독자의 수준과 흥미를 고려하여 글을 점검해 보자.

`관련 학과` IT융합학과, 메카트로닉스공학과, 반도체공학과, 인공지능공학과, 전기공학과, 전자공학과, 정보통신공학과, 제어계측공학과, 컴퓨터공학과

《반도체 인문학》, 왕용준, 북스타(2022)

[12독작01-07]　●●●

인간과 예술을 다룬 인문·예술 분야의 글을 읽고 삶과 예술에 대한 자신의 생각을 담은 글을 쓴다.

➡ 근대 사회 이전의 수도는 국왕이 거주하는 도시를 이르는 것으로, 국가 권력의 상징적 의미를 드러내기 위해 의도적으로 그 공간을 조성하였다. 조선 시대 한양의 도성 역시, 국왕 중심의 유교적 이념을 구현하는 것을 목적으로 의도적으로 계획하여 만들어졌다. 《주례(周禮)》의 〈고공기(考工記)〉에 제시된 도성 공간 조성의 대원칙을 지키고자 노력하면서도, 이를 실제로 적용할 때는 한양의 지형적 특성에 순응하는 풍수지리의 영향을 받기도 했다. 이처럼 한양의 도성 공간 조성에는 유교적 이념, 풍수지리와 같은 당대 사회의 중요한 가치관이 반영되었다. 한양 도성에 대한 글을 찾아 읽으며 한양 도성의 공간 조성에 당대의 가치관이 구체적으로 반영된 양상에 대해 분석해 보고, 인간과 자연, 건축의 상호 관계성을 주제로 탐구 보고서를 작성해 보자.

`관련 학과` 건축공학과, 건축학과, 공간정보공학과, 교통공학과, 도시공학과, 토목공학과

《서울의 다섯 궁궐과 그 앞길》, 김동욱, 집(2017)

[12독작01-08]　●●●

사회적·역사적 현상이나 쟁점 등을 다룬 사회·문화 분야의 글을 읽고 사회·문화적 사건이나 역사적 인물에 대한 관점을 담은 글을 쓴다.

➡ 인공조명이 너무 밝거나 지나치게 많아, 밤에도 낮처럼 밝은 상태가 유지되어 국민의 생활을 방해하거나 환경에 피해를 주는 현상을 '빛공해'라고 한다. 지구상의 모든 동식물은 해가 뜨고 지는 것에 생체 주기가 맞춰져 있는데, 인위적으로 밤을 낮처럼 밝게 만들면 동식물은 밤과 낮을 구분하지 못해 정상적인 성장, 활동을 하지 못하게 되어 생태계가 교란될 수 있다. 또한 비교적 낙후된 도시는 인공조명을 무분별하게 사용하여 빛공해 피해가 더욱 크다는 연구 결과도 있다. 이에 전문가들은 동식물의 생태, 인류의 건강 및 사회 환경을 개선하기 위해 빛공해를 줄일 방안을 마련해야 한다고 주장한다. 빛공해 조명원의 특성, 측정 기술, 관련 법안, 우리나라의 빛공해 실태 등에 대한 글을 읽으며 빛공해 현상에 대해 탐구해 보고, 빛공해 관리 방안을 포함하여 문제 현상에 대한 보고서를 작성해 보자.

`관련 학과` 광공학과, 도시공학과, 반도체공학과, 스마트전기제어공학과, 생명공학과, 전기공학과, 전자공학과

《조명과 빛공해》, 김정태·김충국, 기문당(2014)

과학·기술의 원리나 지식을 다룬 과학·기술 분야의 글을 읽고 과학·기술의 개념이나 현상을 설명하는 글을 쓴다.

➡ '사물인터넷(IoT)'은 정보통신기술을 기반으로 모든 사물을 연결하는 기술을 말한다. 사물인터넷을 이용하면 센서나 장비, 가전제품, 차량, 건물, 도시 인프라 등 다양한 물리적 개체에 통신 기술을 내장함으로써 장치들 간에 서로 통신하고 데이터를 교환할 수 있고, 자동화, 모니터링, 조작 등이 가능해지기 때문에 생활의 편의성과 산업의 생산성을 높일 수 있다. 사물인터넷의 원리, 주요 기술과 활용 분야에 대한 글을 읽고, 이를 바탕으로 스마트 자동차와 스마트 공장에서 사물인터넷이 활용되는 양상에 대해 탐구하여 '사물인터넷이 가져올 무궁무진한 미래'를 주제로 사물인터넷에 대해 설명하는 글을 작성해 보자.

관련 학과 기계공학과, 도시공학과, 로봇공학과, 메카트로닉스공학과, 반도체공학과, 산업공학과, 소프트웨어공학과, 소프트웨어학과, 자동차공학과, 전자공학과, 정보통신공학과, 컴퓨터공학과

《메타버스 시대의 사물 인터넷(IoT)》, 양순옥·김성석, 생능출판사(2023)

글이나 자료에서 가치 있는 정보를 수집하고 효과적으로 조직하면서 정보를 전달하는 글을 쓴다.

➡ 지상 교통 분야에서 가장 혁신적이고 야심찬 프로젝트 중 하나로 꼽히는 '하이퍼루프'는 마찰이 거의 없는 진공관 속에서 자기 부상 기술을 이용해 이동하는 신개념 운송 수단이다. 하이퍼루프는 시속 1,200㎞의 속도로 서울-부산 거리를 20분 만에 주파할 수 있어 꿈의 이동 수단으로 불리기도 한다. 튜브 안에서 이동하기 때문에 날씨의 영향을 받지 않으며, 교통 혼잡, 환경 오염 등 기존의 교통수단들이 지녔던 문제들도 해결할 수 있을 것으로 전망되어, 현재 세계 곳곳에서 상용화를 위한 연구 개발이 진행 중이다. 하이퍼루프 시스템에 관한 자료를 토대로 정보를 수집한 후, 진공 기술, 자기 부상 기술, 미세먼지 처리 기술 등 하이퍼루프에 적용되는 과학기술과 이로 인한 교통의 변화, 하이퍼루프의 경제적 기대 효과 등을 주제로 정보를 전달하는 기사문을 작성해 보자.

관련 학과 교통공학과, 기계공학과, 도시공학과, 메카트로닉스공학과, 반도체공학과, 자동차공학과, 전기공학과, 전자공학과, 스마트모빌리티공학과, 스마트철도교통공학과

《미래를 읽다 과학이슈 11 season11》, 반기성 외 10명, 동아엠앤비(2021)

글이나 자료에서 타당한 근거를 수집하고 효과적인 설득 전략을 활용하여 논증하는 글을 쓴다.

➡ 사용자의 성향을 파악하여 맞춤형 정보를 추천·제공해 주는 '알고리즘'이 생활 곳곳에서 영역을 넓혀 가고 있다. 알고리즘은 사용자가 검색한 글, 영상, 상품 등의 데이터를 바탕으로 사용자가 좋아할 만한 다른 콘텐츠를 추천해 주므로, 따로 찾아보지 않아도 원하는 콘텐츠를 손쉽게 접할 수 있어 많은 사람이 편리함을 느끼고 있다. 그러나 알고리즘 기능은 일차적으로 사용자의 데이터를 수집 및 분석하는 것이 필수적이기에 개인 정보 관련 문제가 발생할 수 있고, 알고리즘을 이용해 여론을 형성할 위험성이 있으므로 주의해야 한다. 알고리즘에 관한 필자의 관점이 나타난 글을 읽고 쟁점을 분석한 후, 알고리즘의 명암에 대한 자신의 관점을 담은 칼럼을 작성해 보자.

관련 학과 IT융합학과, 멀티미디어공학과, 소프트웨어공학과, 소프트웨어학과, 인공지능학과, 정보보안학과, 컴퓨터공학과

《알고리즘이 지배한다는 착각》, 데이비드 섬프터, 전대호 역, 해나무(2022)

[12독작01-12]

정서 표현과 자기 성찰의 글을 읽고 자신의 정서를 진솔하게 표현하거나 자신의 삶을 성찰하는 글을 쓴다.

오늘날 전기자동차 회사로 유명한 '테슬라'는 물리학자이자 전기공학자였던 니콜라 테슬라의 이름을 딴 것이다. 그는 X선, 라디오, 레이더 등의 발명과 개발에 기여했으며, 특히 에디슨과 일명 '전류 전쟁'을 벌이며 교류 전기 전송 시스템의 개발과 보급에 큰 역할을 하였다. 이렇듯 전기 공학과 무선 통신 분야에 큰 업적을 남겼으나, 테슬라는 동시대에 발명으로 큰 성공을 거두었던 에디슨과 달리 생전에 부와 명성을 얻지는 못했다. 하지만 평생 연구와 발명에만 매진했던 그의 열정적 연구 태도와 혁신적인 결과물, 많은 사람이 과학의 혜택을 볼 수 있도록 기술을 공유하고자 했던 그의 생각이 오늘날 재조명되며 존경을 받고 있다. 니콜라 테슬라의 자서전에서 발명과 과학, 삶에 대한 가치관이 드러난 부분을 찾고, 자신의 가치관과 비교하여 삶을 성찰하는 글을 써 보자.

`관련 학과` 공학계열 전체

《**테슬라 자서전**》, 니콜라 테슬라, 진선미 역, 양문(2019)

[12독작01-13]

다양한 글을 주제 통합적으로 읽고 학습의 목적과 교과의 특성을 고려하여 학습을 위한 글을 쓴다.

생산되는 탄소량과 흡수되는 탄소량의 총량을 같게 하여 실질적인 탄소 배출량을 '0'으로 맞추는 탄소중립 기술이 환경 보호와 기후 변화 대응을 위한 주요 해결책으로 떠오르고 있다. 최근 과학기술정보통신부에서는 좁은 국토, 천연자원 부족 등 우리나라의 지리적 상황과 제조업 중심의 산업 구조 등 국내 여건을 종합적으로 반영하여 '한국형 탄소중립 100대 핵심 기술'을 선정하였다. 석탄 없이 철강 제품을 만드는 수소환원제철, 신재생 에너지를 활용하는 제로에너지건축물 등의 과학기술을 통해 녹록치 않은 국내 환경에서도 탄소중립을 실현할 방안을 마련한 것이다. 한국형 탄소중립 100대 핵심 기술 중 한 가지를 선정하여 관련된 글과 자료를 찾아 읽고, 해당 기술의 개념 및 원리, 적용 사례, 기대 효과 등에 대한 보고서를 작성해 보자.

`관련 학과` 공학계열 전체

《**탄소중립**》, 한국과학기술연구원, 문학과지성사(2022)

[12독작01-14]

매체의 유형과 특성을 고려하며 글이나 자료를 읽고 쓴다.

깨지거나 손상된 유리가 저절로 붙고, 구멍 난 옷을 문지르면 다시 복구되는 등 영화에서나 볼 수 있을 것 같은 일들이 첨단 신소재의 개발로 실현 가능성이 높아지고 있다. '자가 치유 소재'라고 불리는 이러한 신소재들은 깨지거나 늘어나더라도 시간이 지나면 원래의 형태나 일정 수준의 강도로 돌아온다. 가령 자가 치유 코팅 소재를 자동차 코팅제로 활용하면 사고로 표면이 긁히더라도 햇빛 아래에서 30분이면 회복할 수 있어 항상 깨끗한 외관을 유지할 수 있다. 또한 항상 착용하고 있어 부딪히거나 긁힐 가능성이 높은 웨어러블 센서의 경우에도 빠른 회복으로 흠집 없이 사용할 수 있도록 개발이 진행되고 있다. 첨단 신소재 개발에 관한 학술대회 참가자로서 자가 치유 소재의 과학적 원리와 개발 현황, 활용 사례 등에 대한 학술 발표 자료를 다양한 매체를 활용하여 제작해 보자.

`관련 학과` 고분자공학과, 반도체공학과, 신소재공학과, 에너지공학과, 자동차공학과, 전기공학과, 전자공학과, 화학공학과

《**반도체 인사이트 센서 전쟁**》, 주병권 외 10명, 교보문고(2023)

독서와 작문의 관습과 소통 문화를 이해하고 공동체의 소통 문화 및 담론 형성에 책임감 있게 참여한다.

➲ 2022년 3월, '컴퓨터 비전 및 패턴인식 학술대회(CVPR)'에서 윤성로 교수팀이 발표한 논문이 표절이라는 의혹이 일었고, 해당 논문은 관련 분야의 세계 최대 학술단체인 국제전기전자공학자학회(IEEE)에서 표절로 판단되어 철회되었다. 표절은 타인의 지적 재산을 훼손하고, 사회적으로 물의를 일으킨다는 점에서 공동체의 소통 문화를 저해하는 행위에 해당한다. 표절 시비에 얽힌 공학계열의 다른 사례를 찾아 논란이 된 사건의 전말에 대해 탐구하고, 인용과 표절의 의미 구분을 통해 공동체의 소통 문화를 지킬 방법에 대해 발표해 보자. 또한 표절과 마찬가지로 부적절한 행위에 해당하는 논문 조작에 대해서도 사례를 바탕으로 탐구해 보자.

관련 학과 공학계열 전체

《**글쓰기에서의 표절과 저작권**》, 김기태, 지식의 날개(2010)

공통	수능	문학	절대평가	상대평가
일반 선택	○		5단계	5등급

> |🔍| 문학의 인식적·윤리적·미적 기능, 내용과 형식의 관계, 문학 감상의 맥락, 한국 문학의 역사와 성격, 문학의 공감적·비판적·창의적 수용, 문학의 수용과 창작, 문학의 가치, 문학의 생활화

[12문학01-01] ● ● ●

문학이 인간과 세계에 대한 이해를 돕고, 삶의 의미를 깨닫게 하며, 정서적·미적으로 삶을 고양함을 이해한다.

➡ 인공지능(AI)과 정보통신기술(ICT)의 발달로 인해 사람들 사이의 유대감이 점차 피상적으로 바뀌어 가고 있는 지금, 머지않은 미래에 인간은 외로움이라는 극심한 질병에 시달릴 가능성이 높다. 이러한 미래를 예측했는지, 인간의 외로움을 달래 줄 인공지능 로봇 AF(Artificial Friend)나 AI 반려동물을 만들어 내기 위한 연구가 꾸준히 진행되고 있다. AF라 불리는 인공지능 로봇과 인간의 교감을 다룬 가즈오 이시구로의 소설 〈클라라와 태양〉을 읽고, AI가 인간과 교감하고 인간의 외로움을 달래 줄 수 있을지에 대해 고민한 뒤, 인간과 AI 로봇이 공존하는 미래를 주제로 비평문을 작성해 보자.

관련 학과 IT융합학과, 멀티미디어공학과, 메카트로닉스공학과, 반도체공학과, 소프트웨어공학과, 소프트웨어학과, 인공지능학과, 전기공학과, 전자공학과, 정보보안학과, 정보통신공학과, 컴퓨터공학과

《클라라와 태양》, 가즈오 이시구로, 홍한별 역, 민음사(2021)

[12문학01-02] ● ● ●

문학의 여러 갈래들의 특성과 문학의 맥락에 대해 이해한다.

➡ 아파트는 현관문을 중심으로 공간을 구분지어 이웃과 경계 짓기가 이뤄지고, 방문을 중심으로 공간을 구분지어 가족 간의 경계 짓기가 이루어진다. 그래서 이러한 아파트의 공간적 특성을 현대인의 소외와 단절의 강력한 원인으로 보기도 한다. 아파트가 문학 작품의 소재로 등장한 최인호의 〈타인의 방〉에도 이러한 아파트의 특성이 반영되어 있다. 제목에서 드러나듯 이 작품은 주인공이 자신의 집에서 느끼는 고독과 소외감, 아파트에서 벌어지는 이웃과의 단절을 통해 현대인의 소외감과 불안 의식을 드러내고 있다. 아파트의 공간적 특성과 현대인의 소외 현상을 연관 지어 최인호의 〈타인의 방〉을 감상한 후 서평을 작성하고, 더 나아가 현대인의 소외 현상과 불안 의식을 해결하기 위한 주거 공간으로서의 아파트의 변화 방안을 주제로 보고서를 작성해 보자.

관련 학과 건축공학과, 건축학과, 공간정보공학과, 도시공학과, 토목공학과

《타인의 방》, 최인호, 민음사(2005)

[12문학01-03] ● ● ●

주요 작품을 중심으로 한국 문학의 범위와 갈래, 변화 양상을 탐구한다.

➡ 구텐베르크의 금속활자술은 유럽 문화사에서 가장 중요한 발명품 중 하나로 손꼽히지만, 사실 그보다 80년가

량 앞선 고려 시대에 이미 세계 최초의 금속활자본인《직지심체요절》이 있었다. 그러나 구텐베르크의 발명이 유럽 사회와 역사 전반에 엄청난 변화를 일으켰던 것과 달리, 국가가 인쇄와 출판을 독점했던 과거 우리나라에서는 인쇄술의 발명이 큰 역할을 하지 못했다고 평가받는다. 19세기 후반에 접어들며 최초의 서점이 설립되고, 20세기에 와서야 박지원의《열하일기》나 정약용의《목민심서》등 당대의 주요 서적이 출판되면서 비로소 독서 문화가 꽃피게 된다. 우리나라의 인쇄 기술의 발달에 대해 조사해 보고, 이러한 기술의 발달이 근대 문학, 특히 소설의 내용 및 형식의 특성과 발전에 미친 영향에 대해 탐구해 보자.

관련 학과 금속공학과, 기계공학과, 메카트로닉스공학과, 신소재공학과, 재료공학과, 첨단소재공학과

《조선 시대 책과 지식의 역사》, 강명관, 천년의상상(2014)

[12문학01-04]　　　　　　　　　　　　　　　　　　　　　　　● ● ●

한국 문학에 반영된 시대 상황을 이해하고 문학과 역사의 상호 영향 관계를 탐구한다.

➡ 조세희의 〈난장이가 쏘아올린 작은 공〉은 1970년대 급격한 산업화로 인해 삶의 터전을 잃고 밀려나 몰락하는 도시 빈민의 고통을 다루고 있다. 특히 소외 계층을 상징하는 난쟁이 가족의 삶을 통해 당시 활발히 진행되던 도시 재개발 뒤에 숨은 소시민들의 아픔을 드러내어, 사회의 구조적 모순을 비판적으로 제시한다. 집의 의미, 정착에 대한 열망, 정착 의지와 사회 권력의 마찰로 인한 문제 등을 중심으로 〈난장이가 쏘아올린 작은 공〉을 읽고, 작품의 배경이 되었던 1970년대 한국 사회에 대해 분석해 보자. 그리고 작품의 사회적 배경과 오늘날의 사회 상황을 비교하여 공간 불평등의 개념을 중심으로 작품에 대한 비평문을 작성해 보자.

관련 학과 건축공학과, 건축학과, 도시공학과, 토목공학과

《난장이가 쏘아올린 작은 공》, 조세희, 이성과 힘(2000)

[12문학01-05]　　　　　　　　　　　　　　　　　　　　　　　● ● ●

한국 작품과 외국 작품을 비교하며 읽고 한국 문학의 보편성과 특수성을 파악한다.

➡ 김광섭의 시 〈성북동 비둘기〉는 산업화로 인해 훼손된 자연과 삶의 터전 등 물질문명의 부작용을 지적하고, 자연 생태계와 인간성 회복에 대한 소망을 노래한 작품이다. 한편 그보다 100여 년 이상 앞선 1850년대에는 두 아미쉬-수쿠아미쉬 족의 추장 시애틀이 백인들의 개발 중심의 자연관을 비판하며, 자연은 누구의 소유물도 아니기에 자연을 아끼고 사랑할 것을 당부한 수필 〈우리는 결국 모두 형제들이다〉이 있었다. 이처럼 동서양에서는 자연에 대한 작가 의식을 담은 문학 작품이 두루 창작되어 왔다. 두 작품에 나타난 개발 및 발전에 대한 관점을 비교·분석하고, 〈성북동 비둘기〉에 나타난 한국 문학의 보편성과 특수성을 탐구하여 보고서를 작성해 보자.

관련 학과 공학계열 전체

《성북동 비둘기》, 김광섭, 시인생각(2013)

[12문학01-06]　　　　　　　　　　　　　　　　　　　　　　　● ● ●

문학 작품에서는 내용과 형식이 긴밀하게 연관됨을 이해하며 작품을 수용한다.

➡ 공학 박사이자 공상과학 소설가인 곽재식의 〈은하행성서비스센터, 정상 영업합니다〉는 잡지에 1년간 연재되었던 12개의 단편을 엮은 소설집이다. 이 작품은 인류의 문명이 우주로 확장된 미래에 '미영'과 '양식'이 운영하는 서비스센터를 배경으로 과학적 호기심과 질문들을 유쾌하게 다루고 있다. 동일한 등장인물과 배경을 바탕으로 각기 독립적 이야기를 연결하는 '피카레스크식 구성'의 단편들은 두 주인공이 의뢰받은 일을 처리하기 위해 우주선을 타고 12개의 행성을 방문하는 식으로 각 장(章)의 이야기가 전개된다. 〈은하행성서비스센터, 정

상 영업합니다〉를 감상한 후 이 작품에서 피카레스크식 구성이 가지는 효과를 분석해 보고, 피카레스크식 구성을 취하는 다른 소설들과의 비교를 통해 문학 작품에서 내용과 형식이 갖는 연관성에 대해 탐구해 보자.

관련 학과 공학계열 전체

《은하행성서비스센터, 정상 영업합니다》, 곽재식, 네오픽션(2022)

[12문학01-07] • • •

작품을 공감적, 비판적, 창의적으로 감상하며, 다양한 방식으로 작품에 대해 비평한다.

➡ 베르나르 베르베르의 〈파피용〉은 멸종 위기에 처한 인류, 위태로운 지구, 그 상황 속에서 거대한 우주선에 14만 4천 명의 지구인을 태워 제2의 지구로 탈출하겠다는 한 항공 우주 엔지니어의 프로젝트를 다룬 소설이다. 구성원 모두가 평등한 이상적인 사회의 모습이었던 우주선 출발 초기와는 달리, 1,251년이라는 오랜 세월을 우주선에서 지내는 동안 우주선에 탑승한 사람들은 지구에서 겪었던 전염병, 독재, 전쟁 등의 사건을 그대로 답습하게 된다. 지구에서 인류가 그동안 겪어 왔던 부정적인 사건들에 대한 탐구 및 성찰을 통해 인류가 같은 일을 반복하지 않기 위해 필요한 지침들을 마련해 보고, 이러한 지침들을 〈파피용〉의 내용에 적극 반영한다면 어떤 결말이 나올지에 대한 상상을 바탕으로 작품에 대한 비평문을 작성해 보자.

관련 학과 공학계열 전체

《파피용》, 베르나르 베르베르, 전미연 역, 열린책들(2007)

[12문학01-08] • • •

작품을 읽고 새로운 시각으로 재구성하거나 주체적인 관점에서 작품을 창작한다.

➡ 이인로의 《파한집》에 수록되어 있는 수필 중 하나인 〈정지상의 고민〉에서는 시 창작에 관한 두 가지 일화를 소개하고 있다. 그중 한 가지는 밤새 시를 쓰려 고민하던 정지상이 마땅한 표현이 떠오르지 않아 시를 완성하지 못하다가 마침내 좋은 구절이 떠올라 시를 쓰게 되었다는 것으로, 창작에 대한 열정과 함께 시 창작의 고통과 어려움, 그리고 이를 극복했을 때의 즐거움을 말하고 있다. 이렇게 일화를 통해 주제를 전달하는 수필 작품을 감상할 때, 독자들은 자신의 비슷한 경험과 감정을 떠올리며 필자가 말하고자 하는 바에 공감할 수 있다. 〈정지상의 고민〉을 감상한 후, 시 창작의 괴로움에 대한 〈정지상의 고민〉을 공학을 연구하고 공부하는 것의 어려움이 담긴 수필로 개작하여 내용을 재구성해 보자. 또한 이를 통해 수필의 갈래 및 형식적 특성을 함께 탐구해 보자.

관련 학과 공학계열 전체

《역주 파한집》, 이인로, 박성규 역, 보고사(2012)

[12문학01-09] • • •

다양한 매체로 구현된 작품의 창의적 표현 방법과 심미적 가치를 문학적 관점에서 수용하고 소통한다.

➡ 앤디 위어의 소설 〈마션〉은 NASA의 우주 프로젝트에 화성에서 조난을 당한 '마크 와트니'의 생존기를 더하여 창작한 작품이다. 이 작품은 본래 작가가 블로그에 올린 글이었으나, 입소문을 타면서 정식으로 출간되었다. 또한 출간 이듬해에 동명의 영화 〈마션〉이 발표되면서, 소설과 영화가 동시에 전 세계적으로 흥행했다. 500쪽에 달하는 원작 소설을 144분의 영화로 각색하는 과정에서, 여러 부분이 간소화되거나 특정 장면이 극적 긴장감을 위해 새롭게 삽입되었다. 특히 영화의 마지막 부분에 주인공이 우주복을 찢어 구조팀과 재회하는 장면은 원작에는 없는 것으로, 극적 긴장감은 유발했지만 과학적 근거가 부족하다는 평을 받기도 했다. 영화 〈마션〉을 전달 매체의 특성 및 원작 소설과 연관 지어 감상하고, 이를 바탕으로 작품에 대한 비평문을 작성해 보자.

국어 교과군

영어 교과군

수학 교과군

도덕 교과군

사회 교과군

과학 교과군

《**마션**》, 앤디 위어, 박아람 역, 알에이치코리아(2021)

[12문학01-10] • • •

문학을 통하여 자아를 성찰하고, 타자를 이해하며 상호 소통한다.

→ 스마트폰의 등장과 SNS의 발달로 현대인들의 사회적 상호 작용은 그 어느 때보다 활발해 보이지만, 최근 진행된 설문조사에 따르면 한국 성인의 87.7%가 '외로움을 느끼는 사람이 많다'고 응답한 것으로 나타났다. 온라인상에서 형성되는 비대면의 피상적 인간관계는 오히려 물리적 공간에서 대면할 기회를 뺏거나 관계 형성을 어렵게 만드는 요소가 되기도 한다. 이러한 현실을 잘 반영한 시가 바로 오세영의 〈사이버 공간〉이다. 이 시는 온라인에서 타인과 진정한 관계를 맺고자 하는 화자가 자꾸만 달아나는 '너'를 좇다가 결국 좌절에 이르는 과정을 나타내고 있다. 〈사이버 공간〉을 감상하며 자신의 인간관계에 대해 성찰해 보고, 사이버 공간의 발달과 확산이 인간관계에 미치는 영향 및 바람직한 인간관계 형성을 위한 방안에 대해 탐구해 보자.

관련 학과 IT융합학과, 멀티미디어공학과, 미디어콘텐츠학과, 소프트웨어공학과, 소프트웨어학과, 융합소프트웨어학과, 인공지능학과, 컴퓨터공학과

《**봄은 전쟁처럼**》, 오세영, 세계사(2004)

[12문학01-11] • • •

문학을 통해 공동체가 처한 여러 문제들을 이해하고 문제 해결에 참여하는 태도를 지닌다.

→ 김기택의 시 〈바퀴벌레는 진화 중〉에서 '바퀴벌레'는 오염된 환경을 극복하고 생존한 놀라운 생명력을 지닌 존재로 묘사되는데, 이러한 바퀴벌레가 진화한다는 것은 지금보다 더 심각하게 오염된 환경에 바퀴벌레가 적응한다는 것을 의미한다. 즉 작가는 '바퀴벌레'라는 독특한 소재를 활용하여, 환경을 생각하지 않고 무분별하게 개발을 지속한다면 지금보다 더 심각한 상황을 맞닥뜨릴 것이라고 경고하고 있는 것이다. 작품에 사용된 시어 및 시구에 대한 이해를 바탕으로 시의 화자가 인식하고 있는 현실과 내다보고 있는 미래 환경의 모습은 어떠한지 파악해 보고, 공동체 문제 해결을 위한 문학의 역할에 대해 카드 뉴스를 제작해 보자.

관련 학과 공학계열 전체

《**태아의 잠**》, 김기택, 문학과지성사(1999)

[12문학01-12] • • •

주체적인 문학 활동을 생활화하여 지속적으로 문학을 즐기는 태도를 지닌다.

→ 기술의 변화는 그것과 관련된 사회의 변화를 필연적으로 가져온다. 특히 교통 기술의 발달은 우리 사회의 외적인 모습뿐만 아니라, 사람들의 가치관에도 많은 변화를 가져왔다. 여유를 즐기고 주위를 둘러보며 살던 사람들이 이제는 속도와 목적만을 추구하는 삶을 살고 있는 것이다. 신경림의 시 〈특급열차를 타고 가다가〉는 특급열차를 타고 목적지로 이동하던 화자가 목적 지향적인 삶, 빠름을 추구하는 삶의 태도 등 자신의 삶을 성찰하고, 여유로운 삶의 가치에 대해 이야기하면서 현대 문명이 만들어 낸 속도와 목적 지향적인 삶에 대한 비판적 메시지를 전달하고 있다. 〈특급열차를 타고 가다가〉를 감상하며 과학기술 문명의 발달이 가져온 인간 삶의 변화에 대해 성찰해 보고, 공학자에게 인문학적 소양이 필요한 이유에 대해 사례를 바탕으로 탐구하여 발표해 보자.

관련 학과 공학계열 전체

《**뿔**》, 신경림, 창비(2002)

국어 교과군

영어 교과군

수학 교과군

도덕 교과군

사회 교과군

과학 교과군

선택 과목	수능	주제 탐구 독서	절대평가	상대평가
진로 선택	X		5단계	5등급

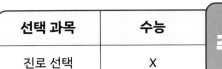

| 🔍 | 관심 분야, 책과 자료, 통합적 읽기, 주체적 탐구, 비판적·창의적 독서, 자신의 관점과 견해 형성, 주도적 독서, 삶의 성찰 및 계발 |

[12주탐01-01] • • •

주제 탐구 독서의 의미를 이해하고 관심 있는 분야에서 탐구할 주제를 탐색한다.

➡ 우리 주변에 리어카에 무거운 폐지를 싣고 다니는 노인들이 있다. 이들이 좀 더 편하게 폐지를 수거할 수 있도록 '리어카 개조 프로젝트'의 일환으로 교통, 기계, 환경, 자동차, 전기 공학 분야에서 학술 자료를 찾는 활동을 해 보자. 이후 '미니 심포지엄'을 통해 각자 독서 활동에서 조사한 내용들을 종합하여 실제로 개조를 위한 설계까지 나아가 보자.

관련 학과 건축공학과, 건축학과, 교통공학과, 기계공학과, 도시공학과, 메카트로닉스공학과, 산업공학과, 신소재공학과, 자동차공학과, 전기공학과, 전자공학과, 제어계측공학과, 토목공학과, 환경공학과

《내 삶 속의 인간공학》, 황재진·이경선, 박영사(2022)

[12주탐01-02] • • •

학업과 진로 탐색을 위해 주제 탐구의 독서 목적을 수립하고 주제를 선정한다.

➡ 공기를 정화하면서 풍력 발전까지 하는 두 마리의 토끼를 잡을 수 있을까? '윈드 타워 건설'이라는 목표를 실현하기 위한 진로를 탐색하고자 기계공학, 도시공학, 물리학, 환경공학과 관련된 다양한 책을 읽고, 윈드 타워의 원리를 이해하고 적용, 설계하기까지의 구체적인 학업 계획과 진로 계획을 세워 발표해 보자.

관련 학과 건축공학과, 건축학과, 교통공학과, 기계공학과, 도시공학과, 메카트로닉스공학과, 에너지공학과, 전기공학과, 전자공학과, 토목공학과, 환경공학과

《저에너지건축 디자인원리 101》, How Heywood, 우동주 역, 기문당(2022)

[12주탐01-03] • • •

관심 분야의 책과 자료가 지닌 특성을 파악하며 주제 탐구 독서를 한다.

➡ 〈클라라와 태양〉은 소설 갈래이지만, 그 안에는 뇌과학, 인공지능과학, 소프트웨어공학, 기계공학과 인문학, 윤리학, 사회학 등의 학문이 융합되어 있다. 따라서 소설을 통독의 방식으로 읽되, AF(인공지능 친구)와 클라라의 대화 및 행동을 통해 인물의 가치관이나 성격을 파악한 뒤, 그들의 상호 작용 방식과 그 의미를 이해하는 방식으로 주제 탐구형 독서를 하고, 그 내용을 정리해 보자.

관련 학과 기계공학과, 메카트로닉스공학과, 반도체공학과, 산업공학과, 생명공학과, 소프트웨어공학과, 소프트웨어학과, 전기공학과, 전자공학과, 정보보안학과, 정보통신공학과, 제어계측공학과, 컴퓨터공학과

《클라라와 태양》, 가즈오 이시구로, 홍한별 역, 민음사(2021)

주제와 관련된 책이나 자료를 탐색하면서 신뢰할 수 있고 가치 있는 정보를 선정하여 분석하며 읽는다.

➡ 반도체 기술은 통신, 전기, 전자, 국방, 항공, 자동차 등의 다양한 분야에서 필수적으로 요구되기 때문에 21세기를 사는 사람이라면 누구나 주의 깊게 살펴봐야 할 기술이다. 인공지능의 발전에 따라 반도체 기술은 더욱 고도화되고 있다. 《문과생도 알아두면 쓸모 있는 반도체 지식》은 반도체 기술의 구체적인 공학 원리에 대해 친절하게 설명한 책이다. 잘 모르는 분야라도 맥락을 활용하여 원리를 분석적으로 이해해 보고, 자신의 언어로 잘 정리하여 다른 친구들에게 설명하여 납득시키는 '독서 후 상호 티칭 프로그램' 활동을 해 보자.

`관련 학과` 금속공학과, 기계공학과, 반도체공학과, 산업공학과, 신소재공학과, 에너지공학과, 원자력공학과, 전자공학과, 정보보안학과, 정보통신공학과, 제어계측공학과, 화학공학과

《문과생도 알아두면 쓸모있는 반도체 지식》, 이노우에 노부오·구마모토 다카후미, 김지예 역, 동아엠앤비(2023)

주제에 관련된 책과 자료를 종합하여 읽으며 자신의 관점과 견해를 형성한다.

➡ 인공지능은 우리가 살고 있는 세계를 빠르게 변화시키고 있다. 이 변화의 정점에는 '특이점(singularity)'이라는 개념이 있다. 인공지능의 발전이 가속화되어 모든 인류의 지성을 합친 것보다 뛰어난 초인공지능이 출현하는 지점을 말한다. 특이점이 올 것인가에 대해서는 많은 이견이 존재하는데, 챗GPT와 관련된 학술 자료, 인공지능의 윤리적 문제 등을 다룬 자료 등을 모두 살펴본 후, 자신의 생각을 정리하여 '미니 세미나' 시간에 발표해 보자.

`관련 학과` 기계공학과, 메카트로닉스공학과, 반도체공학과, 산업공학과, 생명공학과, 소프트웨어공학과, 소프트웨어학과, 전기공학과, 전자공학과, 정보보안학과, 정보통신공학과, 제어계측공학과, 컴퓨터공학과

《챗GPT: 마침내 찾아온 특이점》, 반병현, 생능북스(2023)

매체를 포함한 다양한 방법으로 주제 탐구 독서의 과정이나 결과를 사회적으로 공유하고 소통한다.

➡ '학교 건물 가상 리모델링 프로젝트'를 위해서 건축학, 도시공학, 토목공학 등에 관련된 다양한 도서와 학술 자료를 탐색하고, 이를 토대로 건축 디자인의 방법론을 학습한 뒤 3D 프린팅 프로그램이나 CAD 프로그램 등을 활용하여 실제로 모둠별로 디자인해 보자. 이후 이 파일을 실제 건축 관련 기업 등에 이메일 등을 통해 공유하여 피드백을 받아 보자.

`관련 학과` 건축공학과, 건축학과, 기계공학과, 도시공학과, 메카트로닉스공학과, 소프트웨어공학과, 소프트웨어학과, 제어계측공학과, 컴퓨터공학과, 토목공학과, 환경공학과

《10대를 위한 건축 학교》, 임유신, 이케이북(2022)

주제 탐구 독서를 생활화하여 주도적으로 삶을 성찰하고 계발한다.

➡ 수많은 피해자를 양산해 온 개인 정보 유출 사건과 관련해 '정보 보호'를 위한 논의가 활발하게 전개되고 있으며, 많은 방법론이 제시되고 있다. 고도화된 공격을 사용자가 방어하기란 쉽지 않지만, 최소한의 보안 수칙을 지킨다면 보안 위협을 그나마 최소화할 수 있다. 평소 자신의 정보 보호 점수는 몇 점인지 진단해 보고, 이러한

점수를 높여야 하는 이유를 정보 보안 관련 학술 자료를 찾아 분석하고 이해해 보자. 나아가 정보 보호를 위해 자신이 어떤 노력을 할 수 있는지를 생각하고 구체적인 지침을 마련하여 공유해 보자.

관련 학과 기계공학과, 메카트로닉스공학과, 산업공학과, 소프트웨어공학과, 소프트웨어학과, 정보보안학과, 정보통신공학과, 컴퓨터공학과

《**4차 산업혁명과 정보보호**》, 원유재 외 3명, 청람(2018)

국어 교과군

영어 교과군

수학 교과군

도덕 교과군

사회 교과군

과학 교과군

선택 과목	수능	 문학과 영상	절대평가	상대평가
진로 선택	X		5단계	5등급

| 🔍 | 형상화, 언어 예술, 영감, 상상력, 시각적 요소와 청각적 요소의 결합, 현실 세계, 상상의 세계, 변용과 창조 |

[12문영01-01] ● ● ●

문학과 영상의 형상화 방법과 그 특성을 이해한다.

➡ 여러 문학 작품에서 나타나는 '판타지'적인 특성을 영화나 애니메이션 등의 영상 매체로 구현하기 위해서는 CG, 컴퓨터 그래픽이 필수적이다. 컴퓨터 그래픽의 구체적인 형상화 방법을 여러 사례를 통해 탐색한 후 이를 발표해 보자. 나아가 모둠별로 '국어'나 '문학', '문학과 영상' 과목 교과서에 수록된 문학 작품들 중 하나를 택하여 이를 CG로 표현하기 위한 전략, 방법을 논의하고, 실제 한 장면을 CG로 만들어 보자.

관련 학과 금속공학과, 기계공학과, 메카트로닉스공학과, 산업공학과, 소프트웨어공학과, 소프트웨어학과, 전기공학과, 전자공학과, 정보보안학과, 정보통신공학과, 컴퓨터공학과

《**컴퓨터 그래픽스 배움터**》, 최윤철 외 2명, 생능출판(2022)

[12문영01-02] ● ● ●

양식과 매체에 따른 특성과 효과를 고려하여 문학 작품과 영상물을 해석하고 비평한다.

➡ 우리에게 매우 친숙한 〈금도끼 은도끼〉 이야기는 산신령과 나무꾼의 대화 구조로 이루어져 있다. 산신령의 질문에 대해 나무꾼이 어떻게 대답하느냐에 따라 이야기가 새로운 국면으로 접어들게 되는 플롯인데, 이 이야기 구조를 알고리즘으로 짜서 '선택지 게임'을 프로그래밍해 보자. 그리고 이 게임과 이야기 원작을 비교하여, 각각의 매체 혹은 갈래가 독자 혹은 플레이어의 흥미를 돋우는 방식을 파악하여 발표해 보자.

관련 학과 건축공학과, 건축학과, 메카트로닉스공학과, 소프트웨어공학과, 소프트웨어학과, 식품공학과, 정보보안학과, 정보통신공학과, 제어계측공학과, 컴퓨터공학과, 환경공학과

《**이솝우화전집**》, 이솝, 박문재 역, 현대지성(2020)

[12문영01-03] ● ● ●

문학 작품과 영상물 간의 영향 관계와 상호 작용의 효과를 파악한다.

➡ 문학 작품을 영상물로 나타내기 위해서는 문학 작품 속 사건의 상황과 과정, 인물들의 정서, 배경 등에 대한 폭넓은 이해가 필요하다. 특히 심상, 수사법, 대사의 준언어적 양상 등을 영상으로 나타내는 공학적 방법을 찾기 위해서는 원작자와의 충분한 의사소통과 조율 과정이 필요할 것이다. 이러한 양상의 구체적인 사례를 찾아 모둠별로 논의해 보자.

관련 학과 공학계열 전체

《**영상 제작자의 생존 매뉴얼**》, 뤼도크, 박지홍 역, 경당(2024)

[12문영01-04] ● ● ●

문학 창작과 영상 창작의 요소와 기법을 바탕으로 문학 작품과 영상물을 수용·생산한다.

➤ AI가 쓴 소설은 인간이 쓴 소설과 어떤 차이점이 있을까? 우선 경우와 상황, 명령 입력자와 수행 매체에 따라 다르게 나타날 것이다. '사랑과 이별'이라는 주제로 챗GPT와 반 친구들에게 소설 창작을 부탁하고, AI와 인간이 각각 어떤 이야기를 썼는지 결과를 공유해 보자. 특히 AI가 어떠한 원리로 해당 소설을 쓰게 되었는지, 특히 어떻게 빅데이터를 조합하고 정보 처리했는지 그 과학적 원리를 탐색하고 이를 토대로 AI 소설 창작에 대한 이해의 지평을 넓혀 보자.

관련 학과 소프트웨어공학과, 소프트웨어학과, 정보통신공학과, 제어계측공학과, 컴퓨터공학과
《**AI가 쓴 소설**》, 박금산, 이시아(2021)

[12문영01-05] ● ● ●

소재가 유사한 문학 작품과 영상물을 비교하면서 통합적으로 수용한다.

➤ 〈스플라이스〉를 비롯해 생명공학적 설계를 다루고 있는 영화들은 다소 비현실적인 생명과학적 현상을 다루면서도 공학 기술에 가려진 인간애에 대한 희망 어린 메시지를 던지고 있다. 영화 〈스플라이스〉를 보며 '인간 존재와 돌연변이 생명체' 등에 대한 자신의 생각을 정립해 보고, 자연 혹은 공학적 설계에 의해 낳은 개체가 인간과 상호 작용할 수 있는지에 대해 자신의 생각을 정리하고 발표해 보자.

관련 학과 기계공학과, 메카트로닉스공학과, 생명공학과, 소프트웨어공학과, 소프트웨어학과, 에너지공학과, 원자력공학과, 자동차공학과, 전기공학과, 전자공학과, 정보보안학과, 정보통신공학과, 제어계측공학과, 컴퓨터공학과
《**유전자 스위치**》, 장연규, 히포크라테스(2023)

[12문영01-06] ● ● ●

문학 작품과 영상물을 효과적으로 전달할 수 있는 경로와 매체를 선택하여 공유한다.

➤ 메리 셸리의 〈프랑켄슈타인〉은 과학과 공학의 발전에 드리워진 인간의 어두운 그림자를 폭로했다는 측면에서 새로운 형태의 과학 소설이라고 볼 수 있다. 이 작품에서 '프랑켄슈타인'이라는 과학자가 괴물을 만드는 과정 중 간단하면서도 문학적으로 제시된 부분을 하나 골라, '크리스퍼 유전자가위' 등의 생명공학적인 기법을 추가하여 소개하는 리포트를 만들어서 친구들에게 배포해 보자.

관련 학과 생명공학과, 에너지공학과, 원자력공학과, 컴퓨터공학과, 화학공학과, 환경공학과
《**프랑켄슈타인**》, 메리 셸리, 박아람 역, 휴머니스트(2022)

[12문영01-07] ● ● ●

문학과 영상에 관련된 진로와 분야에서 요구하는 문화적 소양에 대해 탐구한다.

➤ 김광규의 시 〈젊은 손수 운전자에게〉는 자동차라는 편리한 교통수단을 가지게 되어서 부러울 만하지만, 주변 환경이나 과일 장수, 생선 장수 등 이웃의 삶을 보지 못하고 앞만 보며 달려가는 상황이 아쉽다는 점을 드러내고 있다. 현대 문명과 과학, 공학 기술이 발달함에 따라 우리가 보지 못하는 것이 무엇인지에 대해 생각해 보고, 이러한 '명과 암'을 모두 꿰뚫을 수 있는 소양을 갖추기 위해 무엇을 준비해야 할지 토의해 보자.

관련 학과 공학계열 전체
《**안개의 나라**》, 김광규, 문학과지성사(2018)

[12문영01-08]

문학 작품과 영상물을 비판적으로 수용하며 자신의 삶을 성찰한다.

➡ 올더스 헉슬리의 〈멋진 신세계〉는 발전된 과학 문명의 세계 속에서 전체주의적 국가 통제, 계급 사회의 전개가 어떻게 일어날 수 있는지를 보여 주고 있다. 이 작품에 나오는 '소마'라는 약은 먹는 것만으로도 '행복'의 감정을 가질 수 있는데, 이러한 약이 현대 사회에서 필요할지에 대해 서로 토의하는 시간을 가져 보자. 또한 이 작품에 등장하는 여러 생명공학적인 기술의 필요성에 대해서도 의견을 나누어 보자.

관련 학과 공학계열 전체

《멋진 신세계》, 올더스 헉슬리, 안정효 역, 소담출판사(2015)

[12문영01-09]

문학 작품과 영상물을 통해 창의적 사고를 표현하고 세계와 적극적으로 소통하는 태도를 가진다.

➡ '우리 동네의 신호등의 수, 위치, 신호 시간은 적절한가?'라는 문제에 답하기 위해 특정 시간별로 이동 차량의 수, 속도, 교통마비 정도 등 다양한 기준을 만들어 실험을 진행해 보자. 특히 '타임 랩스' 기능을 활용하여 차량의 이동을 측정하고 있다는 점을 부각하는 방식으로 영상을 만들고, 탐구의 전 과정을 촬영·편집한 영상물을 반 친구들과 공유해 보자.

관련 학과 교통공학과, 도시공학과, 산업공학과, 소프트웨어공학과, 소프트웨어학과, 자동차공학과, 정보통신공학과, 제어계측공학과, 조선해양공학과, 컴퓨터공학과, 토목공학과, 환경공학과

《교통신호체계론》, FGSV, 이선하 역, 교문사(2014)

[12문영01-10]

문학 작품과 영상물의 수용과 생산 활동에 따르는 윤리적 책임을 인식하면서 주체적이고 능동적으로 참여한다.

➡ 공학에서는 경제성, 효율성이 크게 중시되지만, 이와 함께 환경 적합성, 정비성뿐 아니라 윤리성, 미적 가치 등도 중시된다. 특히 건축물에서는 안전성이 매우 중시되는데, 이를 간과한 채 공학 기술의 우월성에만 초점을 맞춘 영상물을 수용하는 과정에서 경시되는 지점을 찾아 공학 논리적으로 비판해 보고, 바람직한 수용의 태도에 대해 토의해 보자.

관련 학과 건축공학과, 건축학과, 교통공학과, 도시공학과, 산업공학과, 생명공학과, 자동차공학과, 전기공학과, 전자공학과, 조선해양공학과, 컴퓨터공학과, 토목공학과, 항공우주공학과, 환경공학과

《건축과 기후윤리》, 백진, 김한영 역, 이유출판(2023)

선택 과목	수능	직무 의사소통	절대평가	상대평가
진로 선택	X		5단계	5등급

국어 교과군

영어 교과군

수학 교과군

도덕 교과군

사회 교과군

과학 교과군

| 🔍 | 직무 의사소통의 목적, 맥락, 매체, 표현 전략, 의사소통 역량, 공동체·대인 관계 역량, 직무 정보의 관리 및 활용과 조직 및 표현, 갈등 조정하기, 문제에 대한 대안 탐색 및 해결 |

[12직의01-01]

직무 의사소통의 목적과 맥락, 매체, 참여자 특성을 이해하고 적절한 표현을 사용하여 능동적으로 소통한다.

➡ 애플의 공동 창업자이자 21세기 혁신의 아이콘이라 불리는 스티브 잡스는 드라마틱하고 인상적인 프레젠테이션으로도 유명하다. 그는 명쾌한 단어와 직관적 이미지를 활용하여 어려운 운영 체제를 보다 쉽게 이해할 수 있도록 전달했으며, 핵심만을 강조하는 '함축'의 전략을 주로 활용했다. 예컨대 휴대용 미디어 플레이어인 '아이팟(iPod)' 프레젠테이션에서는 '주머니 속의 1,000곡'이라는 함축된 문구를 사용하였으며, 서류 봉투에서 '맥북 에어(MacBook Air)'를 꺼냄으로써 얇고 가볍다는 이미지를 간결하게 전달하기도 했다. 스티브 잡스의 1세대 '아이폰(iPhone)' 발표 영상을 통해 좋은 공학 프레젠테이션의 요소를 탐구해 보고, 최근 관심 있는 공학 기술 또는 그 기술을 활용한 제품 중 하나를 선정하여 인상적인 기술 및 제품 홍보 프레젠테이션을 기획해 보자.

관련 학과 공학계열 전체

《스티브 잡스의 프레젠테이션》, 김경태, 멘토르(2006)

[12직의01-02]

직무 공동체의 다양한 소통 문화와 직무 환경 변화에 적합하게 자기를 소개하고 면접에 참여한다.

➡ 건축은 '땅 위에 세운 인문학'이라 표현할 정도로 인간의 사상, 문화와 밀접한 관련이 있기에, 건축물을 보면 당대 사람들의 공학적 기술 수준뿐만 아니라 세상을 이해하는 관점, 사회·경제 체제 등에 대해서도 파악할 수 있다. 이런 이유로 건축 행위 이전에 '어떤 가치를 지닌 공간을 만들 것인가'에 대한 고민이 선행되어야만 하고, 이를 위해서는 우리가 원하는 삶의 가치가 무엇인가에 대한 이해가 필수적이므로 인문학적 소양을 함양할 필요가 있다. 세계의 유명 건축물 중 하나를 선정하여 그 건축물에 깃든 인문학적 가치를 탐구해 보고, 더 나아가 지금 우리 사회가 원하는 건축은 어떤 것인지에 대한 인문학적 고민을 바탕으로 건축가로서의 자신을 소개하는 글을 작성해 보자.

관련 학과 건축공학과, 건축학과, 공간정보공학과, 교통공학과, 도시공학과, 토목공학과

《유현준의 인문 건축 기행》, 유현준, 을유문화사(2023)

[12직의01-03]

효과적인 진로 탐색 및 직무 수행을 위해 다양한 방법으로 정보를 수집하고 분석하여 내용을 이해하고 평가한다.

➡ 우리 사회의 안전의식 수준이 예전에 비해 높아지고 안전을 위한 여러 규정이 만들어졌지만, 예상치 못한 상황

에서 안전사고는 늘 발생하고 있다. 이에 따라 인공지능(AI)과 사물인터넷(IoT) 센서 등이 인간의 안전을 책임질 핵심 기술로 주목받고 있다. 한국전자통신연구원(ETRI)은 건물의 붕괴 위험을 사전에 예측할 수 있는 지능형 IoT 기술을 개발했고, 광주과학기술연구원(GIST)의 연구팀은 재난 구조 로봇이 재난 현장에서 피해자의 위치를 추정할 수 있는 인공지능 시각 인지 알고리즘을 개발했다. 정보통신정책연구원(KISDI)의 '공공·안전부문 인공지능(AI) 도입 현황 및 시사점' 보고서를 통해 재해·재난 예측 및 방지를 위한 기술 개발의 현황에 대해 조사한 뒤, 우리 사회에서 재난 사고 발생 시 활용할 수 있는 첨단 기술로 어떤 것이 있는지 탐구하여 보고서를 작성해 보자.

관련 학과 AI융합학과, 교통공학과, 메카트로닉스공학과, 반도체공학과, 소프트웨어공학과, 소프트웨어학과, 자동차공학과, 전자공학과, 정보보안학과, 정보통신공학과, 제어계측공학과, 컴퓨터공학과

IoT와 AI 기반 스마트 안전의 현재와 미래
최명기, 지우북스(2022)

책 소개

이 책은 사물인터넷(IoT)과 인공지능(AI) 등 첨단 기술을 활용한 스마트 안전의 현재와 미래에 대한 내용을 다루고 있다. 구체적으로 스마트 안전의 개념, 스마트 안전에 적용되는 핵심 기술, 기술의 개발 및 적용 현황, 스마트 안전 활성화를 위한 방안, 스마트 안전 기술의 미래에 대한 내용으로 구성되어 있다.

세특 예시

'직무 수행을 위한 정보 수집 및 분석하기' 수업에서 이태원 압사 사고의 발생 원인에 대해 다각적으로 분석한 후, 과학기술을 통해 사고 예방 및 즉각 대응이 가능한 시스템을 구축할 수 있는지에 대해 호기심을 가짐. 이에 과학기술정보통신부에서 발표한 'CCTV 영상 기반 다중운집 위험도 예측 및 분석 기술'에 대한 자료를 조사하며, 이에 적용된 첨단 기술의 원리에 대해 탐구함. 이 외에도 첨단 기술을 활용한 스마트 안전 구축 사례가 있는지 궁금증을 느껴 'IoT와 AI 기반 스마트 안전의 현재와 미래(최명기)'를 읽음. 특히 '스마트 센서를 이용한 IoT 솔루션' 기술에 관심을 갖고, 스마트 센서의 핵심 기술인 미세전자기계 시스템에 대해 자료를 찾아본 뒤 탐구 보고서를 작성함.

[12직의01-04] • • •

적절한 매체를 사용하여 직무에 필요한 정보를 체계적으로 관리하고 활용한다.

◉ '업사이클링'이란 단순 재활용을 넘어 디자인, 활용도 등을 더해 가치를 높이는 것을 말하는데, 최근 플라스틱의 다양한 소재 중 폴리프로필렌(PP)과 폴리에틸렌(PE)을 고부가 가치 화합물로 전환할 수 있는 방법이 연구되어 기대를 모으고 있다. 버지니아 공대 연구팀은 값비싼 촉매나 까다로운 화학 반응 조건 없이도 PP와 PE를 지방산으로 업사이클링 하였는데, 이 지방산은 비누, 샴푸, 세제 등에 쓰이는 계면 활성제 제작에 활용할 수 있어 추후 플라스틱 폐기물 문제를 해결하는 실마리가 될 것으로 전망된다. 다양한 매체를 활용하여 플라스틱 업사이클링에 관한 자료를 찾아 그 원리와 방식을 정리해 보고, 이를 바탕으로 폐플라스틱 업사이클링의 개발 현황 및 시장 활성화 방안, 전망과 과제 등에 대해 탐구해 보자.

관련 학과 공업화학과, 석유화학소재공학과, 신소재공학과, 재료공학과, 화학공학과, 환경공학과

《플라스틱은 어떻게 브랜드의 무기가 되는가》, 김병규, 미래의창(2021)

[12직의01-05]   ● ● ●

정보를 효과적으로 조직하여 직무의 목적·대상·상황에 적합하게 표현한다.

➡ 미국은 2022년 세계 최초로 핵융합으로 순에너지를 만드는 데 성공했으며, 2023년에는 에너지 수율을 더 높이는 데 성공했다고 발표했다. 핵융합 기술은 핵분열과 달리 폭발 위험이 없고, 폐기물 걱정이 덜한 데다 연료까지 무한해 새로운 청정에너지원으로 주목받고 있다. 그런데 물리학 전공자나 관련 산업 종사자가 아니면 핵분열과 핵융합을 혼동하는 경우가 많다. 둘은 핵을 반응시켜 에너지를 얻는다는 측면에서는 같지만, 이를 실용화하기 위한 접근 및 운영 방법에 있어서는 차이가 있다. 핵분열과 핵융합의 원리에 대해 비교·분석해 보고, 각 방식의 장단점, 개발 현황, 미래 에너지로서의 가치 등에 대해 탐구해 보자. 그리고 과학, 수학, 공학 분야를 주제로 일반 대중과 소통하는 행사인 '페임랩(Fame Lab)'의 참가자라 가정하고, 핵융합 에너지의 가치에 대한 자신의 생각을 발표문으로 작성해 보자.

`관련 학과` 금속공학과, 기계공학과, 에너지공학과, 원자력공학과, 전기공학과, 전자공학과, 재료공학과, 화학공학과

《꿈의 에너지 핵융합》, 박덕규, 전파과학사(2018)

[12직의01-06]   ● ● ●

직무 수행 과정에서 발생하는 의사소통 문제와 대인 관계 갈등에 대해 대화와 협의로 대처하고 조정한다.

➡ 미국 캘리포니아주가 무인 자율주행 택시인 로보 택시의 연중무휴 운행을 허가하는 안건을 통과시키면서, 샌프란시스코에서는 누구나 시간대에 상관없이 로보 택시를 불러 이용할 수 있게 되었다. 이를 찬성하는 측은 세계 자율주행 산업 허브로서의 입지 확보, 안전한 도로 교통 환경 조성 등을, 반대하는 측은 시민 안전 위협, 택시 및 우버 운전자들의 일자리 감소 등을 근거로 서로 팽팽하게 대립하고 있다. 그러나 로보 택시의 연중무휴 개시 일주일 만에 여러 문제점이 노출되면서, 적절한 시정 조치가 이루어지기 전까지 운행 차량을 절반으로 줄이기로 했다. 자율주행 기술의 미래 가치를 고려하면 지금의 갈등 상황은 반드시 해결되어야만 하는 문제다. 자율주행 기술에 대해 탐구하고 갈등의 핵심 사안과 각 입장의 내용을 파악한 후, 이를 바탕으로 모두가 만족할 수 있는 대안을 제시해 보자.

`관련 학과` 교통공학과, 기계공학과, 도시공학과, 메카트로닉스공학과, 반도체공학과, 소프트웨어공학과, 자동차공학과, 전기공학과, 전자공학과, 정보통신공학과, 컴퓨터공학과

《스마트 모빌리티 지금 올라타라》, 모빌리티 강국 보고서 팀, 매일경제신문사(2021)

[12직의01-07]   ● ● ●

직무 공동체의 의사 결정 과정에 적극적으로 참여하여 대안을 탐색하고 합리적으로 문제를 해결한다.

➡ 전 세계의 심해에는 전기차 배터리의 핵심 원료로 쓰이는 '망간단괴'가 1조 7천 억 톤가량 존재하고 있는 것으로 추정된다. 최근 기후 변화 대응을 위한 전기차 수요가 급증함에 따라 배터리의 핵심 광물 가격도 따라 오르고 있다. 이러한 상황에서 심해 채굴을 통해 핵심 광물의 공급을 확보하는 것이 필요하다고 주장하는 사람들이 있는가 하면, 심해 채굴이 해양 생태계를 돌이킬 수 없을 정도로 파괴할 가능성이 있다며 반대하는 사람들도 있다. 이런 이유로 유엔 산하 해양 규제기관인 국제해저기구(ISA)는 총회를 통해 2024년까지 심해 채굴을 위한 법적 구조를 마련하기로 합의했다. 심해 채굴과 관련해 과학적 원리 및 갈등 상황에 대해 탐구해 보고, 심해 채굴에 대한 여러 대안을 비교·분석하여 자신이 생각하는 최적의 대안을 선정하고 그 이유를 발표해 보자.

`관련 학과` 금속공학과, 기계공학과, 반도체공학과, 생명공학과, 신소재공학과, 자동차공학과, 화학공학과, 환경공학과

《바다의 모든 것》, 뉴턴프레스, 아이뉴턴(2017)

직무 상황에서 구성원들과 다양한 매체를 활용하여 적극적으로 협업하고 언어 예절을 갖추어 소통한다.

➡️ 고속도로 분기점은 길을 헤매는 운전자들이 많아 늘 사고가 잦았다. 그런데 어느 순간부터 분기점 인근의 노면에 분홍색과 초록색의 유도선이 그려지면서, 교통사고 발생 횟수가 획기적으로 줄었다. 사실 유도선 도입 전에는 도로교통법상 도로에 칠할 수 있는 색깔이 정해져 있었다. 하지만 적극행정면책 제도를 활용하여 분홍, 초록의 유도선을 도입했고 그 효과가 확인되면서 2021년 공식적으로 인정받게 되었다. 이처럼 사소한 아이디어가 고질적인 문제 상황을 해결하기도 한다. 지하차도 도로 표지병이나 차선이탈 방지 표지병도 그동안 지적되었던 문제를 해결하기 위해 설치된 것이다. 이처럼 최근 시범 운영되거나 개발된 기술에 대해 탐구해 보고, 본인이 거주하고 있는 지역의 고질적인 문제에 대한 토의를 통해 해결 방안을 제안해 보자.

관련 학과 교통공학과, 교통시스템공학과, 도시공학과, 드론공간정보공학과, 스마트시티공학과, 재난안전공학과

《**도시와 교통**》, 정병두, 크레파스북(2020)

개인의 권리와 정보 보안에 대한 책무를 인식하면서 직무 의사소통에 참여한다.

➡️ 삼성페이와 애플페이를 필두로 하여 전 세계적으로 간편결제 시장이 급성장하고 있다. 그런데 현금에서 신용카드로, 신용카드에서 스마트폰으로 바뀌어 온 결제 방식이 앞으로는 손바닥으로 결제하는 방식으로 바뀔 수도 있을 듯하다. 관련 기업인 아마존과 텐센트는 이미 손바닥 결제 관련 특허를 출원한 상태이고, 현재 일부 지역에서 손바닥 결제 서비스를 시범 운영 중이다. 그러나 손바닥 정보 인식을 위해서는 데이터 수집 과정이 필요하기에, 개인 정보 유출에 대한 우려도 있다. 기존의 지문, 홍채, 안면 인식 기술의 한계와 손바닥 인식 기술의 작동 원리, 특징과 장점에 대해 탐구해 보자. 또한 손바닥 인식 기술 상용화 시 개인 정보 유출 우려에 대한 대책 및 기술의 대중화를 위한 과제에 대해 탐구하여 보고서를 작성해 보자.

관련 학과 기계공학과, 메카트로닉스공학과, 모바일시스템공학과, 반도체공학과, 소프트웨어공학과, 전기공학과, 전자공학과, 정보보안학과, 정보통신공학과, 컴퓨터공학과

《**21세기 화폐전쟁**》, 노르베르트 헤링, 박병화 역, 율리시즈(2019)

직무 환경의 변화에 대응하여 지속적으로 자기를 계발하고, 직무 의사소통에 능동적이고 협력적으로 참여하는 태도를 지닌다.

➡️ 도심의 교통 체증이 한계에 다다르며 사회적 문제로 부각되자, 국토교통부는 2025년 도심항공교통(UAM) 상용화를 목표로 한국형 도심항공교통(K-UAM) 실증사업을 추진하고 있다. 도심항공교통은 전동 수직 이착륙기(eVTOL)를 활용해 저고도에서 이동하는 교통 시스템으로, 기체, 운항, 서비스 등을 총칭하는 개념이다. 전동 수직 이착륙기는 배터리와 연료 전지로 구동하기 때문에 탄소 배출이 거의 없어, 친환경 항공 교통수단으로 각광받고 있다. 도심항공교통에 적용되는 핵심 기술의 원리, 도심항공교통 인프라 구축을 위한 관련 기술 및 사업, 지상 평면 교통을 지상 및 공중의 입체 교통으로 변환할 때 예상되는 변화 및 문제점, 상용화를 뒷받침하기 위한 법적·제도적 방안 등에 대해 탐구하여, '한국형 도심항공교통(K-UAM) 로드맵'에 대한 보도 자료를 작성해 보자.

관련 학과 교통공학과, 기계공학과, 도시공학과, 메카트로닉스공학과, 반도체공학과, 소프트웨어공학과, 자동차공학과, 전기공학과, 전자공학과, 정보통신공학과, 컴퓨터공학과

《**UAM**》, 한대희, 슬로디미디어(2022)

선택 과목	수능	독서 토론과 글쓰기	절대평가	상대평가
융합 선택	X		5단계	5등급

| 🔎 | 주체적이고 협력적인 의미 발견 및 구성, 사회적 소통 행위, 개인과 공동체의 문제 해결, 능동적·협력적 참여, 존중, 유연한 자세 |

[12독토01-01]

개인이나 공동체의 관심사를 고려하여 읽을 책을 선정한 후 질문을 생성하고 주체적으로 해석하며 책을 읽는다.

➡ 반도체 산업의 발전은 그 나라가 세계 시장에서 경쟁력을 확보하기 위한 중요 요건 중 하나이다. 반도체 산업을 다루고 있는 여러 책을 읽어 본 후, 특정 기업에서 반도체 기술이 발달한 이유를 파악하고, 국내 반도체 산업 발전을 위해 우리나라가 연마해야 할 공학적인 기술이 무엇인지에 대해 책을 분석하여 토의해 보자.

관련 학과 금속공학과, 반도체공학과, 산업공학과, 신소재공학과, 에너지공학과, 원자력공학과, 전기공학과, 전자공학과, 제어계측공학과, 화학공학과

《진짜 하루만에 이해하는 반도체 산업》, 박진성, 티더블유아이지(2023)

[12독토01-02]

대화, 토의, 토론 등 적절한 방법을 활용하여, 서로 다른 생각과 관점을 존중하며 독서 토론을 한다.

➡ 희토류 중 가장 많이 쓰이는 '네오디뮴(Nd)'은 첨단 산업의 핵심 광물이지만 대부분 중국에서 수입하고 있다. 이러한 산업 환경을 네오디뮴의 특성 및 공학적 쓰임과 결부지어 생각해 본 뒤, 이러한 내용을 다룬 책을 읽고 '버즈 토의'의 방식으로 광물의 산업적, 공학적 측면 등에 대해 자유롭게 이야기를 나누어 보자.

관련 학과 금속공학과, 기계공학과, 반도체공학과, 산업공학과, 신소재공학과, 에너지공학과, 원자력공학과, 전자공학과, 정보보안학과, 정보통신공학과, 제어계측공학과, 조선해양공학과, 토목공학과, 항공우주공학과, 화학공학과, 환경공학과

《가난한 미국 부유한 중국》, 김연규, 라의눈(2022)

[12독토01-03]

독서 토론의 내용을 바탕으로 쓰기 목적, 독자, 매체를 고려하여 글을 쓰고 공유한다.

➡ 《도시를 움직이는 모든 것들의 과학》을 '발췌독'의 방법으로 읽은 뒤, 자신이 알게 된 정보를 '직쏘 프로젝트'를 통해 다른 모둠의 친구들에게 설명해 보자. 이후 원래 모둠으로 돌아와 우리 모둠이 생각하는 '미래의 우리 도시'를 건축, 전기, 상하수, 도로, 자동차, 네트워크 등의 요소를 포함하여 실제로 디자인하고, 이를 전시회 형태로 만들어서 게재해 보자.

관련 학과 건축공학과, 건축학과, 교통공학과, 기계공학과, 도시공학과, 메카트로닉스공학과, 산업공학과, 신소재공학과, 에너지공학과, 자동차공학과, 전기공학과, 전자공학과, 토목공학과, 환경공학과

《도시를 움직이는 모든 것들의 과학》, 로리 윙클리스, 이재경 역, 반니(2020)

● ● ● ●

인간의 삶에 대한 다양한 시각과 해석이 담긴 책을 읽고 독서 토론하고 글을 쓰며 자아를 탐색하고 타자와 세계를 이해한다.

➡ 《과학혁명의 구조》에서 토마스 쿤은 '패러다임'이라는 개념을 제시하여 과학의 진보를 설명하고 있다. 그렇다면 '초연결' 시대는 과학에 있어 새로운 패러다임의 전환이 될 수 있을지에 대해 토의해 보자. 나아가 과학에서의 패러다임 전환이 자신의 삶에 어떠한 영향을 미칠지에 대해 생각하고, 이를 스스로 정리해 보자.

관련 학과 기계공학과, 도시공학과, 메카트로닉스공학과, 반도체공학과, 산업공학과, 생명공학과, 소프트웨어공학과, 소프트웨어학과, 정보보안학과, 정보통신공학과, 컴퓨터공학과

《과학혁명의 구조》, 토마스 S. 쿤, 김명자·홍성욱 역, 까치(2013)

[12독토01-05]

● ● ● ●

다양한 분야의 정보가 담긴 책을 읽고 독서 토론하고 글을 쓰며 학습이나 삶에 필요한 지식을 확장하고 교양을 함양한다.

➡ 이제 코딩은 하나의 지적 유희나 새로운 기술적 대안을 넘어, 디지털 시대에 필수적으로 요구되는 역량이 되었다. 그러나 코딩을 처음 접하는 사람에게는 여전히 어렵게 느껴지는 것이 사실이다. 《최소한의 코딩 지식》을 읽고 새롭게 알게 된 코딩의 방법 등을 토대로 모둠별로 실제로 특정 프로그램을 만들거나 운용하는 등의 코딩 활동을 해보자.

관련 학과 기계공학과, 메카트로닉스공학과, 소프트웨어공학과, 소프트웨어학과, 자동차공학과, 전기공학과, 전자공학과, 정보보안학과, 컴퓨터공학과, 화학공학과

《최소한의 코딩지식》, EBS 〈코딩, 소프트웨어 시대〉·〈링크, 소프트웨어 세상〉 제작팀, 가나출판사(2021)

[12독토01-06]

● ● ● ●

사회적인 현안이나 쟁점이 담긴 책을 읽고 독서 토론하고 글을 쓰며 공동체 문제를 해결하고 사회적 담론에 참여한다.

➡ 빅데이터를 수집, 운용하는 일련의 과정은 인공지능의 기계 학습을 위한 필수적인 과정이지만, 이로 인해 개인정보 보호 체계가 위협받을 수 있다는 불안감도 존재한다. 이에 대한 견해 차이를 좁히고 원활한 보안 시스템 아래에서 빅데이터를 운용할 수 있는 방법을 여러 책을 통하여 읽어 보고, 해결책을 모색하는 '세미나'식 토의를 해 보자.

관련 학과 도시공학과, 산업공학과, 소프트웨어공학과, 소프트웨어학과, 자동차공학과, 전기공학과, 전자공학과, 정보보안학과, 정보통신공학과, 컴퓨터공학과

《빅데이터 거버넌스》, 조완섭 외 5명, 홍릉과학출판사(2014)

[12독토01-07]

● ● ● ●

독서 토론과 글쓰기의 특성을 이해하고 독서, 독서 토론, 글쓰기에 능동적으로 참여한다.

➡ 건축은 수많은 과학적 이론과 공학적 기법이 적용되지만, 인문학적인 사유와 예술적인 감각도 필요한 영역이다. 건축이 이러한 양식의 결과론적 발현이라면, 건축의 역사와 건축가들의 삶을 다룬 다양한 책들을 살펴본 후, 이들에게서 배울 수 있는 역량, 가치, 세계관 등을 토대로 나의 모습을 성찰하고 그 내용을 정리해 보자.

관련 학과 건축공학과, 건축학과, 기계공학과, 메카트로닉스공학과, 산업공학과, 신소재공학과, 에너지공학과, 자동차공학과, 전기공학과, 전자공학과, 정보보안학과, 정보통신공학과, 화학공학과

현대 건축: 비판적 역사

케네스 프램튼,
송미숙·조순익 역, 마티(2023)

책 소개

이 책은 '예술의 세계(World of Art)' 시리즈의 일환으로, 어느덧 5판을 맞이하고 있다. 이 책을 통해 현대 건축사를 가로지르는 건축 운동, 건축가, 건축 양식, 구체적인 건축물 등을 개관하고, 미주, 아프리카, 중동, 아시아, 태평양, 유럽을 넘나들며 세계화 시대에 건축의 과거, 현재, 그리고 미래에 대한 이모저모를 즐길 수 있을 것이다.

세특 예시

독서 토론이 '정보 전달', '사회적 상호 작용'의 목적을 모두 실현할 수 있다는 사실을 여러 사례를 통해 학습한 후, 건축가 및 건축 양식에 대한 여러 정보를 주고받고자 모둠끼리 '현대 건축: 비판적 역사(케네스 프램튼)'를 읽음. '신고전주의', '신즉물주의', '신브루탈리즘' 등의 개념과 이들의 건축학적 적용을 다양한 사례를 통해 서로 이해하는 '상호 발표'의 토의 활동을 함.

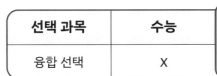

선택 과목	수능	매체 의사소통	절대평가	상대평가
융합 선택	X		5단계	5등급

| 🔍 | 현실에 대한 재현물, 사회·문화적 맥락, 생산자의 의도 및 관점, 디지털 기술의 발전, 매체 자료의 표현 방식, 의미 구성, 의사소통 맥락, 소통 방식, 비판적 이해, 적극적인 참여와 공유, 디지털 시대의 시민, 매체 환경 조성 |

[12매의01-01] • • •

매체의 기능과 역할에 대한 이해를 바탕으로 시대별 매체 환경과 소통 문화의 변화 과정을 탐색한다.

➡ 신문 매체의 기능 중 하나로 '광고와 수익 창출'이 있다. 이러한 인쇄 매체에 '화장품 공학 기술'의 발전으로 탄생한 신제품을 소개한다고 했을 때, 화장품의 '미백, 탄력 유지' 등의 기능과 관련된 기술을 어떻게 언어로 표현할 수 있을지 고민해 보자. 이후 수행평가로 진행되는 '신문 광고 만들기' 활동에 이를 적용해 보고, 결과를 반 친구들과 공유해 보자.

관련 학과 산업공학과, 생명공학과, 식품공학과, 신소재공학과, 에너지공학과, 원자력공학과, 컴퓨터공학과, 토목공학과, 화장품공학과, 화학공학과, 환경공학과

《화장품이 궁금한 너에게》, 최지현, 창비(2019)

[12매의01-02] • • •

소셜 미디어나 온라인 동영상 플랫폼 등의 디지털 매체 환경에서 청소년 문화가 지닌 문제와 가능성을 탐구한다.

➡ 우리가 주로 접하는 정보통신 매체는 대부분 이공계 기업 종사자들이 만든 것이기에, 그러한 매체를 자주 이용하는 청소년들의 경우 저절로 이공계에 대한 동경이 생기게 마련이다. 컴퓨터 프로그래밍, 코딩, 소프트웨어 제작 등을 하고 싶어 하는 청소년들의 '진로 경향성'에 대하여 학급 내에서 대토론회를 열어 함께 논의해 보자. 나아가 이를 토대로 자신의 진로 경향성은 어디를 향하고 있는지를 점검하고, 이를 정리하여 진로 로드맵을 설정해 보자.

관련 학과 산업공학과, 소프트웨어공학과, 소프트웨어학과, 정보보안학과, 정보통신공학과, 컴퓨터공학과

《청소년이 궁금해하는 99가지 직업이야기》, 고용노동부, 진한엠앤비(2015)

[12매의01-03] • • •

영화, 게임, 웹툰 등의 매체 자료가 현실을 재현하는 방식을 분석하며 생산자의 의도나 관점을 파악한다.

➡ 게임 '메트로이드'나 '프론트 미션', '건담 시리즈' 등은 현존하지 않는 기계 문명의 세계를 다루고 있다. 이러한 공상과학 게임에서 볼 수 있는 로봇 장치들의 제원, 구성, 작동 방식 등이 실제 기계공학적인 측면에서 구현될 수 있는지에 대해 여러 학술 자료를 통해 조사해 본 뒤, 실제로 이러한 기계의 설계도를 작성하는 등의 활동을 통해 매체 원작자의 현실 구현 방식과 의도를 추론해 보자.

관련 학과 기계공학과, 메카트로닉스공학과, 산업공학과, 소프트웨어공학과, 소프트웨어학과, 자동차공학과, 전기공학과, 전자공학과, 컴퓨터공학과, 토목공학과, 항공우주공학과, 항공운항학과

《로봇과 함께 살기》, 폴 뒤무셀·루이자 다미아노, 박찬규 역, 희담(2019)

[12매의01-04]

디지털 매체 환경에서 매체 생산자의 관점을 파악하고 매체 자료의 신뢰성을 판단한다.

➔ 'NGS(차세대 염기서열 분석 시스템)'에 대해 다루고 있는 영상이나 인터넷 매체를 보면서, 희귀 질환 염기서열을 '완벽하게' 분석했다거나 '명확하게' 찾아냈다는 등의 부사어구가, 실제로 염기서열 분석 과정에서 어떠한 정도를 의미하는지를 관련 기관이나 종사자 등과의 인터뷰를 통해 조사해 보자. 나아가 이러한 차세대 기술을 소개하는 매체의 신뢰성을 어떤 방식으로 검증해야 할지에 대해 생각해 보자.

관련 학과 생명공학과, 소프트웨어공학과, 소프트웨어학과, 신소재공학과, 정보보안학과, 정보통신공학과, 컴퓨터공학과, 화학공학과, 환경공학과

《유전체 데이터 분석 II NGS편, 암과 질병 유전체》, 김주한, 범문에듀케이션(2020)

[12매의01-05]

사회적 규범과 규제가 매체 자료의 생산과 소통에 미치는 영향을 조사하고 그 의미를 탐구한다.

➔ 생명공학작물(GMO)과 관련된 국내외의 규제는 결국 경제적 이익 추구뿐 아니라 시민들의 보편적, 사회적 이익까지도 고려한 총체적인 판단이라는 의견이 있다. 이러한 제도적, 규율적 측면으로 인해 GMO를 다룬 유튜브 영상에 달린 댓글 의견들이 어떻게 형성되는지를 분석하고, 정부 기관이나 시민 단체의 의사 결정이 유튜브의 댓글 여론의 형성에 영향을 미칠 수 있는지, 그 가능성에 대해 '사례 조사 및 토의' 방식으로 이야기 나누어 보자.

관련 학과 산업공학과, 생명공학과, 소프트웨어공학과, 소프트웨어학과, 식품공학과, 신소재공학과, 에너지공학과, 원자력공학과, 조선해양공학과, 컴퓨터공학과, 화장품공학과, 화학공학과, 환경공학과

《위험한 유산》, 스테파니 세네프, 서효령 역, 마리앤미(2022)

[12매의01-06]

개인적·사회적 관심사에 대한 자신의 관점이 드러나는 주제를 선정하여 설득력 있는 매체 자료를 제작하고 공유한다.

➔ 로봇의 움직임과 관련된 자신의 관심을 확장하기 위해, '로봇 팔 제어', 'PID 제어기' 등과 관련된 책이나 학술 자료를 읽고 '물체 옮기기 로봇'의 작동 구조를 인포그래픽으로 만들어서 공유해 보자. 특히 특정 동작을 할 때 어떤 수식, 명령어를 필요로 하는지, 어떤 방식으로 제어가 이루어지는지 텍스트로 정리하고, 로봇의 움직임을 그래픽으로 표현해 보자.

관련 학과 기계공학과, 메카트로닉스공학과, 산업공학과, 자동차공학과, 전기공학과, 전자공학과, 항공우주공학과, 항공운항학과

《ROS2 혼자 공부하는 로봇SW 직접 만들고 코딩하자》, 민형기, 잇플(2022)

[12매의01-07]

매체 자료의 생산자이자 수용자로서 권리와 책임을 인식하고 사회적 가치와 문제에 대해 소통한다.

➔ 이미지 합성 기술은 미학적으로나 실용적으로 큰 도움을 주는 기술이지만, '딥페이크' 등에 활용되어 많은 이

들에게 피해를 주는 경우가 있다. 이러한 문제와 관련해 딥페이크 등으로 불법 합성 매체를 생산하는 이들이 가져야 하는 윤리적인 의식이 무엇인지에 대해 논의해 보고, 이미지의 무단 도용에 대한 자신의 생각을 모둠 토의 시간에 이야기해 보자.

관련 학과 산업공학과, 소프트웨어공학과, 소프트웨어학과, 정보보안학과, 정보통신공학과, 컴퓨터공학과

《딥페이크의 얼굴》, 이소은·최순욱, 스리체어스(2023)

선택 과목	수능	언어생활 탐구	절대평가	상대평가
융합 선택	X		5단계	5등급

| 🔎 | 언어 자료의 수집 및 분석, 주체적·능동적 언어문화, 언어생활에 대한 민감성 및 책임감, 공공 언어 사용 언어를 통한 정체성 실현과 관계 형성 양상, 사회적 담론 형성의 맥락과 과정 |

[12언탐01-01] ● ● ●

자신의 언어생활에서 의미 있는 탐구 주제를 발견하여 탐구 절차에 따라 언어 자료를 수집하고 비판적으로 분석한다.

➡ 요즘 사람들이 이어폰이나 헤드폰을 구매할 때 중요하게 고려하는 기준 중 하나가 '노이즈 캔슬링(Noise Canceling)' 기능의 탑재 여부다. 노이즈 캔슬링은 표현 그대로 외부 소음을 상쇄 또는 차단하는 기술로, 물리적으로 소음을 차단하는 패시브 노이즈 캔슬링(PNC)과 파동의 간섭 현상을 활용하여 소음을 상쇄하는 액티브 노이즈 캔슬링(ANC)으로 나뉜다. 흔히 우리가 말하는 노이즈 캔슬링 기술은 액티브(ANC)형을 말한다. 노이즈 캔슬링 기술에 적용된 과학적 원리를 분석해 보고, 이 기술이 인간 생활에 미치는 영향에 대한 조사를 바탕으로 향후 적용 가능한 분야와 당면 과제를 탐구해 보자. 특히 노이즈 캔슬링 기술이 젊은 세대를 중심으로 인기를 얻게 된 이유를 인간의 욕구와 관련지어 분석해 본 뒤, '노이즈 캔슬링 기술의 명암'을 주제로 보고서를 작성해 보자.

[관련 학과] 기계공학과, 로봇공학과, 메카트로닉스공학과, 모바일시스템공학과, 반도체공학과, 전기공학과, 전자공학과, 정보통신공학과, 컴퓨터공학과

《다른 방식으로 듣기》, 데이먼 크루코프스키, 정은주 역, 마티(2023)

[12언탐01-02] ● ● ●

언어 자료를 평가·해석하고 그 결과를 공유하며 자신과 공동체의 언어생활에 대한 민감성과 책임감을 지닌다.

➡ 유명 건설사에서 시공한 아파트에서 철근이 누락되어 지하 주차장이 붕괴되는 사고가 발생한 후, 부실시공 아파트 명단이 잇따라 발표되면서 사람들의 불안감이 커지고 있다. 해당 아파트들은 수평 기둥인 보 없이 위층 구조인 슬래브를 지탱하도록 만든 '무량판 구조'로 지어졌다. 이 경우 기둥과 맞닿는 부분에 하중이 집중되기 때문에 기둥과 슬래브를 연결하는 철근인 전단 보강근을 설치하는 것이 필수적이나 이를 누락한 것이다. 또한 문제가 된 아파트들을 '순살 아파트', '찰흙 아파트'로 칭하거나, 반대로 신규 아파트를 홍보하면서 '철근 프리미엄 아파트', '뼈 있는 아파트' 등의 표현을 사용하는 등 현 사태를 반영하는 언어 현상도 나타나고 있다. 무량판 구조의 특성에 대한 분석을 바탕으로, 아파트 부실시공 문제의 근본적 해결책을 탐구해 보자. 아울러 사회상을 비판하며 등장하는 자극적인 언어 현상의 사례를 조사 및 분석하고, 언어가 사회에 미치는 영향에 대해 탐구해 보자.

[관련 학과] 건축공학과, 건축설비과, 건축학과, 도시건설과, 도시공학과, 안전공학과, 토목공학과

《아파트 속 과학》, 김홍재, 어바웃어북(2023)

글과 담화의 소통 맥락을 고려하여 다양한 분야 및 교과의 언어 자료에 나타난 표현 특성과 효과를 탐구한다.

➡️ 독일계 영국 경제학자인 슈마허의 '중간기술' 개념에서 출발한 '석성기술'은 자본과 인프라가 부족해 기술의 혜택을 보기 어려운 지역에서도 규모에 맞게 생산과 소비가 가능하도록 하는 기술을 말한다. 제3세계의 빈곤 문제를 해결하고 해당 나라들이 자립할 수 있도록 기술을 제공하는 것에서 시작된 적정기술은, 오늘날 주로 개발도상국이나 소외 계층을 위해 활용됨에 따라 '인간이 소외되지 않는 기술'이라 불리기도 한다. 적정기술의 사례를 조사하여 해당 기술에 사용된 원리를 분석하고, 실효성 등을 기준으로 적정기술의 향후 과제를 탐구해 보자. 또한 '적정기술'이라는 용어에 담겨 있는 사용 주체의 의도를 고려하여 용어가 지닌 효과에 대해 탐구해 보자.

관련 학과 공학계열 전체

《**10대를 위한 적정기술 콘서트**》, 장수영 외 8명, 7분의언덕(2021)

가정, 학교, 사회의 언어 사용에 나타난 정체성의 실현 양상과 관계 형성의 양상을 탐구한다.

➡️ 스마트폰 보급률이 97%가 넘는다는 통계에서 알 수 있듯 한국은 IT 강국이다. 그런데 취미 생활, 경제 활동, 친교 활동, 업무 등 생활의 전반에 스마트폰이 사용되면서, 스마트폰 중독이 사회적으로 심각한 문제로 대두되고 있다. 스마트폰이 없을 때 초조함, 불안감을 느끼는 증상을 '노모포비아(No mobile-phone phobia)'라 하는데, 통계 자료에 따르면 스마트폰 사용자의 66%가 노모포비아 현상을 경험한 것으로 나타났다. 노모포비아는 한때 영국 케임브리지 사전이 '올해의 단어'로 선정했을 정도로 오늘날 사회의 한 단면을 여실히 보여 주고 있다. 스마트폰이라는 첨단 기술 문명으로 인해 유발된 여러 사회 현상에 대해 탐구해 보고, 이를 바탕으로 '우리 사회에 필요한 디지털 디톡스'를 주제로 카드 뉴스를 제작해 보자.

관련 학과 IT융합학과, 메카트로닉스공학과, 반도체공학과, 인공지능공학과, 전기공학과, 전자공학과, 정보통신공학과, 컴퓨터공학과

《**노모포비아 스마트폰이 없는 공포**》, 만프레드 슈피처, 박종대 역, 더난출판사(2020)

다양한 매체 환경에서 사회적 담론이 형성되는 맥락과 과정을 탐구한다.

➡️ 차세대 건설의 핵심으로 급부상하고 있는 '모듈러 주택'은 현장에서 시공하는 기존의 건축 방식과 달리 건물의 70~80%를 공장에서 미리 제작하여 현장에서 조립 및 마감하는 방식으로 지어진다. 이는 공사 기간을 단축하여 비용을 절감할 뿐만 아니라, 현장 시공 방식에 비해 소음, 분진, 폐기물이 적게 발생하고 자재의 재활용이 가능하기에 친환경적이라는 평가를 받는다. 그러나 최근 과밀 학급 해소를 위한 모듈러 교실 건축을 안전성 등의 이유로 학부모들이 반대하며 등교를 거부하는 사태가 일어나는 등, '조립식 건축'의 이미지 개선이 필요해 보인다. 다양한 매체에서 어떠한 관점으로 모듈러 주택을 다루고 있는지를 분석한 뒤 사회적 담론이 형성되는 과정에 대해 탐구해 보자. 이를 바탕으로 우리나라 모듈러 건축의 현 상황과 문제점을 분석하고 향후 전망에 대한 보고서를 작성해 보자.

관련 학과 건축공학과, 건축설비과, 건축학과, 도시건설과, 도시공학과, 안전공학과, 토목공학과

《**건축 생산방식의 진화, 모듈러 건축**》, 유일한, 대한건설정책연구원(2021)

[12언탐01-06] ● ● ●

품격 있는 언어생활의 특성을 이해하고 공공 언어 사용의 실제를 탐구한다.

➡ 과학기술 관련 연구 성과를 대중들에게 알리는 보도 자료에 난해한 과학 용어들이 다수 사용되고 있어 고민이 필요하다. 실제로 정부 및 과학기술원 등의 연구 기관에서 배포하는 보도 자료를 보면, 설명이 어려운 고유명사나 생소한 한자어, 우리말로 대체할 수 없는 전문 용어 및 영어 단어를 그대로 쓰는 등의 사례를 적지 않게 발견할 수 있다. 한편 연구자들은 이러한 요구에 부응해 대중이 이해하기 쉽도록 용어를 풀어쓰면 본래 뜻이 모호해지거나 잘못 전달될 수 있다는 우려를 표하기도 한다. 과학기술 관련 보도 자료 및 기사문에서 어려운 용어가 사용된 사례를 찾아 특징을 분석하고, 해당 자료에 사용된 용어를 대중에게 보다 쉽게 전달할 수 있는 방안에 대해 탐구해 보자. 또한 이를 바탕으로 기존의 보도 자료를 수정하여 재작성한 후 효과를 판단해 보자.

`관련 학과` 공학계열 전체

《**IT 용어 도감 277**》, 구사노 도시히코, 이지호 역, 한스미디어(2022)

[12언탐01-07] ● ● ●

언어가 우리 삶에서 담당하는 역할을 이해하고, 주체적·능동적으로 바람직한 언어문화를 실천한다.

➡ 로봇이 인간의 일자리를 대체하는 경우가 늘어나면서 '로봇세' 부과를 둘러싼 논란이 팽팽하다. 로봇세란 로봇의 노동으로 발생하는 경제적 가치에 부과하는 세금으로, 로봇의 도입으로 인한 일자리 대체 속도의 완화와 실업자들의 이직을 위한 취업 지원을 목적으로 논의되고 있다. 물론 이에 대한 반대 의견도 있지만, 로봇세라는 용어가 출현하고 화두로 떠올랐다는 것 자체가 이미 우리 사회가 변화하고 있음을 의미한다. 로봇세와 관련된 우리 사회의 변화 양상 및 이를 둘러싼 쟁점에 대해 분석하면서 로봇세의 도입에 대한 논설문을 작성해 보자. 또한 과학기술의 발달을 반영하는 언어 현상에 대해 탐구해 보고, 이를 바탕으로 언어가 우리 삶에서 담당하는 역할에 대해 논의해 보자.

`관련 학과` 공학계열 전체

《**인공지능이 비즈니스 모델이 되기까지**》, 이지은·정석찬, 생능북스(2022)

영어 교과군

※관련 기사 목록 확인하기

구분	교과(군)	공통 과목	선택 과목		
			일반 선택	진로 선택	융합 선택
보통 교과	영어	공통영어1 공통영어2 기본영어1 기본영어2	영어I 영어II 영어 독해와 작문	직무 영어 영어 발표와 토론 심화 영어 영미 문학 읽기 심화 영어 독해와 작문	실생활 영어 회화 미디어 영어 세계 문화와 영어

공통 과목	수능	공통영어1	절대평가	상대평가
	X		5단계	5등급

단원명 | 이해

| 🔍 | 자율주행 교통 체계, 교통 혼잡 감소, 소셜 로봇, 자폐증, 탄소 거래 시스템, 스마트시티, 생물다양성, 반려 인구, 프로파일링, 이산화탄소 흡착, 스마트 그리드, 후쿠시마 원전 사고, 비상 대응

[10공영1-01-01]　●●●

말이나 글에 포함된 세부 정보를 파악한다.

➡ 스마트시티 분야의 최신 발전에 대한 뉴스, 분석 및 의견을 제공하는 스마트시티월드 사이트 (smartcitiesworld.net)를 방문하여 '트레저 아일랜드에서 자율주행 셔틀 서비스 출시'에 관한 기사를 읽고, 자율주행 교통 체계가 도시 교통망에 미치는 잠재적인 영향을 알아보자. 특히 도시 이동성 개선 및 혼잡 감소 가능성에 대해 조사하여 정리하고, 이러한 자율주행 교통 체계 구현에 따르는 이점과 어려운 점에 대해서도 함께 영어로 조사해 보자.

　관련 학과　건축공학과, 건축학과, 교통공학과, 도시공학과, 산업공학과, 소프트웨어공학과, 신소재공학과, 에너지공학과, 자동차공학과, 정보통신학과, 컴퓨터공학과

《스마트시티 에볼루션》, 박찬호 외 3명, 북바이북(2022)

[10공영1-01-02]　●●●

말이나 글의 주제나 요지를 파악한다.

➡ 인공지능의 발달로 장애 학생을 도울 수 있는 소셜 로봇이 개발되고 있다. 자폐 스펙트럼 장애가 있는 학생을 지원하는 로봇과 소프트웨어 및 인공지능 관련 기사 'How Robots Can Assist Students With Disabilities'를 찾아 읽고 자폐스펙트럼 장애 진단을 받은 학생을 위해 가정과 학교에서 로봇을 활용하는 방법과 마음 이론을 활용하여 개발한 게임에 대해 알아보고, 로봇 개발의 목적 및 로봇의 기능, 그리고 마음 이론을 활용한 게임의 원리 및 전망에 대해 발표해 보자.

　관련 학과　기계공학과, 반도체공학과, 산업공학과, 소프트웨어공학과, 소프트웨어학과, 전자공학과, 정보보안학과, 정보통신공학과, 컴퓨터공학과

《로봇 UX》, 칼라 다이애나, 이재환 역, 유엑스리뷰(2023)

[10공영1-01-03]　●●●

말이나 글의 분위기나 화자나 인물의 심정 및 의도 등을 추론한다.

➡ 탄소 거래 시스템은 기업들로 하여금 탄소 배출 저감법을 찾도록 하는 동시에, 탄소 포집 및 저장(CCS) 같은 기술의 개발도 촉진하고 있다. 기후 목표의 달성과 관련하여 영국 정부가 서로 다른 지역에서 새로운 탄소 포

집 및 저장 기술 프로젝트를 발표한 상황을 다룬 기사 'Why carbon capture and storage will not solve the climate crisis any time soon'을 찾아 읽고, 작성자가 언급하는 탄소 포집 및 저장 기술의 가능성과 한계를 정리해 보자. 또한 영국이 의도한 목표를 달성할 수 있을지에 대해 의문을 제기하는 부분을 찾아 발표해 보자.

관련 학과 교통공학과, 기계공학과, 도시공학과, 산업공학과, 신소재공학과, 에너지공학과, 원자력공학과, 제어계측공학과, 화학공학과, 환경공학과

《지구는 괜찮아, 우리가 문제지》, 곽재식, 어크로스(2022)

[10공영1-01-04] • • •

말이나 글에 나타난 일 또는 사건의 논리적 관계를 파악한다.

➡ 스마트시티는 사물인터넷, 빅데이터 분석 등을 활용하여 도시 생활을 개선한다. 도시 곳곳에 설치된 센서들이 수집한 데이터를 활용해 대기 오염 수준을 모니터링하고 오염을 줄이기 위한 전략을 개발할 수 있으며, 건축물에 녹색 인프라를 통합시켜 도시 열섬을 줄일 수 있다. 관련 기사 'The Potential of Smart Cities for Green Infrastructure and Biodiversity'를 읽고 스마트시티 기술이 도시 내 생물다양성 보호에 어떻게 활용되고 있는지를 분석하고 스마트시티 기술이 직면한 주요 공학적 도전은 무엇인지 알아보자.

관련 학과 건축공학과, 건축학과, 기계공학과, 도시공학과, 메카트로닉스공학과, 반도체공학과, 산업공학과, 소프트웨어공학과, 소프트웨어학과, 신소재공학과, 에너지공학과, 전기공학과, 전자공학과, 정보통신공학과, 제어계측공학과, 컴퓨터공학과, 토목공학과, 화학공학과, 환경공학과

《스마트시티 에볼루션》, 박찬호 외 3명, 북바이북(2022)

[10공영1-01-05] • • •

말이나 글에 포함된 표현의 함축적 의미를 추론한다.

➡ 국내 반려동물 양육 인구가 1천만 명을 돌파한 이래 매년 10만 마리가 넘는 유기동물이 발생하고 있다. 유기동물 보호소가 수용 범위 한계에 도달한 만큼, 인공지능을 활용해 유기동물을 관리하면 더 짧은 시간에 입양처를 연결할 수 있으며, 새로운 유기 동물을 위한 공간을 확보하며 한 마리당 필요한 자원의 양을 줄일 수 있다. 라이프 스타일, 소득, 생활 공간, 가족 상태, 개인적 필요를 기반으로 잠재적인 미래 소유자를 프로파일링하고 보호소 동물과 일치시키는 인공지능 시스템 개발과 유기동물 식별 및 추적 시스템 개발에 관해 탐구해 보자.

관련 학과 도시공학과, 메카트로닉스공학과, 반도체공학과, 산업공학과, 소프트웨어공학과, 소프트웨어학과, 정보보안학과, 정보통신공학과, 제어계측공학과, 컴퓨터공학과

책 소개

대한민국의 인공지능 생태계와 경쟁력, 그리고 미래에 대한 논의를 담은 책이다. 국내 최고의 AI 전문가를 통해, 우리가 인공지능 시대에 어떻게 대응하고 어떤 준비를 해야 하는지를 다루고 있다. 인공지능의 발전으로 각 산업에는 어떤 기회가 있고, 우리 정부의 정책과 사회 대응은 어떤 방향으로 나아가고 있는지를 분석하여 소개한다.

세특 예시

국내 반려동물 양육 인구의 증가로 매년 10만 마리 이상의 유기동물이 발생하고 있는 문제를 인공지능 기술로 해결할 수 있는가에 관심이 생겨,

AI 전쟁
하정우·한상기, 한빛비즈(2023)

'인공지능을 활용한 유기동물 프로파일링 관리 시스템'에 관한 영문 기사를 찾아 분석함. 좀 더 확장하여 탐구하기 위해 관련 도서 'AI 전쟁(하정우 외)'을 찾아 읽고, 인공지능을 활용해 유기동물 프로파일링 관리 시스템에 필요한 데이터 분석과 프로파일링, 식별 및 추적 시스템 등을 실현할 수 있다는 가능성을 확인함. 특히 잠재적인 입양자 프로필을 생성하고 보호소의 유기동물과의 적합성을 평가하여 가장 적절한 매칭을 추천하고, 동물들의 이동 경로, 건강 상태 등을 추적하여 필요한 돌봄과 의료 서비스를 제공하는 기존의 프로파일링 시스템에다 '유기동물의 감정 상태 및 행동 예측', '유기동물 입양 후 관리와 교육 제공', '유기동물 보호소와 입양자, 동물병원을 이어 주는 사회 네트워크 구축'과 같은 새로운 아이디어를 추가하여 구체적인 '인공지능 유기동물 관리 시스템 구축'에 관한 보고서를 체계적으로 작성한 점이 인상적임.

[10공영1-01-06] ● ● ●

말이나 글의 전개 방식 또는 구조를 파악한다.

➲ 지속가능하고 효율적인 청정에너지 개발에 필요한 기초 연구로 주목받고 있는 메탈-오가닉 프레임워크(MOFs)의 이산화탄소 흡착 능력과 재생 가능성을 분석해 보고 그 결과를 CCUS(탄소 포집·활용·저장 기술) 프로세스와 비교해 보자.

　관련 학과　도시공학과, 메카트로닉스공학과, 산업공학과, 에너지공학과, 제어계측공학과, 화학공학과, 환경공학과

《전의찬의 탄소중립 특강》, 전의찬, 지오북(2023)

[10공영1-01-07] ● ● ●

말이나 글의 이해를 위한 적절한 전략을 적용한다.

➲ 스마트 그리드는 전력 네트워크에 디지털 정보와 통신 기술을 결합하여 전력의 생성, 배포, 사용에 대한 실시간 정보를 제공하고, 이를 통해 에너지 효율을 개선하고 비용을 줄이는 기술이다. 스마트 그리드 기술이 전기자동차 충전 시스템에 어떻게 적용될 수 있는지 탐구해 보고, 이를 통해 에너지 사용량을 최적화하고 이산화탄소 배출량을 감소시킬 방안을 모색해 보자.

　관련 학과　기계공학과, 메카트로닉스공학과, 반도체공학과, 산업공학과, 소프트웨어공학과, 소프트웨어학과, 신소재공학과, 에너지공학과, 원자력공학과, 자동차공학과, 전기공학과, 전자공학과, 정보보안학과, 정보통신공학과, 제어계측공학과

《스마트 그리드와 사물인터넷, 빅데이터의 이해》, 비피기술거래, 비피기술거래(2022)

[10공영1-01-08] ● ● ●

말이나 글에 나타난 다양한 관점 또는 의견을 포용적인 태도로 분석한다.

➲ 후쿠시마 원전 사고 12년 후, 일본은 삼중수소가 포함된 원자력 냉각수를 바다에 방출하고 있다. 'Fukushima: Background on Reactors'를 찾아 읽고, 자연재해로 인한 원전 사고 대응 전략, 안전 시스템의 효율적인 설계와 관리, 비상 계획 및 대응 시스템 재정립 등과 관련된 자신의 의견을 정리해 보자.

관련 학과 건축공학과, 건축학과, 기계공학과, 산업공학과, 생명공학과, 신소재공학과, 에너지공학과, 제어계측공학과, 토목공학과, 화학공학과, 환경공학과

《**원자력발전소 중대사고 가까이 보기**》, 송진호 외 8명, 집문당(2018)

단원명 | 표현

🔍 **출산율 감소, 고령화, 스마트 기술, 해양 센서, 해저 통신 케이블, 수면 관리 시스템, 데이터센터, 에너지 소비 절감 미래 가능성, 원격 진료, 미세플라스틱, 비교 분석, AI 윤리, 편향성, 개인 정보 보호**

[10공영1-02-01] •••

실물, 그림, 사진, 도표 등을 활용하여 내용을 설명한다.

➡️ 인포그래픽 기사 'The Rapid Decline of Global Birth Rates'를 읽고 전 세계적인 출산율 감소와 고령화 현상에 대해 파악한 뒤, 이러한 변화가 도시의 인프라, 교통 체계, 공공 서비스에 어떤 영향을 미치는지 알아보자. 또한 이런 변화에 적응하고 최적화된 서비스를 제공하기 위해 어떤 종류의 스마트 기술이 필요한지를 조사하여 발표해 보자.

관련 학과 건축공학과, 건축학과, 교통공학과, 금속공학과, 기계공학과, 도시공학과, 메카트로닉스공학과, 반도체공학과, 산업공학과, 신소재공학과, 에너지공학과, 정보통신공학과, 제어계측공학과, 토목공학과

《**붕괴하는 세계와 인구학**》, 피터 자이한, 홍지수 역, 김앤김북스(2023)

[10공영1-02-02] •••

사실적 정보나 지식을 말이나 글로 전달한다.

➡️ 해양 센서 기술과 해저 통신 케이블이 발전함에 따라 해저 장치에 센서를 설치하여 환경 문제를 이해하고 관리하는 데 필요한, 광범위하고 장기적인 실시간 데이터를 얻는 해결책이 제시되고 있다. SMART 케이블을 통해 해양의 온도, 압력, 진동 등을 측정하는 방법을 알아보고 이것을 지진과 쓰나미 경보 시스템을 개선하는 데 활용할 수 있는 방법에 대해 탐구해 보자.

관련 학과 건축공학과, 건축학과, 교통공학과, 도시공학과, 산업공학과, 생명공학과, 에너지공학과, 제어계측공학과, 컴퓨터공학과, 토목공학과, 환경공학과

《**해양·해저플랜트 공학**》, 신동훈·이재영, 에이퍼브프레스(2022)

[10공영1-02-03] •••

경험이나 계획 등을 말하거나 기술한다.

➡️ TED에듀 영상 'Can you change your sleep schedule?'을 시청하고 스마트 기기와 AI 기술을 활용한 사용자 맞춤형 수면 관리 시스템에 대해 알아보자. 사용자의 생활 패턴, 건강 상태 등을 고려하여 최적의 수면 시간 및 품질을 제공할 방안을 찾아 발표해 보자.

관련 학과 산업공학과, 생명공학과, 소프트웨어공학과, 소프트웨어학과, 정보보안학과, 컴퓨터공학과

《**라이프 타임, 생체시계의 비밀**》, 러셀 포스터, 김성훈 역, 김영사(2023)

[10공영1-02-04] ● ● ●

자신의 생각이나 의견, 감정, 감상 등을 표현한다.

➡ 사물인터넷, 인공지능 등 디지털 트랜스포메이션(Digital Transformation) 시대에 첨단기술을 자유롭게 사용하기 위해서는 방대한 양의 데이터가 필수적이다. 그런데 이를 처리, 저장하는 데이터센터는 필연적으로 열을 발생시킨다. 그래서 열 관리를 위한 냉각 설비는 데이터센터의 핵심 설비다. 구글의 자회사 딥마인드(DeepMind)는 자사 데이터센터 냉각 프로세스에 AI 시스템인 'BCOOLER'를 도입해 에너지를 13% 절감한 바 있다. 이 사례를 통해 BCOOLER의 기술적 세부사항을 알아보고, 미래 가능성과 발전 가능성에 대해 의견을 발표해 보자.

[관련 학과] 공학계열 전체

《데이터센터 인사이드+아웃》, 조진균·임승범, 문운당(2023)

[10공영1-02-05] ● ● ●

듣거나 읽은 내용을 요약하여 말하거나 기술한다.

➡ 디지털 건강 기술이 도입되면서, 원격 진료나 AI 기술이 복잡한 의료 데이터를 분석하여 정확한 진단을 돕거나, 개인화된 치료 계획을 개발하는 데 사용되고 있다. 이와 관련해 현재 헬스케어 분야에서 겪고 있는 기술적 장벽들은 무엇인지 관련 기사 'This is what healthcare leaders see as the future for digital health'를 읽고 요약하여 발표해 보자.

[관련 학과] 공학계열 전체

《디지털 헬스케어 전쟁》, 노동훈, 청춘미디어(2021)

[10공영1-02-06] ● ● ●

어휘나 표현을 점검하여 내용을 명확하게 전달한다.

➡ 로봇 손처럼 물건을 잡아 옮기는 장치를 '그리퍼'라고 한다. 국내 연구진은 무게가 130g에 불과하지만 100kg의 무거운 물건도 가뿐히 들 수 있는 그리퍼를 개발했다. 이 그리퍼의 활용 분야는 물류 및 가사 등 다양할 것으로 예상되는데, 가장 크게 활용될 분야는 어디일지 예상해 보고 그 내용을 발표해 보자.

[관련 학과] 기계공학과, 메카트로닉스공학과, 반도체공학과, 소프트웨어공학과, 소프트웨어학과, 에너지공학과, 자동차공학과, 전자공학과, 토목공학과

《로봇 UX》, 칼라 다이애나, 이재환 역, 유엑스리뷰(2023)

[10공영1-02-07] ● ● ●

적절한 전략과 다양한 매체를 활용하여 상황과 목적에 맞게 말하거나 쓴다.

➡ 플라스틱 폐기물은 분해에 오랜 기간이 걸린다. 특히 미세플라스틱은 플랑크톤의 먹이가 되면서 먹이사슬에 침투해 인간에게도 악영향을 미치고 있다. 최근 이 플라스틱 폐기물을 분해하는 효소가 발견되어 주목받고 있으며, 프랑스는 20시간에 10만 개의 플라스틱 병을 분해할 수 있는 공장을 건설 중이다. 해외에서 이루어지고 있는 플라스틱 이용률 저감 노력과 플라스틱 폐기물 분해 기술을 현재 우리나라가 실천 중인 플라스틱 이용률 저감 노력과 비교하여 분석해 보자.

[관련 학과] 메카트로닉스공학과, 산업공학과, 소프트웨어공학과, 소프트웨어학과, 식품공학과, 신소재공학과, 에너지공학과, 원자력공학과, 전기공학과, 전자공학과, 제어계측공학과, 컴퓨터공학과, 화학공학과, 환경공학과.

AI시대 ESG 경영전략

김영기 외 12명,
브레인플랫폼(2023)

책 소개

지구 환경을 지키기 위해 '지속가능한 경영'을 실천하려는 기업들의 경영 노하우를 담은 책이다. 이 책은 최근 기후위기로 전 세계가 심각한 위기 상황에 직면해 있으며, 이에 대응하기 위해 ESG 경영의 도입이 필요하다고 말한다. 주요 선진국들은 이미 관련 법규를 제정하고 강화하고 있는 만큼, 우리나라도 기업, 정부, 이해관계자 모두 환경 보호와 사회적 책임을 다하는 모습이 필요하다는 주장을 담고 있다. 특히 기업의 장기적 이익 추구와 사회적 책임을 강조하며, 이를 위해 기업, 정부, 이해관계자가 협력해 나갈 방향을 제시한다.

세특 예시

플라스틱 폐기물 문제에 대한 탐구를 진행하면서, 플라스틱 폐기물이 분해되는 데 오랜 시간이 걸리며 미세플라스틱이 먹이사슬에 침투해 인간에게도 악영향을 미친다는 점을 확인함. 플라스틱을 효소로 분해하는 기술에 대한 영문 기사를 읽고, 이 기술을 활용해 20시간에 10만 개의 플라스틱 병을 분해하는 공장을 건설 중인 사실을 찾아 발표하였으며, 이를 우리나라의 플라스틱 이용률 저감 노력과 비교하며 우리나라에도 이러한 기술을 도입하면 큰 도움이 될 것이라고 주장. 연계 독서로 'AI시대 ESG 경영전략(김영기 외)'을 읽고, 선진국들처럼 ESG 관련 법규를 제정하고 강화하는 것이 필요하며, 이를 위해 기업, 정부, 이해관계자 모두가 협력해 나가는 방향을 제시하고 '환경 문제에 대응하기 위한 ESG 경영'의 중요성을 강조하는 내용을 담은 탐구 보고서를 작성함.

[10공영1-02-08] •••

상대방의 생각이나 관점을 존중하고 언어 예절을 갖추어 표현한다.

➡ AI 윤리 설계를 고려할 때 우선적으로 생각해야 할 요소는 '편향성', '투명성', '개인 정보 보호'라고 한다. AI 시스템이 내재된 편향을 반영하여 불공정하거나 차별적이 될 수 있으므로, 개발 단계에서 공정성을 확보하고, 의사결정 과정에서 과정의 투명성을 높여야 하며, 또 개인 정보가 포함될 수 있는 대량의 데이터 문제를 해결해야 한다는 주장에 대해서 자신의 의견을 정리해 보고, 실제로 각 요소를 해결하는 방법도 모색해 보자.

관련 학과 공학계열 전체

《AI 이후의 세계》, 헨리 A. 키신저 외 2명, 김고명 역, 월북(2023)

공통 과목	수능	공통영어2	절대평가	상대평가
	X		5단계	5등급

단원명 | 이해

| 🔍 | 세부 정보, 배경지식, 주제, 요지, 분위기, 심정, 의도, 논리적 관계, 함축적 의미, 전개 방식, 구조, 적절한 전략, 관점, 의견, 포용적 태도, 이해, 비언어적 자료, 요약, 어휘, 표현, 소통

[10공영2-01-01] • • •

말이나 글에 포함된 세부 정보를 파악한다.

➡ 그린워싱(Greenwashing)은 공학적으로 볼 때, 기술적 혁신 없이도 환경 친화적인 이미지를 부각하려는 전략으로 정의할 수 있다. 이는 실제로 환경에 긍정적인 영향을 미치는 기술 개발이나 시스템 개선이 아닌, 허위의 과장된 마케팅을 통해 소비자와 투자자가 제품이나 서비스가 친환경적이라고 착각하게 만드는 것이다. 예를 들어, 기업은 에너지 효율성, 탄소 배출 감소와 관련된 데이터를 왜곡하거나 부정확한 지표를 제시할 수 있다. 그린워싱과 관련된 영어 기사를 찾아서 이를 발표해 보자.
관련 학과 기계공학과, 에너지공학과, 전기공학과, 화학공학과, 환경공학과
《그린워싱 주의보》, 이옥수, 스리체어스(2022)

[10공영2-01-02] • • •

말 또는 글의 주제나 요지를 파악한다.

➡ 바이오가스 플랜트는 공학적으로 유기물이 미생물에 의해 발효되는 과정을 통해 바이오가스를 생산하는 복합 시스템이다. 바이오가스는 주로 메탄(CH_4)과 이산화탄소(CO_2)로 구성되며, 연소 특성이 천연가스와 유사하여 다양한 에너지원으로 활용 가능하다. 공정의 핵심은 무산소 조건에서 미생물의 대사 작용을 통해 유기물을 분해하여 가스를 생산하는 과정으로, 이를 통해 전력 생산, 난방, 차량 연료로 바이오가스를 사용할 수 있다. 이 과정은 폐기물 문제를 해결할 뿐 아니라 지속가능한 에너지원 확보에도 기여한다. 바이오가스 플랜트에 관한 영어 기사를 읽거나 동영상을 시청하고 주제를 영어로 작성해 보자.
관련 학과 에너지공학과, 원자력공학과, 토목공학과, 화학공학과, 환경공학과
《기후변화와 에너지산업의 미래》, 에너지고위경영자과정 변화와 미래 포럼, 아모르문디(2021)

[10공영2-01-03] • • •

말이나 글의 분위기나 등장인물의 심정 및 의도 등을 추론한다.

➡ 졸업식 축사(commencement address)는 학업을 마치고 사회로 나가는 것을 축하하며 앞으로의 삶에 대한 조언과 격려를 전하는 말로, 졸업생들의 자긍심과 자신감을 고취하고 사회에 대한 희망과 기대를 갖게 한다. 공학과

국어 교과군

영어 교과군

수학 교과군

도덕 교과군

사회 교과군

과학 교과군

관련해서는 테슬라의 창업주 일론 머스크(Elon Musk)가 캘리포니아 공과대학교 졸업식 축사에서 우주탐사와 혁신에 대한 열정을 강조한 것이 유명하다. 자신이 관심 있는 인물의 연설문을 찾아 읽고, 말의 분위기와 의도를 추론하여 분석하고 발표해 보자.

관련 학과 공학계열 전체

스티브 잡스의 세상을 바꾼 명연설

레오짱·베스트트랜스, 미르에듀(2011)

책 소개

스티브 잡스는 기업가일 뿐만 아니라 연설자로도 유명하다. 그의 연설은 감동적이며, 독창적인 생각과 경험을 바탕으로 깊은 통찰력을 제공한다는 평가를 받고 있다. 이 책에는 1983년 애플 스페셜 기조연설부터 2010년 애플 태블릿 PC 아이패드의 프레젠테이션까지 화제가 되었던 그의 명연설이 모두 담겨 있다. 특히 스티브 잡스의 스탠퍼드 대학교 졸업식 연설은 많은 사람에게 영감을 주었다. 그는 연설에서 인생 경험과 성취, 실패에 대한 교훈을 공유하면서 좌절 속에서도 끝없이 도전하라는 메시지를 전했다.

세특 예시

'말이나 글의 분위기나 등장인물의 심정 및 의도'를 추론하는 능력을 기르기 위해, 연설의 분위기와 잡스의 의도를 분석하고자 '스티브 잡스의 세상을 바꾼 명연설(레오짱 외)'을 읽고, "연설의 각 부분에서 잡스가 전달하려는 메시지는 무엇인가?"라는 질문을 중심으로 연설의 구성을 분석함. 이를 통해 연설의 감정과 분위기를 이해하고, 자신의 발표나 글쓰기에서 이를 활용하는 방법을 학습함.

[10공영2-01-04]

말이나 글에 나타난 일이나 사건의 논리적 관계를 파악한다.

➡ 나일론은 아디프산과 헥사메틸렌디아민이라는 두 가지 화합물을 고온에서 반응시켜 만들어진다. 이 반응을 통해 생성된 고분자는 녹여서 섬유 형태로 뽑아내거나, 필요에 따라 필름 형태로도 가공할 수 있어 의류, 자동차 부품, 산업용 자재 등 다양한 분야에 널리 사용된다. 의류에서는 스타킹, 수영복, 스포츠웨어 등에, 자동차 부품에서는 벨트, 타이어 보강재 등에 활용된다. 또한 높은 내구성과 가벼운 무게 덕분에 낚싯줄, 로프 등 산업용 제품으로도 인기가 높다. 나일론의 발명이 산업에 끼친 영향을 조사한 뒤 영어로 정리하여 발표해 보자.

관련 학과 기계공학과, 섬유공학과, 신소재공학과, 자동차공학과, 항공우주공학과, 화학공학과

《세상을 바꾼 과학이야기》, 권기균, 종이책(2021)

[10공영2-01-05]

말이나 글에 포함된 표현의 함축적 의미를 추론한다.

➡ 유발 하라리의 《호모 데우스》는 빠르게 진화하는 기술이 인간의 미래에 미치는 영향을 탐구하고 있기에 공학적으로도 매우 의미있는 책이다. '호모 데우스(Homo Deus)'라는 제목은 인간(Homo sapiens)이 기술을 통해 자신의 한계를 넘어 신적 존재(Deus)에 가까워지는 가능성을 시사한다. 이 책은 특히 인공지능, 생명공학, 데이터 분석 등의 기술적 진보가 인간의 능력을 어떻게 증대시키고, 궁극적으로 인간의 운명에 얼마나 깊이 개입할 수

있을지를 논의한다. 부제인 '내일의 역사(A Brief History of Tomorrow)'는 공학적 혁신과 기술적 발전이 미래 사회에 미칠 영향을 예측하며, 인류가 기술을 통해 어떤 도전에 직면할지에 대해 탐구하는 것을 의미한다. 《호모 데우스》를 읽고 책의 함축적인 의미와 영어 어원에 대해 조사하고 공학적인 의미를 발표해 보자.

관련 학과 공학계열 전체

《호모 데우스》, 유발 하라리, 김명주 역, 김영사(2017)

[10공영2-01-06]

말이나 글의 전개 방식이나 구조를 파악한다.

미세먼지(PM10, PM2.5)는 공기 중에 떠다니는 지름이 매우 작은 입자로, 주로 자동차 배기가스, 공장 배출물, 건설 현장 등에서 발생한다. 미세먼지는 호흡기를 통해 체내로 들어가 호흡기 및 심혈관 질환을 유발할 수 있으며, 장기적으로 노출될 경우 건강에 심각한 영향을 미친다. 대한민국의 경우 봄철에 중국에서 발생하는 황사와 결합하여 미세먼지 피해가 더욱 심각해질 수 있다. 미세먼지와 관련된 영어 기사를 읽고 글의 전개 방식 또는 구조를 파악하여 이해한 내용을 발표해 보자.

관련 학과 공학계열 전체

《뉴스 영어의 결정적 표현들》, 박종홍, 사람in(2021)

[10공영2-01-07]

다양한 매체의 말이나 글을 비판적으로 이해한다.

공학은 기술적인 문제를 해결하고 제품 또는 서비스를 개발하는 분야이며, 이 과정에서 가치 판단이 필수적이다. 예들 들어 기후위기는 사회적 문제이기도 하며, 이를 해결하기 위해서는 미래 세대를 위한 가치 판단이 필요하다. 따라서 공학 분야에서 기후위기 해결책을 개발하기 위해서는 지속가능성, 사회적 공정성, 환경 보호 등을 가지고 우선순위를 정해야 한다. 기후위기 문제와 관련해 가치판단 척도에 도움이 될 만한 영어 참고 자료를 조사하고 정리하여 어떤 것에 더 비중을 두어야 할지 판단해 보자.

관련 학과 도시공학과, 산업공학과, 에너지공학과, 원자력공학과, 토목공학과, 환경공학과

《기후위기인간》, 구희, 알에이치코리아(2023)

[10공영2-01-08]

말이나 글의 이해를 위한 적절한 전략을 적용한다.

공학적 관점에서 글의 종류에 따라 읽기 전략을 달리 적용해야 하는 이유는, 각 글의 구조와 논리 전개 방식이 다르기 때문이다. 기술 문서나 논문은 서론, 방법론, 결과, 결론이 명확히 구분되므로, 효율적으로 정보를 파악하기 위해 훑어 읽기와 핵심 내용 분석이 필요하다. 예를 들어, 인공지능(AI) 기술에 대한 오해가 혐오로 이어지는 사례를 다룬 글을 읽을 때는 해당 오해의 원인과 배경을 분석하는 전략이 효과적이다. 이를 통해 공학적 문제를 이해하고 해결책을 제시할 수 있다. 자신이 관심 있는 분야에서 혐오가 발생한 사례를 찾아보고 원인과 배경을 분석하여 이를 발표해 보자.

관련 학과 공학계열 전체

《혐오》, 네이딘 스트로슨, 홍성수·유민석 역, 아르테(2023)

단원명 | 표현

국어 교과군

영어 교과군

수학 교과군

도덕 교과군

사회 교과군

과학 교과군

| 🔍 | 목적, 맥락, 생각, 감정, 정보, 지식, 전달, 소통, 단어, 어구, 문장, 의사소통 기능, 어휘, 언어 형식, 서사, 이야기, 운문, 친교, 사회적 목적, 정보 전달, 의견 교환, 주장, 묘사, 설명, 요약

[10공영2-02-01] ● ● ●

실물, 그림, 사진, 도표 등을 활용하여 내용을 설명한다.

➡ 체지방량, 근육량, 체수분 등을 측정하는 체지방분석기는 크게 비침습과 침습으로 나뉘는데, 비침습 체지방분석기는 피부 절개 없이 저주파 전류, 비접촉적 적외선, 이중 에너지 X선을 사용하여 체성분을 측정하는 장치이다. 침습 체지방분석기는 피부를 절개하여 체성분을 측정하는 장치로 주로 인체 내부의 지방을 채취하여 측정한다. 관심 있는 체성분분석기의 원리를 찾아 사진, 도표, 그림 등을 활용하여 영어로 설명해 보자.

관련 학과 반도체공학과, 신소재공학과, 에너지공학과, 원자력공학과, 전기공학과, 전자공학과, 정보통신공학과, 제어계측공학과, 컴퓨터공학과, 항공우주공학과, 화학공학과, 환경공학과

《놀라운 인체의 원리》, 데이비드 맥컬레이, 김명남 역, 크래들(2017)

[10공영2-02-02] ● ● ●

사실적 정보나 지식을 말이나 글로 전달한다.

➡ 실패는 공학에서 바람직하지 않은 결과로 여겨지지만, 성장과 혁신의 중요한 기회가 될 수 있다. 실패를 통해 시스템의 약점을 발견하고 개선할 수 있으며, 새로운 해결책을 찾는 과정에서 창의성을 기를 수 있다. 카이스트 실패연구소는 '실패 데이터베이스'를 구축하여 연구자들이 과거 실패에서 교훈을 얻고, 비슷한 오류를 피할 수 있도록 돕는다. 관심 있는 분야에서 실패가 성공의 밑바탕이 된 사례를 찾아보고 이를 영어로 옮겨 발표해 보자.

관련 학과 공학계열 전체

《빠르게 실패하기》, 존 크럼볼츠·라이언 바비노, 도연 역, 스노우폭스북스(2022)

[10공영2-02-03] ● ● ●

경험이나 계획 등을 말하거나 기술한다.

➡ 희망하는 전공을 공부하기 위한 계획을 세우고, 구체적 목표와 더불어 학업 계획, 일정, 학습 방법 등을 담아 영어로 발표해 보자. 작성 시에는 최대한 구체적으로 내용을 정리하고 계획의 실행 가능성에 대한 질문에 대비하며 자신의 열정과 의지를 보여 줄 수 있도록 작성한다. 예를 들면 식품공학과에 진학하기 위해 선택 과목으로 생명과학, 화학 등을 수강하여 기초 학업 능력을 쌓고 식품 관련 동아리 활동으로 전공을 미리 탐구한 뒤, 대학에 진학하여 식품위생안전관리 전문가가 되고 싶다고 작성해 보는 것이다.

관련 학과 공학계열 전체

《청소년이 꼭 알아야 할 다가온 미래 새로운 직업》, 이랑 외 6명, 드림리치(2022)

[10공영2-02-04] ● ● ●

자신의 생각이나 의견, 감정, 감상 등을 표현한다.

➡ 수소 에너지는 최신 발전공학에서 미래를 이끌어 갈 차세대 에너지원으로 주목받고 있다. 수소는 연소 시 오직 물만 배출하는 청정에너지원으로, 기존의 화석 연료를 대체할 가능성이 높다. 수소 연료전지는 고효율, 저탄소 전력 생산이 가능하며, 이를 통한 발전 기술은 환경 친화적일 뿐 아니라 에너지 자원의 다변화를 이끌고 있다. 현재 많은 연구가 수소 생산, 저장, 운반 기술에 집중되어 있으며, 이는 전력 생산뿐만 아니라 산업 전반에 걸쳐 혁신적인 변화를 가져올 것으로 기대된다. 수소 에너지에 대한 영어 자료를 조사하고 미래 활용 가능성에 대한 자신의 의견을 발표해 보자.

관련 학과 공학계열 전체

《**최신 발전공학**》, 송길영, 동일출판사(2022)

[10공영2-02-05] • • •

듣거나 읽은 내용을 요약하여 말하거나 기술한다.

➡ 표준화는 공학 및 과학에서 일정한 규격과 규칙을 설정하는 과정으로, 효율성을 높이고 혼동을 줄이는 데 중요한 역할을 한다. 특히 단위의 표준화는 다양한 기술과 제품이 상호 호환되고, 일관성 있는 성능을 제공하는 데 필수적이다. 국제적으로 통용되는 단위 체계는 연구와 개발, 산업 생산에서 중요한 기준이 되며, 이를 통해 글로벌 시장에서 기술적 통합이 가능해진다. 단위의 표준화가 중요한 이유와 관심 있는 공학 분야에서의 표준화 사례를 조사하여 발표해 보자.

관련 학과 공학계열 전체

단위의 탄생
피에르 마틴, 곽영직 역,
북스힐(2024)

책 소개

이 책은 일곱 가지 단위, 즉 미터(길이), 초(시간), 킬로그램(질량), 켈빈(온도), 암페어(전류), 몰(물질의 양), 칸델라(밝기)의 역사와 발전 과정을 담고 있다. 저자는 이러한 단위들이 과학의 중요한 측면에 어떻게 기여했는지 설명하며, 고전 물리학에서 양자역학, 상대성 이론에서 화학, 우주학에서 입자물리학, 의학에서 현대 기술에 이르기까지 다양한 분야에서 어떻게 작용하고 있는지 보여 준다.

세특 예시

'단위의 탄생(피에르 마틴)'을 읽고 단위의 개념과 역사적 발전 과정을 이해하며, 단위가 인류의 삶과 과학 발전에 미친 영향을 탐구함. 특히 에너지, 힘, 압력 등 물리량을 나타내는 단위에 대한 내용을 바탕으로, 각 단위의 정의와 상호 관계를 분석하고, 이를 일상생활 속 현상과 연결하여 설명하는 영어 발표를 진행함. 미국과 영국이 독자적인 단위를 사용하는 이유는 역사적, 문화적, 실용적인 여러 요인이 복합적으로 작용한 결과라는 것을 조사하여 영어로 보고서를 작성함.

[10공영2-02-06] • • •

다양한 소통의 목적에 맞게 말하거나 글로 표현한다.

➡ 해양 플라스틱 오염은 전 세계 해양생태계를 위협하는 주요 환경 문제 중 하나다. 매년 수백만 톤의 플라스틱

이 바다로 유입되며, 이로 인해 해양 생물들이 플라스틱을 섭취하거나 플라스틱 쓰레기에 얽히는 등 심각한 피해를 입고 있다. 또한 미세 플라스틱은 해양 생물뿐만 아니라 인간의 건강에도 영향을 미칠 수 있다. 해양 플라스틱 오염의 원인과 해결 방안에 대해 조사하고, 그 내용을 공학적 접근을 통해 발표해 보자.

관련 학과 공학계열 전체

《플라스틱을 갈아 마시면 무슨 맛일까?》, 박선욱, 지식과감성#(2022)

[10공영2-02-07]

어휘나 표현을 점검하여 내용을 명확하게 전달한다.

얀 헨드릭 손(Jan Hendrik Schön) 사건은 벨연구소에서 활동하던 물리학자가 2000년대 초에 발표한 25편의 논문에서 데이터 위조와 변조가 발견된 사례이다. 손은 동일한 데이터를 여러 논문에서 반복 사용하고, 실험 결과를 조작하여 발표했다. 그의 연구는 처음에는 혁신적이라고 평가받았으나, 동료 연구자들의 의심으로 조사가 시작되었고 결국 그의 모든 논문이 철회되었다. 이 사건은 동료 심사의 한계를 드러내며, 연구 재현성의 중요성을 강조하는 계기가 되었다. 공학 분야에서 발생한 연구 조작과 관련된 사건을 조사하고 설명하는 글을 영어로 작성해 보자.

관련 학과 공학계열 전체

《연구윤리에 관한 100가지 질문 및 답변》, Emily E. Anderson 외 1명, 유수정 역, 학지사메디컬(2022)

[10공영2-02-08]

적절한 전략과 다양한 매체를 활용하여 상황과 목적에 맞게 말하거나 쓴다.

소셜 미디어 데이터 분석(Social Media Data Analysis)은 사용자들이 생성한 콘텐츠, 좋아요, 댓글, 공유 등의 데이터를 활용해 사용자 행동을 파악하고 예측하는 기술이다. 소프트웨어공학과에서는 이러한 SNS 데이터를 처리하고 분석하기 위한 다양한 알고리즘과 시스템을 설계하고 구현한다. 특히 빅데이터 분석, 기계 학습, 자연어 처리와 같은 소프트웨어 공학 기술을 사용하여 대규모 데이터를 효율적으로 분석할 수 있다. SNS 데이터를 분석하는 기술적 방법과 그 응용 사례를 조사하여 영어로 발표해 보자.

관련 학과 산업공학과, 소프트웨어공학과, 정보보안학과, 정보통신공학과, 컴퓨터공학과

《소셜 미디어 프리즘》, 크리스 베일, 서미나 역, 상상스퀘어(2023)

[10공영2-02-09]

다른 사람과 의견을 조율하며 문제 해결을 위해 협력한다.

공학의 발달은 의료, 에너지, 식량, 환경 등 다양한 분야에서 삶의 질을 향상시키고 사회를 발전시키는 데 중요한 역할을 해 왔다. 그러나 치명적인 무기의 발달, 환경 오염 가속화, 부의 양극화 등 부정적인 영향도 무시할 수 없다. '공학은 인류 발전에 도움을 줄 수 있는가'라는 주제로 자신의 의견을 제시하는 글을 영어로 작성하자. 이후 타인의 의견을 경청하고 자신의 의견을 논리적으로 제시하며, 합의 및 문제를 해결하는 과정을 통해서 모둠원들과 합의하여 최종 결정문을 영어로 작성해 보자.

관련 학과 공학계열 전체

《공학이란 무엇인가》, 성풍현, 살림Friends(2013)

국어 교과군

영어 교과군

수학 교과군

도덕 교과군

사회 교과군

과학 교과군

선택 과목	수능	영어 I	절대평가	상대평가
일반 선택	○		5단계	5등급

단원명 | 이해

| 🔍 | 메타버스, 디지털 세계, 잠재적 영향, 사물인터넷, 요지 파악, 필자의 의도, 자율주행자동차, 논리적 관계, 양자 컴퓨팅, 투명성, 디지털 화폐, 글로벌 경제 정책, 공감사회적 변화, 윤리적 문제, 스마트시티, 정보통신기술, 전개 방식, 머신러닝 결정 과정

[12영I-01-01] ● ● ●

말이나 글의 세부 정보를 파악한다.

➡ '메타버스'라는 개념은 가상 현실을 넘어 실제와 가상이 공존하는 새로운 디지털 세계를 의미한다. 메타버스가 도시 계획 및 관리에 어떻게 활용될 수 있는지에 대해 관련 글 'Smart Cities 2.0: Enhancing Urban Planning and Management in the Metaverse'를 찾아 읽고, 메타버스가 도시 생활에 미칠 잠재적 영향을 조사하고 정리하여 영어로 발표해 보자.

관련 학과 건축공학과, 건축학과, 교통공학과, 도시공학과, 소프트웨어공학과, 정보통신공학과, 토목공학과

《메타버스 혁신의 안식처》, 김유경, 말쿠트(2023)

[12영I-01-02] ● ● ●

말이나 글의 주제나 요지를 파악한다.

➡ 사물인터넷(IoT)은 우리의 일상을 크게 변화시키고 있다. 'How is the IoT Changing the World Around'라는 기사를 찾아 읽은 뒤, IoT가 우리 생활에 어떤 변화를 가져오는지 주제와 요지를 파악하여 영어로 발표해 보자.

관련 학과 공학계열 전체

《스마트 그리드와 사물인터넷, 빅데이터의 이해》, 비파기술거래, 비파기술거래(2022)

[12영I-01-03] ● ● ●

화자나 필자의 심정이나 의도를 추론한다.

➡ 인공지능(AI) 기술은 현재 많은 산업 분야에서 사용되며 우리 생활에 큰 변화를 가져오고 있다. 하지만 인공지능 개발 과정에서 데이터 프라이버시 침해와 같은 윤리적 문제가 대두되고 있다. 관련 글 'The Ethical Considerations of Artificial Intelligence'를 찾아 읽어 보고, 작성자가 인공지능 기술의 윤리적 문제에 대해 어떤 입장을 가지고 있는지 분석하며 그 의도를 파악하여 발표해 보자.

관련 학과 공학계열 전체

《AI 이후의 세계》, 헨리 A. 키신저 외 2명, 김고명 역, 윌북(2023)

[12영I-01-04]

말이나 글에서 일이나 사건의 논리적 관계를 파악한다.

➔ 최근 자율주행자동차 기술이 발달함에 따라 도로 안전에 대한 관심이 증대되고 있다. 자율주행자동차는 운전자 개입 없이 스스로 주변 상황을 인식하고 조작할 수 있는 기능을 갖추고 있다. 이러한 기술은 운전자의 부담을 줄여 주고 교통 안전성 증진, 교통 체증의 완화 등 여러 편의를 제공하지만 동시에 윤리적인 고민도 던져 준다. 'The Ethics of Autonomous Vehicles: Balancing Safety and Control'이라는 기사를 찾아 읽고, 작성자가 자율주행자동차와 도로 안전 간의 논리적 연관성 및 윤리적 쟁점을 어떻게 이해하고 있는지 분석하여 발표해 보자.

관련 학과 교통공학과, 기계공학과, 도시공학과, 메카트로닉스공학과, 반도체공학과, 산업공학과, 소프트웨어공학과, 자동차공학과, 컴퓨터공학과

《인공지능과 자율주행자동차, 그리고 법》, 김기창 외 6명, 세창출판사(2017)

[12영I-01-05]

말이나 글의 맥락을 바탕으로 어구나 문장의 함축적 의미를 추론한다.

➔ '양자 컴퓨팅'이라는 기술이 최근 주목받고 있다. 양자 컴퓨팅은 전통적인 컴퓨팅 방식을 넘어서, 양자역학의 원리를 이용해 훨씬 더 많은 정보를 처리할 수 있는 새로운 컴퓨팅 방식을 제시한다. 관련 기사 'Quantum Computing: The next major technological revolution is knocking at the door!'를 찾아 읽고, 양자 컴퓨팅이 가져올 변화와 그에 따르는 사회적, 윤리적 문제점 등을 탐구해 보자.

관련 학과 공학계열 전체

《양자 컴퓨터 원리와 수학적 기초》, 크리스 베른하트, 이정문 역, 에이콘출판사(2020)

[12영I-01-06]

말이나 글의 전개 방식이나 구조를 파악한다.

➔ 스마트시티는 정보통신기술을 활용하여 도시 운영을 효율화하고 시민들의 생활의 질을 향상시키려는 움직임이다. 하지만 스마트시티 구축에 있어서도 다양한 도전 과제들이 있다. 'Smart and secure: The future of urban living'이라는 글을 찾아 읽은 뒤, 스마트시티가 가져올 변화와 이에 따르는 도전 과제 등을 탐색해 보자.

관련 학과 공학계열 전체

《스마트시티 에볼루션》, 박찬호 외 3명, 북바이북(2022)

[12영I-01-07]

적절한 전략을 활용하여 다양한 매체로 된 말이나 글의 의미를 파악한다.

➔ 머신러닝 알고리즘이 결정을 내릴 때 내부 동작 과정이 흔히 '블랙박스'처럼 비공개되어 있다는 문제가 있다. 'Unboxing the Black Box: Exploring the Potential of Explainable AI'라는 기사를 찾아 읽고, AI의 결정 과정을 투명하게 만드는 것이 중요한 이유와 그 방법에 대해 탐구해 보자.

관련 학과 공학계열 전체

《알고리즘 윤리》, 마이클 키언스·아론 로스, 이정표 역, 에이콘출판사(2021)

[12영I-01-08] ● ● ●

우리 문화 및 타 문화의 다양한 관점에 대해 포용하고 공감하는 태도를 가진다.

➡ 디지털 화폐, 특히 비트코인과 이더리움 등의 암호화폐는 전 세계적으로 금융 시스템에 큰 변화를 일으키고 있다. 그러나 이러한 변화가 각 국가들의 경제 정책에 미칠 영향과 야기할 사회적 문제는 아직 명확히 밝혀지지 않은 상태다. 관련 글 'Cryptocurrency and Its Impact On the Global Economy'를 참고하여, 디지털 화폐가 글로벌 경제 정책에 미칠 영향과 그로 인한 사회적 문제점에 대해 발표해 보자.

관련 학과 산업공학과, 소프트웨어공학과, 소프트웨어학과, 전자공학과, 정보보안학과, 정보통신공학과, 컴퓨터공학과

《화폐의 미래》, 에스와르 S. 프라사드, 이영래 역, 김영사(2023)

단원명 | 표현

🔍 블록체인, 사회적 문제 해결, 스마트홈, 보안 리스크, 효율적 운영, 윤리적 고려, 에너지 소비, 지속가능성, 인공지능 윤리, 입사 지원, 양자 컴퓨팅, 데이터 보안, 교육용 로봇, 스마트 도시 기술, 문제 해결

[12영I-02-01] ● ● ●

사실적 정보를 말이나 글로 설명한다.

➡ 블록체인 기술은 금융부터 헬스케어, 공공 서비스에 이르기까지 다양한 분야에서 혁신을 주도하고 있다. 관련 글 'Blockchain For Social Impact: Driving Positive Change Through Distributed Ledger Technology'를 읽고, 블록체인 기술이 사회적 문제 해결에 어떻게 활용될 수 있는지, 그리고 이를 위해 극복해야 할 기술적, 정책적 장벽은 무엇인지 조사하여 발표해 보자.

관련 학과 산업공학과, 생명공학과, 소프트웨어공학과, 소프트웨어학과, 컴퓨터공학과

《웹3.0과 메타버스가 만드는 디지털 혁명》, 윤영진·황재진, 제이펍(2022)

[12영I-02-02] ● ● ●

경험이나 계획 또는 일이나 사건을 말이나 글로 설명한다.

➡ 스마트홈 시스템은 우리의 삶의 질을 높이고 편리하게 만드는 동시에 새로운 보안 문제도 초래한다. 관련 글 'The Challenges and Security Risks of Smart Home Devices'를 읽고 스마트홈 시스템이 가정에서 어떻게 사용되며, 발생할 수 있는 보안 문제는 어떤 것이 있는지 조사하여 발표해 보자.

관련 학과 도시공학과, 메카트로닉스공학과, 소프트웨어공학과, 소프트웨어학과, 정보보안학과, 정보통신공학과, 컴퓨터공학과

《4차 산업혁명, 스마트건설 스마트시티 스마트홈》, 김선근, 한솔아카데미(2023)

[12영I-02-03] ● ● ●

상대방을 배려하고 존중하는 태도로 자신의 의견이나 감정을 표현한다.

➡ 공공 기관에서 AI가 효과적으로 구현되는 경우, 보다 스마트한 정책 결정, 체계적인 서비스 제공, 보다 효율적인 운영이라는 면에서 공공 기관에 이점을 제공할 수 있다. 관련 글 'Unlocking the Value of AI-Powered

Government'를 읽고 공공 기관에서 AI를 사용하는 것에 대해 어떤 의견을 가지고 있는지, AI 사용 시 고려해야 할 요소로는 무엇이 있는지 발표해 보자.

관련 학과 산업공학과, 소프트웨어공학과, 정보보안학과, 정보통신공학과, 컴퓨터공학과

《2023 신뢰할 수 있는 인공지능 개발 안내서》, 한국정보통신기술협회, 진한엠앤비(2023)

[12영I-02-04] ● ● ●

듣거나 읽은 내용을 말이나 글로 요약한다.

크세니아 페트리첸코(Ksenia Petrichenko)의 TED 영상 'What if buildings created energy instead of consuming it?'을 시청하고 현재 전 세계 에너지 소비 및 배출의 1/3을 담당하고 있는 건물에 대해서 어떤 의견을 가지고 있는지 알아보자. 특히 건물을 에너지 시스템의 능동적인 사용자로 전환하기 위한 3단계 전략을 요약하여 발표해 보자.

관련 학과 건축공학과, 건축학과, 도시공학과, 메카트로닉스공학과, 산업공학과, 신소재공학과, 에너지공학과, 컴퓨터공학과, 토목공학과, 환경공학과

《건축, 모두의 미래를 짓다》, 김광현, 21세기북스(2021)

[12영I-02-05] ● ● ●

서신, 신청서, 지원서 등의 서식을 목적에 맞게 작성한다.

인공지능 기술이 발전함에 따라 인공지능 윤리가 점점 중요해지고 있다. 특히 인공지능이 만들어 낸 결과물에 대한 책임성과 공정성 등 여러 윤리적 쟁점들이 제기되고 있다. 인공지능 회사에 입사 지원하며 '인공지능 윤리'에 대한 본인의 견해와 이 회사에서 어떻게 이 문제를 다루고자 하는지를 설명하는 커버 레터를 다음의 내용을 포함하여 영어로 작성해 보자. (인사말 / 자기소개 / 글을 쓴 목적 / 자신이 왜 회사에 필요한 사람인지를 설명 / 회사의 성공에 기여하는 방법과 관련된 자신의 경험 또는 능력 / 맺음말)

관련 학과 공학계열 전체

《인공지능의 윤리학》, 이중원 외 8명, 한울아카데미(2019)

[12영I-02-06] ● ● ●

글의 구조나 내용 및 표현을 점검하고 쓰기 윤리를 준수하여 고쳐 쓴다.

양자 컴퓨팅은 양자역학의 원리를 활용하여 기존 컴퓨터의 한계를 뛰어넘는 역동성을 제공하지만, 민감한 건강정보 및 금융거래 데이터에 대한 위협, 암호화폐 관련 정보 보안 위협 등 다양한 윤리적 문제를 야기하고 있다. 관련 글 'Organizations should make these 3 changes now to protect against the quantum computing threat'을 읽고 이러한 문제에 대해서 공학 윤리 관점에서 깊이 있게 탐구하며, 기술 발전과 정보 보안 간에 균형을 찾을 수 있는 방안을 제시하는 글을 작성해 보자.

관련 학과 산업공학과, 소프트웨어공학과, 소프트웨어학과, 정보보안학과, 정보통신공학과, 컴퓨터공학과

《양자 컴퓨터/컴퓨팅의 오늘과 내일》, 차원용 외 2명, 진한엠앤비(2021)

[12영I-02-07] ● ● ●

다양한 매체와 적절한 전략을 활용하여 정보를 창의적으로 전달한다.

국어 교과군
영어 교과군
수학 교과군
도덕 교과군
사회 교과군
과학 교과군

→ 교육용 로봇은 다양한 학습 경험을 제공하고 문제 해결 능력을 향상시키는 데 다양한 목적으로 사용될 수 있다. 관련 글 'The future of educational robotics: enhancing education, bridging the digital divide, and supporting diverse learners'를 읽고, 인공지능 로봇을 활용한 초등학생 대상 로보틱스 및 프로그래밍 교육 개발을 주제로 탐구해 보자. 인공지능 로봇이 어떻게 복잡한 로보틱스와 프로그래밍 개념을 쉽고 재미있게 설명할 수 있는지, 그리고 그 과정에서 어떤 커리큘럼과 방법이 효과적일지에 관해 탐구해 보고, 예상되는 문제점과 보완법에 대해서도 고민한 후 발표해 보자.

관련 학과 기계공학과, 반도체공학과, 소프트웨어공학과, 소프트웨어학과, 자동차공학과, 전자공학과, 정보보안학과, 컴퓨터공학과

《로봇 시대, 인간의 일》, 구본권, 어크로스(2020)

[12영I-02-08] ● ● ●

협력적이고 능동적으로 말하기나 쓰기 과업을 수행한다.

→ '스마트 도시 기술'이란 정보통신기술을 도시 운영에 활용하여 도시의 효율성을 높이고 시민들의 삶의 질을 향상시키는 기술을 말한다. 특히 사물인터넷, 빅데이터, 인공지능, 클라우드 컴퓨팅 기술을 결합하여 다양한 도시 문제를 해결하는 '스마트 도시 기술'이 부동산 시장에 미칠 영향을 분석하고 실제 부동산 시장에서 발생할 수 있는 문제를 예측한 뒤, 이에 대한 해결책을 제안해 보자. 팀별로 발표 자료를 작성하여 발표한 후 다른 팀과 토론을 진행해 보자.

관련 학과 건축공학과, 건축학과, 교통공학과, 도시공학과, 산업공학과, 정보보안학과, 정보통신공학과, 컴퓨터공학과

《스마트시티, 더 나은 도시를 만들다》, 앤서니 타운센드, 도시이론연구모임 역, MID(2018)

선택 과목	수능	영어 II	절대평가	상대평가
일반 선택	○		5단계	5등급

단원명 | 이해

> | 🔍 | 글의 목적, 맥락, 의미 파악, 지식 습득, 정보 습득, 비판적 수용, 이해 전략, 지식 정보 활용, 포용적 태도, 문화의 다양성, 공감적 이해, 문화적 감수성

[12영 II-01-01]   • • •

다양한 주제에 대한 말이나 글의 세부 정보를 파악한다.

➡ 대기 오염과 온실가스 배출을 줄이는 데 기여할 수 있는 친환경 발전은 화석 연료를 사용하지 않고, 자연에서 발생하는 에너지를 이용하여 전기를 생산하는 발전 방식을 말한다. 친환경 발전은 크게 재생에너지와 신에너지로 분류할 수 있다. 재생에너지는 자연에서 무한히 공급되는 에너지를 말하며, 태양광, 풍력, 수력, 지열, 바이오매스 등이 있다. 신에너지는 기존의 에너지원과는 다른 새로운 에너지원으로, 수소 에너지, 연료 전지, 핵융합 등이 이에 해당된다. 친환경 발전에 대한 글을 읽고 글의 세부 정보를 파악하여 정리하고 발표해 보자.

관련 학과 공학계열 전체

《신재생에너지 발전시스템(태양광) 공학》, 정춘병, 동일출판사(2023)

[12영 II-01-02]   • • •

말이나 글의 주제나 요지를 파악한다.

➡ 자율주행차(Self-driving Car)는 운전자의 개입 없이 차량이 스스로 주행할 수 있는 기술로, 레이더, 카메라, 센서 등을 통해 주변 환경을 인식하고, 인공지능을 통해 주행 경로를 계획하여 운행된다. 자율주행차는 교통사고를 줄이고 교통 혼잡을 완화하며 이동의 편리성을 높일 수 있는 잠재력을 가지고 있다. 그러나 기술적 완성도, 법적·윤리적 문제 등 여러 도전 과제도 있다. 자율주행차 기술의 발전과 관련된 영어 기사를 읽거나 동영상을 시청하고 주제를 파악하여 영어 요약문을 작성해 보자.

관련 학과 기계공학과, 메카트로닉스공학과, 소프트웨어공학과, 자동차공학과, 전자공학과, 정보통신공학과, 제어계측공학과

《자동차 자율주행 기술 교과서》, 이정원, 보누스(2024)

[12영 II-01-03]   • • •

말이나 글에 나타난 화자, 필자, 인물 등의 심정이나 의도를 추론한다.

➡ 인터뷰는 두 명 이상의 사람이 서로 질문하고 답변을 주고받는 대화 형식으로, 특정 목적을 가지고 이루어지는 것이 특징이다. 공학 관련 인터뷰의 예로는 일론 머스크(Elon Musk)와 관련된 인터뷰를 들 수 있다. 그는 여러 인터뷰에서 우주탐사와 전기차의 미래에 대해 이야기하며, 기술 발전이 인류의 미래에 미치는 긍정적 영향과 그

과정에서의 도전 과제를 강조한다. 이런 인터뷰를 읽을 때는 말에 명시되지 않은 화자의 의도나 목적을 추론하고, 질문과 답변이 어떻게 연결되는지 파악하는 것이 중요하다. 해당 인터뷰 또는 자신이 관심 있는 분야의 관련 인터뷰를 선택해 전반적인 상황과 맥락을 이해하면서 말이나 글에 명시적으로 드러나지 않은 화자의 심정이나 어조, 의도나 목적을 추론하여 발표해 보자.

관련 학과 공학계열 전체

《지승호, 더 인터뷰》, 지승호, 비아북(2015)

[12영 II-01-04] ● ● ●

말이나 글에서 일이나 사건의 논리적 관계를 추론한다.

아이작 아시모프는 미국의 과학 소설가이자 저술가, 생화학 교수이다. 500권 이상의 책을 집필했으며, 과학 소설뿐 아니라 SF 이론, 과학사, 과학 대중화 등 다양한 분야에서 저술 활동을 벌였다. 과학 소설계의 거장으로 평가받고 있는 아시모프의 대표작으로는 〈로봇 시리즈〉, 〈파운데이션 시리즈〉, 〈갤럭시 제국 시리즈〉 등이 있다. 그의 작품은 저작권이 만료되어 원문을 자유롭게 읽을 수 있다. 그중 관심이 가는 한 편을 찾아 읽고 이야기의 상황이나 맥락을 전반적으로 이해하면서 사건의 인과관계, 인물 간의 관계, 사건이 전개되는 순서 등을 정리해 보자.

관련 학과 공학계열 전체

아이, 로봇
아이작 아시모프, 김옥수 역,
우리교육(2008)

책 소개

이 책은 아이작 아시모프가 쓴 과학 소설로, 로봇공학의 3원칙을 바탕으로 로봇과 인간의 관계를 탐구한 작품이다. 로봇 3원칙은 다음과 같다. 첫째, 로봇은 인간을 해치거나 게으름으로 인해 인간에게 해를 입혀서는 안 된다. 둘째, 로봇은 인간이 내리는 명령에 복종해야 한다. 단, 그 명령이 첫 번째 법칙에 위배되지 않는 한. 셋째, 로봇은 자신의 존재를 보호해야 한다. 단, 그 보호가 첫 번째와 두 번째 법칙에 위배되지 않는 한. 소설 속 각각의 이야기는 로봇의 기술과 인간의 윤리, 사회에 대한 깊은 탐구를 통해 로봇과 인간 사이의 복잡한 상호 작용을 조명하고 있다.

세특 예시

'아이, 로봇(아이작 아시모프)'을 읽고, 로봇과 인간의 상호 작용이 담긴 사건들의 논리적 관계를 추론하는 능력을 발휘함. 각 단편에서 로봇의 행동과 인간의 반응 사이의 인과관계를 논리적으로 분석하였으며, 로봇공학의 법칙들이 사건 전개에 미치는 영향을 체계적으로 이해함. 이러한 분석을 통해 학생은 로봇공학의 기본 원리와 윤리적 문제를 깊이 있게 탐구하고, 이를 바탕으로 논리적이고 일관된 에세이를 작성함. 특히 공학적 시각에서 로봇의 행동 원리를 해석하고, 미래 로봇 기술의 발전 방향을 예측하는 데 뛰어난 역량을 보여 줌.

[12영 II-01-05] ● ● ●

말이나 글의 맥락을 바탕으로 함축된 의미를 추론한다.

국어 교과군

영어 교과군

수학 교과군

도덕 교과군

사회 교과군

과학 교과군

◯ 글의 제목에 비유적 언어를 사용하면 독자의 흥미를 끌면서 글의 내용을 함축적으로 표현하고, 말하고자 하는 바의 핵심을 강조하는 효과가 있다. "The pandemic has been a 'great reset' for the world." (The World Economic Forum, 2020-06-01)라는 제목을 보자. 'great reset'이란 단어는 세계의 경제, 사회, 문화를 근본적으로 재구성하는 것을 의미하며, 긍정적 의미와 부정적 의미가 다 포함되어 있어 다양한 해석을 가능하게 한다. 자신이 관심 있는 분야의 영어 기사에서 함축적인 의미가 표현되는 경우를 찾아보고 그 의미와 효과를 발표해 보자.

관련 학과 공학계열 전체

《**문예 비창작-디지털 환경에서 언어 다루기**》, 케네스 골드스미스, 길예경·정주영 역, 워크룸프레스(2023)

[12영 II-01-06] ● ● ●

다양한 유형의 말이나 글의 전개 방식이나 구조를 파악한다.

◯ 공기청정기는 공기 중의 오염물질을 제거하여 깨끗한 공기를 제공하는 기기로 원리는 크게 두 가지로 나뉜다. 첫 번째는 공기 중의 오염물질을 걸러 내는 여과 방식인데, HEPA 필터, 활성탄 필터, 탈취 필터 등 다양한 종류의 필터가 사용된다. 다음으로 공기 중의 오염물질을 이온화하여 제거하는 방식이 있다. 전기장을 발생시켜 공기 중의 오염물질을 이온화하는 것이다. 공기청정기의 원리를 설명하는 영문 글을 읽고 글의 구조를 파악하여 이를 설명하자.

관련 학과 공학계열 전체

《**1페이지 공학**》, 조엘 레비, 이경주 역, 영진닷컴(2021)

[12영 II-01-07] ● ● ●

적절한 전략을 적용하여 다양한 매체 자료의 말이나 글을 이해한다.

◯ 튜링 테스트는 인간과 기계가 대화를 나누는 방식을 통해 기계의 지능을 평가하는 방식으로, 1950년 영국의 수학자 앨런 튜링이 제안한 지능 측정 방법이다. 지능을 단순히 대화 능력으로만 평가한다는 점, 인간 판정관의 주관성에 의존할 수밖에 없다는 점이 한계로 지적되어 왔다. 인공지능 기술이 비약적으로 발전하고 있는 상황에서 튜링 테스트의 대안으로 다중 평가자 테스트, 객관적 평가지표, 다양한 작업을 통한 평가 등이 제시되고 있다. 이들을 조사하여 영어로 발표해 보자.

관련 학과 공학계열 전체

책 소개

이 책의 원제는 'The Age of AI: And Our Human Future'로 AI의 발전과 그로 인해 달라질 인류의 미래에 대해 깊이 있는 탐구를 제공하고 있다. 챗GPT와 같은 AI 기술의 등장은 단순한 기술적 발전을 넘어, 인류의 사회, 문화, 정치, 경제에 큰 변화를 가져올 것이라 예측된다. 저자들은 AI의 발전이 인간의 삶과 사회에 미칠 영향, 인간 본성과 기술 간의 관계에 대해 깊이 있게 논의하며, 특히 인간의 역할과 가치, 그리고 AI와의 공존 방식에 대해 중요한 질문을 던진다.

세특 예시

'AI 이후의 세계(헨리 A. 키신저 외)'를 통해 인공지능 기술이 여러 산업과 사회에 미치는 영향을 심도 있게 이해함. 다양한 매체 자료를 활용하여 AI

의 발전과 미래 전망을 분석하는 능력을 보여 줌. 공학적 시각에서 AI 기술의 응용 가능성을 탐구하며, 글의 주제와 요지를 명확히 파악하고 이를 바탕으로 논리적인 에세이를 작성함. 특히 매체 자료를 비교 분석하여 AI 의 윤리적 문제와 해결 방안을 제시하는 과정에서 비판적 사고와 창의적 문제 해결 능력을 발휘하였음.

[12영 II-01-08] ● ● ●

다양한 문화와 관점에 대해 포용하고 공감하는 태도를 가진다.

➡ 전 세계적인 기후변화와 크고 작은 국제 분쟁 및 갈등, 인구 증가 등으로 인해 농업의 중요성은 더욱 커지고 있으며, 식량의 안정적 확보는 모든 국가의 기본적인 의무라 할 수 있다. 선진국은 식량 수입에 의존하지 않고 자국의 식량을 안정적으로 생산할 수 있는 능력을 갖추고 있으며, 농산물을 가공, 유통, 판매하는 과정을 통해 고부가가치를 창출한다. 농업의 고부가가치화를 통해 농업의 경쟁력을 강화하고 있는 것이다. 관심 있는 국가의 농업 형태를 조사하여, 그러한 형태를 갖게 된 요인이 무엇인지를 파악하여 영어로 제시하자.

`관련 학과` 산업공학과, 생명공학과, 식품공학과, 에너지공학과, 환경공학과

《가장 오래된 첨단산업 농업의 미래》, 성형주, 동아일보사(2023)

단원명 | 표현

🔍 의사소통, 목적, 맥락, 적절한 언어 사용, 표현, 효과적 정보 전달, 의견 교환, 표현 전략, 종합적 사고, 지식과 경험 융합, 상호 협력, 소통, 문제 해결 능력, 적극적 태도

[12영 II-02-01] ● ● ●

다양한 주제에 대한 사실적 정보를 말이나 글로 설명한다.

➡ 생성형 인공지능(AI) 기반 번역 서비스는 인공지능을 사용해, 한 언어에서 다른 언어로 텍스트를 번역하는 서비스이다. 기존의 기계 번역(MT) 방식 대신 자연어 처리(NLP) 기술을 사용해 번역을 수행한다. 문맥을 고려하여 번역을 수행하기 때문에, MT 방식보다 문장이 자연스러우며 정확하고 빠른 번역이 가능하다. 생성형 인공지능 번역 서비스를 이용하여 자신이 관심 있는 분야의 영어 기사와 우리말 번역 기사를 찾아보고 이를 비교해 보자.

`관련 학과` 산업공학과, 소프트웨어공학과, 전자공학과, 정보통신공학과, 컴퓨터공학과

《괄호로 만든 세계》, 마이클 울드리지, 김의석 역, 알에이치코리아(2023)

[12영 II-02-02] ● ● ●

지식과 경험을 활용하여 자신의 감상이나 느낌을 표현한다.

➡ 스마트시티(Smart City)는 정보통신기술을 활용해 도시의 효율성을 높이고, 환경적 지속가능성을 확보하며, 시민의 삶의 질을 향상시키는 도시 모델이다. 스마트시티는 교통, 에너지, 안전, 환경 등 다양한 분야에서 첨단 기

술을 적용하여 도시 문제를 해결하고자 한다. 스마트 시티의 개념과 실제 사례를 조사한 뒤, 현재 내가 거주하고 있는 지역에서의 경험을 바탕으로 향후 실현 가능한 스마트시티를 구상하여 설명해 보자.

관련 학과 건축공학과, 도시공학과, 산업공학과, 소프트웨어공학과, 에너지공학과, 전자공학과, 정보통신공학과, 환경공학과

《**스마트시티 에볼루션**》, 박찬호 외 3명, 북바이북(2022)

[12영 II-02-03] ● ● ●

상대방을 배려하고 존중하는 태도로 자신의 의견이나 주장을 제시한다.

➡ 적정기술은 그 지역의 경제적, 사회적, 환경적 조건에 맞춰 개발된 기술로, 저비용, 유지 관리의 간편함, 지속가능성을 목표로 한다. 특히 자원이 제한된 지역에서 공학 분야의 적정기술은 중요한 역할을 한다. 고급 장비 대신 현지에서 쉽게 구할 수 있는 재료와 에너지를 활용하는 것이 특징이다. 예를 들어, 농업용 관개 시스템을 설치하기 어려운 지역에서는 수동식 물 펌프가 적정기술로 활용되며, 기계적 원리를 이용해 인력으로 작동시켜 농업에 도움을 준다. 관심 있는 공학 분야와 연관된 적정기술을 조사하고 이를 설명해 보자.

관련 학과 공학계열 전체

《**10대를 위한 적정기술 콘서트**》, 강수영 외 8명, 7분의언덕(2021)

[12영 II-02-04] ● ● ●

다양한 주제에 대해 듣거나 읽은 내용을 재구성하여 요약한다.

➡ 드론(Drone)은 무인 항공기로, 최근 다양한 산업 분야에서 활용되고 있다. 군사, 농업, 물류, 영화 촬영 등에서 사용되는데, 특히 사람의 접근이 어려운 지역에서 유용하게 쓰인다. 드론 기술은 GPS, 인공지능, 카메라 기술과 결합하여 더 발전하고 있으며, 재난 구호, 산불 감시, 물품 배송 등 다양한 가능성을 보여 준다. 드론 기술의 현재와 미래를 조사하고 이를 요약하여 발표해 보자.

관련 학과 공학계열 전체

《**드론 바이블**》, 강왕구 외 2명, 플래닛미디어(2024)

[12영 II-02-05] ● ● ●

적절한 전략을 활용하여 논리적으로 대상을 설득한다.

➡ 3D 프린팅 기술은 디지털 설계를 기반으로 물체를 한 층씩 쌓아 올리는 방식으로, 제조업의 혁신을 가져왔다. 이 기술은 의료, 건축, 패션, 음식 등 다양한 분야에서 활용되며, 특히 개인 맞춤형 제품 생산이 가능하다는 점에서 큰 주목을 받고 있다. 3D 프린팅 기술을 활용한 의료 기기나 보철물 등의 예를 조사하고, 이를 바탕으로 기술적 발전 방향을 설명해 보자.

관련 학과 공학계열 전체

《**3D 프린팅의 이해와 전망**》, 양동열, GIST PRESS(2021)

[12영 II-02-06] ● ● ●

자기소개서, 이력서, 보고서 등의 서식을 목적에 맞게 작성한다.

➡ 플랜트 엔지니어링은 석유화학, 정유, 발전, LNG 등 다양한 분야에서 필수적인 설비를 설계하고 건설하는 과

국어 교과군

영어 교과군

수학 교과군

도덕 교과군

사회 교과군

과학 교과군

정이다. 플랜트는 복잡한 공정 시스템을 기반으로 하기 때문에, 기계공학, 화학공학, 전기공학, 제어계측공학 등 다양한 공학 지식이 필요하다. 이러한 공정을 최적화하고 안전하게 운영하기 위해서는 심도 있는 기술적 이해와 경험이 요구된다. 예를 들어, 석유화학 플랜트는 원유를 가공하여 화학 제품을 생산하는 복잡한 시스템으로, 이를 설계하는 과정에서는 열교환기, 반응기, 압축기 등 다양한 장비의 배치와 성능을 고려해야 한다. 플랜트 엔지니어링에 대해 조사하여 영문 보고서를 작성해 보자.

관련 학과 공학계열 전체

《처음 읽는 플랜트 엔지니어링 이야기》, 박정호, 플루토(2022)

[12영 II-02-07] • • •

글을 쓰는 과정에서 글의 내용과 형식을 점검하고 쓰기 윤리를 준수하여 고쳐 쓴다.

➡ 채식주의자는 동물성 식품을 일부 또는 전혀 섭취하지 않는 사람들을 일컫는다. 식품공학에서는 단백질 함량이 높은 식물성 원료를 사용해 채식주의자들이 영양을 보충할 수 있게 해주고, 기능성 식품을 개발하여 채식주의자가 필요로 하는 비타민 B1, B2, 철분, 오메가-3 등 중요한 영양소를 섭취할 수 있게 한다. 이는 식물성 식품에서 부족한 영양소를 보충해 주는 방식으로, 영양 강화 식품의 개발도 식품공학에서 주로 연구되는 분야다. 공학적으로 채식주의에 접근하여 지구온난화 등을 해결할 수 있는 방안인지 조사하고, 글을 쓸 때는 참고문헌 및 자료 표시에 유의해 작성해 보자.

관련 학과 공학계열 전체

《우리는 왜 개는 사랑하고 돼지는 먹고 소는 신을까》, 멜라니 조이, 노순옥 역, 모멘토(2021)

[12영 II-02-08] • • •

다양한 매체를 활용하여 정보를 창의적이고 효과적으로 전달한다.

➡ 양자컴퓨터(Quantum Computer)는 양자역학의 원리를 이용해 계산을 수행하는 컴퓨터로, 엄청난 연산 능력을 가지고 있다. 양자 컴퓨터는 현재 슈퍼컴퓨터로도 해결하기 어려운 복잡한 문제를 해결할 수 있을 것으로 기대되며, 암호 해독, 신약 개발, 금융 시뮬레이션 등 다양한 분야에서 활용될 수 있다. 양자컴퓨터 기술의 원리와 응용 가능성을 조사하여 설명해 보자.

관련 학과 산업공학과, 소프트웨어공학과, 전자공학과, 정보통신공학과, 컴퓨터공학과

《양자컴퓨터의 미래》, 미치오 카쿠, 박병철 역, 김영사(2023)

[12영 II-02-09] • • •

원활한 의견 교환을 위해 협력적이고 능동적으로 의사소통 활동에 참여한다.

➡ 물 부족은 기후변화와 인구 증가로 인해 전 세계적으로 심각한 문제로 대두되고 있다. 특히 개발도상국에서는 깨끗한 식수를 구하는 것이 어려운 경우가 많아, 이에 대한 기술적 해결책 마련이 시급하다. 물 부족 문제를 해결하기 위한 정수 기술, 물 재활용 시스템 등 다양한 기술적 접근 방법을 조사하고 이를 발표해 보자.

관련 학과 공학계열 전체

《첫 번째 기후과학 수업》, 집현네트워크, 위즈덤하우스(2024)

선택 과목	수능	영어 독해와 작문	절대평가	상대평가
일반 선택	X		5단계	5등급

단원명 | 독해

> | 🔍 | 배경지식, 목적, 맥락, 글의 의미 파악, 다양한 지식 습득, 다양한 정보 습득, 내용 파악, 추론, 읽기 전략, 비판적 수용, 지식 정보 활용, 문화의 다양성, 포용적 태도, 공감적 이해, 문화적 감수성

[12영독01-01] ● ● ●

글의 세부 정보를 파악한다.

➡ 재생에너지(Renewable Energy)는 자연에서 끊임없이 재생되는 에너지원으로, 태양광, 풍력, 수력, 지열 등을 해당된다. 재생에너지는 화석 연료 고갈과 기후 변화 문제를 해결하는 데 중요한 역할을 하고 있다. 특히 탄소 배출을 줄이는 데 큰 기여를 할 수 있으며, 친환경적이라는 점에서 미래 에너지원으로 주목받고 있다. 영어 자료를 통해 재생에너지 기술의 종류와 각 기술의 장단점을 조사하여 발표해 보자.

관련 학과 건축공학과, 기계공학과, 신소재공학과, 에너지공학과, 전기공학과, 화학공학과, 환경공학과

《신재생에너지공학》, 이순형, 에너지시간신문사(2024)

[12영독01-02] ● ● ●

글의 주제나 요지를 파악한다.

➡ 블록체인(Blockchain)은 분산형 데이터 저장 기술로, 거래 내역을 여러 컴퓨터에 분산 저장하여 데이터의 위변조를 방지하고, 안전성을 높인다. 이 기술은 금융, 물류, 의료 등 다양한 분야에서 활용될 수 있으며, 특히 가상화폐인 비트코인(Bitcoin)의 기반 기술로 유명하다. 블록체인 기술의 원리와 응용 사례를 조사하여 발표해 보자.

관련 학과 산업공학과, 소프트웨어공학과, 전자공학과, 정보보안학과, 정보통신공학과, 컴퓨터공학과

《블록체인 부 혁명》, 오진현, 굿웰스북스(2024)

[12영독01-04] ● ● ●

글의 구조를 고려하여 내용의 논리적 관계를 파악한다.

➡ 《평균의 종말》이 제시하는 개념은 인공지능 분야에 특히 중요한 시사점을 제공한다. 인공지능은 평균에 의존하는 사고를 넘어, 개별 데이터를 기반으로 맞춤형 솔루션을 제공하는 능력을 갖추고 있다. 이는 공학적 접근 방식에 큰 변화를 일으키며, 개인 맞춤형 기술과 서비스의 발전을 촉진한다. 인공지능 기술을 통해 공학 분야는 평균에 갇힌 사고방식에서 벗어나, 개인의 다양성과 고유한 특성을 반영하는 방향으로 나아가고 있다.

관련 학과 공학계열 전체

《평균의 종말》, 토드 로즈, 정미나 역, 21세기북스(2021)

글의 맥락과 배경지식을 활용하여 함축적 의미를 추론한다.

➡ 명언은 짧은 문장에 깊은 의미를 담고 있는 말로, 삶의 지혜를 제공하고 동기 부여를 해주며 위로를 주기도 한다. 일례로 물리학자 에드워드 텔러(Edward Teller)의 명언 '오늘날의 과학이 미래의 기술이라는 의미입니다(The science of today is the technology of tomorrow)'가 있다. 텔러의 명언은 오늘날의 과학적 발견이 미래에 새롭고 혁신적인 기술을 이끌 수 있음을 일깨워 준다. 이러한 명언을 찾아 맥락과 배경지식을 활용하여 설명해 보자.

관련 학과 공학계열 전체

《**인생 영어 명언 100**》, 필미필미TV, 넥서스(2022)

글의 전개 방식이나 구조를 파악한다.

➡ 사물인터넷(IoT)은 다양한 사물들이 인터넷으로 연결되어 정보를 주고받는 기술로, 가정, 산업, 도시 등 다양한 분야에서 활용되고 있다. IoT 기술은 스마트홈, 스마트 공장, 스마트 도시를 구축하는 데 필수적이며, 이를 통해 효율성을 높이고 자원을 절약할 수 있다. 사물인터넷의 기술적 구성 요소와 실제 적용 사례를 소개하는 영어 글을 읽고 내용을 발표해 보자.

관련 학과 공학계열 전체

《**사물인터넷 개론**》, 서경환 외 3명, 배움터(2023)

다양한 매체로 표현된 정보를 파악한다.

➡ 재료공학은 항공, 자동차, 전자기기 산업 등에서 경량화된 고성능 신소재를 개발하는 데 중요한 역할을 한다. 일례로 알루미늄 합금, 탄소섬유 복합재와 같은 가벼우면서도 강도가 높은 금속 및 복합 재료는 에너지 효율을 높이고, 성능을 개선하는 데 기여한다. 경량화 기술은 교통수단의 연비 향상과 탄소 배출 감소에 크게 이바지하고 있으며, 재료공학 분야에서 지속적 연구가 이루어지고 있다. 자신이 관심 있는 공학 분야와 금속의 활용을 주제로 글을 읽고 내용을 영어로 발표해 보자.

관련 학과 금속공학과, 기계공학과, 신소재공학과, 에너지공학과, 자동차공학과, 항공우주공학과

《**프로메테우스의 금속**》, 기욤 피트롱, 양영란 역, 갈라파고스(2021)

다양한 의견과 문화에 대한 공감적 이해와 포용적 태도를 가진다.

➡ 생체 인식 기술(Biometrics)은 지문, 홍채, 얼굴 등 개인의 신체적 특징을 분석하여 신원을 확인하는 기술로, 보안 분야에서 널리 활용되고 있다. 생체 인식 기술은 은행, 공항, 스마트폰 인증 등 다양한 분야에서 보안 강화를 위해 사용되며, 편리함과 안전성을 동시에 제공한다. 생체 인식 기술의 작동 원리와 주요 응용 사례를 조사하여 영어로 발표해 보자.

관련 학과 공학계열 전체

《**미래출현**》, 황준원, 파지트(2022)

국어 교과군

영어 교과군

수학 교과군

과학 교과군

사회 교과군

체육 교과군

[12영독01-09]

적절한 읽기 전략을 적용하여 자기주도적으로 읽기 활동에 참여한다.

➲ 조지 오웰의 소설《1984》는 전체주의 국가의 공포와 인간의 자유를 다룬 고전적 작품으로 평가받고 있다. 이 작품은 '빅 브라더(Big Brother)'가 통치하는 잉글랜드에서, 주인공 윈스턴 스미스가 진실을 말하고 자유를 추구하는 과정에서 겪는 고난과 투쟁을 그리고 있으며, 전체주의의 위험성을 경고하고 자유와 진리의 중요성을 인식시킨다. 이 작품은 저작권이 만료되어 손쉽게 원문을 접할 수 있다. 한 학기 한 권 읽기 프로젝트로《1984》또는 관심 있는 학과의 관련 원서를 골라 매일 조금씩 읽고 서평을 써 보자.

`관련 학과` 공학계열 전체

《1984》, 조지 오웰, 정회성 역, 민음사(2003)

단원명 | 작문

|🔎| 다양한 정보, 효과적 표현, 글의 목적, 맥락, 글의 의미 구성, 효과적 정보 전달, 의견 교환, 쓰기 전략, 자기주도적 태도, 작문, 문화의 다양성, 이해, 포용적 태도, 협력적 문제 해결

[12영독02-01]

다양한 주제에 대한 사실적 정보를 글로 설명한다.

➲ 사이버 보안(Cybersecurity)은 인터넷을 통해 발생하는 각종 해킹, 데이터 유출, 악성 소프트웨어 등의 공격으로부터 개인 및 기업의 정보와 시스템을 보호하는 기술이다. 최근 랜섬웨어 공격이나 개인정보 유출 사건이 빈번하게 발생하면서 사이버 보안의 중요성이 더욱 커지고 있다. 사이버 보안의 주요 기술과 발전 방향을 조사하여 영어로 작성해 보자.

`관련 학과` 산업공학과, 소프트웨어공학과, 전자공학과, 정보보안학과, 정보통신공학과, 컴퓨터공학과

《CEO도 알아야 할 사이버 보안》, 성명훈·성미영, 서울경제경영(2024)

[12영독02-02]

자신의 경험이나 계획, 사건을 글로 설명한다.

➲ 바이오 연료(Biofuel)는 식물이나 미생물 등 생물 자원을 원료로 하여 생산되는 연료로, 화석 연료를 대체할 수 있는 친환경 에너지원으로 주목받고 있다. 바이오 연료는 온실가스 배출을 줄이고, 재생 가능한 자원을 활용할 수 있다는 장점이 있지만, 식량 자원과의 경쟁 문제 등이 논란이 되고 있다. 바이오 연료를 활용하고 있는 사례를 조사하여 이를 영어로 설명해 보자.

`관련 학과` 생명공학과, 식품공학과, 신소재공학과, 에너지공학과, 화학공학과, 환경공학과

《생물학의 쓸모》, 김응빈, 더퀘스트(2023)

[12영독02-03]

포용적 태도로 자신의 의견이나 감정을 제시한다.

➲ 서평은 책의 내용을 요약하고, 주제와 메시지를 분석하며, 책의 장점과 단점을 평가하는 글이다. 책의 서평을 읽으면, 그 책의 주요 내용을 쉽게 파악하고 어떤 주제를 다루고 있는지 이해할 수 있으며, 장단점을 미리 파악함으로써 더 효과적으로 그 책을 읽을 수 있다. 또한 서평은 책에 대한 다양한 관점을 제시하기 때문에 새로운 시각을 갖는 데도 도움이 된다. 자신이 관심 있는 전공 분야와 관련된 서적의 영어 서평을 읽은 후, 그 글과 자신의 생각을 비교하고 공통점과 차이점을 정리하여 발표하자.

`관련 학과` 공학계열 전체

《**서평의 언어**》, 메리케이 윌머스, 송섬별 역, 돌베개(2022)

[12영독02-04] ● ● ●

읽은 내용을 재구성하여 요약한다.

➲ 증강 현실(AR)은 현실 세계에 가상의 정보를 겹쳐서 보여 주는 기술로, 교육, 의료, 게임, 쇼핑 등 다양한 분야에서 활용되고 있다. AR은 사용자가 실제 환경과 상호 작용하면서 가상 정보를 경험할 수 있도록 도와주며, 특히 교육과 훈련에서의 잠재력이 크다. 증강 현실 기술의 원리와 응용 사례를 조사하여 이를 발표해 보자.

`관련 학과` 메카트로닉스공학과, 산업공학과, 소프트웨어공학과, 전자공학과, 정보통신공학과, 컴퓨터공학과

《**파노라마 가상현실 기술의 교육적 활용**》, 김희수, 시그마프레스(2019)

[12영독02-05] ● ● ●

자기소개서, 이력서, 이메일 등의 서식을 목적과 형식에 맞게 작성한다.

➲ 탄소 포집 및 저장(Carbon Capture and Storage, CCS)은 대기 중으로 배출되는 이산화탄소를 포집하여 지하에 저장하는 기술로, 기후변화를 완화할 수 있는 중요한 기술로 떠오르고 있다. 탄소 포집 기술은 발전소, 공장 등에서 발생하는 이산화탄소를 효과적으로 줄일 수 있는 잠재력을 가지고 있다. 탄소 포집 및 저장 기술의 원리와 적용 사례를 조사하여 영어 보고서를 작성해 보자.

`관련 학과` 기계공학과, 신소재공학과, 에너지공학과, 토목공학과, 화학공학과, 환경공학과

《**과학이 지구를 구할 수 있나요?**》, 목정민, 서해문집(2024)

[12영독02-06] ● ● ●

내용이나 형식에 맞게 점검하고 쓰기 윤리를 준수하여 고쳐 쓴다.

➲ 롱테일 법칙은 소수의 인기 있는 상품이나 서비스에 집중하는 대신, 다수의 틈새시장을 공략하는 것이 더 많은 수익을 창출할 수 있다는 법칙이다. 공학 분야에서 롱테일 법칙이 적용되는 대표적인 예는 사용자의 개별 요구와 선호도를 고려하여 제공되는 개인 맞춤형 제품 및 서비스이다. 롱테일 법칙을 적용하여 개인 맞춤형 제품 및 서비스를 제공한다면, 사용자의 만족도를 높이고, 시장을 확대할 수 있을 것이다. 공학에서 롱테일 법칙과 관련한 사례를 조사한 뒤, 출처를 명시하면서 글을 작성해 보자.

`관련 학과` 공학계열 전체

《**바다의 고독**》, 이용기, 흠영(2024)

[12영독02-07] ● ● ●

다양한 매체를 활용하여 형식 및 목적에 맞게 정보를 전달한다.

● 해양생태계 보호는 해양 오염과 남획 등으로 위협받고 있는 해양생태계를 보전하고, 지속가능한 해양 자원 관리를 추구하는 활동이다. 플라스틱 오염, 산호초 파괴, 어업 자원의 감소 등 다양한 문제들이 해양생태계를 위협하고 있으며, 이를 해결하기 위한 국제적 노력이 진행 중이다. 해양생태계 보호를 위한 주요 정책과 기술적 접근 방안을 조사하여 발표해 보자.

관련 학과 생명공학과, 에너지공학과, 조선해양공학과, 토목공학과, 화학공학과, 환경공학과

《**지구를 살리는 환경 어휘 교과서**》, 홍명진, 뜨인돌(2024)

[12영독02-08]   ● ● ●

적절한 쓰기 전략을 적용하여 자기주도적으로 쓰기 활동에 참여한다.

● 학교 건물의 건설 과정에서는 예산 관리, 일정 조정, 자재 선택 등 실질적인 건설공학적 요소가 중요하다. 건축공학과에서는 이러한 건설 과정의 효율성을 높이기 위해 적절한 자재 선택, 공사 기술, 시공 관리 등을 연구하며, 이를 통해 건축 비용 절감과 일정 준수를 달성할 수 있다. 특히 최신 건축 기술과 자재를 적용해 공사 기간을 단축하면서도 품질을 유지하는 것이 건축공학의 중요한 목표다. 학교 건물을 공학적 관점에서 평가하고 그 내용을 영문으로 작성해 보자.

관련 학과 건축공학과, 기계공학과, 산업공학과, 신소재공학과, 토목공학과, 환경공학과

《**미래학교**》, EBS 미래학교 제작진, 그린하우스(2019)

선택 과목	수능	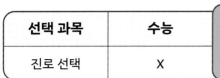 직무 영어		절대평가	상대평가
진로 선택	X			5단계	5등급

|🔍| 직무 의사소통, 목적, 맥락, 의미 구성, 의미 전달, 의사소통 전략, 배경지식, 진로, 문화의 다양성, 지속 가능한 패션, 지속가능한 패션 전략 보고서 작성, 포용적 태도, 항생제 내성 문제, 인포그래픽, 노년기의 창조적 활동, 예술 프로그램 설계, 예술가의 창작권, 개인정보 보호

[12직영01-01] ● ● ●

진로 및 직무 관련 주제에 관하여 주요 내용을 파악한다.

➡ 로봇공학(Robotics)은 로봇을 설계하고 제작하여 인간의 활동을 보조하거나 대체하는 기술로, 산업용 로봇, 서비스 로봇, 의료 로봇 등 다양한 형태로 발전하고 있다. 로봇공학은 생산성 향상, 인간의 안전 보장, 의료 혁신 등 여러 분야에서 중요한 역할을 하고 있다. 미국 정부기관에서 운영하는 직업정보 사이트인 O-NET(www.onetonline.org)을 이용하여 로봇공학의 발전 방향과 실제 응용 사례를 조사한 뒤 자신의 관심 진로 분야와 연관시켜서 설명해 보자.

관련 학과 공학계열 전체

《나에게 꼭 맞는 직업을 찾는 책》, 폴 D. 티저 외 2명, 이민철·백영미 역, 민음인(2021)

[12직영01-02] ● ● ●

직무 수행과 관련된 말이나 대화를 듣고 상황 및 화자 간의 관계를 파악한다.

➡ 기후변화는 인간의 활동에 의해 지구의 기후가 장기적으로 변하는 현상으로, 지구온난화, 극단적 기상 현상, 해수면 상승 등 다양한 문제를 초래하고 있다. 기후변화는 전 세계적으로 심각한 문제로 대두되고 있으며, 이를 해결하기 위한 국제적 노력과 기술적 접근이 필요하다. 하버드대를 포함한 전 세계 명문 대학과 기업이 협력해 제공하는 7천여 개의 온라인 강좌를 들을 수 있는 영어 기반 플랫폼인 코세라(www.coursera.org)에서 기후변화와 관련 있는 강좌를 찾아보고 기후변화의 원인과 영향, 그리고 이를 해결하기 위한 과학적 방법을 조사하여 발표해 보자.

관련 학과 공학계열 전체

《코세라: 무크와 미래교육의 거인》, 박병기, 거꾸로미디어(2021)

[12직영01-03] ● ● ●

진로 탐색 및 직무 수행과 관련된 일이나 사건의 절차나 순서를 파악한다.

➡ 커리어 원스톱(www.careeronestop.org)은 미국 노동부가 제공하는 사이트로, 직업 관련 정보, 직업 설명, 필요한 기술 및 학습 리소스 등을 제공하고 있다. 커리어 원스톱에서는 직업의 주요 업무, 책임, 요구 사항 등을 설명하고, 직업의 미래 성장 가능성, 고용 전망 등에 대한 정보를 제공한다. 또한 직업을 수행하기 위해 필요한 교육

수준 및 분야 등과 직업의 평균 연봉 및 급여 범위를 알려 주며, 직업에 필요한 기술 및 기술 수준, 직업 관련 교육 및 학습 리소스를 제공한다. 자신이 희망하는 분야에서의 직업을 해당 사이트에서 조사하고 미국에서 직업을 얻기 위한 조건을 조사하여 발표해 보자.

관련 학과 공학계열 전체

《일자리 혁명 2030》, 박영숙·제롬 글렌, 비즈니스북스(2017)

[12직영01-04] ● ● ●

직무 수행과 관련된 정보에 대해 적절한 의사소통 전략을 적용하여 묻고 답한다.

➡ 두문자어(acronym)는 의사소통의 효율성 향상, 정보의 전달력 향상, 전문성의 표현으로 사용이 증가하고 있다. 해당 분야를 공부하거나 관심이 있는 경우, 복잡한 개념이나 정보를 간결하게 표현하는 데 두문자어를 유용하게 활용하고, 이를 통해 의사소통을 보다 효율적으로 할 수 있다. 컴퓨터와 관련된 대표적인 두문자어는 AI: 인공지능(Artificial Intelligence), IT: 정보기술(Information Technology), CPU: 중앙처리장치(Central Processing Unit), RAM: 랜덤 액세스 메모리(Random Access Memory), CAD: 컴퓨터 지원 설계(Computer-Aided Design), GPS: 글로벌 포지셔닝 시스템(Global Positioning System), LED: 발광 다이오드(Light Emitting Diode), FPGA: 필드 프로그래머블 게이트 어레이(Field-Programmable Gate Array) 등이 있다. 자신이 관심 갖고 있는 분야에서의 두문자어를 조사하고 이를 발표해 보자.

관련 학과 공학계열 전체

《그림과 함께 걸어 다니는 어원 사전》, 마크 포사이스, 홍한결 역, 윌북(2023)

[12직영01-05] ● ● ●

직무 수행과 관련된 사실적 정보를 다양한 매체를 활용하여 재구성하여 전달한다.

➡ 리튬 수요의 증가와 함께 '직접 리튬 추출(DLE) 기술'이 주목받고 있다. 관련 글 'From Waste to Value: DLE Technology & Water Treatment for Resource Extraction'을 읽고 '직접 리튬 추출 기술'의 현재 발전 상황을 분석해 보자. 이 기술이 어떻게 리튬 공급량을 증가시키고 환경적 영향을 최소화하는지를 탐구한 뒤, 이를 토대로 지속가능한 리튬 산업 발전과 미래의 환경 친화적인 기술 개발 전략을 효과적인 프레젠테이션 자료와 함께 발표해 보자.

관련 학과 기계공학과, 도시공학과, 산업공학과, 신소재공학과, 에너지공학과, 자동차공학과, 전기공학과, 전자공학과

《전고체 전지 입문》, 카나무라 키오시, 정순기·한원철 역, 성인당(2021)

[12직영01-06] ● ● ●

진로 탐색 및 직무 수행 상황이나 목적에 맞는 서식의 글을 작성한다.

➡ 디자이너 에이미 포니(Amy Powney)의 다큐멘터리 영화에 관한 기사 'There is lots of talk and no action: designer Amy Powney's quest to make sustainability more than just a buzzword'를 읽고, 인공지능과 빅데이터를 활용하여 어떻게 더 효율적이고 환경 친화적인 재료 개발과 제조 과정을 구현할 수 있는지에 대해 알아보자. 이를 통해 지속가능한 패션 산업에 기술이 미칠 영향과 가능성을 탐구하여 보고서를 작성해 보자.

관련 학과 산업공학과, 신소재공학과, 에너지공학과, 전기공학과, 컴퓨터공학과, 화학공학과

《ESG 경영방법론》, 김수경·여은아, 교문사(2023)

직무와 관련된 문화의 다양성에 대해 공감하며 협력적으로 소통하는 태도를 가진다.

➡ 딥러닝을 이용한 초신성(supernovae) 시뮬레이션의 진화가 우리가 자연현상을 이해하는 방법에 어떠한 변화를 가져올 것인지를 탐구해 보자. 관련 글 'Deep learning speeds up galactic calculations'를 읽고 딥러닝이 기상 예측에서 우주 연구까지 다양한 자연현상을 이해하는 데 어떻게 활용될 수 있는지를 탐구한 뒤 의견을 나누어 보자.

관련 학과 반도체공학과, 산업공학과, 소프트웨어공학과, 소프트웨어학과, 컴퓨터공학과, 항공우주공학과

《20세기, 그 너머의 과학사》, 존 에이거, 김동광·김명진 역, 뿌리와이파리(2023)

직무 의사소통과 관련하여 개인의 권리와 정보 보안에 대한 책무성을 인식한다.

➡ 현대 사회에서 개인 데이터의 보호가 중요한 이슈로 대두되고 있다. 기술의 발전으로 데이터의 수집 및 활용이 손쉬워짐에 따라 개인정보가 외부에 유출되고 불법적으로 사용될 가능성이 높아지고 있다. 따라서 이를 어떻게 보호할 것인지에 대한 고민이 필요한 시점이다. 관련 글 'The New Rules of Data Privacy'를 읽고, 연합 학습, 신뢰 네트워크 등의 기술을 활용한 개인 데이터 보호 방안에 대해 알아보자. 그리고 현재 사용되는 개인정보 보호 기술의 한계는 무엇이고 이를 극복하기 위한 방안은 무엇인지 탐구해 보자.

관련 학과 소프트웨어공학과, 소프트웨어학과, 정보보안학과, 정보통신공학과

머신러닝을 위한 실전 데이터셋

칼리드 엘 에맘 외 2명,
심상진 역, 한빛미디어(2021)

책 소개

이 책은 개인정보 보호와 광범위한 데이터 사용의 균형을 이루는 방법을 소개하며, 머신러닝 모델 구축에 필요한 크고 다양한 종류의 데이터를 어떻게 활용할 수 있는지에 대해 다룬다. 실제 데이터를 활용해 새로운 데이터, 즉 '합성 데이터'를 만드는 실용적인 기술을 소개하고 있으며, 데이터 연구, 고객 행동의 이해, 신제품 개발 등 다양한 목적에 이 기술을 활용할 수 있다는 점을 강조한다. 또한 개인정보 문제를 해결하고, 실제 데이터셋에서 합성 데이터를 생성하는 원칙과 단계를 소개한다.

세특 예시

현대 기술의 발전으로 데이터 수집 및 활용이 쉬워지면서 개인 데이터 보호가 중요한 문제로 떠오르고 있다는 점에 관심이 생겨 탐구활동을 진행함. '데이터 프라이버시의 새로운 규칙'이라는 영문 자료를 읽고 연합 학습, 신뢰 네트워크 등의 기술을 활용한 개인 데이터 보호 방안에 대해 탐구함. 연계 독서 활동으로 '머신러닝을 위한 실전 데이터셋(칼리드 엘 에맘 외)'을 읽고 개인정보를 완벽하게 보호하려면 데이터를 완전히 암호화해야 하지만, 이렇게 되면 데이터의 활용성이 떨어지므로 이를 극복할 방안으로 '합성 데이터' 기술이 있다는 것을 파악함. 합성 데이터는 실제 데이터로 새로운 데이터를 만드는 기술로, 이차 분석에 용이하여 데이터 연구, 고객 행동의 이해, 신제품 개발 등 다양한 목적에 활용될 수 있다는 점도

함께 조사함. 또한 연합 학습, 신뢰 네트워크와 같은 새로운 개념을 학습하고 분석함으로써, '데이터 프라이버시 보호'와 '데이터 활용'이라는 두 마리 토끼를 잡기 위한 방안을 스스로 탐구하고 이해한 내용을 토대로 자신감 있게 친구들 앞에서 발표함. 또한 이러한 기술들이 더 널리 활용되기 위해서는 기술의 이해와 적용에 대한 사회적 인식을 높이는 데 더 많은 노력을 기울여야 한다고 주장함.

국어 세부특기
영어 세부특기
수학 세부특기
도덕 세부특기
사회 세부특기
과학 세부특기

선택 과목	수능	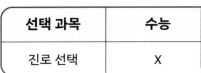 영어 발표와 토론	절대평가	상대평가
진로 선택	X		5단계	5등급

단원명 | 발표

|🔍| 발표 목적, 적절한 표현의 사용, 다양한 매체 활용, 명확한 전달, 의사소통 능력, 발표 전략, 배경지식, 논리적 구성, 비판적 사고력, 청중의 언어, 문화적 다양성, 상호 협력적 소통

[12영발01-01]

발표의 목적과 맥락에 맞게 정보를 수집하고 발표 개요를 준비한다.

➡ 식품공학에서 감칠맛은 매우 중요한 요소로, 단맛, 신맛, 짠맛, 쓴맛과 더불어 다섯 가지 기본 맛 중 하나이다. 감칠맛을 담당하는 대표적인 물질은 글루탐산나트륨(MSG)으로 음식의 풍미를 증대시키고 식욕을 자극하는 역할을 한다. 식품공학에서 MSG는 가공식품에 널리 사용되어 맛의 균형을 잡아 주는 역할을 한다. 그러나 MSG의 과도한 섭취에 대한 우려도 존재하며, 일부 사람들은 두통이나 소화 불량 같은 부작용을 경험할 수 있다고 한다. MSG의 장점과 단점, 그리고 대체 가능한 자연 유래 감칠맛 물질을 조사하여 발표해 보자.

관련 학과 산업공학과, 생명공학과, 식품공학과, 신소재공학과, 화학공학과, 환경공학과

《재미있는 식품공학의 세계》, 박양균 외 13명, 수학사(2023)

[12영발01-02]

자신이 경험한 일화나 듣거나 읽은 이야기를 이야기 구조에 맞게 소개한다.

➡ 소형 모듈식 원자로(SMR)는 기존 대형 원자로보다 작고 효율적이며 안전성을 강화한 원자력 발전 방식이다. 에너지공학, 원자력공학, 기계공학은 이러한 소형 원자로의 설계와 기술 개발에 중요한 역할을 한다. 특히 원자력공학은 SMR의 핵심 기술 개발을, 기계공학과는 관련 장비의 최적화와 유지 보수 기술을 연구한다. 소형 모듈식 원자로가 기존 원자력 발전과 어떻게 다른지, 그리고 이 기술이 에너지 문제 해결에 어떻게 기여할 수 있는지 조사하고 영어로 발표해 보자.

관련 학과 기계공학과, 산업공학과, 에너지공학과, 원자력공학과, 전기공학과, 화학공학과

《아메리칸 프로메테우스》, 카이 버드·마틴 셔윈, 최형섭 역, 사이언스북스(2023)

[12영발01-03]

사물, 개념, 방법, 절차, 통계 자료 등에 대한 사실적 정보를 설명한다.

➡ 인공지능 기술의 급격한 발전은 공학 분야에서 큰 변화를 일으킬 가능성이 크다. 인공지능은 복잡한 데이터 분석, 자동화된 설계, 예측 모델링 등을 통해 공학적 문제 해결을 더욱 효율적으로 만들어 줄 수 있다. 그러나 이러한 기술이 인간의 역할을 대체할 가능성도 존재한다. 특히 단순 반복 작업이나 데이터 처리와 같은 직무에서

인공지능의 도입이 빠르게 진행될 수 있다. 공학자들은 인공지능의 잠재력을 최대한 활용하면서도 그로 인한 위험을 최소화하는 방향으로 기술을 발전시켜야 하며, 윤리적 기준과 규제 마련이 필수적이다. 인공지능이 자신이 희망하는 전공에 미칠 수 있는 영향을 영어로 된 자료를 활용하여 발표해 보자.

관련 학과 공학계열 전체

《**80억 인류, 가보지 않은 미래**》, 제니퍼 D. 스쿠바, 김병순 역, 흐름출판(2023

[12영발01-04] · · ·

사실, 가치, 정책 등에 대한 자신의 관점을 설득력 있게 전달한다.

➡ 우생학은 생명공학과 유전학의 초기 연구에서 유전 질환의 원인을 밝히는 데 기여했으나, 비윤리적이고 비과학적인 접근으로 인해 많은 문제를 초래했다. 유전적 다양성은 공학 시스템에서의 다중 처리나 오류 대비 메커니즘과 유사하게, 사회의 복잡성을 유지하고 발전시키는 중요한 요소이다. 우수성과 열등성의 기준은 과학적으로 규명할 수 없으며, 기술 발전은 인간의 존엄성과 윤리적 가치를 존중해야 한다. 우생학은 공학적 혁신이 잘못된 방향으로 활용될 위험성을 경고하는 사례라 할 수 있다. 우생학 또는 관심 있는 공학 분야에서의 잘못된 이론의 불합리성과 이를 설득하기 위한 글을 영어로 작성해 보자.

관련 학과 공학계열 전체

《**장애와 유전자 정치**》, 앤 커·톰 셰익스피어, 김도현 역, 그린비(2021)

[12영발01-05] · · ·

다양한 매체를 활용하여 정보 윤리를 준수하며 발표한다.

➡ 토목공학(civil engineering)은 인류 문명과 함께해 온 오래된 학문이며, 지구 자원을 유지, 개발 및 관리하는 미래지향적, 기술 집약적인 최첨단 응용학문으로 발전하고 있다. 인류 문명의 근간이 주거, 농업, 관개, 치수에 있다는 점을 고려하면 인류 역사는 토목공학과 함께 발전되었다고 할 수 있다. 토목은 대체 에너지 개발, 해양 자원 탐사, 우주로의 확장, 쾌적한 도시 환경 제공 등으로 발전하고 있다. 토목공학을 다룬 사진, 도표, 뉴스, 신문 기사, 동영상 등의 매체를 통해 주제와 목적에 맞는 자료를 검색·수집하고 정리하는 활동을 해 보자. 이때 인용한 내용의 출처를 정확하게 언급하며 발표하자.

관련 학과 건축공학과, 도시공학과, 에너지공학과, 조선해양공학과, 토목공학과, 환경공학과

《**도시를 움직이는 모든 것들의 과학**》, 로리 윙클리스, 이재경 역, 반니(2020)

[12영발01-07] · · ·

적절한 발표 기법 및 의사소통 전략을 적용한다.

➡ 생성형 인공지능(Generative AI)은 공학 분야에서 혁신적인 가능성을 열어 주고 있다. 기존 데이터를 기반으로 새로운 설계, 코드, 시스템 최적화 등을 자동으로 생성할 수 있기 때문에, 설계 과정에서 효율성을 크게 높일 수 있다. 예를 들어 복잡한 구조물의 최적화 설계, 재료 선택, 공정 자동화 등에서 생성형 인공지능이 적용되면, 시간과 비용을 절감하면서도 더 나은 결과를 도출할 수 있다. 이러한 기술은 특히 제품 개발, 건축 설계, 소프트웨어 개발 등 다양한 공학 분야에서 큰 변화를 일으킬 수 있다. 앞으로 생성형 인공지능이 공학 분야에서 어떻게 발전할지에 대해 조사하고 대상 청중을 고려하여 발표해 보자.

관련 학과 공학계열 전체

《**AI 지도책**》, 케이트 크로퍼드, 노승영 역, 소소의책(2022)

발표 과정 및 결과에 대해서 평가하고 비판적으로 성찰한다.

➡️ 미니멀리즘은 공학에서도 중요한 원칙으로 적용될 수 있다. 복잡한 설계나 구조보다는 기능성과 효율성을 중시하는 미니멀리즘은, 불필요한 요소를 제거하고 본질적인 기능에 집중하는 접근 방식을 지향한다. 예를 들어, 전자 제품 설계에서 미니멀리즘은 부품의 수를 줄이고, 단순하면서도 강력한 성능을 제공하는 데 중점을 둔다. 이는 제품의 유지보수와 생산 효율성을 높일 뿐만 아니라 사용자 경험을 개선하는 효과도 있다. 공학적 설계에 미니멀리즘을 적용하는 것은 자원을 절약하고 생산비를 절감하며 환경에 미치는 영향을 최소화하는 데 기여할 수 있다. 공학에서 미니멀리즘이 구체적으로 적용된 사례를 조사하고 이를 발표해 보자. 그리고 동료평가를 통해 잘한 점과 개선할 점을 확인해 보자.

관련 학과 공학계열 전체

《단순한 열망》, 카일 차이카, 박성혜 역, 필로우(2023)

단원명 | 토론

🔍 전자결제, 사이버 보안, 법제도 개선, 토론 개요, 알고리즘, 시장 경쟁, 통계 분석, 친환경 건축, 반박 논리, 지속가능성, 로봇공학, 정보 윤리, 비언어적 의사소통, 개인정보 보호, 데이터 암호화, 의사소통 전략

[12영발02-01]

토론의 목적과 맥락에 맞게 정보를 수집하고 토론 개요를 준비한다.

➡️ 현금 없는 사회에서는 전자결제가 주류이므로 사이버 보안과 개인정보 보호가 더욱 중요해진다. 관련 글 'The Pros and Cons of a Cashless Society'를 참고하여 다양한 사이버 보안 기술과 전자결제 시스템의 보안 체계, 개인정보 보호를 위한 법률적·제도적 개선 방안 등에 대해 철저히 조사해 보자. 또한 전자결제 시스템이 사이버 범죄에 노출될 수 있는 위험성을 인식하고, 이에 대비하기 위한 현실적이고 창의적인 대응 전략을 탐구하여 토의해 보자.

관련 학과 공학계열 전체

《디지털범죄 예방 교육의 정석》, 이종구 외 7명, 에스엔에스소통연구소(2023)

[12영발02-02]

학술 자료, 통계, 사례 등 주장에 대한 근거를 설명한다.

➡️ 가격 동적 조정 알고리즘은 시장 수요, 경쟁사 가격, 재고 수준 등을 실시간으로 고려하여 가격을 산출하는 알고리즘으로 소비 현상에도 영향을 미치고 있다. 가격 동적 조정 알고리즘의 원리를 이해하고, 이것이 구체적으로 어떠한 영향을 미치는지 분석해 보자. 관련 기사 'Dynamic Pricing Algorithms in 2023: Top 3 Models'를 참고하여 가격 조정 알고리즘이 미래의 소비자 경험과 시장 경쟁에 어떤 영향을 미칠지 예측하고, 이를 바탕으로 미래의 소비 패턴에 대한 전망도 함께 발표해 보자.

관련 학과 소프트웨어공학과, 소프트웨어학과, 정보보안학과, 정보통신공학과, 컴퓨터공학과

《리테일의 미래》, 황지영, 인플루엔셜(2019)

[12영발02-03] ● ● ●

토론 논제에 대한 자신의 관점을 설득력 있게 전달한다.

➡️ 건축 분야에서도 지속가능한 디자인이 강조되고 있다. 이러한 흐름 속에서 '친환경 건축물'은 어떤 의미를 가지며, 그 중요성은 무엇인지 알아보자. 관련 기사 'Building a Sustainable Future: Innovations in Green Architecture'를 찾아 읽고 친환경 건축의 중요성에 대해 알아본 뒤, 앞으로의 도전 과제에 대해 탐구해 보자. 더 나아가 친환경 건축의 혁신적인 사례를 분석하고, 이를 통해 지속가능한 미래를 위한 건축 분야의 방향성을 제시해 보자.

`관련 학과` 건축공학과, 건축학과, 도시공학과, 토목공학과, 환경공학과

《**친환경 건축 통합설계 디자인전략**》, 저마크 드케이·G. Z. 브라운, 박지영 외 2명 역, 대가(2021)

[12영발02-04] ● ● ●

상대방 주장의 논리를 분석하여 반대 심문하며 토론한다.

➡️ 2022년 카타르에서 개최된 FIFA 월드컵은 건설된 인프라의 효율성에 대한 논란을 일으켰고 여전히 그 논란은 계속되고 있다. '카타르 월드컵 인프라 건설의 효율성 논란: 효율적인 투자인가, 아니면 과도한 낭비인가?'에 대해 의견을 정리해 보자. 관련 기사 'With Two Months to Qatar's World Cup, There's a Lot Left to Do'를 찾아 읽고 '월드컵을 위한 인프라 건설이 효율적이다'라는 주장의 논리를 분석한 뒤, 이에 대한 반박 논리를 세우면서 월드컵 인프라의 건설과 유지 관리의 문제점을 탐구하여 발표해 보자.

`관련 학과` 건축공학과, 건축학과, 교통공학과, 도시공학과, 토목공학과

《**성공적인 올림픽 개최를 위한 체육 거버넌스**》, 쟝 루 샤플레·임도빈, 대한미디어(2017)

[12영발02-05] ● ● ●

다양한 매체를 활용하여 정보 윤리를 준수하며 토론한다.

➡️ 유연 센서(soft sensor)는 인간의 피부와 마찬가지로 외부 자극을 감지하고 반응하는 기능을 가진다. 인간의 피부와 유연 센서 사이에서 어떻게 감각과 적응성이 작용하는지를 비교하고, 이를 어떻게 혁신적으로 활용할 수 있는지에 대해 탐구해 보자. 관련 글 'Engineers develop breakthrough robot skin'을 찾아 읽고, 로봇공학, 의료기기, 가상 현실 등 다양한 분야에서 인간의 감각 체계를 모방하여 더욱 진보된 시스템과 서비스를 개발하는 방법을 발표해 보자. 이때 다양한 매체에서 필요한 정보를 수집, 분석하고 토론하는 과정에서 정보 윤리를 어떻게 준수할 수 있는지도 함께 탐구해 보자.

`관련 학과` 기계공학과, 산업공학과, 신소재공학과, 컴퓨터공학과

《**로봇 UX**》, 칼라 다이애나, 이재환 역, 유엑스리뷰(2023)

[12영발02-06] ● ● ●

문화 간 다양한 언어적·비언어적 의사소통 방식을 이해하고 적용한다.

➡️ 현재 인공지능 기술은 의료, 교육, 제조 등 다양한 분야에서 활용되고 있으며, 의사소통 도구로서 중요한 역할을 하고 있다. 그러나 인공지능의 의사소통 방식은 주로 개발자의 문화적 배경에 기반하고 있어, 다양한 문화적 배경을 가진 사용자들에게 완벽하게 맞지는 않을 수 있다. 다양한 문화적 배경을 가진 사용자들

에게 맞춤형 인공지능 의사소통 시스템을 제공하는 방법을 찾아보자. 관련 자료 'Unveiling Cross-Cultural Communication Styles'를 찾아 읽고 다양한 문화에서 나타나는 언어적, 비언어적 의사소통 방식을 분석한 뒤, 이를 인공지능 시스템에 적용하는 방법에 대해 논의해 보자.

관련 학과 소프트웨어공학과, 소프트웨어학과, 전자공학과, 컴퓨터공학과

《인공지능기술 활용 언어교육》, 김주혜 외 5명, 교육과학사(2022)

[12영발02-07]　　　　　　　　　　　　　　　　　　　　　　　　　　　　　•••

적절한 토론 기법 및 의사소통 전략을 적용한다.

디지털 시대에는 개인정보의 보호가 점점 더 중요한 이슈가 되고 있다. 특히 다양한 온라인 플랫폼에서 개인 정보가 활용됨에 따라 개인정보의 안전성이 크게 위협받고 있다. 관련 자료 'Privacy and data protection: Increasingly precious asset in digital era says UN expert'를 참고하여, 데이터 암호화, 익명화 등의 기술에 대해 조사한 뒤 이러한 기술이 어떻게 개인정보의 안전성을 향상시킬 수 있는지를 분석해 보자. 또한 이러한 기술의 현실 적용 모델을 개발하는 과정을 통해, 개인정보의 안전성을 보장하는 방법을 탐구해 보자.

관련 학과 소프트웨어공학과, 소프트웨어학과, 전자공학과, 컴퓨터공학과

《한 권으로 끝내는 국제표준 정보보안+사이버보안+개인정보보호》, 박억남·권재욱, 위즈플래닛(2023)

선택 과목	수능	심화 영어		절대평가	상대평가
진로 선택	X			5단계	5등급

단원명 | 이해

| 🔍 인공배아, 주인공 의도, 이주 농부, 미래 예측, 데이터 투명성, 소비자 신뢰, 양자 통신, 발전 방안 제안, 횡재세, 초과이윤세, 매체 분석, 증강 현실, 가상 현실, 블록체인, 몰록의 함정, 개발 가속화

[12심영01-01] ● ● ●

다양한 주제나 기초 학문 분야 주제의 말이나 글의 주요 내용을 파악한다.

➡ 최근 이스라엘과 영국에서 난자, 정자, 자궁 없이 인간의 배아를 만들어 내는 '인공배아' 연구가 발표되었다. 이 연구는 생명의 시작과 발달에 대한 우리의 이해를 근본적으로 변화시키고, 생명공학의 새로운 문을 열 가능성을 가지고 있다. 그러나 아직 이 기술은 초기 단계에 있으며, 많은 도전 과제와 제한사항을 안고 있다. 영문 자료 'Structure Matters: Dynamic Models of Complete, Day 14 Human Embryos Grown from Stem Cells in a Weizmann Lab'을 참고하여 인공배아 제작에 사용되는 기술의 원리를 알아보고, 이 기술을 더 발전시키기 위해 개선해야 할 부분에 관해 탐구해 보자.

〔관련 학과〕 생명공학과

《인간 배아는 누구인가》, 후안 데 디오스 비알 코레아 외, 가톨릭생명윤리연구소 역, 가톨릭대학교출판부(2018)

[12심영01-02] ● ● ●

다양한 장르의 말이나 글에서 화자, 필자, 등장인물 등의 심정이나 의도를 추론한다.

➡ 영문 자료 'Minari Depicts Asian Culture and the American Dream'에 따르면, 영화 〈미나리〉에서 주인공의 아버지는 가족을 위해 농장을 시작하고, 재배 과정에서 다양한 농업 기술을 활용한다. 아버지가 사용한 농업 기술을 분석해 보고, 그가 선택한 한국 식물의 재배와 물 공급 시스템이 그의 의도나 심정을 어떻게 반영하는지 추론해 보자. 또한 영화에서 아버지가 사용하지 않았으나 농장 운영에 도움이 되었을 것 같은 기술은 무엇인지, 그 기술이 도입되었다면 가족의 삶에 어떠한 변화가 일어났을지 추론해 보자. 탐구 내용을 바탕으로 농업 기술의 선택이 이주 농부의 삶에 어떤 영향을 미치는지에 대해 이해한 내용을 정리하여 발표해 보자.

〔관련 학과〕 생명공학과, 식품공학과, 환경공학과

《스마트 농업혁명》, 정환묵, 리빙북스(2020)

[12심영01-03] ● ● ●

다양한 장르의 말이나 글을 듣거나 읽고 이어질 내용을 예측한다.

➡ 약 3억 개의 정규직 일자리를 대체하고, 인간이 한 작업과 구분할 수 없는 콘텐츠를 생성하는 생성형 AI 기술

에 대해 다루고 있는 기사 'AI could replace equivalent of 300 million jobs – report'에 따르면 AI의 영향은 각 분야에 따라 다를 것으로 예상된다고 한다. 기사의 내용을 토대로 공학계열 직업의 미래 전망에 대해 예측해 보고 이에 대한 보고서를 작성해 보자.

관련 학과 공학계열 전체

《AI 전쟁》, 하정우·한상기, 한빛비즈(2023)

[12심영01-04] ● ● ●

말이나 글의 구성 방식을 파악하여 내용의 논리적 관계를 추론한다.

▶ 디지털 기술의 발전과 함께 블록체인 기술이 주목받고 있다. 블록체인 기술은 정보를 여러 컴퓨터에 분산시켜 저장함으로써 중앙집중식 서버의 취약점을 보완하고, 데이터의 투명성과 신뢰성을 확보한다. 거래 정보가 '블록'이라는 단위로 저장되고 새로운 거래가 발생할 때마다 연결된 '체인' 형태의 구조를 형성하므로. 한번 입력된 데이터는 임의로 수정하거나 삭제하기 어렵다. 이러한 안전성 때문에 블록체인 기술은 금융 거래, 서플라이 체인 관리, 실시간 투표 시스템 등 다양한 분야에서 활용되고 있다. 관련 글 'How can blockchain technology build trust?'를 찾아 읽고, 블록체인 기술이 어떻게 작동하고, 소비자의 신뢰도를 향상시키는지 분석해 보자. 또한 아직 블록체인 기술을 채택하지 않은 기업이 많은 이유와 그 보완법에 대해 탐구한 내용을 발표해 보자.

관련 학과 정보보안학과, 정보통신공학과, 컴퓨터공학과

《비트코인·블록체인 바이블》, 장세형, 위키북스(2021)

[12심영01-05] ● ● ●

말이나 글로 표현된 어휘, 어구, 문장의 함축적 의미를 맥락에 맞게 추론한다.

▶ 양자 통신은 해킹을 방지하기 위한 최신 보안 기술 중 하나이다. 해킹이 거의 불가능한 보안을 제공하며, 다양한 응용 분야에도 활용될 수 있다. 양자 통신의 원리와 이를 활용한 보안 기술의 발전 상황, 그리고 앞으로의 전망에 대해 탐구해 보자. 관련 영문 자료 'Quantum entanglement makes quantum communication even more secure'를 참고하여 양자 통신의 원리와 보안 기술에 대해 분석해 보자.

관련 학과 정보보안학과, 정보통신공학과, 컴퓨터공학과

《퀀텀의 세계》, 이순칠, 해나무(2023)

[12심영01-06] ● ● ●

다양한 매체의 말이나 글에 표현된 의견이나 주장을 비판적으로 평가한다.

▶ 현재 유럽에서 '횡재세'가 뜨거운 화두로 떠오르고 있다. 일정 기준 이상의 이익을 얻은 초과분에 대해 추가적으로 세금을 징수하는 것으로 '초과이윤세'라고도 한다. 이론적으로는 국가적 위기를 배경으로 외부 요인에 힘입어 전례 없는 초과 이윤을 벌어들였다면 업종과 상관없이 횡재세의 환수 대상이라고 이야기하는 학자들도 있다. 이 이슈를 에너지 시스템과 인프라의 관점에서 접근해 볼 수 있다. 관련 글 'What European Countries Are Doing about Windfall Profit Taxes'를 참고하여, 다양한 매체에서 에너지 가격 변동과 횡재세에 대한 정보를 수집한 뒤 이를 바탕으로 에너지 시스템의 변화를 분석해 보자. 그 분석 결과를 토대로, 횡재세와 에너지 가격 변동이 에너지 시스템 및 환경에 미치는 영향에 대한 자신의 의견을 공유해 보자.

관련 학과 에너지공학과, 환경공학과

《정치에 속고 세금에 울고》, 안종범 외 3명, 렛츠북(2023)

> [12심영01-07] ● ● ● ●
>
> 우리 문화 및 타 문화의 생활 양식, 사고방식, 의사소통 방식에 관한 말이나 글을 듣거나 읽고 문화의 다양성에 대한 포용적인 태도를 기른다.

➡ 영문 기사 'What is Mondiacult? 6 take-aways from the world's biggest cultural policy gathering'은 문화가 지속가능한 발전의 중요한 목표가 될 것이라는 유네스코 문화정책과 지속가능한 발전에 관한 세계문화장관회의(MONDIACULT)의 추천에 대해 다루고 있다. 현재 디지털 기술의 발전은 문화 산업에 많은 변화를 가져왔고, 그와 동시에 새로운 윤리적 문제도 야기하고 있다. 특히 증강 현실, 가상 현실, 블록체인 기술, 인공지능 등의 기술이 문화 산업에 어떤 영향을 미치는지에 대해 알아보자. 이를 통해 디지털 기술의 발전이 문화 산업과 사회 전반에 미치는 영향에 대해 분석하는 보고서를 작성해 보자.

관련 학과 공학계열 전체

《누구를 위한 지속가능발전인가?》, 김태균·우창빈, 인간사랑(2023)

> [12심영01-08] ● ● ● ●
>
> 적절한 전략을 적용하여 다양한 매체로 표현된 말이나 글을 이해한다.

➡ 과학 커뮤니케이터인 리브 보레(Liv Boere)의 TED 영상 'The dark side of competition in AI'를 시청한 뒤, 화자가 언급한 '몰록(Moloch)의 함정'이란 용어를 이해하고, 몰록의 함정이 AI 산업에 어떻게 영향을 미치는지를 분석해 보자. 특히 AI 개발의 가속화와 안전성 사이의 균형을 어떻게 이루어야 하는지에 대해 탐구하고, 이를 통해 AI의 안전한 발전을 이룰 수 있는 방안을 제안하는 보고서를 작성해 보자.

관련 학과 공학계열 전체

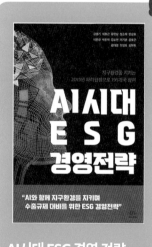

AI시대 ESG 경영 전략

김영기 외 12명,
브레인플랫폼(2023)

책 소개

이 책은 지구 환경을 지키기 위해 '지속가능한 경영'을 실천하려는 기업들의 경영 노하우를 다룬다. 최근 기후변화로 전 세계가 심각한 위기 상황에 직면한 가운데, 그 대응책으로 ESG 경영 도입의 필요성을 소개한다. 주요 선진국들은 이미 관련 법규를 제정하고 강화하고 있는 만큼, 우리나라도 기업, 정부, 이해관계자 모두 환경 보호와 사회적 책임을 다하는 모습이 필요하다는 주장을 담고 있다. 특히, 기업의 장기적 이익 추구와 사회적 책임을 강조하며, 이를 위해 기업, 정부, 이해관계자가 협력해 나갈 방향을 제시한다.

세특 예시

교과주제 독서 탐구활동으로 'AI시대 ESG 경영 전략(김영기 외)'을 읽고 AI 기술이 ESG 경영 전략에 어떻게 적용될 수 있는지를 깊이 탐구함. 다양한 매체 자료를 활용하여 ESG 경영의 중요성과 AI의 역할을 분석하는 능력을 보여 줌. 공학적 관점에서 AI와 ESG 경영의 융합 가능성을 탐구하며, 매체 자료를 비교 분석하여 AI 기술의 윤리적 측면과 지속가능성에 대한 문제 해결 방안을 제시함. 책의 내용을 바탕으로 논리적이고 체계적인 에세이를 작성하였으며, 다양한 전략을 적용하여 매체 자료의 주제와 요지를 정확히 이해하고 분석하는 과정을 통해 비판적 사고와 문제 해결 능력을 향상시킴.

단원명 | 표현

[12심영02-01]   ● ● ●

사실적 정보를 기술하거나 설명한다.

➡ 클라우드 컴퓨팅(Cloud Computing)은 인터넷을 통해 데이터를 저장하고 소프트웨어나 서비스를 제공받는 기술로, 개인이나 기업이 서버를 유지할 필요 없이 장소와 시간에 구애받지 않고 필요한 자원을 유연하게 사용할 수 있다. 클라우드 기술은 IT 비용 절감, 확장성 및 유연성 제공, 협업 증진 등의 장점이 있으며, 다양한 산업에서 활용된다. 클라우드 컴퓨팅의 장점과 단점, 그리고 다양한 산업에서의 활용 사례를 조사하여 영어로 설명해 보자.

　　`관련 학과` 산업공학과, 소프트웨어공학과, 전자공학과, 정보보안학과, 정보통신공학과, 컴퓨터공학과

《모두를 위한 클라우드 컴퓨팅》, 노서영, 제이펍(2022)

[12심영02-02]   ● ● ●

다양한 장르의 글을 읽고 자신의 감상이나 느낌을 표현한다.

➡ 유전 알고리즘(Genetic Algorithm)은 자연의 진화 과정을 모방하여 복잡한 문제를 효율적으로 해결하는 최적화 기법이다. 기계공학, 소프트웨어공학, 생명공학 등 다양한 공학 분야에서 유전 알고리즘을 활용할 수 있다. 유전 알고리즘은 여러 개체의 해를 무작위로 생성하고, 교배와 변이를 통해 진화시키며 더 나은 해를 반복적으로 찾아가는 방식으로 문제를 해결한다. 특히 복잡한 최적화 문제나 자원 할당 문제에서 빠르게 해결책을 도출할 수 있어 널리 활용된다. 자신이 관심 있는 학과에서 유전 알고리즘을 어떻게 적용할 수 있는지 조사하고 자신의 의견을 포함하여 영어로 발표해 보자.

　　`관련 학과` 공학계열 전체

《쏙쏙 들어오는 인공지능 알고리즘》, 리샬 허반스, 구정회 역, 제이펍(2021)

[12심영02-03]   ● ● ●

상대방의 의사소통 방식을 고려하여 의견을 조정하며 토의한다.

➡ 양극화(Polarisation)는 사회가 부유층과 빈곤층, 교육받은 사람과 교육을 받지 못한 사람, 도시와 농촌, 정규직과 비정규직 등 서로 다른 집단으로 나뉘고 그 격차가 확대되는 것으로, 경제적, 교육적, 사회적 불평등에서 기인하는 현상이다. 과학기술에서도 양극화 현상이 일어나는데, 최근 기술 발전으로 인해 사회 구성원 간에 기술 접근성과 활용 능력의 차이가 급격히 벌어지고 있다. 대표적으로 디지털 기술, 인공지능 서비스, 빅데이터에 대한 접근성과 활용 능력의 차이로 인해 발생하는 격차가 있다. 기술 양극화에 대한 자신의 입장을 정리하여 영어로 토의해 보자.

　　`관련 학과` 공학계열 전체

《트럼프의 귀환》, 조병제, 월요일의꿈(2024)

[12심영02-04]

듣거나 읽은 내용을 자신의 말이나 글로 요약한다.

바이오 센서(Biosensor)는 생물학적 요소와 전자 기술을 결합해 특정 물질을 감지하는 장치로, 의료 진단, 환경 모니터링, 식품 안전 검사 등 다양한 분야에서 활용된다. 바이오 센서는 질병 진단, 공기 중 오염물질 탐지, 수질 검사 등에서도 중요한 역할을 하며, 실시간 모니터링이 가능하다는 점에서 주목받고 있다. 바이오 센서의 원리와 주요 응용 사례를 담은 자료를 읽고, 이를 요약한 뒤 설명해 보자.

`관련 학과` 기계공학과, 생명공학과, 신소재공학과, 전자공학과, 화학공학과, 환경공학과

《과학을 달리는 십대: 생명과학》, 박재용, 우리학교(2022)

[12심영02-05]

말이나 글의 내용을 비교·대조한다.

인공지능은 다양한 분야에서 활용되고 있지만, 그로 인해 발생할 수 있는 윤리적 문제는 논란이 되고 있다. 예를 들어, 인공지능은 개인 또는 집단의 편견을 반영해 인종 차별적이거나 성차별적인 결과를 도출할 수 있고, 학습 데이터에 포함된 편향을 반영하여 특정 집단에 치우친 결과를 도출할 수도 있다. 인공지능이 스스로 생각하고 행동할 수 있게 되면, 인간의 통제에서 벗어나 인간에게 해를 가할 수 있다는 우려도 존재한다. 이와 같이 기술 분야에서 대립되는 주장을 담은 글을 읽고 비교하여 발표해 보자.

`관련 학과` 공학계열 전체

《인공지능은 왜 정치적일 수밖에 없는가》, 마크 코켈버그, 배현석 역, 생각이음(2023)

[12심영02-06]

다양한 매체의 정보를 재구성하여 발표한다.

기술 음모론은 첨단 기술이나 과학 발전이 의도적으로 왜곡되거나 숨겨졌다는 주장으로, 공학적 시각에서 분석할 필요가 있다. 대표적인 기술 음모론 중 하나는 '전기차 기술 억제설'로, 석유 산업의 이익을 보호하기 위해 대형 자동차 제조업체와 정부가 전기차 기술의 발전을 방해했다는 주장이다. 그러나 이는 기술 발전의 복잡성을 간과한 것으로, 전기차의 발전은 배터리 기술, 인프라, 시장 수요 등 다양한 공학적 요인에 의해 결정된다. 음모론의 타당성과 신뢰성을 공학적 관점에서 분석하고, 과학적 근거를 바탕으로 그 잘못된 점을 논리적으로 반박하는 글을 작성하여 영어로 발표해 보자.

`관련 학과` 공학계열 전체

《음모론》, 얀-빌헬름 반 프로이엔, 신영경 역, 돌배나무(2020)

[12심영02-07]

글의 내용과 형식을 점검하여 정보 윤리에 맞게 고쳐 쓴다.

에너지 위기는 에너지 자원의 부족이나 가격 상승으로 인해 발생하는 경제적, 사회적 문제를 말한다. 에너지공학, 화학공학, 환경공학은 이러한 에너지 위기 문제를 해결하는 데 중요한 역할을 할 수 있다. 에너지 위기는 주로 화석 연료의 고갈, 석유 및 천연가스 가격의 급등, 신재생 에너지로의 전환 속도 문제 등에서 비롯되며, 공학에서는 이를 해결할 수 있는 기술적 접근 방안을 연구하고 개발해야 한다. 자신이 관심 있는 공학 분야에서 에

너지 위기에 대응할 수 있는 기술을 조사하고, 그 해결 방안을 영어로 발표해 보자.

관련 학과 공학계열 전체

《에너지 위기 어떻게 해결할까?》, 이은철, 동아엠앤비(2023)

[12심영02-08]   ● ● ●

적절한 전략을 적용하여 다양한 언어·문화적 배경을 가진 영어 사용자와 공감하며 소통하는 태도를 가진다.

➡️ 세계화로 인해 문화적 다양성(Cultural Diversity)이 증대되고 있다. 건축공학에서는 문화적 다양성을 고려한 설계를 통해 다양한 국가와 지역의 건축적 요구를 충족할 수 있고, 소프트웨어공학은 다양한 문화적 배경을 가진 사용자들의 요구를 반영한 글로벌 소프트웨어를 개발할 수 있으며, 산업공학은 다양한 문화적 배경을 가진 조직이 협력할 수 있는 시스템을 구축해 생산성을 높일 수 있다. 이처럼 문화적 다양성과 관련된 공학적 사례를 조사하고, 그 적용 방안을 제시하는 발표를 준비해 보자.

관련 학과 공학계열 전체

《글로벌 시대 문화다양성 이해》, 김진석·장은숙, 한국문화사(2024)

선택 과목	수능		절대평가	상대평가
진로 선택	X	**영미 문학 읽기**	5단계	5등급

| 🔍 | 다양한 장르, 다양한 주제, 문학 작품, 이해, 표현, 감상, 비평, 비판적 사고력, 창의적 사고력, 예술성, 심미적 가치, 독자와 소통 |

[12영문01-01]　　　• • •

다양한 장르와 주제의 문학 작품을 읽고 주요 내용을 요약한다.

➡ 환경과 관련된 문학 작품을 감상하는 것은 환경에 대한 이해를 넓히고, 환경에 대한 새로운 시각을 얻을 수 있는 기회를 제공한다. 특히 작품이 환경 문제를 얼마나 잘 이해하고 묘사하고 있으며 해당 문제에 대해 어떤 메시지를 전달하고 있는지 생각하며 감상하도록 한다. 예시로 레이첼 카슨(Rachel Carson)의 《침묵의 봄(Silent Spring)》은 잔류성 살충제의 위험성을 밝혀내 환경 보호 운동에 큰 영향을 미친 작품이다. 자신이 관심 있는 작품을 읽고 주요 내용을 요약해 보자.

관련 학과 공학계열 전체

《기후위기인간》, 구희, 알에이치코리아(2023)

[12영문01-02]　　　• • •

문학 작품을 읽고 필자나 인물의 의도나 목적을 파악한다.

➡ 공학과 관련된 대표적 문학 작품으로 아이작 아시모프의 《아이, 로봇(I, Robot)》이 있다. 이 작품은 로봇공학의 미래와 인공지능(AI)에 관한 윤리적 문제를 다루며, 로봇과 인간의 관계를 탐구한다. 작가는 로봇 공학의 '세 가지 법칙'을 통해 인간이 기술을 어떻게 통제하고 이용해야 하는지를 논의하며, 공학적 진보와 그로 인한 사회적·윤리적 문제를 다룬다. 기술 발전이 가져올 수 있는 긍정적·부정적 측면을 분석하면서 이 작품을 읽고 작가가 전하려는 메시지를 이해하면 더욱 깊이 있게 공학적 사고를 할 수 있다. 관심 있는 공학 분야와 관련된 작품을 읽고 작가의 의도를 파악하여 발표해 보자.

관련 학과 메카트로닉스공학과, 산업공학과, 소프트웨어공학과, 전자공학과, 정보통신공학과, 컴퓨터공학과

《스토리의 유혹》, 피터 브룩스, 백준걸 역, 앨피(2023)

[12영문01-03]　　　• • •

문학 작품을 읽고 자신의 느낌이나 감상을 공유하고 표현한다.

➡ 메리 셸리(Mary Shelley)의 《프랑켄슈타인(Frankenstein)》은 인간이 과학과 기술을 통해 생명 창조에 도전하는 이야기를 다루며, 기술 발전의 위험성과 윤리적 딜레마를 탐구한다. 주인공 빅터 프랑켄슈타인은 자신의 공학적 지식과 과학적 탐구심으로 새로운 생명체를 창조하지만, 그로 인해 예상치 못한 결과와 재앙을 맞이한다. 이 작품은 과학과 공학의 힘이 무한한 가능성을 열어 주는 동시에, 그로 인한 책임과 윤리적 고민을 안겨 줄 수 있

음을 경고한다. 이 작품을 읽고 영어 서평을 작성한 뒤 다른 이들의 감상과 비교해 보자.

관련학과 공학계열 전체

《데이비드 댐로쉬의 세계문학 읽기》, 데이비드 댐로쉬, 김재욱 역, 앨피(2022)

[12영문01-06]

다양한 매체를 활용하여 문학 작품의 내용을 다양한 관점으로 분석·비평한다.

➡️ 문학 작품을 다양한 관점으로 분석하고 비평하는 것은 공학적 접근법과 유사한 면이 있다. 문학에 정해진 해석이 없듯, 공학에서도 하나의 문제를 해결하는 데 있어 정해진 답은 없다. 하나의 문학 작품을 여러 시각에서 해석하는 것처럼, 공학에서는 기존의 설계나 해결 방식을 재검토하고 창의적으로 접근하는 것이 중요하다. 관심 있는 문학 작품을 선정하여 작품을 새롭게 해석한 뒤 자신만의 이해와 감상을 바탕으로 비평문을 작성해 보자.

관련학과 공학계열 전체

《SF와 함께라면 어디든》, 심완선, 학교도서관저널(2023)

[12영문01-07]

문학 작품을 읽고 우리 문화와 타 문화의 생활 양식, 사고방식, 의사소통 방식의 차이와 다양성에 대해 비교·분석한다.

➡️ 디스토피아는 현실에서 존재하는 부정적 요소들이 극대화된 사회로, 공학적 관점에서 이러한 디스토피아적 미래는 기술의 남용과 통제 문제와 관련될 때가 많다. 일례로 인공지능이나 로봇 기술이 사회적 불평등을 심화시키거나, 감시 기술이 개인의 자유를 억압하는 시나리오가 디스토피아 콘텐츠에 자주 등장한다. 이러한 작품들은 기술 발전의 잠재적 위험성을 경고하며, 공학 기술이 사회에 미치는 영향에 대한 깊은 성찰을 요구한다. 자신이 관심 있는 공학 분야와 관련된 디스토피아적 콘텐츠를 분석해, 그 속에 나타난 기술적 문제와 문화적 차이를 비교하고, 그 결과를 정리하여 발표해 보자.

관련학과 공학계열 전체

《나는 왜 SF를 쓰는가》, 마거릿 애트우드, 양미래 역, 민음사(2021)

선택 과목	수능	심화 영어 독해와 작문	절대평가	상대평가
진로 선택	X		5단계	5등급

단원명 | 독해

> 🔍 스마트폰 센서, 음주 문화, 사회적 영향 탐구, 공학적 해결 방안, 편견 극복, 디지털 헬스케어, 펨테크, 빅데이터, 분석 및 예측, 정보 보안, 개인정보 보호, 윤리적 문제, 현대 사회 정보 기술, 정보 처리, 데이터 보안, 사회 변화, 공중택시, 기술적 인프라, 정책 개발

[12심독01-01]　● ● ●

다양한 분야의 기초 학문 주제에 관한 글을 읽고 주요 내용을 파악한다.

➡ 음주운전은 여전히 심각한 사회 문제다. 이와 관련해 최근 스마트폰 센서를 이용해 개인의 음주 상태를 실시간으로 파악하는 기술이 개발되었다. 이 기술은 음주운전을 예방하고, 음주로 인한 사고를 줄이는 데 큰 도움이 될 것으로 예상된다. 관련 영문 기사 'Smartphone sensors able to detect alcohol intoxication with high accuracy'를 읽고, 알코올이 인체, 특히 목과 성대에 어떤 영향을 미치는지, 이러한 목소리의 변화가 어떻게 스마트폰 센서를 통해 측정되는지에 대해 탐구하여 발표해 보자. 또한 이 기술이 우리 사회의 음주 문화에 어떤 영향을 미칠지에 대해서도 생각을 공유해 보자.

관련 학과 산업공학과, 생명공학과, 소프트웨어공학과, 제어계측공학과, 컴퓨터공학과

《센서기초공학》, 박일천·이병문, 광문각(2020)

[12심독01-02]　● ● ●

이야기나 서사 및 운문을 읽고 필자나 등장인물의 심정이나 의도를 추론한다.

➡ R. J. 팔라시오가 쓴 《아름다운 아이(Wonder)》의 주인공 어거스트는 얼굴에 심각한 기형을 가지고 태어났다. 그로 인해 많은 어려움을 겪고 있는 어거스트의 일상생활을 편리하게 만들어 줄 창의적인 공학적 해결 방안은 없을지, 그의 특별한 상황을 고려하여 디자인해 보자. 기술이 사회적 인식이나 편견을 극복하는 데 어떤 도움을 줄 수 있는지, 그리고 이를 통해 우리 사회가 어떻게 변화할 수 있는지에 대해서도 탐구해 보자.

관련 학과 공학계열 전체

《공학 하는 여자들》, 손소영 외 4명, 메디치미디어(2017)

[12심독01-03]　● ● ●

글의 구성 방식을 고려하여 논리적 관계를 추론한다.

➡ 최근 디지털 헬스케어 산업은 빠른 속도로 성장하고 있다. 여성의 건강을 관리해 주는 펨테크(FemTech)는 그중에서도 특히 주목받고 있는 기술이다. 월경 추적, 임신 관리, 여성 질환 진단 등 다양한 분야에서 활용되는 펨테

크 기술의 생체 신호 처리 방식과 이를 통한 여성 건강 모니터링 시스템을 탐구해 보자. 관련 영문 기사 'The dawn of the FemTech revolution'을 찾아 읽고, AI와 빅데이터가 어떻게 생체 신호 처리에 활용되는지, 이를 통해 어떻게 여성의 건강 상태를 분석하고 예측하는지에 대해 분석하여 발표해 보자.

관련 학과 산업공학과, 생명공학과, 소프트웨어공학과, 소프트웨어학과, 컴퓨터공학과, 화장품공학과, 화학공학과

《국내외 펨테크 산업분석보고서》, 비피기술거래·비피제이기술거래, 비티타임즈(2022)

[12심독01-04] ● ● ●

글의 맥락과 배경지식을 활용하여 함축적 의미를 추론한다.

➡ AI는 일상생활부터 산업 현장까지 다양한 분야에서 활용되고 있다. 긍정적인 영향도 주지만, 개인의 정보 보안과 같은 문제를 야기하기도 한다. AI의 발전이 우리 사회에 미친 영향과 일상생활에 일으킨 변화를 살펴보자. 관련 영문 자료 'Cybersecurity and AI: The challenges and opportunities'를 찾아 읽고, 특히 AI의 발전과 관련하여 개인의 권리와 정보 보안에 대한 책무성을 인식하고, 이를 해결하기 위한 방안을 제안해 보자.

관련 학과 공학계열 전체

《AI 전쟁》, 하정우·한상기, 한빛비즈(2023)

[12심독01-05] ● ● ●

다양한 문학 작품을 읽고 문학적 표현과 의미를 파악한다.

➡ 조지 오웰의 《동물농장》은 권력자들이 어떻게 정보를 조작하여 권력을 유지하는지를 보여 준다. 디지털화 시대를 맞아 더욱 부각되고 있는 정보의 중요성과 정보 기술의 역할을 분석하고, 이를 현대 사회의 정보 기술에 어떻게 적용할 수 있을지 생각해 보자. 관련 영문 자료 'Animal Farm by George Orwell - Book Analysis'를 참고하여, 《동물농장》 속에서 어떻게 정보가 권력을 통제하는 도구로 사용되는지 분석하고, 이를 현대 사회의 정보 활용 방식과 비교하여 탐구해 보자.

관련 학과 산업공학과, 소프트웨어학과, 정보보안학과, 컴퓨터공학과

《유럽연합의 개인정보보호법, GDPR》, 김상현, 커뮤니케이션북스(2022)

[12심독01-06] ● ● ●

다양한 유형의 글의 구조와 형식을 비교·분석한다.

➡ AI 기술의 발전은 우리가 정보를 수집·처리하며, 결정을 내리는 방식에 큰 영향을 미치고 있다. AI 기술이 설득과 정보 제공에 어떻게 활용될 수 있는지 분석해 보고, AI가 설득적인 메시지를 만들어 내는지, 어떻게 정보를 효과적으로 제공하는지에 대해 탐구해 보자. 또한 영문 자료 'Persuasive vs Informative: Meaning And Differences'를 참고하고, 다양한 유형의 AI 기반 설득 전략과 정보 제공 시스템을 분석하여, 그들이 어떻게 구조화되고 어떤 형식을 사용하는지에 대해 분석하여 발표해 보자.

관련 학과 소프트웨어공학과, 정보통신공학과, 컴퓨터공학과

《AI로 경영하라》, 이준기, 인플루엔셜(2022)

[12심독01-07] ● ● ●

다양한 매체의 글의 내용 타당성을 평가하며 비판적으로 읽는다.

➡ 마이데이터(My HealthWay)는 개인의 정보를 통합하고 관리하는 디지털 플랫폼이다. 마이데이터를 이용하면 각종 기관과 기업에 분산되어 있던 자신의 정보를 한꺼번에 확인할 수 있으며, 맞춤 상품이나 서비스를 추천받을 수 있다. 관련 글 'South Korea's My HealthWay: A "digital highway" of personal health records, but to where?'를 읽고, 이러한 플랫폼의 기술적인 측면, 특히 데이터 보안과 프라이버시 보호 방안에 대해 살펴보자. 마이데이터의 보안 기술에 대해 탐구한 뒤 이러한 기술이 어떻게 개인정보를 보호하는지, 그리고 개인정보와 관련하여 어떤 보안 위험성을 가지고 있으며 이를 극복할 방안은 무엇인지에 대해 의견을 발표해 보자.

관련 학과 소프트웨어공학과, 소프트웨어학과, 정보보안학과, 컴퓨터공학과

《마이데이터 레볼루션》, 이재원, 클라우드나인(2022)

[12심독01-08] • • •

우리 문화 및 타 문화의 생활 양식, 사고방식, 의사소통 방식에 관한 글을 읽고 문화 간 차이에 대해 포용적인 태도를 갖춘다.

➡ 디지털 시대에 들어서며 사회 운동은 새로운 얼굴을 맞이하였다. 인종 차별에 반대하는 '블랙 라이브즈 매터(Black Lives Matter)'는 디지털 기술을 통해 세계 각지로 빠르게 확산되었고, 이는 사회 운동의 전략과 방식에 변화를 가져왔다. 관련 자료 'Technology's Role In Driving Progress In Black Lives Matter'를 읽고 블랙 라이브즈 매터 운동에서 디지털 기술이 하는 역할과 디지털 기술을 통해 운동의 확산과 사회 변화를 이끌어 낼 수 있는 방법에 대해 탐구해 보자.

관련 학과 소프트웨어공학과, 소프트웨어학과, 정보보안학과, 정보통신공학과, 컴퓨터공학과

《디지털 시민성 핸드북》, 추병완 외 4명, 한국문화사(2019)

[12심독01-09] • • •

적절한 읽기 전략을 적용하여 스스로 읽기 과정을 점검하며 읽는다.

➡ 드론과 공중택시의 안전성은 단순히 기기의 기술적 성능만으로 판단할 수 있는 문제가 아니다. 안전성 보장을 위해서는 기술적 인프라와 함께 정부의 정책, 법제도, 사회적 합의 등이 요구된다. 따라서 드론과 공중택시의 안전성 보장에 필요한 기술적 요인뿐만 아니라, 이를 지원하는 인프라와 정책, 그리고 사회적 인식과 대응 등을 함께 분석해 보는 것이 필요하다. 관련 영문 기사 'Drones and air taxis: The key to the air traffic revolution'을 참고해, 드론과 공중택시에 관한 다양한 자료를 찾아보자. 그중에서 필요한 정보를 선별하고 분석하여 드론과 공중택시 안전성 향상을 위한 기술적 인프라 및 정책 개발에 관한 보고서를 작성해 보자.

관련 학과 교통공학과, 기계공학과, 도시공학과, 메카트로닉스공학과, 에너지공학과, 항공운항학과, 환경공학과

《모빌리티의 미래》, 서성현, 반니(2021)

단원명 | 작문

> 🔍 건설로봇, 로봇공학, 공학적 경험, 자율주행 택시, 인공지능, 프록세믹스, 우주 식물 재배, 효율성 향상 방안, 사회적 상호 작용, 재생 가능 에너지, 발전 전략 제안, 강제 징용, 노동자의 삶, 한계점 분석, 개선 방안 탐구

[12심독02-01] ● ● ●

다양한 분야의 기초 학문 주제에 관하여 사실적 정보를 기술하거나 설명하는 글을 쓴다.

◉ 건설로봇 기술의 원리와 구조를 깊이 있게 이해하고, 이를 통해 더욱 효율적인 건설로봇을 개발하기 위한 심화된 탐구를 진행해 보자. 관련 영문 기사 'Is the Construction Industry Ready to Embrace Robots?'를 읽고, 현재 사용 중인 건설로봇 기술의 특징과 한계점을 분석하고, 이를 개선하기 위한 새로운 기술 개발 아이디어를 제시해 보자. 특히 로봇의 작업 수행 과정에서의 에너지 소비 효율, 작업 정확도, 안전성 등을 고려하여, 더 효율적인 건설로봇 개발 방안을 탐구해 보자. 이를 위해 로봇공학, 제어공학, 인공지능 등의 공학 원리를 적용하여, 실제로 구현 가능한 건설로봇 기술 개발 아이디어를 도출해 보자.

`관련 학과` 건축공학과, 건축학과, 기계공학과, 도시공학과, 산업공학과, 제어계측공학과, 토목공학과

《로봇의 부상》, 마틴 포드, 이창희 역, 세종서적(2016)

[12심독02-02] ● ● ●

이야기나 서사 및 운문에 대해 자신의 감상이나 느낌을 표현하는 글을 쓴다.

◉ 최신 가전제품은 일상을 더 편리하게 해 주는 동시에 가정의 에너지 효율성을 향상시키고 있다. 일례로 최신 공기청정기, 무선 청소기, 에어컨 등의 기술적 특징과 발전 과정을 분석하고, 이들이 에너지 소비를 어떻게 최적화하고 있는지 탐구해 보자. 또한 이러한 가전제품이 일반 가정의 에너지 절약에 어떤 영향을 미치는지에 대한 자신의 생각을 글로 작성해 보자.

`관련 학과` 공학계열 전체

《제임스 다이슨》, 제임스 다이슨, 김마림 역, 사람의집(2023)

[12심독02-03] ● ● ●

다양한 주제에 관하여 상대방을 설득하는 글을 쓴다.

◉ 자율주행 택시는 인공지능, 센서 등 복합적인 기술을 사용한다. 자율주행 차량의 작동 원리와 그 안전성에 대해 탐구해 보자. 관련 영문 기사 'Waymo's driverless taxi launch in Santa Monica is met with excitement and tension'을 참고하여, 자율주행 차량의 센서와 제어 시스템, 인공지능이 어떻게 작동하는지, 그리고 이러한 기술이 교통안전에 어떤 영향을 미치는지에 대해 깊게 탐구하고, 이를 바탕으로 자율주행 차량의 안전성에 대한 자신의 견해를 논증하는 글을 작성해 보자.

`관련 학과` 공학계열 전체

《AI로 일하는 기술》, 장동인, 한빛미디어(2022)

[12심독02-04] ● ● ●

다양한 기초 학문 분야의 주제에 관하여 듣거나 읽고 주요 정보를 요약한다.

◉ NASA의 '베지(Veggie)' 시스템은 우주에서 식물을 재배하기 위한 기술이다. 관련 영문 자료 'Growing Plants in Space'를 참고하여, 베지 시스템의 구성 요소와 작동 원리를 깊이 있게 탐구하고, 이를 바탕으로 시스템의 효율성을 향상시킬 방안을 고안해 보자. 특히 LED 조명의 스펙트럼, 성장 매체의 조성, 수분 공급 방식 등을 개

선하여 식물이 우주에서 더 잘 자라게 할 방안을 모색해 보자.

관련 학과 생명공학과, 식품공학과, 전기공학과, 정보통신공학과, 컴퓨터공학과, 화학공학과, 환경공학과

《**수직농장학**》, 손정익, 향문사(2022)

[12심독02-05] ● ● ●

우리 문화 및 타 문화의 생활 양식, 사고방식, 의사소통 방식에 관한 글을 읽고 문화 간 차이에 대해 비교·대조하는 글을 쓴다.

➡️ 프록세믹스(Proxemics)는 우리가 어떻게 공간을 사용하는지에 관한 연구다. 관련 영문 자료 'Proxemics 101: Understanding Personal Space Across Cultures'를 참고하여, '공간 인식 기술의 발전과 프록세믹스'를 탐구해 보자. 공간 인식 기술이 개인 공간의 이해와 관리에 어떤 도움을 주고, 일상생활에서 어떻게 사용될 수 있는지를 분석해 보자. 특히 공간의 크기, 형태, 위치, 방향 등을 인식하고 분석하며, 스마트폰, 컴퓨터, 가상 현실, 증강 현실 등 다양한 기기와 응용에서 사용될 수 있는 '공간 인식 기술'이 사회적 상호 작용과 인간의 공간 사용 패턴에 어떤 영향을 미칠지 탐구해 보자.

관련 학과 건축공학과, 건축학과, 도시공학과, 메카트로닉스공학과, 산업공학과, 소프트웨어공학과, 정보보안학과, 정보통신공학과, 컴퓨터공학과

《**뇌과학과 커뮤니케이션**》, 이재신, 커뮤니케이션북스(2015)

[12심독02-06] ● ● ●

다양한 매체 정보를 분석·종합·비평하여 재구성한다.

➡️ 재생 가능 에너지는 기후변화와 에너지 문제를 해결하기 위한 해법 중 하나이다. 태양광, 풍력, 해수 온도차 등 특정 재생에너지 기술의 현재 상태와 발전 가능성을 주제로 관련 연구 논문, 보고서, 뉴스 기사 등을 분석하고, 그 기술이 사회와 경제에 미치는 영향을 함께 살펴보자. 관련 영문 자료 'Renewable energy - powering a safer future'를 참고하여 특정 재생에너지 기술의 발전이 해당 지역의 에너지 공급, 고용 창출, 환경 보호 등에 어떤 영향을 미칠지를 예측하고, 이를 바탕으로 그 기술의 발전 전략을 제안해 보자.

관련 학과 신소재공학과, 에너지공학과, 원자력공학과, 전기공학과, 환경공학과

《**재생에너지와의 공존**》, 안희민, 크레파스북(2022)

[12심독02-07] ● ● ●

사회적으로 이슈가 되는 주제에 관하여 정보 윤리를 준수하며 비판적이고 독창적인 글을 쓴다.

➡️ 최근 국제 사회에서 일본의 강제 징용 피해자에 대한 배상 문제가 이슈가 되고 있다. 일제 강점기에 공장과 광산에서 강제 노역에 동원되었던 한국인 노동자들이 사용했던 공학 기술과 기계는 당시의 시대상을 반영하고 있다. 탐구주제로 이러한 기술과 기계가 작업 환경과 노동자의 삶에 어떤 영향을 주었는지, 또 시간이 흐름에 따라 어떻게 발전해 갔는지에 대해 탐구해 보자. 이 과정에서 당시의 기술 수준과 그 이후의 발전 과정을 비판적으로 분석한 후, 현재의 기술 발전이 노동자의 삶을 어떻게 변화시켰는지에 대해 독창적인 시각으로 논의해 보자.

관련 학과 건축공학과, 건축학과, 산업공학과, 토목공학과

《**강제징용자의 질문**》, 우치다 마사토시, 한승동 역, 한겨레출판(2021)

다양한 분야의 주제에 관하여 적절한 쓰기 전략을 적용하여 글을 점검하고 고쳐 쓴다.

➡ 관련 영문 기사 'Yes, the WHO put aspartame in the same category as pickled vegetables for cancer-causing substances'를 참고하여 아스파탐이 포함된 제품의 안전성을 평가하는 현재의 기술 및 방법에 대해 알아보자. 이를 위해 먼저 아스파탐의 화학적 성질과 인체에 미치는 영향을 분석하는 기술, 그리고 이를 통해 제품의 안전성을 평가하는 방법론에 대해 탐구해 보자. 아스파탐을 대체할 수 있는 다른 인공 감미료의 개발 가능성도 알아보자. 현재 개발되고 있는 대체 감미료의 화학적 성질과 그 안전성을 평가하는 기술에 대해 조사하고, 이러한 대체 감미료가 대중에게 받아들여질 가능성에 대해 예측하여 발표해 보자.

`관련 학과` 식품공학과, 화학공학과

《**우리 주변의 화학물질**》, 우에노 게이헤이, 이용근 역, 전파과학사(2019)

선택 과목	수능	실생활 영어 회화	절대평가	상대평가
융합 선택	X		5단계	5등급

국어 교과군

영어 교과군

수학 교과군

도덕 교과군

사회 교과군

과학 교과군

🔍	스마트시티, 도시 서비스, 도시 문제 해결, 바이오 컴퓨팅, 환경 변화, 대응 방안, 인공위성, 웹브라우저 캐시, 빅데이터 활용, 다양한 견해, 사회적 변화, 로봇 경찰, 윤리적 문제, 사례 분석, 상담 챗봇, 정신건강 관리, 데이터 마이닝, 로지스틱스 기술

[12실영01-01] ● ● ●

실생활에 관한 말이나 대화를 듣고 핵심 정보를 파악한다.

➡ 스마트시티는 사물인터넷(IoT) 기술을 활용하여 도시의 다양한 기능과 서비스를 효율적으로 관리하는 미래형 도시 모델이다. 스마트시티의 원리와 IoT 기술의 활용에 대해 탐구해 보자. 특정 스마트시티 사례를 분석하고 거기서 IoT 기술이 어떻게 활용되는지를 파악한 뒤, 이를 바탕으로 나만의 창의적인 도시 문제 해결책을 제안해 보자.

관련 학과   도시공학과, 산업공학과, 소프트웨어공학과, 소프트웨어학과, 정보보안학과, 정보통신공학과, 컴퓨터공학과

《스마트시티 에볼루션》, 박찬호 외 3명, 북바이북(2022)

[12실영01-02] ● ● ●

실생활에 관한 말이나 대화를 듣고 화자의 의도나 목적을 추론한다.

➡ 바이오 컴퓨팅은 생명체의 원리를 이용한 컴퓨팅 방식으로, 전통적인 컴퓨팅 방식의 한계를 넘어 새로운 가능성을 제시한다. 이 기술은 우리의 일상생활뿐만 아니라 사회, 문화, 환경 등에도 큰 변화를 가져올 것으로 예상된다. '바이오 컴퓨팅이 미래의 사회, 문화, 환경에 어떤 변화를 가져올 수 있으며, 이러한 변화에 우리는 어떻게 대응해야 하는가?'라는 질문에 대해 탐구한 내용을 토대로 답을 해 보자.

관련 학과   생명공학과, 컴퓨터공학과

《AI 2024》, 김덕진, 스마트북스(2023)

[12실영01-03] ● ● ●

자신이나 주변 사람 또는 사물을 자신감 있게 소개한다.

➡ 인공위성은 우리의 생활에 많은 정보를 제공하며, 이 정보는 빅데이터로 활용된다. 인공위성이 어떻게 우리의 생활에 영향을 미치는지 탐구하고, 이를 통해 얻은 데이터를 어떻게 활용할 수 있는지 소개해 보자. 또한 '인공위성에서 수집된 빅데이터가 우리의 생활에 어떤 긍정적·부정적 영향을 미치는가'를 주제로 자신의 의견을 공유해 보자.

관련 학과   산업공학과, 소프트웨어공학과, 정보보안학과, 정보통신공학과, 컴퓨터공학과, 항공우주공학과

《우주미션 이야기》, 황정아, 플루토(2022)

[12실영01-04]

존중과 배려의 자세로 상대방의 말을 경청하고 자신의 의견이나 감정을 표현한다.

➡ AI의 발전은 인간의 삶에 많은 변화를 가져다주고 있으며, 우리 사회는 이와 관련된 다양한 의견과 견해가 공존하고 있다. AI와 인간의 공존에 대한 다양한 견해를 수집하고, 이를 바탕으로 대화형 워크숍을 기획하고 운영해 보자. 워크숍의 목표는 참가자들이 서로의 의견을 자유롭게 나누며, AI의 발전에 따른 사회적 변화와 그 대응 방안에 대해 토론하는 것이다. 또한 'AI 윤리에 관한 평가 척도 개발'을 주제로 탐구활동을 해 보자.

`관련 학과` 소프트웨어공학과, 소프트웨어학과, 정보보안학과, 정보통신공학과, 컴퓨터공학과

《**인공지능의 윤리학**》, 이중원 외 8명, 한울아카데미(2019)

[12실영01-05]

실생활에 관한 경험이나 사건 또는 간단한 시각 자료를 묘사한다.

➡ 최근 로봇 기술의 발전에 따라 로봇 경찰의 도입이 논의되고 있다. 실제로 2024년 미국 뉴욕시에서 로봇 경찰을 시험 운용했으나 중단한 바 있다. 로봇 경찰의 도입은 기술적 도전일 뿐만 아니라 사회적, 윤리적으로 다양한 이슈를 제기한다. 로봇 경찰의 기술적 도전과 로봇 경찰의 도입으로 인해 일어날 사회적 변화에 대해 조사하고, 특정 로봇 경찰의 사례를 중심으로 이를 묘사하는 보고서를 작성해 보자.

`관련 학과` 기계공학과, 메카트로닉스공학과, 반도체공학과, 산업공학과, 전자공학과, 정보보안학과, 정보통신공학과, 컴퓨터공학과

《**로봇 시대, 인간의 일**》, 구본권, 어크로스(2020)

[12실영01-06]

실생활에 필요한 일의 방법이나 절차를 설명한다.

➡ 인공지능 기술의 발전에 따라 상담 챗봇이 주목받고 있다. 이는 사용자의 질문에 자동으로 응답하는 프로그램을 말한다. 이 기술에 대해 영어로 탐구하고, 챗봇의 작동 원리와 이를 활용한 효과적인 상담 방법을 상세히 설명하는 보고서를 작성해 보자. 또한 '상담 챗봇의 활용이 정신건강 관리에 어떤 변화를 가져왔는가?'를 주제로 심화 탐구활동을 해 보자.

`관련 학과` 기계공학과, 산업공학과, 소프트웨어공학과, 소프트웨어학과, 전자공학과, 정보통신공학과, 컴퓨터공학과

《**로봇 UX**》, 칼라 다이애나, 이재환 역, 유엑스리뷰(2023)

[12실영01-07]

실생활에서 상황이나 목적에 맞게 대화를 이어 간다.

➡ 웹브라우저의 캐시는 웹페이지의 로딩 속도를 빠르게 하기 위해 사용되는 임시 저장소를 말한다. 최근 이 캐시를 재조립하여 온라인 스트리밍 서비스의 효율을 높이는 연구가 진행되고 있다. 이에 대해 탐구하고, 웹브라우저 캐시의 재조립이 온라인 스트리밍 서비스의 성능에 미치는 영향을 상세히 분석하는 실험을 진행해 보자. 또한 '웹브라우저 캐시의 재조립이 온라인 스트리밍 서비스의 효율성에 어떤 영향을 미치는가?'를 주제로 심화 탐구활동을 해 보자.

`관련 학과` 소프트웨어공학과, 소프트웨어학과, 정보보안학과, 정보통신보안학과, 컴퓨터공학과

《**스트리밍 시스템**》, 타일러 아키다우 외 2명, 이덕기·전웅 역, 에이콘출판사(2021)

국어 교과군

영어 교과군

수학 교과군

도덕 교과군

사회 교과군

부록 교과군

[12실영01-08] ● ● ● ●

의사소통 상황이나 목적에 맞게 언어적·비언어적 표현을 사용하여 반응한다.

➡️ 디지털화 시대를 맞아 데이터의 양이 폭발적으로 증가하고 있으며, 유용한 정보를 추출하는 데이터 마이닝이 중요해지고 있다. 데이터 마이닝은 대량의 데이터에서 패턴이나 관계를 찾아내는 과정으로, 비즈니스 의사 결정, 과학 연구, 의료 진단 등 다양한 분야에서 활용된다. 데이터 마이닝의 원리와 이를 활용한 정보 추출의 가능성을 상세히 분석하는 실험을 진행해 보자. 또한 '데이터 마이닝이 정보 추출에 어떤 기여를 할 수 있는가? 그리고 데이터 마이닝의 한계와 이를 극복하기 위한 방안은 무엇인가?'를 주제로 논의하고, 이에 대한 본인의 견해를 표현하는 활동을 진행해 보자.

관련 학과 소프트웨어공학과, 소프트웨어학과, 정보보안학과, 정보통신보안학과, 컴퓨터공학과

《데이터 마이닝 4/e》, 이안 위튼 외 3명, 김성준 역, 에이콘출판사(2022)

[12실영01-09] ● ● ● ●

의사소통 상황이나 목적에 맞게 적절한 전략을 적용하여 대화에 참여한다.

➡️ 새벽배송 서비스의 확산과 함께 이를 지원하는 로지스틱스 기술의 발전이 중요해지고 있다. 창고 자동화, 데이터 분석, 모듈화, 로봇화, 드론 등과 같은 로지스틱스 기술은 물류 비용을 절감하고 서비스 품질을 향상시키며 고객 만족도를 높이는 데 기여한다. 물류 산업의 혁신과 성장을 이끌고 있는 로지스틱스 기술에 대해 탐구하고, 새벽배송 서비스의 로지스틱스 기술 발전을 상세히 분석해 보자. '새벽배송 서비스의 로지스틱스 기술 발전을 위해 가장 중요하게 고려해야 하는 요소는 무엇인가? 그리고 기술 개발과 서비스의 방향은 무엇인가?'를 주제로 심화 탐구를 진행해 보자.

관련 학과 기계공학과, 메카트로닉스공학과, 산업공학과, 소프트웨어공학과, 소프트웨어학과, 식품공학과, 에너지공학과, 정보통신공학과

《로지스틱스 4.0》, 오노즈카 마사시, 오시연 역, 도서출판에밀(2019)

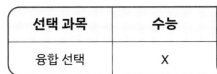

선택 과목	수능	미디어 영어	절대평가	상대평가
융합 선택	X		5단계	5등급

| 🔎 | 미디어 콘텐츠, 감상, 활용, 미디어의 특성, 비판적 사고력, 융합적 활용, 창의적 전달, 디지털 리터러시, 디지털 상호 작용, 효과적 전달 |

[12미영01-01] ● ● ●

영어 검색 엔진을 활용하여 필요한 정보를 찾아낸다.

➡ 희귀금속은 전자 제품, 에너지 저장 기술, 합금 등에 사용되며, 관련 분야의 공학자들은 희귀금속을 이용한 제품이나 기술을 개발하고 개선하는 데 중요한 역할을 한다. 영어로 표현된 많은 정보 중 필요한 정보를 찾기 위한 검색어를 생각해 낸 뒤, 영어 기반 검색 엔진을 활용해 희망 전공과 연관된 희귀금속 정보를 검색하자. 그리고 검색어에 따른 검색 결과를 조사해 원하는 결과를 얻는 데 가장 효율적인 검색어를 정리하여 발표하자.

관련 학과 공학계열 전체

《검색의 즐거움》, 대니얼 M. 러셀, 황덕창 역, 세종서적(2020)

[12미영01-02] ● ● ●

다양한 주제에 대한 창의적 문제 해결을 위해 미디어를 활용하여 협업한다.

➡ 로봇공학은 고령화 시대에 노인을 돌보는 기술 개발에 기여하고 있다. 케어 로봇이나 동반 로봇은 노인들의 신체적, 정신적 건강을 관리하고, 그들이 독립적인 삶을 유지하도록 돕는다. 또한 응급 상황을 감지해 도움을 제공하는 등 노인의 생활 안전을 향상시켜 수명 연장에 중요한 역할을 한다. 노인 케어 로봇과 관련해 협업 도구와 다양한 미디어를 활용하여 수명 연장이 공학 분야에 미칠 영향을 영어 자료를 통하여 조사하고, 결과물을 정리하여 발표해 보자.

관련 학과 공학계열 전체

책 소개

KAIST 교수이자 뇌과학자인 저자가 챗GPT와 나눈 12개의 대화를 담은 책이다. 사랑이나 정의, 죽음, 신 등 형이상학적인 주제를 가지고 챗GPT를 상대로 질문을 던지고 이야기를 끌어낸다. '인간 VS 기계'의 도식을 넘어, 어떻게 인공지능을 활용하여 인간 지성의 지평을 넓혀 나갈지를 보여 주는 책이다.

세특 예시

의료 기술의 발전과 생활 환경의 개선으로 인한 수명 연장이 자신의 희망 전공 또는 직업에 미치는 영향을 탐구하는 시간을 가짐. 다양한 정보를 얻기 위해 '챗GPT에게 묻는 인류의 미래(김대식)'를 읽고 인공지능을

국어 교과군

영어 교과군

수학 교과군

도덕 교과군

사회 교과군

과학 교과군

챗GPT에게 묻는 인류의 미래

김대식, 동아시아(2023)

활용하여 브레인스토밍 활동 및 논의에 대한 기초지식을 얻는 활동을 함. 다양한 주제에 대한 창의적 문제 해결을 위해 미디어를 활용하여 협업하는 모습을 보여 줌.

[12미영01-03]   ● ● ●

미디어 정보에서 핵심어를 추출하여 내용을 요약하거나 재구성한다.

➡ 공학 분야에서 영어 미디어 활용 능력은 정보를 효과적으로 수집하고 분석하며, 이를 바탕으로 자신의 지식을 확장하는 데 필수적인 도구다. 다양한 미디어를 활용하여 영어로 제공되는 정보를 이해하고, 이를 자신의 전공 분야와 연관 지어 재구성하는 과정은 공학자로서의 역량을 강화하는 데 있어 중요하다. 영어로 표현된 주제에 대한 자신의 생각을 쓰거나 미디어에서 영어로 표현된 정보를 수집하고 분석하여 이를 요약해 보자.

관련 학과 공학계열 전체

《작문 문단쓰기로 익히기》, 캐슬린 E. 설리번, 최현섭 역, 삼영사(2000)

[12미영01-04]   ● ● ●

미디어 정보를 비판적 태도로 검색, 선정, 비교 및 분석한다.

➡ 패시브 하우스는 건축공학에서 에너지 효율성을 극대화한 건축 방식으로, 태양열과 지열 같은 자연 에너지를 활용해 냉난방 에너지를 최소화한 것이 특징이다. 건축공학적으로 패시브 하우스는 고성능 단열재와 기밀성 높은 설계가 필수적이며, 이를 통해 열 손실을 크게 줄여 에너지 소비를 획기적으로 감소시킨다. 그러나 초기 건축 비용이 높고, 설계 및 시공 과정에서 정밀한 기술이 요구되며, 시공상의 작은 오류도 전체 성능에 큰 영향을 미칠 수 있다. 패시브 하우스에 관해 영어로 된 다양한 미디어 속 정보를 검색하고 핵심 정보를 선정하여 패시브 하우스의 특징, 단점과 장점, 향후 전망 등에 대한 내용을 비교하거나 비판적으로 분석하여 발표해 보자.

관련 학과 건축공학과, 산업공학과, 신소재공학과, 에너지공학과, 토목공학과, 환경공학과

《건축 개념의 네 가지 기둥》, 제임스 테이트, 김훈 역, 스페이스타임(2018)

[12미영01-05]   ● ● ●

목적이나 대상에 적합한 미디어를 활용하여 의견이나 정보를 공유한다.

➡ 스마트 그리드(Smart Grid)는 전력망에 정보통신기술을 적용해 전력의 생산, 배분, 소비를 효율적으로 관리하는 시스템이다. 이를 통해 에너지 절약, 비용 절감, 신재생 에너지 사용 증가 등의 효과를 기대할 수 있다. 스마트 그리드는 또한 전력 수요를 실시간으로 모니터링해 공급을 자동으로 조정함으로써 안정적인 전력 공급을 가능하게 한다. 스마트 그리드의 원리와 실제 적용 사례를 조사하여 설명하고 의견을 공유해 보자.

관련 학과 산업공학과, 소프트웨어공학과, 에너지공학과, 전기공학과, 정보통신공학과, 환경공학과

《플랜 드로다운》, 폴 호컨, 이현수 역, 글항아리사이언스(2019)

[12미영01-06]   ● ● ●

미디어 정보를 융합하고 적절한 도구를 활용하여 콘텐츠를 제작한다.

◯➔ 탄소배출지수(Carbon Emission Index)는 온실가스 배출량을 나타내는 지표이지만, 계산 방식에 따라 차이가 있을 수 있다. 때문에 탄소배출지수를 활용한 평가나 정책 수립에 있어 논란이 발생하기도 한다. 이러한 차이는 계산 방식이 달라서 생길 수도 있고, 탄소 배출량의 단위가 다른 데서 오기도 한다. 정보를 시각적으로 표현한 인포그래픽은 다양한 데이터를 간결하고 직관적으로 전달하는 효과적 도구로 활용되고 있다. 탄소배출지수를 주제로 한 인포그래픽을 영어로 만들어 발표해 보자.

관련 학과 공학계열 전체

《**최종 경고: 6도의 멸종**》, 마크 라이너스, 김아림 역, 세종(2022)

[12미영01-07] ● ● ●

미디어에서 접하는 다양한 시청각 단서를 이해하거나 적절하게 표현한다.

◯➔ 탄소배출지수는 특정 제품, 서비스, 활동이 발생시키는 온실가스 배출량을 나타내는 지표로 온실가스 배출량을 해당 제품, 서비스, 활동의 생산, 사용, 폐기에 따른 에너지 소비량으로 환산하여 계산한다. 탄소배출지수는 기업, 소비자, 정부 등이 온실가스 배출량을 줄이기 위한 노력을 평가하고, 정책을 수립하는 데 중요한 지표로 활용된다. 탄소배출지수와 관련된 영어 동영상을 찾아 해당 매체가 텍스트 외에 어떤 시청각 요소(이미지, 색, 소리, 디자인, 하이퍼텍스트, 애니메이션, 이모티콘, 움직임 등)를 활용하여 시청자들의 이해를 돕는지 분석하고 발표해 보자.

관련 학과 공학계열 전체

《**도시수업 탄소중립도시**》, 김정곤·최정은, 베타랩(2023)

[12미영01-10] ● ● ●

오류 수정을 위해 디지털 도구를 적절히 활용한다.

◯➔ AI의 발전으로 인해 튜링 테스트의 의미가 퇴색되었다는 우려가 제기된다. 초기에는 기계가 인간과 구별되지 않을 정도로 대화할 수 있음을 의미했지만, 오늘날 AI의 성능은 단순한 언어 모방을 넘어섰다. 최신 뇌과학에서는 지능을 단순한 문제 해결 능력이 아닌, 다양한 상황에서 적응하고 학습하는 능력으로 보고 있으며, 이는 튜링 테스트가 지능을 온전히 평가하기에는 한계가 있음을 시사한다. 지능에 대한 자신의 의견을 영어로 작성하고, 주장의 근거로 활용된 자료를 디지털 도구를 활용하여 검증해 보자.

관련 학과 공학계열 전체

《**앨런 튜링, 지능에 관하여**》, 앨런 튜링, 노승영 역, 에이치비프레스(2019)

선택 과목	수능	세계 문화와 영어	절대평가	상대평가
융합 선택	X		5단계	5등급

🔍	음식 보존, 식사 문화, 문화적 영향 분석, 스마트시티, 도시 인프라, 인공지능, 가상 현실, 디지털 보존, 문화유산 체험, 건축 기술, 지리적 위치, 음성 인식, 딥보이스, 사이버 범죄, 기술 기반 봉사, 드론 기술, 글로벌 커뮤니티, 디지털 트윈 기술

[12세영01-01] ● ● ●

적절한 전략을 사용하여 다양한 장르와 매체의 문화 정보나 문화적 산물의 핵심 내용을 파악한다.

➡ 음식은 문화의 중요한 부분이며, 각 문화는 저마다 독특한 식품 가공과 보존 방법을 가지고 있다. 관련 기사 'Traditional Food Preservation'을 읽고 전통적인 음식 보존 방법인 발효, 절임, 건조 등에 대해 조사해 보고, 음식 보존 방법이 특정 문화에서 어떻게 발전하고 변화했는지, 그리고 이것이 그 문화의 식습관과 식사 문화에 어떤 영향을 미쳤는지에 대해서 탐구해 보자.

관련 학과 산업공학과, 생명공학과, 식품공학과, 화장품공학과, 화학공학과

《발효음식의 미학》, 최은희 외 8명, 백산출판사(2015)

[12세영01-02] ● ● ●

문화 관련 주요 개념을 적용하여 문화 현상을 분석하고 새로운 관점으로 설명한다.

➡ 사물인터넷(IoT)과 빅데이터가 도시 공간의 사용 패턴과 소비문화에 미친 영향에 대해 알아보자. 관련 기사 'On The Horizon For Smart Cities: How AI And IoT Are Transforming Urban Living'을 읽고 이러한 기술적 발전이 도시의 인프라, 교통, 에너지 관리, 나아가 사람들의 일상생활에 어떤 영향을 미치는지 분석해 보자.

관련 학과 교통공학과, 도시공학과, 메카트로닉스공학과, 산업공학과, 소프트웨어공학과, 소프트웨어학과, 신소재공학과, 에너지공학과, 정보보안학과, 정보통신공학과, 컴퓨터공학과

《스마트시티 에볼루션》, 박찬호 외 3명, 북바이북(2022)

[12세영01-03] ● ● ●

타 문화 및 언어에 대한 존중을 바탕으로 문화 정보를 수용하고 자신의 의견을 표현한다.

➡ AI와 VR 기술을 결합하여 문화유산 체험을 제공하는 최신 기술이 혁신적인 변화를 일으키고 있다. 이 기술을 활용하면 실제로 방문하지 않고도 문화유산을 체험할 수 있으며, 소멸 위험에 처한 여러 문화유산 사이트를 보호하는 기능도 한다. 관련 글 'The Key Role Of VR In Preserving Cultural Heritage'를 읽고 AI, VR 등의 기술이 사람들이 과거와 현재, 그리고 다른 문화를 이해하는 방식에 어떤 영향을 미치는지 분석해 보자.

관련 학과 공학계열 전체

《스토리 유니버스》, 이동은, 사회평론아카데미(2022)

문화 현상이나 문화적 산물을 비교·대조하여 문화의 보편성과 특수성을 파악한다.

➜ 각 지역의 건축 재료와 기술은 그 지역의 환경 조건, 지리적 위치, 그리고 문화적 특성에 따라 크게 달라진다. 그리고 이러한 요소들은 건축물의 구조, 내구성, 미적 특성에 영향을 미친다. 관련 자료 'Challenges and Current Research Trends for Vernacular Architecture in a Global World: A Literature Review'를 읽고 각 지역별로 쓰이는 건축 재료 및 기술을 분석하여 환경 조건과 지리적 위치가 기술 선택에 미치는 영향을 파악해 보자. 또 해당 지역의 개성을 어떻게 부각시키는지도 함께 탐구해 보자.

관련 학과 건축공학과, 건축학과, 기계공학과, 도시공학과, 메카트로닉스공학과, 산업공학과, 소프트웨어공학과, 식품공학과, 신소재공학과, 전기공학과, 전자공학과, 정보통신공학과, 토목공학과

《유현준의 인문 건축 기행》, 유현준, 을유문화사(2023)

문화적 산물이나 문화 현상에 내재된 문화적 전제, 관점 또는 가치관을 추론한다.

➜ 최근 음성 인식 기술을 활용한 딥보이스는 사이버 범죄의 새로운 형태로 떠오르고 있다. 인공지능 기술을 활용하여 특정인 음성을 모방하여 사기를 치는 방식으로, 피해자로 하여금 실제로 자신이 알고 있는 사람과 대화한다고 믿게 만든 뒤 피해자로부터 금전적 이익을 얻는다. 관련 기사 'Deepfakes Are Going To Wreak Havoc On Society. We Are Not Prepared'를 읽고, 음성 인식 기술을 활용한 딥보이스의 원리를 알아보고 사이버 범죄 예방 교육의 필요성에 대해 의견을 공유해 보자.

관련 학과 공학계열 전체

《당신이 알고 싶은 음성인식 AI의 미래》, 제임스 블라호스, 박진서 역, 김영사(2020)

다른 문화권의 관습, 규범, 가치, 사고방식, 행동 양식 또는 의사소통 방식을 이해하고 자신의 문화 인식 및 관점을 비판적으로 성찰한다.

➜ 재난 구조 로봇을 활용한 긴급구조 시스템, 의료 봉사에 활용되는 저비용의 의료 AI 시스템 등 기술 기반 봉사 프로그램이 각 나라의 기술적 역량과 경제적 상황에 맞게 운영되고 있다. 다국적 협력으로 기술 기반 봉사 프로그램이 운영된 사례를 조사해 보고, 각 국가의 엔지니어가 협력하여 해결해야 하는 기술적 도전 과제에 대해 분석해 보자. 또한 기술 도입 후 나타날 수 있는 한계를 어떻게 극복할 수 있을지에 대한 해결책을 찾아 발표해 보자.

관련 학과 공학계열 전체

《나사의 별》, 로버트 워, 정수영 역, 시그마북스(2023)

자발적·지속적 관심과 흥미를 가지고 다양한 문화적 산물을 감상하고 표현한다.

➜ 최근 드론 기술은 건설, 농업, 환경 모니터링, 채굴, GIS 등 다양한 분야에서 활용되고 있다. 특히 문화유산의 디지털화 분야에서 드론이 각광받고 있는데, 문화유산의 실내외 정보를 획득하는 가장 효과적인 도구로 활용되고 있다. 또한 운영 비용, 데이터 정확도, 임무 계획 유연성 등에서 장점을 보인다. 관련 글 'Use of Drones for

Digitization and Monitoring the Built Cultural Heritage: Indoor and Outdoor'를 읽고 드론이 문화유산 보존에 어떤 영향을 미칠지, 또는 드론 기술이 미래의 문화유산 관리에 어떤 변화를 가져올 수 있을지에 대해 예측해 보자.

관련 학과 건축공학과, 건축학과, 교통공학과, 기계공학과, 도시공학과, 메카트로닉스공학과, 산업공학과, 소프트웨어공학과, 자동차공학과, 전자공학과, 정보통신공학과, 컴퓨터공학과, 환경공학과

《드론(무인비행장치) 카메라 관련 개인정보보호 가이드라인 연구》, 개인정보보호위원회, 진한엠앤비(2017)

[12세영01-08]   ● ● ●

세계 영어에 대한 이해를 바탕으로 적절한 전략과 태도를 갖추어 의사소통에 참여한다.

➡ 미니멀리즘 디자인의 간결한 형태와 구조는 공학적 제조 공정에서 자동화와 공정 최적화를 촉진할 수 있다. 간결한 형태는 설계 복잡성을 줄이고, 3D 프린팅, 레이저 커팅, 적층 제조 같은 기술에서 재료 사용의 효율성을 극대화할 수 있다. 미니멀리즘 디자인을 구현하는 과정에서 어떻게 첨단 제조 기술이 활용되고, 시간과 재료 절감을 통해 에너지 소비가 줄어드는지 분석해 보고, AI기반 자동화 시스템이 미니멀리즘 구조에서 어떻게 더 높은 효율을 발휘할 수 있는지에 대해서도 함께 발표해 보자.

관련 학과 공학계열 전체

《미니멀리즘 디자인의 새로운 트랜드》, 편집부, 이일(2021)

[12세영01-09]   ● ● ●

다양한 장르와 매체에서 검색·수집한 문화 정보를 요약하거나 목적에 맞게 재구성한다.

➡ 디지털 트윈 기술은 제품 설계, 생산, 운영 등 다양한 분야에서 활용되고 있으며, 그 활용 가능성은 계속 확장되고 있다. 디지털 트윈 기술의 기본 원리와 작동 방식을 조사하고, 이 기술이 다양한 분야에 어떻게 적용될 수 있는지 예시를 찾아 분석해 보자. 또한 영문 자료 'Digital twins: The art of the possible in product development and beyond'를 참고하여 이 기술의 향후 발전 가능성에 대해 예측해 보고, 이러한 발전이 사회나 산업에 어떤 영향을 미칠 수 있는지에 대해 탐구해 보자.

관련 학과 공학계열 전체

《디지털 트윈 개발 및 클라우드 배포》, 나심 칼레드 외 2명, 최만균 역, 에이콘출판사(2022)

[12세영01-10]   ● ● ●

정보 윤리를 준수하여 다양한 목적의 문화 콘텐츠를 제작하여 공유한다.

➡ 세계 각국의 기술과 발명품은 그 나라의 역사와 문화를 반영하고 있다. 다른 나라의 대표적인 기술이나 발명품을 선택하고, 이를 통해 그 나라의 문화와 역사를 이해한 뒤 그 영향력을 분석하는 콘텐츠를 제작해 보자. 이를 위해 해당 기술이나 발명품에 대한 정보를 조사하고, 이를 효과적으로 전달할 수 있는 콘텐츠를 영어로 작성하여 공유해 보자.

관련 학과 기계공학과, 메카트로닉스공학과, 반도체공학과, 산업공학과, 소프트웨어공학과, 신소재공학과, 에너지공학과, 전기공학과, 전자공학과, 정보보안학과, 컴퓨터공학과, 화학공학과

《죽기 전에 꼭 알아야 할 세상을 바꾼 발명품 1001》, 잭 첼로너, 이사빈 외 2명 역, 마로니에북스(2010)

수학 교과군

구분	교과(군)	공통 과목	선택 과목		
			일반 선택	진로 선택	융합 선택
보통 교과	수학	공통수학1 공통수학2 기본수학1 기본수학2	대수 미적분I 확률과 통계	미적분II 기하 경제 수학 인공지능 수학 직무 수학	수학과 문화 실용 통계 수학과제 탐구

공통 과목	수능	공통수학1	절대평가	상대평가
	X		5단계	5등급

단원명 | 다항식

> 🔍 다항식의 나눗셈, 조립제법, 교환법칙, 결합법칙, 분배법칙, 항등식, 미정계수법, 계수비교법, 다항식의 덧셈, 다항식의 뺄셈, 다항식의 곱셈, 수치대입법, 나머지정리, 다항식의 전개, 다항식의 인수분해, 오름차순, 내림차순,

[10공수1-01-01] ● ● ●

다항식의 사칙연산의 원리를 설명하고, 그 계산을 할 수 있다.

➡ 운전자가 차량을 조작하지 않아도 스스로 주행하는 자율주행자동차에 대한 관심이 높아지고 있다. 자율주행을 위해서는 정속 주행 장치(Cruise control system)가 필요하며, 자동차 스스로 속력을 조절하여 달릴 수 있도록 제어하는 기능을 한다. 테슬라의 자율주행자동차는 정속 주행 장치를 이용하여 안정적인 주행을 유지하며, 다항식 연산을 활용하여 차량의 운행 경로를 추적하고 있다. 자율주행자동차에 사용되는 정속 주행 장치의 작동 원리를 찾아보고 이를 다항식과 관련하여 탐구해 보자,

관련 학과 교통공학과, 기계공학과, 도시공학과, 반도체공학과, 소프트웨어공학과, 소프트웨어학과, 자동차공학과, 전자공학과, 정보보안학과, 정보통신공학과, 컴퓨터공학과

《자율주행자동차 만들기 2/e》, 리우 샤오샨 외 4명, 남기혁 외 2명 역, 에이콘출판사(2022)

[10공수1-01-02] ● ● ●

항등식의 성질과 나머지정리를 이해하고, 이를 활용하여 문제를 해결할 수 있다.

➡ 미국의 한 수학 잡지에서 세상에서 가장 아름다운 수학 공식에 대한 설문조사를 진행하였다. 널리 알려진 24개의 수학 공식을 제시하고 그중 가장 아름다운 수학 공식을 고르게 했는데, 2년에 걸친 투표 끝에 최종 우승한 공식은 바로 오일러 공식의 특수한 형태인 '오일러 항등식'이었다. 양자역학으로 파동성을 갖는 물질을 표현하기 위해 슈뢰딩거의 파동방정식을 사용하는데 이때 오일러 항등식을 활용한다. 슈뢰딩거의 파동방정식에 활용되는 오일러 항등식에 대해 탐구해 보자.

관련 학과 기계공학과, 반도체공학과, 산업공학과, 소프트웨어공학과, 소프트웨어학과, 에너지공학과, 원자력공학과, 전기공학과, 전자공학과, 정보보안학과, 정보통신공학과, 컴퓨터공학과

《슈뢰딩거 방정식》, Daniel Fleisch, 최준곤 역, 학산미디어(2021)

[10공수1-01-03] ● ● ●

다항식의 인수분해를 할 수 있다.

➡️ 크기가 큰 두 소수(또는 다항식)의 곱을 계산하는 것은 쉽지만 역으로 큰 두 소수의 곱으로 이루어진 합성수(또는 두 기약다항식의 곱)가 주어졌을 때, 이를 소인수분해하는 것은 쉽지 않다. 소인수분해 문제는 대표적인 NP문제(답이 주어지면 맞는지 확인하기는 쉬우나 답을 구하기는 어려운 문제)이다. 이런 성질을 활용해 암호학에서 소인수분해가 활용되는 사례를 탐구해 보자.

관련 학과 소프트웨어공학과, 소프트웨어학과, 정보보안학과, 컴퓨터공학과
《작은 수학자의 생각실험 3》, 고의관, 궁리(2019)

단원명 | 방정식과 부등식

> 🔍 복소수, 허수, 실수 부분, 허수 부분, 복소수의 사칙연산, 판별식, 이차방정식의 근과 수의 관계, 두 근의 합, 두 수의 곱, 두 수를 근으로 하는 이차방정식, 이차방정식과 이차함수, 이차방정식의 해, 이차함수의 그래프, 직선의 위치 관계, 이차함수의 최대와 최소, 최댓값과 최솟값, 삼차방정식, 사차방정식, 연립이차방정식, 연립일차부등식, 절댓값을 포함한 일차부등식, 이차부등식, 연립이차부등식

[10공수1-02-01]   ● ● ●

복소수의 뜻과 성질을 설명하고, 사칙연산을 수행할 수 있다.

➡️ 전기 회로에서 전류의 양과 방향이 주기적으로 바뀌는 회로를 교류회로라 하는데, 교류 회로에서 전류를 방해하는 힘을 임피던스라고 한다. 교류 회로에서 전압 V(볼트), 전류 I(암페어)와 임피던스 Z(옴) 사이의 관계를 식으로 나타내면 $V = I \times Z$이다. 임피던스는 복소수 형태로 표현된 물리량으로 복소평면을 통해 표현된다. 복소수가 활용되는 임피던스에 대해 탐구해 보자.

관련 학과 기계공학과, 반도체공학과, 전기공학과, 전자공학과, 정보통신공학과
《선형교류회로》, 정진호, 동일출판사(2020)

[10공수1-02-02]   ● ● ●

이차방정식의 실근과 허근을 이해하고, 판별식을 이용하여 이차방정식의 근을 판별할 수 있다.

➡️ 운전자가 브레이크를 밟고 나서 자동차가 정지할 때까지의 거리를 제동 거리라고 하는데 제동 거리는 브레이크의 성능, 타이어 상태, 노면 상태 등에 따라 달라진다. 또한 운전자가 위험을 발견하고 브레이크를 밟아야겠다고 판단하는 순간부터 브레이크를 밟을 때까지 자동차가 달린 거리를 공주 거리라고 한다. 실제 자동차 정지 거리는 공주 거리와 제동 거리의 합으로 표현할 수 있다. 일반적으로 공주 거리는 자동차 속력에 비례하고 제동 거리는 자동차 속력의 제곱에 비례한다고 알려져 있다. 자동차의 정지 거리를 이차함수와 관련하여 설명해 보자.

관련 학과 교통공학과, 기계공학과, 도시공학과, 자동차공학과
《역학으로 물리를 말하다》, 켄 쿠와코, 강현정 역, 지브레인(2021)

[10공수1-02-03]   ● ● ●

이차방정식의 근과 계수의 관계를 설명할 수 있다.

국어 교과군

영어 교과군

수학 교과군

도덕 교과군

사회 교과군

과학 교과군

➔ 궤도 이심률은 물체의 궤도가 완벽한 원에서 벗어나 있는 정도를 수치화한 정도로 이차곡선에 대한 이심률을 구할 수 있다. 이심률이 0이면 완벽한 원을 가리키며, 이심률이 0과 1 사이이면 타원 궤도, 1이면 포물선 탈출 궤도, 1보다 크면 쌍곡선 궤도를 나타낸다. 행성의 궤도에 사용되는 이심률에 대해 조사하고 포물선의 성질을 이심률과 관련하여 설명해 보자.

관련 학과 항공우주공학과, 항공운항학과

《DK 문북》, 새닐른 벅스너 외 2명, 방경오 역, 청어람아이(2022)

[10공수1-02-04]   •••

이차방정식과 이차함수를 연결하여 그 관계를 설명할 수 있다.

➔ 포물선은 중력에 의해 생기는 모양으로 압력과 힘을 분산시키기에 좋은 구조이며, 공학적으로 모든 하중을 축 방향력으로 바꿔 지지하는 형식이다. 이런 장점 때문에 기원전 2500년경의 인더스 문명부터 메소포타미아, 이집트, 수메르, 중국, 유럽에 남아 있는 아치형 구조의 건축물을 볼 수 있다. 우리나라에서 건설된 아치형 다리를 조사하고 아치형 다리의 장점을 정리해 보자.

관련 학과 건축공학과, 건축학과, 도시공학과, 토목공학과

《다리 구조 교과서》, 시오이 유키타케, 김정환 역, 보누스(2017)

[10공수1-02-05]   •••

이차함수의 그래프와 직선의 위치 관계를 판단할 수 있다.

➔ 고속도로를 설계할 때 고속도로의 곡률을 부드럽게 만들어 차량의 안정성과 연료의 경제성을 살리고자 포물선 형태를 활용하고 있다. 고속도로의 직선 부분과 곡선 부분을 부드럽게 연결하기 위해 완화 곡선을 고려하게 되는데 이때 활용되는 개념이 클로소이드 곡선이다. 클로소이드 곡선을 활용하면 핸들을 일정 속도로 천천히 돌려도 곡선 구간 진입이 쉬워지게 된다. 도로 설계와 롤러코스터 등에 활용되는 클로소이드 곡선에 대해 탐구해 보자.

관련 학과 건축공학과, 건축학과, 교통공학과, 기계공학과, 도시공학과, 메카트로닉스공학과, 자동차공학과, 토목공학과, 항공우주공학과

《미적분의 쓸모》, 한화택, 더퀘스트(2022)

[10공수1-02-06]   •••

이차함수의 최대, 최소를 탐구하고, 이를 실생활과 연결하여 유용성을 인식할 수 있다.

➔ 태양으로부터 오는 빛에너지인 태양광 에너지를 이용하여 전기 에너지를 생산하는 방식을 태양광 발전이라고 한다. 태양광 발전은 이산화탄소와 같은 온실기체를 발생시키지 않으며, 별도의 연료가 필요 없다는 장점이 있다. 또한 태양광 발전기는 가정이나 산업단지, 공장 등에 쉽게 설치할 수 있고 평균 20~25년 기간 동안 사용이 가능하다. 태양광 안테나에는 이차곡선의 원리가 적용되는데 직선으로 빛을 비추면 포물선에 반사되어 포물선의 초점에 모든 빛이 모이는 특징을 활용한다. 태양광 발전에 활용되는 안테나와 이차곡선에서의 빛의 성질에 대해 정리해 보자.

관련 학과 건축공학과, 건축학과, 금속공학과, 기계공학과, 도시공학과, 에너지공학과, 원자력공학과, 자동차공학과, 전기공학과, 토목공학과, 화학공학과, 환경공학과

《과학영재를 위한 50가지 태양에너지 프로젝트》, Gavin D. J. Harper, 박진남·강광선 역, 한티미디어(2013)

[10공수1-02-07]

간단한 삼차방정식과 사차방정식을 풀 수 있다.

● 고차방정식의 해를 구하는 것은 과학이나 공학 등 다양한 분야에서 중요하다. 다항방정식의 사칙연산과 거듭제곱근을 구하는 조작을 유한회 실시하여 방정식의 해를 구하는 것을 대수적으로 푼다고 한다. 4차 이하의 다항방정식은 대수적으로 풀 수 있으나 5차 이상의 다항방정식은 일반적으로 대수적으로 풀기 어렵다. 대수적으로 풀 수 있는 5차 이상의 방정식은 인수분해나 치환 등에 의해 4차 이하의 방정식으로 인수분해할 수 있을 뿐이다. 3차 이상의 방정식과 관련해 연구 업적을 남긴 수학자를 조사하고 관련 내용을 탐구하여 발표해 보자.

관련 학과 기계공학과, 메카트로닉스공학과, 반도체공학과, 산업공학과, 소프트웨어공학과, 소프트웨어학과, 자동차공학과, 전기공학과, 전자공학과, 정보보안학과, 정보통신공학과, 제어계측공학과, 조선해양공학과, 컴퓨터공학과, 토목공학과, 항공우주공학과, 화학공학과

**아벨이 들려주는
인수분해 2 이야기**

정규성, 자음과모음(2009)

책 소개

이 책은 고등학교에서 다루는 다항식의 인수분해와 알고리즘, 조립제법, 유클리드 호제법, 번분수식, 부분분수 등에 대한 이론을 설명하고 있다. 직관적으로 이해할 수 있도록 어렵지 않은 수준에서 다항식과 방정식에 대해 설명하고 나머지정리와 인수분해, 고차다항식 등으로 개념을 확장하고 있다. 또한 아벨이 증명한 5차 방정식의 일반적인 해에 대한 배경지식을 넓혀 주고 있다.

세특 예시

수학 개념 확장 활동으로 수업 시간에 배운 인수분해와 인수정리를 이용한 고차방정식의 인수분해 방법을 설명함. 3차 이상의 방정식은 인수분해를 위한 인수를 쉽게 찾기 어려우며 그만큼 인수분해가 어렵다는 사실을 사례를 통해 제시함. 또한 '아벨이 들려주는 인수분해 2 이야기(정규성)'의 내용을 참고하여 5차 방정식의 일반적인 해를 구하는 방법이 존재하지 않음을 설명함. 고차방정식의 인수분해가 어려운 만큼 고차방정식을 활용한 연구가 필요하며 자율주행자동차나 암호학에 활용될 수 있다는 자료를 제시함.

[10공수1-02-08]

미지수가 2개인 연립이차방정식을 풀 수 있다.

● 자율주행자동차에서 차량의 이동 경로를 추적하는 데 방정식이 사용된다. 차량의 위치와 방향을 나타내기 위해 좌표계가 설정되고, 방정식을 사용해 차량의 이동 경로를 근사하는 방식을 사용한다. 구글의 웨이모(Waymo) 자율주행자동차는 정속 주행 장치를 이용하여 높은 수준의 정확도로 차량의 속도를 유지하며 다항식 연산을 통해 차량의 운행 경로를 예측하고 운행 전략을 수립하고 있다. 자율주행자동차가 주행하는 작동 원리를 탐구해 보자.

관련 학과 교통공학과, 기계공학과, 도시공학과, 반도체공학과, 소프트웨어공학과, 소프트웨어학과, 자동차공학과, 전자공학과, 정보보안학과, 정보통신공학과, 컴퓨터공학과

《라즈베리파이 5로 배우는 AI 인공지능 자율주행자동차》, 장문철, 앤써북(2024)

[10공수1-02-09]

미지수가 1개인 연립일차부등식을 풀 수 있다.

➡️ 어떤 상황에 대한 여러 가지 가능성 중에서 가장 적절한 것을 찾아내는 방법을 최적화 이론이라고 한다. 선형계획법은 최적화 이론의 한 분야로 제약 조건이 연립일차부등식이나 연립일차방정식이고 알고자 하는 목적함수도 일차식인 경우 목적함수의 최댓값 또는 최솟값을 구하는 방법이다. 경영, 경제, 컴퓨터, 정보, 건축 등의 분야에서 한정된 자원을 효율적으로 활용하는 방법을 탐색하는 선형계획법의 사례를 제시하고 해결 방법을 탐구해 보자.

관련 학과 건축공학과, 도시공학과, 산업공학과, 소프트웨어공학과, 소프트웨어학과, 정보보안학과, 정보통신공학과, 컴퓨터공학과, 토목공학과, 항공우주공학과

《경영경제수학 첫걸음》, 김진한·이재원, 한빛아카데미(2023)

[10공수1-02-10]

절댓값을 포함한 일차부등식을 풀 수 있다.

➡️ 우주탐사선이 지구를 떠나 우주 공간으로 가기 위해서는 지구의 중력보다 큰 힘과 속도를 필요로 한다. 또한 지상에서 쏘아 올린 인공위성이 지구 표면에서 벗어나기 위해 필요한 최소한의 속도를 탈출 속도라고 한다. 그리고 인공위성이 지구 둘레를 비행하기 위한 속도와 지구 중력장을 벗어나기 위한 속도를 우주 속도라고 한다. 우주탐사선과 인공위성에 필요한 탈출 속도와 우주 속도를 부등식으로 표현하고 각각의 특징을 탐구해 보자.

관련 학과 기계공학과, 에너지공학과, 정보통신공학과, 항공우주공학과, 항공운항학과

《그림으로 읽는 친절한 우주과학 이야기》, 인포비주얼 연구소, 위정훈 역, 북피움(2022)

[10공수1-02-11]

이차부등식과 이차함수를 연결하여 그 관계를 설명하고, 이차부등식과 연립이차부등식을 풀 수 있다.

➡️ 쿠즈네츠 곡선은 선진국에서 경제 발전 단계가 성장함에 따라 소득 격차의 정도가 바뀌어 가는 정도를 그래프로 나타낸 것이다. 경제 성장 초반에는 소득 격차가 커지다가 경제 성장 단계가 일정 수준을 넘게 되면 점차 소득 불평등이 개선된다는 내용이다. 이런 쿠즈네츠 곡선을 환경에 적용한 것이 환경 쿠즈네츠 곡선으로 소득이 증가할수록 초기에는 환경 오염이 심해지다가 일정 소득을 넘으면 개선된다는 가설이다. 이차함수와 관련해 환경 쿠즈네츠 곡선의 특징과 타당성에 대한 자신의 생각을 발표해 보자.

관련 학과 공학계열 전체

《기후로 다시 읽는 세계사》, 이동민, 갈매나무(2023)

단원명 | 경우의 수

🔍 합의 법칙, 곱의 법칙, 경우의 수, 순열, 순열의 수, 조합, 조합의 수

[10공수1-03-01]

합의 법칙과 곱의 법칙을 이해하고, 적절한 전략을 사용하여 경우의 수와 관련된 문제를 해결할 수 있다.

➡ 자동차 번호판은 정식으로 등록된 차량의 전면과 후면에 부착된 직사각형의 판을 의미한다. 자동차 번호판은 차량 종류(01~)와 차량 용도(글자 32개), 일련번호(0101~9999)로 구성되어 있다. 그런데 차량이 증가하게 되면서 자동차 번호가 부족하여 2019년 9월부터 앞자리를 기존의 두 자리에서 세 자리로 변경하게 되었다. 우리나라 자동차 수와 관련한 통계 자료를 활용해 자동차 번호가 부족해진 이유를 설명해 보자.

관련 학과 교통공학과, 기계공학과, 도시공학과, 자동차공학과

《자동차관리정보시스템 자동차등록통계자료집》, 카이즈유 데이터연구소, 씨엘엠앤에스(2023)

[10공수1-03-02]

순열의 개념을 이해하고, 순열의 수를 구하는 방법을 설명할 수 있다.

➡ 모스 부호(Morse code)는 한 종류의 신호 발생 장치로 짧은 신호(·)와 긴 신호(-)를 적절히 조합하여 문자 기호를 표기하는 방식이다. 모스 기호를 사용하면 로마자와 숫자, 한글 자음과 모음을 표기할 수 있는데 예를 들어 '·-'는 알파벳 A를, '·----'는 숫자 1을 나타낸다. 두 기호 ·과 -를 이용해 3개 이상 6개 이하로 사용하여 만들 수 있는 신호의 개수를 구해 보자. 첨단 통신 기술의 발달로 사용량이 줄었지만, 한때 통신 언어로 사용되었던 모스 부호에 대해 탐구해 보자.

관련 학과 교통공학과, 반도체공학과, 소프트웨어공학과, 소프트웨어학과, 자동차공학과, 전기공학과, 전자공학과, 정보보안학과, 정보통신공학과, 컴퓨터공학과

《수학이 가득한 코딩 Desmos 그래프》, 곽민정, 지오북스(2022)

[10공수1-03-03]

조합의 개념을 이해하고, 조합의 수를 구하는 방법을 설명할 수 있다.

➡ 로직 트리는 '논리의 나무'라는 뜻으로 어떤 주제나 문제를 나뭇가지 형태로 세분화하고 정리할 때 사용하는 방법이다. 세계적인 컨설팅 회사 맥킨지가 자랑하는 최고의 기법으로 경우를 따지는 수형도와 비슷한 형태이다. 문제의 근본적 원인을 찾아 해결하는 논리적인 기법으로 현황을 파악하는 왓 트리(What tree), 원인을 분석하는 와이 트리(Why tree), 방법을 찾아내는 하우 트리(How tree)가 있다. 논리정연하게 문제를 해결해 나갈 수 있어 과학자들과 엔지니어들이 많이 사용하는 로직 트리를 탐구해 보자.

관련 학과 공학계열 전체

《문제해결 로직트리》, 이호철, 비즈센(2014)

단원명 | 행렬

🔍 행렬, 행, 열, 성분, $m \times n$ 행렬, 정사각행렬, 영행렬, 단위행렬, 행렬의 연산, 덧셈, 뺄셈, 곱셈, 실수배

[10공수1-04-01]

행렬의 뜻을 알고, 실생활 상황을 행렬로 표현할 수 있다.

➡ 공항 등의 보안 시스템에서 인공지능을 이용하면 사람의 얼굴을 자동으로 인식하고 사람의 출입을 관리할 수 있다. 얼굴 인식 시스템에서는 이미지 데이터를 숫자 데이터로 변환하고 연산을 통해 데이터를 가공할 수 있

다. 얼굴 인식 시스템 이외에도 사람의 필기체나 사진 속 문자를 인식하는 광학 문자 인식, 인공지능 화가 등에도 이런 기술이 활용된다. 행렬을 이용해 이미지 데이터를 숫자 데이터로 변환하는 과정을 탐구해 보자.

관련 학과 기계공학과, 메카트로닉스공학과, 반도체공학과, 산업공학과, 소프트웨어공학과, 소프트웨어학과, 자동차공학과, 전자공학과, 정보보안학과, 정보통신공학과, 컴퓨터공학과

《**알고리즘 구현으로 배우는 선형대수 with 파이썬**》, 장철원, 비제이퍼블릭(2021)

[10공수1-04-02] ● ● ● ●

행렬의 연산을 수행하고, 관련된 문제를 해결할 수 있다.

➡️ 우리는 평소 십진법을 사용하고 있지만 컴퓨터는 0과 1로 이루어진 이진법을 활용하고 있다. 해당 데이터 값을 빠르게 파악하고 논리 연산이 간결하다는 장점 때문에 컴퓨터 프로그램에서는 십진법보다 이진법이 유용하다. 최근 인공지능의 활용도가 높아지면서 이진법과 행렬에 대한 이해가 요구되고 있다. 인공지능의 언어에 많이 사용되는 이진법과 이진법으로 구성된 행렬의 연산의 특징을 탐구해 보자.

관련 학과 기계공학과, 메카트로닉스공학과, 반도체공학과, 산업공학과, 소프트웨어공학과, 소프트웨어학과, 자동차공학과, 전기공학과, 전자공학과, 정보보안학과, 정보통신공학과, 컴퓨터공학과

중학교에서도 통하는 초등수학 개념 잡는 수학툰 10

정완상, 성림주니어북(2022)

책 소개

이 책은 이진법에 대한 기본적인 이론을 바탕으로 이진법이 컴퓨터와 인공지능에 적용되는 원리에 대해 배운다. 바빌로니아 시대의 육십진법부터 0의 발견과 십진법 체계부터 이진법 수학 및 컴퓨터와 인공지능의 원리 등을 쉽게 풀어내고 있다. 인공지능의 시대를 살아갈 독자들이 컴퓨터 프로그램의 언어를 익힐 수 있게 이진법과 컴퓨터에 대해 꼼꼼하게 다뤘다.

세특 예시

인공지능이 십진법이 아닌 이진법을 통해 글자를 인식한다는 사실을 알게 된 후 이진법으로 구성된 행렬의 사칙연산 결과를 탐색함. '중학교에서도 통하는 초등수학 개념 잡는 수학툰 10(정완상)'을 읽고 이진법에 대한 이론과 개념, 성질을 이해하고 수업 시간에 학습한 행렬에 적용함. 3X3 행렬을 기준으로 십진법과 비교해 이진법 행렬은 0과 1로 구성되기 때문에 사칙계산 결과가 달라짐을 이해함. 이진법을 통해 인공지능이 흑백이나 글자, 이미지 등을 인식할 수 있다고 설명하면서 인공지능 학습을 위해서는 이진법에 대한 이해가 필요하다고 설명함.

공통 과목	수능	공통수학2	절대평가	상대평가
	X		5단계	5등급

국어 탐구편
영어 탐구편
수학 탐구편
도덕 탐구편
사회 탐구편
과학 탐구편

단원명 | 도형의 방정식

🔍	내분점, 두 점 사이의 거리, 두 점에서 만난다, 두 직선의 평행, 만나지 않는다, 반지름, 분점, 원과 직선의 위치 관계, 원의 방정식, 원의 중심, 원점, x축, y축, 점과 직선 사이의 거리, 접점, 접선, 접선의 방정식, 접한다, 조건과 수직 조건, 중점, 직선 $y=x$에 대한 대칭이동, 직선의 방정식, 평행이동

[10공수2-01-01]   ● ● ●

선분의 내분을 이해하고, 내분점의 좌표를 계산할 수 있다.

➡️ 럼블 스트립(rumble strip)은 도로 노면에 요철을 정교하게 낸 것으로 차량이 지나갈 때 바퀴의 마찰음이 발생해 졸음운전을 예방하는 역할을 한다. 또한 멜로디 도로는 자동차가 일정 속도로 럼블 스트립을 지날 때 도로의 홈 사이 간격에서 발생하는 타이어 마찰음의 주파수로 음의 높낮이를 조절해 멜로디가 나오는 것이다. 이는 피타고라스 음계 원리를 활용한 것으로, 도로의 홈 사이 간격이 10.6㎝일 때 '도', 9.5㎝일 때 '레', 8.4㎝일 때 '미' 소리가 나게 된다. 피타고라스 음계를 활용한 멜로디 도로에 대해 탐구해 보자.

관련 학과 공학계열 전체

음악과 과학
───────
원준식,
성균관대학교출판부(2022)

책 소개 ⋯⋯⋯⋯⋯⋯⋯

이 책은 고대부터 근대 과학혁명의 시기까지 음악과 과학의 관계를 역사적 변화와 연관 지어 살펴보고 음악 선율에 담긴 과학을 설명하고 있다. 저자는 다양한 레퍼런스를 활용해 철학자와 과학자들의 음악적 사유와 이론들을 비교·분석하며 음악을 과학과 관련짓고 있다. 피타고라스와 아리스토크세누스, 아리스토텔레스, 플라톤, 키케로 등 음악과 관련한 다양한 과학자와 수학자, 철학자가 등장한다.

세특 예시 ⋯⋯⋯⋯⋯⋯⋯

선분의 내분점과 외분점을 학습한 뒤 내분점을 활용한 사례로 피타고라스 음계를 심화 탐구하는 활동을 진행함. '음악과 과학(원준식)'에 제시된 내용을 참고해 '도' 음을 기준으로 줄 길이의 비율을 통해 피타고라스 음계를 구성하는 원리를 내분점과 관련지어 설명함. 또한 피타고라스 음계를 활용한 사례로 국내의 멜로디 도로를 소개하고 럼블 스트립의 원리와 도로의 홈 사이 간격을 이용해 소리를 낸다는 내용을 제시함. 럼블 스트립에 대한 조사활동 과정에서 피타고라스 음계의 아이디어에 관심을 가지게 되었고 자동차 개발 과정에 적용하겠다는 자신의 생각을 표현함.

[10공수2-01-02]

두 직선의 평행 조건과 수직 조건을 탐구하고 이해한다.

➡️ 보로노이 다이어그램은 공학이나 생물학, 지리학, 건축과 예술까지 여러 분야에서 활용되는 수학 개념이다. 평면에 여러 개의 점을 찍고 인접한 두 점을 선택해 수직이등분선을 그리면 평면이 여러 개의 다각형으로 분할되는데 이를 보로노이 다각형이라고 한다. 보로노이 다각형의 모서리는 로봇이나 GPS의 최단 경로 찾기, 단백질 구조 분석, 건축 디자인, 통신망 구축, 상권 분석, 위치 기반 서비스 등에 활용된다. 보로노이 다이어그램의 작도 방법과 특징에 대해 탐구한 뒤 보로노이 다이어그램이 활용되는 분야를 조사해 보자.

관련 학과 공학계열 전체

《알고리듬 세계에 뛰어들기》, 브래드포드 턱필드, 이재익 역, 에이콘출판사(2023)

[10공수2-01-03]

점과 직선 사이의 거리를 구하고, 관련된 문제를 해결할 수 있다.

➡️ 페르마 포인트는 다각형 내부에서 각 꼭짓점까지 이르는 거리의 합이 최소인 점을 의미한다. 삼각형에서는 한 개의 페르마 포인트가, 사각형에는 두 개가 존재하며 일반적인 다면체까지 확장 가능하다. 페르마 포인트는 도로의 건설, 정보통신 네트워크 설계, 인공지능 등 최단 거리를 찾는 다양한 문제에 활용된다. 페르마 포인트를 찾는 과정을 탐구하고 자신의 진로 분야에서 페르마 포인트를 활용할 수 있는 아이디어를 제시해 보자.

관련 학과 공학계열 전체

《어떻게 비눗방울 안으로 들어갈까?》, 알브레히트 보이텔슈프리허, 황운구 외 4명 역, 신한출판미디어(2018)

[10공수2-01-04]

원의 방정식을 구하고, 그래프를 그릴 수 있다.

➡️ 원심력이란 원운동 하는 물체가 중심 밖으로 탈출하려는 힘으로, 실존하는 힘이 아닌 구심력으로 인한 관성의 효과를 의미한다. 구심력이란 원운동을 할 수 있도록 중심 방향으로 당기는 힘을 말하며 두 힘이 균형을 이룰 때 물체는 원운동을 하게 된다. 예를 들어 인공위성에 작용하는 구심력은 지구 중력이며, 위성의 공전 운동에 의해 발생하는 원심력과 균형을 이루게 된다. 원운동을 할 때 나타나는 원심력과 구심력에 대해 탐구해 보자.

관련 학과 교통공학과, 기계공학과, 도시공학과, 메카트로닉스공학과, 자동차공학과, 전기공학과, 전자공학과, 항공우주공학과

《지구는 왜 돌까?》, 에마뉘엘 디 폴코, 김성희 역, 민음인(2021)

[10공수2-01-05]

좌표평면에서 원과 직선의 위치 관계를 판단하고, 이를 활용하여 문제를 해결할 수 있다.

➡️ 정폭도형은 도형과 접하는 두 평행선 사이의 거리가 항상 일정한 도형으로 원이나 뢸로 다각형 등이 있다. 정폭도형을 바닥에 굴릴 때 그 도형의 높이는 변하지 않고 일정하지만, 중심의 높이는 바뀔 수 있다. 뢸로 삼각형은 반지름이 같은 원 3개를 겹쳐서 그릴 수 있으며 기계공학에 구체적으로 응용됨으로써 사람들의 관심을 끌게 되었다. 정폭도형(또는 뢸로 삼각형)의 성질을 탐구하고 공학 분야에서 정폭도형이 활용되는 사례를 탐구해 보자.

관련 학과 공학계열 전체

《수학대백과사전》, 구라모토 다카후미, 린커넥터 역, 동양북스(2020)

[10공수2-01-06]

평행이동을 탐구하고, 실생활과 연결하여 문제를 해결할 수 있다.

⊙ 모듈러 하우스(모듈러 주택)은 주택의 골조 및 필요한 부대 시설의 대부분을 공장에서 미리 제작한 뒤 현장에서 그대로 블록을 올리듯 조립해서 만드는 주택을 말한다. 모듈러 하우스는 주택 건설에 필요한 대부분의 부품과 공간을 구성하는 요소를 공장에서 생산하기 때문에 공사 기간이 짧고 공사비를 절감해 대량 생산할 수 있다. 국토교통부 기준 국내 모듈러 건축 시장의 규모는 기하급수적으로 증가하고 있으며, 아파트 건설에 활용되는 등 건물의 규모도 커지고 있다. 건물을 공장에서 생산하여 그대로 조립하는 형태인 모듈러 하우스에 대해 탐구해 보자.

관련 학과 건축공학과, 건축학과, 교통공학과, 도시공학과, 제어계측공학과, 조선해양공학과, 토목공학과

《건축 생산방식의 진화, 모듈러 건축》, 유일한, 대한건설정책연구원(2021)

[10공수2-01-07]

원점, x축, y축, 직선 $y = x$에 대한 대칭이동을 탐구하고, 실생활과 연결하여 문제를 해결할 수 있다.

⊙ 카이랄성(chirality)은 옥스포드 대학 주니어과학클럽에서 켈빈 경이 처음 사용한 용어로, 서로 겹쳐질 수 없는 분자 비대칭성 구조를 의미한다. 그중 탈리도마이드는 인체 내부에서 쌍을 이루는 거울상 이성질체다. 하나의 거울상 이성질체는 조병에 효과가 있는 반면 다른 거울상 이성질체는 기형아를 유발하는 특징이 있다. 1950년대 유럽에서 발생한 탈리도마이드 사건이 사회적 문제가 되면서 카이랄성에 대한 연구가 많아졌다. 카이랄성을 대칭과 관련하여 설명하고 이를 많은 기형아를 발생시킨 탈리도마이드 사건으로 확장해 보자.

관련 학과 생명공학과, 화장품공학과, 화학공학과, 환경공학과

《독과 약의 세계사》, 후나야마 신지, 진정숙 역, AK(2017)

단원명 | 집합과 명제

| 🔍 | 집합, 원소, 공집합, 집합의 포함관계, 부분집합, 진부분집합, 서로 같은 집합, 교집합, 합집합, 차집합, 여집합, 명제, 조건, 진리집합, 결론, 부정, 모든, 어떤, 역, 대우, 참과 거짓, 충분조건, 필요조건, 진리집합, 포함관계, 정의, 정리, 반례, 절대부등식, 증명

[10공수2-02-01]

집합의 개념을 이해하고, 집합을 표현할 수 있다.

⊙ 재생에너지는 자연을 이용해 제한 없이 얻을 수 있는 에너지로 태양, 바람, 조수, 파도, 지열, 수력, 바이오매스 (biomass) 등이 공급원이 될 수 있다. 현재 전 세계적으로 기후변화, 환경 오염, 화석 연료 고갈 등의 문제로 재생에너지의 중요성이 강조되고 점차 사용되는 비중도 커지고 있다. 재생에너지의 개발과 이용을 위한 기술 수준은 부분적으로 성숙 단계에 도달하여 있으나 단점을 보완하기 위한 기술의 발전이 이루어지고 있다. 재생에너지의 종류를 정리하고 각 재생에너지가 가진 특징과 장단점을 비교해 보자.

관련 학과 공학계열 전체

《재생에너지 비즈니스 바이블》, 정성민, 라온북(2023)

두 집합 사이의 포함관계를 판단할 수 있다.

➡ 식품 위생법에 따르면 식품 첨가물은 식품의 제조·가공 또는 보존을 위해 식품에 첨가, 혼합, 침윤, 기타의 방법으로 사용되는 물질을 의미한다. 현재 우리나라에서 식품 첨가물로 허가되어 있는 품목은 화학적 합성품 370여 종, 천연 첨가물 50여 종 등이 있다. 식품 첨가물의 종류에는 보존료, 살균제, 산화 방지제, 착색제, 발색제, 표백제, 조미료, 감미료, 향료, 팽창제, 강화제, 유화제, 증점제(호료), 피막제, 검기초제, 거품 억제제, 용제, 개량제 등이 있다. 식품 첨가물의 종류와 예를 분류하고 서로 어떻게 다른지 탐구해 보자.

관련 학과 생명공학과, 식품공학과

《**식품 첨가물의 숨겨진 비밀**》, 황태영, 경향비피(2014)

집합의 연산을 수행하고, 벤 다이어그램을 이용하여 나타낼 수 있다.

➡ 부울 대수는 영국의 수학자 부울(G. Boole)이 창시한 논리수학이다. 'A 또는 B이다', 'A이고 B이다', 'A가 B는 아니다'라는 언어 표현을 AND, OR, NOT 등의 논리 연산자를 이용해 대수적으로 표현하며 이는 컴퓨터의 회로 설계에 사용한다. 또한 교환법칙, 결합법칙, 분배법칙이나 드모르간의 법칙도 부울 대수로 표현할 수 있다. 부울 대수와 부울 대수 연산자를 자세히 조사하고 일상 언어와 비교하여 특징을 탐구해 보자.

관련 학과 기계공학과, 메카트로닉스공학과, 산업공학과, 소프트웨어공학과, 소프트웨어학과, 정보보안학과, 정보통신공학과, 컴퓨터공학과, 항공우주공학과

《**세상에서 가장 재미있는 대수학**》, 래리 고닉, 전영택 역, 궁리(2021)

명제와 조건의 뜻을 알고, '모든', '어떤'을 포함한 명제를 이해하고 설명할 수 있다.

➡ 명제는 컴퓨터 프로그래밍 언어와 직접적인 관련성이 있으며 명제를 이용해 프로그램의 설계와 실행이 이루어진다. 컴퓨터 프로그래밍에 많이 사용되는 조건문은 주어진 조건이 참이냐 거짓이냐에 따라 다른 명령을 처리하도록 만든 언어이다. 베이직, C언어, 피에이치피(PHP), 루아(Lua), 파이썬(Python) 등 많은 프로그래밍에서 if문이 사용되는데 특정 조건이 참일 때만 코드가 실행된다. 여러 프로그래밍의 조건문에 사용되는 if문의 사례를 찾아 조건문의 의미를 설명해 보자.

관련 학과 반도체공학과, 산업공학과, 소프트웨어공학과, 소프트웨어학과, 자동차공학과, 전자공학과, 정보보안학과, 정보통신공학과, 컴퓨터공학과, 항공우주공학과

《**프로그래밍언어론**》, 우균·김진욱, 한국방송통신대학교출판문화원(2019)

명제의 역과 대우를 이해하고 설명할 수 있다.

➡ 메트컬프의 법칙은 네트워크의 규모가 커짐에 따라 그 비용은 직선적으로 증가하지만 네트워크의 가치는 기하급수적으로 증가한다는 법칙이다. 무어의 법칙, 가치사슬을 지배하는 법칙과 함께 인터넷 비즈니스의 특징을 설명하는 인터넷 경제 3원칙을 이룬다. 네트워크가 확장될수록 평균 비용은 급격하게 줄어들게 되므로 비

용적감 효과가 점점 더 커진다는 의미이다. 메트컬프의 법칙을 활용한 명제를 만들고 메트컬프의 법칙에 대해 탐구해 보자.

관련 학과 반도체공학과, 산업공학과, 소프트웨어공학과, 소프트웨어학과, 전기공학과, 전자공학과, 정보보안학과, 정보통신공학과, 컴퓨터공학과,

《**초연결시대, 공유경제와 사물인터넷의 미래**》, 차두원·진영현, 한스미디어(2015)

[10공수2-02-06]   ● ● ●

충분조건과 필요조건을 이해하고 판단할 수 있다.

➡ 자율주행자동차는 운전자 또는 승객의 조작 없이 스스로 움직이는 자동차를 말한다. 한 연구기관에 따르면 2040년에는 전 세계 차량의 75% 정도가 자율주행자동차로 바뀔 것이라고 한다. 국제자동차기술자협회는 자율주행자동차의 주행 능력별로 레벨 0에서 레벨 5까지 총 6개의 단계로 나누었다. 레벨 0~2는 자동차 시스템이 운전자를 도와주는 보조적인 역할을 하지만 레벨 3~5는 자율주행자동차가 직접 주위 환경을 살펴 운전을 하게 된다. 자율주행자동차 레벨 5가 상용화되기 위해 필요한 요소를 기술적 요소와 사회적 요소로 나누어 탐구해 보자.

관련 학과 공학계열 전체

《**자율주행자동차 만들기 2/e**》, 리우 샤오산 외 4명, 남기혁 외 2명 역, 에이콘출판사(2022)

[10공수2-02-07]   ● ● ●

대우를 이용한 증명법과 귀류법을 이해하고 관련된 명제를 증명할 수 있다.

➡ 지도에서 이웃하는 국가를 서로 다른 색으로 칠해 구분할 때, 경험적인 추측에 의하면 네 가지 색이면 충분하다고 한다. 4색 문제는 1976년에 아펠(Appel, P. E.)과 하켄(Haken)이 컴퓨터를 사용하여 지도를 네 가지 색으로 칠할 수 있음을 증명하였다. 아펠과 하켄은 무한히 많은 그래프를 유한개의 그래프로 단순화시키고 수백 시간 동안 컴퓨터 프로그램을 실행해 반례가 존재하지 않음을 설명하였다. 그러나 아직까지 컴퓨터에 의존하지 않고 오직 사람의 능력으로는 증명되지 않았다. 사람이 증명하지 못했으나 컴퓨터 프로그램으로 증명한 경우, 이를 옳은 증명으로 인정해야 할지 자신의 의견을 제시해 보자.

관련 학과 소프트웨어공학과, 소프트웨어학과, 정보보안학과, 정보통신공학과, 컴퓨터공학과

책 소개

이 책은 한 학생의 단순한 호기심에서부터 출발해 지난 100여 년 간 미해결 문제로 남아 있다가 최근에 해결된 유명한 4색 정리에 대한 이야기이다. 4색 정리는 오랜 시간 동안 많은 수학자를 괴롭혀 왔으며 인간과 컴퓨터의 힘을 합쳐 증명이 이루어졌다. 그러나 증명 방법이 매우 복잡하고 난해하여 이를 받아들이지 않고 다른 방법을 찾으려는 이들도 있다. 4색 정리와 관련한 모든 이야기를 전하고 있는 책이다.

세특 예시

다양한 증명 방법을 학습한 뒤 교과연계 주제 탐구활동으로 컴퓨터를 활용한 수학 증명법을 주제로 선정함. '하켄이 들려주는 4색 정리 이야기(차

용욱)'를 읽고 4색 정리의 의미 및 관련 일화를 정리하여 발표함. 누구나 생각할 수 있는 문제지만 오랜 시간 명확한 증명법을 찾지 못했고 최근 수백 시간 동안 컴퓨터 프로그램을 실행해 반례가 존재하지 않는다는 사실을 확인했다고 설명함. 컴퓨터 시뮬레이션을 통한 증명을 진정한 증명 방법으로 받아들일 것인가에 대한 의문을 학급 친구들에게 제기하고, 인공지능 시대에 컴퓨터를 이용한 증명을 받아들여야 한다는 자신의 견해를 덧붙임.

[10공수2-02-08] • • •

절대부등식의 뜻을 알고, 간단한 절대부등식을 증명할 수 있다.

➡ A지점과 B지점을 왕복하는 과정에서 출발할 때는 시속 50㎞로 정속운동을 하고 돌아올 때는 시속 100㎞로 정속운동을 했다고 하자. 이때의 평균속력은 산술평균인 시속 75㎞가 아니다. 왕복한 거리를 s라 할 때, 갈 때는 $\frac{s}{50}$, 돌아올 때는 $\frac{s}{100}$만큼의 시간이 소요되어 평균속도는 조화평균을 적용한 시속 $\frac{200}{3}$㎞가 된다. 조화평균이 적합한 사례와 이유를 설명하고 산술평균과 기하평균, 조화평균 간에 절대부등식이 성립한다는 것을 증명해 보자.

관련 학과 교통공학과, 기계공학과, 도시공학과, 메카트로닉스공학과, 산업공학과, 자동차공학과, 조선해양공학과, 항공우주공학과, 항공운항학과

《**누구나 읽을 수 있는 수학의 역사**》, 정완상, 지오북스(2023)

단원명 | 함수와 그래프

| 🔍 | 함수, 함수의 뜻, 그래프, 정의역, 공역, 치역, 일대일함수, 일대일대응, 합성함수, 합성함수의 성질, 역함수, 역함수의 성질, 유리식의 덧셈과 뺄셈, 유리함수, 무리식의 덧셈과 뺄셈, 무리함수

[10공수2-03-01] • • •

함수의 개념을 설명하고, 그 그래프를 이해한다.

➡ 거짓말 탐지기는 질문에 답변하는 사람의 호흡, 혈압, 맥박, 피부 전기반사 등의 생리적 변화를 기록하는 기계이다. 사람이 거짓말을 하는 순간 손바닥에 땀이 나거나 신경에 경련이 발생하고 목소리가 일그러지거나 심장이 뛰는 등의 신체 변화가 일어나는데, 거짓말 탐기기는 호흡, 맥박, 피부의 전기도, 혈압 등의 변화를 측정해 폴리그래프를 이용하는 것이다. 증거 능력 여부가 논란이 되고 있지만 과학자들은 신뢰성을 바탕으로 법정 증거로 채택해야 한다고 주장한다. 함수 그래프를 이용해 답변의 진실 여부를 판단하는 거짓말 탐지기에 대해 탐구해 보자.

관련학과 생명공학과, 소프트웨어공학과, 소프트웨어학과, 전기공학과, 전자공학과, 정보통신공학과, 컴퓨터공학과

《데이터과학(아두이노, 사이버파이, 할로코드, 마이크로비트, 뇌파측정기)》, 김은경 외 6명, 부크크(2024)

[10공수2-03-02] • • •

함수의 합성을 설명하고, 합성함수를 구할 수 있다.

→ 노이즈 캔슬링(NC)은 주변 소음을 차단 또는 상쇄시켜 잡음 없이 소리를 잘 듣도록 도와주는 기술이다. 특히 액티브 노이즈 캔슬링(ANC)은 외부 마이크가 추가로 탑재되어 있어 소음을 감지하면 해당 소음의 파형과 반대되는 파형을 발생시킨다. 이를 통해 소리가 상쇄되어 소음은 사라지고 음악 소리만 귀에 전달된다. 기존 파형에 새로운 파형을 함수로 계산해 소음을 제거하는 노이즈 캔슬링 기술에 대해 탐구해 보자.

관련 학과 공학계열 전체

《**다른 방식으로 듣기**》, 데이먼 크루코프스키, 정은주 역, 마티(2023)

[10공수2-03-03] • • •

역함수의 개념을 설명하고, 역함수를 구할 수 있다.

→ 홍채 인식은 사람의 눈과 수학적 패턴 인식 기술을 이용한 자동화된 생체 식별 방식이다. 근적외선 조명 기능을 갖춘 비디오카메라 기술을 사용하여 사람마다의 특유한 홍채 특성을 분석하게 된다. 수학적, 통계적 알고리즘을 통해 불규칙한 패턴으로부터 인코딩된 디지털 템플릿으로 개인의 정보를 식별하는 것이다. 카메라가 사람의 홍채를 등록하고 홍채로부터 사람을 인식하는 과정을 역함수와 관련하여 설명해 보자. 또한 홍채 인식 기술의 특징과 활용 사례를 탐구해 보자.

관련 학과 공학계열 전체

《**국내외 생체인식관련 산업분석보고서**》, 비피기술거래·비피제이기술거래, 비티타임즈(2024)

[10공수2-03-04] • • •

유리함수 $y = \dfrac{ax+b}{cx+d}$ 의 그래프를 그릴 수 있고, 그 그래프의 성질을 탐구할 수 있다.

→ 정전기력은 전기를 띤 물체 간에 미치는 힘으로 같은 부호의 두 전하는 척력이 작용하고, 반대 부호의 전하는 인력이 작용한다. 쿨롱의 법칙(Coulomb's law)은 두 전하 입자 사이에 작용하는 힘이 두 전하의 곱에 비례하고, 두 입자 사이의 거리 제곱에 반비례한다는 법칙이다. 이를 식으로 나타내면 $F = k\dfrac{q_1 q_2}{r^2}$ 이 성립한다. (q_1, q_2는 각 전기량, r은 거리, k는 쿨롱상수) 유리함수와 관련하여 쿨롱의 법칙에 대해 탐구해 보자.

관련 학과 공학계열 전체

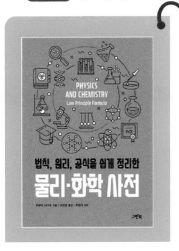

책 소개

이 책은 고등학교 과학 시간에 배우는 물리·화학의 법칙, 원리, 공식을 기본부터 차례대로 정리하여 담은 사전이다. 지레의 원리, 마찰 법칙, 작용 반작용의 법칙, 일반 상대성 이론, 허블 법칙 등 현대 과학의 기본이 되는 법칙, 원리, 공식을 날실로 삼아 파악해 두면 지식이 머릿속에 정리되고 넓은 시야를 얻을 수 있으며, 새로운 지식을 접할 때 이해하기가 한층 쉬워질 것이다. 현대의 물리·화학에 있어 기본이 되는 70가지 아이템으로 세상을 더욱 폭넓게 이해할 수 있도록 구성하였다.

법칙, 원리, 공식을 쉽게 정리한 물리·화학 사전

와쿠이 사다미, 조민정 역,
그린북(2017)

유리함수의 정의를 학습한 뒤 교과 융합 활동에서 유리함수가 적용된 사례로 쿨롱의 법칙을 소개함. '법칙, 원리, 공식을 쉽게 정리한 물리·화학 사전(와쿠이 사다미)'을 참고하여 쿨롱의 법칙에 담긴 의미를 제시하고 공간상에서 작용하는 힘의 크기는 거리의 제곱과 반비례한다고 설명함. 비슷한 원리로 만유인력의 법칙이 있으며 공식의 형태가 비슷해 두 공식을 비교하면서 설명함. 또한 역제곱 법칙은 3차원 공간에서 힘이 퍼지는 것으로 해석할 수 있으며 중력장과 전기장 등이 퍼져 나가는 단면은 2차원이라고 부연 설명함.

[10공수2-03-05] ● ● ●

무리함수 $y = \sqrt{ax+b}+c$의 그래프를 그릴 수 있고, 그 그래프의 성질을 탐구할 수 있다.

→ 스키드 마크는 자동차가 급브레이크를 밟았을 때, 노면에 생기는 타이어의 미끄러진 흔적을 의미한다. 이 흔적으로 자동차가 제동하기 전의 주행 속도를 알 수 있으며, 교통사고의 원인도 규명할 수 있다. 스키드 마크의 길이 A(m)와 도로의 마찰 계수 C를 알면 브레이크를 밟기 직전 자동차의 속력 v(km/h)를 구할 수 있는데, $v = \sqrt{254 \times A \times C}$이 된다. 무리함수와 관련하여 함수식을 해석하고 스키드 마크의 원리를 탐구해 보자.

관련 학과 교통공학과, 기계공학과, 도시공학과, 메카트로닉스공학과, 자동차공학과, 항공우주공학과

《실제 사례를 통한 교통사고의 진실규명》, 박성지, 골든벨(2014)

선택 과목	수능	대수	절대평가	상대평가
일반 선택	○		5단계	5등급

단원명 | 지수함수와 로그함수

|🔍| 거듭제곱근, 지수, 로그, (로그의) 밑, 진수, 상용로그, 지수함수, 로그함수, $\sqrt[n]{a}$, $\log_a N$, $\log N$

[12대수01-02]   •••

지수가 유리수, 실수까지 확장될 수 있음을 이해하고, 이를 설명할 수 있다.

➡ 우리나라 속담에 '발 없는 말이 천리 간다'라는 표현이 있다. 현대 사회는 정보 전달 기술의 발달로 시시각각 생성된 정보가 다른 사람들과 공유되는 양이 매우 빠르게 늘어나기에 올바른 정보의 공유가 중요하다. 하나의 생성된 정보가 다른 사람들과 공유되는 속도를 수학적으로 나타내는 방법에 대해 찾아보고, 공유된 정보를 제거하는 기술과 그 어려움에 관해 탐구하여 보자.

관련 학과 소프트웨어공학과, 소프트웨어학과, 정보보안학과, 정보통신공학과, 컴퓨터공학과

《손에 잡히는 데이터 통신》, 임석구, 한빛아카데미(2021)

[12대수01-04]   •••

로그의 뜻을 알고, 그 성질을 이용하여 계산할 수 있다.

➡ 수소 이온 농도 pH는 용액의 산성도를 나타내는 수치이다. pH 값으로 우리 몸의 건강 상태를 알 수 있으며 식품, 토양, 수질의 오염도를 측정하기도 한다. 또한 각 산업에서 사용되는 물질의 위험도를 보여 주기도 한다. 관심 산업에서 활용되는 pH 값을 찾아 pH가 나타내는 수치의 의미, 활용 등을 조사하여 보고서를 작성하고 발표해 보자.

관련 학과 공학계열 전체

《법칙, 원리, 공식을 쉽게 정리한 물리·화학 사전》, 와쿠이 사다미, 조민정 역, 그린북(2017)

[12대수01-05]   •••

상용로그를 이해하고, 이를 실생활과 연결하여 문제를 해결할 수 있다.

➡ 최근 우리나라에서 잦은 지진이 보고되면서 지진에 대한 대비의 필요성이 강조되고 있다. 그에 따라 최근 도시 개발, 다양한 토목 사업과 건축 과정에도 과거보다 더 강한 지진에 대비하기 위한 기술이 적용되고 있다. 지진의 '규모'와 '진도'를 나타내는 방법을 조사해 보고, 지진에 대비하기 위해 적용되고 있는 여러 기술을 탐구한 뒤 보고서를 작성해 보자.

관련 학과 건축공학과, 건축학과, 도시공학과, 산업공학과, 에너지공학과, 토목공학과

《무섭지만 재밌어서 밤새 읽는 지구과학 이야기》, 사마키 다케오, 김정환 역, 더숲(2023)

지수함수와 로그함수의 뜻을 알고, 이를 설명할 수 있다.

➡ 원자력 발전은 에너지 생산 능력과 환경 문제 등과 관련하여 여러 가지 이슈를 가지고 있다. 원자력 발전은 핵 분열 과정에서 발생하는 많은 에너지를 활용한 발전 방법이다. 원자력 발전 시 발생하는 에너지 양 등을 수학적으로 분석하여 보고, 원자력 발전의 장단점을 탐구하여 보고서를 작성해 보자.

관련 학과 산업공학과, 신소재공학과, 에너지공학과, 원자력공학과, 환경공학과

《다시 생각하는 원자력》, 어근선, 엠아이디미디어(2022)

[12대수01-07] ● ● ●

지수함수와 로그함수의 그래프를 그릴 수 있고, 그 성질을 설명할 수 있다.

➡ 각 국가에서 전기차 산업에 많은 관심을 가지면서 내연기관 자동차보다 전기차의 수요가 눈에 띄게 늘어나고 있다. 또한 전기차의 필수 요소인 전기차용 배터리의 수요도 함께 성장하고 있다. 향후 10년간 전기차와 전기차용 배터리 수요의 성장을 예측하는 그래프를 그려 보고, 전기차와 전기차용 배터리의 지속적 성장을 위해 필요한 기술에 관해 탐구하여 보고서를 작성하여 보자.

관련 학과 기계공학과, 산업공학과, 신소재공학과, 에너지공학과, 자동차공학과, 전기공학과, 전자공학과, 정보보안학과, 정보통신공학과, 컴퓨터공학과, 화학공학과

《전기차 첨단기술 교과서》, 톰 덴튼, 김종명 역, 보누스(2021)

[12대수01-08] ● ● ●

지수함수, 로그함수를 활용하여 문제를 해결할 수 있다.

➡ 현대 사회의 정보 양이 많아짐에 따라 사람들이 다루는 데이터의 양과 크기 또한 시간이 지날수록 커지고 있다. 크고 많은 데이터를 다루고 전송할 때 데이터 압축은 유용하게 활용되는 기술이다. 데이터 압축 기술에 활용되는 로그 함수의 수학적 원리를 탐구하여 보고, 크고 많은 데이터를 다루기 위한 다양한 기술에 관해 탐구하여 보자.

관련 학과 소프트웨어공학과, 소프트웨어학과, 정보보안학과, 정보통신공학과, 컴퓨터공학과, 토목공학과, 항공우주공학과

《그림으로 이해하는 네트워크 구조와 기술》, 나카오 신지, 김성훈 역, 길벗(2023)

단원명 | 삼각함수

🔍 시초선, 동경, 일반각, 호도법, 라디안, 주기, 주기함수, 삼각함수, 사인함수, 코사인함수, 탄젠트함수, 사인법칙, 코사인법칙, $\sin x, \cos x, \tan x$

[12대수02-01] ● ● ●

일반각과 호도법의 뜻을 알고, 그 관계를 설명할 수 있다.

➡ 각을 측정하는 방법에는 크게 0도에서 360도로 나타내는 일반각, 원의 중심각의 크기와 호의 길이의 관계를

활용한 호도법이 있다. 일반각과 호도법 사이의 관계를 살펴보고, 산업 현장에서 일반각과 호도법이 활용되는 사례를 조사하여 각 사례가 일반각이나 호도법을 사용하는 이유에 관해 탐구하여 발표해 보자.

관련 학과 공학계열 전체

《적분이 콩나물 사는 데 무슨 도움이 돼?》, 쏭쌤·정담, 루비페이퍼(2021)

[12대수02-02]   ● ● ●

삼각함수의 개념을 이해하여 사인함수, 코사인함수, 탄젠트함수의 그래프를 그리고, 그 성질을 설명할 수 있다.

➡️ 무선통신의 발달로 현대 사회는 휴대전화가 일상생활의 큰 부분을 차지하게 되었다. 무선통신의 발달 과정은 주파수의 송수신, 주파수의 변환 등 주파수를 다루는 여러 기술의 발전과 함께한다고 할 수 있다. 휴대전화를 사용하는 환경에서 나타나는 기술을 조사하고, 무선통신 기술의 발달 과정 및 현재 연구되고 있는 기술, 미래의 무선통신 환경에 관해 탐구하여 발표해 보자.

관련 학과 반도체공학과, 소프트웨어공학과, 전기공학과, 전자공학과, 정보보안학과, 정보통신공학과, 컴퓨터공학과

《그림으로 이해하는 네트워크 용어》, 기타미 류지, 성창규 역, 길벗(2022)

[12대수02-03]   ● ● ●

사인법칙과 코사인법칙을 이해하고, 실생활 문제를 해결할 수 있다.

➡️ 연륙교나 연도교, 댐의 건설, 비탈진 경사면의 건물 건축 등 다양한 지형에서 토목 사업과 건축이 이루어지고 있다. 다양한 지형에 맞추어 시설물이나 건축물을 짓는 데 필요한 수학적 개념을 살펴보고, 여러 지형에서의 시설과 건축물을 조사하여 길이나 높이, 기울기, 하중 등 다양한 정보를 탐구하여 보자.

관련 학과 건축공학과, 건축학과, 토목공학과

《수학은 실험이다》, 구로다 토시로, 수학사랑(2014)

단원명 | 수열

$\boxed{|\mathcal{P}|}$ 수열, 항, 일반항, 공차, 등차수열, 등차중항, 공비, 등비수열, 등비중항, 귀납적 정의, 수학적 귀납법, $a_n, \{a_n\}, S_n, \sum_{k=1}^{n} a_k$

[12대수03-02]   ● ● ●

등차수열의 뜻을 알고, 일반항, 첫째항부터 제n항까지의 합을 구할 수 있다.

➡️ 스마트폰의 보급률이 97%를 넘기며 스마트폰은 누구나 한 대쯤은 소유하고 있는 디지털 기기가 되었다. 높은 보급률을 바탕으로 '만보기'와 같은 단순한 기능에 걸음 수에 비례해 현금을 적립해 주는 기능을 추가하여 운동을 유도하는 앱이 많은 호응을 얻기도 한다. 이처럼 생활 습관의 긍정적인 변화를 끌어내는 앱을 찾아보고, 개선 방향이나 새로운 아이디어 등에 대한 자신의 의견을 발표해 보자.

관련 학과 소프트웨어공학과, 소프트웨어학과, 컴퓨터공학과

《고수의 스마트폰엔 특별한 앱이 있다》, 정진수 외 5명, 나비의활주로(2020)

[12대수03-04]

∑의 뜻과 성질을 이해하고, 이를 활용하여 문제를 해결할 수 있다.

➡ 도로 위의 신호등은 보행자와 운전자의 안전을 확보하고 교통의 흐름을 제어하기 위한 기본적인 도구이다. 일반적으로 도심의 신호등은 규칙적인 주기에 따라 신호가 바뀌게 되는데 적절한 신호의 주기는 차량의 원활한 흐름을 돕는다. 교통 상황에 따른 신호의 주기와 그에 따른 보행자와 운전자의 대기 시간을 살펴보며, 시간대별 교통 신호에 관해 탐구하여 보자.

관련 학과 교통공학과, 도시공학과

《**도시의 보이지 않는 99%**》, 로먼 마스·커트 콜스테트, 강동혁 역, 어크로스(2021)

[12대수03-05]

여러 가지 수열의 첫째항부터 제n항까지의 합을 구하는 방법을 설명할 수 있다.

➡ 세 기둥 사이에서 원반을 이동시키는 횟수를 구하는 문제인 '하노이 탑' 문제는 원반의 개수나 기둥의 개수를 변화시키며 다양한 문제를 만들어 낼 수 있다. '하노이 탑' 문제와 같이 수학적 원리가 담긴 문제는 프로그래밍을 통해 답을 구하기도 한다. 수학적 원리가 담긴 여러 문제를 조사하여 보고, 문제를 해결할 수 있는 프로그램을 작성하여 발표해 보자.

관련 학과 소프트웨어공학과, 소프트웨어학과, 컴퓨터공학과

《**10대가 알아야 할 프로그래밍과 코딩 이야기**》, 우혁·이설아, 한스미디어(2022)

[12대수03-06]

수열의 귀납적 정의를 설명할 수 있다.

➡ 컴퓨터 프로그래밍 언어는 다양한 논리 연산을 통해 기계를 제어할 수 있도록 도와주는 언어이다. 다양한 함수를 활용하는 프로그래밍 언어에서는 반복적으로 자신을 호출하는 작업을 하는 재귀 함수를 활용하여 다양한 상황을 연출할 수 있다. 프로그래밍 언어의 다양한 함수를 주제로 조사하여 보고, 해당 함수들을 활용한 간단한 프로그래밍을 작성하여 발표해 보자.

관련 학과 소프트웨어공학과, 소프트웨어학과, 정보보안학과, 컴퓨터공학과

《**Do it! 자료구조와 함께 배우는 알고리즘 입문 : 파이썬 편**》, 시바타 보요, 강민 역, 이지스퍼블리싱(2020)

선택 과목	수능		절대평가	상대평가
일반 선택	○	**미적분 I**	5단계	5등급

단원명 | 함수의 극한과 연속

| 🔍 함수의 극한, 수렴, 발산, 극한값, 좌극한, 우극한, 함수의 극한 성질, 함수의 극한 대소 비교, 함수의 연속, 구간, 연속함수의 성질, 최대와 최소 정리, 사잇값 정리

[12미적I-01-01]   • • •

함수의 극한의 뜻을 알고, 이를 설명할 수 있다.

➡ 아인슈타인의 특수 상대성 이론에 의하면 운동하고 있는 물체의 속력이 커지면 물체의 질량도 함께 커지게 된다. 정지 상태에서의 길이가 l_0이고 질량이 m_0인 물체가 관측자를 기준으로 속력 v로 움직일 때, 관측자가 측정한 물건의 길이 $l(v)$과 질량 $m(v)$은 다음과 같다.

$$l(v) = l_0 \sqrt{1 - \left(\frac{v}{c}\right)^2}, \ m(v) = \frac{m_0}{\sqrt{1 - \left(\frac{v}{c}\right)^2}} \ (c는 \ 빛의 \ 속력으로 \ 3 \times 10^5 \text{km/s})$$

이때 $\lim\limits_{v \to c-} l$와 $\lim\limits_{v \to c-} m(v)$를 구하고 두 극한이 의미하는 바를 탐구해 보자.

관련 학과 기계공학과, 메카트로닉스공학과, 원자력공학과, 항공우주공학과, 화학공학과

《**세상에서 가장 쉬운 과학 수업: 특수상대성이론**》, 정완상, 성림원북스(2023)

[12미적I-01-02]   • • •

함수의 극한에 대한 성질을 이해하고, 함수의 극한값을 구할 수 있다.

➡ 지표면에서 공중으로 쏘아 올려진 물체는 지구의 중력을 이기지 못하고 다시 지표면으로 떨어진다. 하지만 초기 속도를 크게 하면 점점 높이 올라가 중력을 이기고 지구를 벗어날 수 있게 되는데 이를 탈출 속도라고 한다. 지구를 탈출한 무인 우주선이 지구로부터 $r\,\text{km}$ 떨어졌을 때의 속력 $v(r)\,\text{km/s}$는 $v(r) = 11.2 \sqrt{\dfrac{6400}{r} + 1}$ 이고, 실제 지구 표면에서의 지구 탈출 속도는 대략 $11.2\,\text{km/s}$이다. 지구의 탈출 속도를 함수의 극한과 관련하여 탐구해 보자.

관련 학과 기계공학과, 항공우주공학과

《**로켓의 과학적 원리와 구조**》, 데이비드 베이커, 엄성수 역, 하이픈(2021)

[12미적I-01-03]   • • •

함수의 연속을 극한으로 탐구하고 이해한다.

⊙ 계단함수는 계단 모양의 그래프로 함수의 정의역이 여러 구간으로 나뉠 때 구간 내에서는 상수함수 형태가 되고, 각 구간의 경계에서는 함수 값이 불연속한 함수이다. 또한 단위계단함수는 0보다 작은 실수에 대해 0, 0보다 큰 실수에 대해 1, 0에 대해 $\frac{1}{2}$의 값을 갖는 함수이다. 단위계단함수는 평행이동, 대칭이동, 실수배 등을 통해 원하는 형태로 변형할 수 있다. 신호처리 분야에서 자주 사용되는 단위계단함수에 대해 탐구해 보자.

[관련 학과] 공학계열 전체

《**수학으로 이해하는 암호의 원리**》, 조슈아 홀던, 허성심 역, 프리렉(2017)

[12미적I-01-04]   ● ● ●

연속함수의 성질을 이해하고, 이를 활용하여 문제를 해결할 수 있다.

⊙ 함수 f(x)가 닫힌구간 [a, b]에서 연속이고 f(a)와 f(b)의 부호가 서로 다르면 사잇값 정리에 의해 방정식 f(x)=0은 열린구간 (a, b)에서 적어도 하나의 실근을 갖는다. 이때 구간을 $\left[a, \frac{a+b}{2}\right], \left[\frac{a+b}{2}, b\right]$와 같이 절반으로 나누어 실근이 존재하는 구간의 범위를 줄여 나가면 방정식 f(x)=0의 실근의 어림수를 구할 수 있는데, 이 방법을 이분법이라고 한다. 이분법을 활용하여 인수분해가 되지 않는 3차함수의 근의 위치를 대략 구해 보자.

[관련 학과] 공학계열 전체

미적분의 힘

스티븐 스트로가츠, 이충호 역,
해나무(2021)

책 소개

이 책은 미적분학이 인류 문명의 근간을 이루며, 우주에서 일어나는 모든 변화를 설명하는 가장 강력한 도구라고 설명한다. 미적분이 활용된 사례로 휴대폰, TV, GPS, 컴퓨터 애니메이션 등을 소개하고 있다. 미적분이 가진 위력과 원리, 발전 과정을 흥미진진하게 풀어내고 미적분과 관련한 다양한 수학자의 이야기를 곁들이고 있다.

세특 예시

미적분의 기본 전제가 되는 함수의 극한과 연속을 학습하면서 미적분이 문명의 발전과 다양한 과학기술 발전에 기여하였다고 설명함. '미적분의 힘(스티븐 스트로가츠)'을 읽고 미적분 이론을 통해 고안한 많은 발명품과 미적분이 활용되는 다양한 분야를 하나씩 소개함. 또한 뉴턴이 방정식의 해를 구하기 위해 사용한 이분법을 설명하고 연속함수의 해를 근사적으로 구할 때 큰 도움이 된다고 이야기함. 컴퓨터의 발달로 같은 알고리즘을 반복하여 근사해를 구하고 문제를 해결하는, 최적화된 상황을 제시하는 데 활용된다는 점을 강조함.

단원명 | 미분

🔍 평균변화율, 순간변화율, 미분계수, 접선의 방정식, 함수의 미분가능성과 연속성의 관계, 도함수, 함수의 실수배, 합,차,곱의 미분법, 접선의 기울기, 평균값 정리, 롤의 정리, 증감표, 방정식과 부등식, 실근의 개수, 함수의 그래프, 그래프의 개형, 최댓값과 최솟값, 속도와 가속도, 거리

[12미적I-02-01] ● ● ● ●

미분계수를 이해하고, 이를 구할 수 있다.

➡ 과속 단속 카메라는 도로에서 속도 제한을 모니터링하는 장치로 고정식, 이동식, 구간 단속형 등이 있다. 고정식 과속 카메라는 센서가 2개 있어 각각 60m, 30m 떨어진 지점에 설치되어 있다. 반면 구간 단속은 특정 구간의 시작점과 끝점에 설치된 카메라를 통해 차량의 이동 시간을 측정해 평균 속도를 계산한다. 고정식 과속 카메라, 구간 단속 과속 카메라의 원리를 평균변화율과 순간변화율과 연계하여 탐구해 보자.

관련 학과 공학계열 전체

미적분의 쓸모

한화택, 더퀘스트(2022)

책 소개

이 책은 세상의 움직임을 표현하는 미적분이 처음 고안된 순간부터 현재까지 우리 주변의 다양한 분야에서 활용되는 사례를 소개하고 있다. 극한과 무한의 역사로부터 기울기 개념이 적용되는 상황을 제시하고 나아가 인공지능과 빅데이터에 기여한 부분을 소개하고 있다. 또한 디즈니 영화의 컴퓨터 그래픽에 이용된 나비에-스토크스 유동 방정식을 비롯해, 미분방정식이 활용되는 다양한 사례를 제시하고 있다.

세특 예시

미분의 정의와 관련하여 평균변화율과 순간변화율을 비교하여 학습하고 미분계수의 의미를 정확하게 이해함. '미적분의 쓸모(한화택)'를 통해 미적분의 유래와 실제 활용되는 다양한 사례를 소개함. 또한 고정식 과속 카메라, 구간 단속 과속 카메라의 원리부터 평균변화율과 순간변화율과 연계하여 두 가지 방식의 차이를 설명함. 최근 캥거루 운전의 행태를 지적하며 고정식 과속 카메라의 한계를 말하고, 구간 단속 과속 카메라의 활용도가 높아져야 한다고 주장함. 그 외에도 디즈니 영화 제작에 미적분이 활용된 사례를 소개하고 인공지능과 관련해 그 활용도가 더욱 높아질 것으로 예측함.

[12미적I-02-02] ● ● ● ●

함수의 미분가능성과 연속성의 관계를 설명하고, 이를 활용할 수 있다.

➡ 델타 함수는 수학의 함수 정의에 부합되지 않지만 함수를 확장시킨 형태로 물리학자인 디랙(Paul Dirac)에 의해 제안되었다. 이상적인 점질량 혹은 점전하의 밀도를 기술하기 위하여 도입되었는데, 원점 외에 모든 곳에서 함수 값이 0이며 모든 구간에서 적분하면 1이 되는 함수를 말한다. 실제로 해당 성질을 가지는 함수는 존재하지 않기 때문에 무의미하게 여겨졌으나, 수학자 슈바르츠가 함수가 아닌 계산을 공식화하고 증명할 수 있는 분포 개념으로 델타 함수를 도입하였다. 공학이나 물리학, 신호처리 등에 활용되는 델타 함수의 특징을 연속성 및 미분가능성과 관련하여 탐구해 보자.

관련 학과 공학계열 전체

《**디지털 신호처리 이론 및 응용**》, 이강승, 한산(2020)

[12미적I-02-03] ● ● ● ●

함수 $y = x^n$(n은 양의 정수)의 도함수를 구할 수 있다.

➡ 우리 주변의 소리는 아날로그 신호로 시간이 지남에 따라 연속적으로 변하는 파형을 가진다. 하지만 외부 노이즈, 처리 속도, 대역폭 제한, 보관 등의 문제로 더 나은 품질을 위해 디지털 신호처리를 활용하고 있다. 사람의 음성이나 악기 연주 등 아날로그 형태의 소리를 미분을 통해 분해한 뒤 불연속적 신호인 디지털 방식으로 변환시켜 저장하게 된다. 아날로그 신호와 디지털 신호의 차이를 분석하고 이를 미분과 관련하여 탐구해 보자.

관련 학과 교통공학과, 기계공학과, 메카트로닉스공학과, 반도체공학과, 소프트웨어공학과, 소프트웨어학과, 신소재공학과, 자동차공학과, 전기공학과, 전자공학과, 정보통신공학과, 컴퓨터공학과, 항공우주공학과

《**크립토그래피**》, 키스 M. 마틴, 권보라 역, 브론스테인(2022)

[12미적I-02-04] ● ● ● ●

함수의 실수배, 합, 차, 곱의 미분법을 알고, 다항함수의 도함수를 구할 수 있다.

➡ 오토바이, 자동차, 비행기 등과 같은 제품을 디자인하는 과정에서 컴퓨터를 이용해 물체의 표면에 흐르는 공기의 흐름을 분석하는데, 이런 공학적 방법을 전산유체역학이라고 한다. 전산유체역학을 이용하면 빠른 속도로 움직이는 고속열차, 자동차, 비행기 등의 공기 저항을 줄이고 경제적 효율을 높이는 방향으로 디자인할 수 있다. 또한 강한 바람에도 견딜 수 있도록 다리와 고층 건물을 설계하는 데 이용되며 풍력 발전기, 원자력 발전소 등의 설계에도 활용된다. 이러한 전산유체역학에서는 미분이 포함된 수학적 모델이 중요한 역할을 하는데, 미분과 관련하여 전산유체역학에 대해 탐구해 보자.

관련 학과 공학계열 전체

《**액체도 모양이 있을까?**》, 다비드 케레, 이지수 역, 민음인(2021)

[12미적I-02-05] ● ● ● ●

미분계수와 접선의 기울기의 관계를 이해하고, 접선의 방정식을 구할 수 있다.

➡ 곡선 도로 위를 달리는 자동차는 그 곡선의 접선 방향으로 나아가려는 성질이 있다. 따라서 두 도로를 연결할 때 직선 도로가 곡선 도로의 접선이 되도록 설계하면 운전자가 더욱 안전하게 빠져나갈 수 있다. 차량이 직선부에서 곡선부로 갑자기 진입하면 원심력 때문에 도로를 이탈할 가능성이 생기므로, 곡률 반경을 순차적으로 변화시켜 직선과 원곡선을 연속적으로 잇는다. 이때 활용할 수 있는 개념이 완화곡선으로 클로소이드 곡선, 렘니스케이트 등이 있다. 접선의 방정식을 완화곡선과 관련하여 탐구해 보자.

관련 학과 건축공학과, 건축학과, 교통공학과, 기계공학과, 도시공학과, 자동차공학과, 토목공학과

《**미적분의 힘**》, 스티븐 스트로가츠, 이충호 역, 해나무(2021)

[12미적I-02-06] ● ● ● ●

함수에 대한 평균값 정리를 설명하고, 이를 활용할 수 있다.

➡ 정속을 오랜 시간 유지하는 대표적 이동수단이 선박이라는 점에서, 자동차의 정속주행 기능을 크루즈 기능이라 부르고 있다. 크루즈 기능은 가속 페달을 밟지 않아도 자동차의 속도를 일정하게 유지해 주는 장치로 사람이 직접 자동차를 주행하면 속도가 조금씩 변하는 것과 대비된다. 운전자의 피로를 덜어 주고 연비를 향상시키며 고

속도로 속도위반 카메라에 적발될 위험도 줄여 준다. 평균값 정리와 관련하여 크루즈 기능에 대해 탐구해 보자.

관련 학과 교통공학과, 기계공학과, 도시공학과, 자동차공학과, 전자공학과

《중·고등·대학생을 위한 인공지능 교과서 3》, 최성·사이언스주니어인공지능연구회, 광문각(2022)

[12미적I-02-07] • • •

함수의 증가와 감소, 극대와 극소를 판정하고 설명할 수 있다.

➡️ 반응 속도는 화학 반응에서 반응물 농도의 단위 시간당 감소율을 말한다. 화학 반응이 진행되면 반응 물질의 농도는 감소하고 생성 물질의 농도는 증가하는데 반응 물질이나 생성 물질의 농도가 변하는 속도는 농도, 압력, 표면적, 온도, 촉매 등의 영향을 받는다. 특히 촉매는 활성화 에너지를 낮춰 반응 속도를 빠르게 해 주는 정촉매와 활성화 에너지를 높여 반응 속도를 느리게 해 주는 부촉매가 있다. 정촉매와 부촉매에 따른 에너지 변화를 그래프로 표현하고 미분과 관련하여 탐구해 보자.

관련 학과 생명공학과, 식품공학과, 에너지공학과, 원자력공학과, 화장품공학과, 화학공학과, 환경공학과

《촉매란 무엇인가?》, 문상흡 외 3명, 사이플러스(2021)

[12미적I-02-08] • • •

함수의 그래프의 개형을 그릴 수 있다.

➡️ 신재생 에너지 중 하나인 바이오매스는 태양 에너지를 받아 유기물을 합성하는 식물과 이들을 먹이로 하는 동물, 미생물 등의 생물 유기체를 총칭하는 말이다. 바이오매스 에너지에는 바이오가스, 바이오알코올, 바이오디젤 등이 있다. 최근 바이오매스 에너지의 연도별 활용 비율을 그래프로 나타내고 그래프의 변화를 분석해 보자.

관련 학과 생명공학과, 에너지공학과, 원자력공학과, 화학공학과, 환경공학과

재생에너지와의 공존
안희민, 크레파스북(2022)

책 소개

이 책은 재생에너지의 필요성과 국내외 현황을 제시하고 한국 재생에너지 발전이 나아갈 방향과 과제들을 알기 쉽게 정리하고 있다. 기후 변화 대응의 핵심 중 하나는 온실가스 감축이고, 그 해결 방안의 핵심은 재생에너지라고 말하고 있다. 탄소중립과 재생에너지에 대한 정의부터 2050 장기 저탄소 발전 전략에서부터 2050 탄소중립 시나리오 최종안, 2030 NDC 상향안까지의 개념을 순차적으로 다루고 있다.

세특 예시

미분을 이용하여 주어진 함수에 대한 증감표를 나타내고 이를 바탕으로 함수의 그래프를 옳게 표현함. 교과융합활동으로 평소 관심을 가지고 있던 신재생 에너지를 주제로 선정하고, 최근 신재생 에너지와 바이오매스 에너지의 연도별 활용 비율을 그래프로 나타내고 그래프의 변화를 분석하여 최근 꾸준히 사용량이 증가하고 있음을 설명함. '재생에너지와의 공존(안희민)'을 참고하여 기후 변화 문제는 온실가스 감소와 신재생 에너지의 활용이라고 설명하고 바이오매스가 중요한 역할을 할 수 있다고 제언함.

방정식과 부등식에 대한 문제를 해결할 수 있다.

➜ 미분방정식이란 다양한 변수를 식으로 표현하여 실제 현상을 수학적으로 모델링하여 표현한 것이다. 한 개 또는 그 이상의 종속변수를 한 개 또는 그 이상의 독립변수에 대해 미분한 도함수들을 포함하는 방정식을 미분방정식이라고 한다. 미분방정식은 크게 상미분방정식과 편미분방정식으로 나뉘고, 이는 다시 선형과 비선형으로 나눌 수 있다. 공학의 다양한 분야에서 활용되는 미분방정식에 대해 탐구하고 미분방정식이 활용되는 사례를 알아보자.

관련 학과 공학계열 전체

《공업수학이라면 이제 만화로 공부하세요 1》, 조재경, 교우사(2015)

미분을 속도와 가속도에 대한 문제에 활용하고, 그 유용성을 인식할 수 있다.

➜ 가속도 센서는 이동하는 물체의 가속도나 충격의 세기를 측정하는 기기로 물체의 운동 상태를 상세하게 감지할 수 있다. 자동차, 기차, 선박, 비행기 등 각종 수송 수단, 공장 자동화 및 로봇 등의 제어 시스템에 필수적인 요소이다. 한편 자이로 센서는 지구의 회전과 관계없이 항상 처음에 설정한 방향을 유지하는 성질을 이용하여 물체의 방위 변화를 측정하는 센서로 비행기, 함정, 유도 무기, 차량 등의 다양한 분야에서 사용된다. 가속도와 관련하여 가속도 센서와 자이로 센서에 대해 탐구해 보자.

관련 학과 공학계열 전체

《청소년을 위한 물리 이야기》, 사마키 다케오, 오시연 역, 리듬문고(2023)

단원명 | 적분

🔍 부정적분, 적분상수, 함수의 실수배, 합, 차의 부정적분, 다항함수 부정적분, 정적분, 미분과 적분의 관계, 정적분의 성질, 부정적분과 정적분의 관계, 다항함수 정적분, 도형의 넓이, x축으로 둘러싸인 도형의 넓이, 두 곡선 사이의 넓이, 속도, 속력, 이동 거리, 위치의 변화량, 가속도

부정적분의 뜻을 알고, 이를 설명할 수 있다.

➜ 3D 프린터는 2D 프린터가 활자나 그림을 인쇄하듯 입력한 도면을 바탕으로 3차원의 입체 물품을 만들어 내는 기계이다. 입체 형태를 만드는 방식에 따라 한 층씩 쌓아 올리는 적층형(첨가형 또는 쾌속조형 방식)과 큰 덩어리를 깎아 가는 절삭형(컴퓨터 수치제어 조각 방식)으로 나눌 수 있다. 3차원의 물체를 스캐닝한 뒤 한 층 한 층 쌓아 제작한다는 점에서 적분의 원리와 비슷하다. 3D 프린터의 원리를 정리하고 공학 분야에서 3D 프린터가 활용되는 사례에 대해 탐구해 보자.

관련 학과 공학계열 전체

《3D 프린터 101》, 안상준, 한빛미디어(2018)

[12미적I-03-02]

함수의 실수배, 합, 차의 부정적분을 알고, 다항함수의 부정적분을 구할 수 있다.

➡ 관성항법장치(INS)는 센서를 통해 측정한 가속도와 각속도 정보를 기반으로 비행체의 위치, 속도, 자세 정보를 제공하는 시스템이다. 가속도를 측정하는 가속도계 센서와 각속도를 측정하는 자이로 센서, 항법 컴퓨터로 구성된다. 자이로스코프와 각속도 측정 장치를 결합한 것이 관성 측정 장치로 측정값을 적분하여 위치를 알아낸다. 비행체의 위치와 속도 등의 정보를 제공하는 관성항법장치에 대해 탐구해 보자.

`관련 학과` 교통공학과, 기계공학과, 소프트웨어공학과, 소프트웨어학과, 자동차공학과, 전자공학과, 정보보안학과, 정보통신공학과, 제어계측공학과, 조선해양공학과, 컴퓨터공학과, 항공우주공학과

《**전자항법과 GPS**》, 고광섭 외 4명, 북코리아(2022)

[12미적I-03-03]

정적분의 개념을 탐구하고, 그 성질을 이해한다.

➡ 공주 거리는 운전자가 위험을 감지하고 브레이크를 밟을 때까지 자동차는 진행하던 방향으로 이동한 거리를 의미한다. 제동 거리는 운전자가 브레이크를 밟은 후 자동차는 속력이 일정하게 감소하면서 멈추기까지 이동한 거리를 의미한다. 정지 거리는 공주 거리와 제동 거리의 합이며 정지 거리에 자동차의 길이를 더한 것이 앞차와의 충돌을 피할 수 있는 최소 안전 거리가 된다. 정적분을 이용하여 자동차의 공주 거리와 제동 거리를 탐구해 보자.

`관련 학과` 교통공학과, 기계공학과, 도시공학과, 메카트로닉스공학과, 자동차공학과, 전기공학과, 전자공학과, 제어계측공학과, 조선해양공학과, 항공우주공학과, 항공운항학과

《**청소년을 위한 최소한의 수학**》, 장영민, 궁리(2016)

[12미적I-03-04]

부정적분과 정적분의 관계를 이해하고, 다항함수의 정적분을 구할 수 있다.

➡ 무인 드론은 위성위치확인시스템(GPS)와 관성항법장치를 이용하여 장거리 자율비행을 하게 된다. 관성항법장치는 항공기의 이동에 따르는 3차원의 가속도를 적분하여 이동 거리를 구함으로써 수행되는 항행 방식이다. 관성항법장치의 핵심 장치는 가속도를 측정하는 자이로스코프로, 빠르게 회전하는 동안 일정한 방향을 유지하려는 성질이 있다. 적분이 활용되는 사례로 무인 드론과 자이로스코프에 대해 탐구해 보자.

`관련 학과` 교통공학과, 금속공학과, 기계공학과, 도시공학과, 반도체공학과, 자동차공학과, 전기공학과, 전자공학과, 정보보안학과, 정보통신공학과, 제어계측공학과, 컴퓨터공학과, 항공우주공학과

《**드론 바이블**》, 강왕구 외 2명, 플래닛미디어(2024)

[12미적I-03-05]

곡선으로 둘러싸인 도형의 넓이에 대한 문제를 해결할 수 있다.

➡ 사이클로이드는 바퀴라는 그리스어에서 유래된 말로 회전하는 바퀴 상의 한 점의 궤적을 나타낸다. 자전거 바퀴의 한 지점에 발광 다이오드를 붙여 움직임을 촬영하면 이 점의 자취가 사이클로이드이다. 사이클로이드 곡선은 위아래로 떨어진 두 지점 사이에서 가장 빨리 내려가는 최단 강하 곡선이며 진자 운동에서 등시 곡선을

의미한다. 사이클로이드로 둘러싸인 부분의 넓이를 구하기 위해서는 극형식 개념이 필요하다. 극형식과 정적분을 이용해 사이클로이드로 둘러싸인 부분의 넓이를 구해 보자.

관련 학과 공학계열 전체

《**이해하는 미적분 수업**》, 데이비드 애치슨, 김의석 역, 바다출판사(2020)

[12미적I-03-06]   ● ● ●

적분을 속도와 거리에 대한 문제에 활용하고, 그 유용성을 인식할 수 있다.

PID 제어 시스템은 모터를 자동으로 제어하는 방식으로, 비례 동작, 적분 동작, 미분 동작을 적절하게 조합하여 제어하는 것을 말한다. 비례 동작은 기준 입력과 출력 결과의 오차에 비례해서 제어하는 방법이고, 적분 동작은 미세한 오차를 누적하여 일정한 값을 넘어서게 되면 제어를 시작하게 된다. 자동차의 크루즈 컨트롤, ABS 시스템, 로봇의 속도 제어, 비행 제어 시스템, 산업 자동화, 냉난방 등에 활용되는 PID 제어 시스템에 대해 탐구해 보자.

관련 학과 공학계열 전체

《**과학이슈 하이라이트 Vol.04 퓨처 모빌리티**》, 김정훈, 동아엠앤비(2022)

선택 과목	수능	확률과 통계	절대평가	상대평가
일반 선택	○		5단계	5등급

단원명 | 경우의 수

| 🔍 | 중복순열, 중복조합, 이항정리, 이항계수, 파스칼의 삼각형, $_n\Pi_r$, $_n\mathrm{H}_r$

[12확통01-02]

중복순열, 같은 것이 있는 순열을 이해하고, 그 순열의 수를 구하는 방법을 설명할 수 있다.

➡ 문이나 캐비닛 등을 잠가야 하는 경우 비밀번호를 이용한 자물쇠가 많이 이용된다. 이때 비밀번호로 숫자를 흔히 활용하지만, 알파벳이나 특수문자, 방향 등을 활용하기도 한다. 비밀번호를 활용한 자물쇠를 찾아보고 비밀번호로 만들 수 있는 경우의 수를 구해 보는 탐구활동을 하여 보자.

관련 학과 정보보안학과

수학으로 이해하는
암호의 원리

조슈아 홀던, 허성심 역,
프리렉(2017)

책 소개

비밀 메시지를 만들고 해독하는 암호기술의 밑바탕은 수학이다. 현대 암호기술은 과학의 한 분야이며, 다른 모든 과학과 마찬가지로 수학을 바탕으로 전개된다. 따라서 수학을 제대로 알아두지 않으면 암호를 이해하는 데 한계가 있다. 저자는 고대부터 현대까지 다양한 암호와 관련된 일화를 소개하고, 이들 암호의 토대가 되는 수학 원리를 밝히고 있다. 치환 암호와 전치 암호, 컴퓨터를 사용하는 디지털 암호, 스트림 암호, 지수 암호, 공개키 암호 등을 탐구하며, 암호를 수학이 어떻게 뒷받침하는지 수식과 함께 자세하게 설명해 주는 책이다.

세특 예시

일상생활 속에서 쉽게 만날 수 있는 암호와 관련하여 수학적 체계에 궁금증을 가지고 교과연계 독서 활동으로 '수학으로 이해하는 암호의 원리(조슈아 홀던)'를 읽고 다양한 암호기술에 관해 탐구해 봄. 암호기술의 밑바탕이 수학임을 알고, 고대부터 현대까지 다양한 암호를 조사하여 전치 암호, 스트림 암호, 공개키 암호 등 대표적인 암호들의 수학적 원리를 보고서로 작성하여 발표함.

[12확통01-03]

이항정리를 이해하고, 이를 활용하여 문제를 해결할 수 있다.

➜ 기업은 생산되는 제품의 품질 관리를 통해 제품의 품질을 유지하고 불량률을 낮추기 위해 노력한다. 제품의 제조 과정에서 각 공정별 불량품의 비율을 파악하고 이를 토대로 불량품이 생산될 확률을 추정하게 된다. 여러 제조 공정에서 나타날 수 있는 불량률에 따른 생산 제품의 불량률을 탐구하여 보고, 불량률을 낮추고 불량품이 판매되지 않도록 하는 방안에 대해 조사해 보자.

　관련 학과 공학계열 전체

《세계를 장악한 현대자동차의 품질경영을 배우다》, 박상복, 터닝포인트(2018)

단원명 | 확률

| 🔍 | 시행, 통계적 확률, 수학적 확률, 여사건, 배반사건, 조건부 확률, 종속, 독립, 독립시행, $P(A)$, $P(B|A)$

[12확통02-01]　　　　　　　　　　　　　　　　　　　　　　　　　　● ● ●

확률의 개념을 이해하고 기본 성질을 설명할 수 있다.

➜ 정보통신기술이 발달함에 따라 다른 사람들과 편리하게 정보를 주고받을 수 있게 되었지만 e-메일이나 전화, 문자를 통해 수많은 스팸 정보도 만나게 된다. 그래서 메일 서비스나 전화 서비스를 통해 스팸 정보를 판별하여 따로 분류하기도 하고 차단하기도 한다. 각 서비스에서 스팸 정보를 판별하는 방법과 대응 방안 등에 관해 탐구하여 보자.

　관련 학과 소프트웨어공학과, 소프트웨어학과, 정보보안학과, 정보통신공학과, 컴퓨터공학과

《10대에 정보 보안 전문가가 되고 싶은 나, 어떻게 할까?》, 마이클 밀러, 최영열 역, 오유아이(2023)

[12확통02-04]　　　　　　　　　　　　　　　　　　　　　　　　　　● ● ●

조건부확률을 이해하고, 이를 실생활과 연결하여 문제를 해결할 수 있다.

➜ 인공지능 분야에서 컴퓨터의 상황에 대한 대처는 데이터를 통해 스스로 학습하고 예측하는 능력을 갖추도록 하는 기계학습(Machine Learning)의 결과로 나타난다. 그리고 이러한 기계학습에는 조건부확률이 적극적으로 활용되게 된다. 인공지능 분야에서 발견할 수 있는 수학적 원리를 찾아보고, 기계학습을 활용하고 있는 분야와 앞으로 발전시켜 나가야 할 방향에 관해 탐구하여 보자.

　관련 학과 소프트웨어공학과, 소프트웨어학과, 정보보안학과, 컴퓨터공학과

《한눈에 보이는 인공지능 수학 그림책》, 한선관·정기민, 성안당(2023)

[12확통02-05]　　　　　　　　　　　　　　　　　　　　　　　　　　● ● ●

사건의 독립과 종속을 이해하고, 이를 판단할 수 있다.

➜ 자연어 처리(natural language processing, NLP) 기술은 컴퓨터를 이용하여 인간이 사용하는 언어를 분석하고 처리하는 인공지능의 분야 중 하나이다. 인간이 사용하는 다양한 언어의 문장을 컴퓨터가 이해할 수 있는 형태로 변환하는 과정에서 문장 사이의 독립적인 내용을 구분하여 해석하는 기술이 활용되기도 한다. 자연어 처리 과정에 활용되는 다양한 기술을 탐구하여 발표해 보자.

　관련 학과 소프트웨어공학과, 소프트웨어학과, 컴퓨터공학과

《자연어 처리의 정석》, 제이콥 에이젠슈타인, 이동근·김근호 역, 에이콘출판사(2022)

단원명 | 통계

국어 교과군

영어 교과군

수학 교과군

도덕 교과군

사회 교과군

과학 교과군

| 🔍 | 확률변수, 이산확률변수, 확률분포, 연속확률변수, 기댓값, 이항분포, 큰 수의 법칙, 정규분포, 모집단, 모평균, 모분산, 표준정규분포, 표본, 전수조사, 표본조사, 임의추출, 모표준편차, 표본평균, 표본분산, 표본표준편차, 모비율, 표본비율, 추정, 신뢰도, 신뢰구간, $P(X=x)$, $E(X)$, $V(X)$, $\sigma(X)$, $B(n, p)$, $N(m, \sigma^2)$, $N(0, 1)$, $\overline{X}$, S^2, S, $\hat{p}$

[12확통03-01]   ● ● ●

확률변수와 확률분포의 뜻을 설명할 수 있다.

➡ 인터넷이나 OTT 서비스를 활용하여 여러 영상을 시청하다 보면 각 서비스에서는 사용자의 시청 패턴을 분석하여 해당 사용자가 관심 있을 만한 콘텐츠를 추천한다. 콘텐츠 추천 서비스의 원리를 조사하여 보고, 콘텐츠 추천 서비스가 가지고 있는 특징과 문제점 등을 탐구하는 보고서를 작성하여 보자.

관련 학과 소프트웨어공학과, 소프트웨어학과, 정보보안학과, 정보통신공학과, 컴퓨터공학과

《**함수, 통계, 기하에 관한 최소한의 수학지식**》, 염지현, 가나출판사(2017)

[12확통03-02]   ● ● ●

이산확률변수의 기댓값(평균)과 표준편차를 구할 수 있다.

➡ 자율주행자동차 기술에서 주변 환경의 상태를 모델링하고 예측하는 것은 안정적인 주행을 위해 중요하다. 주변 사물의 위치와 형태, 주변 차량의 위치, 속도, 동작 등에 대해 확률적인 예측을 수행하고, 이를 통해 자동차의 운전 판단과 제어를 개선하는 기술이 연구되고 있다. 자율주행자동차가 주변 환경을 예측하고 판단하는 기술에 들어가 있는 수학적 원리를 탐구하여 보자.

관련 학과 기계공학과, 메카트로닉스공학과, 소프트웨어공학과, 소프트웨어학과, 자동차공학과, 정보통신공학과, 컴퓨터공학과

《**모빌리티의 미래**》, 서성현, 반니(2021)

[12확통03-04]   ● ● ●

정규분포의 뜻과 성질을 이해하고, 이항분포와의 관계를 설명할 수 있다.

➡ 우리는 자동차, 항공기 등 다양한 운송수단을 활용해 먼 거리를 이동하기에 각 운송수단의 안정성은 무엇보다 중요하다. 이러한 대형 운송수단은 수많은 부품의 결합으로 만들어지는데, 작은 부품 하나라도 정해진 규격에서 벗어나게 되면 안전에 큰 문제가 발생하게 된다. 여러 운송수단에 사용되는 주요 부품의 정상 범위를 살펴보며, 이러한 정상 범위가 가지고 있는 통계적 의미와 균질한 부품을 생산하기 위한 여러 방법에 관해 탐구하여 보자.

관련 학과 기계공학과, 자동차공학과, 전기공학과, 전자공학과, 조선해양공학과, 항공우주공학과

《**자동차 전기전자 공학**》, 이찬수 외 3명, 복두출판사(2023)

[12확통03-05]   ● ● ●

모집단과 표본의 뜻을 알고, 표본추출의 방법을 설명할 수 있다.

➲ 각 기업에서 생산하는 제품은 제조 과정에서 여러 이유로 불량품이 발생하게 된다. 허용 수준의 불량률을 유지하기 위해 각 기업은 노력하고 있는데, 이러한 불량률을 측정하는 방법은 다양하다. 제품의 제조 공정에서 불량률을 측정하기 위해 표본을 추출하는 방법을 조사하여 보고, 그러한 표본 추출 방법을 활용하는 이유와 그에 따른 불량률의 감소 방안 등을 탐구하여 보자.

관련 학과 공학계열 전체

《표본추출방법론》, 김호일, 경문사(2023)

[12확통03-07]　　　　　　　　　　　　　　　　　　　　　● ● ●

공학 도구를 이용하여 모평균 및 모비율을 추정하고 그 결과를 해석할 수 있다.

➲ 제품을 생산하는 공장은 모든 제품에 대해 불량 여부를 판단하기 어려운 경우가 많다. 그러므로 생산되는 일부 제품을 대상으로 불량률을 측정하여 제품 공정에서의 수정 여부를 판단하게 된다. 특정 상품이 생산되는 공정에서 발생할 수 있는 불량품의 사례를 찾아보고, 불량률을 줄이기 위한 개선 방안에 관해 탐구하여 보자.

관련 학과 공학계열 전체

《품질의 차원》, 김연성, 한국표준협회미디어(2020)

선택 과목	수능		절대평가	상대평가
		미적분 II		
일반 선택	X		5단계	5등급

단원명 | 수열의 극한

| 🔍 | 급수, 부분합, 급수의 합, 등비급수, $\lim_{n \to \infty} a_n$, $\sum_{n=1}^{\infty} a_n$

[12미적II-01-01]

수열의 수렴, 발산의 뜻을 알고, 이를 판정할 수 있다.

➡️ 지구온난화는 생태계와 인류에 크나큰 위협을 가하고 있다. 이에 파리협정은 지구 평균기온 상승을 산업화 이전 대비 2℃ 보다 상당히 낮은 수준으로 유지하고, 1.5℃로 제한하기 위해 노력한다는 전 지구적 장기 목표를 제시했다. 지구의 온도 상승 폭을 줄이기 위해 개발되었거나 개발 중인 공학적 설비에 관해 탐구하여 보자.

관련 학과 공학계열 전체

《브레이킹 바운더리스》, 요한 록스트룀·오웬 가프니, 전병옥 역, 사이언스북스(2022)

[12미적II-01-02]

수열의 극한에 대한 성질을 이해하고, 이를 활용하여 극한값을 구하는 방법을 설명할 수 있다.

➡️ 건축물의 안정성을 위해서는 구조물이 무너지지 않고 견딜 수 있는 하중과 수명을 파악하는 것이 매우 중요하다. 건축물에 사용되는 재료의 성질과 내구성이 감소하는 비율을 통해 건축물의 안정성을 유지하기 위한 계획도 수립할 수 있다. 건축물의 수명을 파악하는 수학적 원리를 조사하여 보고, 건축 설계 또는 사용 과정에서 내구성을 확보하기 위해 필요한 내용에 관해 탐구하여 보자.

관련 학과 건축공학과, 건축학과, 토목공학과

《건축공학의 이해》, 정순오, 기문당(2020)

[12미적II-01-03]

등비수열의 수렴, 발산을 판정하고, 수렴하는 경우 그 극한값을 구할 수 있다.

➡️ 원자력 발전은 경제성과 안전성에 대한 문제가 대립하며 발전 시설과 관련된 고민이 꾸준히 제기된다. 원자력 발전 시 원자로에서 나오는 방사성 폐기물의 처리 문제도 항상 논란이 되고 있다. 원자로에서 나오는 방사성 폐기물의 반감기를 고려하여 인체에 무해하게 되기까지 걸리는 시간을 계산해 보고, 우리나라에서 시행하고 있는 방사성 폐기물 처리 기술을 조사하여 보자.

관련 학과 에너지공학과, 원자력공학과, 화학공학과, 환경공학과

《원자력과 방사성폐기물》, 박정균, 행복에너지(2017)

[12미적II-01-04]

급수의 수렴, 발산의 뜻을 알고, 이를 판정할 수 있다.

➡️ 우리의 건강을 해치는 환경 공해를 일으키는 요소에는 대기, 토양, 물뿐만 아니라 소음도 있다. 능동소음제어 (ANC)란 소음에서 발생하는 음파를 분석하여 다른 음파로 상쇄시켜 소음을 줄이는 기술이다. 이 기술은 다양한 소음이 무수히 많은 음파의 합으로 나타난다는 점을 활용한 것이다. 능동소음제어 기술을 주제로 조사하여 보고, 소음을 줄일 수 있는 다양한 기술에 대해 탐구해 보자.

관련 학과 건축공학과, 건축학과, 전기공학과, 전자공학과, 환경공학과

《소음공학개론》, 김재철, 디자인21(2022)

단원명 | 미분법

🔍 자연로그, 덧셈정리, 매개변수, 음함수, 이계도함수, 변곡점, e, e^x, $\ln x$, $\sec x$, $\csc x$, $\cot x$, $f''(x)$, y'', $\dfrac{d^2y}{dx^2}$, $\dfrac{d^2}{dx^2}f(x)$

[12미적II-02-02]

삼각함수의 덧셈정리를 설명하고, 이를 활용할 수 있다.

➡️ 일상생활에서 초음파를 활용한 다양한 기구들을 찾아볼 수 있는데, 안경을 세척할 때 사용되는 안경 세척기, 가습기의 한 방식인 초음파 가습기 등이 그 예라 할 수 있다. 초음파를 발생시키는 원리는 무엇인지, 우리 주변에서 초음파가 어떻게 활용되고 적용되는지 등을 조사한 뒤, 앞으로 기대되는 초음파 기술에 대해 탐구하여 발표해 보자.

관련 학과 공학계열 전체

《하늘과 바람과 별과 인간》, 김상욱, 바다출판사(2023)

[12미적II-02-03]

삼각함수의 극한을 구하고, 사인함수와 코사인함수를 미분할 수 있다.

➡️ 음성 인식 기술이 발전함에 따라 AI 스피커 등을 활용해 음성으로 우리 생활에서 필요한 여러 움직임을 대신하는 일이 많아지고 있다. 또한 사람마다 목소리가 다른 것을 인식하여 주인 목소리에만 반응하는 AI 스피커도 개발되었다. 이때 사람마다 목소리의 파장이 다르다는 것을 활용하게 되는데, AI 스피커가 사람의 목소리를 구분하는 데 이용되는 수학적 원리를 탐구하여 보자.

관련 학과 반도체공학과, 소프트웨어공학과, 소프트웨어학과, 전기공학과, 전자공학과, 정보통신공학과, 컴퓨터공학과

《청소년을 위한 이것이 인공지능이다》, 김명락, 슬로디미디어(2022)

[12미적II-02-04]

함수의 몫을 미분할 수 있다.

➲ 인공지능의 딥러닝 과정에서는 인공지능의 신경망에 데이터를 입력하여 생성된 출력물과 실제 정답과의 오차가 최소가 되도록 해야 한다. 이때 활용되는 것이 역전파 알고리즘이다. 역전파 알고리즘에 이용되는 수학적 개념을 조사하여 보고, 역전파 알고리즘이 가진 장점과 한계점, 극복 방안을 탐구하여 보자.

`관련 학과` 소프트웨어공학과, 소프트웨어학과, 컴퓨터공학과

《인공지능 딥러닝 직접 코딩하기 with 라즈베리파이 피코》, 서민우, 앤써북(2021)

[12미적II-02-06] ● ● ●

매개변수로 나타낸 함수를 미분할 수 있다.

➲ 곡선의 휘어진 정도를 나타낸 것이 곡률이다. 곡선형의 도로나 교량의 경우 곡률이 안전과 연관되므로, 도로의 곡률에 맞게 차량의 안전 속도를 정하는 것이 매우 중요하다. 곡선을 매개변수로 나타낸 함수로 표현하여 곡률을 구하는 과정을 탐구해 보고, 곡률이 산업에서 활용되는 사례를 조사해 보자.

`관련 학과` 건축공학과, 교통공학과, 금속공학과, 기계공학과, 반도체공학과, 자동차공학과, 제어계측공학과, 조선해양공학과, 토목공학과, 항공우주공학과

《로바체프스키가 들려주는 비유클리드 기하학 이야기》, 송정화, 자음과모음(2008)

[12미적II-02-07] ● ● ●

음함수와 역함수를 미분할 수 있다.

➲ 깨끗한 지구 환경을 위해 태양광 발전을 포함한 여러 신재생 에너지 발전 기술이 개발되고 있다. 태양광 발전 시스템을 활용하는 경우 발전 효율을 높이려면 태양의 위치에 따라 태양광 패널의 각도를 조절할 필요가 있다. 태양광 발전 시스템과 태양광 패널의 효율을 주제로 조사하여 보고, 태양의 궤도를 고려한 패널의 최적 각도를 구하는 방법을 탐구하여 보자.

`관련 학과` 금속공학과, 신소재공학과, 에너지공학과, 원자력공학과, 전기공학과, 전자공학과, 화학공학과, 환경공학과

《세상을 바꾼 수식》, 도미시마 유스케, 강태욱 역, 미디어숲(2024)

[12미적II-02-08] ● ● ●

다양한 곡선의 접선의 방정식을 구할 수 있다.

➲ 건축물을 디자인하는 도구로 다양한 컴퓨터 소프트웨어를 활용하게 된다. 이러한 소프트웨어를 통해 건축가가 구상하는 건축물의 디자인이 가지는 안전성을 예측할 수 있으며, 실제로 건축이 가능한 디자인을 완성하고 그에 맞는 건축 자재 등을 파악할 수 있다. 건축물을 디자인하는 과정에서 활용되는 다양한 수학 개념을 찾아보고, 다양한 건축물에 관해 탐구하여 보자.

`관련 학과` 건축공학과, 건축학과, 소프트웨어공학과, 소프트웨어학과, 컴퓨터공학과, 토목공학과

《유연한 소프트웨어를 만드는 설계 원칙》, 크리스 핸슨·제럴드 제이 서스먼, 류광 역, 한빛미디어(2022)

[12미적II-02-09] ● ● ●

함수의 그래프의 개형을 그릴 수 있다.

➲ 경사하강법은 인공지능 분야에서 활용되는 최적화 알고리즘 중 하나이다. 기계학습과 딥러닝에 필수적인 경

사하강법의 개념을 살펴보고, 경사하강법의 작동 원리와 그 안에 활용되는 수학적 개념을 알아보자. 또한 경사하강법의 장단점을 분석한 뒤 이를 토대로 경사하강법이 활용될 수 있는 분야를 탐구하여 보자.

관련 학과 **소프트웨어공학과, 소프트웨어학과, 컴퓨터공학과**

《**수학의 아름다움**》, 우친, 한수희 역, 세종서적(2019)

[12미적II-02-10] ● ● ●

방정식과 부등식에 대한 문제를 해결할 수 있다.

➡️ 한정된 지하자원을 활용하고 대체하기 위한 연구가 활발하게 이루어지고 있다. 에너지 소비량이 계속해서 증가하고 있으므로 지하자원과 대체 에너지의 균형 있는 개발 계획이 무엇보다 필요하다. 신재생 에너지 등 대체 에너지의 개발 수준을 조사하여 보고, 대체 에너지와 지하자원을 이용하는 데 있어 환경과 경제성을 고려한 최적화된 활용 방법은 무엇인지 탐구하여 보자.

관련 학과 **산업공학과, 에너지공학과, 원자력공학과, 화학공학과, 환경공학과**

에너지 상식사전

이찬복, MID(2019)

책 소개

에너지에 대한 과학적·기술적·경제적 관점에서의 종합적 이해를 바탕으로 지구상에서 모든 생명이 공존할 수 있는 현명한 에너지 사용을 제안하는 책이다. 에너지의 의미와 다양한 에너지의 특성, 에너지 이용 체계를 다루고 있으며, 인간의 에너지 사용이 지구 생태계와 기후에 주는 영향을 분석하며 바람직한 에너지 사용에 관해 설명한다. 에너지가 국제 경제와 정치에서 큰 비중을 차지하는 현실을 분석하고, 그 속에서 우리나라의 에너지 확보와 사용 방안을 제시하고 있다.

세특 예시

신재생 에너지 개발에 관심을 가진 학생으로 교과연계 독서 활동으로 '에너지 상식사전(이찬복)'을 읽고, 현재와 미래의 에너지에 관하여 탐구하는 활동을 함. 전 세계적으로 증가하고 있는 에너지 소비량이 미래 사회에 미칠 영향을 고민하며, 태양광 발전, 지열 발전 등 우리나라의 신재생 에너지 개발 상황을 조사하여 보고, 환경과 경제성을 고려한 신재생 에너지의 활용 방안에 관해 탐구하여 그 내용을 발표함.

[12미적II-02-11] ● ● ●

미분을 속도와 가속도에 대한 문제에 활용하고, 그 유용성을 인식할 수 있다.

➡️ 지구 밖의 세상은 인간이 가 보지 못한 곳이 대부분이기에 더욱 궁금한 공간이기도 하다. 그래서 인간은 오래전부터 멀리 떨어져 있는 은하, 별, 행성의 거리를 측정하기 위해 노력해 왔다. 망원경 등을 통해 관측한 우주의 여러 구성요소들의 거리를 측정하는 방법을 살펴보고, 우주의 구성요소들을 관측하고 특징을 찾아내는 것이 필요한 이유에 관해 탐구하는 보고서를 작성하여 보자.

관련 학과 **기계공학과, 전기공학과, 전자공학과, 정보통신공학과, 항공우주공학과**

《**우리 우주**》, 조 던클리, 이강환 역, 김영사(2021)

단원명 | 적분법

오 른쪽 여백
왼 쪽 여백
수학 여백
담임 여백
사회 여백
부록 여백

| 🔍 | 치환적분법, 부분적분법

[12미적II-03-01] • • •

$y = x^n$ (n은 실수), 지수함수, 삼각함수의 부정적분과 정적분을 구할 수 있다.

➡️ 한국형 우주발사체인 나로호와 누리호에 이어 달 궤도 탐사선인 다누리가 발사에 성공하며 우리나라 우주개발 기술의 발전은 확인되고 있다. 특히 다누리와 같은 달 탐사선의 경우 궤도를 계산해 내는 것이 그 무엇보다 중요하다. 탐사체의 궤도를 계산하는 과정과 그 과정에서 고려해야 하는 사항 등을 탐구하여 보자.

관련 학과 기계공학과, 반도체공학과, 정보통신공학과, 제어계측공학과, 항공우주공학과

《로켓과학 2》, 정규수, 지성사(2016)

[12미적II-03-02] • • •

치환적분법을 이해하고, 이를 활용할 수 있다.

➡️ 에너지를 사용하는 다양한 분야에서 에너지의 효율적 관리와 이용을 위해 에너지 효율을 높이려는 연구가 이루어지고 있다. 에너지를 변환하는 과정에서 손실을 줄이고, 에너지를 보존하며 낭비를 최소화하는 여러 연구 과정에서 활용되는 미적분 등 수학적 개념을 정리하여 보고, 그 내용을 바탕으로 에너지 효율을 높이는 방안에 관해 탐구하여 발표해 보자.

관련 학과 기계공학과, 반도체공학과, 신소재공학과, 에너지공학과, 원자력공학과, 자동차공학과, 전기공학과, 전자공학과, 화학공학과

《처음 만나는 신재생에너지》, 김지홍, 한빛아카데미(2020)

[12미적II-03-03] • • •

부분적분법을 이해하고, 이를 활용할 수 있다.

➡️ 다양한 분야에서 에너지 효율을 높이기 위한 연구가 이루어지고 있다. 그러한 연구에서는 특히 물리학의 열역학 법칙 등이 주요한 내용으로 다루어지며 그 과정에서 미적분이 활용된다. 에너지 효율과 관련된 여러 법칙과 그 내용을 살펴보고, 에너지 효율을 높이는 방안에 관해 탐구하여 보자.

관련 학과 공학계열 전체

《에너지로 말하는 현대물리학》, 오노 슈, 편집부 역, 전파과학사(2023)

[12미적II-03-06] • • •

입체도형의 부피에 대한 문제를 해결할 수 있다.

➡️ 중동 지역의 석유, 중국의 희토류 등 주요한 광물자원의 보유는 국가의 경쟁력을 결정짓는 요인이 되기도 한다. 우리나라도 국내에 부족한 자원을 보완하기 위해 해외로 나가 경쟁력을 가지고 있는 광물자원을 개발하는 데 참여하고 있다. 광물자원은 그 매장량 또한 중요하다. 광물자원의 매장량을 구하는 방법을 찾아보고, 광물자원을 개발하는 다양한 방법에 관해 탐구하여 보자.

관련 학과 금속공학과, 신소재공학과, 에너지공학과, 원자력공학과, 토목공학과, 화학공학과, 환경공학과

《망간각, 해저산에서 건져 올린 21세기 자원》, 문재운·박상준 저, 지성사(2021)

[12미적II-03-07] • • •

적분을 속도와 거리에 대한 문제에 활용하고, 그 유용성을 인식할 수 있다.

➔ 자동차의 자율주행 레벨은 자동화의 정도와 인간의 개입 정도에 따라 분류된다. 차선, 속도 유지 기능 등은 상당 부분 보편화되고 있으며 차선 변경을 지원하고 앞차와의 거리를 유지하기도 한다. 지금까지 상용화된 자율주행의 속도, 거리와 관련된 기능들을 알아보고, 그 기능들의 원리를 탐구하여 보자.

관련 학과 교통공학과, 기계공학과, 소프트웨어공학과, 소프트웨어학과, 자동차공학과, 정보보안학과, 정보통신공학과, 컴퓨터공학과, 항공우주공학과

《모빌리티 쫌 아는 10대》, 서성현, 풀빛(2023)

국어 교과군

영어 교과군

수학 교과군

도덕 교과군

사회 교과군

과학 교과군

선택 과목	수능	**기하**	절대평가	상대평가
진로 선택	X		5단계	5등급

단원명 | 이차곡선

🔍 이차곡선, 포물선(축, 꼭짓점, 초점, 준선), 타원(초점, 꼭짓점, 중심, 장축, 단축), 쌍곡선(초점, 꼭짓점, 중심, 주축, 점근선)

[12기하01-01]   ● ● ●

포물선의 뜻을 알고, 포물선을 방정식으로 표현할 수 있다.

➡ 우주의 깊은 비밀을 밝혀내기 위해 허블 망원경을 대체할 제임스웹 우주 망원경이 우주로 발사되었다. 멀리 있는 것을 보기 위해 발명되었던 망원경은 이후 밤하늘의 별, 행성 등을 관측하는 도구로 활용되며 보다 깊이 있는 우주에 대한 탐구를 가능하게 했다. 망원경의 원리를 조사해 보고, 갈릴레오 갈릴레이가 밤하늘 관측에 사용한 망원경부터 현재 제임스웹 우주 망원경까지 망원경과 함께 발달해 온 우주공학의 발전 과정과 미래 우주공학의 발전 방향에 관해 탐구해 보자.

관련 학과 기계공학과, 반도체공학과, 정보통신공학과, 제어계측공학과, 항공우주공학과

《**90일 밤의 우주**》, 김명진 외 7명, 동양북스(2023)

[12기하01-02]   ● ● ●

타원의 뜻을 알고, 타원을 방정식으로 표현할 수 있다.

➡ 인공위성은 과학 탐사용, 상업용, 군사용 등 그 목적에 따라 지구와의 거리와 궤도가 다르다. 궤도의 모양은 대부분 타원형으로, 인공위성의 궤도가 타원으로 결정되는 이유를 조사해 보자. 또한 원 궤도를 이용하는 인공위성과 타원 궤도를 이용하는 인공위성의 차이점을 탐구해 보자.

관련 학과 정보통신공학과, 항공우주공학과

《**우주궤도를 선점하는 글로벌 리더 인공위성개발자**》, 김명길, 토크쇼(2022)

[12기하01-03]   ● ● ●

쌍곡선의 뜻을 알고, 쌍곡선을 방정식으로 표현할 수 있다.

➡ 쌍곡선 궤도는 우주의 운석이나 지구에서 쏘아 올린 우주선의 움직임에서 관찰할 수 있다. 쌍곡선 궤도가 나타나게 되는 것은 천체의 중력과 관계가 있다. 운석이나 우주선의 움직임에서 발견할 수 있는 쌍곡선 궤도를 주제로 우주탐사에 활용되는 다양한 내용을 탐구하여 보자.

관련 학과 기계공학과, 항공우주공학과

《**우주선은 어떻게 비행하는가**》, 그레이엄 스위너드, 서지형 역, 푸른길(2019)

이차곡선의 접선의 방정식을 구할 수 있다.

→ 달이나 화성 등을 탐사하기 위해 발사된 우주탐사선은 지구와 달의 자전과 공전 등을 고려하여 궤도를 정하게 된다. 또한 인공위성과는 달리 우주탐사선은 지구의 중력을 벗어나기 위해 더 큰 물리적인 힘을 필요로 한다. 우리나라 최초의 달 탐사선인 다누리의 궤도를 바탕으로 우주탐사선이 경로를 변경하는 방법에 관해 탐구하여 보자.

관련 학과 기계공학과, 항공우주공학과

《우주탐사 매뉴얼》, 김성수, 위즈덤하우스(2023)

단원명 | 공간도형과 공간좌표

| 🔍 | 교선, 삼수선 정리, 이면각(변, 면, 크기), 정사영, 좌표공간, 공간좌표, $\mathrm{P}(x, y, z)$

[12기하02-01] ● ● ● ●

직선과 직선, 직선과 평면, 평면과 평면의 위치 관계에 대한 간단한 증명을 할 수 있다.

→ 장거리 이동을 위해 이용하는 항공기는 하늘의 길, 즉 항로를 따라 이동한다. 항로는 대기 상황, 날씨 조건, 교통 혼잡 상황 등을 고려하여 효율적이고 안전한 경로를 선택하게 된다. 비행 중에도 여러 가지 상황이 발생할 수 있기 때문에 상황에 맞게 항로가 변경된다. 여러 상황에 따른 항로를 조사하여 보고, 그 특징에 관해 탐구하여 보자.

관련 학과 교통공학과, 항공우주공학과, 항공운항학과

《비행기 조종 교과서》, 나카무라 간지, 김정환 역, 보누스(2016)

[12기하02-02] ● ● ● ●

삼수선 정리를 이해하고, 이를 활용하여 문제를 해결할 수 있다.

→ 삼수선 정리는 평면 위의 직선과 평면 밖 한 점의 수선의 수직관계를 정리한 것이다. 건축물의 안정성을 평가할 때 삼수선 정리를 이용하면 중요한 기둥이나 보의 위치 계산을 효과적으로 할 수 있다. 건축 설계 과정에서 삼수선 정리를 활용하는 사례를 탐구하여 보고서로 작성하여 보자.

관련 학과 건축공학과, 건축학과, 토목공학과

《이토록 재미있는 수학이라니》, 리여우화, 김지혜 역, 미디어숲(2020)

[12기하02-03] ● ● ● ●

도형의 정사영의 뜻을 알고, 도형과 정사영의 관계를 탐구할 수 있다.

→ 태양은 지구 위의 수많은 생명체의 에너지원인 동시에 우리에게 전기 에너지를 제공해 준다. 태양광을 이용한 발전은 충분한 양의 빛을 받을 수 있는 장소를 찾아 설비를 설치해야 한다. 지구 밖의 우주체도 지구나 달의 그림자 밖에서 태양광을 받아 에너지를 충전하게 된다. 태양광을 활용하여 발전하는 원리와 이용되는 산업을 살

펴본 뒤, 장단점에 관해 탐구하여 보자.

> **관련 학과** 신소재공학과, 에너지공학과, 원자력공학과, 자동차공학과, 전기공학과, 정보통신공학과, 항공우주공학과, 화학공학과, 환경공학과

《에너지 상식사전》, 이찬복, MID(2019)

[12기하02-04]   • • •

좌표공간에서 두 점 사이의 거리와 선분의 내분점의 좌표를 구할 수 있다.

➡ 최근 몇 년간 놀라운 발전을 이뤄 온 로봇 기술은 여러 산업에 활용되며 그 가치를 높여 가고 있다. 3차원 공간에서 로봇이 움직이게 하는 데는 공간 좌표계가 활용된다. 공간에서 로봇이 어떤 원리로 다양한 움직임을 나타낼 수 있는지 조사하고, 그 발전 과정을 설명해 보자. 또한 로봇이 산업의 발전과 우리의 생활에 끼친 영향에 관해 탐구하여 발표해 보자.

> **관련 학과** 기계공학과, 메카트로닉스공학과, 반도체공학과, 소프트웨어공학과, 소프트웨어학과, 자동차공학과, 전기공학과, 전자공학과, 제어계측공학과, 컴퓨터공학과, 항공우주공학과

《로봇공학》, 신정호, 복두출판사(2023)

[12기하02-05]   • • •

구를 방정식으로 표현할 수 있다.

➡ 가상 현실(Virtual Reality, VR)은 사용자에게 실제와 유사한 경험을 제공하는 기술로, 3D 그래픽과 센서를 활용하여 가상 공간을 구현한다. 가상 현실 환경 속에서 사용자의 위치와 동작을 추적하며 주변 환경 사이의 거리를 측정하게 된다. 가상 현실을 구현하는 과정에서 활용되는 다양한 수학 개념을 조사하고, 현실감 있는 가상 환경을 구현하는 데 필요한 기술에 관해 탐구하여 보자.

> **관련 학과** 소프트웨어공학과, 소프트웨어학과, 정보보안학과, 정보통신공학과, 컴퓨터공학과

《가상현실의 이해》, 송은지, 한빛아카데미(2022)

단원명 | 벡터

> 🔍 벡터, 시점, 종점, 벡터의 크기, 단위벡터, 영벡터, 실수배, 평면벡터, 공간벡터, 위치벡터, 벡터의 성분, 내적, 방향벡터, 법선벡터, $\overrightarrow{AB}$, $\vec{a}$, $|\vec{a}|$, $\vec{a} \cdot \vec{b}$

[12기하03-01]   • • •

벡터의 뜻을 알고, 벡터의 덧셈, 뺄셈, 실수배를 할 수 있다.

➡ 항공기는 비행할 때 풍속과 풍향의 영향을 받게 된다. 항공기의 속도와 방향, 풍속과 풍향을 벡터로 나타내면 항공기의 실제 비행 경로를 나타낼 수 있다. 벡터를 활용하여 항공기의 비행 경로를 나타내는 방법을 조사하여 보고, 이를 바탕으로 항공기의 이동 시간, 연료 소모량 등을 예측하는 탐구활동을 하여 보자.

> **관련 학과** 기계공학과, 조선해양공학과, 항공우주공학과, 항공운항학과

《비행기 구조 교과서》, 나카무라 간지, 전종훈 역, 보누스(2017)

[12기하03-02]

위치벡터의 뜻을 알고, 벡터와 좌표를 대응시켜 표현할 수 있다.

➡ 위성 신호를 활용하여 사물의 위치를 나타내는 GPS는 우리의 생활과 산업에서 매우 유용하게 활용되고 있다. GPS는 사물의 위치를 좌표 벡터로 표현한다. 또한 속도와 방향을 계산하고 이동 시간을 예측하는 과정에서 벡터를 활용하게 된다. GPS에서 활용되고 있는 벡터의 계산에 관해 탐구하여 발표해 보자.

관련 학과 교통공학과, 소프트웨어공학과, 소프트웨어학과, 자동차공학과, 전기공학과, 전자공학과, 정보통신공학과, 조선해양공학과, 컴퓨터공학과, 항공우주공학과

《**택시기하학**》, Eugene F. Krause, 황운구 외 4명 역, 지오북스(2020)

[12기하03-03]

내적의 뜻을 알고, 두 벡터의 내적을 구할 수 있다.

➡ 인공지능 분야에서 인공 신경망이란 복잡한 연산 등을 수행할 수 있도록 인간 두뇌의 정보처리 과정을 모방하여 만든 알고리즘이다. 인공 신경망 모델에 이용되는 내적 등 여러 가지 수학 개념을 조사하여 보고, 인공 신경망 모델에서 내적의 역할에 관해 탐구하여 발표해 보자.

관련 학과 소프트웨어공학과, 소프트웨어학과, 컴퓨터공학과

《**나의 첫 AI 수학**》, 오세준, 맘에드림(2023)

[12기하03-04]

벡터를 이용하여 직선의 방정식을 구할 수 있다.

➡ 인간의 생활공간에는 다양한 시설이 있고, 각 시설은 전기, 수도 등을 필요로 한다. 지하에 매설되는 전기, 수도, 통신 케이블 등은 서로 충돌을 방지하기 위해 위치나 깊이를 달리하여 관리된다. 건축물을 짓거나 지하 시설물을 건설하는 과정에서 지하 매설물을 설계하는 과정을 탐구하여 보자.

관련 학과 건축공학과, 건축학과, 도시공학과, 토목공학과

《**지하구조물**》, 홍원표, 씨아이알(2020)

[12기하03-05]

좌표공간에서 벡터를 이용하여 평면의 방정식과 구의 방정식을 구할 수 있다.

➡ 3D 프린터는 원하는 3차원 모델을 층층이 쌓아 가며 출력하는 장치로 연구소, 학교, 공장, 병원 등 여러 분야에서 다양한 목적에 활용되고 있다. 3D 프린터가 3차원으로 설계된 모델을 어떻게 인식하고, 어떤 순서로 물체를 출력하는지 그 원리를 조사하여 보자. 또한 현재 3D 프린터가 활용되고 있는 분야와 그 예를 찾아본 뒤, 3D 프린터의 한계와 가능성에 관해 탐구하여 발표해 보자.

관련 학과 공학계열 전체

《**3D 프린터 101**》, 안상준, 한빛미디어(2018)

선택 과목	수능		절대평가	상대평가
진로 선택	X	경제수학	5단계	5등급

단원명 | 수와 경제

🔍	경제지표, 퍼센트포인트, 환율, 물가지수, 주식지수, 취업률, 실업률, 고용률, 경제 성장률, 금융지표, 무역수지지표, 노동관계지표, 주식지표, 세금, 소득, 세금부과율, 소비세, 부가가치세, 누진세, 근로소득 연말정산, 종합소득세, 단리, 복리, 이자율, 연이율, 분기이율, 월이율, 할인율, 원리합계, 현재가치, 미래 가치, 연속복리, 연금, 기말급 연금, 기시급 연금, 영구 연금, 미래 가격, 현재 가격

[12경수01-01] ● ● ●

통계 자료를 활용하여 경제지표의 의미를 이해하고, 경제지표의 변화를 설명할 수 있다.

➡️ 산업생산지수는 기준 시점에 대한 품목별 생산 수량의 신장과 부가가치(생산 금액에서 원재료비 등을 차감한 것)를 가중 평균한 것으로 산업생산의 수량적 확대의 정도를 나타낸다. 대표적으로 광공업생산지수와 제조업생산지수, 서비스업생산지수가 있다. 우리나라의 최근 산업생산지수를 조사하고 산업생산지수의 변화를 분석해 보자. 퍼센트와 퍼센트포인트의 차이를 이해하고 산업생산지수 분석에 활용해 보자.

관련 학과 공학계열 전체

《코로나 이후 제조업의 대전환》, 이한희·김우찬, 시대인(2021)

[12경수01-02] ● ● ●

환율과 관련된 실생활 문제를 해결할 수 있다.

➡️ 전자제품이나 자동차 등의 국산 제품이 국내보다 오히려 해외에서 저렴하게 판매되는 경우가 있다. 국내 모기업의 UHD TV가 국내의 절반 가격에 판매되었으며, 이에 국내 소비자들이 해외직구 사이트를 통해 역수입하는 상황이 발생하였다. 같은 제품임에도 국내외의 판매가가 달라지는 요인을 분석해 보자. 또한 하나의 상품을 정한 뒤 해외직구 사이트와 국내 사이트에서 구입했을 때의 가격을 현재의 환율을 적용하여 비교해 보자.

관련 학과 공학계열 전체

《이베이&아마존 해외 역직구 셀링》, 로꾸미(윤규미), 제이펍(2021)

[12경수01-03] ● ● ●

세금과 관련된 실생활 문제를 해결할 수 있다.

➡️ 에너지세는 에너지 사용량을 줄일 목적으로 부과하는 세금으로 환경 오염의 주범인 이산화탄소의 배출을 억제하기 위해 에너지 함유량에 비례하여 부과한다. 자동차 구매 시 교통·에너지·환경세를 부과하는데, 상대적으로 연료 사용량이 적은 하이브리드 차량이나 경차 등에 혜택을 주고 있다. 전기·수소자동차는 교통·에너지·

환경세가 면제되는데, 최근 이와 관련해 환경·에너지세를 휘발유 자동차에만 부과하되 도로 이용을 위한 교통세는 모든 자동차에 공통으로 부과하자는 주장이 제기되고 있다. 자동차를 구입했을 때 납부하는 세금의 종류를 조사하고, 전기·수소자동차의 교통·에너지·환경세에 대한 자신의 생각을 정리하여 발표해 보자.

관련 학과 교통공학과, 기계공학과, 도시공학과, 소프트웨어학과, 에너지공학과, 원자력공학과, 자동차공학과, 전기공학과, 전자공학과, 컴퓨터공학과, 토목공학과, 화학공학과, 환경공학과

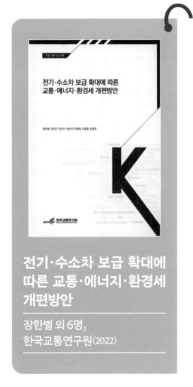

전기·수소차 보급 확대에 따른 교통·에너지·환경세 개편방안

장한별 외 6명,
한국교통연구원(2022)

책 소개

이 책은 한국교통연구원의 전기·수소자동차 보급 확대에 따른 교통·에너지·환경세 개편 방안을 다룬 정부간행물이다. 자동차에 대한 조세 부과 현황을 해외 사례와 함께 제시하고 전기·수소자동차 보급 전망에 따라 세제 개편의 필요성을 설명하고 있다. 이어 교통·에너지·환경세의 법률 개편 방향과 개편 대안을 제시하고 구체적인 실행 방안을 제안하고 있다.

세특 예시

현재 부과하고 있는 우리나라의 다양한 세금을 특징에 따라 분류하고 개별소비세와 누진세의 의도를 분명하게 설명함. 국가의 세금은 시대 상황에 따라 변화할 수 있다고 말하며, 그 사례로 기존에 없던 전기·수소자동차의 세금 부과에 대한 자신의 생각을 발표함. '전기·수소차 보급 확대에 따른 교통·에너지·환경세 개편방안(장한별 외)'을 참고하여 현재 전기·수소자동차에 주어지는 혜택에는 긍정적이나 상용화될 경우 장기적으로는 세금 부여가 필요하다고 통계 자료를 바탕으로 논리적으로 설명함.

[12경수01-04] ● ● ●

단리와 복리를 이용하여 이자와 원리합계를 구하고, 미래에 받을 금액의 현재가치를 구할 수 있다.

➡ 주택이나 자동차 등을 대출을 통해 구입한 뒤 대출금을 상환하는 방법은 크게 만기일시상환, 원금균등상환, 원리금균등상환으로 나뉜다. 만기일시상환은 원금을 만기 때 한 번에 갚고 중간에는 이자만 내는 방식이다. 원금균등상환 방식은 대출 총액을 대출 기간으로 나눠 매월 동일한 원금을 납부하는 반면, 원리금균등상환 방식은 남은 대출 기간의 원금과 이자를 계산하여, 매달 똑같은 원리금을 납부하게 된다. 각각의 대출상환 방식의 장점을 정리하고 어떤 상황에서 적합한지 탐구해 보자.

관련 학과 기계공학과, 반도체공학과, 산업공학과, 자동차공학과, 전자공학과

《투자 초보자도 쉽게 따라 하는 부동산 대출의 기술》, 주지현, 매일경제신문사(2022)

[12경수01-05] ● ● ●

연금의 뜻을 알고, 연금의 현재가치를 구할 수 있다.

➡ 기업연금은 근로자의 안정적 노후를 보장하기 위한 것으로, 재직 기간 동안 기업이 매달 일정액을 금융기관에 납입하고, 근로자가 퇴직한 후에 일시금 또는 연금 형태로 지급받는 제도이다. 최근 연금보다는 일시에 지급되는 퇴직금 형식으로 지급받기를 원하는 경우가 많은데, 연금과 퇴직금의 차이와 장단점을 비교하고 두 가지 방식에 대한 자신의 견해를 발표해 보자.

관련 학과 공학계열 전체

《**직장인이지만 공무원연금 받기로 했습니다**》, 이영빈, 에프엔미디어(2022)

단원명 │ 함수와 경제

|🔍| 함수, 정의역, 공역, 치역, 비례함수, 반비례함수, 비용, 고정비용, 가변비용, 비용함수, 이윤, 생산함수, 수요, 공급, 수요량, 공급량, 수요함수, 공급함수, 수요곡선, 공급곡선, 효용함수, 한계효용, 총효용곡선, 한계효용곡선, 한계효용 체감의 법칙, 한계효용 균등의 법칙, 기대효용, 균형가격, 균형수급량, 최대와 최소, 균형거래량, 가격, 세금, 소득, 부등식의 영역, 제약조건, 이차함수, 효용, 의사 결정

[12경수02-01]   ● ● ●

여러 가지 경제 현상을 함수로 나타낼 수 있다.

➡ 공학계열과 관련한 분야에서 함수를 활용하면 현재까지의 상황을 파악하고 앞으로의 변화를 예측할 수 있다. 예를 들어 월별 자동차 차종별 수출과 수입의 변화를 그래프로 표현하여 앞으로의 생산량과 수입량을 조절할 수 있고, 식품 수요의 변화를 표를 통해 정리할 수 있다. 자신의 진로 분야에서 관심 주제를 선정하여 최근 나타난 변화를 함수(또는 표나 그래프)로 표현하고 이를 분석하여 앞으로 예상되는 변화를 예측하여 보자.

관련 학과 공학계열 전체

《**2024~2025 대한민국 산업지도**》, 이래학, 경이로움(2024)

[12경수02-02]   ● ● ●

함수와 그래프를 활용하여 수요곡선과 공급곡선의 의미를 탐구하고 이해한다.

➡ 최근 전기자동차 판매량이 급증함에 따라 전기자동차의 핵심 기술인 에너지 저장용 이차전지에 대한 수요도 급격히 커지고 있다. 이에 따라 배터리 공급 부족 현상이 발생했음에도 기존 업체들이 공장을 증설하는 데는 시간이 소요되어 리튬 이온 배터리의 가격이 급등하였다. 전기자동차의 수요량과 공급량에 대한 최근 통계 자료를 수집하여 수요곡선과 공급곡선으로 표현한 뒤 이를 바탕으로 향후 이차전지 산업의 전망을 탐구해 보자.

관련 학과 공학계열 전체

책 소개

이 책은 이차전지의 원리부터 기술, 시장, 생태계, 미래 전망 등에 관한 이차전지 안내서로 이차전지 산업에 대한 전망을 소개하고 있다. 이차전지에 대한 원천 기술 경쟁, 원자재를 둘러싼 각국의 긴밀한 전쟁, 완성차 업체들의 배터리 내재화 전략과 실현 가능성, 그리고 미래 두각을 나타낼 기업들에 관한 내용을 담고 있다. 배터리를 생산하는 기업이 향후 몇 년 안에 국내 최대 규모의 기업이 될 것이며 반도체 분야를 넘어설 것이라고 전망하고 있다.

세특 예시

수요곡선과 공급곡선의 의미를 정확하게 이해하고 그래프를 활용해 상품

이차전지 승자의 조건

정경윤 외 3명, 길벗(2023)

의 가격 형성 과정에 수요와 공급이 미치는 영향을 명확하게 설명함. 대표적인 사례로 전기자동차의 수요와 공급에 대한 그래프를 제시한 뒤 전기자동차의 핵심 기술인 이차전지가 미래의 핵심 산업이 될 것으로 예측함. '이차전지 승자의 조건(정경윤 외)'을 인용하여 이차전지와 관련한 통계 자료와 미래의 모습을 제시하고 이차전지의 개발은 미래 자동차 산업의 전환점이 될 것이라고 주장함.

[12경수02-03] ● ● ●

효용의 의미를 이해하고, 효용을 함수와 그래프로 나타낼 수 있다.

➡ 증기기관을 동력으로 한 최초의 자동차는 속도가 너무 느려, 100년이 지나고 나서야 마차보다 빠른 속도를 낼 수 있었다. 이후 자동차의 속도가 빨라지게 되면서 지금의 자동차가 되었고 전국은 1일 생활권이 되었다. 초기에는 자동차의 속도에 대한 연구가 많았지만 지금은 속도보다는 연료 효율, 가속 성능, 안전, 디자인, 편안함 등에 관심이 더 많아졌다. 자동차의 발전 과정에서 자동차 속도에 대한 연구를 한계효용과 관련지어 설명하고, 미래의 자동차는 어느 요인에 관심이 많아질지 예상해 보자.

관련 학과 공학계열 전체

차세대 미래자동차 공학

함성훈 외 2명, 골든벨(2023)

책 소개

이 책은 차세대 미래 자동차인 수소자동차, 천연가스 자동차(NGV), 태양광 자동차, 하이브리드 자동차(HEV), 플러그인 하이브리드 자동차(PHEV), 전기 자동차(EV), 연료전지 자동차(FCEV) 등 친환경 자동차의 개념과 종류 등을 담고 있다. 또한 친환경 자동차의 시스템 원리와 메커니즘에 대한 기본적인 이해와 내연기관 중심에서 탈피한 새로운 xEV신기술에 대해 설명한다.

세특 예시

총효용과 한계효용의 의미를 정확하게 이해하여 그래프에서 나타난 차이를 비교하여 설명함. 또한 수업 시간에 학습한 한계효용 체감의 법칙을 자동차의 발전 과정에 적용하여 과거에는 자동차의 속도에 관심을 가졌으나 지금은 속도의 한계효용이 높지 않다고 분석함. '차세대 미래자동차 공학(함성훈 외)'을 참고하여 앞으로의 자동차는 이차전지와 배터리 기술, 친환경 에너지에 관심을 가질 것으로 전망함. 같은 맥락에서 배터리 기술 역시 자동차 속도와 비슷한 상황이 될 수 있지만 친환경은 꾸준히 관심사가 될 것이라고 분석함.

[12경수02-04] ● ● ●

수요와 공급의 상호 작용에 의해 균형가격이 결정되는 경제 현상을 설명할 수 있다.

➡ 전기는 수요와 공급을 일치시키는 것이 매우 중요한데, 전기는 대규모 저장이 어렵다 보니 수요와 공급을 조절

하는 것이 쉽지 않다. 수요가 공급보다 많으면 대규모 정전이 발생하고, 공급이 수요보다 많으면 전력 공급에 비효율이 나타나게 된다. 따라서 전력거래소와 한국전력을 비롯한 전력 계열사는 수요와 공급을 일치시키는 것을 우선으로 안정적인 전력 공급을 고민하고 있다. 최근 ESG에 대한 요구로 신재생 에너지의 사용 비중이 높아지고 있다. 그런데 신재생 에너지는 특성상 전력 생산량이 날씨에 의존하는 경향이 강해 수요와 공급을 조절하기 어렵다. 신재생 에너지의 수요와 공급의 차이를 최소화할 수 있는 방안을 조사하여 탐구해 보자.

`관련 학과` 공학계열 전체

《**전기 에너지 저장 시스템**》, 정대원·김동희, 문운당(2019)

[12경수02-05]

세금과 소득의 변화가 균형가격에 미치는 영향을 탐구하고 이해한다.

➡ JIT(Just-In-Time) 시스템은 모든 생산 과정에서 필요할 때 필요한 만큼만 생산하여 생산 시간을 단축하고 재고를 최소화하는 시스템이다. 생산 시스템의 낭비 요소를 7가지 범주로 분류하고 있는데 과잉 생산, 대기, 운반, 불필요한 생산 과정, 불필요한 재고, 불필요한 행동, 불량품의 생산이 그것이다. 우리나라의 경우, 자동차 생산량이 증가했음에도 전기자동차나 자율주행자동차 등에 필요한 반도체가 부족하여 자동차 출고 대기 기간이 발생하게 되었다. 반도체 수입의 어려움과 리드타임(주문부터 인도받아 생산되는 시간)으로 인해 자동차 출고 대기가 지속되는 상황을 초과공급과 초과수요의 개념으로 설명해 보자.

`관련 학과` 공학계열 전체

《**전기차 첨단기술 교과서**》, 톰 덴튼, 김종명 역, 보누스(2021)

[12경수02-06]

부등식의 영역의 개념을 이해하고, 이를 활용하여 경제 현상의 문제를 해결할 수 있다.

➡ 스마트폰 요금제는 데이터 사용량과 음성 통화 시간에 따라 금액이 결정된다. 예를 들어 A요금제는 4만 5천원의 가격으로 6GB의 데이터와 100분의 통화 시간이 주어지지만 B요금제는 5만원의 가격으로 4GB의 데이터와 200분의 통화 시간이 주어진다. 자신이 사용하고 있는 통신사의 요금제를 비교한 뒤, 각각의 요금제는 어떤 이용자에게 유리한지 탐구해 보자.

`관련 학과` 반도체공학과, 산업공학과, 전자공학과, 정보보안학과, 정보통신공학과

《**이동통신요금**》, 이내찬, 커뮤니케이션북스(2017)

단원명 | 행렬과 경제

| 🔍 | 행렬, 행, 열, 성분, $m \times n$행렬, 정사각행렬, 영행렬, 단위행렬, 행렬의 덧셈, 뺄셈, 실수배, 곱셈, 역행렬, 행렬식, 연립일차방정식, 행렬의 성질, 행렬의 활용

[12경수03-01]

여러 가지 경제 현상을 행렬로 나타내고, 연산할 수 있다.

➡ 사진이나 그림은 아날로그 이미지이기 때문에 컴퓨터는 사람의 눈이 이미지를 인식하는 것처럼 곧바로 이미

지를 읽어 낼 수 없다. 그래서 컴퓨터가 읽어 낼 수 있는 디지털 정보인 숫자로 바꿔 나타내는 과정이 필요한데, 아날로그 이미지를 디지털 이미지로 전환하는 과정에 이용되는 것이 행렬이다. 행렬을 이용하여 이미지를 처리하는 대표적인 방법으로 RGB 방식을 찾아 탐구해 보자.

관련 학과 기계공학과, 메카트로닉스공학과, 반도체공학과, 산업공학과, 소프트웨어공학과, 소프트웨어학과, 자동차공학과, 전기공학과, 전자공학과, 정보보안학과, 정보통신공학과, 컴퓨터공학과, 항공우주공학과, 항공운항학과

《디지털 그래픽 이미지 연구》, 변현진, 부크크(2018)

[12경수03-02] ● ● ●

역행렬의 뜻을 알고, 2×2 행렬의 역행렬을 구할 수 있다.

➲ 크기가 같은 두 행렬 사이에서 각 자리를 비교해 동일하지 않은 수를 해밍 거리라고 한다. 예를 들어 $\begin{bmatrix} 2 & 2 & 1 \\ 1 & 1 & 3 \\ 1 & 0 & 2 \end{bmatrix}$ 와

$\begin{bmatrix} 1 & 2 & 2 \\ 1 & 1 & 1 \\ 1 & 0 & 1 \end{bmatrix}$ 를 비교하면 다른 숫자가 4개이므로 해밍 거리는 4이다. 3×3 행렬 $\begin{bmatrix} 1 & 0 & 0 \\ 0 & 1 & 0 \\ 0 & 0 & 1 \end{bmatrix}$ 과 해밍 거리가 2이면서 2진법

으로 구성된 행렬을 찾아보자. 또한 3×3 행렬 $\begin{bmatrix} 1 & 0 & 0 \\ 0 & 1 & 0 \\ 0 & 0 & 1 \end{bmatrix}$ 과 해밍 거리가 각각 3과 4이면서 2진법으로 구성된 행렬

의 개수를 탐구해 보자.

관련 학과 산업공학과, 소프트웨어공학과, 소프트웨어학과, 전기공학과, 전자공학과, 정보보안학과, 정보통신공학과, 컴퓨터공학과

《Do it! BERT와 GPT로 배우는 자연어 처리》, 이기창, 이지스퍼블리싱(2021)

[12경수03-03] ● ● ●

행렬의 연산과 역행렬을 활용하여 경제 현상의 문제를 해결할 수 있다.

➲ 대기행렬이론(Queueing Theory)은 경영관리, 산업공학, 통신 네트워크의 성능 분석 및 설계 등 여러 분야에서 강력한 도구로 활용되고 있다. 시스템의 평균 대기 시간, 대기 행렬의 추정, 서비스의 예측 등과 관련해 현재 상태를 기반으로 한 시스템의 확률을 기반으로 하여 성능을 측정하는 도구이다. 대기행렬이론을 통해 교통의 흐름, 시스템의 평균 대기 시간 등을 예측한 사례를 찾아 탐구해 보자.

관련 학과 교통공학과, 기계공학과, 도시공학과, 산업공학과, 소프트웨어공학과, 소프트웨어학과, 자동차공학과, 전자공학과, 정보보안학과, 정보통신공학과, 컴퓨터공학과

《4차 산업혁명 시대의 EXCEL 경영과학》, 강금식, 박영사(2022)

단원명 ┃ 미분과 경제

| 🔍 | 평균변화율, 극한, 순간변화율, 미분계수, 접선의 기울기, 도함수, 합과 차의 미분법, 생산비용, 효용함수, 한계효용, 한계수입, 한계비용, 한계이윤, 평균효용, 평균수입, 평균비용, 평균이윤, 증가, 감소, 극대, 극소, 극댓값, 극솟값, 최대, 최소, 그래프 개형, 평균생산량(AP), 한계생산량(MP), 최적생산량, 총 수입, 총 생산, 이윤, 탄력성

[12경수04-01] ● ● ●

미분의 개념을 이해하고 경제 현상을 나타내는 함수를 미분할 수 있다.

➲ 과속으로 인한 사고를 방지할 목적으로 고속도로에는 무인 단속 카메라가 운영되고 있다. 고정식 과속 단속 카메라는 순간속도를 측정하는 방법으로 도로 아래에 과속 단속 센서를, 도로 위에 카메라 구조물을 설치하여 단속한다. 반면 이동식 과속 단속 카메라는 레이저를 여러 번 투사해 자동차를 감지한 뒤 레이저가 반사되어 되돌아오는 시간을 측정하는 방식이다. 고정식 과속 단속 카메라와 이동식 과속 단속 카메라의 원리를 상세하게 설명하고 그 속에 담긴 미분의 개념을 평균변화율과 순간변화율과 관련하여 탐구해 보자.

관련 학과 교통공학과, 기계공학과, 도시공학과, 반도체공학과, 자동차공학과, 전기공학과, 전자공학과, 정보보안학과, 정보통신공학과, 제어계측공학과, 컴퓨터공학과

《**수학 개념 따라잡기: 미적분의 핵심**》, 뉴턴프레스, 이선주 역, 청어람e(2020)

[12경수04-02] ● ● ●

미분을 이용하여 그래프의 개형을 탐구하고 해석할 수 있다.

➲ 곡선도로와 직선도로를 연결하는 지점은 서로 어긋나지 않아야 하며 동시에 접선의 기울기가 일치해야 한다. 또한 곡선도로에서 직선도로로 진입하는 과정에서 곡률 반경이 변화하게 되는데 곡률 반경이 점진적으로 변화하지 않으면 도로가 부드럽게 연결되기 어렵다. 때문에 곡선도로를 설계할 때 직선 구간과 곡선 구간 사이에 클로소이드 구간(완화곡선)을 두게 된다. 클로소이드 곡선의 의미와 성질, 나아가 활용되는 분야를 탐구해 보자.

관련 학과 건축공학과, 건축학과, 교통공학과, 기계공학과, 도시공학과, 메카트로닉스공학과, 자동차공학과, 전기공학과, 전자공학과, 정보보안학과, 제어계측공학과, 컴퓨터공학과, 토목공학과

《**친절한 미분적분학**》, 캐럴 애시 외 1명, 김광수·한빛수학교재연구소 역, 한빛아카데미(2021)

[12경수04-03] ● ● ●

미분을 활용하여 탄력성의 의미를 탐구하고 이해한다.

➲ 가격에 따라 수요가 얼마나 변하는지 알려 주는 수요의 가격탄력성 E_p^Q는 수요량(Q)의 변화율을 가격(p)의 변화율로 나눈 것이다. $0 \leq E_p^Q < 1$일 때 비탄력적이라 하고, $1 < E_p^Q$일 때, 탄력적이라 한다. 일반적으로 대체재가 없는 생활필수품은 탄력성이 낮고, 생활필수품이 아니면서 대체재가 있는 상품들은 탄력성이 높다. 자신의 진로 분야에서 탄력적, 비탄력적 물품을 찾아보고 그 이유를 근거 자료(통계, 신문 기사 등)와 함께 설명해 보자.

관련 학과 공학계열 전체

《**세계품목단위 수출수요의 가격탄력성 추정에 관한 연구**》, 이진면, 산업연구원(2017)

[12경수04-04] ● ● ●

미분을 활용하여 경제 현상의 최적화 문제를 해결할 수 있다.

➲ 경사하강법은 딥러닝 알고리즘 학습 시 사용되는 최적화 방법 중 하나로 미분의 개념을 활용한다. 주어진 함수의 기울기 경사를 구하고 경사의 반대 방향으로 계속 이동하여 극값에 이를 때까지 반복하는 기법이다. 미분이 활용되는 경사하강법에 대해 탐구하고 활용되는 분야를 조사해 보자.

관련 학과 공학계열 전체

《**딥러닝을 위한 수학**》, 로널드 크노이젤, 류광 역, 제이펍(2022)

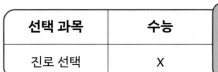

선택 과목	수능	인공지능 수학	절대평가	상대평가
진로 선택	X		5단계	5등급

단원명 | 인공지능과 빅데이터

> 🔍 인공지능, 기계학습, 지도학습, 강화학습, 딥러닝, 사물인터넷, 빅데이터, 데이터베이스, 논리합(OR), 논리곱(AND), 배타적논리합(XOR), 논리 연산, 진리표, 알고리즘, 순서도, 다층퍼셉트론, 전문가시스템, 추론, 데이터 활용, 편향성, 공정성, 퍼셉트론, 가중치, 활성화 함수

[12인수01-01] ● ● ●

인공지능의 개념을 이해하고 학습 방식을 수학적으로 해석할 수 있다.

➡️ 푸드테크는 식품과 기술의 합성어로 인공지능을 식품의 생산, 가공, 유통, 소비에 접목한 분야이다. 최근 푸드테크 분야에서는 식품의 생산 과정에 로봇이 투입되고 식품 정보를 분석해 소비자 맞춤형 상품과 서비스를 제공하고 있다. 또한 환경과 식량 문제 해결을 위해 세포 배양 기술을 활용한 대체 식품과 식물 공장, 식물성 대체육 등을 개발하는 데 인공지능이 활용되고 있다. 푸드테크에 활용되는 인공지능의 개념과 학습 방식을 정리하고 인공지능을 활용한 푸드테크의 사례를 탐구해 보자.

관련 학과 생명공학과, 식품공학과

《세계미래보고서 2023》, 박영숙·제롬 글렌, 비즈니스북스(2022)

[12인수01-02] ● ● ●

인공지능에서 수학을 활용한 역사적 사례를 탐구하고 설명할 수 있다.

➡️ 임베디드 시스템은 어떤 제품이나 솔루션에 추가로 탑재되어 그 제품 안에서 특정한 작업을 수행하도록 중심 시스템에 끼워 넣은 시스템을 의미한다. 예를 들어 주된 용도가 전화인 휴대폰에 텔레비전 기능이 들어가 있다면 텔레비전 기능(시스템)이 바로 임베디드 시스템이다. 컴퓨터, 가전제품, 공장 자동화 시스템, 엘리베이터, 휴대폰 등 현대의 각종 전자·정보·통신 기기는 대부분 임베디드 시스템을 갖추고 있다. 우리 주변에서 볼 수 있는 임베디드 시스템에서 인공지능이 활용되는 사례를 조사하여 탐구해 보자.

관련 학과 공학계열 전체

《규칙으로 배우는 임베디드 시스템》, 장선웅, 북랩(2024)

[12인수01-03] ● ● ●

빅데이터의 개념과 특성을 알고 인공지능에서 빅데이터를 활용한 사례를 찾을 수 있다.

➡️ 자율주행자동차는 운전자의 조작이 없어도 카메라와 센서, GPS 정보 등을 이용하여 인공지능을 기반으로 스스로 주위 환경을 인식하고 움직인다. 자율주행자동차는 운전자의 피로도를 덜어 줄 뿐 아니라 스스로 운전하

기 어려운 이들도 편리하게 이용할 수 있다. 또한 연료 효율성이 높고 도로의 교통 흐름을 원활하게 하여 교통 혼잡을 막고 교통사고의 위험성도 줄여 주며 안전성도 높다. 인공지능과 빅데이터의 개념과 특성을 정리하고 자율주행자동차에 빅데이터가 어떻게 활용되는지 탐구해 보자.

관련 학과 공학계열 전체

《**AI 인공지능 자율주행자동차**》, 장문철, 앤써북(2021)

단원명 | 텍스트 데이터 처리

> |🔍| 텍스트 데이터, 텍스트 마이닝, 불용어, 집합, 벡터, 빈도수, 단어가방(Bag of Words), 텍스트의 유사도 분석, 유클리드 유사도, 코사인 유사도, 자카드 유사도, 용어빈도(TF), 문서빈도(DF), 역문서빈도(IDF), 감성 정보 분석

[12인수02-01]

집합과 벡터를 이용하여 텍스트 데이터를 목적에 맞게 표현할 수 있다.

➡ 순서도란 어떤 문제를 해결하기 위한 유한 번의 계산 방법과 처리 순서를 기호와 그림으로 나타낸 것이며, 컴퓨터에서 작동할 수 있도록 컴퓨터 언어로 변환하는 것을 코딩이라고 한다. 코딩에 사용되는 파이썬 함수는 수학에서 다루는 함수와 비슷하면서도 다소 차이가 있다. 파이썬 함수의 종류를 찾아 탐구해 보자.

관련 학과 공학계열 전체

《**파이썬 함수 사용 설명서**》, 권판검, 글로벌(2021)

[12인수02-02]

빈도수 벡터를 이용하여 텍스트 데이터를 요약하고 유용한 정보를 추출할 수 있다.

➡ 인공지능 스피커는 사용자의 음성 명령을 이해하고 수행하는 스마트 기기다. 딥러닝 시스템인 AI플랫폼 서비스를 기반으로 사람의 음파를 숫자화하여 음향 스펙트럼을 만들고 그 패턴을 분석한다. 또한 문자와 단어의 맥락을 추론하여 음성을 인식하고 그에 따라 사용자에게 원하는 정보를 제공하고 영화나 음악을 실행하거나 전화를 걸기도 한다. 인공지능 스피커가 음성을 분석하여 실행되는 원리를 구체적으로 탐구해 보자.

관련 학과 공학계열 전체

책 소개

블록형 코딩 프로그램인 '엔트리'의 인공지능 기능을 이용하여 인공지능과 관련된 작품을 만들 수 있도록 도와주는 책이다. 저자는 인공지능의 개념과 원리부터 인공지능이 결과를 예측하거나 분류하는 방법을 소개하고 있다. 또한 사물의 이미지를 인식하여 구별하고 오디오의 음성을 감지하고 읽어 주는 원리를 설명하고 있다. 또한 이미지 모델링을 통해 비디오 감지, 얼굴 인식, 감정 인식 등이 이루어지는 원리를 제시한다. 이를 통해 인공지능이 병원 챗봇과 댓글 관리 시스템, 도슨트봇, 생체 인식 보안시스템에 활용되는 과정도 소개하고 있다.

엔트리 인공지능

창의코딩연구소, 해람북스(2022)

세특 예시

생활 속 인공지능 원리를 찾는 활동으로 최근 IoT와 연동되어 인기를 얻고 있는 인공지능 스피커에 대해 소개함. '엔트리 인공지능(창의코딩연구소)'을 참고하여 인공지능이 텍스트와 이미지를 인식하는 원리를 소개함. 음성과 텍스트를 인식하고 선별하여 정보를 추출하는 과정에 활용되는 수학적 원리를 설명하면서 인공지능 스피커에 적용되고 있다고 설명함. 앞으로 인공지능 스피커가 챗봇 이상으로 활용될 수 있다고 논리적으로 설명하는 과정에서 아이디어와 상상력이 풍부하다고 판단됨.

[12인수02-03] ● ● ●

인공지능이 텍스트를 특성에 따라 분석하는 수학적 방법을 설명할 수 있다.

➡ 최근 인공지능을 활용하여 기사, 웹툰, 동영상 등에 달리는 악성 댓글을 차단하는 클린봇이 많아지고 있다. AI 클린봇이 악성 댓글이라고 판단하면 해당 댓글이 보이지 않게 숨겨지는데, 클린봇 도입 이후 악성 댓글이 6개월 만에 63% 줄어들었다고 한다. 인공지능은 기계학습을 통해 분류와 예측에 뛰어난 능력을 발휘하는데, 이를 활용한 사례로는 스팸 메일 분류, 자율주행자동차의 이미지 감지 기능 등이 있다. 클린봇 역시 텍스트를 분류하는 기술이 적용되는데 텍스트 데이터를 선한 댓글과 악성 댓글로 분류하게 된다. 클린봇이 활용하는 분류에 대하여 조사하고 클린봇이 작동하는 원리를 탐구해 보자.

관련 학과 공학계열 전체

《엔트리 인공지능 with 햄스터 로봇》, 강윤지 외 8명, 영진닷컴(2021)

단원명 | 이미지 데이터 처리

| 🔍 | 이미지 데이터, 픽셀 위치, 색상 정보(RGB), 행렬, 전치행렬, 이미지 구도, 색상, 휘도, 밝기, 선명도, 행렬의 연산, 행렬의 덧셈과 뺄셈, 변환, 분류와 예측, 사진 구별, 손글씨 인식, 감정 분석, 행렬의 유사도, 해밍 거리(Hamming distance)

[12인수03-01] ● ● ●

행렬을 이용하여 이미지 데이터를 목적에 맞게 표현할 수 있다.

➡ 픽셀은 디스플레이 화면을 구성하는 가장 작은 단위 면적으로 화소라고도 한다. 각각의 픽셀에 원하는 색을 부여하여 디스플레이 화면의 전체를 구성하게 되며 일반적으로 화소 수가 많을수록 섬세하고 자연스러운 이미지를 표현할 수 있다. 해상도는 디스플레이의 선명도를 나타내는 지표로 픽셀의 개수에 따라 HD, FHD, QHD, UHD 등으로 나뉜다. 한편 화질은 단면 면적당 화소의 수로 디스플레이 선명도의 실질적인 품질을 나타낸다. 화질은 화소 한 개의 크기(픽셀피치)와 인치당 화소 수를 기준으로 한다. 해상도가 같아 화면을 구성하는 픽셀의 수가 동일하더라도 화면의 크기가 다르면 화질이 달라진다. 컴퓨터나 TV 모니터의 디스플레이 선명도를 나타내는 해상도와 화질에 대해 탐구해 보자.

관련 학과 공학계열 전체

《**메이커를 위한 라즈베리 파이**》, 이승현, 인사이트(2017)

[12인수03-02] • • •

행렬의 연산을 이용하여 이미지 데이터를 다양하게 변환할 수 있다.

➡ 최근 출시되는 자동차에는 운전자의 편의를 돕는 주행 보조 장치가 탑재되는데, 자동으로 속도를 줄여 주는 전방 추돌 방지 장치, 차선을 인식하여 차로 이탈을 막는 차로 이탈 방지 장치, 그 외에도 후측방 충돌 방지 장치, 고속도로 주행 보조 장치 등이 있다. 반자율주행 자동차를 넘어선 완전자율주행 자동차는 운전자가 필요하지 않으며 자동차 스스로 모든 도로 환경을 제어 가능한 수준을 의미한다. 이러한 완전자율주행 자동차를 가능하게 하는 물체 인식 기술의 중심에는 레이더, 라이다가 있다. 레이더와 라이다에 대해 탐구해 보자.

관련 학과 공학계열 전체

《**AI 인공지능 자율주행자동차**》, 장문철, 앤써북(2021)

[12인수03-03] • • •

인공지능이 이미지를 자동으로 분류하는 수학적 방법을 설명할 수 있다.

➡ 최근 활발하게 연구되는 인공지능 분야로 사람의 언어를 이해하는 자연어 처리와 이미지, 영상 등의 시각 데이터를 이해하는 분야가 있다. 개와 고양이의 사진을 구분하거나 사람이 작성한 글자를 그대로 인식하는 모델로는 CNN 알고리즘이 활용된다. 데이터 이미지를 받아들이면 픽셀을 나누어 가장자리를 인식한 뒤 세부적인 특징을 추출하는 방식이다. CNN 알고리즘은 이미지 인식에 사용되던 FCNN 방식이 가지고 있는 한계를 개선하기 위해 개발되었다. 데이터 이미지 분석에 활용되는 CNN 알고리즘에 대해 탐구해 보자.

관련 학과 공학계열 전체

O'REILLY®
Deep Learning from Scratch
처음 시작하는 딥러닝

처음 시작하는 딥러닝
세스 와이드먼, 심효섭 역,
한빛미디어(2020)

책 소개 ....

딥러닝을 처음 학습하려는 초보자들에게 딥러닝의 기초부터 고급 신경망 구조까지 폭넓게 알려 주는 책이다. 그림과 함께 개념을 설명하고 코드의 밑바탕이 되는 수학적 원리에 대해서도 설명하고 있다. 파이썬 코드부터 신경망을 구현하며 동작하는 방법과 다층 신경망, 합성곱 신경망, 순환 신경망 등 딥러닝에 대한 다양한 정보를 제공한다.

세특 예시 ....

'수학으로 인공지능 읽기' 활동에서 인공지능의 우수한 능력으로 이미지를 통한 분류와 예측을 꼽으면서 인공지능의 학습 과정을 설명함. '처음 시작하는 딥러닝(세스 와이드먼)'을 활용하여 딥러닝 모델을 활용해 인공지능이 이미지를 분류하는 과정을 수학적 원리를 통해 소개함. 또한 데이터 이미지를 받아들여 사물이나 사람의 세부적인 특징을 추출하는 CNN 알고리즘에 대해 소개함. CNN 알고리즘의 전반적인 개념과 앞으로 활용할 수 있는 사례를 중심으로 탐구 내용을 발표함.

단원명 | 예측과 최적화

| 🔎 | 확률의 계산, 상대도수, 자료의 경향성, 추세선, 예측, 손실함수, 경사하강법, 함수의 극한, 최솟값, 이차함수의 미분계수

[12인수04-01] ● ● ●

데이터를 분석하여 사건이 일어날 확률을 구하고 이를 예측에 이용할 수 있다.

➡ 바둑은 경우의 수가 너무 많아 컴퓨터가 인간을 뛰어넘지 못할 것으로 예상했지만 구글 딥마인드에서 개발한 인공지능 알파고는 세계적인 바둑 기사를 상대로 한 대국에서 승리하였다. 알파고의 원리는 각 상황에서 각 위치마다 무작위 시뮬레이션을 통해 승리 횟수를 확률로 계산하여 가장 확률이 높은 최선의 수에 다음 수를 두는 것이다. 데이터가 쌓이면 쌓일수록 더 많은 시뮬레이션을 통해 검색 트리 값이 커져 최적 값에 더 근접하게 되는데 이를 몬테카를로 트리 검색(MCTS: Monte-Carlo tree search)이라고 한다. 통계적 확률을 바탕으로 하는 몬테카를로 트리 검색에 대해 탐구해 보자.

관련 학과 공학계열 전체

《**몬테카를로 시뮬레이션으로 배우는 확률통계 with 파이썬**》, 장철원, 비제이퍼블릭(2023)

[12인수04-02] ● ● ●

공학 도구를 사용하여 데이터의 경향성을 추세선으로 나타내고 이를 예측에 이용할 수 있다.

➡ 보로노이 다이어그램은 평면상의 영역을 주어진 생성점에 대하여 거리가 가장 가까운 영역으로 분할한 결과를 의미한다. 분할된 다각형 내부의 임의의 점과 그 다각형이 포함하고 있는 생성점 사이의 거리는 다각형 외부의 어느 생성점과의 거리보다 가깝다는 특징을 가진다. 보로노이 다이어그램의 개념을 데이터 분석에 활용한 것이 K-NN(k-nearest neighbors)이다. K-NN은 '최근접 이웃 분류'라 불리며 가장 가까운 것들과의 거리 계산으로 범주를 분류하는 기계학습 알고리즘이다. 주어진 데이터 주변의 K개의 가까운 이웃 데이터를 선택하여 거리 계산을 통해 근접 요소를 파악하고 이를 바탕으로 결과를 도출한다. 데이터 분석과 예측에 활용되는 보로노이 다이어그램과 K-NN에 대해 탐구해 보자.

관련 학과 교통공학과, 기계공학과, 도시공학과, 메카트로닉스공학과, 반도체공학과, 산업공학과, 소프트웨어공학과, 소프트웨어학과, 자동차공학과, 전기공학과, 전자공학과, 정보보안학과, 정보통신공학과, 컴퓨터공학과

《**알고리듬 세계에 뛰어들기**》, 브래드포드 턱필드, 이재익 역, 에이콘출판사(2023)

[12인수04-03] ● ● ●

손실함수를 이해하고 최적화된 추세선을 찾을 수 있다.

➡ 회귀분석은 통계학에서 사용하는 대표적인 자료 분석 방법으로 인공지능 모델과 직접적인 관련성을 가진다. 내일의 기온을 예측하거나 날씨에 따른 음료 판매량을 예측하는 모델, 자동차 사고에 따른 사망률을 예측하는 모델 등 미래의 모습을 예측하는 데 주로 활용된다. 평균제곱오차(MSE: Mean Squared Error)는 회귀 문제에 많이 사용하는 손실함수다. 자신의 진로 분야에서 평균제곱오차를 활용하는 사례를 찾고 회귀분석에 사용되는 평균제곱오차에 대해 탐구해 보자.

관련 학과 공학계열 전체

《**빅데이터 시대, 올바른 인사이트를 위한 통계 101×데이터 분석**》, 아베 마사토, 안동현 역, 프리렉(2022)

국어 교과군

영어 교과군

수학 교과군

도덕 교과군

사회 교과군

과학 교과군

[12인수04-04] ● ● ●

경사하강법을 이해하고 최적화된 예측을 위한 인공지능의 학습 방법을 설명할 수 있다.

➡ 경사하강법(Gradient Descent)이란 단계적으로 오차함수를 조금씩 줄이고 반복적으로 가중치를 개선해 가며 최적의 가중치를 찾아가는 방법을 말한다. 경사하강법은 기계학습에서 손실함수를 최소화하기 위해 사용되며, 크게 배치 경사하강법과 확률적 경사하강법, 둘의 절충안인 미니배치 경사하강법으로 나뉜다. 경사하강법에 활용되는 배치 경사하강법과 확률적 경사하강법, 미니배치 경사하강법에 대해 탐구해 보자.

관련 학과 공학계열 전체

《처음 배우는 딥러닝 수학》, 와쿠이 요시유키·와쿠이 사다미, 박광수 역, 한빛미디어(2018)

단원명 | 인공지능과 수학 탐구

| 🔍 | 데이터의 경향성, 최적화, 합리적 의사 결정, 비합리적 의사 결정, 의사 결정의 윤리성, 인공지능, 수학적 아이디어, 탐구 학습, 프로젝트 학습

[12인수05-01] ● ● ●

수학적 원리를 이용하여 인공지능이 실생활 문제를 합리적으로 해결하는 사례를 찾을 수 있다.

➡ 사물인터넷(IoT)은 사물에 센서를 부착해 실시간으로 데이터를 인터넷으로 주고받는 기술이나 환경을 일컫는다. 지금까지는 인터넷에 연결된 기기들이 정보를 주고받으려면 인간의 조작과 개입이 필요했다. 하지만 사물인터넷 시대가 열리면서 인터넷에 연결된 기기는 사람의 도움 없이 서로 알아서 정보를 주고받고 대화를 나눌 수 있게 되었다. 블루투스나 근거리무선통신(NFC), 센서데이터, 네트워크가 이들의 자율적인 소통을 돕는 기술이다. NFC칩이 탑재된 세탁기에 스마트폰을 대면 세탁기 동작 상태나 오작동 여부를 확인하고 맞춤형 세탁 코스로 세탁할 수 있다. 미래 사회를 주도할 사물인터넷 기술이 활용되는 사례를 조사하고 사물인터넷 기술을 인공지능과 관련하여 탐구해 보자.

관련 학과 공학계열 전체

《만들면서 배우는 아두이노 IoT 사물인터넷과 40개의 작품들》, 장문철, 앤써북(2024)

[12인수05-02] ● ● ●

인공지능과 관련된 수학 주제를 선정하여 탐구할 수 있다.

➡ 인공지능을 기반으로 하는 자율주행자동차로 주행하다 사고가 일어날 경우, 누구에게 책임을 물어야 할지 모호한 상황이다. 자동차 회사, 시스템 설계자, 공장 설계자, 운전자(탑승자) 중 누구에게 법적 책임을 물을지에 대한 기준이 필요한 것이다. 국토교통부가 발표한 자동차손해배상 보장법에 따르면 자율주행자동차로 사고가 발생한 경우 기존대로 일단 운행자가 책임을 지도록 되어 있다. 하지만 자동차 결함이 있는 것으로 확인되면 제작사에 구상권을 청구할 수 있다. 자율주행자동차 사고 발생 시 책임 소재와 자율주행자동차 사고에 대한 법률 개정 방향에 대해 객관적 근거를 바탕으로 자신의 생각을 발표해 보자.

관련 학과 공학계열 전체

《자율주행자동차와 도로교통법》, 선종수 외 4명, 박영사(2022)

선택 과목	수능	직무 수학	절대평가	상대평가
진로 선택	X		5단계	5등급

단원명 | 수와 연산

| 🔍 | 직무 상황, 수 개념, 사칙연산, 실생활 활용, 유용성, 어림값, 재무 관리, 올림, 버림, 반올림, 표준 단위, 시간, 길이, 무게, 들이, 인치(in), 피트(ft), 파운드(lb), 온스(oz)

[12직수01-01] ●●●

직무 상황에서 수 개념과 사칙연산의 문제를 해결하고 그 유용성을 인식할 수 있다.

➡ 우리나라 전기요금 체계는 전기를 사용하는 용도에 따라 크게 6가지 계약종별로 구분하여 해당 요금을 적용하고 있다. 그중 개인이 사용하는 전기세는 주택용 전기세로 누진세 적용을 받는다. 검색 포털에서 한국전력공사 전기요금 계산기를 검색하면 전기요금 청구액을 계산하는 방법을 알 수 있다. 전기요금 계산기를 통해 우리 집의 월별 전기요금을 계산해 보고 이를 합산한 1년간의 전기요금을 정리해 보자.

`관련 학과` 공학계열 전체

《세상을 바꾼 엉뚱한 세금 이야기》, 오무라 오지로, 김지혜 역, 리드리드출판(2022)

[12직수01-02] ●●●

큰 수를 어림하여 문제를 해결하고, 어림값을 이용하여 수의 크기를 비교할 수 있다.

➡ 산업통산자원부가 발표한 2023년 수출입 동향에 따르면 우리나라의 주된 수출품은 반도체, 석유화학, 기계, 자동차, 철강, 석유제품, 디스플레이, 바이오헬스 등으로 나타났다. 우리나라 수출품은 새로운 기술 개발이나 국제 동향 등의 영향을 받아 연도별로 조금씩 차이가 있다. 현재 우리나라의 주된 수출품과 수출 규모를 분야별로 정리하고 앞으로 어떤 분야의 수출이 늘어날 것으로 예상하는지 자신의 생각을 발표해 보자.

`관련 학과` 공학계열 전체

《칩 워》, 크리스 밀러, 노정태 역, 부키(2023)

[12직수01-03] ●●●

시간, 길이, 무게, 들이의 표준 단위를 알고, 단위를 환산할 수 있다.

➡ 국제단위계(SI)는 전류, 온도, 시간, 길이, 질량, 광도, 물질량을 전 세계적으로 표준화한 도량형을 의미한다. 국가별로 상이한 단위계를 통일하여 일상생활이나 상업, 과학, 국제 교류, 산업 등에서 널리 사용되고 있다. SI 단위는 7개의 기본 단위인 미터(m), 킬로그램(kg), 초(s), 암페어(A), 켈빈(K), 몰(mol), 칸델라(cd)와 2개의 보조 단위인 라디안(rad)과 스테라디안(sr)이 있다. 이 외에도 기본량이 아닌 물리량인 유도량이 있으며 기본량이나 이미 있는 유도량으로부터 유도된 유도단위가 있다. SI 기본 단위 이외의 유도량과 유도단위에 대해 조사하고 결과를

목록으로 정리해 보자.

관련 학과 공학계열 전체

《**과학과 공학의 기초를 쉽게 정리한 단위·기호 사전**》, 사이토 가쓰히로, 조민정 역, 그린북(2019)

단원명 | 변화와 관계

| 🔍 | 비, 비례, 비례식, 환율, 비율, 백분율, 퍼센트, 퍼센트포인트, 기준량, 비교하는 양, 손익률, 인상률, 할인율, 두 양 사이의 대응 관계, 규칙, 수수료, 보험료, 위약금, 운임, 증가와 감소, 주기적 변화, 관계, 그래프, 일차방정식, 일차부등식, 해

[12직수02-01] ●●●

비의 개념을 직무 상황에 연결하여 적용할 수 있다.

➡ 스마트폰은 휴대폰에 PDA(개인휴대단말기)와 여러 디지털 기기의 기능을 한데 묶은 단말기를 의미한다. 스마트폰은 계산이나 정보 저장, 검색 기능을 갖춘 휴대형 컴퓨터의 일종인 PDA와 외형이 비슷해 PDA폰으로 불리기도 하지만, PDA폰보다 더 많은 기능을 가지고 있다. 스마트폰에는 휴대전화 기능은 물론, TV 등 동영상 서비스와 카메라, 캠코더, MP3 플레이어, 무전기 기능까지 갖추고 있어 '다기능 지능형 복합단말기'라고도 부른다. 현재 스마트폰 시장은 삼성전자를 비롯해 애플, 화웨이, 샤오미 등이 경쟁하고 있다. 세계 스마트폰의 점유율과 우리나라 스마트폰의 점유율을 비교하여 그 수치를 비교해 보자.

관련 학과 기계공학과, 반도체공학과, 산업공학과, 소프트웨어공학과, 소프트웨어학과, 신소재공학과, 전기공학과, 전자공학과, 정보보안학과, 정보통신공학과, 컴퓨터공학과

《**반도체 인사이트 센서 전쟁**》, 한국반도체산업협회, 교보문고(2023)

[12직수02-02] ●●●

비율을 백분율로 표현할 수 있고 직무 상황에 연결하여 적용할 수 있다.

➡ 최근 환경 문제가 대두됨에 따라 기존 석탄과 석유 등 탄소를 배출하는 에너지를 대신할 신재생 에너지에 대한 관심이 높아지고 있다. 신재생 에너지란 신에너지와 재생에너지를 합한 용어로 새로운 방식의 에너지이면서 자연의 힘, 자원을 활용하여 추출하는 에너지를 의미한다. 대표적으로 태양열과 태양광, 풍력, 수력, 해양, 지열, 수열, 바이오, 폐기물, 연료 전지, IGCC(석탄가스화복합발전) 등이 있다. 원자력, 화력 등 기존의 다른 에너지와 비교하여 연도별 신재생 에너지의 사용 비율에 관한 통계 자료를 찾아 최근 추이를 조사해 보자. 또한 최근 많이 사용하는 신재생 에너지의 비율을 조사하고 앞으로 어떤 신재생 에너지가 주목받을지 자신의 의견을 발표해 보자.

관련 학과 공학계열 전체

《**GRID 신재생에너지**》, 정승민·윤민한, 한티미디어(2022)

[12직수02-03] ●●●

두 양 사이의 대응 관계를 나타낸 표에서 규칙을 찾아 설명할 수 있다.

KTX는 한국철도공사가 운영하는 고속철도 및 열차로 2004년 4월 1일에 개통되었다. 2010년 서울-부산 간 고속선로가 완전히 개통되었고 경부선, 호남선, 강릉선 등으로 확장 운행되고 있다. 2016년에는 기존의 KTX 와는 별도의 운영 주체인 SR이 설립되어 수서역을 기점으로 하는 고속열차 SRT의 운행을 시작했다. 한국철도 공사에서 KTX의 운임표를 다운받아 구간별/시간별 요금을 확인하고 운임표에 나타나는 규칙을 탐구해 보자.

관련 학과 교통공학과, 기계공학과, 도시공학과, 메카트로닉스공학과, 자동차공학과, 전기공학과, 전자공학과, 제어계측공학과, 조선해양공학과, 항공운항학과

KTX 경제 혁명

오재학 외 3명,
트러스트북스(2018)

책 소개

이 책은 KTX의 등장, 진화 과정과 함께 KTX의 개통이 바꾸어 놓은 사회의 모습을 소개하고 있다. 자동차와 새마을호로 이동하던 시간을 절반으로 줄이면서 전국이 반나절 생활권으로 통합되며 국민들의 생활 반경이 넓어졌다고 설명한다. 또한 지역 경제를 성장시키는 원동력으로 행정기관과 공공기관의 이전이 이루어지고 있음을 이야기하고 있다. 최근 KTX 이용자 수 변화와 수익 등도 수치 데이터를 통해 객관적으로 제공하고 있다.

세특 예시

두 양 사이의 대응 관계를 표에 나타내면서 함수 개념을 이해하고 제시한 문제 상황을 올바르게 해석함. 교과연계 활동으로 KTX의 운임표에 나타나는 두 지역 간의 운임 요금을 분석하고 자동차와 시간적, 경제적 측면에서 비교함. 요금이 다소 비싸지만 먼 거리 이동뿐만 아니라 출퇴근까지 KTX를 이용하는 사람의 수가 꾸준히 증가하고 있음을 설명함. 'KTX 경제 혁명(오재학)'을 인용하여 KTX가 사회 변화에 기여한 점을 요목화하여 발표함.

[12직수02-04] • • •

증가와 감소, 주기적 변화 등의 관계를 나타내는 그래프를 설명할 수 있다.

식물의 생체 리듬은 계절을 감지하여 개화 시기를 조절하고 발아와 생장, 잎의 운동, 가스 교환, 효소 활성, 광합성 등 식물의 생리와 발달에 영향을 준다. 또한 생체 리듬은 생체에 내재되어 빛, 온도, 산화·환원 사이클 등과 같은 외부 환경에 의해 조정되기도 한다. 분자생물학적, 유전학적 연구를 통해 식물의 생체 리듬은 생체시계 유전자들의 피드백 고리에 의해 조절된다고 알려져 있다. 식물의 성장과 항상성 유지에 기여하는 생체 리듬에 대해 탐구해 보자.

관련 학과 생명공학과, 식품공학과, 환경공학과

《**조향사가 들려주는 향기로운 식물도감**》, 프레디 고츨랜드·자비에르 페르난데스, 도원사(2023)

[12직수02-05] • • •

일차방정식 또는 일차부등식을 활용하여 직무 상황의 문제를 해결할 수 있다.

공을 바닥에 떨어뜨렸을 때의 반발계수는 충돌 전 상대 속력에 대한 충돌 후 상대 속력으로 $e = \dfrac{v_2}{v_1}$이 성립한

다. 이때 v_1은 충돌 전 상대 속력이고, v_2는 충돌 이후 상대 속력이다. 만약 $e=0$이면 완전 비탄성 충돌이고, $e=1$이면 완전 탄성 충돌이며, $0 < e < 1$이면 일부 운동 에너지가 소산되는 실제 비탄성 충돌이다. 또한 반발계수를 알면 $v_2 = ev_1$으로 충돌 이후의 속력을 알 수 있다. 반발계수와 관련된 문제 상황을 제시하고 학급 친구들과 같이 해결해 보자.

관련 학과 건축공학과, 건축학과, 금속공학과, 기계공학과, 메카트로닉스공학과, 신소재공학과, 에너지공학과, 원자력공학과, 자동차공학과, 전기공학과, 전자공학과, 제어계측공학과, 토목공학과, 항공우주공학과, 화학공학과

고등학생을 위한 일반 물리학

김형근, 책과나무(2022)

책 소개

물리학자들의 이론들 가운데 기본이라 할 수 있는 원리들을 묶어 고등학생이 쉽게 이해할 수 있도록 친절하게 설명하고 있는 책이다. 물리 학습에 필요한 이론을 바탕으로 다양한 사례와 더불어 표와 그림을 제시하여 내용의 이해를 돕고 있다. 뉴턴 법칙, 마찰과 끌림, 일과 에너지, 운동량과 충격량, 회전 운동 등을 소개하고 있으며 심화 개념으로 전기장, 열역학, 유체역학에 대한 기본 이론을 싣고 있다.

세특 예시

일차방정식과 일차부등식을 학습한 뒤 개념 심화 활동으로 부등식이 활용되는 사례 조사 활동을 진행함. '고등학생을 위한 일반물리학(김형근)'을 참고하여 수학과 물리를 연계한 반발계수 개념을 소개함. 반발계수의 정의로부터 식을 유도하고 공과 벽의 재질에 따라 반발계수가 달라지므로 운동 상태를 중심으로 내용을 정리하여 발표함. 반발계수의 값에 따라 크게 3가지 형태로 분류하고 완전 탄성 충돌과 완전 비탄성 충돌의 차이를 구별함.

단원명 | 도형과 측정

|🔍| 입체도형, 겨냥도, 전개도, 원근법, 투시도법, 소실점, 입체도형의 모양, 정면도, 평면도, 측면도, 우측면도, 좌측면도, 도형의 이동, 합동, 닮음, 평면도형의 둘레, 넓이, 입체도형의 겉넓이, 부피

[12직수-03-01]　●●●

입체도형의 겨냥도와 전개도를 그릴 수 있고, 겨냥도와 전개도를 이용하여 입체도형의 모양을 만들 수 있다.

➡ 겨냥도는 도형을 일정한 방향에서 본 모습을 그림으로 표현한 것으로 건물의 설계도나 제품의 설명서, 기계의 공작도 등 여러 분야에서 사용되고 있다. 겨냥도에 많이 활용되는 투상도법은 물체의 형태와 크기 등을 일정한 규칙에 따라 평면상으로 정확히 그려 내는 방법을 말한다. 즉 물체를 평면인 벽 앞에 놓고 물체의 뒤에서 광선을 보내 생긴 물체의 화상으로 표현하는 것이다. 겨냥도를 이용하여 건물이나 기계, 제품 등을 나타낸 사례를 조사하고 대표적인 겨냥도의 종류를 탐구해 보자.

관련 학과 공학계열 전체

《**건축 스케치·투시도 쉽게 따라하기**》, 무라야마 류지, 이은정 역, 더숲(2021)

입체도형의 위, 앞, 옆에서 본 모양을 표현할 수 있고, 이러한 표현을 보고 입체도형의 모양을 판별할 수 있다.

➡ 건축이나 기계 등의 도면 설계에 활용되는 도면은 정투영의 정면도, 평면도, 측면도를 의미하는 3면도를 활용한다. 정면도, 평면도, 측면도는 물체는 바라보는 방향을 기준으로 나뉘며 입체도형을 2차원 단면에 표현하는 과정에서 활용된다. 이때 투상 순서를 눈에서 물체, 투상면으로 생각하는 제1각법과 눈에서 투상면, 물체로 생각하는 제3각법이 있다. 제1각법과 제3각법의 차이를 실제 도면을 통해 제시하면서 각각의 특징을 탐구해 보자.

관련 학과 공학계열 전체

《**건축 스케치 투시도 쉽게 따라하기**》, 무라야마 류지, 이은정 역, 더숲(2021)

도형의 이동, 합동과 닮음을 직무 상황에 연결하여 문제를 해결할 수 있다.

➡ 아파트 모델하우스나 전시장에서는 건축물, 아파트 등을 모형으로 제작하여 건축물을 소개하고 홍보하는 데 활용하고 있다. 모형 제작은 크게 도면 및 자료 입수, 도면 편집 작업, 레이저 및 CNC 가공, 제작 및 도장, 설치 등의 순서로 이루어진다. 아파트 모델하우스와 전시장에서 건축물을 제작하는 과정을 탐구하고 이 과정에서 닮음과 관련한 부분을 연결지어 설명해 보자.

관련 학과 건축공학과, 건축학과, 교통공학과, 금속공학과, 기계공학과, 도시공학과, 메카트로닉스공학과, 자동차공학과, 제어계측공학과, 조선해양공학과, 컴퓨터공학과, 토목공학과, 항공우주공학과

《**건축인테리어 모형 3D Printing Reality**》, 연재진·POB, 디지털북스(2015)

직무 상황에서 나타나는 평면도형의 둘레와 넓이를 구할 수 있다.

➡ 주거 공간의 크기를 측정할 때 평이나 ㎡ 등을 활용한다. 1평은 가로와 세로의 길이가 1,818m인 정사각형의 면적으로 대략 3.3㎡의 크기를 의미한다. 반대로 1㎡은 대략 0.3025평이 된다. 또한 아파트의 전용면적은 집의 실제 면적이고 공용면적은 아파트 현관과 계단 등의 공동사용 면적을 의미하며, 공급면적은 전용면적과 공용면적을 합한 것이다. 주변의 건물이나 아파트를 선정하여 평이나 ㎡를 이용해 공급면적을 구해 보자.

관련 학과 건축공학과, 건축학과, 도시공학과

책 소개

이 책은 단위와 기호의 정의, 원리, 활용법을 하나씩 익혀 가며 암호처럼 보이던 문자와 기호를 이해할 수 있도록 돕는 책이다. 국제도량형총회에서 결정한 7가지 SI 기본 단위, 즉 길이, 질량, 시간, 전류, 온도, 물질량, 광도를 기본으로 한 기초 단위를 다루며, 여기서 한 단계 나아가 자연계의 단위와 기호, 양자 세계의 단위와 기호, 주기율표의 기호, 화학 단위, 공학 단위, 우주 단위를 다룬다.

세특 예시

교과연계 융합 활동으로 평면도형의 둘레와 넓이를 학습한 뒤 그 사례로

과학과 공학의 기초를 쉽게 정리한 단위·기호 사전

사이토 가쓰히로, 조민정 역,
그린북(2019)

아파트나 주거 공간의 크기를 측정하는 단위인 '평'에 대해 소개함. 대략 3.3㎡의 크기로 국민평수라고 하는 33~34평이 대략 81~85㎡라고 설명함. 대부분 85㎡ 이하인 경우가 많은데 85㎡ 이상의 평수는 농어촌특별세를 부담하는 것이 작용한 것이라고 설명함. 아파트 평면도를 통해 전용면적과 공용면적, 공급면적의 의미 차이를 구분하고 건축학에 필요한 개념을 논리정연하게 정리하여 발표함.

[12직수03-05]　　　　　　　　　　　　　　　　　　　　　　　　　　● ● ●

직무 상황에서 나타나는 입체도형의 겉넓이와 부피를 구할 수 있다.

➡ 플라톤의 입체라고 불리는 정다면체는 정사면체, 정육면체, 정팔면체, 정십이면체, 정이십면체로 다섯 가지밖에 존재하지 않는다. 그리스의 수학자 아르키메데스가 이 정다면체들의 꼭짓점을 정다각형으로 잘라 만든 13개의 준정다면체를 아르키메데스 입체라고 한다. 나노 입자를 연구하는 과정에서 정다면체와 준정다면체 구조가 많이 활용되는데, 탄소 원자 60개가 안정적으로 결합한 구조인 풀러렌이 대표적이다. 풀러렌의 구조를 준정다면체와 관련지어 특징을 찾아 탐구해 보자.

관련 학과 금속공학과, 기계공학과, 반도체공학과, 생명공학과, 신소재공학과, 토목공학과, 항공우주공학과, 화장품공학과, 화학공학과

《영재교육을 위한 창의력 수학 2: 기하》, 남호영, 경문사(2006)

단원명 | **자료와 가능성**

🔍 경우의 수, 순열, 조합, 확률, 경우의 수, 수학적 확률, 통계적 확률, 확률의 덧셈정리, 여사건의 확률, 자료 수집, 표, 도수분포표, 히스토그램, 그래프, 비율그래프, 막대그래프, 원그래프, 자료 해석, 합리적 의사 결정

[12직수04-01]　　　　　　　　　　　　　　　　　　　　　　　　　　● ● ●

직무 상황에서 경우의 수를 구할 수 있다.

➡ 스마트폰 잠금을 푸는 방식은 기종에 따라 지문 인식, 숫자 비밀번호 입력, 밀어서 잠금 해제, 패턴 인식 등이 있다. 그중 패턴 인식 잠금 기능은 사용자가 모양을 직접 설정하는 비밀번호 방식으로 안드로이드 스마트폰 사용자의 절반 정도가 사용하고 있다. 이 방식은 자신만이 아는 복잡한 모양을 사용할 수 있어 숫자 형식보다 안전한 것으로 알려져 왔다. 하지만 공공장소에서 사용자의 손가락 움직임을 분석해 자칫 패턴이 노출될 수 있다는 단점이 있다. 숫자 비밀번호와 패턴 인식 잠금의 경우의 수를 구해 비교하고 두 방식의 장단점을 분석해 보자.

관련 학과 기계공학과, 도시공학과, 반도체공학과, 소프트웨어공학과, 소프트웨어학과, 전자공학과, 정보보안학과, 정보통신공학과, 컴퓨터공학과

《스마트폰강사와 함께하는 스마트폰활용 완전정복》, 문윤영 외 3명, 에스엔에스소통연구소(2023)

[12직수04-02]

어떤 현상이 나타날 가능성을 수치화하여 설명할 수 있다.

➡ 오즈비(Odds ratio)는 교차비라고도 하며 특정 사건이 발생하지 않을 확률(1−p) 대비 발생할 확률(p)의 비율을 의미한다. 즉 위험 인자에 노출될 경우 노출되지 않은 경우에 비해 질환이 발생할 위험이 어느 정도인지 나타내는 수치이다. 오즈비는 환자-대조군 연구에서 활용되는데, 환자 집단과 환자가 아닌 집단을 설정해 과거에 특정 요인에 노출되었는지 확인할 수 있다. 분석역학에서 활용되는 오즈비를 확률과 관련하여 탐구해 보자.

관련 학과 생명공학과, 소프트웨어공학과, 소프트웨어학과, 식품공학과, 화장품공학과, 화학공학과
《실험설계와 분석》, Douglas C. Montgomery, 김현중 역, 자유아카데미(2021)

[12직수04-03]

직무 상황의 자료를 목적에 맞게 표와 그래프로 정리할 수 있다.

➡ 웹브라우저는 인터넷의 모든 서비스와 자료에 접근하는 일을 지원하는 프로그램으로 파이어폭스, 익스플로러, 크롬, 엣지 등이 있다. 우리나라 및 세계의 웹브라우저 사용 점유율을 조사한 후 비율그래프(원그래프, 띠그래프)를 이용하여 나타내 보자. 또한 웹브라우저별 기능과 활용도의 차이를 비교 분석하고 웹브라우저의 점유율의 변화와 관련지어 탐구해 보자.

관련 학과 공학계열 전체
《스마트세대의 웹 브라우저 구글 크롬 브라우저 활용하기》, IT와 사람들, 아카데미소프트(2015)

[12직수04-04]

직무 상황의 다양한 표와 그래프를 해석할 수 있다.

➡ 우리나라는 자원이 부족하기 때문에 높은 기술력으로 가전제품, 자동차, 핸드폰 등을 주로 수출하고 있다. 대부분의 전자 제품에 들어가는 반도체는 우리나라의 대표 수출품 중 하나다. 반면 우리나라의 주요 수입품에는 원유, 목재, 철광석, 고무, 천연가스, 석탄 등의 천연자원과 제품을 만드는 데 필요한 반도체와 기계 부품들, 우리나라에서 생산되지 않는 열대 과일 등이 있다. 우리나라의 주요 수출품과 수입품을 표로 나타내고 연도별 수출품과 수입품의 변화를 비교하여 분석해 보자.

관련 학과 공학계열 전체
《자율주행차와 반도체의 미래》, 권영화, 이코노믹북스(2023) *연계도서 맞는지 확인 요망

[12직수04-05]

다양한 자료의 특성을 파악하여 직무 목적에 적합한 표나 그래프로 나타내고 합리적인 의사 결정을 할 수 있다.

➡ 화장품법에 따르면 화장품 제조에 사용되는 모든 성분(인체에 무해한 소량 함유 성분 등 총리령으로 정하는 성분 제외)을 화장품의 1차 포장 또는 2차 포장에 표시해야 한다. 다만 제조 과정 중 제거되어 최종 제품에 남아 있지 않은 성분, 안정화제, 보존제 등 원료 자체에 들어 있는 부수 성분으로 그 효과가 적은 성분 등은 생략 가능하다. 자신이 사용하고 있는 기능성 화장품에 함유된 성분의 비율을 비율그래프로 나타내고 화장품에 포함된 주된 성분의 특징과 기능을 조사하여 탐구해 보자.

관련 학과 생명공학과, 화장품공학과, 화학공학과, 환경공학과

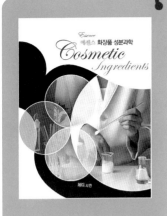

에센스 화장품 성분과학

박초희 외 5명, 메디시언(2021)

국어 교과군

영어 교과군

수학 교과군

도덕 교과군

사회 교과군

과학 교과군

책 소개

이 책은 전공자뿐 아니라 일반인도 이해하기 쉽도록 전문용어를 풀어 화장품 성분에 대한 기본적인 지식을 전달하고 있다. 현대인들의 생활수준 향상과 건강관리에 대한 관심으로 피부 노화를 억제하고 깨끗한 피부를 유지하고자 하는 욕구가 커지면서 소비자의 취향과 피부 타입을 고려한 맞춤형 화장품 시장이 확대되고 있다. 화장품과 관련해 유기화학, 수성원료, 유성원료, 계면활성제, 고분자화합물, 보습제, 산화방지제 등을 소개한다.

세특 예시

다양한 종류의 그래프를 학습한 뒤 평소 많이 판매되고 있는 화장품 구성 물질을 비율그래프를 이용하여 표현함. 자신이 사용하고 있는 화장품 속 주된 성분의 함유 비율을 확인하고 각 성분의 특징과 함유되는 이유를 조사함. '에센스 화장품 성분과학(박초희 외)'을 활용하여 계면활성제와 산화방지제, 보습제에 대한 과학적 개념을 화장품에 적용시킴. 또한 화장품 분야가 확대되는 이유와 앞으로의 방향에 대한 자신의 생각을 뚜렷하게 밝힘.

선택 과목	수능		절대평가	상대평가
융합 선택	X		5단계	5등급

단원명 | 예술과 수학

| 🔍 | 음악과 수학, 미술과 수학, 영화와 수학

[12수문01-01] •••

음악과 관련된 수학적 내용을 조사하고, 관련 활동을 수행할 수 있다.

➡ 최근 딥러닝을 기반으로 AI가 작사, 작곡, 편곡한 음악들이 나타나고 있다. 방대한 음악 데이터를 바탕으로 특정 장르나 스타일에 맞는 새로운 곡을 만들어 낸다. 더불어 음성 합성 기술을 바탕으로 사람의 목소리로 노래를 부르게 하여 음반이 발매되기도 한다. 음악 관련 딥러닝, AI 기술을 조사해 보고, 이러한 기술로 탄생한 음악이 우리 사회에 끼칠 영향에 관해 탐구하는 보고서를 작성하여 보자.

관련 학과 소프트웨어공학과, 소프트웨어학과, 정보보안학과, 컴퓨터공학과

《수학이 사랑한 음악》, 니키타 브라긴스키, 박은지 역, 생각지도(2023)

[12수문01-02] •••

미술과 관련된 수학적 내용을 조사하고, 관련 활동을 수행할 수 있다.

➡ 세계적인 건축물들 중에는 수학적 원리가 담긴 디자인을 가진 건축물이 많다. 예를 들면 콜로세움, 시드니 오페라 하우스, 티코 브라헤 천문관 등은 타원형으로 디자인된 건축물이다. 세계 각국의 대표적인 건축물에서 찾아볼 수 있는 수학적 원리를 조사한 뒤, 건축물의 구조, 형태, 비율 등 다양한 측면에서 수학과의 관계를 탐구하여 보자.

관련 학과 건축공학과, 건축학과

《빌트, 우리가 지어올린 모든 것들의 과학》, 로마 아그라왈, 윤신영·우아영 역, 어크로스(2019)

[12수문01-04] •••

영화와 관련된 수학적 내용을 조사하고, 관련 활동을 수행할 수 있다.

➡ 최근 제작되는 영화들은 간단한 CG부터 VFX(Visual Effect)까지 컴퓨터를 활용한 다양한 영상 제작 기법이 사용되고 있다. 영화에서 CG가 처음 활용되기 시작한 시점의 기술부터 현재 화려하게, 또는 자연스럽게 영화에 녹아 들어가 있는 CG 기술을 살펴보며 CG 기술에 담긴 다양한 수학적 내용을 살펴보자. 또한 미래의 영화 제작에 활용될 수 있는 기술까지 탐구하여 보고서로 작성하여 보자.

관련 학과 건축공학과, 건축학과, 기계공학과, 소프트웨어공학과, 소프트웨어학과, 정보보안학과, 컴퓨터공학과, 항공우주공학과

《좋아하는 일을 하는 거야》, 노준용, 특별한서재(2018)

단원명 | 생활과 수학

국어 교과군

영어 교과군

수학 교과군

도덕 교과군

사회 교과군

과학 교과군

| 🔍 | 게임과 수학

[12수문02-02]   • • •

게임과 관련된 수학적 내용을 조사하고 관련 활동을 수행할 수 있다.

➡️ 컴퓨터 디자인에서 3D 모델링은 가상의 3D 공간에 재현될 수 있는 수학적 모델을 만들어 가는 과정이다. 3D 모델링을 통해 물리적 환경을 적용하여 가상 환경 속 물체의 모습을 재현하기도 하고, 각종 실험 시뮬레이션에 3D 모델링이 활용되어 건축 설계, 디자인, 연구 설계 등 다양한 분야에서 적극적으로 이용되고 있다. 3D 모델링에 적용되는 수학적 내용을 조사하고, 산업 현장에서 활용되고 있는 3D 모델링에 관한 탐구 보고서를 작성하여 보자.

관련 학과 공학계열 전체

《세븐 테크》, 김미경 외 8명, 웅진지식하우스(2022)

단원명 | 사회와 수학

| 🔍 | 점자표와 수학, 대중매체 속 데이터, 가치소비

[12수문03-02]   • • •

점자표에 사용된 수학적 원리에 대해 탐구하고 이를 활용하여 산출물을 설계할 수 있다.

➡️ 과학기술이 발전함에 따라 점자가 적용된 시각장애인용 시계와 같은 다양한 도구와 기계들이 발명되어 사회 진출에 어려움을 겪었던 장애인들에게 여러 방면에서 도움을 주고 있다. 점자표에 사용된 수학적 원리와 이를 적용하여 설계된 시각장애인용 시계를 살펴보고, 다양한 과학·공학 기술을 활용하여 개발되고 있는, 장애인들의 삶의 질을 높여 주는 제품들에 관해 탐구하여 보자.

관련 학과 공학계열 전체

《공생의 유니버설디자인》, 미호시 아키히로 외 2명, 이석현·장진우 역, 미세움(2017)

[12수문03-03]   • • •

대중매체로부터 얻은 데이터를 정리, 분석하여 그 의미와 가치를 해석할 수 있다.

➡️ 인구의 증가와 산업의 발전으로 더 많은 전기 에너지를 생산하려는 각 국가의 고민은 계속되고 있다. 높은 에너지 생산 능력을 보유하고 있으나 여러 문제점도 가지고 있는 원자력 발전의 경우, 국가별로 그 생산량을 늘리거나 줄이고 있다. 각 국가의 발전 시설에 따른 전기 생산 비율의 변화를 조사한 뒤, 각 국가에서 원자력 발전 비율이 갖는 의미와 그 비율을 변화시키기 위해 어떤 노력을 하고 있는지 그 내용을 탐구하여 보자.

관련 학과 산업공학과, 신소재공학과, 에너지공학과, 원자력공학과, 환경공학과

《원자력, 무엇이 문제일까?》, 김명자, 동아엠앤비(2023)

가치소비를 위한 의사 결정 방법을 탐구하고 실천 방법을 제시할 수 있다.

➡ 최근 환경, 사회, 경제 등의 영향을 고려하여 합리적이고 책임감 있는 소비를 하는 가치소비가 증가하고 있다. 특히 환경의 영향을 고려하여 제품의 원재료와 생산 지역, 배출되는 온실가스량, 재활용 가능 여부 등을 꼼꼼히 따지며 소비하는 이들이 늘어나고 있다. 이러한 환경을 고려한 가치소비가 실제 환경에 미치는 영향을 조사하여 보고, 환경을 고려한 활동에 관해 탐구하는 보고서를 작성하여 보자.

관련 학과 산업공학과, 생명공학과, 식품공학과, 신소재공학과, 화장품공학과, 화학공학과, 환경공학과

《요즘 소비 트렌드》, 노준영, 슬로디미디어(2022)

단원명 | 환경과 수학

|🔍| 식생활과 수학, 대기 오염과 수학, 사막화 현상과 수학

[12수문04-01] ●●●

식생활과 관련된 문제를 수학적으로 분석하고 이를 개선하기 위한 방법을 제안할 수 있다.

➡ 인구 증가에 따른 식량 부족 문제를 해결하고 다양한 기호를 가진 소비자의 욕구를 충족시키기 위한 유전자 변형 작물의 개발은 끊임없이 이루어지고 있다. 식량 부족 문제 완화, 새로운 산업의 발전 등 유전자 변형 작물이 가져온 여러 효과를 유전자 변형 작물 개발 전후로 나누어 조사하여 정리해 보고, 유전자 변형 작물의 긍정적인 면뿐 아니라 위험성 등도 탐구하여 발표해 보자.

관련 학과 생명공학과, 식품공학과, 화학공학과, 환경공학과

《왜 세계의 절반은 굶주리는가?》, 장 지글러, 유영미 역, 갈라파고스(2016)

[12수문04-02] ●●●

대기 오염과 관련된 문제를 수학적으로 분석하고 이를 개선하기 위한 방법을 제안할 수 있다.

➡ 일상생활이니 인간이 사용하는 상품이 생산되고 소비되는 과정에서 발생하는 이산화탄소의 총량을 뜻하는 탄소 발자국은 지구 온난화와 기후 변화의 주요 원인이 된다. 탄소 발자국을 측정하는 다양한 방법을 조사하여 장단점을 비교해 보고, 탄소 발자국과 관련된 자료를 수집하여 이를 개선할 수 있는 방법을 제안하는 탐구활동 보고서를 작성하여 보자.

관련 학과 공학계열 전체

《바질 Basil : V.07 탄소발자국》, 바질 편집부 엮음, 윌든(2021)

[12수문04-03] ●●●

사막화 현상과 관련된 문제를 수학적으로 분석하고 이를 개선하기 위한 방법을 제안할 수 있다.

➡ 인공위성이나 드론 등을 이용해 지구 표면의 정보를 수집하는 방법인 원격 탐사와 공간 데이터를 관리하고 분석하는 컴퓨터 시스템인 GIS(지리정보시스템)를 활용하여 사막화의 정도와 범위, 원인과 영향을 수학적으로 측정

하고 시각화할 수 있다. 현재 지구 곳곳에서 일어나고 있는 사막화의 진행 상황과 원인을 조사하고 이를 개선할 방법에 관해 탐구하여 보고서로 작성하여 보자.

관련 학과 도시공학과, 소프트웨어공학과, 소프트웨어학과, 정보보안학과, 컴퓨터공학과, 화학공학과, 환경공학과

《반드시 다가올 미래》, 남성현, 포르체(2022)

국어 교과군

영어 교과군

수학 교과군

도덕 교과군

사회 교과군

과학 교과군

선택 과목	수능		절대평가	상대평가
융합 선택	X		5단계	5등급

단원명 | 통계와 통계적 문제

🔍 변이성, 전수조사, 표본조사, 단순임의추출, 층화임의추출, 계통추출

[12실통01-01] •••

통계와 통계적 방법의 유용성과 필요성을 인식할 수 있다.

➡ 도로의 차량 흐름을 원활히 하고 보행자 안전을 확보하기 위해 여러 교통 시스템이 활용되고 있다. 교통 데이터 분석, 교통량 예측, 신호체계 최적화 등 다양한 통계적 방법을 활용하여, 교통 시스템의 효율성과 안전성을 높일 수 있다. 통계 자료를 활용하여 실제 교통 데이터를 분석하고, 통계적 방법을 적용하여 교통 문제를 해결할 수 있는 방안을 탐구한 뒤, 실제 주변에서 발견할 수 있는 사례를 활용하여 보고서를 작성하여 보자.

관련 학과 교통공학과, 도시공학과, 산업공학과, 정보통신공학과, 토목공학과

《세상을 바로 보는 힘 통계 안목》, 송인창·최성호, 바틀비(2023)

[12실통01-03] •••

모집단과 표본의 뜻을 알고, 표본추출의 방법을 이해하여 문제 상황에 맞는 방법을 선택할 수 있다.

➡ 환경의 빠른 변화에 대응하기 위해 대기, 수질, 소음 등의 환경 요소를 여러 지역에서 측정하여 관리하고 있다. 이를 위해 표본이 되는 지역에서 다양한 데이터를 측정하고 수집해 오염의 정도와 원인을 파악하고 대책을 수립하는 데 활용하게 된다. 환경 데이터를 수집하기 위한 장소를 선정하고 데이터를 추출하는 방법을 조사한 뒤, 각 상황에 맞는 대응 방법 등을 탐구하여 보자.

관련 학과 생명공학과, 화학공학과, 환경공학과

《두 번째 지구는 없다》, 타일러 라쉬, 알에이치코리아(2020)

단원명 | 자료의 수집과 정리

🔍 범주형 자료, 수치형 자료, 명목척도, 순서척도, 구간척도, 비율척도, 설문지법, 문헌연구법

[12실통02-02] •••

자료의 수집 방법을 이해하고 문제 상황에 맞는 자료 수집 방법을 선택할 수 있다.

→ 환경 문제는 현재보다 미래를 위해 더 관심을 가져야 한다. 주변에서 환경 문제를 어떻게 인식하고 있는지 조사하여 보고, 지역의 쓰레기 배출량과 재활용 실태를 파악하기 위해 통계 자료 조사를 실시해 보자. 또한 대기 오염 측정을 위한 실험 관찰을 진행하고 지역의 환경 문제의 현황을 분석한 뒤, 개선 방안을 모색하는 탐구 보고서를 작성하여 보자.

관련 학과 도시공학과, 산업공학과, 생명공학과, 화학공학과, 환경공학과

《**우리는 결국 지구를 위한 답을 찾을 것이다**》, 김백민, 블랙피쉬(2021)

[12실통02-04] ● ● ●

대푯값과 산포도의 종류를 알고 자료의 특성을 나타내는 값으로 요약할 수 있다.

→ 다양한 통계 지표는 의사 결정을 위한 자료로 적극 활용된다. 기업에서도 제품 생산, 품질 관리, 공정 최적화 등을 위해 여러 통계 지표를 활용한다. 제품 수명 예측을 위한 평균 수명, 공정 능력 분석을 위한 공정능력지수 등이 어떻게 계산되고 산업에서 활용되는지 탐구하여 보고, 실제 데이터를 통해 그 내용을 발표하여 보자.

관련 학과 산업공학과

《**나는 통계적으로 판단한다**》, 시노하라 타쿠야, 이승룡·김성윤 역, 에이콘출판사(2020)

단원명 | 자료의 분석

| 🔍 | 정규분포, t분포, 모평균, 표본평균, 모비율, 표본비율, 신뢰구간, 가설검정, 귀무가설, 대립가설, 기각역, 유의수준, 값

[12실통03-02] ● ● ●

실생활에서 공학 도구를 이용하여 모평균을 추정할 수 있다.

→ 구조물의 안전 상태를 점검하기 위해 주기적으로 구조물 검사와 결함 진단을 하게 된다. 다리, 터널, 건물 등 여러 구조물의 다양한 위치를 표본으로 하여 시각적 검사, 비파괴 검사, 신호 처리 등을 실시해 결함을 진단하는데, 구조물 검사와 결함 진단을 통해 구조물 전체의 안전을 진단하는 원리를 조사하여 보고 그 결과에 따른 조치 방법을 탐구하여 보자.

관련 학과 건축공학과, 기계공학과, 토목공학과

《**시설물의 구조안전진단**》, 송창영 외 5명, 예문사(2016)

[12실통03-03] ● ● ●

실생활에서 공학 도구를 이용하여 모비율을 추정할 수 있다.

→ 정보통신기술이 발달함에 따라 사이버 보안 문제도 함께 대두되고 있다. 악성코드 감염률, 보안 취약점 발생률, 사이버 공격, 방어 성공률 등을 추정하는 방법을 찾아보고 사이버 보안 분야에서 활용될 수 있는 통계적 방법에 관해 탐구하여 보자. 또한 사이버 보안 문제의 해결에 적용해 볼 수 있는 여러 수학적 내용을 살펴보는 보고서를 작성하여 발표해 보자.

관련 학과 소프트웨어공학과, 소프트웨어학과, 정보보안학과, 정보통신공학과, 컴퓨터공학과

《**보이지 않는 위협**》, 김홍선, 한빛미디어(2023)

단원명 | 통계적 탐구

[12실통04-01]

●●●

실생활에서 통계적 탐구 과정에 따라 문제를 해결하고 합리적인 의사 결정을 할 수 있다.

➡️ 다양한 프로젝트와 연구를 수행하는 과정에서 많은 양의 데이터를 수집하고 분석하게 된다. 이러한 데이터는 의사 결정과 문제 해결에 매우 중요한 역할을 한다. 공학 분야에서도 데이터의 수집을 위해 실험, 관찰, 설문조사 등 다양한 방법을 활용하며, 표본 선정, 측정 방법, 데이터 관리 등에 유의하여 정확성과 신뢰성을 확보한다. 각 공학 분야에서 제품의 설계를 위해 수집하는 데이터와 그 수집 방법을 조사해 보고, 데이터의 활용 시 고려해야 할 윤리적 문제 등도 탐구하여 발표해 보자.

관련 학과 공학계열 전체

《수학보다 데이터 문해력》, 정성규, EBS BOOKS(2022)

선택 과목	수능	수학과제 탐구	절대평가	상대평가
융합 선택	X		5단계	5등급

단원명 | 과제 탐구의 이해

| 🔍 | 수학과제 탐구, 연구 윤리

[12수과01-01] ● ● ●

수학과제 탐구의 의미와 필요성을 설명할 수 있다.

➡ 현대 사회에서 나타나는 여러 가지 환경 오염 중 대기 오염은 그 발생 원인이 다양하다. 우리나라에서 발생하는 대기 오염의 원인을 분석하고, 여러 자료를 활용하여 자동차와 공장에서 배출하는 매연, 황사 등 여러 요인별로 비율이 어떻게 다른지 살펴본 뒤, 각 요인별로 대기 오염을 개선해 나갈 수 있는 방법을 찾고 그 내용을 수학적으로 탐구하여 보자.

관련 학과 공학계열 전체

《공기 전쟁》, 베스 가디너, 황성원 역, 해나무(2022)

단원명 | 과제 탐구의 방법과 절차

| 🔍 | 문헌 조사, 사례 조사, 수학 실험, 개발 연구

[12수과02-03] ● ● ●

수학 실험을 통해 탐구하는 방법과 절차를 이해하고 설명할 수 있다.

➡ 통신망이 설치되지 않은 통신 취약 지역에서도 위성통신 등을 활용하여 다른 지역과 통신을 할 수 있다. 이때 곡면 모양을 한 위성 안테나를 이용하게 되는데, 위성 안테나의 모양에는 수학적인 원리가 숨어 있다. 정보통신 분야에서 활용되는 수학적 원리를 찾아보고, 통신 가능 지역의 확대로 얻을 수 있는 효과 등에 관해 탐구하여 보자.

관련 학과 전기공학과, 전자공학과, 정보보안학과, 정보통신공학과, 항공우주공학과

《4차 산업혁명 시대의 정보통신개론》, 고응남, 한빛아카데미(2020)

[12수과02-04] ● ● ●

개발 연구를 통해 탐구하는 방법과 절차를 이해하고 설명할 수 있다.

➡ 전기차에 관한 관심이 높아지며 전기차 수요와 함께 전기차용 배터리의 수요도 빠르게 증가하고 있다. 그와 더

불어 이후 발생하게 될 폐배터리의 활용과 처리에 관한 연구도 지속되고 있다. 향후 전기차, 배터리의 수요 변화에 따른 폐배터리의 양 변화를 함께 예측한 뒤 그래프로 나타내어 보고, 폐배터리의 활용 방안과 나타날 수 있는 문제점 등에 관해 탐구하는 보고서를 작성하여 발표해 보자.

관련 학과 교통공학과, 금속공학과, 기계공학과, 산업공학과, 신소재공학과, 에너지공학과, 자동차공학과, 전기공학과, 전자공학과, 화학공학과, 환경공학과

배터리의 미래

M. 스탠리 위팅엄 외 3명,
이음(2021)

책 소개

스마트폰을 거쳐 전기차 시대가 다가오며 배터리는 자원의 문제, 환경의 문제, 미래 문명의 문제를 집약적으로 담고 있다. 이 책은 리튬 이온 배터리, 전고체 배터리 등 배터리와 관련된 이야기를 비교적 쉽게 풀어내고 있다. 배터리 기술과 더불어 배터리 산업의 현재와 미래를 논의하며, 배터리의 재활용 등 사회의 합의가 필요한 분야에 대해서도 이야기하고 있다.

세특 예시

자동차 산업에 관심이 많은 학생으로 교과연계 독서 활동으로 '배터리의 미래(M. 스탠리 위팅엄 외)'를 읽고, 배터리의 자원, 환경, 미래 문명의 문제에 관해 알아봄. 특히 전기차 수요의 증가에 따라 예상되는 폐배터리 처리 문제에 관심을 가지고 분해 후 재활용, 에너지 저장 장치(ESS) 설비 활용 등 다양한 처리 방안을 조사하여, 폐배터리를 기술, 경제, 환경 분야의 다양한 관점에서 분석하는 보고서를 작성하여 발표함.

단원명 | 과제 탐구의 실행 및 평가

🔍 탐구 계획 수립, 수학 소논문, STEAM형 산출물, 포스터, 보고서, 수학 잡지, 수학 소설, 수학 만화, 수학 신문, 동료 평가, 자기 평가

[12수과03-01] •••

여러 가지 현상에서 수학 탐구 주제를 선정하고 탐구 계획을 수립할 수 있다.

➡ 디지털 기술이 우리 생활 곳곳에 활용되고 있기에 개인정보 보안은 매우 중요한 문제가 되었다. 개인의 디지털 정보를 보호하는 다양한 방식과 그 안의 수학적 원리를 조사해 보고, 양자컴퓨터 등 빠르게 발전하는 컴퓨팅 기술과 개인정보 보안에 관해 탐구하는 보고서를 작성하여 보자.

관련 학과 산업공학과, 소프트웨어공학과, 소프트웨어학과, 자동차공학과, 전기공학과, 전자공학과, 정보보안학과, 정보통신공학과, 컴퓨터공학과, 항공우주공학과

《양자 컴퓨팅 발전과 전망》, 전미 과학·공학·의학한림원, 테크 트랜스 그룹 T4 역, 에이콘출판사(2020)

[12수과03-02] •••

적절한 탐구 방법과 절차에 따라 탐구를 수행할 수 있다.

➡️ 건축에 적용된 디자인 중에는 수학적 원리를 활용하여 다양한 공간과 모양을 만들어 내면서 안정성도 확보하는 디자인이 있다. 여러 건축물에서 볼 수 있는 '아치(arch)'나 '돔(dome)' 등이 그 예이다. 다양한 건축물의 건축 기법과 디자인에서 발견할 수 있는 수학적 원리와 건축물의 안정성에 관해 탐구하여 보자.

관련 학과 건축공학과, 건축학과

《**수학 언어로 건축을 읽다**》, 오혜정, 지브레인(2020)

[12수과03-03]

탐구 결과를 정리하여 산출물을 만들고 발표할 수 있다.

➡️ 우리 주변에서 다양한 형태의 건축물이 세워진 것을 관찰할 수 있다. 건축의 구조나 디자인은 그 쓰임에 따라 여러 형태로 만들어진다. 건축물의 안정성을 높이거나 공기의 순환을 원활하게 하고 에너지 효율을 높이는 등 수학적 원리를 활용한 건축 디자인을 찾아보자. 또한 그러한 건축물을 설계할 때 고려해야 할 사항 등에 관해 탐구하여 보자.

관련 학과 건축공학과, 건축학과

《**에너지 인문학**》, 유호경, 한국경제신문i(2019)

[12수과03-04]

탐구 과정과 결과를 반성하고 평가할 수 있다.

➡️ 비행기가 공항에서 이착륙할 때, 비행기의 이착륙 경로와 활주로의 방향은 매우 중요하다. 비행기의 바퀴와 활주로의 마찰력을 활용한 안정적인 제동이 이루어지며 이착륙 절차를 원활하게 수행하게 된다. 비행기가 활주로에 이착륙하는 과정을 살펴보고, 다양한 상황에 따른 이착륙 방법을 탐구하여 보자.

관련 학과 항공우주공학과, 항공운항학과

《**비행기**》, 나카쿠라 칸지, 남명관 역, 성안당(2020)

도덕 교과군

구분	교과(군)	선택 과목		
		일반 선택	진로 선택	융합 선택
보통 교과	도덕	현대사회와 윤리	윤리와 사상 인문학과 윤리	윤리문제 탐구

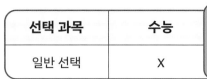

선택 과목	수능	현대사회와 윤리	절대평가	상대평가
일반 선택	X		5단계	5등급

단원명 | 현대 생활과 윤리

| 🔍 | 야스퍼스, 과학기술의 가치 중립성, 과학기술과 철학, 공리주의

[12현윤01-01] • • •

윤리학의 성격과 특징을 바탕으로 윤리적 존재로서의 인간 본성을 이해하고, 현대사회의 다양한 윤리 문제를 탐구 및 토론할 수 있다.

➡️ 독일의 철학자 야스퍼스는 "기술은 도구에 불과하며, 그 자체는 선도 악도 아니다. 중요한 것은 인간이 기술을 어떻게 사용하고, 인간이 기술을 어떤 조건 아래 놓는가 하는 것이다."라고 말한 바 있다. 야스퍼스는 과학기술의 가치 중립성을 인정하면서, 과학기술 결과에 대한 책임은 그것을 활용한 사람들에게 있다고 하였다. 최근 새롭게 등장한 과학기술과 윤리 문제를 분석하여 과학기술의 가치 중립에 대한 자신의 의견을 제시해 보자.

관련 학과 공학계열 전체

《과학, 그게 최선입니까》, 강호정, 이음(2022)

[12현윤01-02] • • •

동양 및 서양의 윤리사상, 사회사상의 접근들을 비교 분석하고, 이를 현대사회의 다양한 윤리 문제와 쟁점에 적용하여 윤리적 해결 방안을 도출할 수 있다.

➡️ 공리주의는 많은 사람에게 행복과 쾌락을 주는 행위는 도덕적으로 옳다고 간주하여 '최대 다수의 최대 행복'이라는 도덕 원리를 제시하였다. 생명공학, 컴퓨터공학, 나노공학 등 미래의 변화를 주도하는 과학기술은 빠른 속도로 발전하고 있고, 인간의 삶을 더욱 풍요롭게 하고 있다. 특히 생명공학 분야의 과학기술은 유전자 조직으로 질병 치료, 생명 연장 등 이전 세대가 누리지 못한 혜택을 제공하였지만 새로운 윤리적 문제를 야기하고 있다. 공리주의적 입장에서 과학기술의 정당성에 대해 고찰하고, 관심 있는 과학기술 분야를 선택하여 예상되는 윤리적 문제와 해결 방안에 대해 제시해 보자.

관련 학과 공학계열 전체

《기술에게 정의를 묻다》, 이채리, 궁리출판(2023)

단원명 | 생명윤리와 생태윤리

| 🔍 | 트랜스 휴머니즘, 식품공학, 환경 오염, 인공지능

[12현윤02-01] • • •

삶과 죽음을 동·서양 윤리의 입장에서 성찰하고, 현대사회에서 발생하는 생명윤리 문제를 다양한 윤리적 관점에서 설명할 수 있다.

➡ 인간의 삶은 출생으로 시작해 죽음으로 마무리된다. 동서양을 막론하고 철학자들은 죽음은 삶의 일부이며 자연스러운 과정이니 두려워 말라고 당부해 왔다. 그러나 생명 연장 기술이 급속도로 발달함에 따라 죽음을 바라보는 관점도 달라졌다. 상용화되고 있는 생명 연장 기술을 정리하고, 트랜스 휴머니즘에 대해 고찰해 보자.

관련 학과 기계공학과, 메카트로닉스공학과, 반도체공학과, 산업공학과, 생명공학과, 소프트웨어공학과, 소프트웨어학과, 신소재공학과, 전기공학과, 전자공학과, 정보통신공학과, 컴퓨터공학과

《트랜스휴머니즘의 역사와 철학》, 로베르토 만조코, 유용석·김동환 역, 전북대학교출판문화원(2023)

[12현윤02-02] • • •

사랑과 성에 관한 다양한 입장과 성차별의 윤리적 문제를 이해하고, 현대사회의 결혼 및 가족 문제를 윤리적 관점에서 탐구할 수 있다.

➡ 식품공학은 식품의 생산과 저장 및 가공, 유통 등을 연구하는 학문이다. 산업화가 빠르게 진행되면서 핵가족이 보편화되었고, 여성의 활발한 사회 진출은 식품산업의 변화와 식품공학의 발전을 가져왔다. 핵가족화, 1인 가구 증가에 따른 성역할의 변화와 식품 가공과 보존 공학 기술이 접목된 식품 트렌드에 대해 조사해 보자.

관련 학과 산업공학과, 식품공학과, 신소재공학과, 화학공학과

《식탁 위의 과학 분자요리》, 이시카와 신이치, 홍주영 역, 끌레마(2016)

[12현윤02-03] • • •

자연을 바라보는 동·서양의 관점을 비교·설명할 수 있으며 오늘날 환경 문제의 사례와 심각성을 조사하고, 이에 대한 윤리적 해결 방안을 제시할 수 있다.

➡ 인공지능은 미래 사회의 변화를 주도하는 핵심 기술로 현대인의 생활에 깊이 파고들고 있다. 특히 환경에 대한 빅데이터를 구축하고 환경 오염을 예측하는 데 기여하며 신재생 에너지 분야에서 활용되고 있지만, 반면에 대규모 환경 오염의 주범이기도 하다. 인공지능이 환경 문제의 해결책인 동시에 주범인 이유를 분석하여 발표해 보자.

관련 학과 반도체공학과, 산업공학과, 소프트웨어공학과, 소프트웨어학과, 신소재공학과, 전기공학과, 전자공학과, 정보통신공학과, 컴퓨터공학과, 화학공학과, 환경공학과

책 소개

인류는 한 번도 경험하지 못한 인공지능의 시대를 마주하고 있다. 산업 혁명이 인간의 육체노동의 효율을 높였다면 인공지능은 인간의 마음과 정신을 대체하여 정신의 효율을 높이려는 시도이다. 저자는 총 5장에 걸쳐 생성형 인공지능인 챗GPT의 탄생과 현재의 상황을 캄브리아기 대폭발에 빗대어 대전환 시대의 사회적 충격을 예견하고 AI 리터러시를 통해 미래 사회의 대책을 마련할 것을 촉구한다.

세특 예시

인공지능 동아리 탐구활동 시간에 인공지능의 양면성에 대해 탐구함. 평

소 편리하게 접했던 생성형 인공지능이 인간의 정신을 대체할 수 있다는 사실에 경각심을 갖고 인공지능의 상업적 이용에 대해 경계하며 인공지능 윤리의 필요성에 대해 제기함. 특히 오염된 데이터를 통한 결과물의 위험과 인공지능 문해력이 필요한 이유를 비주얼 싱킹으로 표현하여 윤리적 실천 방안을 논리적으로 설명한 점이 돋보임.

단원명 | 과학과 디지털 학습 환경 윤리

|🔍| 과학기술의 양면성, 자율주행자동차

[12현윤03-01] ● ● ●

과학기술 연구에 대한 다양한 관점을 조사하여 비교·설명할 수 있으며 이를 과학기술의 사회적 책임 문제에 적용하여 비판 또는 정당화할 수 있다.

➡ 과학기술은 인류에게 긍정적인 영향과 부정적인 영향을 동시에 주는 양면성을 가지고 있다. 과학기술의 혜택은 인류에게 생명 연장과 삶의 질 향상으로 안락함과 편안함을 가져다주었지만 환경 오염, 물질주의, 생명 경시 현상 등 과학기술로 인한 부정적 측면도 존재한다. 과학기술과 윤리 문제를 고찰하고, 과학기술자의 사회적 책임과 역할에 대해 토의해 보자.

관련 학과 공학계열 전체

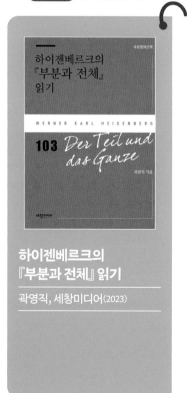

하이젠베르크의 『부분과 전체』 읽기

곽영직, 세창미디어(2023)

책 소개

《부분과 전체》는 불확정성 원리를 제시하고 양자역학을 창시한 하이젠베르크의 자서전이다. 저자는 《부분과 전체》에서 과학적 지식과 철학, 2차 세계 대전 이후의 과학자들의 역할과 책임 등에 대한 대담을 모아 재구성하였다. 하이젠베르크, 아인슈타인, 보어, 파울리 등 당대 과학자들의 생생한 토론과 성찰이 담겨 있다.

세특 예시

과학기술의 중립성에 대해 실천적 고민을 하는 학생으로 '하이젠베르크의 『부분과 전체』 읽기(곽영직)'를 탐독하고 양자역학의 성립 과정과 과학의 사회적 책임에 대해 모둠원들과 토론함. 히로시마 원자 폭탄 투하 후에 원자 물리학을 연구한 과학자들의 고뇌와 역할에 대한 대담을 통해 과학기술의 막대한 영향력과 과학자의 역할에 대해 성찰하게 되었다고 발표함. 과학자들의 사회적 책임을 위한 노력 방법을 개인적 차원과 사회적 차원으로 이분화하고, 각 분야의 전문가들이 사회적 책임을 공유하고 노력할 수 있도록 제도적 장치 마련을 촉구하는 윤리의식이 돋보임.

> [12현윤03-03]　　　　　　　　　　　　　　　　　　● ● ●
>
> 윤리적인 인공지능을 위하여 인간과 인공지능의 관계를 설명하고, 인공지능으로 인해 발생하는 윤리 문제의 해결 방안을 인공지능 윤리의 관점에서 제시할 수 있다.

➡ 국토교통부에서는 2020년 자율주행자동차의 위기관리 대책 마련을 위해 '자율주행자동차 윤리 가이드라인'을 제정하여 자율주행자동차의 기본 가치와 행동 원칙, 행위 주체별 책임 등을 제시하고 있으며, 이는 레벨4 이상의 자율주행 등급을 대상으로 한다. '자율주행자동차 윤리 가이드라인'을 참고하여 자율주행자동차의 상용화에 있어 윤리적 고민을 해야 하는 이유를 정리하고, 인간의 생명, 환경, 사생활 보호를 위한 대책을 보완해 보자.

　`관련 학과` 교통공학과, 기계공학과, 도시공학과, 메카트로닉스공학과, 반도체공학과, 산업공학과, 소프트웨어공학과, 소프트웨어학과, 신소재공학과, 전기공학과, 전자공학과, 정보통신공학과, 컴퓨터공학과

《인공지능/연결기반 자율주행차량》, 김재휘, 골든벨(2023)

단원명 | 민주시민과 윤리

🔍| 공학 윤리, 시민불복종, 인수 공통 감염병

> [12현윤04-01]　　　　　　　　　　　　　　　　　　● ● ●
>
> 직업의 의의와 다양한 직업군에 따른 직업윤리를 제시할 수 있으며 공동체 발전을 위한 청렴한 삶과 노동의 가치에 대한 사회적 존중의 필요성을 설명할 수 있다.

➡ 반도체, 전기·전자, 디스플레이 등 국가의 핵심 기술이 해외로 유출되는 일이 꾸준히 발생하고 있다. 2023년 삼성전자 반도체 사업부에서는 사업장 내 챗GPT 사용을 허용하자마자 기밀 정보가 유출되는 사고가 발생하였다. 이는 의도적인 것은 아니지만 생성형 인공지능에 기업의 정보가 저장된 것이다. 과학기술 발전의 가속화와 파급력을 고려했을 때, 공학 윤리의 중요성은 더욱 강조되고 있다. 공학 윤리의 정의와 목적 및 필요성에 대해 정리해 보자.

　`관련 학과` 공학계열 전체

《그랜드 퀘스트 2024》, 서울대학교 국가미래전략원, 포르체(2023)

> [12현윤04-02]　　　　　　　　　　　　　　　　　　● ● ●
>
> 개인선과 공동선의 조화가 필요한 이유를 설명할 수 있으며, 시민의 정치참여 필요성과 시민불복종의 조건 및 정당성을 제시할 수 있다.

➡ 시민불복종의 정당화 조건은 ①최후의 수단 ②비폭력적인 방법 ③공동선 ④공개성 ⑤위법행위에 대한 처벌 감수로 제시할 수 있다. 시민불복종을 정당화할 수 있는 5가지 조건을 고려하여 적합한 사례를 검색할 수 있는 알고리즘을 설계해 보자.

　`관련 학과` 소프트웨어공학과, 소프트웨어학과, 정보통신공학과, 컴퓨터공학과

《시민의 불복종》, 헨리 데이빗 소로우, 강승영 역, 은행나무(2017)

공정한 분배를 이루기 위한 정책을 분배 정의 이론을 통해 비판 또는 정당화할 수 있으며, 사형 제도와 형벌을 교정적 정의의 관점에서 비판 또는 정당화할 수 있다.

⊙ 기후 변화는 전 지구적 문제이며 인수 공통 감염병의 원인이 된다. 기후 변화로 인한 빈번한 산불, 가뭄, 홍수는 야생동물 서식지를 파괴하고, 서식지를 잃은 야생동물이 사람이 거주하는 지역으로 이동함에 따라 동물과의 접촉이 늘어나 바이러스에 감염된다. 또한 기후 변화로 인한 피해는 선진국보다 개발도상국과 후진국에 더욱 큰 영향을 미친다. 인공지능과 빅데이터 등의 기술을 활용한 환경 보호 기술을 조사하고, 이러한 과학기술을 가지고 있는 선진국이 개발도상국과의 기술 격차 해소를 위해 노력해야 하는 이유를 제시해 보자.

관련 학과 산업공학과, 생명공학과, 소프트웨어공학과, 소프트웨어학과, 신소재공학과, 에너지공학과, 원자력공학과, 자동차공학과, 정보통신공학과, 컴퓨터공학과, 화학공학과, 환경공학과

《인수공통 모든 전염병의 열쇠》, 데이비드 콰먼, 강병철 역, 꿈꿀자유(2022)

단원명 | 문화와 경제생활의 윤리

| 🔍 | 도시 재생 사업, 주거문화와 윤리, 건축

[12현윤05-01]

미적 가치와 윤리적 가치를 예술과 도덕의 관계 차원에서 설명할 수 있으며 현대의 대중문화의 순기능과 역기능을 윤리적 관점에서 이해하고 성찰할 수 있다.

⊙ 도시 재생은 인구의 감소, 산업구조의 변화, 노후화 등으로 쇠퇴하는 도시를 새로운 기능을 추가하여 활성화시키는 것을 의미한다. 도시 재생의 대표적 사례인 스페인의 빌바오는 철강과 조선 같은 중공업 중심지였으나, 1980년대 이후 경제 불황으로 급격히 쇠퇴하여 사람들이 떠나고 노후화된 공업 지대만 남았다. 이에 스페인 정부는 구겐하임 미술관을 중심으로 도시 재생 사업을 추진하였고, 빌바오는 문화예술 도시로 탈바꿈하였다. 예술이 도시 재생과 결합한 사례를 탐색하고, 예술이 우리 삶에 중요한 가치로 자리 잡은 이유를 제시해 보자.

관련 학과 건축공학과, 건축학과, 교통공학과, 도시공학과, 환경공학과

《예술, 도시를 만나다》, 전원경, 시공아트(2019)

[12현윤05-02]

의식주 생활과 관련된 윤리 문제와 경제생활에서 발생하는 도덕적 선과 이윤 추구 사이의 갈등 및 소비문화의 문제점을 윤리적 관점에서 비판할 수 있다.

⊙ 독일의 철학자 볼노브(Bollnow)는 거주한다는 것은 공간 속 임의의 장소에 단순히 위치하는 것이 아니라 특정한 장소에 속해 있는 것을 의미한다고 하였다. 또한 거주 공간은 외부 세계에 대해 열릴 수 있는 닫힘의 공간이자 자기 세계의 중심이라고 하였다. 그러나 효율성과 편리성, 경제적 가치에 집중되어 있는 우리나라의 도시 주거 공간은 획일화·규격화되었고, 도시 집중 현상은 하우스푸어를 양산하는 등 주택 공간의 불안정성이 사회 문제가 되고 있다. 거주 공간이 인간 본질을 실현하는 장이 될 수 있도록 다양한 가치관과 라이프 스타일을 반영한 주택 공간을 탐색하고, 자신의 철학이 담긴 미래 주거 공간에 대한 아이디어를 제시해 보자.

보오ᄒ마ᄀ를

염요바마ᄀ를

수항ᄒ마ᄀ를

ᄂᄆᄒ마ᄀ를

소회항마ᄀ를

보항마ᄀ를

관련 학과 건축공학과, 건축학과, 교통공학과, 도시공학과
《공간의 미래》, 유현준, 을유문화사(2021)

[12현윤05-03]   ● ● ● ●

다문화 이론을 통해 문화의 다양성을 존중해야 할 필요성을 인식하고 종교 갈등, 이주민 차별 등과 같은 다문화 관련 문제의 해결 방안을 제시할 수 있다.

➡ 다문화 사회를 대비하는 건축 형태의 변화는 어떤 방향으로 이루어져야 할까? 다양한 문화가 공존하고 서로의 문화의 차이를 인정하는 사회에서 건축은 어떤 철학과 가치를 가져야 할까? 도시 구조와 교통, 주거 공간 등 도시 계획 단계에서 이미 다양한 문화가 원활히 상호 작용할 수 있게 준비해야 한다. 다문화를 반영한 건축 공간에 필요한 요소를 디자인, 소재, 언어, 소통 방법 등으로 구분하여 제시하고, 다문화 시대를 대비한 건축의 역할을 정리해 보자.

관련 학과 건축공학과, 건축학과, 도시공학과, 소프트웨어공학과, 소프트웨어학과, 컴퓨터공학과, 환경공학과
《죽기 전에 꼭 봐야 할 세계 건축 1001》, 마크 어빙·피터 세인트 존, 박누리 외 2명 역, 마로니에북스(2021)

단원명 | 평화와 공존의 윤리

🔍 재생에너지, 에스팀, 희토류, 팍스테크니카

[12현윤06-01]   ● ● ● ●

다양한 사회적 갈등의 양상을 제시하고 동·서양의 윤리 이론을 바탕으로 사회통합을 위한 방안을 제안할 수 있으며, 바람직한 소통과 담론을 실천할 수 있다.

➡ 에너지 관련 정책의 성공 여부는 지역 주민들의 의견 수렴과 참여에 달려 있다. 유럽연합은 재생에너지 확대를 위해 주민들의 의견을 수렴하고자 총 6단계의 의사소통 매뉴얼인 에스팀(ESTEEM)을 개발하였다. 2020년 한국에너지정보문화재단 또한 한국형 에스팀(K-ESTEEM)을 개발하였다. 에스팀과 한국형 에스팀을 비교하고, 주민 참여를 통한 갈등 해결에서 의사소통 과정이 중요한 이유와 그 사례를 탐색해 보자.

관련 학과 산업공학과, 신소재공학과, 에너지공학과, 제어계측공학과, 환경공학과
《우리는 결국 지구를 위한 답을 찾을 것이다》, 김백민, 블랙피쉬(2021)

[12현윤06-02]   ● ● ● ●

한반도의 통일과 평화에 관한 쟁점을 객관적으로 이해하고, 보편적인 윤리적 가치를 바탕으로 남북한의 화해를 위한 개인적·국가적 노력을 구체적으로 제시할 수 있다.

➡ 북한은 첨단 산업에 필요한 무연탄, 우라늄, 철광석, 구리와 희토류를 보유하고 있다 특히 희토류는 세계 2위의 매장량을 기록하고 있다. 희토류는 전기차, 하이브리드 자동차, 태양광 발전, 항공 산업, 스마트폰 등 그 활용 분야가 매우 광범위하지만 환경 오염의 원인이기도 하다. 희토류와 관련된 우리나라의 환경공학 기술을 탐구하고 남북통일의 당위성을 공학적 관점에서 제시해 보자.

관련 학과 공학계열 전체
《기후는 기다려주지 않는다》, 조슈아 S 골드스타인·스타판 A. 크비스트, 이기동 역, 프리뷰(2023)

> [12현윤06-03] ● ● ● ●
>
> 국제 사회의 윤리 문제를 국제 정의의 관점에서 비판적으로 설명하고, 국제 사회에 대한 책임과 기여를 윤리적 관점에서 정당화하고 실천 방안을 제시할 수 있다.

➡️ 현대사회는 첨단 기술을 확보하고 우위를 점하기 위한 경쟁이 치열한 '팍스테크니카(기술패권)'의 시대이다. 전 세계 메모리 반도체 시장의 70% 이상을 점유하고 있는 우리나라는 일본의 반도체 관련 핵심 소재의 수출 제한으로 위기를 경험했고, 이를 통해 원천기술의 중요성을 절감한 바 있다. 과학기술과 관련된 국제분쟁 사례를 바탕으로 기술패권 시대에 갖추어야 할 역량과 책임에 대해 논해 보자.

관련 학과 공학계열 전체

《**기술패권**》, 김대호, 커뮤니케이션북스(2023)

선택 과목	수능	윤리와 사상	절대평가	상대평가
진로 선택	X		5단계	5등급

단원명 | 동양 윤리사상

|🔍| 양지, 불교건축

[12윤사01-01]　　　　　　　　　　　　　　　　　　　　　　　　　　　•••

공자사상에 바탕하여 맹자와 순자, 주희와 왕수인의 인성론을 비교하고, 인간 본성의 입장에 따른 윤리적 삶의 목표 및 방법론의 차이와 그 의의를 파악할 수 있다.

➡ 왕수인은 형식을 강조하는 성리학을 비판하며 지행합일을 중시하는 양명학을 창시하였다. 그는 참된 이치는 마음속에 있고 사람의 마음에는 양지(良知)가 있다고 말하며, 이론적인 지식을 추구하는 것보다 양지를 깨닫고 적극적으로 실천하는 것을 중시하였다. 과학기술의 시대에 인간의 도덕적 마음인 '양지'를 실천할 수 있도록 과학기술계가 해야 할 역할에 대해 토의해 보자.

`관련 학과` 공학계열 전체

《양명학, 돌봄과 공생의 길》, 김세정, 충남대학교출판문화원(2020)

[12윤사01-03]　　　　　　　　　　　　　　　　　　　　　　　　　　　•••

불교의 사성제와 자비를 이해하고, 괴로움을 극복하는 방법을 실천할 수 있다.

➡ 삼국 시대에 전래된 불교는 오늘날까지 우리 사회 전반에 많은 영향을 미치고 있다. 조선 시대에는 숭유억불 정책이 시행되며 국교였던 불교가 배제되었으나, 조선의 왕들은 꾸준히 불교에 관심을 가졌고 일반 민중의 삶과 함께 성장하였다. 조선 시대 불교건축의 특징과 건축을 통해 알 수 있는 불교의 세계관에 대해 조사해 보자.

`관련 학과` 건축공학과, 건축학과, 환경공학과

《조선 시대 불교건축의 역사》, 홍병화, 민족사(2020)

단원명 | 한국 윤리사상

|🔍| 돈오점수, 정약용, 경세유표

[12윤사02-01]　　　　　　　　　　　　　　　　　　　　　　　　　　　•••

원효의 화쟁사상, 의천과 지눌의 선·교 통합 사상이 불교의 대립을 어떻게 화해시켰는지 탐구하고, 한국불교의 특성과 통합정신의 중요성을 파악할 수 있다.

➲ 지눌은 참된 깨달음을 위해 돈오(단번에 깨달음, '내가 곧 부처'라는 사실을 한순간에 깨닫는 것) 이후에도 점수(점진적으로 닦음)를 수행할 것을 강조하였다. 돈오를 바탕으로 오래된 인식과 습관을 바로잡기 위해 지속적으로 수행하는 것이 필요함을 강조한 것이다. 과학기술은 우리 생활에 편리함과 유용함을 가져다주고 삶의 질을 향상시켰다. 과학기술의 발전과 활용에 돈오점수(頓悟漸修) 사상을 적용하여 미래 사회를 준비하기 위한 삶의 방향과 자세 등을 제안해 보자.

`관련 학과` 공학계열 전체

수심결과 마음공부
법상, 불광출판사(2023)

`책 소개`

〈수심결(修心訣)〉에는 보조국사 지눌의 핵심 사상이 담겨 있다. 괴로움을 소멸하여 나의 마음을 찾는 방법이 가능할까? 저자는 피로 사회에 버금가는 '괴로움의 사회'를 사는 현대인들에게 지눌 스님의 사상을 바탕으로 괴로움을 해결해 줄 가르침을 제시한다. 깨달음과 해탈이라는 본질적 문제를 현실에 적용하여 괴로움에서 벗어나 각 개인이 깨어나고 궁극적으로는 인류가 공존하는, 진정한 자신을 찾는 길을 안내한다.

`세특 예시`

인공지능 로봇 동아리 시간에 인공지능에 대한 무분별한 정보들에 휩쓸려 부정적 시각과 상상력만으로 탁상공론하는 사람들을 비판하고 과학기술의 시대에 인간의 마음과 윤리적 성찰의 중요성을 강조하며 독서 활동을 기획함. '수심결과 마음공부(법상)'를 읽고 돈오점수의 자세로 무분별한 정보 탐색과 주관 없는 사고 등 오래된 낡은 관습과 마음을 괴롭히는 것들에서 벗어나 정확한 정보를 탐색하고 미래를 준비하기 위해 꾸준히 정진하는 자세를 가질 것을 제안함.

[12윤사02-03] ●●●

남명과 하곡, 다산의 사상을 통해 앎과 함의 관계에 대하여 성찰하고, 윤리적 실천 방안을 제안하여 실행할 수 있다.

➲ 다산 정약용은 《경세유표(經世遺表)》에서 이용감(利用監)이란 전문 관청을 설치할 것을 주장하였다. 그리고 수학과 중국어에 능한 관리를 집중 배치시켜 새로운 생산 기술을 도입·보급하고 기술자를 양성할 것을 제안하였다. 《경세유표》를 통해 민생을 안정시키고 중국을 통해 서양의 선진 기술을 도입할 것을 제시한 것이다. 이용감의 특징과 의의를 조사하고, 정약용의 철학을 바탕으로 미래 사회를 대비하는 과학기술계의 역할을 제시해 보자.

`관련 학과` 공학계열 전체

《경세유표에 관한 연구》, 안병직, 동서문화사(2021)

단원명 | 서양 윤리사상

| 🔎 | 도시 계획, 폴리스, 고딕 양식, 순수이성비판, 하이데거

[12윤사03-01] • • •

서양 윤리사상의 출발점에서 나타난 보편윤리, 영혼의 조화, 성품의 탁월성의 특징을 파악하고, 덕과 행복의 관계에 대하여 성찰할 수 있다.

➡ 고대 그리스는 폴리스, 즉 도시 국가의 형태였다. 각 폴리스는 정치, 경제, 군사에 대한 권한을 가지고 있었다. 그리스의 도시 국가에서는 도시 계획이 이루어졌으며, 신전과 주요 관공서가 모여 있는 아크로폴리스와 정치적 집회장이자 일상적인 활동이 활발히 이루어지는 아고라 등의 건축물이 폴리스의 핵심을 이루었다. 고대 그리스 시대의 도시 계획과 건축 유형에 대해 발표해 보자.

관련 학과 건축공학과, 건축학과, 교통공학과, 도시공학과

《**지적 대화를 위한 교양인의 서양 건축사**》, 이민정, 팬덤북스(2024)

[12윤사03-03] • • •

그리스도교의 사랑의 윤리로서의 특징을 파악하고, 자연법 윤리 및 프로테스탄티즘 윤리에 나타난 신앙과 윤리의 관계를 성찰할 수 있다.

➡ 고딕 양식은 중세 시대에 발달한 건축양식으로, 12세기경에 시작되어 13세기를 거쳐 15세기 르네상스 양식으로 넘어가기까지 약 3세기 동안 중세 건축양식의 중심이 되었다. 고딕 양식은 성당과 교회, 수도원 등의 종교 건축뿐 아니라 시청, 주택 등에도 사용되었다. 중세 시대 유행했던 고딕 양식의 특징과 건축물에 대해 발표해 보자.

관련 학과 건축공학과, 건축학과, 교통공학과, 도시공학과

《**고딕성당, 거룩한 신비의 빛**》, 강한수. 파람북(2023)

[12윤사03-04] • • •

옳고 그름의 기준에 대한 의무론과 결과론을 비교·분석하고, 옳고 그름에 대한 윤리적 관점을 정당화할 수 있다.

➡ 이성의 힘으로 보편타당한 진리를 파악할 수 있다는 합리론에 충실했던 칸트는 《순수이성비판》으로 합리론(선험적)과 경험론(종합판단)을 분석판단과 종합판단으로 통합을 시도한다. 그는 시대에 맞는 철학의 가능성을 제시하며 근대 철학의 정체성을 확립하였다. 과학기술의 시대에 과학기술자의 윤리적 갈등 사례를 탐색하고, 과학기술자의 사회적 책임을 강화하기 위한 방안을 제시해 보자.

관련 학과 공학계열 전체

《**왜 칸트인가**》, 김상환, 21세기북스(2019)

[12윤사03-05] • • •

실존주의와 실용주의, 도덕의 기원과 판단에 관한 과학적 탐구를 비판적으로 평가하고, 책임·배려 윤리에 대한 이해를 바탕으로 윤리적 삶의 의미와 지향을 설정할 수 있다.

➡ 하이데거는 "과학기술을 중립적인 것으로 고찰할 때, 인간은 무방비 상태로 기술에 내맡겨진다."라고 말한 바 있다. 하이데거에 따르면 과학기술자는 연구 내용에 대한 관심과 실제 활용에 대한 가능성을 고려하기 때문에, 과학의 영역은 가치 중립적인 영역이 될 수 없는 것이다. 과학기술이 중립적인 영역이 아닌 이유를 정리하고, 과학기술자의 입장에서 하이데거(철학계)에게 도움을 요청하는 시나리오를 작성해 보자.

관련 학과 공학계열 전체

《**하이데거의『형이상학이란 무엇인가』읽기**》, 김종엽, 세창미디어(2014)

단원명 | 사회사상

| 🔍 | 베이컨, 뉴 아틀란티스, 자유주의 우생학, 딥페이크 기술, 프레카리아트

[12윤사04-01]

동·서양의 다양한 국가관을 비교·고찰하고, 오늘날의 관점에서 국가의 역할과 정당성에 대한 체계적인 시각을 형성할 수 있다.

➡️ 경험론의 선구자 베이컨(F. Bacon)은 '아는 것이 힘이다.'라며 지식의 중요성을 강조하였다. 또한 모든 지식은 경험에서부터 나오며, 인간의 생존과 이익에 도움이 되는 행위가 '선'이라고 보았다. 유용성을 강조한 베이컨은 관찰과 실험으로 자연에 대한 지식을 확장할 것을 주장하였다. 그리고 이를 바탕으로 과학기술이 발달한 이상 사회의 모습을 '뉴 아틀란티스'로 제시한 바 있다. 베이컨이 제시한 이상사회의 모습과 베이컨 철학의 특징을 살펴보고, 현대사회의 관점에서 보강되어야 할 내용들을 제시해 보자.

관련 학과 공학계열 전체

《베이컨의 새로운 아틀란티스》, 프랜시스 베이컨, 서유진 역, 드레북스(2024)

[12윤사04-02]

시민의 자유와 권리, 공적 삶과 정치참여에 대한 자유주의와 공화주의의 관점을 비교·고찰하고, 시민과 공동체의 바람직한 관계를 모색할 수 있다.

➡️ 우생학은 생물통계학자 프랜시스 갈톤이 처음 제창하였다. 갈톤은 우생학을 "사회적 통제하에 다음 세대 인류의 질을 향상시키거나 저하시키는 원인에 대한 연구"라고 정의하였다. 과거 우생학은 산아 제한, 강제 불임, 나치의 집단 학살 등 반인륜적인 형태로 자행되었다. 그리고 현재는 유전적 강화를 강조하는 자유주의 우생학을 주장하는 정치철학자들과 이를 옹호하는 생명윤리학자들이 있다. 생명공학의 시대에 유전적 강화를 개인의 자유로운 선택에 맡기는 자유주의 우생학에 대한 찬반 입장을 두고 자유주의 또는 공동체주의 관점에서 고찰해 보자.

관련 학과 생명공학과

《완벽에 대한 반론》, 마이클 샌델, 이수경 역, 와이즈베리(2016)

[12윤사04-03]

근대 대의민주주의의 대안으로 등장한 참여민주주의와 심의민주주의의 장단점을 분석하고, 민주주의의 이상을 구현하기 위한 실천 방법을 제시할 수 있다.

➡️ 인공지능을 선거에 활용하면 시민의 의견을 효과적으로 수렴하여 정치 참여를 확대하고, 정책 결정을 더욱 효율적으로 만드는 등 긍정적 효과를 얻을 수 있다. 그러나 가짜 뉴스의 생성과 확산에 인공지능이 악용되어 민주주의를 위협하기도 한다. 실제 미국 대선에서 바이든 대통령의 딥페이크(Deepfake) 영상이 유포되기도 하였다. 딥페이크 기술은 딥러닝을 기반으로 생성된 가짜 이미지나 동영상을 의미한다. 딥페이크 기술과 같이 인공지능이 민주주의 발전을 저해한 사례를 탐색하고, 해결 방안을 토의해 보자.

관련 학과 소프트웨어공학과, 소프트웨어학과, 정보보안학과, 컴퓨터공학과

《딥페이크의 얼굴》, 이소은·최순욱, 스리체어스(2023)

국어 교과군

영어 교과군

수학 교과군

도덕 교과군

사회 교과군

과학 교과군

[12윤사04-04] ● ● ●

자본주의의 현실적 기여와 한계에 대해 조사·분석하고, 동·서양의 사회사상적 측면에서 자본주의의 개선 방향에 관해 탐구할 수 있다.

➡ 프레카리아트는 저임금·저숙련 노동에 종사하는 불안정한 고용 계급을 뜻하는 신조어이다. 영국의 경제학자 가이 스탠딩(Guy Standing)은 프레카리아트는 불안정한 삶에 노출될 수밖에 없으며 여가도, 직업 안정성도 없이 임시 계약 형태의 노동을 전전할 것이라 주장한다. 인공지능과 로봇 등이 일자리를 대체할 미래 사회에서는 플랫폼 노동 등으로 프레카리아트의 규모가 확대될 수 있다. 플랫폼 자본주의를 비판하고, 이에 대처하기 위한 시민과 국가의 역할에 대해 논해 보자.

관련 학과 공학계열 전체

《노동자 없는 노동》, 필 존스, 김고명 역, 롤러코스터(2022)

선택 과목	수능	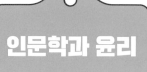	절대평가	상대평가
진로 선택	X		5단계	5등급

단원명 | 성찰 대상으로서 나

| 🔍 | 코스모스, 약한 인간중심주의

[12인윤01-01]

내 몸과 마음의 관계를 탐구하고, 심신의 통합성을 자각하여 도덕적 주체로서 자신을 이해하고 존중할 수 있다.

➡ 칼 세이건의 《코스모스》는 핵전쟁의 위협, 생태계의 파괴 등 과학기술의 오용과 끊임없는 분쟁 속에 있는 지구를 경계한다. 그리고 우주 진화의 산물인 인류는 종으로서 지구에 충성해야 한다고 역설하며, 인류의 생존은 스스로의 능력만으로 이룬 것이 아님을 강조한다. 지구는 현 세대의 것이 아니며, 인류만의 공간도 아니다. 미래 세대와 우주, 그리고 지구의 행복을 위한 인류의 역할에 대해 고찰해 보자.

관련 학과 공학계열 전체

《빅 히스토리》, 데이비드 크리스천 외 2명, 이한음 역, 웅진지식하우스(2022)

[12인윤01-02]

삶의 주체인 나에 대한 성찰을 바탕으로 고통과 쾌락의 근원 및 양상을 탐구하여, 고통과 쾌락에 지혜롭게 대처하는 자세를 갖출 수 있다.

➡ 《숫타니파타》 중 '자애경'에서는 살아 있는 것은 다 행복할 것을 제시하며 어떤 생물이든 존재하는 이유가 있다고 하였다. 인간 역시 생태계의 일원으로서 인간과 자연은 서로 연결된 존재이다. 인간 중심주의를 대표하는 브라이언 노튼(Brian Norton)은 '약한 인간중심주의가 답이다.'라고 말하며, 환경 문제에 대한 대안을 제시한 바 있다. 환경 문제의 해결 방안으로서 '약한 인간중심주의'의 의미에 대해 고찰하고, 환경을 보존하는 과학기술에 대해 조사해 보자.

관련 학과 기계공학과, 메카트로닉스공학과, 산업공학과, 소프트웨어공학과, 소프트웨어학과, 전기공학과, 전자공학과, 정보통신공학과, 컴퓨터공학과, 환경공학과

《적정기술, 현대문명에 길을 묻다》, 김찬중, 허원미디어(2021)

단원명 | 타인과 관계 맺기

| 🔍 | 인공지능, 붓다봇

[12인윤-02-01] • • • •

관계 속에서 살아가는 나에 대한 성찰을 통해 상호성을 만끽하는 삶을 모색하고 실천할 수 있다.

➔ 일본의 교토대와 ㈜테라버스가 공동 개발한 신형 챗봇 '붓다봇 플러스'는 챗GPT-4를 장착해 불교 경전을 학습한 대화형 인공지능이다. 학습 방향을 잘못 잡으면 불교의 교리와 어긋나는 내용으로 향할 위험은 있지만, 학술적 가치가 클 뿐 아니라 종교계에서 사회 변화에 발맞춰 새로운 접근 방법을 시도했다는 데 의의가 있다. 붓다봇이 종교계에 가져올 변화에 대해 긍정적 측면과 부정적 측면을 분석하고, 인공지능 시대에 종교가 관계 맺기에 어떤 영향을 줄 수 있는지 제시해 보자.

[관련 학과] 소프트웨어공학과, 소프트웨어학과, 정보보안학과, 정보통신공학과, 컴퓨터공학과

《철학자의 눈으로 본 첨단과학과 불교》, 이상헌, 살림출판사(2017)

단원명 | 자유와 평등

| 🔍 | 정언명령, 직업윤리, 주거 격차

[12인윤03-01] • • • •

동·서양에서 바라보는 자유와 평등의 의미와 근거를 알고, 자유롭고 평등한 사람의 모습을 탐구하여 책임 있는 삶의 자세를 추구할 수 있다.

➔ 칸트는 첫 번째 정언명령으로 "네 의지의 준칙이 동시에 보편법칙이 되기를 의욕(하고자 하는 적극적인 마음)할 수 있는 그런 준칙에 따라서 행위하라."라고 하였다. 오늘날 과학과 기술은 매우 밀접하여 불가분의 관계에 있다. 과학기술은 자연과학, 응용과학, 공학 및 생산 기술을 가리키는 총칭이기도 하다. 공학계열에서 자연과의 공존과 인류의 발전을 위해 과학자가 갖추어야 하는 직업윤리를 정언명령에 대입할 수 있는지 검토하여 직업윤리 강령을 도출해 보자.

[관련 학과] 건축공학과, 도시공학과, 산업공학과, 식품공학과, 신소재공학과, 에너지공학과, 자동차공학과, 화학공학과, 환경공학과

《공학철학》, 루이스 L. 부치아렐리, 정영기 역, 서광사(2015)

[12인윤03-02] • • • •

불평등이 발생하는 원인 및 실질적 기회균등을 구현하기 위한 조건을 탐구하여, 자유롭고 평등한 삶을 위한 정의의 원칙을 도출할 수 있다.

➔ 주거 격차는 소득과 계층 등 주거 환경의 차이에 의해 발생하는 주거 양극화 및 불평등의 수준을 의미하며, 계층, 개인, 지역에 따라 다양한 형태로 나타난다. 최근 수도권을 중심으로 이루어진 부동산 가격 급등은 주거 격차를 더욱 심화시켰다. 주거 격차는 개인의 노력으로는 극복하기 힘든 문제이며 국가가 개입하여 공공의 기능을 강화해야 한다. 저소득층을 대상으로 한 주거지원 정책에 대해 조사하고, 주거 격차 해소를 위한 방안을 롤스의 정의론을 대입하여 도출해 보자.

[관련 학과] 건축공학과, 건축학과, 도시공학과, 산업공학과

《동자동, 당신이 살 권리》, 빈곤의 인류학 연구팀, 글항아리(2023)

단원명 | 다양성과 포용성

| 🔍 | 로봇세, 뉴럴링크

[12인윤04-01]

서로 다른 의견들이 발생하고 충돌하는 양상과 이유를 파악하고, 민주적인 방식으로 다양한 의견을 포용하는 방법과 절차를 모색하여 실천할 수 있다.

➡️ 로봇세는 인공지능과 로봇이 인간의 노동을 대체함에 따라 세수를 확보하고 실직자의 재교육 등을 지원하기 위해 로봇을 소유한 사람이나 기업으로부터 걷는 세금을 뜻한다. 로봇세를 반대하는 사람들은 이중 과세라며 조세 형평의 원칙에 위배된다고 하고, 로봇세를 찬성하는 사람들은 조세 부담률이 낮아져 사회적 자금을 확보할 수 있다고 주장한다. 로봇세에 대한 찬성과 반대 의견을 검토하고, 로봇세 도입에 대한 토론을 실시해 보자.

관련 학과 기계공학과, 소프트웨어공학과, 소프트웨어학과, 신소재공학과, 전기공학과, 전자공학과, 정보통신공학과, 제어계측공학과, 컴퓨터공학과

《**AI 경제**》, 로저 부틀, 이경식 역, 세종연구원(2020)

[12인윤04-02]

가상세계와 현실세계의 같고 다른 점이 무엇인지 탐구하고, 가상세계에서도 자신과 타인을 존중하는 자세를 갖출 수 있다.

➡️ 일론 머스크가 설립한 '뉴럴링크'는 인간의 뇌와 컴퓨터의 인터페이스 기술을 개발하는 회사이다. 일론 머스크는 인간과 인공지능의 관계를 확장함으로써 인간의 뇌와 컴퓨터의 연동으로 문제를 보다 지능적으로 빠르게 해결할 수 있으며, 장애인의 신체적 기능 회복을 돕고 뇌 질환의 치료를 지원하여 건강한 삶을 연장할 수 있다고 하였다. 뉴럴링크의 주요 연구 분야를 조사하고, 예상되는 윤리적 문제에 대해 토론해 보자.

관련 학과 반도체공학과, 생명공학과, 소프트웨어공학과, 소프트웨어학과, 정보보안학과, 정보통신공학과, 컴퓨터공학과

《**뉴럴 링크**》, 임창환, 동아시아(2024)

단원명 | 공존과 지속가능성

| 🔍 | 공동연구, 침묵의 봄, 살생물제 사전승인제

[12인윤05-01]

자아실현과 직업생활의 상호성을 이해하고, 삶의 방식으로서 소유와 존재의 의미를 탐구하여 나와 타인의 이익을 조화롭게 추구하는 삶의 태도를 함양할 수 있다.

➡️ 코로나 바이러스가 초래한 인류의 위기로 인해 과학계의 공동연구와 집단지성의 발현이 이루어졌다. 코로나 바이러스 치료 물질 개발을 위해 30여 개의 연구 그룹이 자발적으로 참여하여 국제적으로 공동연구를 진행하였고, 논문을 공유할 수 있는 플랫폼에 코로나 바이러스와 관련된 논문을 등재하기도 하였다. 인류가 해결해야 할 전 지구적 문제의 구체적 사례를 탐색하고, 공동연구와 공동개발의 필요성과 가치에 대해 발표해 보자.

국어 교과군

영어 교과군

수학 교과군

도덕 교과군

사회 교과군

과학 교과군

관련 학과 공학계열 전체

《브레이킹 바운더리스》, 요한 록스트룀·오웬 가프니, 전병옥 역, 사이언스북스(2022)

[12인윤05-02] ● ● ●

기후위기 문제를 비판적으로 인식하고, 지속가능한 삶을 위해 인간과 자연에 대한 이분법적 관점을 넘어선 상생의 원칙들을 수립하여 일상에서 실천할 수 있다.

➡ 1940년대 말, 캘리포니아주 클리어 호수에 무해하지만 엄청난 수의 각다귀가 발생하여 DDT보다는 독성이 적은 DDD라는 살충제가 살포되었다. 3차에 걸친 DDD 살포 후, 각다귀는 박멸되었지만 갑자기 호수 근처의 논병아리 100여 마리가 죽었다. 호수 자체는 0.02ppm의 DDD 농도를 보였으나, 플랑크톤은 5ppm, 물고기는 40~300ppm, 메기는 2,500ppm이었다. 논병아리의 지방 조직의 DDD 농도는 무려 16,000ppm에 달했다. 자연적인 먹이사슬을 타고 DDD 농축양이 증폭된 것이다. 살충제나 살균기 등 화학 약품으로 인한 피해 사례와 살생물제 사전승인제에 대해 조사해 보자.

관련 학과 화학공학과, 환경공학과

《화학 물질의 습격》, 계명찬, 코리아닷컴(2018)

선택 과목	수능		절대평가	상대평가
융합 선택	X		5단계	X

윤리문제 탐구

단원명 | 시민의 삶과 윤리적 탐구

| 🔍 | 생성형 인공지능, 차별과 편견

[12윤탐02-03]   • • •

사회적 차별 표현 사례를 조사하고, 이를 바라보는 다양한 관점을 이해하여 윤리적 해결 방안을 제시할 수 있다.

➡ 챗GPT와 같은 생성형 인공지능은 기존의 방대한 양의 데이터를 통해 학습하기 때문에, 인간의 편견이 들어간 데이터로 인해 차별과 편견을 학습하고 재생산할 가능성이 있다. 구글포토는 흑인 커플의 얼굴을 '고릴라'의 범주로 분류하였고, 마이크로소프트의 인공지능 챗봇 테이(Tay)는 사용자들의 혐오 표현을 따라 하기 시작해 하루도 안 되어 서비스를 중단하였다. 생성형 인공지능과 관련된 사회적 차별 표현 사례와 해결 방안을 제시해 보자.

관련 학과 소프트웨어공학과, 소프트웨어학과, 정보보안공학과, 정보통신공학과, 컴퓨터공학과

《AI 이후의 세계》, 헨리 A. 키신저 외 2명, 김고명 역, 윌북(2023)

단원명 | 인공지능 시대의 삶과 윤리적 탐구

| 🔍 | 메타버스, 데이터 편향성, 트롤리 딜레마, 윤리적 딜레마

[12윤탐03-01]   • • •

메타버스의 특징을 윤리적 관점에서 탐색하고, 메타버스에서 발생할 수 있는 윤리문제의 해결 방안을 제시할 수 있다.

➡ 현재는 메타버스가 시각적 효과를 중심으로 접근하고 있지만, 촉각, 후각, 미각 등 인간의 오감과의 결합이 상용화된다면 가상세계에의 과도한 의존과 현실 부정 등이 발생할 것이라는 부정적인 예측도 나오고 있다. 국방, 의료, 교육 등 다양한 분야의 메타버스 활용 사례와 예측되는 윤리적 문제를 도출하여 해결 방안을 논해 보자.

관련 학과 소프트웨어공학과, 소프트웨어학과, 정보보안학과, 정보통신공학과, 컴퓨터공학과

《궁금한 IT》, 김상래, 위키북스(2022)

[12윤탐03-02]   • • •

빅데이터와 알고리즘의 편향성으로 인한 윤리문제를 인식하고 사회적 책임과 공정성의 관점에서 해결 방안을 탐구할 수 있다.

➡️ 빅데이터와 알고리즘 편향성의 주요 원인은 데이터의 불균형이다. 데이터가 많은 카테고리나 집단의 경우 인공지능이 학습을 통해 비교적 공정한 결과를 도출하지만, 데이터가 적은 카테고리나 집단에 대해서는 편향된 결과를 도출할 수 있는 것이다. 인공지능 프로그램의 기계학습(머신러닝)에서 편향성을 발생시키는 주요 원인을 분석해 보자.

관련 학과 공학계열 전체

《인공지능의 편향과 챗봇의 일탈》, 김정룡 외 8명, 세창출판사(2022)

[12윤탐03-03]   ● ● ● ●

인공지능 활용 시 발생할 수 있는 윤리적 딜레마에 대해 토의하고, 인공지능의 바람직한 활용 방안을 제시할 수 있다.

➡️ 장 프랑수아 본느퐁(Jean-Francois Bonnefon)은 논문 〈자율주행차의 사회적 딜레마〉에서 '트롤리의 딜레마'를 바탕으로 윤리적 문제를 제시한다. 그는 약 2천 명 정도의 사람에게 설문조사를 실시하고, 자율주행자동차의 딜레마에 대한 사람들의 판단 유형을 분석하였다. 〈자율주행차의 사회적 딜레마〉에서 제시된 윤리적 딜레마 상황을 정리하고, 관련하여 발생할 수 있는 윤리적 상황에서 어떤 것이 적합한 판단인지를 제시하며 토의에 참여해 보자.

관련 학과 교통공학과, 도시공학과, 소프트웨어공학과, 소프트웨어학과, 자동차공학과, 전기공학과, 전자공학과, 정보통신공학과, 컴퓨터공학과

《인공지능과 로봇의 윤리》, 고인석, 세창출판사(2022)

단원명 | 생태적 삶과 윤리적 탐구

🔍 반려동물 복제, 탄소 중립, 에너지 전환

[12윤탐04-01]   ● ● ● ●

반려동물과 관련한 윤리문제, 동물 복지를 둘러싼 논쟁 등을 윤리적 관점에서 탐구하여 생명에 대한 감수성을 길러 책임 있게 행동할 수 있다.

➡️ 20만 구독자를 가진 유명 유튜버가 세상을 떠난 자신의 반려견을 복제한 영상을 공개하며, 반려동물 복제에 대한 논란이 제기되었다. 동물보호법 제10조(동물학대 등의 금지)에 의하면 "살아 있는 상태에서 동물의 몸을 손상하거나 체액을 채취하거나 체액을 채취하기 위한 장치를 설치하는 행위"는 동물학대로 규정된다. 동물의 질병 예방과 동물 실험에 대한 예외 규정은 있지만, 반려동물 복제는 업체의 영리 행위에 해당될 수 있다. 반려동물의 복제 과정에서 발생하는 윤리적 문제와 영리 행위에 따른 규제의 필요성을 논해 보자.

관련 학과 생명공학과

《동물권 옹호》, 톰 레건, 김성한·최훈 역, 아카넷(2023)

[12윤탐04-02]   ● ● ● ●

기후위기를 인류의 책임이라는 측면에서 분석하고, 에너지 전환과 탄소 중립을 둘러싼 다양한 입장에 대해 토론하여 기후위기 극복 방안을 제시할 수 있다.

국어 교과군
영어 교과군
수학 교과군
도덕 교과군
사회 교과군
과학 교과군

⊙ 에너지 전환은 미래 세대와 지구 환경에 끼치는 영향을 고려하여 석유, 석탄, 천연가스 등 화석 연료와 핵분열식 원자력 기반의 에너지에 대한 의존을 풍력과 태양광 등의 지속가능한 재생에너지로 전환하는 것을 의미한다. 탄소 중립을 위한 에너지 전환을 둘러싼 다양한 입장을 검토하여 토론을 실시하고, 인류가 지향해야 할 기후위기의 극복 방안에 대해 논해 보자.

> **관련 학과** 도시공학과, 산업공학과, 소프트웨어공학과, 신소재공학과, 에너지공학과, 원자력공학과, 자동차공학과, 전기공학과, 제어계측공학과, 환경공학과

《**탈성장 도시와 에너지 전환**》, 이상헌 외 5명, 여는길(2024)

단원명 | 윤리문제 탐구의 적용

| 🔍 | 배아 줄기세포 연구, 생명공학, 의료윤리

[12윤탐05-01]   • • •

자신이 희망하는 진로에서 발생할 수 있는 윤리문제를 선정하고 탐구 계획을 수립할 수 있다.

⊙ 배아 줄기세포 연구는 난치병 치료와 생명 연장의 가능성을 열어 주는 미래의 핵심 연구 분야 중 하나다. 그러나 배아 줄기세포 연구는 인간 배아의 파괴와 존엄성의 문제, 난자 매매, 여성의 인권 침해 등 윤리적인 문제를 야기하고 있다. 특히 배아의 14일 이상 배양 금지에 대한 과학계의 반발과 배아의 도덕적 지위에 대한 관점들은 배아와 관련된 논란의 핵심 주제라 할 수 있다. 배아의 '14일 이상 배양 금지법'의 제정 원인과 인간 배아의 도덕적 지위에 대한 논쟁을 조사한 뒤, 이를 바탕으로 탐구 계획을 수립하고, 생명공학자의 입장에서 고려해야 할 윤리적 책무에 대해 토의해 보자.

> **관련 학과** 생명공학과

《**쉽게 이해되는 생명윤리**》, 남명진 외, 메디컬에듀케이션(2024)

[12윤탐05-02]   • • •

수립한 탐구 계획에 따라 윤리문제를 탐구하고 그 결과를 정리하여 발표할 수 있다.

⊙ 배아의 '14일 이상 배양 금지'와 인간 배아의 도덕적 지위에 대해 고찰하고, 생명공학자의 입장에서 고려해야 할 윤리적 책무에 대해 토의해 보자. 인간의 배아세포 복제 과정에 대한 이미지 파일을 편집하여 가독성 좋은 자료를 준비하고, 생명공학 연구에 있어 당위와 보편적 윤리만을 강조하는 것이 아닌, 공동체와 개인의 사회적 상황에서의 올바른 결론을 도출할 수 있는 윤리적 가이드 라인 제시에 중점을 두고 발표해 보자.

> **관련 학과** 생명공학과

《**원병묵 교수의 과학 논문 쓰는 법**》, 원병묵, 세로북스(2021)

사회 교과군

구분	교과(군)	공통 과목	선택 과목		
			일반 선택	진로 선택	융합 선택
보통 교과	사회	한국사1 한국사2 통합사회1 통합사회2	세계시민과 지리 세계사 사회와 문화	한국지리 탐구 도시의 미래 탐구 동아시아 역사 기행 정치 법과 사회 경제 국제관계의 이해	여행지리 역사로 탐구하는 현대 세계 사회문제 탐구 금융과 경제생활 기후변화와 지속가능한 세계

공통 과목	수능	한국사1	절대평가	상대평가
	○		5단계	5등급

단원명 | 근대 이전 한국사의 이해

| 🔍 | 고조선, 고대 국가, 한반도, 선사 문화, 유적, 유물, 통치 체제, 고대 사회, 종교와 사상, 고려, 성리학, 유교, 흥선 대원군, 중앙집권체제

[10한사1-01-01]   • • •

고대 국가의 형성과 성장 과정을 파악한다.

➡ 백제금동대향로는 청동 표면에 금을 도금하여 만든 향로이다. 볼수록 신비롭고 아름다운 향로의 무늬는 현대에도 완벽하게 재현하기 어려울 만큼 정교하다. 이렇게 백제 장인이 섬세하게 무늬를 새길 수 있었던 비결은 바로 밀랍에 있다. 밀랍은 온도에 따라 말랑말랑하기도 하고 단단해지기도 하는데, 가장 정밀한 금속품은 이 밀랍을 사용해서 만들었다. 또한 백제 장인은 서양보다 천 년이나 앞선 '수은 아말감 도금법'을 사용해 향로 표면을 얇은 두께로 균일하게 도금할 수 있었다. 백제금동대향로의 제작 원리, 제작 과정을 인포그래픽으로 작성하여 발표해 보자.

관련 학과 금속공학과, 기계공학과, 세라믹공학과, 응용화학과, 재료공학과, 화학공학과, 화학분자공학과

《**백제금동대향로**》, 서정록, 학고재(2020)

[10한사1-01-02]   • • •

고려의 통치 체제와 지배 세력의 변화를 이해한다.

➡ 14세기 후반의 원·명 교체기, 일본은 남북조의 내전으로 생계가 어려워진 사람들이 대거 해적질에 뛰어들었다. 이들이 때로는 내륙까지 침략해 극심한 피해를 입혔기 때문에 고려는 국가 차원에서 대응책을 마련해야 할 지경에 이르렀다. 고려는 최무선의 연구를 통해 화약 제조 및 화약 병기 전반에 대한 기술을 습득하여 이를 왜구와의 전투에 활용하였다. 당시 해전에서 쓰인 화약 병기는 주로 화염에 의한 소각을 통해 적선을 파괴한 것으로 추정된다. 화약과 화약 병기의 실제 제작과 운용 과정을 조사해 인포그래픽으로 표현해 보자.

관련 학과 금속공학과, 기계공학과, 세라믹공학과, 응용화학과, 재료공학과, 화학공학과, 화학분자공학과

《**무기와 화약**》, 김기웅, 세종대왕기념사업회(2000)

[10한사1-01-03]   • • •

조선의 성립과 정치 운영의 변화를 파악한다.

➡ 비격진천뢰(飛擊震天雷)는 도화선 방식의 지연 신관 폭탄으로 임진왜란 중에 화포장 이장손이 개발한 무기다. 자체 도화선에 불을 붙인 후 중완구에 넣어 발사하여 500~600보(600~1,080m) 정도 날아가 땅에 떨어지면, 도화선

이 끝까지 타 들어가 뇌관에 불이 닿으면 터지는 원시적인 시한 신관을 가지고 있다. 지금의 세열 수류탄(폭발할 때에 금속 파편이 사방으로 날아가서 살상 범위를 확대하는 수류탄)과 비슷한 형태다. 비격진천뢰의 원리와 구조, 제작법, 기록에서 전하는 비격진천뢰의 특징에 대해 조사하여 발표해 보자.

관련 학과 금속공학과, 기계공학과, 생명화학공학과, 세라믹공학과, 응용화학과, 재료공학과, 화공생명공학과, 화학공학과, 화학분자공학과

《한국의 화약 역사》, 민병만, 아이워크북(2009)

[10한사1-01-04] • • •

조선 후기에 등장한 새로운 변화 양상을 이해한다.

➡ 수원화성은 조선 정조 대에 지은 성곽 건축물로, 1997년 유네스코 세계문화유산에 등재되었다. 원래 유네스코에 등재되는 건축물은 원본 그대로인 건축물이어야 하나, 수원화성은 1970년대에 대대적인 복원을 거쳤기에 이러한 규칙에 맞지 않았다. 하지만 조선 시대에 수원화성을 계획하면서 설계도와 내용을 그림과 글로 철저하게 남겨 놓은《화성성역의궤》덕분에 원형에 가깝게 복원하였다는 점을 인정받아 이례적으로 유네스코 세계문화유산으로 등재될 수 있었다.《화성성역의궤》에 나타난 조선 후기 화성 성곽 축조의 배경, 화성의 공사 과정, 건축사적 특징 등을 조사하여 발표해 보자.

관련 학과 건설시스템공학과, 건축공학과, 건축학과, 교통공학과, 기계공학과, 기계설계공학과, 기계시스템공학과, 도시공학과, 토목공학과

《이산 정조, 꿈의 도시 화성을 세우다》, 김준혁, 여유당(2008)

단원명 | 근대 이전 한국사의 탐구

| 🔍 | 수취 체제, 농업 중심 경제, 골품제, 양천제, 신분제, 불교, 유교, 성리학, 임진왜란, 병자호란, 문화 교류, 역사 갈등

[10한사1-02-01] • • •

근대 이전 국제 관계와 대외 교류의 시대적 특징을 비교한다.

➡ 세종대왕의 세기라고 일컬어지는 15세기는 우리나라 과학기술의 르네상스 시기였다. 선진 과학기술을 수용하는 데 잠시의 멈춤이 없었으며, 우리나라 고유의 과학기술을 발전시키는 데 지속적인 노력을 기울였다. 탁월한 리더십을 갖춘 군주에서 과학 황금기를 이끈 과학자의 모습까지 다양한 면모를 보여 줬던 세종대왕은 21세기에 이른 현재까지도 자랑스러운 왕으로 살아 숨 쉬고 있다. 세종 시기의 과학기술 발전의 역사적 배경과 정책적 노력, 해시계와 물시계, 기후 측정기 등 과학기구의 개발 과정과 그 영향에 대해서 조사하여 발표해 보자.

관련 학과 공학계열 전체

《세종의 하늘》, 정성희, 사우(2020)

[10한사1-02-02] • • •

근대 이전의 수취 체제 변화를 농업 중심의 경제생활과 관련하여 탐구한다.

➡ 조선 시대는 삼국 시대나 고려 시대에 받았던 중국 문화의 영향에서 벗어나 우리의 고유한 건축을 만들어 낸

시기이기도 하다. 시대정신이었던 유교를 이해하지 않고서는 조선 시대의 건축을 이해하기 어렵다. 조선 시대의 건축은 인공적인 손길을 최소한으로 하면서 자연미를 그대로 살린 것이 특징이며, 창덕궁 후원이 대표적인 예이다. 사대부들은 산과 물이 어울리는 곳에 정자나 집을 지으면서 담을 낮게 하여 주변의 풍경과 어울리게 하였는데, 이는 담양 소쇄원 등의 정원이나 서원 건축에 잘 드러나 있다. 각 시기별 조선 건축의 특징에 대해 조사하여 발표해 보자.

관련 학과 공학계열 전체

《조선시대 건축의 이해》, 김동욱, 서울대학교출판문화원(2015)

[10한사1-02-03] ● ● ●

근대 이전 사회 구조를 신분제를 중심으로 분석한다.

➡ '직지심체요절'은 고려 시대 청주목(淸州牧)에 있었던 사찰 흥덕사에서 만들어진 인쇄물이자 현존하는 전 세계에서 가장 오래된 금속활자본이다. '직지'는 금속활자를 이용하여 인쇄하였는데, 보다 편리하고 경제적이며 교정을 쉽게 하여 주었고 이 모든 것은 책의 신속한 생산에 공헌하였다. 직지의 발견 과정, 제작 방법, 경제성과 편리성, 형태 및 내용 등에 대해 조사한 뒤 발표해 보자.

관련 학과 공학계열 전체

《직지와 의궤에 일생을 바친 박병선》, 최준식, 주류성(2021)

[10한사1-02-04] ● ● ●

근대 이전의 사상과 문화를 국제 교류와 관련하여 탐구한다.

➡ '무구정광대다라니경'은 1966년 10월에 경주 불국사 석가탑을 보수할 때 사리함 속에서 발견되었다. 두루마리 형식으로 되어 있으며, 여기에 쓰인 다라니는 7일 뒤에 죽어서 16지옥에 떨어지게 되어 있는 바라문을 석가모니가 구제하기 위하여 외우도록 한 것이다. 처음 발견되었을 당시부터 손상이 있었고 시간이 지나면서 그 정도가 더욱 심해져, 1988~1989년에 대대적인 보수 작업을 하였다. 1967년 탑 안에서 같이 발견된 다른 유물들과 함께 국보로 지정되었다. '무구정광대다라니경'의 형태 및 발견 과정, 내용, 역사적 의미에 대해 조사하여 발표해 보자.

관련 학과 공학계열 전체

《깨달음으로 이끄는 대장경 속 한마디》, 김형중, 운주사(2016)

[10한사1-02-05] ● ● ●

근대 이전 한국사 주제를 설정하여 탐구하고, 그 결과를 다양한 방법으로 표현한다.

➡ 김정호의 '대동여지도'는 우리나라 전통 지도 중에서 가장 우수한 지도로 평가받는 대형 전국지도로서, 사용자의 편의를 최대한 고려한 실용적이고 과학적인 지도이다. 김정호 자신이 만든 '청구도'를 1861년에 증보·수정한 대축척 지도첩으로, 내용은 청구도와 비슷하지만 지형 표시와 하천·교통로 등이 더 자세하고 정밀하다. 대동여지도의 우수한 점, 대동여지도의 제작 과정 및 특징을 조사하고, 현대 지도와의 차이점을 비교·대조해 보자.

관련 학과 공학계열 전체

《한글 대동여지도》, 최선웅, 진선출판사(2017)

단원명 | 근대 국가 수립의 노력

국어 교과군

영어 교과군

수학 교과군

도덕 교과군

사회 교과군

과학 교과군

| 🔍 | 개항, 조약, 국제 질서, 근대 국가, 서구 문물, 국권 피탈, 국권 수호, 갑신정변, 갑오개혁, 독립협회

[10한사1-03-01]   • • •

조선의 개항을 국제 질서의 변동과 연관하여 분석한다.

➡ 1899년 우리나라 최초의 도시 철도라고 할 수 있는 노면 전차(전기의 힘을 동력으로 궤도 위를 달리는 차량)가 개통하였다. 운행 구간은 경희궁 흥화문에서 흥인지문까지였다. 대한제국이 전기를 도입한다는 계획을 세우면서 그 부대사업으로 이루어진 것이 전차였다. 한성전기회사에서 전차 부설 등을 검토하고, 고종의 허락을 얻은 후 황실의 투자까지 받았다. 전차 개통의 역사적 배경, 개통 과정, 역사적 의미에 대해 조사한 뒤 발표해 보자.

관련 학과 공학계열 전체

《**거대도시 서울 철도**》, 전현우, 워크룸프레스(2020)

[10한사1-03-02]   • • •

여러 세력이 추진한 근대 국가 수립의 다양한 노력을 이해한다.

➡ 1898년 대한제국의 궁중과 각 관청은 물론 인천에 있는 감리소에까지 전화가 개통되었다. 당시 전화기는 수동 자석식 전화기로, 전화기에 부착된 자석 발전기를 손으로 돌려 교환원을 호출한 다음 통화를 원하는 상대 전화 가입자의 이름을 불러 주면 교환원이 상대 가입자를 호출하고 서로 전화선을 연결해 통화가 이루어졌다. 대한제국 시기 전화기의 작동 원리와 특징, 개통 과정, 전화기와 관련된 일화 등을 조사하여 발표해 보자.

관련 학과 공학계열 전체

《**문헌에 따른 근대통신(우체·전신·전화)역사**》, 이봉재, 진한엠앤비(2019)

[10한사1-03-03]   • • •

개항 이후 사회·경제 변화를 파악하고, 서구 문물의 도입이 문화에 미친 영향을 탐구한다.

➡ 개항 이후 정부의 개화 정책에 따라 통신·전기·교통 분야 등에서 근대 시설이 갖추어져 국민의 생활양식이 바뀌어 갔다. 전신 업무를 위해 1885년에 서울과 인천·의주를 연결하는 전신선이 가설되었고, 이는 중국, 일본과도 연결되었다. 전화는 처음 궁궐에 가설된 이후 점차 서울 시내 민간으로까지 확대되었다. 전등은 에디슨 전기회사의 도움으로 경복궁 건청궁에 처음 가설되었다. 1899년에는 서대문과 청량리 사이에 전차가 개통되었다. 전신선, 전화, 전등, 전차 등이 우리나라에 설치된 과정, 근대 시설의 공학적 특징, 역사적 의의에 대해 조사하여 보고서를 작성해 보자.

관련 학과 교통공학과, 전기공학과, 전기에너지공학과, 전자공학과, 전자전기소프트웨어공학과, 전자전기융합공학과, 전파정보통신공학과, 정보통신공학과

《**한국근대사 1**》, 연갑수 외 2명, 푸른역사(2016)

[10한사1-03-04]   • • •

일제의 국권 침탈 과정을 조사하고, 이에 맞선 국권 수호 운동의 흐름을 파악한다.

➜ 고종은 대한제국 선포와 함께 군권 장악을 실천에 옮겼다. 원수부를 설립했고, 법에 의하여 고종이 군 최고사령관이 되었다. 국가 재정만 놓고 본다면, 대한제국은 나라 예산 가운데 근 절반을 군사비에 투입한 군사 국가였다. 고종은 여러 나라로부터 소총, 기관총, 야포 등 각종 무기를 수입하여 군의 근대화를 위해 노력하였다. 대한제국군이 사용한 무기의 특징을 조사하여 발표해 보자.

관련 학과 공학계열 전체

《대한제국멸망사》, H. B. 헐버트, 신복룡 역, 집문당(2019)

공통 과목	수능	**한국사2**	절대평가	상대평가
	○		5단계	5등급

단원명 | 일제 식민 통치와 민족운동

> | 🔍 | 제국주의, 일제의 식민 지배, 세계 대전, 대공황, 일제의 침략 전쟁, 일본 자본, 3·1 운동, 대한민국 임시 정부, 항일 무장 독립 투쟁, 실력 양성 운동, 대중운동, 문예 활동, 민족문화 수호, 전시 동원 체제, 광복을 위한 노력

[10한사2-01-01] ● ● ●

일제의 식민 통치 정책을 제국주의 질서의 변동과 연관하여 이해한다.

➡ 1904~1905년의 러·일 전쟁은 러시아 제국과 일본 제국 간의 주요 군사 분쟁이었다. 이 전쟁은 비서구권 두 열강 사이에 벌어진 최초의 주요 전쟁이었다. 결국 일본이 승리하여 동아시아에서 러시아의 영향력을 종식시키고 일본을 국제적 강국으로 만들었다. 일본이 전쟁에서 승리한 요인을 무기 체계 운용의 관점에서 생각해 보고, 일본군이 사용한 무기의 특징을 조사하여 발표해 보자.

`관련 학과` 공학계열 전체

《러일전쟁》, 니콜라이 레비츠키, 민경현 역, 살림출판사(2020)

[10한사2-01-02] ● ● ●

일제의 식민 통치가 초래한 경제 구조의 변화와 그것이 경제생활에 미친 영향을 분석한다.

➡ 1930년대 이후에 일본 자본의 침투가 크게 늘어났다. 당시 총독부가 일본을 발전된 공업 지역으로 유지하면서, 만주는 농업과 원료 생산 지대로, 한국은 경공업 중심의 중간 지대로 만들기 위해 조선 공업화 정책을 폈기 때문이다. 주로 한반도의 북부를 중심으로 추진된 조선 공업화 정책은 대륙 침략을 위한 전쟁 물자 생산과 밀접한 관련을 가지고 추진되었다. 일본 대자본이 활발하게 침투하면서, 북부 지방을 중심으로 금속, 화학 등 중화학 공업이 빠르게 성장하였다. 1930년대 이후 조선총독부의 공업 정책의 특징을 조사하여 발표해 보자.

`관련 학과` 공학계열 전체

《조선총독부의 공업정책》, 김인호, 동북아역사재단(2021)

[10한사2-01-03] ● ● ●

국내외에서 전개된 민족 운동의 흐름을 이해한다.

➡ 일제강점기 조선인은 과학기술 교육 기관으로 보기에는 수준도 낮고 학력으로 인정되지 않는 하급 수공 인력 양성을 위한 공업 보습학교나 지방 공업 전습소로 진학하는 것이 허용되었다. 일본은 식민 지배 체제 수립의 전초 단계에서 양성해야 할 많은 과학기술 인력을 조선인 인력의 육성을 통해서가 아니라 일본에서 일본인 과

학자들을 직접 데려와 조달하려는 의도를 분명히 드러냈다. 일제 강점기 일본의 조선인 과학기술 인력 육성의 행태에 대해 조사하여 발표해 보자.

관련 학과 공학계열 전체

《한국 근대과학 형성사》, 김연희, 들녘(2016)

[10한사2-01-04]   ● ● ●

일제의 식민 통치로 인한 사회 및 문화의 변화와 대중운동의 양상을 파악한다.

➡ 일제 강점기, 서울을 비롯한 대도시에는 근대적 고층 건물이 세워졌다. 또한 유리, 벽돌과 같은 재료를 사용한 개량 한옥이 보급되었으며, 집 내부에는 욕실과 화장실을 갖춘 이른바 '문화 주택'도 등장했다. 문화 주택은 서양의 건축 양식과 구조를 일본 양식에 버무려 설계한 집이라 볼 수 있다. 주택개량 운동에 나타난 문화 주택의 개념, 구조, 특징, 영향과 역사적 의미에 대해 조사하여 발표해 보자.

관련 학과 건축공학과, 건축학과, 도시건축학부, 도시공학과, 토목건축학과

《개화기-일제강점기 서울 건축》, 임석재, 이화여자대학교출판문화원(2011)

➡ 1925년 일본의 남만주 철도 주식회사가 경성역에 새 역사(驛舍)를 지었다. 일본은 서울을 중심으로 한 X자형 간선 철도망을 구축하여 한국을 일본 경제권에 편입시키는 동시에 대륙 침략을 위한 발판으로 삼고자 했다. 경성역은 8·15 광복 이후인 1947년 서울역으로 개칭되었다. 일제 강점기 서울을 중심으로 한 한반도 철도망의 구축이 가져온 정치, 경제, 사회적 변화에 대해 조사한 뒤 발표해 보자.

관련 학과 교통공학과, 철도공학과, 철도차량시스템공학과, 건설시스템공학과, 기계시스템공학과, 산업경영공학과, 산업공학과, 토목공학과, 토목환경공학과

《한국 철도의 역사와 발전I》, 이용상 외 7명, BG북갤러리(2011)

[10한사2-01-05]   ● ● ●

일제의 침략 전쟁에 맞서 전개된 독립 국가 건설 운동의 양상을 분석한다.

➡ 한국광복군은 1940년 중국 충칭에서 조직된 대한민국 임시정부의 지휘를 받는 준군사조직이었다. 약칭하여 광복군이라고 한다. 병력 모집과 확충에 주력하여 광복군의 규모는 급속히 확대되었다. 1945년에는 미국 OSS와 협력하여 국내 진공 작전을 계획하였으나 일본의 무조건 항복으로 실행 직전에 무산되었다. 한국광복군 탄생의 배경, 주요 활동 내용, 역사적 의의에 대해 조사한 뒤 발표해 보자.

관련 학과 공학계열 전체

《한국광복군의 일상과 기억》, 독립기념관 한국독립운동사연구소, 선인(2021)

단원명 | 대한민국의 발전

> 🔍 광복, 식민지 잔재, 농지 개혁, 냉전, 대한민국, 6·25 전쟁, 분단, 4·19 혁명, 5·16 군사정변, 박정희 정부, 유신 체제, 5·18 민주화 운동, 전두환 정부, 6월 민주 항쟁, 산업화, 한강의 기적, 도시화, 노동 문제, 대중 문화

[10한사2-02-01]

● ● ●

냉전 체제가 한반도 정세에 미친 영향을 파악하고, 자유민주주의에 기초한 대한민국 정부 수립 과정을 탐색한다.

➡ 초대 대통령 이승만은 원자력을 과학기술의 최첨단 분야로 연구·개발할 필요를 느끼고 있었던 것으로 보인다. 게다가 일본에 투하한 원자탄으로 전쟁을 예상보다 빨리 종결시킨 미국은 승전과 동시에 원자력의 통제와 독점 체제에 관심을 가지게 되었다. 그런 가운데 소련이 원자력 개발에 경쟁적으로 뛰어들면서, 원자력에 대한 국제적 관심이 높아졌다. 남과 북의 전쟁으로 피폐할 대로 피폐해 있던 상황에서 원자력에 대한 관심은 한국 과학기술 향상의 중요한 계기로 작용하였다. 우리 정부의 원자력 과학 발전을 위한 노력에 대해 조사하여 발표해 보자.

`관련 학과` 공학계열 전체

《원자력 기술자립의 여정》, 김시환, 글마당(2023)

[10한사2-02-02]

● ● ●

6·25 전쟁과 분단의 고착화 과정을 국내외의 정세 변화와 연관하여 이해한다.

➡ 1950년대 이후에는 전쟁의 시련을 겪은 국민들의 삶을 보듬는 다양한 제품이 생산되었다. 1952년부터 '연탄 화덕'의 보급이 시작되었고 '대한제분' 인천공장에서 먹을 것이 귀하던 시절 서민들의 배를 채워 준 밀가루를 만들었으며 제일제당이 국내 최초로 국산 '설탕'을 생산하는 등 비약적인 공업 발전이 이루어졌다. 1950년대 생산된 제품 분석을 통해 한국 공업 발전의 동향을 분석한 뒤 발표해 보자.

`관련 학과` 공학계열 전체

《한국의 중화학공업화 공업별 연구》, 박영구, 해남(2021)

[10한사2-02-03]

● ● ●

4·19 혁명에서 6월 민주 항쟁에 이르는 민주화 과정을 탐구한다.

➡ 박정희 대통령은 집권 초부터 경제 개발에 주력했다. 경제 개발을 위한 노력 중 인재의 필요성에 눈뜬 그는 경제 관료보다는 기술 관료들과 손을 잡고 한국 근대화에 나섰다. 기술 인재가 크게 모자란다는 결론을 내리고 이와 관련된 정책을 적극 펼쳤다. 일례로 해외 유치 과학자들에게 대통령보다 많은 봉급을 지급했고, 한국과학원 학생들에게 학비 면제, 장학금 지급, 기숙사 제공과 병역 특례 등의 혜택을 주었다. 박정희 정부의 과학기술 인재 육성 정책을 조사하여 발표해 보자.

`관련 학과` 공학계열 전체

《'과학대통령 박정희' 신화를 넘어》, 김근배 외 7명, 역사비평사(2018)

[10한사2-02-04]

● ● ●

산업화의 성과를 파악하고, 그것이 사회 및 환경에 미친 영향을 인식한다.

➡ 반도체는 '산업의 쌀'로 불릴 만큼 다양한 산업 분야에서 폭넓게 쓰이고 있다. 최근 들어서는 인공지능 등 4차 산업혁명의 핵심 산업으로서 중요성이 더욱 커지고 있으며, 안정적인 반도체 공급망 확보를 위한 국가 간 경쟁도 치열하게 진행되고 있다. 우리나라의 반도체 산업은 외국계 자본에 의한 조립 생산에서 출발했다. 그러나 개별소자 생산 - 일괄 공정 생산체제 - 생산체제 고도화 시도 등의 단계를 거치면서 세계 반도체 생산의 핵심

축으로 거듭났다. 반도체의 역사를 조사한 뒤 우리나라 반도체 산업이 세계 최고의 자리에 올라서게 된 이유를 탐구하여 발표해 보자.

관련 학과 공학계열 전체

《칩 워》, 크리스 밀러, 노정태 역, 부키(2023)

[10한사2-02-05] • • • •

사회·경제의 변화에 따른 문화 변동과 일상생활의 변화 사례를 조사한다.

➡️ 조선업은 제조업 국가인 한국을 먹여 살린 중요 산업 중 하나였다. 발전을 거듭해 세계 1위의 선박 수주량을 자랑하면서 전성기를 누렸으나, 몇 년 전부터 중국의 저가 공세에 밀리면서 대표적 하향 산업이 되었다. 하지만 중국의 조선소에서 건조한 배들의 높은 불량률과 AS의 부재로 세계의 많은 선박 회사들이 다시금 한국의 조선소들을 찾고 있어 얼마 전 수주량 1위를 다시 달성하게 되었다. 우리나라가 조선업 강국이 된 이유와 조선업 발전의 역사를 조사한 뒤 발표해 보자.

관련 학과 공학계열 전체

《한국 조선산업의 성공요인》, 이경묵·박승엽, 서울대학교출판문화원(2013)

단원명 | 오늘날의 대한민국

🔍 민주화, 인권, 자유, 세계화, 외환 위기, 금모으기 운동, 경제적 불평등, 사회 양극화, 다문화 사회, 남북 화해, 평화 통일, 동아시아 영토 갈등, 동아시아 역사 갈등, 동아시아 평화

[10한사2-03-01] • • • •

6월 민주 항쟁 이후 각 분야에서 전개된 민주화의 과정을 탐구한다.

➡️ 공학 분야는 주로 남성들이 활동하는 영역이라는 생각이 일반적이다. 그런데 여성의 입장에서 남학생이 절대다수인 공대 진학을 결정했을 때, 구직 활동을 할 때, 직장에 처음 입사했을 때, 자신이 느끼는 막막함이나 답답함을 누군가에게 털어 놓고 싶을 때, 이 길을 먼저 걸어간 사람이 있다면 큰 힘이 될 것이다. 성공적인 삶을 살고 있는 한국 여성 공학기술인들의 삶을 조사하여 발표해 보자.

관련 학과 공학계열 전체

《세상을 바꾸는 여성 엔지니어 18》, (사)한국여성공학기술인협회, 책과나무(2023)

[10한사2-03-02] • • • •

외환 위기의 극복 과정을 이해하고, 사회와 문화의 변동을 파악한다.

➡️ 일제 강점기와 6·25 전쟁을 거친 폐허 위에서 시작된 한국 경제는 지속되는 사회 혼란과 세계와의 치열한 경쟁 속에서도 기적과도 같은 성장을 이뤄 냈다. 이러한 놀라운 고도성장의 한가운데에는 산업기술의 역사가 자리 잡고 있다. 광복 이후부터 2015년까지 70년간 한국의 바이오·의료 산업기술의 발전 과정에 대해 조사하여 발표해 보자.

관련 학과 공학계열 전체

《한국산업기술발전사: 바이오·의료》, 산업통상자원부·한국공학한림원, 진한엠앤비(2020)

[10한사2-03-03]

한반도 분단과 동아시아의 갈등을 극복하고 평화를 실현하기 위한 방안을 모색한다.

● ● ●

무한 경쟁의 글로벌 세상에서 IT 기업들의 기술과 자본, 인력을 둘러싼 경쟁은 점점 더 심화되고 있다. 미·중 기술경쟁이 심화되고 미국의 대중 견제가 지속됨에 따라 일부 첨단 전략기술 부문에서 미국과 중국의 공급 망이 분리되고 있다. 첨단 기술 제품의 중국 수출 규제, 중국 투자 기업들의 미국 첨단 부문에 대한 투자 규제, 미·중 연구인력 교류 제한 등이 이어지면서 개방적 혁신 체제가 블록화되고 있다. 한국 기업들이 글로벌 IT생 태계에서 혁신을 지속하고 생존하기 위한 대책을 제안해 보자.

관련 학과 공학계열 전체

《스마트 제조혁신과 기업 생존전략》, 강구봉 외 7명, 기전연구사(2021)

공통 과목	수능	통합사회1	절대평가	상대평가
	○		5단계	5등급

단원명 | 통합적 관점

| 🔍 | 시간적 관점, 공간적 관점, 사회적 관점, 윤리적 관점, 통합적 관점의 필요성, 실제 사례에 적용하는 방안 탐구

[10통사1-01-01] • • •

인간, 사회, 환경을 바라보는 시간적, 공간적, 사회적, 윤리적 관점의 의미와 특징을 사례를 통해 파악한다.

➡ 시간과 공간에 대한 인식의 변화에 과학의 영향력이 얼마나 작용했는가를 알아볼 수 있다. 예를 들어 건축공학의 발전은 마천루와 같은 수직적 공간들을 만들어 냈고, 이는 사회적인 권력 구조의 변화를 반영하고 있다. 또한 항공 기술의 발전은 이동 시간을 단축시켜 세계화를 촉진하는 결과를 가져왔다. 이와 유사한 사례를 조사해 보자. 또는 과학의 발달이 환경을 바라보는 인간의 관점을 변화시킨 사례와 그에 따른 장단점을 주제로 삼아 탐구할 수 있다.

관련 학과 공학계열 전체

《초고층 도시 맨해튼》, 이중원, 사람의 무늬(2015)

[10통사1-01-02] • • •

인간, 사회, 환경의 탐구에 통합적 관점이 요청되는 이유를 도출하고 이를 탐구에 적용한다.

➡ 인공지능과 빅데이터 분석 등 첨단 정보통신기술은 사회문제를 다양한 관점에서 분석하고 파악할 때 큰 도움을 준다. 일례로 특정 지역에서 범죄 발생률이 높아서 문제가 된다면, 범죄 관련 데이터를 분석하여 발생률을 높이는 사회적, 공간적, 시간적 요인을 파악하고 범죄 패턴 분석으로 발생 시점 및 장소를 예측하여 효과적인 대응책을 모색할 수 있다. 데이터 기반 기술이 정치적 의사 결정이나 사회문제 해결에 쓰인 사례를 찾아보고, 우리 주변에서 발생하는 문제를 다양한 각도에서 분석하는 활동에 응용해 보자.

관련 학과 공학계열 전체

《데이터 자본주의》, 빅토어 마이어 쇤베르거·토마르 람게, 홍경탁 역, 21세기북스(2018)

단원명 | 인간, 사회, 환경과 행복

| 🔍 | 행복의 기준, 동양과 서양의 행복론, 인간의 존엄성, 삶의 의미와 가치, 행복의 조건, 행복 지수, 정주 환경, 경제 안정, 민주주의, 도덕적 성찰과 실천

[10통사1-02-01]

○○○

시대와 지역에 따라 다르게 나타나는 행복의 기준을 사례를 통해 비교하여 평가하고, 삶의 목적으로서 행복의 의미를 성찰한다.

➡ 과학기술의 발전과 행복의 관계에 대해 탐구하는 활동을 수행할 수 있다. 과학기술이 발전함에 따라 인간은 물질적으로 풍요로워지고 자연의 위협으로부터 안전해졌으며 평균 수명 또한 더욱 길어졌다. 그러나 IT 기술이 발전할수록 심해지는 정보 불평등과 이로 인해 벌어지는 경제적 격차, 사이버 보안 위협, 핵무기나 생화학 무기와 같은 대량 살상 무기의 개발, 기후변화 및 환경 오염의 심화 등 과학기술의 발전이 인간의 행복을 위협하는 사례도 적지 않다. 이와 같은 구체적 사례들을 조사하여 과학기술 발전의 양면성에 대해 토론하는 활동을 진행해 보자.

관련 학과 공학계열 전체

과학이 발전하면 더 행복해질까?
에티엔 클렝, 지선경 역,
민음인(2021)

책 소개

프랑스의 석학이 저술한 이 책은 과학이 발전하면 과연 더 행복해지는지, 과학은 어떤 식으로 발전하는지, 더 나은 미래를 위해 과학의 위험을 감수해야 하는지, 과학의 이상적 진보는 몽상인지, 사회문제에 대한 과학자의 책임은 어디까지일지 등 과학철학적인 내용을 담고 있다.

세특 예시

'책을 통해 세상 읽기' 시간에 '과학이 발전하면 더 행복해질까?(에티엔 클렝)'를 읽고 과학의 발전이 인류의 행복을 가져온다는 사고방식의 위험성을 깨달았다고 발표함. 특히 과학자들이 자신의 연구 성과를 완전히 제어하기 어렵다는 점에 초점을 맞춰, 최초의 개발 의도와 다르게 사회에 적용된 과학기술의 사례를 조사하는 추가 탐구활동을 진행한 뒤 관련 내용에 대한 보고서를 작성함.

[10통사1-02-02]

○○○

행복한 삶을 실현하기 위한 조건으로 질 높은 정주 환경의 조성, 경제적 안정, 민주주의의 발전 및 도덕적 실천의 필요성에 관해 탐구한다.

➡ 이상적인 정주 환경을 구축하기 위한 도시 계획 아이디어를 고안해 보자. 예를 들어 녹지 비율 상향, 주거 형태 혁신, 대중교통 인프라 확충, 하수 처리 시스템 개선, 문화 시설 및 의료 서비스에 대한 접근성 향상 방안 등을 구상하여 가상의 행복 도시를 설계하는 프로젝트 활동을 진행할 수 있다. 또한 거주하는 주민들의 행복도를 높이기 위해 독창적으로 설계된 도시나 건물의 실제 사례를 찾아보고 장단점을 분석한 후, 자신들이 사는 지역에 적용할 수 있는 방안을 탐구할 수 있다.

관련 학과 공학계열 전체

《행복한 도시》, 성영준, 좋은땅(2021)

단원명 | 자연환경과 인간

| 🔍 | 기후와 지형에 따른 생활양식의 차이, 자연재해, 안전하고 쾌적한 환경에서 생활할 권리, 인간 중심주의, 생태 중심주의, 도구적 자연관, 상호 의존성, 생태 교육, 기후변화 협약, 탄소 배출권, 생물다양성 협약, ESG 경영, 지속가능한 개발

[10통사1-03-01]

자연환경이 인간의 생활에 미치는 영향에 대한 과거와 현재의 사례를 조사하여 분석하고, 안전하고 쾌적한 환경에서 살아가는 것이 시민의 권리임을 주장한다.

➡️ 자연환경이 인간 생활에 끼치는 영향은 과학기술의 발달로 인해 점차 감소하고 있다. 자연의 제약을 현대 과학기술로 극복한 사례나 쾌적한 환경을 만들기 위한 기술적인 노력에 대해 알아볼 수 있다. 가뭄을 극복하기 위한 수로 공사나 물이 부족한 해안 지역에 용수를 공급하는 해수 담수화 기술 등이 예가 될 것이다. 한편 자연재해로 인한 피해가 국가마다 다르게 나타나는 요인도 기술 발전의 차이에서 찾을 수 있다. 태풍이나 지진에 대한 대응 체계가 국가별로 어떻게 다른가를 구체적으로 분석하고, 피해 현황과의 인과관계를 추론해 보자.

`관련 학과` 공학계열 전체

《알기 쉬운 지진과 건물 이야기》, 이리형·이문성, 자유아카데미(2021)

[10통사1-03-02]

자연에 대한 인간의 다양한 관점을 사례를 통해 비교하고, 인간과 자연의 바람직한 관계를 제안한다.

➡️ 17세기 과학혁명 이후 자연을 바라보는 인간의 관점은 자연현상의 과학적 원리를 밝혀내어 지식과 기술로 자연을 통제하려는 방향으로 변화하였다. 이로 인해 자연환경의 제약을 극복하고 인간 생활이 편리해진 사례와 생태계 파괴로 인해 인간의 생존조차 위협받는 사례를 양쪽 다 조사하고 분석하는 활동을 진행할 수 있다. 또한 최근 각광받고 있는 친환경 기술의 등장 배경과 원리, 적용 사례를 탐구하면서 인간과 자연의 바람직한 관계 구축에 대해 고민해 보자.

`관련 학과` 공학계열 전체

《궁금한 친환경, 생명 기술의 세계》, 이동국 외 4명, 삼양미디어(2016)

[10통사1-03-03]

환경 문제 해결을 위한 정부, 시민사회, 기업 등의 다양한 노력을 조사하고, 생태시민으로서 실천 방안을 모색한다.

➡️ 기후변화의 흐름을 늦추기 위한 에너지 절약은 인류의 생존을 위한 필수적인 과제가 되었다. 이에 에너지 효율이 높은 패시브하우스, 태양 에너지 활용 건축, 재활용된 건축 자재를 사용하는 친환경 건축이 각광받고 있다. 정부나 기업에서 친환경 건축물을 지어 에너지를 절감한 구체적인 사례를 찾아 발표해 보자. 또한 대중교통이나 자전거를 편리하게 이용할 수 있는 도시 환경을 조성하기 위해 교통 시스템과 도로 네트워크를 분석하는 활동을 진행해 보자.

`관련 학과` 공학계열 전체

《why 패시브하우스》, 김창근, 한문화사(2019)

단원명 | 문화와 다양성

| 🔍 | 문화, 문화권, 자연환경, 인문환경, 농경 문화권, 유목 문화권, 종교 문화권, 점이 지대, 문화 전파, 직접 전파, 간접 전파, 자극 전파, 문화 접변, 문화 동화, 문화 병존, 문화 융합, 보편 윤리, 자문화 중심주의, 문화 사대주의, 문화 상대주의, 문화 다원주의, 다문화 사회, 다문화 공간, 다문화주의

[10통사1-04-01]   ● ● ●

자연환경과 인문환경의 영향을 받아 형성된 다양한 문화권의 특징과 삶의 방식을 탐구한다.

➡ 세계의 여러 문화권은 특유의 건축 양식을 갖고 있다. 자연환경에 적응하며 살아온 인류는 주변에서 구하기 쉬운 소재로 건축물을 만들었고 종교와 역사, 산업의 특징이 건축물과 도시의 구조에 영향을 주었다. 대리석으로 지어진 유럽 도시들의 대성당, 흙으로 지어진 사막의 모스크, 나무로 지어진 일본의 사찰 등 각 문화권을 대표하는 종교 건축물의 소재를 비교하고 자연환경과 연관 지어 탐구하는 활동을 진행해 보자. 또한 동·서양 문화권의 고대 도시 구조의 공통점과 차이점을 조사하고 자연환경이나 종교가 도시의 설계에 미친 영향을 찾아보는 활동을 수행할 수 있다.

관련 학과 건축학과, 도시공학과, 토목학과

《**건축전쟁**》, 도현신, 이다북스(2022)

[10통사1-04-02]   ● ● ●

문화 변동의 다양한 양상을 이해하고, 현대 사회에서 전통문화가 지니는 의의를 탐색한다.

➡ 다른 지역의 문화 요소를 받아들이고 융합하는 사례는 건축물이나 도시 건설 방식에서 흔히 나타난다. 서양의 건축 양식인 아파트에 한국의 난방 방식인 온돌을 접목하고 성당에 한옥 구조물과 기독교식 건축 양식을 결합하거나 한옥의 내부를 서양식으로 꾸미는 경우를 예로 들 수 있다. 이와 같은 사례를 문화의 전파와 변동의 시각으로 해석해 보자. 또한 전통문화 속의 과학적인 요소들을 현대적으로 재해석하여 발전시키는 방안을 찾아보는 탐구활동을 수행할 수도 있다.

관련 학과 공학계열 전체

《**과학문화유산답사기 2: 전통 마을 1편**》, 이종호, 북카라반(2014)

[10통사1-04-03]   ● ● ●

문화적 차이에 대한 상대주의적 태도의 필요성을 이해하고, 보편 윤리의 차원에서 자문화와 타문화를 평가한다.

➡ 정보통신기술의 발달로 인터넷 실시간 동영상 서비스, IP TV, OTT 서비스와 같은 디지털 영상 매체가 널리 대중화되었다. 이러한 매체가 문화를 인식하는 태도에 끼치는 영향을 조사할 수 있다. 전 세계에서 실시간으로 올라오는 수없이 많은 영상들을 통해 대중들은 다른 나라의 문화를 실시간으로 접하고 있는데, 이러한 정보의 범람이 문화 상대주의적인 태도를 갖게 하는지, 도리어 자문화 중심주의를 강화하는지, 특정 문화에 대한 사대주의에 빠지게 하는지를 주제로 탐구활동을 진행해 보자.

관련 학과 공학계열 전체

《**유튜브 시대에 문화는 어떻게 기억되는가**》, 서영호, 푸른사상(2023)

[10통사1-04-04]   • • •

다문화 사회의 현황을 조사하고, 문화적 다양성을 존중하는 태도를 바탕으로 갈등 해결 방안을 모색한다.

➡️ 다문화 사회는 여러 배경을 가진 집단들이 모자이크처럼 얽혀 있기 때문에 문화적 다양성이 풍부해진다는 장점이 있다. 이를 게임이나 디지털 콘텐츠의 소재로 응용하는 방법에 대해 생각해 보자. 또한 다문화 사회에서는 도시가 동질적인 문화 집단들이 거주하는 구역으로 분할되는 양상을 보인다. 예를 들어 한국보다 훨씬 빠르게 다문화 사회로 접어든 뉴욕이나 싱가폴처럼 처음부터 여러 민족이 섞여 이루어진 경우 문화권별로 주거 지역이 분리되는 특징이 나타난다. 이로 인해 발생하는 갈등과 사회문제 해결을 위한 도시공학적인 해결 방안들을 모색해 보자.

관련 학과 게임공학과, 도시공학과, 디지털콘텐츠학과, 멀티미디어학과, 인터넷정보과
《한국의 다문화 공간》, 정병호·송도영, 현암사(2011)

단원명 | 생활공간과 사회

| 🔍 산업화, 도시화, 정보화, 대도시권, ·생활 양식의 변화, 지역사회의 변화, 교통과 통신의 발달, 시공간의 수렴화, 고속 철도, 정보화, 가상 공간, 빅데이터, 공간 변화와 생활 양식, 지역 조사의 절차, 통계 지도 작성, 커뮤니티 매핑

[10통사1-05-01]   • • •

산업화, 도시화로 인해 나타난 생활공간과 생활양식의 변화 양상을 조사하고, 이에 따른 문제점의 해결 방안을 제안한다.

➡️ 과학기술의 발전은 도시의 공간 구조 변화에도 영향을 끼친다. 기술의 발전으로 도시의 건축 양식이 변화하는 과정을 초고층 빌딩의 변천사를 소재로 탐구할 수 있다. 또한 산업혁명 직후의 도시 구조와 4차 산업혁명 이후 첨단 도시 구조를 비교하여 도시 내부 공간의 토지 이용 변화를 파악하는 활동을 진행할 수 있다. 그리고 도시 환경 문제의 해결책으로 각광받고 있는 친환경 건축물의 사례를 조사하고, 도시 환경 개선을 위해 여러 나라에서 진행하고 있는 프로젝트들을 비교할 수 있다.

관련 학과 토목공학과, 도시공학과, 건축학과, 조경학과
《기술과 사회로 읽는 도시건축사 1863-1945》, 안창모, 들녘(2022)

[10통사1-05-02]   • • •

교통·통신 및 과학기술의 발달과 함께 나타난 생활공간과 생활양식의 변화 양상을 조사하고, 이에 따른 문제점의 해결 방안을 조사한다.

➡️ 정보통신 관련 기술의 발달이 사회의 변혁을 가져온 실제 사례들을 바탕으로 다양한 탐구활동을 진행할 수 있다. 위성위치확인시스템(GPS)의 공간정보를 활용하여 일상생활에 적용시킨 사례(내비게이션, 위치 추적 시스템 등)를 분석하거나 지리정보시스템(GIS)를 바탕으로 특정 시설의 최적 입지를 선정하는 프로젝트를 수행할 수 있다. 또한 빅데이터가 사회의 다양한 분야에 이용되고 있음을 국가 공공정책 수행, 기업 마케팅 등의 실제 사례를 통하여 파악하고 포털사이트에서 제공하는 다양한 빅데이터를 가공하는 방법을 알아볼 수 있다.

국어 교과군

영어 교과군

수학 교과군

도덕 교과군

사회 교과군

과학 교과군

관련 학과 공학계열 전체

《세상을 읽는 새로운 언어, 빅데이터》, 조성준, 21세기북스(2019)

[10통사1-05-03]   ● ● ●

자신이 거주하는 지역을 사례로 공간 변화가 초래한 양상 및 문제점을 탐구하고, 공동체의 구성원으로서 지역 사회의 변화를 위한 방안을 모색하고 이를 실천한다.

➡ 지역사회가 당면한 문제의 해결을 위해 사물인터넷(IoT), 위성위치확인시스템(GPS), 인공지능(AI), 빅데이터 수집과 분석 등이 결합된 정보화된 도시 시스템인 스마트시티에 대해 탐구할 수 있다. 예를 들어 스마트시티 기술이 도시의 교통 문제 해결과 도시 재생 사업, 범죄 예방, 환경 개선에 활용된 실제 사례를 조사한 뒤, 자신이 거주하는 지역의 문제에 적용하여 해결할 수 있는 방안을 모색해 보자.

관련 학과 공학계열 전체

《스마트시티 에볼루션》, 박찬호 외 3명, 북바이북(2022)

공통 과목	수능	통합사회2	절대평가	상대평가
	○		5단계	5등급

단원명 | 인권보장과 헌법

| 🔍 | 인권, 천부 인권, 시민 혁명, 주거권, 안전권, 환경권, 문화권, 인권 보장, 시민불복종, 저항권, 인간의 존엄성, 시민 참여, 사회적 소수자, 청소년 노동권, 인권지수, 인권 문제 |

[10통사2-01-01]　　　　●●●

근대 시민 혁명 등을 통해 확립되어 온 인권의 의미와 변화 양상을 이해하고, 현대 사회에서 주거, 안전, 환경, 문화 등 다양한 영역으로 인권이 확장되고 있는 사례를 조사한다.

➡ 기술이 발전하면서 산업의 구조가 바뀌고 그로 인해 인권의 개념이 확장된 사례를 조사할 수 있다. 예를 들어 20세기 후반부터 가속화된 정보통신기술의 발달로 CCTV는 점점 고도화되고 위성 사진, 드론 영상 등 다양한 매체가 사람들을 감시하는 가운데 사생활 침해를 우려하는 목소리는 날로 높아지고 있다. 또한 AI의 급속한 발전은 'AI에게도 권리가 필요한가?'라는 새로운 화두를 낳았다. 신기술의 발달이 인권의 개념 확장에 미치는 영향에 대한 토론을 진행해 보자.

`관련 학과` 건축학과, 도시공학과, 토목학과

《정보통신기기에 의한 노동인권 침해 실태조사》, 국가인권위원회, 휴먼컬처아리랑(2015)

[10통사2-01-02]　　　　●●●

인간 존엄성 실현과 인권 보장을 위한 헌법의 역할을 파악하고, 시민의 권익을 보호하기 위한 다양한 시민 참여의 방안을 탐구하고 이를 실천한다.

➡ 과학기술이 빠르게 발전함에 따라 새로 등장하는 기술과 관련된 새로운 인권 규범이 요구되기 시작했다. 특히 인터넷 공간에서 기본권이 충돌하는 사례가 자주 발생하고 있는데, 누구나 쉽게 글을 올릴 수 있다는 특징 때문에 대중들의 알 권리와 사생활의 자유가 서로 부딪히는 경우가 있다. 이처럼 과학의 발달로 새롭게 등장하는 인권 문제 및 그에 대한 해결책 마련을 위한 시민 참여의 방안에 대해 탐구할 수 있다.

`관련 학과` 공학계열 전체

《나에 관한 기억을 지우라》, 구본권, 풀빛(2016)

[10통사2-01-03]　　　　●●●

사회적 소수자 차별, 청소년의 노동권 등 국내 인권 문제와 인권지수를 통해 확인할 수 있는 세계 인권 문제의 양상을 조사하고, 이에 대한 해결 방안을 모색한다.

➡ 과학, 특히 이공계 분야에서는 여전히 사회적 소수자들이 차별받는 경우가 있다. 특히 여성 과학자에 대한 차별 관행은 남녀의 지적 능력에 차이가 없음이 과학적으로 증명된 현재까지도 존재하고 있다. 과학계에 뿌리 깊

게 남아 있는 차별 의식에 대해 조사하며 문제의식을 가져 보자. 또한 정보통신기술의 급속한 진보로 인해 인터넷에 퍼져 있는 가짜 정보가 편견을 조장하는 속도가 더욱 빨라지고 있다. 이를 해결하기 위한 방안을 모색해 보자.

`관련 학과` 공학계열 전체

《**나의 사랑스럽고 불평등한 코스모스**》, 찬다 프레스코드와인스타인, 고유경 역, 휴머니스트(2023)

단원명 | 사회정의와 불평등

> | 🔍 | 분배적 정의, 교정적 정의, 업적, 능력, 정의의 기준, 자유주의적 정의관, 공동체주의적 정의관, 절차적 정의, 다원적 평등, 공동선, 권리와 의무, 소득 불평등, 공간 불평등, 계층 양극화, 지역 격차, 보편적 복지, 선별적 복지, 적극적 우대 조치, 역차별

[10통사2-02-01]   •••

정의의 의미와 정의가 요구되는 이유를 파악하고, 다양한 사례를 통해 정의의 실질적 기준을 탐구한다.

➡ 인공지능 기술의 눈부신 발전은 정의와 관련된 새로운 논쟁을 불러일으키고 있다. '인공지능 판사가 내리는 판결은 과연 정의로울까?', '오직 인간만이 정의를 판단할 수 있는 존재인가?'처럼 정의의 본질에 관해 다양한 주제로 토론을 진행해 보자. 또한 자원과 소득의 공정한 분배에 관련된 문제를 머신러닝 알고리즘 개발로 해결할 수 있을지, 이렇게 자원을 분배하는 방법 자체가 정의로운가에 관해서도 의견을 나누고 탐구하는 활동을 진행할 수 있다.

`관련 학과` 공학계열 전체

인공 지능 판사는 공정할까?

오승현, 개암나무(2023)

`책 소개`

우리 사회에 나타나는 여러 사회적 이슈들을 찬성과 반대의 입장에서 살펴보며 윤리적으로 생각하는 방법을 알려주는 책이다. 저자는 장애인 이동권 시위를 꼭 출근 시간에 해야 하는지, 유튜브는 세상에 이롭기만 한지, 환경을 위해 채식을 해야 하는지, 차별 시정 조치를 시행해야 하는지, 사고가 나면 자율주행차는 누구를 살려야 하는지, 선진국이 내뿜은 온실가스를 개도국도 책임져야 하는지, 인공지능 판사를 도입해야 하는지 등 사회, 소셜미디어, 정보, 환경, 과학 분야에 걸친 다양한 주제를 윤리적인 관점에서 다루고 있다.

`세특 예시`

인공지능 기술의 영역과 향후 발전 방향을 탐구하기 위해 '책을 통해 세상 보기' 시간에 '인공지능 판사는 공정할까?(오승현)'를 선택하여 읽음. 법률적인 판단을 인공지능 판사가 내리는 것이 옳은지, 그 판결이 과연 정의로운지에 대해 문제의식을 갖고 탐구한 결과, 인공지능은 인간의 정의로운 판단을 돕기 위한 보조적인 수단이며 궁극적인 결단은 인간의 몫이라는 결론을 담은 보고서를 작성함.

개인과 공동체의 관계를 기준으로 다양한 정의관을 비교하고, 이를 구체적인 사례에 적용하여 설명한다.

➡️ 최근 급격히 발전하고 있는 인공지능을 바라보는 여러 관점을 비교할 수 있다. 일례로 자유주의적 정의관에서는 개인의 자유를 최우선의 가치로 여기는데, 공공의 이익을 위해 개발된 인공지능 기술은 개인의 사생활의 자유를 침해할 수 있다. 반면 다양한 정보에 접근할 수 있는 자유가 공익을 침해하는 사례도 있다. 이와 관련된 여러 사례를 분석하여 인공지능 사회에서 요구되는 정의관은 무엇인가에 관해 토론을 진행해 보자.

관련 학과 공학계열 전체

《**인공지능윤리: 다원적 접근**》, 인공지능과 가치 연구회, 박영사(2021)

사회 및 공간 불평등 현상의 사례를 조사하고, 정의로운 사회를 만들기 위한 다양한 제도와 시민으로서의 실천 방안을 제안한다.

➡️ 경제적 격차는 공간의 불평등을 야기하는 원인이 된다. 세계의 대도시들은 소득 수준, 인종, 민족 등으로 주거 구역이 나뉘고 점차 교류가 단절되며 공간의 분리가 강화되는 경향을 보인다. 이를 완화하기 위한 도시공학적, 건축학적 접근을 시도해 보자. 또한 우리나라는 도시 내부의 불평등뿐 아니라 수도권과 지방 사이의 불평등 현상도 심각해지고 있다. 수도권과 다른 지역의 격차를 줄이기 위한 정책을 제안하는 탐구활동을 진행해 보자.

관련 학과 공학계열 전체

도시는 왜 불평등한가

리처드 플로리다, 안종희 역,
매일경제신문사(2023)

책 소개 ···

사람과 돈이 도시로 모이고 경제가 발전할수록 불평등은 심화된다. 부동산은 폭등하고 임금 격차는 커지고 중산층은 무너진다. 그렇다고 도시를 없앨 수는 없다. 도시가 형성되고 자본과 인재가 모이는 건 자연스러운 현상이다. 위기가 도시에서 비롯되었다면, 해결책도 도시에서 찾아야 한다. 이 책은 현대 도시가 가진 문제의 근본 원인을 살펴보고, 이를 해결하기 위한 방법을 모색한다.

세특 예시 ···

'책으로 세상 읽기' 시간에 '도시는 왜 불평등한가(리처드 플로리다)'를 읽고 도시의 소득 격차가 심해지면서 계층에 따라 도시 공간이 분리되는 현상의 심각성을 깨달았다는 소감을 밝힘. 이에 대한 해결책으로 제시된 도심 재개발 정책이 야기하는 젠트리피케이션 현상에 대해 추가 탐구활동을 진행하고, 젠트리피케이션의 국내외 사례 및 장단점을 분석한 보고서를 작성함.

단원명 | 시장경제와 지속가능발전

🔍 자본주의, 산업 혁명, 경제 주체, 합리적 선택, 시장 실패, 불완전 경쟁, 지속가능발전, 기업가 정신, 기업의 사회적 책임, 자산 관리, 예금, 채권, 주식, 유동성, 수익성, 안전성, 절대 우위, 비교 우위, 특화, 국제 분업, 지역 경제 협력체, 무역 장벽, 자유 무역 협정, 공정무역

[10통사2-03-01] • • •

자본주의의 역사적 전개 과정과 그 특징을 조사하고, 시장과 정부의 관계를 중심으로 다양한 삶의 방식을 비교 평가한다.

➲ 기술의 발전과 경제 체제 사이에는 밀접한 연관이 있다. 과학혁명 이후 기술 혁신이 광범위하게 일어나면서 산업혁명이 발생했고 그로 인해 자본주의 체제가 등장하게 되었다. 이러한 역사적 사례를 바탕으로 자본주의 체제의 발전과 새로운 기술의 개발 사이에 어떠한 연관성이 있는지 탐구하는 활동을 진행해 보자. 예를 들어 블록체인 기술이 금융 산업에 끼친 영향을 탐구하거나, 자동화 시스템과 로봇의 등장이 고용 시장에 미친 영향을 조사할 수 있다.

관련 학과 교통공학과, 도시건설과, 드론공학과, 물류시스템공학과, 정보통신공학과, 조선공학과

《기술혁신의 경제학》, 권명중, 나무미디어(2024)

[10통사2-03-02] • • •

합리적 선택의 의미와 그 한계를 파악하고, 지속가능발전을 위해 요청되는 정부, 기업가, 노동자, 소비자의 바람직한 역할과 책임에 관해 탐구한다.

➲ 새로운 아이디어를 개발하고 기술을 혁신함으로써 생산성을 향상하고 소비자를 만족시키기 위해 노력하는 기업가 정신이 첨단 기술 분야에서 구현된 사례를 탐구할 수 있다. 예를 들어 스마트폰 기술과 전기차에 관련된 기술은 경제를 넘어 정치, 문화 등 사회 전반에 큰 영향을 미쳤다. 이와 유사한 사례들을 조사하고, 첨단 기술의 개발 및 상용화에 따르는 기업의 사회적 책임과 윤리 의식은 무엇인가에 대해서도 토의해 보자.

관련 학과 공학계열 전체

《첨단기술의 글로벌 혁신전략》, 김진우 외 2명, 율곡출판사(2022)

[10통사2-03-03] • • •

금융 자산의 특징과 자산 관리의 원칙을 토대로 금융 생활을 설계하고, 경제적, 사회적 환경의 변화가 금융과 관련한 의사 결정에 미치는 영향을 탐구한다.

➲ 블록체인 기술이 발달하면서 자산의 새로운 형태로 등장한 가상화폐가 금융계에 끼친 영향을 조사해 보자. 예를 들어 가상화폐와 기존의 주식, 채권 같은 금융 자산의 차이점은 무엇인지, 중앙은행이 가상화폐를 발행한다면 누가 통화량을 조절하는지, 가상화폐가 현재의 금융 시장을 완전히 대체할 수 있을 것인지와 같은 질문을 주제로 삼아 탐구활동을 진행할 수 있다. 또한 금융 관련 어플리케이션의 개발이나 블록체인처럼 첨단 기술의 발전이 금융 시장에 영향을 끼친 사례들에 관해 조사할 수 있다.

관련 학과 공학계열 전체

《더 그레이트 비트코인》, 오태민, 거인의 정원(2023)

[10통사2-03-04] • • •

자원, 노동, 자본의 지역 분포에 따른 국제 분업과 무역의 필요성을 이해하고, 지속가능발전에 기여하는 국제 무역의 방안을 탐색한다.

➲ 반도체나 자동차, 가전제품 등 핵심 기술을 요구하는 산업들은 강대국들 사이에 불붙은 무역 분쟁의 주요한 원인으로 떠오르고 있다. 이렇듯 무역 분쟁이 일어나는 원인과 협상 사례를 살펴보며 국제 무역의 확대에 따른

부정적인 영향을 알아볼 수 있다. 또한 운송 수단의 발전이나 전자상거래에 관련된 정보통신기술의 발달이 국제 무역의 확대에 끼친 영향을 조사하고, 미래의 국제 무역이 어떤 방법으로 진행될 것인지 예측하는 탐구활동을 수행할 수 있다.

관련 학과 공학계열 전체

칩 워

크리스 밀러, 노정태 역,
부키 (2023)

책 소개

이 책은 반도체 산업의 태동부터 미국과 중국 간의 반도체 패권 대결, 한국과 대만, 일본, 실리콘밸리의 치열한 기술 경쟁과 미래 전략까지, 반도체 산업의 70년 역사를 담아낸 논픽션 역사서다. 저자는 산업과 기술에 대한 치밀한 분석과 풍부한 인터뷰를 결합해 오늘날 지정학적 경쟁에서 가장 핵심적이고 전략적인 싸움이 벌어지는 21세기 반도체 산업의 현황을 독자에게 전달한다.

세특 예시

'책으로 세상 읽기' 시간에 '칩 워(크리스 밀러)'를 읽고 국제적인 분쟁이 벌어지고 있는 반도체 시장의 현황에 대해 관심을 갖게 되었다고 밝힘. 특히 한국의 반도체 산업이 발전하게 된 계기와 역사에 흥미를 느껴 초창기 반도체 산업에 대한 투자부터 현대의 발전 양상까지 반도체 산업이 걸어온 길을 일목요연하게 정리한 뒤 흐름도 형태의 비주얼 싱킹 맵으로 표현하여 친구들의 탄성을 자아냄.

단원명 | 세계화와 평화

> 🔍 세계화, 지역화, 세계 도시, 다국적 기업, 문화 획일화, 보편 윤리, 특수 윤리, 세계 평화, 국제 사회의 갈등과 협력, 국가, 국제기구, 비정부 기구, 세계시민, 평화의 개념, 남북 분단, 평화 통일, 동아시아의 역사 갈등

[10통사2-04-01] • • •

세계화의 다양한 양상을 살펴보고, 세계화 시대의 문제점과 그에 대한 해결 방안을 제안한다.

➡️ 교통수단과 통신 시스템의 발달은 세계화의 흐름을 더욱 가속화시켰다. 예를 들어 지구 반대편의 뉴스가 실시간으로 생중계되고 인공위성을 이용한 위치 추적 시스템으로 내가 해외에서 구매한 물건이 어디쯤 오고 있는지를 바로 확인할 수 있다. 하지만 인간의 예상을 뛰어넘는 속도로 발전하는 첨단 기술로 인해 세계화 또한 지나치게 빨라지면서 다양한 분야에서 부작용이 발생하고 있다. 이러한 부작용을 해결할 수 있는 방안을 탐구해 보자.

관련 학과 교통공학과, 도시건설과, 드론공학과, 물류시스템공학과, 정보통신공학과, 조선공학과

《궁금한 수송 기술의 세계》, 오규찬 외 4명, 삼양미디어 (2015)

[10통사2-04-02] • • •

평화의 관점에서 국제 사회의 갈등과 협력의 사례를 조사하고, 세계 평화를 위한 행위 주체의 바람직한 역할을 탐색한다.

➡️ 적정기술의 의미와 사용되고 있는 지역, 적정기술의 활용으로 해당 지역이 변화한 양상을 조사해 보고 장점과 한계점을 탐구할 수 있다. 또한 적정기술처럼 저개발 국가들이 기부와 원조의 한계를 극복하고 자립할 수 있도록 돕는 과학적인 방법에는 무엇이 있는지 AI 프로그램과 빅데이터 분석 기법 등을 활용하여 찾아보자.

관련 학과 공학계열 전체

《국경 없는 과학기술자들》, 이경선, 뜨인돌(2013)

[10통사2-04-03] ● ● ● ●

남북 분단과 동아시아의 역사 갈등 상황을 분석하고, 이를 토대로 우리나라가 세계 평화에 기여할 수 있는 방안을 제안한다.

➡️ 남북 통일의 이점을 대륙과 이어지는 교통 통신망의 구축이라는 관점에서 찾아볼 수 있다. 일례로 아시안 하이웨이의 연결과 유라시아 철도망으로의 편입으로 물자의 수송 거리가 단축됨으로써 얻을 수 있는 경제적 이점을 분석하고, 이를 위해 어떤 기술적 뒷받침이 필요한지 알아보는 것이다. 또한 우리나라가 기술 원조 등을 통해 저개발 국가의 발전에 기여한 사례를 조사해 보자. 이 밖에도 우리나라가 과학기술로 세계 평화에 이바지할 수 있는 방법이 무엇인지 탐구해 보자.

관련 학과 공학계열 전체

《철도의 미래 2030년의 철도》, 재단법인 철도종합기술연구소 '2030의 철도' 조사 그룹, 이성혁 외 2명 역, CIR(2016)

단원명 | 미래와 지속가능한 삶

🔍 세계의 인구 분포, 인구 피라미드, 저출생·고령화, 인구 과잉, 인구 문제의 해결 방안, 에너지 자원의 분포, 에너지 자원의 소비, 기후변화, 지속가능발전, 미래 사회 예측, 세계 시민주의, 생태환경의 변화, 국가 간 협력

[10통사2-05-01] ● ● ● ●

세계의 인구 분포와 구조 등에 대한 이해를 토대로 현재와 미래의 인구 문제 양상을 파악하고, 그 해결 방안을 제안한다.

➡️ 세계 각 지역에서 발생하는 인구 문제에 대한 과학적인 해결 방안을 모색할 수 있다. 일례로 인구 집중으로 과도시화 현상이 나타나 교통 체증, 쓰레기 문제 등을 겪는 지역에서 IT 기술, 사이버 물리 시스템, 빅데이터 분석 등의 첨단 기술을 이용하여 교통의 흐름을 조절하거나 쓰레기를 효율적으로 처리하는 해결책을 탐구하는 것이다. 또한 국토의 불균형한 개발은 특정 지역으로의 인구 집중을 일으켜 인구 문제를 가중시킨다. 국토 전체의 균형 발전을 위한 의견을 교통망 및 정보 통신망 구축과 같은 시각에서 제시해 보자.

관련 학과 건축학과, 도시공학과, 모바일시스템공학과, 인터넷 정보과, 정보통신학과, 토목공학과

《한눈에 읽는 스마트시티》, 이근형 외 10명, 지식공감(2019)

[10통사2-05-02] ● ● ● ●

지구적 차원에서 에너지 자원의 분포와 소비 실태를 파악하고, 기후변화에 대한 대응과 지속가능한 발전을 위한 제도적 방안과 개인적 노력을 탐구한다.

➡️ 에너지 자원을 절약해 주는 다양한 친환경 기술에 대해 조사할 수 있다. 일례로 태양광, 풍력, 수력, 조력과 같은 대체에너지의 연구나 에너지 절약 설계를 통해 건물이 소비하는 에너지를 줄이는 방법 등을 탐구하는 것이다. 또한 온실가스 배출을 최소화해 주는 친환경 녹색 건물이나 스마트팜 시스템, 수소차, 탄소 포집 기술 등 기후변화에 대한 해결 방안으로 과학계가 연구 중인 분야들을 살펴보고 가까운 미래에 상용화될 가능성이 있거나 이미 상용화된 기술은 무엇인지 조사해 보자.

관련 학과 건축학과, 건축공학과, 도시공학과, 조경학과, 토목공학과

《**수소에너지 백과사전**》, 이원욱 외 2명, KPbooks(2023)

[10통사2-05-03] ● ● ●

미래 사회의 모습을 다양한 측면에서 예측하고, 이를 바탕으로 세계시민으로서 자신의 미래 삶의 방향을 설정한다.

➡️ 과학기술의 발전에 따른 미래 사회의 공간적 변화와 인간의 삶의 변화를 예측하는 탐구활동을 수행할 수 있다. 교통 및 통신 수단의 비약적 발전은 지구촌의 교류를 활발하게 하여 세계화 시대를 앞당겼고, 인공지능의 급격한 발달로 인간의 전유물로 여겨졌던 사고의 영역이 기계의 범위까지 확장되었으며, 빅데이터 분석 기술은 광고, 정책 수립 등 다양한 분야에 이용되고 있다. 이와 유사한 사례들을 조사해 보고 첨단 기술의 발전 방향을 가까운 미래, 먼 미래 등으로 나누어 탐구해 보자.

관련 학과 공학계열 전체

《**챗GPT 그 다음의 미래 기술**》, 주종민, 부크크(2023)

선택 과목	수능	세계시민과 지리	절대평가	상대평가
일반 선택	X		5단계	5등급

단원명 | 세계시민, 세계화와 지역 이해

| 🔍 | 세계화, 지역화, 세계시민, 지역 통합, 지역 분리, 지역 변화, 지리정보기술, 경제 블록, 지리적 사고, 지구 공동체

[12세지01-01] ● ● ●

세계화의 의미를 지리적 스케일에 따라 이해하고, 세계화와 지역화의 관계 속에서 세계시민의 역할을 탐색한다.

➡ 초음속 비행기는 음속(마하1) 이상의 속력을 낼 수 있는 비행선을 말한다. 원래는 군용으로 개발되었으나 1960년대 이후부터 민간용 여객기가 개발되어 상용화되었다. 초음속 여객기의 문제점은 엄청난 소음과 높은 요금이다. 하지만 트럼프 정부가 연방 항공청(FAA)의 금지령 해제를 고려하는 법안에 서명하면서 초음속 여객기의 상용화 가능성이 되살아났다. 초음속 여객기 개발 사업이 활발한 이유와 초음속 여객기의 개발 동향을 조사하여 발표해 보자.

관련 학과 공학계열 전체

《비행기 구조 교과서》, 나카무라 간지, 전종훈 역, 보누스(2017)

[12세지01-02] ● ● ●

지역 통합과 분리 현상의 사례와 주요 원인을 탐구하고, 이를 바탕으로 지역 변화의 역동성을 파악한다.

➡ 우리나라와 같이 강대국 사이에 낀 나라는 지정학이 국제 관계에서 결정적인 역할을 한다. 따라서 강국들이 한반도를 어떻게 바라보는지 좀 더 객관적으로 이해하는 것이 중요하다. 특히 일반 국민도 이 문제에 어느 정도 상식을 가져야 한다. 최근 미·중 간의 패권 전쟁이 첨예하다. 안보를 넘어 경제 문제로까지 확대되어 반도체를 비롯한 교역 문제로 번졌다. 한국은 그사이에서 어려운 선택을 강요당하는 처지다. 한반도의 분단과 현재의 한반도를 둘러싼 국제 정세를 지정학적 관점에서 분석하여 발표해 보자.

관련 학과 공학계열 전체

《한반도의 전쟁과 평화》, 이삼성, 한길사(2018)

[12세지01-03] ● ● ●

지리정보기술이 세계시민의 삶과 연계되는 다양한 모습을 이해하고, 지리적 문제 해결 및 의사 결정에 활용되는 사례를 조사한다.

➡ 미국 동부에서는 기존의 30미터 해상도였던 지형 정보를 기계학습을 이용하여 단기간에 1미터 해상도로 높일 수 있었다. 미국 유타주에서는 지난 7년간의 교통사고 데이터와 날씨, 요일 등 환경 변수 수십 가지를 가지고

기계학습을 실시하여, 현재 교통사고 발생 확률이 가장 높은 지역을 예측하여 경찰 또는 소방 부서와 협업하였다. 이처럼 지리정보체계(GIS)에서 인공지능(AI)을 활용하는 사례가 늘어나고 있다. GIS에서 AI를 활용했을 때의 장점, AI를 활용한 생산성 향상 사례를 조사하여 발표해 보자.

관련 학과 AI모빌리티공학과, AI융합학과, AI응용학과, 공간정보공학과, 공간정보시스템공학과, 데이터사이언스학과, 데이터정보학과, 도시공학과, 스마트모빌리티공학과, 위치정보시스템학과, 인공지능학과, 컴퓨터공학과

공간정보의 이해와 활용
대한공간정보학회·
대한국토·도시계획학회,
푸른길(2023)

책 소개

공간정보가 이제는 가상의 도시와 새로운 세계를 만들어 내고 있다. 지도를 기반으로 한 수많은 응용프로그램들뿐 아니라 드론, 빅데이터, 인공지능 등 최신 기술이 접목되면서 공간정보의 영역이 거의 무한 확장되었다. 공간정보를 더 새롭게 이해해야 할 이유가 생긴 것이다. 대한공간정보학회와 대한국토·도시계획학회에서 일반인을 대상으로 공간정보에 관한 이해를 돕고, 실제를 살펴볼 수 있는 도서를 기획하였다.

세특 예시

독서를 통한 교과내용 톺아보기 활동에서 '공간정보의 이해와 활용(대한공간정보학회 외)'을 읽고 공간정보의 기본 개념과 특징, 일상생활에서의 공간정보 활용과 도시에서의 공간정보 활용에 대해 자세히 알게 됐다는 소감을 피력함. 심화 탐구활동으로 GeoAI 발전과 활용 사례(국토 및 환경 모니터링, 도시연구, 감성분석, 이동궤적 분석 및 예측, 지도학 및 매핑 등), 스마트시티와 디지털 트윈에서의 공간정보 활용에 대한 인포그래픽 자료를 준비해 발표함.

단원명 | 모자이크 세계, 세계의 다양한 자연환경과 문화

| 🔍 | 기후, 지형, 생태계, 문화 다양성, 종교 경관, 관광 자원, 상호 교류, 세계의 축제, 지속가능발전, 환경 보전, 혼합 문화

[12세지02-01]

세계의 다양한 기후에 대한 이해를 바탕으로 기후를 활용하거나 극복한 사례를 찾아 인간 생활과의 관계를 탐색한다.

➡ 사막은 강수량이 적어서 식생이 드물고 인간의 활동도 제약되는 지역을 말한다. 사막 지역은 고질적인 물 부족 문제에 시달릴 수밖에 없는데, 이를 한번에 해결한 것이 해수 담수화 기술이다. 생활용수나 공업용수로 직접 사용하기 힘든 바닷물에서 염분을 포함한 용해 물질을 제거하여 순도 높은 음용수 및 생활용수, 공업용수 등을 얻어 내는 일련의 수처리 과정을 말한다. 해수 담수화의 기본 원리, 다양한 담수화 기술, 해수 담수화 처리의 문제점과 해결 방안, 해수 담수화 기술을 사용하는 국가의 사례를 조사하여 발표해 보자.

관련 학과 건설시스템공학과, 건설환경공학과, 기계공학과, 기계설계공학과, 기계시스템공학과, 산업공학과, 산업시스템공학과, 화학공학과

《**과학과 물 관리**》, 사이언티픽 아메리칸 편집부, 강윤재 역, 한림출판사(2017)

[12세지02-02]　　●●●

세계 주요 지형과 인간 생활의 상관성을 파악하고, 지형의 개발과 보존을 둘러싼 갈등 사례를 통해 지속가능한 이용 방안을 토론한다.

➡ 대부분의 사람이 화산이 폭발하거나 지진이 자주 발생하는 지역은 매우 위험하기 때문에 사람들이 살지 않을 것이라고 생각한다. 하지만 실제로 이러한 지역에도 사람이 거주하고 있으며 대도시가 형성되어 있는 경우도 많다. 그 이유는 화산과 지진이 인간 생활에 피해만 주는 것이 아니라 경우에 따라서 도움을 주는 환경을 제공하기 때문일 것이다. 화산 지역에 사는 것이 지역 주민에게 어떠한 도움이 되는지 조사해 보고 실제 사례를 발표해 보자.

`관련 학과` 공학계열 전체

《지진과 화산 쫌 아는 10대》, 이지유, 풀빛(2021)

[12세지02-03]　　●●●

세계 주요 종교의 특징 및 종교 경관의 의미를 이해하고, 각 종교가 인간 생활에 미치는 영향을 탐구한다.

➡ 각 종교마다 오랜 역사를 거쳐 형성된 독특한 문화적 특징을 갖고 있다. 세상에는 많은 종교가 존재하고, 그만큼 종교 건축물도 다양하다. 종교 건축물에는 그 종교의 특징이 고스란히 담겨 있다. 특히 전 세계에서 가장 많은 신도를 보유한 그리스도교의 경우 성베드로 대성당, 노트르담 대성당, 세인트 폴 대성당, 쾰른 대성당, 밀라노 대성당 등의 건축물을 보유하고 있다. 주요 종교 관련 대표 건축물의 특징과 종교적 영향을 분석하여 발표해 보자.

`관련 학과` 건축공학과, 건축학과, 실내건축학과, 전통건축학과, 토목공학과

《종교건축기행34》, 김성호, W미디어(2007)

[12세지02-04]　　●●●

세계의 다양한 음식과 축제를 지리적으로 설명하고, 문화 다양성을 보존하기 위한 방법을 모색한다.

➡ GIS(지리정보체계)는 계속 발전하고 있다. 빠르게 증가하는 데이터의 양과 유형, 생성 속도를 수렴하고 새로운 기술과 니즈를 반영함으로써 데이터 관리를 넘어 데이터를 분석해 유의미한 정보를 얻고 이를 의사 결정에 반영하는 방향으로 나아가고 있는 것이다. 일례로 GIS는 토지에 대한 각종 정보(실제 이용현황과 소유자, 거래, 지가, 개발, 이용 제한 등)를 데이터베이스화하여 시민들에게 종합적인 토지 정보 서비스를 제공할 수 있다. GIS를 활용한 도시 분석의 방법론을 조사하여 발표해 보자.

`관련 학과` 공학계열 전체

《GIS와 도시분석》, 오규식·정승현, 한울(2018)

단원명 | 네트워크 세계, 세계의 인구와 경제 공간

🔍 | 인구 분포 및 구조, 인구 문제, 인구 이동, 식량 자원, 식량 문제, 초국적 기업, 글로벌 경제, 경제 공간의 불균등, 윤리적 소비

[12세지03-01]

세계 인구 분포 및 구조를 통해 세계 인구 문제를 이해하고, 국제적 이주가 인구 유출 지역과 유입 지역에 미치는 영향을 탐구한다.

➡ 인구의 지속적인 감소와 인구 구조의 불균형 등 인구 문제를 해소하기 위해서는 모든 경제·사회 시스템을 자동화, 지능화할 필요가 있다. '한국판 뉴딜' 정책을 비롯해 주요국 정부들과 기업들이 디지털 전환(DX, Digital Transformation)을 추진하는 것도 이 때문이다. 특히 AI는 전통적 산업을 혁신하고 신산업을 창출하는 등 경제 전반의 DX를 이끌 핵심 기술로 평가되고 있다. 인구 절벽 시대의 게임 체인저로 부상하고 있는 AI와 로봇 기술 육성을 위한 획기적인 정책 방안을 제안해 보자.

관련 학과 공학계열 전체

《미래는 더 나아질 것인가》, 과학기술정책연구원 미래연구센터, 알에이치코리아(2016)

[12세지03-02]

주요 식량 자원의 생산과 소비 양상을 통해 세계 식량 문제가 발생하는 구조적 원인을 파악하고, 식량의 안정적인 생산과 공급을 위한 각국의 대응 전략을 비교·분석한다.

➡ 기후변화와 노동력 감소, 비용 증가 등 다양한 이유로 식량 생산이 줄면서 세계의 식량 가격은 꾸준히 오르고 있다. 세계 인구의 약 10%가 기아를 겪고 있다고 할 정도로 일부 저소득 국가는 심각한 식량 위기에 처해 있기도 하다. 최근 전 세계 식량 위기의 원인과 영향, 이를 해결하기 위한 방안(지속가능 농업, 로컬푸드 운동, 스마트팜, GMO작물 개발 등)과 성과에 대해 조사한 뒤 발표해 보자.

관련 학과 바이오시스템공학과, 생물산업기계공학과, 생명공학과, 스마트푸드테크학과, 식품공학과, 유전공학과, 화학공학과, 환경공학과

《식량위기, 이미 시작된 미래》, 루안 웨이, 정지영 역, 미래의창(2023)

[12세지03-03]

초국적 기업을 중심으로 한 글로벌 경제 체제의 형성 과정을 탐색하고, 글로벌 경제에서의 공간적 불균등을 해소하기 위한 국제적 협력과 개인적 실천 방안에 대해 조사한다.

➡ 변화의 속도가 빨라진 요즘, 이를 따라잡기란 쉽지 않다. 뉴스를 보면 새로운 기술에 대한 정보가 쏟아져 나온다. 메타버스와 NFT, 디즈니플러스 상륙, 민간 우주선 발사, mRNA 백신 등 기존에 없던 혁신 기술을 기반으로 한 뉴스들은 우리의 삶과 맞닿아 있음에도 여전히 모호하게만 들린다. 혁신적인 미래 기술 중 하나를 선정해, 그 기술의 개념과 사례, 미래 전망을 조사하여 발표해 보자.

관련 학과 공학계열 전체

《앞으로 10년 빅테크 수업》, 조원경, 페이지2북스(2022)

단원명 | 지속가능한 세계, 세계의 환경 문제와 평화

🔍 에너지 자원의 생산과 소비, 친환경 에너지, 지속가능 에너지, 환경 문제, 생태전환, 지정학, 분쟁

국어 교과군

영어 교과군

수학 교과군

도덕 교과군

사회 교과군

과학 교과군

[12세지04-01] • • •

세계 주요 에너지 자원의 생산과 소비 현황을 조사하고, 다양한 친환경 에너지원의 특징에 대한 이해를 바탕으로 지속가능한 에너지 생산 방안을 제시한다.

➡ 지속가능한 에너지는 태양, 바람, 수력, 지열, 해양 등 자연 원리에 의해 발생하는 에너지다. 이러한 자연 원리로부터 생산된 에너지는 지구온난화와 같은 환경 문제를 일으키지 않으며 지속적인 생산이 가능하다. 하지만 석유와 같은 화석 에너지와 원자력 에너지에 비해 에너지 효율이 떨어진다는 단점이 있다. 친환경 대체에너지의 문제점과 한계, 이를 극복하기 위한 방안에 대해 조사하여 발표해 보자.

관련 학과 건설시스템공학과, 그린에너지설비공학과, 기계공학과, 기계시스템공학과, 세라믹공학과, 신소재에너지학과, 신재생에너지공학과, 에너지공학과, 에너지시스템공학과, 에너지자원공학과, 원자력공학과, 원자핵공학과, 전기공학과, 조선해양공학과, 조선해양시스템공학과, 해양공학과, 화학공학과, 환경공학과

《신재생에너지》, 윤천석 외 2명, 인피니티북스(2019)

[12세지04-02] • • •

세계 주요 환경 문제의 유형과 실태를 설명하고, 생태전환적 삶에 비추어 현재의 생활방식을 비판적으로 점검한다.

➡ 기후위기로 인해 여러 분야에서 생태전환적 생활방식을 요구하고 있다. 생태전환이란 인간뿐만 아니라 지구의 생명체들도 다양한 삶의 주체임을 인정하며 자연과 공생하는 생태적 삶을 사는 사고의 전환을 의미한다. 급격한 인구 증가, 산업화, 도시화로 인해 시작된 환경 문제가 이제는 인간을 포함한 지구 전체의 생명을 위협하고 있다. 생태전환적 생활방식의 의미, 노력, 관련 사례를 조사하여 발표해 보자.

관련 학과 공학계열 전체

《피지털 커먼즈》, 이광석, 갈무리(2021)

[12세지04-03] • • •

다양한 지정학적 분쟁을 국제 정세의 변화와 관련지어 조사하고, 세계 평화와 정의에 기여할 수 있는 방안을 찾아 실천한다.

➡ 무기로 사용되던 드론이 우리네 일상으로 날아 들어왔다. 모든 매체가 인류의 생활양식을 변화시킬 첨단 기술로 드론을 주목한다. 그 기대에 부응하듯 드론은 군사, 농업, 재해, 물류, 광고 등 전 산업 분야에서 각광받고 있다. 하지만 드론이 범죄에 악용될 우려도 상존하고 있으므로, 드론의 안전성 확보라는 과제를 해결해야 한다. 드론 산업을 둘러싼 두 입장(낙관론과 비관론), 드론의 안전성과 한계점을 조사하여 발표해 보자.

관련 학과 공학계열 전체

《드론의 충격》, 하종기, 김영택 역, e비즈북스(2016)

선택 과목	수능	세계사	절대평가	상대평가
일반 선택	X		5단계	5등급

단원명 | 지역 세계의 형성

| 🔍 | 현생 인류, 문명, 생태 환경, 상호 작용, 유교, 불교, 한자, 율령, 힌두교, 크리스트교, 이슬람교, 고대 정치, 농경, 목축

[12세사01-01]　　　　　　　　　　　　　　　　　　　　　　　　　　● ● ●

현생 인류의 삶과 문명의 형성을 생태환경과의 관계 속에서 파악한다.

➡ 문명 이전부터 다툼을 시작한 인류는 문명을 바탕으로 전쟁의 규모를 키웠고 때로는 문명을 지켜야 한다며 전쟁을 벌이기도 한다. 대다수가 전쟁을 벌이지 말아야 한다는 데 동의하지만, 동시에 끊임없이 전쟁을 준비하거나 대비하는 게 현실이다. '문명은 전쟁과 어떻게 맞물려 진화해 왔는가?'란 주제로 과학기술 문명이 불러온 전쟁의 참상, 문명이 발전한 오늘날에도 전쟁이 끊임없이 계속되는 이유, 전쟁을 일으키는 폭력성은 인간 본성인가의 문제, 문명과 전쟁이 어떻게 상호 작용하며 공진화했는지에 대한 보고서를 작성하여 발표해 보자.

〔관련 학과〕 공학계열 전체

《문명과 전쟁》, 아자 가트, 오숙은·이재만 역, 교유서가(2017)

[12세사01-02]　　　　　　　　　　　　　　　　　　　　　　　　　　● ● ●

동아시아, 인도 세계의 형성을 문화의 상호 작용과 관련지어 이해한다.

➡ 자연의 생존 법칙에 순응하며 사는 다른 동물과 달리 인류는 단지 생존에 멈추지 않고 자연을 이용하고 지배하기 위해 과학과 기술을 발전시켜 왔다. '교류사의 측면에서 바라본 동·서양 과학기술 발전의 역사적 의미'라는 주제로 동·서양의 교류사라는 측면에서 과학기술의 발전 과정, 이슬람 과학이 과학 발전에 미친 영향, 유럽의 과학기술 발전에 비해 중국이 정체된 이유, 16세기까지는 큰 발전을 보였던 이슬람 세계의 과학 발전이 정체된 이유, 오늘날 비약적인 과학기술의 발전에 대한 인문학적 담론 등을 탐구하여 발표해 보자.

〔관련 학과〕 공학계열 전체

《역사와 과학》, 한현수·임종권, 인문서원(2023)

[12세사01-03]　　　　　　　　　　　　　　　　　　　　　　　　　　● ● ●

서아시아, 지중해, 유럽 세계의 형성과 문화적 특징을 종교의 확산과 관련지어 분석한다.

➡ 서양 문명의 모태가 된 로마는 장구한 역사를 지닌 도시다. 로마의 대표적인 건축물은 단연 로마 제국의 영광을 증언해 주는 '콜로세움'이다. 그러나 로마에는 콜로세움 외에도 크고 작은 건축물의 흔적이 곳곳에 산재해 있고, 아무렇게나 버려진 듯한 돌덩어리 하나에도 깊은 역사가 담겨 있다. 로마는 그 자체로 거대한 유적지라

볼 수 있다. 로마 건축의 특징(건축 재료, 구조, 양식 등), 대표적인 로마 건축물의 사례, 로마 건축의 영향을 받은 오늘날의 건축물, 로마 건축이 세계 건축사에 미친 영향을 탐구한 뒤 인포그래픽으로 구성하여 발표해 보자.

관련 학과 건축학과, 건축공학과, 공간정보공학과, 공간정보시스템공학과, 도시계획학과, 도시공학과, 토목공학과

《**건축으로 만나는 1000년 로마**》, 정태남, 21세기북스(2013)

단원명 | 교역망의 확대

🔍 이슬람교, 이슬람 문화, 이슬람 상인, 오스만 제국, 몽골, 신항로 개척, 상품 교역, 식민지, 중상주의, 교류, 노예 무역, 아메리카 문명, 은 유통, 가격 혁명, 상업 혁명, 절대왕정, 중상주의

[12세사02-01] • • •

이슬람 세계와 몽골 제국의 팽창에 따른 교류 양상을 파악한다.

➡ 이슬람 세계가 관여하여 만들어 낸 무어 양식과 무굴 양식을 중요한 건축유산으로 인정하고 있음에도 그 본류라 할 수 있는 이슬람 세계의 건축문화에 대한 연구는 충분했다고 보기 어렵다. 우리나라 건축계도 최근 간헐적으로 이슬람 건축에 대한 연구를 시도하고 있으나 일관되게 지식이 축적된다기보다는 연구자에 따라 단편적인 연구가 이뤄지고 해석의 폭이 큰 단계에 머물러 있다. 이슬람의 종교 이념과 건축의 특징, 대표적인 이슬람 건축물의 사례, 이슬람 건축이 세계 건축사에 미친 영향을 조사하여 발표해 보자.

관련 학과 건축학과, 건축공학과, 공간정보공학과, 공간정보시스템공학과, 도시계획학과, 도시공학과, 토목공학과

《**이슬람 건축의 동양과 서양**》, 이희숙, 한국학술정보(2016)

[12세사02-02] • • •

유럽의 신항로 개척과 재정·군사 국가의 성립이 가져온 변화를 분석한다.

➡ 절대왕정 시기, 특히 17세기의 유럽은 전쟁이 없었던 시기가 4년에 불과할 정도로 많은 전쟁이 일어났다. 장기간에 걸쳐 군사적 경쟁이 지속되면서 유럽 국가들의 군사 기술이 크게 발전하였고, 이는 사회문화적 요인과 결합해 새로운 시대로의 전환을 야기했다. 병기 기술이 발전하면서 전근대적인 군대는 신식 군대와의 전투에서 승리하기 어려워졌다. 일사불란하게 밀집 대형을 유지하는 화승총 부대는 강도 높은 훈련을 받는 상비군 제도를 통해 가능했다. 이러한 군사 기술의 발전이 유럽 사회에 미친 영향을 분석하여 발표해 보자.

관련 학과 금속공학과, 기계공학과, 세라믹공학과, 응용화학과, 재료공학과, 화학공학과, 화학분자공학과

《**유럽사 속의 전쟁**》, 마이클 하워드, 안두환 역, 글항아리(2015)

단원명 | 국민 국가의 형성

🔍 청, 무굴 제국, 오스만 제국, 미국 혁명, 프랑스 혁명, 산업 혁명, 국민 국가, 계몽사상, 산업 자본주의, 제국주의, 빈 체제, 자유주의, 민족주의, 7월 혁명, 2월 혁명, 동력 혁명, 교통·통신 혁명, 노동 운동, 사회주의, 개항, 민족 운동, 근대화 운동

국어 교과군

영어 교과군

수학 교과군

도덕 교과군

사회 교과군

과학 교과군

[12세사03-01]

청, 무굴 제국, 오스만 제국의 통치 정책과 사회, 문화의 변화를 이해한다.

청대의 건축은 궁전, 능묘(陵墓), 사원(寺院), 원림(園林) 등에서 우수한 예술적 수준을 보여 주었다. 청대 북경의 고궁은 몇 차례 보수와 개축을 거치며 색채가 더욱 선명해졌고 심양의 고궁을 비롯하여 동릉, 북릉은 규모와 배치 면에서 청대 건축의 품격을 드러낸다. 사원으로는 북경의 옹화궁, 승덕 피서산장의 외팔묘를 비롯하여 청해와 몽골 일대의 라마 사원이 있다. 황실 원림으로는 북경의 원명원, 장춘원, 만춘원과 승덕의 피서산장이 있다. 청나라 건축 양식의 특징, 대표적인 건축물의 사례를 조사하여 발표해 보자.

관련 학과 공학계열 전체

《중국사(하)》, 신승하, 미래엔(2005)

[12세사03-02]

미국 혁명, 프랑스 혁명을 시민 사회 형성과 관련지어 파악한다.

18세기 후반 중요한 변화가 화학 분야에서 일어났다. 이 변화는 우리가 지금 살고 있는 세상을 이해하는 데 있어 중요한 열쇠가 된다. 화학은 연금술과 전혀 다른 언어와 방법론을 사용하는 별개의 과학이었다. 이 시기에는 5가지 기체 요소가 발견돼 약 12가지의 가스 화합물에 대한 집중 연구가 진행되었다. 대표적인 예로, 1800년경 알렌산드로 볼타가 전지와 건전지를 발명하는 등 전기에 관한 지식이 크게 확장되었다. 18세기 후반에서 19세기 초에 활약했던 화학자들 중 한 명을 선정해 해당 인물의 업적, 일상생활의 혁신, 18세기 후반 화학 혁명의 의미를 조사한 뒤 발표해 보자.

관련 학과 공학계열 전체

《역사가 묻고 화학이 답하다》, 장홍제, 지상의책(2022)

[12세사03-03]

제1·2차 산업 혁명이 가져온 사회, 경제, 생태환경의 변화를 분석한다.

2차 산업 혁명은 전기의 시대라고 말할 수 있다. 에디슨이 백열등을 개발하면서 본격적으로 시작된 제2차 산업 혁명에서 빼놓을 수 없는 것은 독일 고트리프 다임러의 내연기관 발명이다. 자동차, 선박, 비행기의 출현은 내연기관의 발명 덕분에 가능했던 일이다. 또한 헨리 포드의 컨베이어 벨트 자동화 시스템이 여러 산업 분야에서 사용됨에 따라 1차 산업 혁명 시대와는 비교할 수 없을 정도로 많은 제품을 보다 짧은 시간에 만들어 내게 되었다. 2차 산업 혁명의 과학적 배경, 2차 산업 혁명의 특징, 주목할 만한 발명품을 조사하여 발표해 보자.

관련 학과 공학계열 전체

《세계는 어떻게 번영하고 풍요로워졌는가》, 김대륜, 돌베개(2021)

[12세사03-04]

아시아와 아프리카 지역에서 전개된 국민 국가 건설 운동의 양상과 성격을 비교한다.

세계 최초의 고속열차 신칸센(新幹線), 초 단위를 따지는 정시성, 촘촘한 운행 간격, 출근 시간대의 초만원 열차, 혼슈(本州)와 큰 섬 3개가 종횡으로 연결된 철도망, 다양하고 아기자기한 이벤트 열차, 친절한 역무원과 승무원 등이 우리를 비롯한 외국인의 눈에 비친 일본 철도의 이미지일 것이다. 일본 철도산업의 탄생 배경, 일본 철도 기술의 발전 과정, 일본 철도의 안전성, 다른 나라와 비교되는 일본 철도만의 특장점을 조사하여 발표해 보자.

`관련 학과` 공학계열 전체

《일본 과학기술 총력전》, 야마모토 요시타카, 서의동 역, AK커뮤니케이션즈(2019)

단원명 | 현대 세계의 과제

| 🔎 | 1·2차 세계 대전, 러시아 혁명, 대량 살상, 총력전, 전체주의, 세계 대공황, 민족 운동, 냉전, 탈냉전, 유럽 연합, 제3 세계, 세계화, 과학·기술 혁명, 민주주의, 평화, 경제적 불평등, 생태환경, 지구온난화, 남북 문제, 반세계화 운동, 지속가능한 개발

[12세사04-01] • • •

제1·2차 세계 대전을 인권, 과학 기술 문제와 관련지어 파악한다.

➡ 전쟁이 일어나며 인간이 쌓아올린 모든 문명이 파괴된다는 의미에서 혹자는 '전쟁은 파괴의 과학이다'라고 표현하기도 한다. 하지만 전쟁 때문에 발명된 일상용품도 많다. 때문에 과학 기술은 전쟁 때 발전한다는 말도 있다. 제1차 세계 대전에서는 비행기, 화학무기, 탱크 등이 개발되어 실전에 활용되었다. 제2차 세계 대전 때는 과학 기술이 더 진보해 원자 폭탄, 로켓, 제트기, 레이더, 야전 응급키트, 컴퓨터가 개발되어 전쟁에 적극 사용되었다. 1·2차 세계 대전으로 인한 과학 기술 발전의 사례를 조사해, 인류 사회에 미친 영향에 대한 보고서를 작성해 보자.

`관련 학과` 공학계열 전체

《전쟁이 발명한 과학기술의 역사》, 도현신, 시대의창(2019)

[12세사04-02] • • •

냉전의 전개 양상에 따라 나타난 사회, 문화의 변화를 분석한다.

➡ 우주 경쟁은 냉전 체제 하에서 미국과 소비에트 연방(소련)이 우주개발을 놓고 벌인 경쟁이다. 이 과정에서 양국은 인공위성을 통해 우주 공간을 탐사하며, 인간을 우주에 보내고 달에 착륙하기도 하였다. 우주 경쟁은 당시 미국과 소련의 문화적, 기술적, 이념적 대립의 한 축을 이루었다. 미·소 간 우주 경쟁의 과정, 우주 경쟁의 긍정적 영향과 부정적 영향을 조사한 뒤 보고서를 작성해 보자.

`관련 학과` 기계설계공학과, 기계시스템공학과, 메카트로닉스공학과, 천문우주공학과, 항공기계공학과, 항공우주공학과, 항공우주시스템공학과, 항공운항학과, 항공정비학과

《NASA, 우주개발의 비밀》, 토머스 D. 존스·마이클 벤슨, 채연석 역, 아라크네(2017)

[12세사04-03] • • •

현대 세계의 과제를 해결하기 위해 인류가 기울여온 노력을 탐구한다.

➡ 새로운 유전자를 삽입하여 만든 작물을 유전자변형농산물(GMO)이라고 한다. 1995년 본격적으로 상업화되었으나 유전자변형농산물에 대한 논란은 여전히 끊이지 않고 있다. 유전자변형농산물 재배가 세계적인 기아 문제를 해결하는 효과적 대안이라고 주장하는 사람이 있는가 하면, 유전자변형농산물이 건강, 환경, 생물다양성

국어 교과군

영어 교과군

수학 교과군

도덕 교과군

사회 교과군

과학 교과군

보존 등의 측면에서 예상치 못한 문제를 일으킬 수 있다고 우려하는 사람도 있다. GMO 지지와 반대의 입장을 정리해 보고, 이에 대한 자신의 생각을 보고서로 작성해 보자.

관련 학과 바이오공학과, 분자생명과학과, 생명공학과, 생명나노공학과, 생명화학공학과, 스마트푸드테크학과, 식품공학과, 유전공학과, 응용화학과, 화공생명공학과, 화학공학과, 화학분자공학과

크리스퍼가 온다

제니퍼 다우드나·
새뮤얼 스턴버그, 김보은 역,
프시케의숲(2018)

책 소개

유전자가위란 타깃 유전자만을 정밀하게 조준해서 편집할 수 있는 최첨단 기술로서, 인류가 직면한 거대한 문제를 획기적으로 해결할 것으로 기대되는 기술이다. 이 책의 저자는 해당 기술을 최초로 개발한 당사자로서 유전자가위의 연구 개발 과정과 그 원리를 상세하고 명쾌하게 밝히고 있다. 크리스퍼에 대한 가장 적확한 교양과학 지식을 얻을 수 있는 책이다.

세특 예시

관심주제 심화독서 활동에서 '크리스퍼가 온다(제니퍼 다우드나·새뮤얼 스턴버그)'를 읽고 크리스퍼 유전자가위 기술의 개념, 혁신적인 기술인 이유, 기술의 실제 적용, 크리스퍼가 지닌 의학적 잠재력, 식량 문제 해결 등의 내용을 정리해 발표함. 크리스퍼 기술이 인류의 유전자 구성을 영원히 바꿔 진화의 방향을 결정할 수 있을 것이란 생각을 하게 됐고, 영화 〈가타카〉의 질문처럼 삶의 가치에 대한 고민을 해야 하며, 가치 있는 삶이 과연 '더 많은 것을 누릴 수 있느냐'는 조건으로 결정되는 것이 옳은지와 생명윤리에 대한 철학적 고민이 중요하다는 것을 깨달았다는 소감을 밝힘.

선택 과목	수능	사회와 문화	절대평가	상대평가
일반 선택	X		5단계	5등급

단원명 | 사회현상의 이해와 탐구

| 🔍 사회현상의 특징, 사회현상을 이해하는 관점, 기능론, 갈등론, 상징적 상호 작용론, 양적 연구, 질적 연구, 연구 절차, 질문지법, 실험법, 면접법, 참여 관찰법, 문헌 연구법, 자료의 타당성, 신뢰성, 가치 개입, 가치 중립, 연구 윤리, 탐구 과정, 지식 재산권, 조사 대상자의 인권, 탐구의 효능감

[12사문01-01] •••

사회현상의 탐구를 위해 사회현상의 특징에 대한 이해와 사회학적 상상력이 필요함을 인식하고, 사회현상에 대한 다양한 관점을 비교한다.

➡ 사회현상과 자연현상 모두 자원 분배와 관련된 문제를 가진다. 이 주제에서는 최적화 기법과 알고리즘을 활용하여 사회적 자원 분배와 자연적 자원 이용의 문제를 공학적으로 다룰 수 있다. 또한 사회 네트워크와 자연 생태계의 네트워크 구조의 동적 상호 작용을 연구하고, 두 현상 간의 유사성과 차이를 탐구할 수 있다.

관련 학과 공학계열 전체

《규제를 깬 혁신의 역사》, 칼레스투스 주마, 박정택 역, 한울(2022)

[12사문01-02] •••

사회현상에 대한 양적 연구 방법과 질적 연구 방법의 특징 및 연구 절차를 비교하고, 각 연구 방법을 활용한 연구 사례를 분석한다.

➡ 양적 연구 방법을 활용하여, 에너지 효율과 재생에너지 관련 주제를 조사할 수 있다. 이를 위해 에너지 소비 패턴, 에너지 효율화 기술, 재생에너지 생산 및 효율 등을 분석한다. 일례로 특정 산업 부문의 에너지 효율을 평가하고 향상시키는 방법을 연구하거나, 재생에너지 시스템의 성능 및 경제성을 분석하는 연구를 수행할 수 있다. 이를 통해 지속가능한 에너지 소비와 에너지 전환을 위한 기술과 정책을 개발하고 제안할 수 있다.

관련 학과 공학계열 전체

《우리의 미래를 결정할 과학 4.0》, 박재용, 북루덴스(2023)

[12사문01-03] •••

사회현상에 대한 다양한 자료 수집 방법의 특징을 비교하고, 각 자료 수집 방법을 활용한 연구 사례를 분석한다.

➡ 질문지법의 오류를 줄이기 위한 방법이 무엇인지 탐구해 볼 수 있다. 설문지를 받고 사람들이 무성의한 대답을 하는 것을 막기 위해 질문지를 수학적·공학적으로 설계하는 방법에 대한 탐구를 진행할 수 있다. 오차 분산(error variance), 변수 간 상관관계(correlations), 내적 일치도 계수(internal consistency validity coefficient), 요인 적재치

(factor loading) 등의 내용을 탐구해 볼 수 있다. 또한 알고리즘을 활용하여 이를 최소화하는 방안이나 탐지할 수 있는 방안을 조사하여 발표해 보자.

관련 학과 공학계열 전체

《**여론 조사를 믿어도 될까?**》, 질 도웩, 김성희 역, 민음인(2021)

[12사문01-04] ● ● ●

사회현상의 탐구에서 발생하는 연구자의 가치 개입 및 연구 윤리 관련 쟁점을 토론하고, 연구 윤리를 준수하며 사회현상에 대한 탐구를 수행한다.

➡ 인공지능 및 대규모 데이터 분석에 대한 윤리적 고려 사항을 바탕으로, 개인정보 보호와 인간 중심적 AI 개발에 관련된 주제를 탐구해 볼 수 있다. 현재 인공지능을 향상시키기 위해 무분별하게 수집되는 개인정보의 보호 문제나 개인 창작물에 대한 저작권 문제를 바탕으로 탐구를 진행하거나, 연구 데이터 수집, 보관, 공개, 공유 및 재현성에 대한 윤리적 측면을 다룰 수 있다. 또한 데이터 조작을 방지하기 위한 방법을 탐구할 수 있다.

관련 학과 공학계열 전체

《**인공지능과 로봇의 윤리**》, 고인석, 세창출판사(2022)

단원명 | 사회 구조와 사회 변동

| 🔍 | 사회 구조, 개인, 사회화, 사회 집단, 사회 조직, 조직의 변화, 개인과 사회와의 관계, 현대 사회 집단의 특징, 일탈 이론, 사회 통제 유형, 아노미, 차별 교제, 낙인, 비판 범죄학, 내적 통제, 외적 통제, 공식적 통제, 비공식적 통제, 사회 변동, 현대 사회의 변화, 인구 구조의 변화, 사회 운동, 정보 사회, 세계화, 저출산 및 고령화

[12사문02-01] ● ● ●

사회 구조와 개인의 관계에 대한 이해를 바탕으로 개인의 사회화 과정, 사회화 기관 및 유형을 설명하고, 사회화에 대한 서로 다른 이론적 관점을 비교한다.

➡ 로봇 및 인공지능 기술을 사용하여 사회화 및 상호 작용을 향상시키는 연구를 진행할 수 있다. 이러한 경우 네트워크가 어떻게 연결되고 확장되는지 메타버스와 연계하여 생각해 볼 수 있다. 또한 로봇의 의사소통 능력 향상 및 감정적 상호 작용에 초점을 맞출 수 있다. 인공지능 학습을 사용하여 사회화 및 상호 작용을 향상시키는 연구나 로봇의 윤리적 판단 문제에 대해서도 조사해 볼 수 있다. 다양한 기기의 사용자 경험 디자인과 인터페이스 개발을 통해 컴퓨터 기술을 사용하여 사회화를 개선하는 방법을 연구해 볼 수도 있다.

관련 학과 공학계열 전체

《**무자비한 알고리즘**》, 카타리나 츠바이크, 유영미 역, 니케북스(2021)

[12사문02-02] ● ● ●

사회 집단 및 사회 조직의 유형과 변화 양상에 대한 이해를 바탕으로 사회 집단 및 사회 조직이 개인의 사회생활과 사회적 관계에 미치는 영향을 설명한다.

➡ 도시 인프라 최적화를 주제로 공학적인 집단 탐구를 진행할 수 있다. 사회 집단의 편의성과 효율성을 향상시

키기 위해 할 수 있는 스마트시티 기술을 개발하고 구현, 계획하여 발표를 진행해 보자. 일례로 교통 체증 해소 및 대중교통 시스템 개선을 통해 도시 내 이동성을 향상시키는 도시 교통관리 체계의 구축이나 도시 인프라 최적화 대안을 찾아서 제시할 수 있을 것이다. 또한 로봇 지원 사회 서비스도 탐구주제가 될 수 있다. 사회 집 단에서 로봇을 활용하여 의료, 교육, 보건, 보안 등의 서비스를 제공하는 사례를 찾아 조사하고, 로봇과 사람 사 이의 상호 작용을 연구해 보자.

관련 학과 공학계열 전체

《**미리 가본 내일의 도시**》, 리차드 반 호에이동크, 최진영 역, 세종서적(2019)

[12사문02-03] ● ● ● ●

일탈 행동의 발생 요인이나 특성을 설명하는 다양한 일탈 이론을 비교하고, 일탈 행동에 대한 사회 통제의 유형 과 사회 통제의 필요성 및 문제점을 분석한다.

⊙ 비판범죄학은 범죄와 사회문제를 정치적, 사회·경제학적, 구조적 관점에서 탐구하는 접근법이다. 도시 공간 및 도시 인프라 디자인이 사회적 불평등과 범죄 발생률에 어떤 영향을 미치는지 탐구해 볼 수 있다. 일례로 도시 의 어떤 디자인 요소가 범죄 환경을 형성하고, 사회적 불평등을 더 증가시키는지를 분석하는 것이다. 도시 구 조를 분석하고 범죄율 차이를 비교하여 공학적 접근을 할 수도 있다. 또한 기술과 디지털 리터러시의 접근성이 사회적 계층과 지역에 따라 어떻게 다르며, 이로 인해 디지털 범죄와 정보 격차가 어떻게 형성되는지도 탐구해 볼 수 있다. 이를 해결하기 위해 사회적 불평등을 줄이고 더 많은 사람이 디지털 도구와 기술을 손쉽게 이용하 게 하는 방법도 함께 조사하여 발표해 보자.

관련 학과 공학계열 전체

《**사이버범죄 수사**》, 김용호, 박영사(2020)

[12사문02-04] ● ● ● ●

사회 변동이 다양한 요인의 복합적인 상호 작용의 산물이라는 점을 설명하고, 현대 사회의 변동 과정에서 나타 나는 다양한 사회 운동의 유형과 특징을 탐구한다.

⊙ 디지털 기술의 발전과 그로 인해 생겨나는 디지털 격차가 사회의 다양한 측면에 미치는 영향을 연구할 수 있 다. 디지털 격차가 사회에 어떤 영향을 미치는지 조사하고, 이를 해소하는 기술적 해결책을 고민하여 발표해 보자. 농업 및 식품공학과 식량 안보 분야의 탐구도 가능하다. 농업과 식품공학 기술이 식량 생산과 보급에 미 치는 영향을 연구한 뒤, 이를 바탕으로 농업 위기나 남북 문제를 해결할 수 있는 방안이나 정책을 제시해 보자. 또한 기후변화, 식량 안보, 농업 자동화 등의 주제를 바탕으로 탐구를 진행할 수 있다.

관련 학과 공학계열 전체

《**인류를 식량위기에서 구할 음식의 모험가들**》, 아만다 리틀, 고호관 역, 세종서적(2021)

단원명 | 일상 문화와 문화 변동

🔍 대중문화, 문화 산업론, 리비스주의, 문화주의, 취향 문화론, 대중문화에 대한 관점, 미디어, 매스미디어, 소셜 미디어, 문화 배양 이론, 하위문화, 주류 문화, 다문화, 이주민 문화, 문화 다양성, 대항 문화, 지역 문화, 세대 문화, 문화 변동, 문화 접변, 문화 동화, 문화 공존, 문화 융합

[12사문03-01]　　　　●　●　●

대중문화에 대한 다양한 관점을 비교하고, 일상적으로 접하는 사례를 중심으로 대중문화가 개인과 사회에 미치는 영향을 토의한다.

➔ 기술의 발전이 대중문화를 어떻게 확산시키고 사람들을 연결하는지 탐구할 수 있다. 공학의 발전은 정보의 정확한 전달을 통해 대중들의 지식 수준을 향상시켰으며, 다양한 간접 경험을 가능하게 했다. 공학의 발전이 앞으로 대중문화에 끼칠 영향 및 변화의 방향에 관해서도 탐구를 진행할 수 있다. 네트워크의 발달로 많은 사람들이 대중문화의 창작자로 활동할 수 있게 되었다. 이러한 창작의 효율성을 높이는 공학적 기술도 탐구해 보자.

관련 학과 공학계열 전체

《**크로스 사이언스**》, 홍성욱, 21세기북스(2019)

[12사문03-02]　　　　●　●　●

미디어의 효과에 대한 이해를 바탕으로 미디어가 생산하는 메시지를 비판적으로 분석하고 대안적 메시지 생산에 능동적으로 참여한다.

➔ 문화 배양 이론을 기반으로 디지털 미디어 사용자의 인식과 세계관에 영향을 미치는 다양한 디자인 및 사용자 경험 요소를 조사할 수 있다. 과거의 문화 배양 이론의 근거는 TV였으나 공학 기술의 발전으로 다양한 미디어로 확산되고 있다. 애플리케이션, 웹사이트, 가상 현실 등에서 사용자에게 어떤 정보를 어떻게 제공하는지에 대한 탐구를 진행해 보자. 또한 이러한 디지털 대중매체가 문화를 배양하는 부분에서 TV와 어떻게 같은지, 혹 다른지를 탐구하고 자신의 생각을 덧붙여 보자.

관련 학과 공학계열 전체

《**문화공학**》, 클로드 몰라르, 정장진 역, 고려대학교출판부(2019)

[12사문03-03]　　　　●　●　●

하위문화와 주류 문화의 관계에 대한 이해를 바탕으로 다문화 사회의 이주민 문화에 대한 서로 다른 관점을 비교하고, 이주민 문화가 갖는 의의에 기초하여 문화 다양성을 증진하기 위한 방안을 제시한다.

➔ 새로운 기술을 통한 문화의 공유에 대한 탐구를 진행할 수 있다. 일례로 VR 기술을 활용하여 특정 계층이나 집단이 향유하는 문화를 체험할 수 있는 프로그램을 기획해 보는 것이다. 역사적 장소의 가상 복원, 문화 이벤트의 VR 전시, 교육 및 문화 체험을 위한 VR 애플리케이션을 개발하거나 문화적 소통이 이루어지는 공론장을 웹상에 올릴 수도 있다. 또한 문화 공유를 체험할 수 있는 장치를 개발하거나 기획할 수 있다. 장애인이나 이주민의 문화를 이해하기 위한 체험 장치도 함께 생각해 보자.

관련 학과 공학계열 전체

《**20세기 기술의 문화사**》, 김명진, 궁리(2018)

[12사문03-04]　　　　●　●　●

문화 변동의 다양한 요인과 양상, 문화 변동 과정에서 발생하는 문제점을 이해하고, 문화의 세계화로 인해 나타나는 쟁점에 대해 탐구한다.

➔ 다문화 집단 내에서의 공학적 프로젝트 관리 방법, 효율적인 커뮤니케이션 전략, 문화적 차이로 인한 의사소통 문제 해결법 등을 탐구할 수 있다. 현재 나와 있는 번역 기술이나 번역 프로그램의 문제점을 분석하고 개선 방

안을 발표해 보자. 번역 기술의 문제가 공학적인 내용을 포함하고 있는지, 문화적 맥락으로 인한 것인지 탐구할 수 있다. 또한 문화적 차이로 인한 의사소통 문제를 극복하기 위한 다양한 장치를 고안하거나 번역 프로그램 개선을 위한 방안을 제시해 보자.

관련학과 공학계열 전체

《AI 번역의 이해》, 임형재 외 2명, 소통(2023)

단원명 | 사회 불평등과 사회 복지

| 🔎 | 불평등, 빈곤, 성, 불평등 양상, 성 불평등, 사회적 소수자, 차별, 불평등의 해결, 복지, 복지 제도, 사회보험, 공공 부조, 사회 서비스, 생산적 복지, 보편적 복지, 선별적 복지

[12사문04-01] • • •

사회 불평등 현상을 이해하는 서로 다른 관점을 비교하고, 사회 이동과 사회 계층 구조의 유형 및 특징을 분석한다.

➡ 기술의 발전과 도입이 사회 불평등에 미치는 영향을 탐구할 수 있다. 일례로 최근 디지털 기술의 발전으로 인한 혜택을 일부 사람만 누리는 '디지털 갭'이 발생하고 있다. 또한 인공지능과 같은 기술이 알고리즘의 편향으로 인해 특정 인종, 성별, 국적 등의 집단에게 불이익을 줄 위험성도 있다. 이러한 사례들을 조사하여 발표해 보자.

관련학과 공학계열 전체

《디지털 디바이드》, 얀 반 다이크, 심재웅 역, 유재(2022)

[12사문04-02] • • •

현대 사회에서 나타나는 다양한 사회 불평등 양상을 분석하고, 차별받는 사람들의 입장에 대한 공감을 바탕으로 다양한 불평등 현상에 대한 해결 방안을 모색한다.

➡ 세계적 불평등을 기술의 진보로 극복할 수 있을까? 기술은 불평등을 완화하기도 하지만, 또 다른 사회문제를 발생시키는 원인이 되기도 한다. 이러한 사례를 찾아 조사한 뒤 발표해 보자. 일례로 디지털 기술은 교육, 의료, 접근성 개선 등 다양한 분야에서 불평등을 해소하는 데 기여하고 있고, 온라인 교육 플랫폼은 지역 또는 경제적 제약을 받는 학생들에게 양질의 교육 기회를 제공한다. 하지만 사람마다 디지털 역량과 접근성이 달라 또 다른 불평등을 야기하고 있다. 디지털 기술을 활용하지 못하는 사람들의 소외 현상이 일어날 수 있는 것이다. 이를 해결할 수 있는 방안에 대해서도 함께 조사해 보자.

관련학과 공학계열 전체

《권력과 진보》, 대런 아세모글루·사이먼 존슨, 김승진 역, 생각의힘(2023)

[12사문04-03] • • •

복지 국가의 발전 과정에 대한 이해를 바탕으로 사회 복지 제도의 유형과 특징을 비교하고, 현대 사회에서 나타나고 있는 사회 복지를 둘러싼 쟁점을 토론한다.

➡ 복지에 대한 접근성을 높일 수 있는 방법을 탐구할 수 있다. 노약자, 장애인 및 저소득 계층을 위한 복지 접근 기술 및 설계를 탐구해 보자. 보편적 설계 원칙을 적용하여 모든 사람이 기술 및 서비스에 접근할 수 있도록 돕

는 것이다. 또한 공학적 개선을 통해 사회적 약자의 복지를 높일 수 있다. 도로, 다리, 공항, 대중교통 시스템 등의 인프라를 향상시켜 교통 효율성을 높이고 교통 체증을 줄이는 방법에 대한 탐구를 수행해 보자. 친환경 교통 시스템과 스마트 도시 기술을 개발하여 도시의 복지를 향상시킬 수도 있다.

관련 학과 공학계열 전체

《**적정기술의 이해**》, 신관우 외 16명, 7분의언덕(2019)

선택 과목	수능	한국지리 탐구	절대평가	상대평가
진로 선택	X		5단계	5등급

단원명 | 공간정보와 지리 탐구

| 🔍 | 지리 정보, 공간정보, 속성 정보, 관계 정보, 지리정보체계, 지역 조사, 인터넷 지도, 가상 현실

[12한탐01-01]　　　　　　　　　　　　　　　　　　　　　●●●

다양한 현상에 대해 지리적 관점으로 질문을 던지고, 질문에 답을 하기 위한 탐구 계획을 수립한다.

➡ 여름이면 해수욕장이나 갯벌 체험장 등에서 휴가를 즐기던 사람들이 이안류에 휩쓸리거나 갯고랑에 빠지는 사고가 종종 발생한다. 눈에는 잘 보이지 않는 이안류, 갯고랑 등의 위험 요소를 알려 주는 해양안전지도 애플리케이션이 출시되었다. 이처럼 지도 및 지도 위에 표현되어 위치, 분포 등을 알려 주는 모든 서비스는 일상생활이나 특정 상황에서 행동이나 태도를 결정하는 데 필요한 기초 정보와 기준을 제시한다. 일상에서 지리 정보를 활용한 경험을 정리하고, 실제 활용법을 시현해 보자.

（관련 학과） 공학계열 전체

《눈에 보이지 않는 지도책》, 제임스 체셔·올리브 우버티, 송예슬 역, 윌북(2022)

[12한탐01-02]　　　　　　　　　　　　　　　　　　　　　●●●

야외조사 및 지리정보기술을 활용한 데이터 수집방법을 연습하고, 탐구 질문에 맞춰 데이터를 수집, 분석, 시각화한다.

➡ 인구 감소, 저성장, 교통·ICT 발달 등 최근의 사회·경제적 변화로 인해 도시 공간의 이용 양상이 빠르게 변화함에 따라 사람들의 실제 활동을 토대로 도시의 공간 구조를 세밀하게 분석할 필요성이 증가하고 있다. 마이크로 공간 데이터는 가능한 최소 단위의 공간 단위로 측정된 미시적 기록의 집합으로 일종의 방대한 빅데이터라 할 수 있으며, 마을, 도시, 국토 등 다양한 공간 스케일별로 활용이 가능하다. 사람들의 실제 활동에 대한 정보를 세밀한 단위로 기록하는 마이크로 공간 데이터를 바탕으로 도시 공간 구조를 분석하는 방법을 조사한 뒤 발표해 보자.

（관련 학과） 공학계열 전체

《마이크로 공간데이터를 활용한 도시공간구조 분석방법 개발》, 황명화 외 3명, 국토연구원(2022)

단원명 | 생활 속 지리 탐구

| 🔍 | 식품의 생산, 유통, 소비과정, 상품사슬, 핫 플레이스, 지역 자원, 모빌리티, 모바일, 빅데이터, 플랫폼

[12한탐02-01]

식품의 생산, 유통, 소비과정을 조사함으로써 음식을 통한 생산자와 소비자, 상품, 장소의 연결성을 이해하고, 상품사슬을 조직하는 윤리적인 방식의 가능성과 한계를 파악한다.

➡ 현대 소비자들은 식품에 대한 기대가 매우 높다. 고품질의 안전한 식품에서 새로운 맛을 기대하는 동시에 변하지 않는 맛을 원한다. 식품 산업계는 끊임없이 변화하는 추세를 따르면서도 소비자들이 기억하는 맛을 만들어야 하고, 동시에 품질을 일관되게 유지해야 한다. 이러한 식품 산업계에서 빅데이터의 역할에 대한 기대가 커지고 있다. 국내 식품업계의 인공지능(AI), 빅데이터 기술 도입 동향을 조사하여 발표해 보자.

관련 학과 공학계열 전체

《**식품미래기술, 푸드테크 산업분석보고서**》, 비피기술거래·비피제이기술거래, 비티타임즈(2023)

[12한탐02-02]

핫 플레이스의 특징, 생성과정, 정체성 이슈를 조사하고, 지역 자원을 활용한 관광 활성화 방안을 제안한다.

➡ '핫 플레이스'는 뜨거운 곳이라는 의미로 사람들이 많이 모이는 인기 있는 곳을 말한다. 줄여서 '핫플'이라고도 부른다. 예쁜 카페와 맛집이 있는지 여부가 핫 플레이스를 결정짓는 중요한 특징이며, 사진 찍기 좋은 곳을 핫 플레이스라고 생각하는 사람도 많다. 빅데이터를 통해 분석한 국내 핫 플레이스의 특징을 조사해 발표해 보자.

관련 학과 공학계열 전체

《**뉴욕은 어떻게 뉴욕이 됐을까?**》, 최재용, 휴앤스토리(2023)

[12한탐02-03]

모빌리티와 모바일, 빅데이터, 플랫폼의 결합이 시·공간 활용에 미치는 영향을 설명하고, 모빌리티 공유서비스가 일상생활에 미친 영향과 문제점을 조사해 대안을 제시한다.

➡ 2010년대에 딥러닝을 이용한 자율주행 기술 연구가 급진전되며 상용차에 자율주행 기능이 제한적으로 탑재되고 있다. 2012년 발표된 IEEE(미국전기전자학회)의 보고서에 의하면, 2040년에는 전 세계 차량의 약 75%가 자율주행자동차로 전환될 것이라고 한다. 현재 자율주행자동차 기술의 발전 정도, 자율주행자동차의 다양한 기능, 상용화 시 일상생활에 미칠 영향에 대해서 조사하고 서로 의견을 나눠 보자.

관련 학과 공간정보공학과, 교통공학과, 기계공학과, 도시공학과, 메카트로닉스공학과, 반도체공학과, 소프트웨어공학과, 소프트웨어융합학과, 임베디드시스템공학과, 자동차IT융합학과, 자동차공학과, 정보통신공학과, 컴퓨터공학과

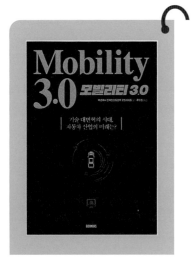

책 소개

CASE(Connected, Autonomous, Shared/Service, Electric)로 대표되는 자동차 산업의 4가지 변화는 오랜 시간 자동차가 지배했던 인간의 이동 자체를 바꾸었다. 자율주행 차량의 등장과 일상화, 이를 통해 연결되는 네트워크 장치들은 자동차 산업뿐만 아니라 통신, 금융, 에너지에 이르기까지 주요 산업의 경계를 무너뜨리고 새로운 모빌리티 세계를 바탕으로 도시를 재설계하며 우리의 삶을 변화시킨다. 이 책은 미래의 모빌리티 비즈니스 양상과 동향을 고찰함으로써 새롭게 개편되는 모빌리티 세계에 적응하고 살아남기 위한 방법론을 제시한다.

모빌리티 3.0

가와하라 에이지 외 2명,
류두진 역, 북커스(2021)

세특 예시

자율주행 차량의 등장과 일상화로 인한 변화가 궁금해 '모빌리티 3.0(가와하라 에이지 외)'을 읽고 자율주행으로 인한 일상의 변화, 자동차의 가치 변화, 새롭게 창출되는 모빌리티 비즈니스의 세계에 대해서 상세히 알게 됐다는 소감을 피력함. 'CASE(Connected, Autonomous, Shared/Service, Electric)로 대표되는 자동차 산업의 변화가 가져올 근원적인 변화'란 주제로 CASE로 인한 변화, CASE로부터 파생된 새로운 비즈니스 세계, 세계적 기업들의 생존 전략에 대해서 조사해 보고, 자율주행 기술의 미래에 대한 각자의 생각을 서로 공유해 봄.

단원명 | 국토의 변화와 균형 발전 탐구

🔍 인구구조의 변화, 저출생, 고령화, 다문화, 식생활의 변화, 지속가능한 농업, 산업구조 전환, 수도권 집중, 지방소멸, 국토균형발전

[12한탐03-01] ● ● ●

통계 자료를 활용해 우리나라 인구 및 가구구조의 변화를 시각화 및 분석하고, 저출생, 고령화, 다문화 가구의 증가에 대응하기 위한 방안을 모색한다.

➡ 인공지능(AI)을 활용한 서비스가 고도화되면서 학교 현장에서는 전통적인 수업 방식의 변화가 요구되고 있다. 최근에는 학생·연구진들이 과제 및 연구 등에 생성형 AI를 적극 활용하는 사례도 눈에 띄게 늘고 있다. 이에 따라 교육계에서는 생성·대화형 AI 기술의 활용을 어느 선까지 허용할 것인지, 올바른 활용 방안은 무엇인지에 대한 논의가 한창이다. 생성형 AI를 활용한 개인 맞춤형 학교 수업의 사례를 조사하여 발표해 보자.

관련 학과 공학계열 전체

《챗GPT 교사 마스터 플랜》 한민철, 책바세(2023)

[12한탐03-02] ● ● ●

식생활 변화 및 세계화에 따른 우리나라 농업의 변화를 이해하고, 지속가능한 농업과 농촌을 위한 정책을 제안한다.

➡ 농업의 이상적인 모델은 지속가능성과 생산성을 균형 있게 조화시키는 것이다. 농업의 혁신은 디지털화와 금융, 로봇공학 등 다양한 분야의 기술을 농업에 접목하는 것으로 이루어진다. 빅데이터와 인공지능을 활용하여 작물의 상태를 실시간으로 모니터링하고, 자동화된 시스템을 통해 농작업을 최적화하는 것이다. 이로써 농부들은 농작업의 생산성을 높이는 동시에 자원 낭비를 줄일 수 있다. 농업 경쟁력 강화를 위한 스마트팜의 필요성, 스마트팜의 긍정적, 부정적 측면, 국내 스마트팜의 실태, 스마트팜의 미래 비전을 탐구한 뒤 발표해 보자.

관련 학과 로봇공학과, 무인기공학과, 바이오시스템공학과, 스마트농산업학과, 스마트팜공학과, 식품공학과, 유전공학과, 자원환경공학과, 축산식품생명공학과

《스마트팜 경영전략》, 허철무·안문형, 청람(2021)

산업구조의 전환이 지역 경제에 미치는 영향을 이해하고, 이를 바탕으로 최근 급속하게 성장한 지역과 위기의 징후가 나타나는 지역의 성격과 특징을 비교한다.

➡ '지역순환경제'란 지역에서 이윤을 끌어모으는 독점 자본에 대한 '시민적 저항, 통제, 계획'을 담보하는 운동 이라고 볼 수 있다. 또한 '지역 공동체 부의 구축(Community Wealth Building)'이라는 경험적 사실에 주목하면서 '지역순환경제'와 '커먼즈' 간에 작용하는 쌍방향의 인과관계를 볼 필요가 있다. 지역화폐, 탈성장, 지역공공 은행으로 대표되는 지역순환경제 담론을 바탕으로, 낙후된 지역을 한 곳 선정하고 지역순환경제의 관점에서 지역 경제를 살리기 위한 대안을 제안해 보자.

관련 학과 공학계열 전체

《**대안으로서의 지역순환경제**》, 양준호 외 6명, 로컬퍼스트(2023)

수도권 집중에 따른 지방소멸과 국토 불균등 발전 문제에 대한 인식을 바탕으로 국가 및 지역 수준의 국토균형 발전 방안을 제안하고 실현 가능성을 평가한다.

➡ 지방 도시들은 부흥과 성장을 위해 많은 돈과 노력을 쏟아붓고, 중앙정부도 지방 균형 발전이라는 미명 아래 이를 지원해 왔지만, 현실에서 지방 도시들의 쇠퇴는 반전을 기대하기 어렵다. 이제는 지방 도시 정책의 근본 패러다임을 바꿔야 할 때다. 쇠퇴하는 현실을 인정하고, 그 속에서 지방 도시가 살아남을 방법을 찾아야 한다. 국토균형발전을 위한 '압축도시 전략'의 개념과 실천 방안을 조사하여 발표해 보자.

관련 학과 공학계열 전체

《**지방도시 살생부**》, 마강래, 개마고원(2017)

단원명 | 환경과 지속가능성 탐구

| 🔎 | 세계자연유산, 자연경관, 도시화, 관광지 개발, 지속가능한 활용, 자연재해, 탄소중립, 생태환경

세계유산으로 등재된 한반도 자연경관의 가치를 탁월성과 보편성의 측면에서 설명하고, 이를 토대로 등재 가 능한 자연경관을 추천한다.

➡ 갯벌은 자연의 정화조이자 식량의 보고, 최적의 어류 산란장, 자연재해를 막아 주는 곳, 철새들의 고마운 휴식 지이다. 지구 생물다양성의 보존을 위해 세계적으로 가장 중요하고 의미 있는 서식지 중 하나로, 특히 멸종 위 기 철새의 기착지로서의 가치가 크다. 이러한 갯벌의 탁월한 가치를 인정받아 한국의 갯벌은 세계자연유산에 등재되었다. 등재된 곳은 신안 갯벌, 보성·순천 갯벌, 서천 갯벌, 고창 갯벌이다. 갯벌의 세계자연유산 선정 이 유, 선정 지역의 특징과 관광자원 소개, 한국의 갯벌이 갖고 있는 지형지질학적·생물생태학적 특징에 대해 조 사하여 발표해 보자.

관련 학과 공학계열 전체

《**갯벌, 인공지능과 드론으로 연구하다**》, 구본주·유주형, 지성사(2022)

[12한탐04-02]

도시화, 농업, 관광지 개발로 인한 산지, 하천, 해안지역의 변화를 조사하고, 환경과 개발에 대한 관점이 자연환경의 복원 및 지속가능한 활용에 미치는 영향을 파악한다.

➡ 저탄소 녹색도시는 1992년 브라질 리우데자네이루에서 지구 환경 보전 문제를 협의하기 위하여 개최된 리우 회의 이후, '환경적으로 건전하고 지속가능한 개발(ESSD)'이라는 목표에 대응하고자 도시 개발·도시 계획·환경 계획 분야에서 새로이 대두된 개념이다. 저탄소 녹색도시 조성을 통한 생활방식 변화, 국내 녹색도시 모범 사례, 에너지 제로 하우스의 장점과 단점에 대해 조사한 뒤 발표해 보자.

관련 학과 건설환경공학과, 건축공학과, 도시공학과, 도시디자인정보공학과, 바이오환경공학과, 생태환경공학과, 스마트시티공학과, 에너지공학과, 환경공학과

《탄소중립도시의 이해와 실천》, 김귀곤, 드림미디어(2021)

[12한탐04-03]

우리나라 및 우리 지역에서 주로 발생하는 자연재해의 유형과 특징을 분석하고, 이를 토대로 자연재해의 경감 대책을 조사하고 평가한다.

➡ 태풍 재해의 요인은 파랑, 해일, 수해, 풍해 등이 있다. 파랑에 의해 해안 침식, 항만 시설의 파괴, 해난 사고, 인명 피해 등이 생길 수 있고, 해일에 의해서는 침수, 전답 등의 염수해, 선박의 침몰·충돌, 가옥의 파괴 유실, 인명 피해 등이 생길 수 있다. 태풍에 의한 호우는 수해의 원인이 되어 축대 붕괴, 산사태, 침수, 홍수 등을 일으킬 수 있다. 태풍의 역할, 우리나라의 대표적인 태풍 피해 사례, 태풍 피해를 줄이기 위한 대비책에 대해 조사하여 발표해 보자.

관련 학과 공학계열 전체

《재난의 세계사》, 루시 존스, 권예리 역, 눌와(2020)

[12한탐04-04]

우리나라의 에너지원별 발전에 관한 주요 쟁점을 조사하고, 탄소중립 달성을 위한 에너지 정책을 제안한다.

➡ 우리나라 정부는 탄소중립의 실현을 위해 다각적으로 노력하고 있다. 그런데 이와 관련해 논란이 되고 있는 몇 가지 쟁점이 있다. 신재생 에너지가 기존 전력 생산을 완전하게 대체할 수 있는지 여부, 설비 투자액 등 천문학적인 비용의 재원 충당 문제, 산업별 감축 시나리오의 성공 가능 여부, 탄소중립 정책의 지속가능 여부에 대해서 조사한 뒤, 효과적인 탄소중립 정책 방안에 관한 보고서를 작성해 보자.

관련 학과 공학계열 전체

《탄소중립》, 김용환 외 6명, 씨아이알(2021)

단원명 | 동아시아 갈등과 공존 탐구

🔍 남북협력, 접경 지역, 지정학, 북한의 지리적 특징, 동아시아의 갈등과 협력, 평화와 공존

[12한탐05-01]

북한의 지리적 특징과 당면과제에 대한 이해를 바탕으로 남북협력의 가능성을 모색한다.

➡ 남북한 과학기술 분야의 협력은 전반적인 남북 관계가 개선된 2000년대 이후 본격화되었다. 남북 관계에서 과학기술 협력은 상호 호혜적인 측면이 있으나 남북이 처한 정치군사적 상황이 협력의 걸림돌이 되고 있다. 북핵과 북한의 미사일 개발 문제로 인해 지금 단계에서는 협력이 어려운 것이다. 먼 미래에 남북 관계가 좋아졌다는 가정 하에, 남북한의 과학기술 협력으로 얻을 수 있는 이점, 협력의 저해 요소를 조사하고, 과학기술 협력 추진 방안을 제안해 보자.

관련 학과 공학계열 전체

《북한 산업개발 및 남북협력방안》, 허우긍 외 3명, 서울대학교출판부(2007)

[12한탐05-02]

한반도를 둘러싼 국가 간 경계와 접경지역을 분석하고, 동아시아 지역의 발전과 평화·공존을 위한 지정학적 전략을 토론한다.

➡ 동북아 지역은 지역 경제의 역동성, 중층성, 상호 보완성 등의 특성을 보이고 있다. 중국 경제의 빠른 성장과 함께 제조 부문의 산업 활동을 중심으로 정체 상태에서 벗어나려 하는 일본 경제의 움직임은 동북아 지역 경제의 역동성을 보여 준다. 또한 동북아 지역에서의 한중일 통합 논의와 함께 동남아 국가들과의 자유 무역 협정에 관한 논의도 진전되고 있다. 동북아 지역은 경제 발전 단계가 상이한 국가들로 구성된 만큼 중층성이 나타나고 있으며, 이러한 특성은 지역 통합 논의가 활발한 지역 경제에 커다란 영향을 미칠 것으로 보인다. 동북아 지역 산업구조의 변화와 특징을 조사하여 발표해 보자.

관련 학과 공학계열 전체

《동아시아 발전국가의 자본주의 시장경제에 대한 도전》, 국민호, 전남대학교출판문화원(2020)

선택 과목	수능	도시의 미래 탐구	절대평가	상대평가
진로 선택	X		5단계	5등급

단원명 | 삶의 공간, 도시

| 🔍 | 도시적 생활양식, 도시 유형, 도시성, 거주 적합성, 세계화, 기술 발달, 이동 수단, 빅데이터, 데이터 마이닝

[12도탐01-01]　　　　　　　　　　　　　　　　　　　　　　　　　　　　　　● ● ●

도시의 의미를 이해하고, 도시의 특성이 도시적 생활양식에 미치는 영향을 일상 공간을 사례로 탐구한다.

➡ 디지털 전환은 디지털화로 시작된 정보의 데이터화가 시간이 지날수록 산업 전반에 걸쳐 확장되고 최종적으로 사회 전체로 퍼져 그 효과가 나타나는 것을 의미한다. 디지털 전환이 초래한 도시의 변화는 지금도 곳곳에서 진행 중이다. 디지털 전환에 따른 도시 생활양식의 변화를 산업구조와 형태의 변화, 노동 형태의 변화, 주거 기능 및 형태의 변화, 소비 행태의 변화, 여가 문화의 변화, 교통수단의 변화 등으로 나누어 조사해 보고서를 작성해 보자.

관련 학과 공학계열 전체

《산업 디지털 전환》, 배유석 외 11명, 클라우드나인(2023)

[12도탐01-02]　　　　　　　　　　　　　　　　　　　　　　　　　　　　　　● ● ●

도시의 발달과정에 대한 이해를 바탕으로 하여 다양한 유형의 도시를 비교하고, 내가 사는 도시의 발달과정을 탐구한다.

➡ 도시가 인류의 주된 삶의 공간이 되어 버린 지금, 새로운 미래 도시에 대한 열망은 스마트시티로 집중되고 있다. ICT 첨단 기술과의 협업을 통해 도시의 문제를 해결하고 도시민의 삶의 질을 개선하고자 하는 초기 스마트시티의 성공은 여러 사례를 통해 증명된 바 있으며, 노후 도시의 재생이나 신도시 개발 분야 모두에서 스마트시티의 가능성에 거는 기대는 지대하다. 개발 논리와 금융 논리에서 벗어나 '자유시민의 터전'이라는 도시 본연의 가치를 놓치지 않기 위해 스마트시티가 추구해야 하는 새로운 가치, 미래의 도시로서 스마트시티가 가야 할 방향, 스마트시티의 솔루션들에 대한 자신의 생각을 정리하여 발표해 보자.

관련 학과 건축공학과, 교통물류공학과, 기계공학과, 도시공학과, 로봇공학과, 소프트웨어공학과, 스마트드론공학과, 인공지능공학과, 임베디드시스템공학과, 지능형로봇학과

《스마트시티 에볼루션》, 박찬호 외 3명, 북바이북(2022)

[12도탐01-03]　　　　　　　　　　　　　　　　　　　　　　　　　　　　　　● ● ●

살기 좋은 도시에 대한 다양한 관점을 비교하고, 살기 좋은 도시의 사례와 특징을 조사한다.

➡ 지능형 도시, 즉 스마트시티는 고도의 정보통신 시스템으로 지역 전체를 지능화해 관리하는 이상적인 도시 모델을 말한다. 도시에 정보통신(ICT), 빅데이터 등 신기술을 접목해 도시 기능의 운영 효율화, 도시 정보 기능의 강화, 도시 문제의 해결, 도시 생활의 쾌적성 향상 등이 기대된다. 미래 지능형 도시의 개념, 기술, 서비스, 거버넌스 등에 대해 조사한 뒤 발표해 보자.

관련 학과) 공학계열 전체

《스마트시티의 미래 2030》, 김동욱 외 5명, 윤성사(2021)

단원명 | 변화하는 도시

| 🔍 | 도시 체계, 도시 공간 구조, 문화 자산, 도시 브랜딩과 건축, 도시 경관, 서비스업, 소비주의, 첨단 산업, 모빌리티, 정보통신기술, 스마트 도시, 미래 도시

[12도탐02-01]

도시 간의 상호 작용과 교류에 의해 형성되는 도시 체계를 이해하고, 도시 공간 구조는 고정되지 않고 지속해서 재구성됨을 인식한다.

➡ 대한민국의 수도 서울은 600년 역사를 가진 1,000만 인구의 거대 도시로서 동북아 지역의 정치, 경제, 문화를 선도하는 중심 도시의 역할을 수행하고 있으며, 세계 7대 교역국의 수위도시(Primate City)로서 그 위상이 날로 높아지고 있다. 1960년대 이후 서울시의 도시 공간 구조의 변화, 도심 간선 가로망의 변천, 시가지 형태의 구성 변화, 서울의 미래 전망을 조사하여 발표해 보자.

관련 학과) 공학계열 전체

《서울 도시계획 이야기》, 손정목, 한울(2019)

[12도탐02-02]

문화 자산을 활용한 도시 브랜딩과 건축이 도시의 경관과 도시에 대한 인식 변화에 미친 영향을 탐구한다.

➡ 세계적으로 다양한 공간이 도시, 기업, 장소를 상징하면서 사람을 불러 모으고 있다. 대한민국 서울의 상징은 무엇인가? 도시의 경제적 번영과 장소 매력도는 상호 간에 긴밀한 연계성을 가진다. 따라서 미래의 서울 경쟁력을 높이기 위해서는 스페이스 브랜드로 디자인하는 것이 필요하다. 서울의 스페이스 브랜드를 창출하기 위한 방안을 제안해 보자.

관련 학과) 공학계열 전체

《도시×리브랜딩》, 박상희 외 2명, 오마이북(2023)

[12도탐02-03]

서비스업의 성장과 소비주의 심화가 도시 경제와 도시의 경관, 생활양식 변화에 미친 영향을 분석한다.

➡ 세계 최고층 빌딩인 부르즈 할리파는 높이가 828미터에 이른다. 이처럼 100층이 넘는 초고층 빌딩은 거대한 돛처럼 작동해 자칫하면 바람에 심하게 흔들리거나 강풍에 쓰러질 수 있다. 그렇다면 어떻게 그 높은 빌딩이 강풍에도 쓰러지지 않고 버틸 수 있는 걸까? 구조역학의 진보, 컴퓨터에 의한 설계 계산의 촉진, 커튼 월 공법

등의 기술 발전으로 도심 내의 건물이 초고층화되어 가고 있다. 초고층 빌딩에 필요한 최첨단 기술을 조사하여 발표해 보자.

관련 학과 공학계열 전체

《도시를 움직이는 모든 것들의 과학》, 로리 윙클리스, 이재경 역, 반니(2020)

[12도탐02-04]   ● ● ●

첨단 산업과 모빌리티의 발달이 도시의 성장과 쇠퇴에 미치는 영향을 조사하고, 정보통신기술의 발달로 출현하고 있는 스마트 도시를 사례로 살고 싶은 도시의 미래 모습을 예측한다.

➡ 모빌리티 기술 발달로 인해 도시 공간의 변화가 가속화될 것으로 예상된다. 자율주행차, 전기차, 공유 이동수단 등이 등장하면서 기존의 교통 체계가 변화하고 있으며, 도시 공간은 새로운 형태로 재편되어 가고 있다. 모빌리티의 발달은 도시 발전에 중추적인 역할을 하며, 그 효율성, 접근성, 지속가능성은 도시에 광범위한 영향을 미친다. 모빌리티의 발달이 도시에 미치는 영향을 성장의 측면과 쇠퇴의 측면으로 구분하여 분석해 보자.

관련 학과 교통공학과, 교통시스템공학과, 소프트웨어공학과, 스마트드론공학과, 스마트자동차학과, 인공지능공학과, 임베디드시스템공학과, 자동차공학과

《포스트모빌리티》, 차두원·이슬아, 위즈덤하우스(2022)

단원명 | 도시 문제와 공간 정의

| 🔍 | 환경 문제와 재난, 공간 정의, 공간 부정의, 공간 불평등, 아파트, 주거 문제, 도시 재생, 젠트리피케이션, 빗장 도시, 다문화, 기후변화

[12도탐03-01]   ● ● ●

도시의 환경 문제와 재난은 자연적 요인과 사회적 요인이 복합적으로 작용하여 발생하고 있음을 사례를 통해 파악하고, 이를 공간 정의의 관점에서 분석하여 해결 방안을 탐색한다.

➡ 기후위기의 대안으로 떠오른 것이 'N분 도시'이다. 수도권 직장인의 평균 출근 시간은 53분. 왕복 약 2시간이다. 만일 회사가 주거 공간에서 도보로 15분 거리에 있다면 어떨까? N분 도시는 일자리, 여가, 문화, 상업, 교육 등 필수 생활 시설을 도보 15~30분 내 누릴 수 있는 근린 생활권을 말한다. 세계도시기후정상회의(C40)는 N분 도시를 코로나 팬데믹 이후 경제 회복을 위한 기본 계획으로 발표하고 각 나라에 맞는 N분 도시의 실현을 장려하기도 했다. 'N분 도시' 방안이 나오게 된 배경과 개념, 장점, 실행 상의 어려움 등에 대해 조사하여 발표해 보자.

관련 학과 건설환경공학과, 그린스마트시티학과, 도시공학과, 생물환경공학과, 에너지환경공학과, 토목환경공학부, 환경공학과

《극단의 도시들》, 애슐리 도슨, 박삼주 역, 한울(2021)

[12도탐03-02]   ● ● ●

부동산에 대한 인식 변화와 도시의 주거 문제 심화 사례를 조사하고, 이를 공간 정의의 관점에서 분석하여 해결 방안을 탐색한다.

➡ 탈도시화(또는 역도시화)는 도시에 살던 사람들이 다른 지역으로 이동하는 행위다. 도시의 상주 인구가 줄어들고

전출이 전입을 초과함을 의미한다. 세부적으로는 도시 인구가 농촌으로 이동하는 귀농, 귀촌 또는 유턴 현상과 농촌이 아닌 중소도시로 이동하는 제이턴 현상을 포함한다. 주로 도시화 이후 탈공업 사회로 접어든 국가에서 발생하며 도시의 쇠퇴 단계라고 할 수 있다. 탈도시화의 원인, 탈도시화의 긍정적인 측면과 부정적인 측면을 조사한 뒤 발표해 보자.

관련 학과 공학계열 전체

《**인구감소 시대의 도시계획**》, 오니시 다카시, 충남발전연구원 역, 한울(2009)

[12도탐03-03] • • •

국제 이주에 따라 도시의 인구 구성과 공간 구조가 변화하여 발생하는 문제를 조사하고, 도시 구성원들의 다양성과 차이를 존중하고 공존하는 방안을 모색한다.

➡ 우리나라도 이제 다인종·다문화 사회로 나아가고 있다. 문화적 다양성 때문에 겪게 되는 갈등을 인정하면서도 왜 소통이 필요한지, 다양성의 이점을 열린 마음과 상상력으로 바라보고 타 문화를 해석하는 능력과 성숙함이 왜 중요한지 느끼는 시대가 되었다. 미국, 캐나다, 호주와 같은 이민 사회에서 다양성을 다루고 갈등 문제를 해결하는 방법을 알아보는 것은 하나의 대안이 될 수 있을 것이다. 다양한 이주민들이 함께 공존하기 위한 도시 디자인을 제안해 보자.

관련 학과 공학계열 전체

《**문화공생의 도시디자인**》, 필 우드·찰스 랜드리, 이석현 외 3명 역, 미세움(2013)

단원명 │ 도시의 미래

| 🔎 | 지속가능, 회복력, 생태 지향적 건축, 에너지 전환, 재난과 위험 관리, 사회적 약자 보호, 공공성, 공동체, 공유경제

[12도탐04-01] • • •

지속가능성과 회복력이 높은 도시가 되기 위한 요건에 대해 토의하고 이와 관련한 도시 계획 및 도시 혁신 사례를 탐구한다.

➡ 에너지 효율성과 지속가능성이 중요한 미래 도시에서는 에너지 저장장치가 매우 중요한 역할을 하며, 그 중심에는 이차전지 기술이 자리 잡고 있다. 미래 도시는 이차전지를 사용하여 깨끗하고 스마트한 에너지 시스템을 구축하고, 도시의 에너지 효율성과 지속가능성을 향상시킬 것이다. 미래 도시의 에너지 과제, 이차전지를 이용한 에너지 관리와 저장, 이차전지 에너지 기술의 발전 현황, 이차전지의 다양한 활용 분야를 조사해 발표해 보자.

관련 학과 도시공학과, 세라믹공학과, 신소재공학과, 에너지공학과, 임베디드시스템공학과, 자동차공학과, 자동차IT융합학과, 재료공학과, 전기공학과, 화학공학과

《**배터리 전쟁**》, 루카스 베드나르스키, 안혜림 역, 위즈덤하우스(2023)

[12도탐04-02] • • •

도시의 공공성을 높이기 위한 도시 정치의 중요성을 이해하고, 도시를 만들어가는 주체로서 시민이 가져야 할 바람직한 태도를 함양하여 도시 정치에 적극적으로 참여한다.

➜ 공공 도서관이 편한 차림으로 동네 앞 슈퍼마켓에 들러 이것저것 일상용품을 둘러보듯 정보와 경험을 마주칠 수 있는 공간이 되면 어떨까? 공공 도서관이 수험서를 읽고 문제집을 푸는 독서실 같은 곳이 아니라 떠들고 웃고 이야기하면서 다양한 종류의 공간, 정보, 콘텐츠 사용의 현장 속으로 빠질 수 있는 장소가 되면 어떨까? 공공 도서관을 통해 공공 공간이 갖는 역할과 가치를 조사하여 발표해 보자.

관련 학과 공학계열 전체

《**사서도 몰랐던 도서관 세계**》, 황재영, 한국도서관협회(2024)

국어 교과군

영어 교과군

수학 교과군

도덕 교과군

사회 교과군

과학 교과군

선택 과목	수능	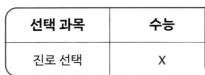 동아시아 역사 기행	절대평가	상대평가
진로 선택	X		5단계	5등급

단원명 | 동아시아로 떠나는 역사 기행

🔍 지정학, 동북아시아, 동남아시아, 생태환경, 유목 세계, 농경 세계, 해양 세계, 한자, 불교, 유교, 율령, 계절풍

[12동역01-01] ● ● ●

역사 기행을 통한 탐구의 방법을 이해하고, 동아시아의 범위와 특징을 파악한다.

➡ 명나라의 환관 정화는 1405년부터 모두 일곱 번에 걸쳐 원정을 떠났다. 당시 2만 명이 넘는 수행원이 60여 척의 커다란 배에 나누어 탔다. 콜럼버스의 탐험대가 배 3척에 승무원 90여 명, 바스쿠 다 가마의 탐험대가 배 4척에 승무원 170명 정도였던 것과 비교해 보면 엄청난 규모라 할 수 있다. 또 정화의 배는 최고 길이가 121미터였는데, 콜럼버스의 산타마리아호 길이는 겨우 24미터였다. 정화의 대원정 당시 명나라 조선 기술을 당시의 유럽과 비교·분석하여 발표해 보자.

관련 학과 공학계열 전체

《중국항해선박사》, 추이 윈펑·김성준, 혜안(2021)

[12동역01-02] ● ● ●

생태환경을 바탕으로 형성된 유목 세계, 농경 세계, 해양 세계의 삶을 이해한다.

➡ 중국의 4대 발명품 중 하나인 화약 무기는 문헌상으로는 당나라 덕종 흥원 원년(784년)에 등장하며, 우리나라의 최무선이 화약 무기를 개발·생산한 시기보다 약 600년이 앞선다. 최초로 기록된 화약 제조법은 송나라(11세기)까지 거슬러 올라간다. 중국 대륙에서는 많은 나라가 생겼다 사라지면서 여러 가지 화약 무기들이 등장하였다. 근대 이전, 중국 화약 무기의 사용과 발전의 역사를 조사한 뒤 발표해 보자.

관련 학과 공학계열 전체

《종횡무진 동양사》, 남경태, 휴머니스트(2015)

단원명 | 교류와 갈등의 현장에서 만난 역사

🔍 청동기, 비단길, 인구 이동, 조공·책봉, 다원적 외교, 몽골 제국, 동서 교역, 유학, 불교, 율령, 성리학, 양명학, 임진 전쟁, 병자 전쟁, 조공무역, 은 유통

[12동역02-01] ● ● ●

동아시아의 지역 간 교류를 보여주는 문화유산을 탐구한다.

➡ 난학(蘭學)은 에도 시대에 일본이 네덜란드로부터 받아들인 서양 학문이다. 이 난학이 근현대 일본의 이념적 토대가 되었음은 주지의 사실이다. 에도 막부는 원래 서양과의 교류를 금지하였지만, 네덜란드와는 교류했다. 네덜란드 상인들은 막부에서 금지한 기리시단, 즉 기독교 선교를 하지 않았고 오로지 장사만을 목적으로 일본과 교류했기 때문이다. 그래서 네덜란드만은 예외로 나가사키를 통한 교역을 허락했다. 난학이 일본 근대 과학기술 발전에 미친 영향을 분석하여 발표해 보자.

관련 학과 공학계열 전체

《일본 난학의 개척자 스기타 겐파쿠》, 이종각, 서해문집(2013)

[12동역02-02] ● ● ●

종교와 사상을 중심으로 동아시아 각 지역 간 교류 양상을 파악한다.

➡ 자침이 남쪽을 가리킨다는 것을 알고 있었던 중국인들은 묘자리나 집터를 잡는 데 그것을 이용하였다. 12세기에 이르러서는 수침반을 만들어 항해에 이용하였는데, 이는 아라비아 상인을 거쳐 유럽에 전달되어 현재의 나침반으로 개량되었다. 송나라 때는 지리, 천문학, 자력과 나침반, 기계공학, 건축, 화학 등 많은 면에서 비약적인 발전이 있었는데, 특히 기계공학의 발전이 돋보였다. 일례로 소송이라는 학자가 물로 움직이는 거대한 시계탑을 만들었는데, 톱니바퀴(물레)를 사용한 것이어서 자명종과 유사했다. 송나라 기계공학의 특징을 조사하여 발표해 보자.

관련 학과 공학계열 전체

《중국의 역사-송대》, 스도 요시유키·나카지마 사토시, 이석현·임대희 역, 혜안(2018)

[12동역02-03] ● ● ●

몽골의 팽창 및 17세기 전후 동아시아 전쟁이 초래한 변화를 이해한다.

➡ 거북선은 조선 시대의 군함이며, 판옥선을 기본으로 하여 판옥선의 갑판 위 외형 전체에 뚜껑을 씌운 뒤 나무판으로 덮은 배다. 이순신 장군이 임진왜란 직전에 건조하여 임진왜란 중 사천 해전에 처음 출전했다. 이후 칠천량 해전에서 패배하기 전까지 일본 수군과의 16전에서 16승을 하는 데 크게 기여하여 일본 수군에겐 공포의 대명사가 되었다. 거북선의 개발 배경과 과정, 구조와 기능, 활약상 등에 대해 조사하여 발표해 보자.

관련 학과 건축공학과, 공업화학과, 금속공학과, 기계공학과, 메카트로닉스공학과, 신소재공학과, 정밀기계설계공학과, 재료공학과, 토목공학과, 화학공학과, 화학신소재학과

《임진왜란과 거북선 논쟁의 새로운 패러다임》, 김평원, 책바퀴(2022)

[12동역02-04] ● ● ●

이슬람과 유럽 세력의 참여를 통해 확대된 동아시아 교류의 모습을 탐구한다.

➡ 서양 열강의 무력에 굴복해 청과 일본은 불평등 조약을 체결하고 문호를 개방하게 되었다. 두 나라는 서구 열강의 침략에 맞서 근대화 운동을 전개하였다. 그런데 청과 일본의 근대화 운동의 전개 양상은 차이가 있었다. 청의 양무운동과 일본의 메이지 유신을 비교·분석하고, 중국과 일본이 추진한 근대화 정책의 배경, 전개 과정,

결과와 한계점에 대한 보고서를 작성해 보자.

`관련 학과` 공학계열 전체

《**일본의 근대화와 민중사상**》, 야스마루 요시오, 이희복 역, 논형(2021)

단원명 | 침략과 저항의 현장에서 만난 역사

| 🔍 | 제국주의, 근대화 운동, 반제국주의 민족 운동, 개항, 불평등 조약, 근대 국민 국가, 자유민권운동, 1차 세계 대전, 민족 자결주의, 워싱턴 체제, 만주 사변, 중·일 전쟁, 세계 대공황, 2차 세계 대전, 태평양 전쟁, 반제·반전을 위한 국제 연대, 만국공법

[12동역03-01]   • • •

동아시아 지역에서 전개된 제국주의 열강의 침략 전쟁을 탐구한다.

➲ 청·일 전쟁은 1894~1895년 조선에 대한 지배권을 둘러싸고 중국(청)과 일본 사이에 벌어진 전쟁이다. 일본은 청이 영향력을 행사하고 있던 조선의 내정 개혁을 명분으로 1894년 7월 경복궁을 기습 공격함으로써 도발하였다. 이후 전쟁이 일본의 승리로 끝나면서 사실상 일본의 한반도 지배가 시작되었다. 청·일 전쟁의 배경, 전개 과정, 일본이 승리한 이유, 전쟁의 결과, 동아시아 정세의 변화에 대해 상세히 조사해 보고서를 작성해 보자.

`관련 학과` 공학계열 전체

《**청일전쟁과 러일전쟁의 진실**》, 와타나베 노부유키, 이규수 역, 삼인(2023)

[12동역03-02]   • • •

아시아·태평양 전쟁과 이에 대한 저항과 연대의 움직임을 파악한다.

➲ 중·일 전쟁은 1937년 일본 제국의 중국 대륙 침략으로 시작되어 1945년 제2차 세계 대전이 끝날 때까지 계속된 중화민국과 일본 제국 사이의 대규모 전쟁이다. 중·일 전쟁은 20세기 아시아 최대 규모의 전쟁이었다. 1937~1941년의 기간에는 중국이 단독으로 일본에 맞섰으며, 진주만 공격 후 중·일 전쟁은 더 큰 규모의 제2차 세계 대전에 포함되었다. 중·일 전쟁의 배경, 전쟁의 경과, 전쟁의 결과, 동아시아 정세의 변화에 대해서 상세히 조사해 보고서를 작성해 보자.

`관련 학과` 공학계열 전체

《**중일전쟁**》, 래너 미터, 기세찬·권성욱 역, 글항아리(2020)

[12동역03-03]   • • •

제국주의 열강의 침략과 전쟁이 지역 생활과 생태환경에 끼친 영향을 탐구한다.

➲ '제로센'은 태평양 전쟁 기간 동안 일본의 성공과 실패를 함께했던 일본 최고의 전투기였다. 1만 대가 넘게 생산되어 일본 역사상 가장 많이 생산된 전투기였고, 일본 스스로 '동양의 신비'라고 치켜세우며 자랑한 전투기였다. 항공기는 한 나라의 기초 과학, 공학, 공업 기술, 산업 역량을 모두 투입해야만 만들 수 있는 기술의 집약체이다. 그래서 항공산업은 그 나라의 공업 역량을 가늠할 수 있는 척도로 여겨진다. 제2차 세계 대전을 전후한 시기, 일본 전투기 개발의 역사를 조사하여 발표해 보자.

관련 학과 공학계열 전체

《일본군사사》, 후지와라 아키라, 서영식 역, 제이앤씨(2013)

단원명 | 평화와 공존의 현장에서 만난 역사

> **|🔍|** 냉전, 자본주의, 사회주의, 6·25 전쟁, 베트남 전쟁, 한·일 국교 정상화, 데탕트, 일본의 55년 체제, 한국
> 경제 발전과 민주화, 타이완의 경제 성장과 민주화, 대약진 운동, 문화대혁명, 중국의 개혁·개방, 북한의
> 체제 고착화, 베트남의 개혁·개방, 동아시아 지역 갈등, 동아시아 역사 갈등

[12동역04-01]   ● ● ●

냉전 시기 동아시아 지역에서 전개된 전쟁을 탐구하고, 각국의 정치·사회적 변화를 파악한다.

➡ 6.25 전쟁은 1950년 6월 25일 북한군의 기습적 남침으로 발발한 전쟁이다. 제2차 세계 대전 이후, 공산·반공
양강 진영으로 대립하게 된 세계의 냉전적 갈등이 전쟁으로 비화한 대표적 사례로, 냉전(冷戰)인 동시에 실전(實
戰)이었다. 6·25 전쟁은 유엔군과 의료진을 비롯해 중화인민공화국과 소비에트 연방(소련)까지 관여한 제2차
세계 대전 이후 최대의 전쟁이었다. 6·25 전쟁의 원인, 전개 과정, 영향, 전쟁에 대한 인식 등에 대해서 상세히
조사해 보고서를 작성해 보자.

관련 학과 공학계열 전체

《와다 하루키의 한국전쟁 전사》, 와다 하루키, 남상구·조윤수 역, 청아출판사(2023)

[12동역04-02]   ● ● ●

경제 및 대중문화 교류가 확대되는 모습을 이해하고, 다문화 사회의 현실을 파악하여 공존을 위한 노력을 모색
한다.

➡ 1980년대 들어 중국, 소련과 동유럽 국가들이 이른바 사회주의 시장경제로 전환을 시도하였고, 베트남도 1986
년부터 '도이머이'라고 불리는 정책을 채택하여 시장경제 체제의 일부를 도입하였다. 쇄신의 핵심은 국유제를
국유와 협동조합 소유, 사유의 혼합경제로 전환하는 데 있었다. 베트남이 '도이머이' 정책을 시행한 이후 고도
의 경제 성장을 이룩할 수 있었던 이유, 경제 성장의 과정, 우리나라에 미친 영향 등을 조사한 뒤 발표해 보자.

관련 학과 공학계열 전체

《베트남의 정치와 경제사회문화》, 이한우 외 4명, 아연출판부(2023)

[12동역04-03]   ● ● ●

동아시아의 역사 및 영토 갈등과 새롭게 대두되는 문제를 파악하고 해결하려는 자세를 갖는다.

➡ 1503년 조선에서 연은분리법이 개발되었다. 무쇠 화로나 냄비 안에 재를 두르고 은이 포함된 납덩어리를 채운
다음, 깨진 질그릇으로 사방을 덮고 불을 피워 녹이면 납은 재 안으로 스며들고 은만 재 위에 남는다. 획기적 기
술인 연은분리법은 일본의 이와미 은 광산에 도입되어, 한때 일본이 전 세계 은 생산의 1/3을 차지할 정도였다.
연은분리법의 원리에 대해 설명하고, 일본의 은 생산이 동아시아 교역에 미친 영향을 조사하여 발표해 보자.

관련 학과 공학계열 전체

《광물, 그 호기심의 문을 열다》, 이지섭, 동명사(2018)

선택 과목	수능	정치	절대평가	상대평가
진로 선택	X		5단계	5등급

단원명 | 시민 생활과 정치

> 🔍 좁은 의미의 정치, 넓은 의미의 정치, 의사 결정, 갈등 해결, 이익 조정, 정치의 필요성, 인간의 존엄성, 자유, 평등, 직접 민주주의, 대의 민주주의, 고대 민주주의, 근대 민주주의, 시민 혁명, 현대 민주주의, 사회계약설, 공동체주의, 자유주의, 다수결, 소수 의견 존중, 대화와 타협, 숙의와 심의, 토론

[12정치01-01] ● ● ●

정치의 의미와 공동체 유지 발전에 정치가 필요한 이유를 이해하고, 일상생활에서 나타나는 정치의 사례를 찾아 분석한다.

⊙ 다양한 공학 분야에서 기후변화 문제에 대한 대응으로 재생에너지 기술을 개발하고 활용하고 있다. 정부 및 국제기관은 재생에너지 촉진 및 화석 연료 사용 규제, 탄소 배출 감축 대책, 그리고 환경 보호 정책을 수립하고 시행하여 기후 정책을 지원한다. 이러한 정책이 공학을 어떻게 변화시켰는지 조사를 진행해 보자. 또한 도로 및 교통 인프라의 건설과 유지·보수는 정부와 지방 정부와의 협력이 필요한 공학 프로젝트이다. 교통 정책, 교통약자 보호, 도로 안전 규제, 그리고 교통 혼잡 해소를 위한 정책이 공학 분야와 어떻게 연결되어 있는지 탐구를 진행해 보자.

관련 학과 공학계열 전체

《정치는 어떻게 과학의 팔을 비트는가》, 루이스 지스카, 김보은 역, 한문화(2023)

[12정치01-02] ● ● ●

민주주의 이념을 이해하고, 이를 구현하기 위한 다양한 민주주의의 모델을 탐색한다.

⊙ 지문, 얼굴, 음성 등 생체 인식 기술을 활용한 안전한 투표 인증 시스템의 개발과 관련된 기술적 연구를 진행할 수 있다. 간접 민주주의가 발생한 원인을 탐구하고, 직접 민주주의의 실현을 돕는 다양한 공학적 기술과 장치들을 탐구해 보자. 또한 이러한 장치에 개인정보와 인권을 침해할 소지는 없는지 분석하고, 전자투표 시스템의 설계 및 개발, 암호학, 보안 기술, 분산 시스템 및 네트워크 기술을 활용하여 전자투표 시스템을 개선하는 방안을 주제로 탐구를 진행해 보자.

관련 학과 공학계열 전체

《생명과학기술과 정치》, 고우정 외 8명, 푸른길(2022)

[12정치01-03] ● ● ●

민주 정치의 역사적 발전 과정을 이해하고, 현대 민주 정치의 다양한 사상적 배경을 비교·분석한다.

국어 교과군

영어 교과군

수학 교과군

사회 교과군

과학 교과군

교양 교과군

⊙ 도시는 민주주의가 태동하고 발달한 주요 장소 중 하나이며, 도시의 발전은 민주주의 원리와 가치에 영향을 미친다. 도시 시스템의 발전과 민주주의 간의 연관성을 설명해 주는 사례를 찾아 제시해 보자. 시민의 정치적 결정 참여를 중시하는 민주주의 사회에서 도시는 시민 참여와 자치가 이루어지는 장소 중 하나이다. 시민 참여를 증가시키기 위한 도시공학적 방법에 대해 고민해 보자. 또한 도시 내 사회적 불평등을 감소시키는 정책과 프로그램을 개발할 수도 있다. 주택, 교육 기회 및 공공보건 서비스에 대한 저소득층의 접근성을 개선하고, 사회적 포용성을 촉진할 수 있는 방안을 제시해 보자. 이러한 인프라를 위한 다양한 장치와 기술의 개발도 제안할 수 있다.

관련 학과 공학계열 전체

**브뤼노 라투르의
과학인문학 편지**

브뤼노 라투르, 이세진 역,
사월의책(2023)

책 소개

자연과학과 사회과학, 인문학을 넘나드는 통합적 사유를 담고 있는 이 책은, 과학이 객관적이고 중립적이며 자율적이라는 통념을 뒤엎고 근대적 세계관이 만들어 낸 과학과 정치, 자연과 사회의 이분법에 이의를 제기한다. 아르키메데스에서 영화 〈아바타〉에 이르는 생동감 넘치는 사례들을 통해 과학기술로 둘러싸인 현대 사회의 작동 방식을 적나라하게 해부하며, 철학과 자연과학이 그간 씨름해 왔던 인간-자연-사회의 존재 방식을 이해하는 데 귀중한 아리아드네의 실을 제시한다.

세특 예시

교과심화도서 탐구 시간에 '브뤼노 라투르의 과학인문학 편지(브뤼노 라투르)'를 읽고 과학기술은 항상 사회를 향한다는 사실을 다시 한번 인지하였다고 밝힘. 과학이 더 이상 자율적인 것이 아니라면 사회 역시 마찬가지임을 말함. 책에서 과학과 사회, 자연과 인간 사이의 관계는 역사가 진행될수록 더욱 밀접해진다고 언급한 대목을 인용하면서 둘 사이의 관계가 밀접해지는 만큼 정치적 상황과 과학적 상황의 연관이 심해질 수밖에 없다는 점을 강조함. 과학이 사람들에 의해 구성되는 것임을 이해할 때, 지구온난화 문제와 같은 공통의 문제에 대한 새로운 해법도 찾을 수 있다고 발표를 진행함.

[12정치01-04] ● ● ●

민주주의를 실현하기 위한 원리를 탐색하고, 이러한 원리를 일상생활에 적용한다.

⊙ 온라인 플랫폼 및 소셜 미디어가 민주주의 과정에 어떻게 영향을 미치는지를 주제로 탐구를 진행할 수 있다. 정보 기술을 활용하여 민주주의의 참여와 투명성을 촉진하거나 사이버 보안 문제를 해결하는 방법에 대한 연구가 가능하다. 또한 인터넷 댓글이나 게시물이 다수의 의견을 대표하고 있는지, 소수의 의견으로 대변되는지를 파악해 보자. 가입자와 글을 쓰는 사람들의 표본을 분석해 보고, 이들이 대표성을 가지는지 분석할 수 있다. 이러한 상황에서 글을 읽는 사람들이 이러한 게시물을 어떻게 해석하고 행동해야 하는지를 주제로 탐구를 진행해 보자.

관련 학과 공학계열 전체

《**인사이트 플랫폼**》, 이재명 외 5명, 와이즈베리(2020)

단원명 | 정치과정과 참여

[12정치02-01] ● ● ●

민주 국가의 정치과정을 분석하고, 시민이 정치과정에 참여해야 하는 이유를 탐색한다.

➡ 공학 기술의 발전은 정치 참여에 다양한 영향을 미치고 있다. 시민들이 정치과정에 더욱 쉽게 접근할 수 있도록 도와주며, 직접 민주주의 원리에 더욱 가까워질 수 있는 방안들을 제시해 준다. 예를 들어 전자투표 시스템은 투표 과정을 혁신적으로 변화시켰다. 전자투표는 시민들이 보다 쉽게 투표하고 정치에 참여할 수 있게 해주며, 편리해진 투표 과정은 투표율을 높이는 데 기여한다. 공학 기술이 정치 참여 과정에 영향을 준 다양한 사례들을 분석하고 이러한 사례들을 통해 발생하는 긍정적, 부정적 효과에 대해 자신의 생각을 덧붙여 발표해 보자.

관련 학과 공학계열 전체

《**노벨엔지니어링**》, 노벨 엔지니어링 교육연구회, 퓨너스(2019)

[12정치02-02] ● ● ●

민주 정치에서 정당의 의미와 역할을 탐구하고, 다양한 정치 참여의 방법을 비교, 분석한다.

➡ 국가의 다양한 정책이 공학 분야와 관련되어 있으며, 공학 기술과 관련된 이익집단들이 사회에 영향을 미치고 있다. 일례로 에너지 이익집단은 관련 정책 및 공학 기술 결정에 영향을 주며, 에너지 관련 기술 혁신 및 에너지 효율성에 영향을 미칠 수 있다. 이러한 집단이 관심을 가지고 있는 주제와 정책에 영향을 주고 있는 방법을 탐구해 보자. 또한 자동차 제조업체 및 자동차 이익집단은 자동차 기술 혁신, 친환경 기술 및 자율주행 기술을 개발하고 자동차 관련 정책에 영향을 미치고 있다. 내연기관 이익집단과 전기차 이익집단을 비교하여 분석을 진행한 뒤, RE100이나 내연기관 퇴출과 같은 내용을 조사하고 탐구해 보자.

관련 학과 공학계열 전체

《**공학의 눈으로 미래를 설계하라**》, 연세대학교 공과대학, 해냄(2019)

[12정치02-03] ● ● ●

대의제에서 선거의 중요성과 선거 제도의 다양한 유형을 이해하고, 우리나라 선거 제도의 특징과 문제점을 분석한다.

➡ 인공지능 및 자연어 기술을 사용하여 선거 캠페인에서 후보자나 정당의 메시지를 분석할 수 있다. 특정 선거 캠페인에서 어떤 주제가 얼마나 강조되었는지, 어떤 언어적 기법이 사용되었는지, 어떤 감정(긍정적 또는 부정적)이 표현되었는지를 분석하여 선거 캠페인의 전략과 효과를 이해하고 왜 이러한 기법이 사용되었는지 분석해 보자. 이러한 메시지 분석은 소셜 미디어, 뉴스 및 콘텐츠를 대상으로도 진행될 수 있다. 후보자의 메시지뿐 아니라, 유권자들의 응답 또한 함께 처리하여 특정한 패턴을 찾을 수 있는지 확인해 보자.

관련 학과 공학계열 전체

《**0.1%의 승부, 소프트웨어로 분석하는 선거 개표방송**》, 이태희, BJ퍼블릭(2022)

[12정치02-04]   ● ● ●

미디어를 통한 정치 참여 방법의 특징과 문제점을 분석하고, 유권자이자 피선거권자로서 미디어를 비판적으로
활용하는 태도를 지닌다.

➡ 정치와 미디어의 복잡한 상호 작용을 이해하고 개선하는 데 공학 지식과 기술이 사용될 수 있다. 최근 정치적
  메시지는 실시간 스트리밍, 가상 현실(VR), 확장 현실(AR) 및 인공지능 등을 활용하여 전 방위적으로 제공되고
  있다. 이러한 메시지에 대한 대중의 접근성을 높일 수 있는 기술과 이론들에 대해 탐구를 진행해 보자. 또한 이
  러한 접근성의 확대가 가짜 뉴스의 무분별한 전파로 이어질 수 있다는 사실을 바탕으로 탐구를 진행해 보자.
  SNS, 메신저를 통해 가짜 뉴스가 무분별하게 퍼지는 것을 공학적으로 막을 수 있는지, 막을 수 있다면 개인의
  자유를 침해하는 것은 아닌지 탐구해 보자.
  관련 학과 공학계열 전체

  《미래는 생성되지 않는다》, 박주용, 동아시아(2024)

단원명 | 민주 국가의 정부 형태

| 🔍 | 정치권력의 의미, 정부 형태, 대통령제, 의원 내각제, 헌법, 영국과 미국의 정부 형태, 입법부, 행정부,
사법부, 3권 분립, 거부권, 권력 기관, 견제와 균형, 탄핵, 국정 감사, 지방 자치, 지방 자치 제도, 지방
자치 단체, 풀뿌리 민주주의, 권력 분립, 단체 자치, 주민 자치

[12정치03-01]   ● ● ●

정치권력의 의미와 특징을 이해하고, 근대 이후 국가 권력이 형성되는 원리를 이해한다.

➡ 시스템공학은 복잡한 정부 시스템과 프로세스를 최적화하고 효율화하는 데 사용되고 있다. 정부의 운영 및 의
  사결정 과정이 원활히 이루어지게 함으로써 정책 목표를 달성하고 시민 서비스를 향상하는 것을 목표로 한다.
  이러한 공학적 개선이 정치권력 확산과 집중에 어떠한 영향을 주었는지 분석해 보자. 근대 이후 국가의 형성에
  도시공학이나 이러한 시스템공학이 어떠한 영향을 미쳤는지를 분석해 보고, 과거 도시의 기능과 현대 도시의
  기능을 비교해서 발표를 진행할 수 있다. 앞으로의 도시가 정치권력과 어떻게 연결되어야 하는지를 주제로 탐
  구를 진행해 보자.
  관련 학과 공학계열 전체

  《권력과 진보》, 대런 아세모글루·사이먼 존슨, 김승진 역, 생각의힘(2023)

[12정치03-02]   ● ● ●

민주 국가의 정부 형태인 대통령제와 의원 내각제의 특징을 비교하여 이해하고, 우리나라 정부 형태의 특징을
헌법을 통해 분석한다.

➡ 인공지능에게 대통령제와 의원 내각제의 특징을 묻고 우리나라 제도에서 보완해야 할 점을 분석해 보자. 우리
  나라의 대통령제는 다양한 요소가 혼합되어서 나타나고 있다. 이러한 문제점을 인공지능이 인식하고 있는지 알
  아보고, 문제를 해결하기 위한 다양한 조언들을 학습할 수 있는지도 확인해 보자. 또한 인공지능이 답변한 내용
  을 선생님, 친구들과 공유하고 이러한 조언이 현실적으로 실현 가능한지 파악해 보자. 정치는 인간의 의지가 개

입되어 나타나는 것이다. 정치권력과 관련된 부분에 인공지능이 개입할 수 있는지에 대한 부분을 탐구해 보자.

관련 학과 공학계열 전체

테크놀로지의 정치

실라 재서노프, 김명진 역,
창비(2022)

눈부신 과학기술의 진보를 일구어 온 인류가 새롭게 맞닥뜨린 윤리적·법적·사회적 곤경을 풀어낸 책이다. 과학기술학자인 저자는 빠른 속도로 팽창하는 디지털 혁명 속에서 프라이버시와 사상의 자유가 어떻게 위협받고 있는지, 법과 제도의 차원에서 논한다. 어두운 전망 속에서 과연 책임 있고 윤리적인 기술 진보라는 중도의 길은 가능할까? 과학기술의 진보가 민주적 통제의 대상일 뿐 아니라 비판적으로 해부되어야 할 정치의 장이라는 메시지를 전한다.

세특 예시

진로 심화독서 시간에 '테크놀로지의 정치(실라 재서노프)'를 읽고 권력이 과학기술의 진보를 어떻게 사용해야 하는가에 대해 탐구하는 시간을 가지게 되었다고 말함. 기술 진보는 분명히 매력적인 부분이 있지만 경계해야 할 부분도 있다고 하면서, 중국의 안면 인식 기술 사용을 예로 들면서 기술이 독재에 사용된다면 기술이 권력에 기생하여 정치적 중립성을 잃는 것이기에 경계해야 할 필요가 있다고 말함. 기술은 독재의 위험에서 벗어나 정치적 효율성을 증대시킬 수 있는 방향으로 사용되어야 하며, 단순한 기술 개발에서 끝나면 이러한 정치적 중립성을 갖추게 되었다고 말할 수 없다는 점을 밝힘.

[12정치03-03] ● ● ●

입법부, 행정부, 사법부의 역할을 이해하고, 이들 간의 상호 관계를 권력 분립의 원리에 기초하여 분석한다.

➡ 입법부, 행정부, 사법부의 권력 분립이 잘 유지되고 있는지, 이러한 권력 분립이 훼손되었을 경우 어떻게 할 수 있는지를 공학적으로 분석할 수 있다. 입법부, 사법부, 행정부의 고유 권한을 바탕으로 딥러닝을 통해 자료를 학습시켜 보자. 인터넷 기사들과 발행물을 크롤링하여 이러한 사례들을 찾을 수 있는지 시도해 보는 것이다. 각 고유의 권한을 학습하고 이를 견제하기 위한 장치들이 제대로 작동하고 있는지 기사와 발간물을 학습시키는 방법을 탐구하고 이러한 내용을 주제로 발표를 진행해 보자.

관련 학과 공학계열 전체

《**AI 지도책》**, 케이트 크로퍼드, 노승영 역, 소소의책(2022)

[12정치03-04] ● ● ●

중앙 정부와의 관계 속에서 지방 자치의 의의를 이해하고, 우리나라 지방 자치의 현실과 과제를 탐구한다.

➡ 시스템 엔지니어링 원리를 사용하여 지방 자치 체계의 구조, 기능 및 정책 의사 결정 과정을 분석할 수 있다. 실제로 시스템 엔지니어링은 지방 정부의 조직, 정보 시스템, 자원 할당 및 정책 실행을 개선하는 데 활용되고 있다. 일례로 지방 자치 체계의 중요 부분 중 하나인 도로 및 교통 인프라에 시스템 엔지니어링을 활용할 경우, 실시간 데이터 수집 및 기술을 활용하여 교통 인프라 관리를 자동화하고 향상시킬 수 있다. 시스템 엔니지어링

을 통해 다양한 지역의 문제점을 찾고 이를 효율적으로 해결할 수 있는 방안들을 제시해 보자.

`관련 학과` 공학계열 전체

《**시스템엔지니어링 원칙과 실행**》, 알렉산드르 코시아코프 외 3명, 신기수 외 2명 역, 북코리아(2023)

단원명 | 국제 사회와 정치

> | 🔍 | 국제 사회의 특징, 국제 사회의 변화 과정, 국제 정치, 현실주의, 자유주의, 국제 문제의 원인, 분쟁, 내전,
> 국제연합, 국제 사법 재판소, 국제기구, 비정부기구, 국제 질서, 국제 분쟁, 자원 분쟁, 외교, 갈등의 원인,
> 세계시민, 평화적 해결 방안

[12정치04-01]   ● ● ●

국제 사회의 특징과 변화 과정을 이해하고 국제 정치를 바라보는 관점을 비교하여 분석한다.

➡ 에너지 공급과 사용은 국제 정치와 국제 경제에 큰 영향을 미친다. 일례로 셰일 가스의 사용과 석유 채굴 기술의 발달은 석유 채굴 가능 연한을 증가시키고 다양한 국가들의 석유 의존도를 줄이는 역할을 했다. 이렇듯 국제 정치와 경제는 공학적 기술의 다양한 영향을 받고 있다. 기술의 발달이 국제 정치에 변화를 불러온 사례를 찾아 발표해 보자. 앞으로의 우주개발 기술 발전이 국제 정치에 어떤 영향을 줄 것인지를 주제로도 추가 탐구가 가능하다.

`관련 학과` 공학계열 전체

《**'좋아요'는 어떻게 지구를 파괴하는가**》, 기욤 피트롱, 양영란 역, 갈라파고스(2023)

[12정치04-02]   ● ● ●

다양한 국제 문제의 원인을 분석하고, 이를 해결하기 위해 국가를 비롯한 여러 주체가 수행하는 활동을 분석한다.

➡ 거대과학이란 과학자 및 공학자, 연구기관, 예산을 대규모로 동원하는 과학 연구를 말한다. 빅 테크놀로지(거대 기술)와 구분하지 않고 사용하는 경우가 많다. 거대과학 프로젝트는 국가적 규모의 재정적 뒷받침이 전제되어야 실행이 가능하다. 제임스웹 우주 망원경, 상용화 가능한 최소 핵융합 효율을 목표로 진행 중인 국제공동핵융합실험로(ITER) 같은 거대과학 분야의 사례를 조사하고 왜 국제적인 협력이 필요한지 탐구를 진행해 보자. 이러한 국제기구에 대한 조사도 함께 해보자.

`관련 학과` 공학계열 전체

《**휘어진 시대**》, 남영, 궁리출판(2023)

[12정치04-03]   ● ● ●

우리나라를 둘러싼 국제 관계를 이해하고, 외교적 관점에서 한반도를 둘러싼 국제 질서를 분석한다.

➡ 한중일 정상회의, 아세안+3 정상회의 등의 연합체에서 다양한 기술적 협력이 이루어지고 있다. 외교부 누리집에 실려 있는 이러한 협력 사례들을 확인해 보고, 어떠한 기술적, 공학적 협력이 일어나고 있는지 알아보자. 국가 정상들 간의 협의에서 어떠한 기술적 진보와 합의가 있었는지 파악해 보고, 새로 협의가 필요한 사안에 대해 조사해서 발표해 보자. 외교부 누리집에는 장차관급 회의뿐 아니라 다양한 분야에서 협의한 사례들이 실려

있다. 필요한 부분을 분석해서 탐구를 진행해 보자.

관련 학과 공학계열 전체

《**아세안랩**》, 김시은, 가쎄(2020)

[12정치04-04] ● ● ●

국제 사회에서 발생하는 다양한 갈등의 원인을 분석하고 세계시민으로서 갈등을 해결하는 자세를 갖는다.

⊙ 국제 사회의 공통된 관심사인 환경 문제를 공학적으로 해결할 수 있는 다양한 방안을 제시해 보자. 일례로 친
환경 에너지를 증가시키기 위해 공학적으로는 태양열, 풍력, 지열 같은 신재생 에너지 시스템을 개발하고, 에
너지 저장 기술을 개선하는 데 주력하며, 스마트 그리드와 미세 그리드를 구축하여 에너지의 효율적인 분배를
이루는 것을 대안으로 제시할 수 있다. 또한 온난화를 막기 위해 탄소 포집과 같은 새로운 기술을 제안할 수 있
다. 환경 위기 극복을 위한 공학적 기술들을 분석하고 더 나은 대안을 제시해 보자.

관련 학과 공학계열 전체

《**대기오염방지공학**》, 천만영·강병욱, 동화기술(2021)

선택 과목	수능		절대평가	상대평가
진로 선택	X	법과 사회	5단계	5등급

단원명 | 개인 생활과 법

🔎 가족관계, 혼인, 출생, 상속, 친자, 친권, 부부관계 , 채권, 계약, 불법행위, 사적 자치, 민법, 위법행위, 손해배상, 물권, 부동산, 동산, 권리, 의무, 법률관계, 법적 문제 해결

[12법사01-01]   ● ● ●

가족관계와 관련된 기본적인 내용인 혼인, 출생, 상속 등을 이해하고, 이를 일상생활의 사례에 적용한다.

➡️ 가족 구성원의 수, 연령, 삶의 방식에 따라 주거 환경을 설계하고 조정할 수 있다. 예를 들어 다세대 가족 형태인 경우, 여러 가족이 동일한 주택을 공유하고 있다. 건축공학은 이러한 다세대 가족이 사는 주택을 효과적으로 설계하고 구축하는 데 기여할 수 있다. 각 가족에게 개별적인 공간을 제공하면서도 공동 사용 공간을 고려해야 한다. 가족의 법적 지위에 따라 달라질 건축 형태를 예상해 보고, 가족이 효율적으로 공간을 사용할 수 있는 다양한 대안을 제시해 보자. 이를 바탕으로 도시로의 확장을 위한 다양한 장치와 기계들을 개발하여 발표할 수도 있다.

[관련 학과] 공학계열 전체

《도시 주택 산책》, 정수윤, 중앙북스(2018)

[12법사01-02]   ● ● ●

채권 관계와 관련된 기본적인 내용인 계약, 불법행위 등과 사적 자치를 이해하고, 이를 일상생활의 사례에 적용한다.

➡️ 스마트 계약(Smart Contract)은 블록체인 기술과 결합하여 자동으로 실행되는 계약을 의미한다. 스마트 계약은 계약 조건이 충족되면 자동으로 이행되는 소프트웨어나 프로그램으로, 중개자나 중앙 당국의 개입 없이 계약 당사자 간에 신뢰성 있는 거래를 보장할 수 있다. 이러한 스마트 계약이 법적으로 어떠한 효과가 있는지 분석해 보자. 또한 스마트 계약에서 분쟁이 발생했을 때, 이러한 분쟁을 어떻게 해결할 것인지에 대해서도 탐구해 볼 수 있다. 스마트 계약에 따른 분쟁의 법적 해결 방안을 고려하고, 이를 자동화하거나 효율적으로 처리하기 위한 방법을 탐구해 보자.

[관련 학과] 공학계열 전체

《쉽게 이해하는 블록체인: 암호화폐 자금세탁방지》, 백남정, 지식플랫폼(2019)

[12법사01-03]   ● ● ●

물권 관계와 관련된 기본적인 내용인 부동산·동산에 관한 권리의 기능과 특징, 권리와 의무로 구성되는 법(률)관계를 이해하고, 이를 일상생활의 사례에 적용하여 법적 문제를 해결한다.

➔ 부동산 개발과 건설 프로젝트는 물권과 깊은 관련이 있다. 부동산 개발 및 건설 프로젝트에서의 자원 사용과 물권 규제, 인프라 구축, 지속가능한 도시 개발과 관련된 내용으로 탐구를 진행해 보자. 특히 인프라 시스템에서 수자원 공급 및 하수 처리 시스템의 설계 및 관리, 토양 관리는 물권과 밀접한 연관이 있다. 인프라 시스템의 효율성과 지속가능성을 향상시킬 수 있는 연구 주제를 선정하여 탐구를 진행해 보자. 또한 소유권과 인프라 시스템 개발 및 관리, 유지·보수와의 관련성을 조사할 수도 있다.

관련 학과 공학계열 전체

《**건축, 모두의 미래를 짓다**》, 김광현, 21세기북스(2021)

단원명 | 국가 생활과 법

| 🔍 | 민주주의, 법치주의, 기본권, 인간의 존엄과 가치 및 행복 추구권, 자유권, 평등권, 사회권, 참정권, 청구권, 기본권 제한, 형법, 죄형 법정주의, 범죄의 성립 요건, 위법성 조각 사유, 형벌의 종류, 형사 소송, 법원, 헌법재판소, 판결, 항소, 항고, 입법론적 해결

[12법사02-01]   • • •

민주주의와 법치주의의 발전 과정을 이해하고, 우리나라 권력 분립의 원리를 탐구한다.

➔ 법치주의를 수호해야 하는 임무를 지닌 판사와 관련된 내용을 탐구할 수 있다. 최근 AI 판사의 도입을 둘러싼 논란이 뜨겁다. AI 판사는 인간 판사보다 적은 비용으로 빠른 판결과 효율적인 사건 처리가 가능하며, 판결에 대한 접근성을 향상시킬 수 있다. 또한 인간의 편견이나 주관적 판단을 배제할 수 있으며, 보다 객관적인 판결을 내릴 수 있다. 이러한 내용을 주제로 자신의 생각을 정리하고, AI 판사의 도입이 가능한지, 또한 문제가 있다면 어떠한 대안이 가능할지를 주제로 탐구를 진행해 보자.

관련 학과 공학계열 전체

인공지능의 편향과 챗봇의 일탈

김정룡 외 8명, 세창출판사(2022)

책 소개

인공지능에 대한 윤리 가이드라인이 각국에서 쏟아져 나오고 있지만, 현장의 개발자들에게 실질적인 효력이 있으리라고 장담할 수 없는 상황이다. 올바른 윤리적 규제의 기준 혹은 이정표가 되어야 할 윤리 가이드라인은 오히려 지금까지 '윤리적 세탁'의 도구로 악용되어 왔다. 인공지능 기술을 개발하는 과정에서 우리가 진정 고민해야 할 지점은 문제인지 핵심적인 문제의식을 던져 주는 책이다.

세특 예시

진로 심화독서 시간에 '인공지능의 편향과 챗봇의 일탈(김정룡 외)'을 읽고 확증 편향이 인간뿐 아니라 인공지능에도 발생할 수 있다는 사실을 알게 되었다고 밝힘. 인공지능의 가치 중립성이라는 전제조건 자체가 학습에 의해서 뒤집힐 수 있다는 점을 파악하고 이를 경계해야 한다는 점을 지적함. 인공지능의 학습 과정뿐만 아니라 더욱 좋은 결과를 얻기 위해 기존의 알고리즘까지 개입해야 한다면, 인공지능이 제시한 결과를 어떻게 받

아들여야 할 것인가라는 물음을 던지고, 가치 중립적인 AI 판사는 가능할까라는 새로운 의문점을 가지게 되었다고 발표를 진행하였음. 인공지능의 중립적인 판단을 위해 데이터의 학습과 새로운 알고리즘이 필요하다는 점을 강조함.

[12법사02-02]
●●●●

우리나라 헌법의 기본 원리와 기본권 내용을 이해하고, 기본권 제한의 요건과 한계를 탐구한다.

➡️ 기본권을 보장하고 강화하는 데 기여하는 다양한 공학 기술이 있다. 안전 및 보안 공학 기술은 개인의 생명과 안전 기본권을 보호하고, CCTV 카메라나 화재 감지 시스템, 보안 시스템, 응급 의료 기술은 범죄 예방과 재난 관리 및 응급 상황 내응에 기여한다. 또한 정보 접근성 기술은 의사소통에 관한 기본권을 지원하며, 웹이나 모바일 앱 접근성, 음성 인식 기술은 장애 등 다양한 문제를 가진 개인의 접근성을 향상시켜 기본권을 신장시키는 역할을 하고 있다. 이와 관련된 구체적 사례를 찾아 분석해 보자. 이러한 기술의 문제점을 지적하고 해결 방안도 제시할 수 있다.

관련 학과 공학계열 전체

《**국경 없는 과학기술자들**》, 이경선, 뜨인돌(2013)

[12법사02-03]
●●●

형법의 의의와 기능을 죄형 법정주의를 중심으로 이해하고, 범죄의 성립 요건과 형벌의 종류, 형사 절차를 탐구한다.

➡️ 사회가 발전하면서, 신기술과 장치를 활용한 범죄들이 증가하고 있다. 죄형 법정주의 원칙에 근거해 처벌해야 하는데, 문제는 법이 이러한 사회 변화를 좇아가지 못하는 경우가 있다는 것이다. 관련 사례를 조사한 뒤 발표를 진행해 보자. 예를 들어 퍼스널모빌리티나 자율주행자동차의 경우 기존 법률과 규제를 적용하기 어려운 점이 있다. 특히 자율주행자동차는 교통 규칙 및 사고 책임에 대한 새로운 법적 문제를 제기하고 있다. 이러한 사례를 바탕으로 공학의 발전이 법과 어떠한 관계가 있는지 자신의 생각을 덧붙여 발표를 진행해 보자.

관련 학과 공학계열 전체

《**AI 자율주행**》, 안세진, 커뮤니케이션북스(2024)

[12법사02-04]
●●●

법원과 헌법재판소의 법적 문제 해결 과정을 탐구하고, 사법의 의미와 한계를 인식하여 입법론적 해결이 필요한 경우를 탐구한다.

➡️ 통신, 인공지능, 생명공학기술 등에 대한 헌법재판소의 판결이 해당 기술 분야의 발전과 혁신에 미친 영향을 분석해 볼 수 있다. 관련된 판례들을 '헌법재판소 지능형 통합검색'을 통해 찾은 뒤, 공학적인 사례들을 분석해 보고 이를 어떻게 판결하였고 그 근거는 무엇인지 조사해서 발표할 수 있다. 일례로 '전자게시판 게시물 삭제 위헌확인'과 같은 판례를 찾아보고 자신의 생각을 덧붙여 발표를 진행해 보자.

관련 학과 공학계열 전체

《**지구를 살린 위대한 판결**》, 리처드 J. 라자루스, 김승진 역, 메디치미디어(2021)

단원명 | 사회생활과 법

| 🔍 | 근로자의 권리, 노동 3법, 근로 기준법, 노동조합법, 노동 쟁의 조정법, 노동 3권, 단결권, 단체 행동권, 단체 교섭권, 사회보장 제도, 독과점, 소비자의 권리, 소비자 보호법, 독과점 방지법, 지적 재산권, 인터넷 제공자, 플랫폼 노동, 지적 재산의 보호와 한계

[12법사03-01]   • • •

법으로 보장되는 근로자의 권리를 이해하고, 이를 일상생활의 사례에 적용한다.

➡ 환경공학과 안전공학을 사용하여 근로자가 일하는 작업장의 물리적 환경, 유해물질 관리, 소음 및 진동 제어, 미세먼지 처리 등을 개선하는 방법을 탐구해 볼 수 있다. 최근 안전하지 않은 작업 환경 때문에 노동자들이 허무하게 목숨을 잃었던 사건들을 분석해 보고, 이러한 문제를 공학적이나 기술적으로 해결할 수 있는 방안들을 분석해 보자. 근로자의 권리를 향상시키거나, 더 나은 환경에서 근무할 수 있도록 돕는 다양한 장치와 기술들을 고안해 볼 수도 있다.

관련 학과 공학계열 전체

《**인간은 필요없다**》, 제리 카플란, 신동숙 역, 한스미디어(2023)

[12법사03-02]   • • •

인간다운 생활을 보장하려는 사회보장과 경쟁 및 소비자를 보호하기 위한 법적 근거를 탐구하고, 구체적인 사례에서 공공 쟁점을 찾아 토론한다.

➡ 소비자 권리의 질적 향상에 다양한 공학적 기술과 장치들이 활용될 수 있다. 일례로 '소비자의 알 권리'와 관련해 소비자에게 제품 및 서비스에 대한 정보를 전달하는 기술적 방법을 연구할 수 있다. 제품 라벨링, 소비자 정보 웹사이트나 앱 개발, 제품 리뷰 및 비교 도구를 개선하는 방법을 주제로 탐구를 진행해 보자. 또한 소비자는 환경에 대한 권리도 가지고 있다. 공학자는 친환경 제품 및 기술을 개발하고, 재활용, 에너지 절약 및 환경 보호를 위한 기술적 해결책을 탐구할 수 있다. 소비자를 위한 다양한 장치와 기술들을 제안하고 발표해 보자.

관련 학과 공학계열 전체

《**플랫폼, 시장의 지배자**》, 류한석, 코리아닷컴(2016)

[12법사03-03]   • • •

현대적 법(률)관계의 특징과 지적 재산권의 의미를 이해하고, 이와 관련된 일상생활에서의 사례를 찾아보고 관련 쟁점을 토론한다.

➡ 특허 분쟁이 기술 개발과 혁신에 미치는 영향을 조사해 보자. 특허 소송, 특허 무효화 소송, 소프트웨어 특허, 특허 침해와 관련되어 이루어진 기술 혁신이나 비용에 대한 연구를 수행할 수 있다. 기술의 독점 기간이 얼마나 되는지 조사해 보고, 이러한 독점이 기술 혁신을 확장시키는지, 아니면 퇴보시키는지에 대해서 자신의 생각을 덧붙여 발표를 진행해 보자. 최근 빅테크 기업들의 특허 포트폴리오를 조사하거나 다양한 신기술 개발 상황을 분석하면서 기술의 표준화와 파편화에 대한 탐구를 진행할 수도 있다.

관련 학과 공학계열 전체

《**특허 사용 설명서**》, 최성규, 라온북(2017)

단원명 | 학교생활과 법

국어 교과군
영어 교과군
수학 교과군
도덕 교과군
사회 교과군
과학 교과군

| 🔍 | 청소년, 촉법소년, 청소년 기본법, 청소년 보호법, 청소년의 권리, 청소년의 의무, 학교폭력, 위법 소년, 소년 범죄, 사이버 불링, 법, 조약, 판례, 입법자료, 법적 문제 해결, 사회적 논의 |

[12법사04-01] •••

학생과 청소년이 누릴 수 있는 권리와 의무를 이해하고, 이를 학교와 일상생활의 사례에 적용한다.

➡ 청소년 기본법에 국가 및 지방 자치 단체는 청소년이 정보화 능력을 키울 수 있는 환경을 조성하기 위하여 노력해야 한다고 명시되어 있다. 기술과 장치가 사회적 불평등을 어떻게 해소하고 청소년들의 권리 신장과 기회 부여에 도움을 줄 수 있는지를 주제로 탐구를 진행해 보자. 일례로 디지털 접근성 강화, 기술 교육의 균등한 제공 등을 통해 청소년의 권리가 어떻게 신장되었으며, 이를 제도화하거나 법제화하려는 노력으로 어떤 것이 있는지 조사해 볼 수 있다.

관련 학과 공학계열 전체

《디지털 유해환경과 청소년 위험행동 실태 연구》, 배상률 외 2명, 한국청소년정책연구원(2022)

[12법사04-02] •••

학교폭력의 해결 과정을 살펴보며, 학교생활에서 발생하였거나 발생할 수 있는 법적 문제를 발견하고 그 해결 방안을 탐구한다.

➡ 사이버 공간의 학교폭력을 조사하고, 폭력의 원인과 해결책을 제안해 보자. 특히 기술적인 방법으로 사이버 학교폭력을 막을 수 있는지 알아보자. 익명성을 바탕으로 한 활동들이 가지는 파괴력과 무차별성을 분석해 보고, 그 위험성을 보여 주는 사례도 분석해 볼 수 있다. 필터링 및 모니터링 도구를 쓰거나 익명성을 제한하는 것이 개인의 표현의 자유와 어떻게 충돌하는지 살펴보고, 미성년자들의 활동에 이러한 제한을 하는 것이 올바른 행위인지 자신의 생각을 덧붙여 발표를 진행할 수 있다. 학교, 조직 또는 부모 감독 하에 있는 디지털 통신 도구에서 학교폭력 콘텐츠를 필터링하거나 감지할 수 있는 소프트웨어를 개발하거나 대안을 제시해 보자.

관련 학과 공학계열 전체

《학교폭력 해부노트》, 이수정·박정현, 테크빌교육(2021)

[12법사04-03] •••

법적 문제를 해결하는 데 필요한 법, 조약, 판례, 입법자료 등을 찾아보고, 민주시민으로서 나와 사회가 당면한 사회적 논의에 참여하는 태도를 가진다.

➡ 공학 분야에서 제품의 안전성 및 사용자의 안전은 핵심 관심사이다. 제품 결함, 사고, 상해, 소송 및 책임에 관한 법률 문제는 판례를 통해 다뤄지고 있다. 공학 분야에서의 전문성과 책임성은 판례에서 중요한 역할을 한다. 최근 기업의 안전보건 소지를 강화하고, 안전 투자를 확대하여 중대 산업재해를 예방, 종사자의 생명과 신체를 보호하는 것을 목적으로 하는 중대재해처벌법이 시행되고 있다. 이러한 법률의 입법이 공학 계열에 어떠한 영향을 줄 수 있는지 법의 효과를 분석해 보고 개선해야 할 점이 있다면 비판해 보자.

관련 학과 공학계열 전체

《긴장과 두려움의 여정》, 금동일, 조선뉴스프레스(2024)

선택 과목	수능		절대평가	상대평가
진로 선택	X	경제	5단계	5등급

단원명 | 경제학과 경제 문제

| 🔍 | 희소성, 선택, 경제 문제, 경제학, 합리적 선택, 전통 경제, 시장경제, 계획경제, 가격 기구, 경제 문제의 해결, 경제적 유인, 편익, 비용, 합리적 선택, 한계 분석, 의사 결정 능력

[12경제01-01]   ● ● ●

인간 생활에서 자원의 희소성으로 인해 발생하는 경제 문제의 중요성을 인식하고, 경제학의 분석 대상과 성격을 이해한다.

➡ 공학은 자원의 희소성을 줄이기 위해 이를 더 효율적으로 사용하고 관리하는 다양한 도구들을 개발해 왔다. 에너지 효율성 향상, 재활용 및 원재료 절약 기술의 개발과 적용 사례를 조사하여 탐구해 보자. 화석 연료의 고갈로 최근 부상하기 시작한 신재생 에너지 기술(태양, 풍력, 해양 등)에 대한 연구도 진행할 수 있다. 에너지 생산과 저장 기술의 혁신을 조사하고 이러한 기술이 사회적 희소성을 얼마나 감소시켰는지를 조사하여 발표를 진행해 보자.

관련 학과 공학계열 전체

《**좋은 선택, 나쁜 선택**》, 최희탁, 한빛미디어(2019)

[12경제01-02]   ● ● ●

경제 문제를 해결하는 다양한 방식의 장단점을 비교하고, 시장경제의 기본 원리와 이를 뒷받침하는 제도를 파악한다.

➡ 공학 분야에서 데이터 분석 및 인공지능(AI) 기술을 활용하여 시장경제의 경영 효율성 모델을 개발하는 것을 주제로 탐구를 진행할 수 있다. 데이터 마이닝, 빅데이터 분석, 예측 모델링 등을 통해 시장 동향, 소비자 행동, 경쟁업체 분석 등을 수행하여 기업의 전략과 의사 결정을 개선하는 연구가 진행 중이다. 이러한 공학적 접근으로 시장경제 체제의 효율성을 제고하는 방안에 대해서 조사해 보자. 또한 시장경제 체제를 활성화시키는 다양한 알고리즘이나 장치에 대해 조사한 내용을 발표해 보자.

관련 학과 공학계열 전체

《**부의 진화론**》, 김송호, 태웅출판사(2014)

[12경제01-03]   ● ● ●

인간은 경제적 유인에 반응함을 인식하고, 편익과 비용을 고려하여 합리적으로 선택하는 능력과 한계 분석을 이용한 의사 결정 능력을 계발한다.

➡ 다양한 에너지 생산 방법(태양광, 풍력, 핵에너지 등)의 비용 편익 분석(CBA)를 수행하여 에너지 생산과 이용의 경제적 효율성을 분석해 볼 수 있다. 어떠한 에너지 생산 방법이 효율적인지를 분석할 때, 비용에 어떤 것들이 포함

되는지를 조사하여 발표를 진행해 보자. 일례로 핵에너지의 CBA를 수행할 때 원전 폐기물뿐 아니라 발전소 폐기 비용까지 함께 계산되었는지 분석해 볼 수 있을 것이다. 또한 기후위기로 기온이 상승할 경우 어떠한 에너지 생산 방식을 택하는 것이 좋을지, 편익과 비용을 고려한 뒤 자신의 생각을 덧붙여 발표를 진행해 보자.

관련 학과 공학계열 전체

《데이터는 어떻게 인생의 무기가 되는가》, 세스 스티븐스 다비도위츠, 안진이 역, 더퀘스트(2022)

단원명 | 미시 경제

> 🔍 수요, 공급, 시장 균형 가격, 거래량, 상품 시장, 노동 시장, 금융 시장, 정부, 공공 부문, 조세, 공공재, 배제성, 공유성, 정부의 개입, 자원 배분, 효율성, 시장 기능, 공공 부문 기능, 시장 실패, 정부 실패, 외부 효과

[12경제02-01] ● ● ●

수요와 공급에 의한 시장 균형의 결정과 변동 원리를 파악하고, 이를 다양한 시장에 적용한다.

➡ 생산 및 공급망 최적화를 통해 가격을 변화시키는 요인을 탐구할 수 있다. 생산 프로세스 및 공급망을 최적화하여 원가를 줄이고 효율성을 높일 수 있는 방법을 탐구해 보자. 예를 들어, 재고 관리, 공급망 설계 및 물류 최적화에 관한 내용을 알고리즘화하여 탐구를 진행하거나, 이를 가능하게 해 주는 산업 생산 및 자동화 장치들을 연구할 수 있다. 생산 프로세스를 향상시키고 생산 라인을 자동화하여 생산량을 늘리고 비용을 절감할 방법을 찾아서 탐구를 진행해 보자. 생산 단계에 따라 자동화 및 로봇공학, 3D 프린팅 기술 등을 탐구할 수도 있다.

관련 학과 공학계열 전체

인공지능 투자가 퀀트
권용진, 카멜북스(2017)

책 소개

지금 월스트리트에서는 인공지능 로봇들의 전쟁이 펼쳐지고 있다. 하울러, STAR, 네온, 래더 스네이크, 마이더스는 주식 투자 및 거래에서 엄청난 수익률을 올리며 천문학적인 돈을 벌어들이는 인공지능이다. 이 같은 금융 인공지능을 만들어 낸 자들은 누구인가. 바로 퀀트. 헤지펀드 연봉킹 제임스 사이먼스, 라스베이거스의 카지노들을 무너뜨린 수학 천재 에드 소프, 모건스탠리에 5조 원의 수익을 가져다준 피터 멀러 등 전 세계 금융시장의 판도를 뒤집은 퀀트에 대한 이야기를 담은 책이다.

세특 예시

진로 심화독서 시간에 '인공지능 투자가 퀀트(권용진)'를 읽고 사회 현상의 알고리즘에 대해 생각해 보는 시간을 가지게 되었다고 발표함. 사회 현상은 인간의 가치가 개입되어 있기 때문에 예측이 어려울 것이라는 인식에서 벗어나 가치를 알고리즘화할 수 있다는 생각을 하게 되었다고 밝힘. 알고리즘은 결국 IF, THEN 구문을 지속적으로 발전시킨 것이라고 하면서, 빅데이터가 축적된다면 인공지능이 결국 사회 현상을 예측하는 장치로 활용될 수 있다는 점을 강조하였음.

정부를 비롯한 공공 부문의 경제적 역할을 이해하고, 조세, 공공재 등과 같이 시장의 자원 배분에 개입하는 사례를 탐구한다.

➡ 빅데이터 및 데이터 분석 기술을 활용하여 세금 수입과 지출을 예측하고 최적화하는 방법을 주제로 탐구를 진행할 수 있다. 데이터 마이닝, 머신러닝, 예측 모델링 등을 활용하여 세무 정책 결정에 도움을 줄 수 있는 방법을 탐구해 보자. 이러한 데이터의 분석으로 예산을 효과적으로 세우고, 필요한 부분에 적절하게 배분하는 알고리즘에 대해서도 탐구해 보자. 또한 다양한 디바이스를 활용하여 온라인 세금 납부 시스템의 보안, 사용자 경험 개선, 디지털 신원 확인 방법 등을 다룰 수 있다.

관련 학과 공학계열 전체

《데이터는 어떻게 인생의 무기가 되는가》, 세스 스티븐스 다비도위츠, 안진이 역, 더퀘스트(2022)

시장 기능과 공공 부문의 활동을 비교하고, 자원 배분의 효율성과 형평성에 미치는 영향을 평가한다.

➡ 에너지 자원의 생산과 배분은 지구 환경 및 지속가능한 개발과 관련이 있다. 공학적 방법을 사용하여 신재생에너지, 에너지 저장 기술, 에너지 효율성 개선 등을 연구할 수 있다. 이러한 공학의 발전이 자원의 지속성을 늘릴 수 있는지 탐구를 진행해 보자. 또한 자원 개발 시 현 세대를 우선적으로 고려해야 하는지, 후대까지 개발 가능성을 남겨 놓아야 하는지를 주제로 탐구를 진행할 수도 있다. 공학적 발전으로 자연환경을 개선하고(탄소 포집 기술), 지속가능한 미래를 가능하게 하는 방법을 함께 탐구해 보자.

관련 학과 공학계열 전체

《초예측, 부의 미래》, 유발 하라리 외 5명, 신희원 역, 웅진지식하우스(2020)

단원명 | 거시 경제

> 🔍 거시 경제, 국내 총생산, 물가 상승률, 실업률, 국가 경제 수준, 총수요, 총공급, 경제 성장, 경제 성장의 요인, 한국 경제의 변화, 통화 정책, 재정 정책, 경기 안정화 방안

여러 가지 거시 경제 변수를 탐색하고, 국가 경제 전반의 활동 수준을 파악한다.

➡ 공학의 발달은 실업률에 영향을 미칠 수 있다. 그 영향은 복합적인데, 우선 공학 기술의 발달로 인해 일부 업무나 작업이 자동화되고 기계화될 수 있다. 이로 인해 일부 직업이 사라질 수 있으며, 특히 반복적이고 예측 가능한 업무에 종사하는 노동자들은 기계로 대체될 수 있다. 한편 기술 혁신과 새로운 기술 도입은 새로운 직업 및 산업을 창출해 내기도 한다. 인공지능, 로봇공학, 바이오테크놀로지 등의 분야에서 신규 직업과 일자리가 나타나고 있다. 이에 우리는 어떻게 대비해야 하는지 생각을 정리해서 발표해 보자.

관련 학과 공학계열 전체

《AI 시대에 살아남기 위한 능력은 무엇인가?》, 타사카 히로시, 강은미 역, 위즈플래닛(2022)

[12경제03-02]

경제 성장의 의미와 요인을 이해하고, 한국 경제의 변화와 경제적 성과를 균형 있는 시각에서 평가한다.

➡ 새로운 공학 기술 및 아이디어는 산업 및 제조 부문에서 효율성을 증가시키고 생산성을 향상시킬 뿐 아니라 경제 성장을 촉진한다. 일례로 정보 기술 분야에서의 혁신은 디지털 경제의 성장과 밀접하게 연결되어 있다. 앞으로 성장할 수 있는 정보 기술 분야를 정리하고 새로운 기술을 얻기 위한 아이디어를 제안해 보자. 또한 도로, 철도, 다리, 항구, 공항, 전력 공급망, 통신 및 인터넷 등의 인프라는 국가 및 지역 경제에 긍정적인 영향을 미치며, 경제 성장을 뒷받침한다. 경제의 기반을 이루는 인프라 분야의 핵심 아이디어를 주제로 발표를 진행해 보자.

관련 학과 공학계열 전체

《혁신국가를 향한 과학기술혁신시스템의 대전환》, 이민형, 다인기획(2023)

[12경제03-03]

경기 변동의 의미와 요인을 이해하고, 경기 안정화 방안으로 재정 정책과 통화 정책을 분석한다.

➡ 경기 변동의 예측 및 대응을 위한 데이터 탐색 및 예측 모델링을 주제로 탐구를 진행할 수 있다. 경제 지표, 빅데이터, 인공지능을 활용하여 경기 변동을 예측하고 기술적으로 대응하는 방법을 개발해 보자. 또한 경기 변동에 대응하여 생산 및 공급망을 최적화하는 방법도 탐구주제가 될 수 있다. 공정 개선, 생산성 향상, 비용 절감 및 재고 최적화를 이룰 수 있는 공학적 방법을 찾아보자. 이러한 상황에서 기업들의 대응 알고리즘을 찾아서 탐구를 진행해도 좋다.

관련 학과 공학계열 전체

《플랫폼 경제와 공짜 점심》, 강성호, 미디어숲(2021)

단원명 ｜ 국제 경제

| 🔍 | 국제 거래, 국가 간 상호 의존, 재화, 서비스, 생산요소의 교류, 비교 우위, 절대 우위, 특화, 무역 원리, 자유 무역, 보호 무역, 외환 시장, 환율, 환율의 변동, 국가 경제와 개인의 경제생활

[12경제04-01]

개방된 국제 사회에서 국제 거래를 파악하고, 국가 간 상호 의존성이 증대하고 있음을 이해한다.

➡ 공학 기술은 자동화를 통해 무역의 효율성을 향상하는 데 큰 역할을 하고 있다. 무역 문서의 전자화, 인공지능과 빅데이터를 활용한 무역 데이터의 수집과 분석, 로봇화된 물류 및 생산 시스템, 무인 드론 및 자율주행 차량은 무역 분야에서 사용되는 대표적인 공학 기술이다. 무역과 관련된 다양한 기술을 탐구하고 이러한 기술을 향상시킬 수 있는 방안을 제시해 보자. 일례로 무역의 거리를 증가시키기 위한 배터리의 확장 방안을 주제로 탐구를 진행할 수 있다. 배터리 연구 시 배터리의 지속성과 안정성이 무역에 어떻게 사용될 수 있을지 탐구해 보자.

관련 학과 공학계열 전체

《에르고드 이코노미》, 권오상, 미지북스(2023)

[12경제04-02]

● ● ●

비교 우위에 따른 특화와 교역을 중심으로 무역 원리를 이해하고, 자유 무역과 보호 무역 정책의 경제적 효과를 설명한다.

➥ 산업 4.0은 공학 및 제조 산업에 혁신적인 변화를 가져오고 있다. 각 국가나 기업에서는 비교 우위에 대한 고려를 바탕으로 스마트 공정, 스마트팜, 사물인터넷(IoT), 빅데이터 분석 및 인공지능(AI) 기술을 활용하여 생산력을 향상시키려는 노력이 진행 중이다. 자신이 관심 있는 분야의 공학적 발전이 어떻게 이루어지고 있는지, 이를 통해 비교 우위 확보가 가능한지 조사해 보자. 또한 높은 비용과 낮은 기술 수준을 가진 국가에서는 로봇 기술을 도입하여 생산성을 향상시키려는 노력을 하고 있다. 도움을 주고 싶은 국가를 선정하여 기술을 전수할 수 있는 방안에 대해 조사한 뒤 발표해 보자.

관련 학과 공학계열 전체

《4차 산업혁명과 제조업의 귀환》, 김은, 클라우드나인(2017)

[12경제04-03]

● ● ●

외환 시장에서 환율의 결정 원리를 이해하고, 환율 변동이 국가 경제와 개인의 경제생활에 미치는 영향을 탐구한다.

➥ 암호화폐 가격은 국제적인 금융 시장에서 거래되기 때문에 국제 환율과 관련이 있다. 특히 주요 암호화폐는 미국 달러 환율에 직접적인 영향을 받는다. 미국 달러의 강세 또는 약세가 암호화폐에 어떠한 영향을 주는지 탐구해 보자. 또한 암호화폐는 투자의 대상이기도 하다. 금융 위기 등 시장이 불안한 상황에서, 일부 투자자들은 안전 자산의 역할을 하는 것으로 간주되는 미국 달러 등의 전통적인 통화로 자산을 이전할 수 있다. 이러한 상황에서 환율이 암호화폐의 거래와 어떠한 관계가 있는지 조사하여 발표를 진행해 보자.

관련 학과 공학계열 전체

《화폐의 미래》, 에스와르 S. 프라사드, 이영래 역, 김영사(2023)

선택 과목	수능	국제 관계의 이해	절대평가	상대평가
진로 선택	X		5단계	5등급

단원명 | 국제 관계의 특징

> 🔍 근대 국민 국가의 형성, 1차 세계 대전, 2차 세계 대전, 국제 관계의 형성 배경, 국제 관계 이해의 관점, 현실주의, 자유주의, 구성주의, 국제 사회의 행위 주체, 영향력 있는 개인, 다국적 기업, 국가, 국제기구, 가치 갈등

[12국관01-01]

근대 이후 국제 관계의 형성과 변화 과정을 파악한다.

➡️ 고대부터 현대까지 전쟁은 국제 관계의 변화를 일으키는 가장 큰 원인으로 작용해 왔고, 전쟁에서 승패를 가르는 가장 기본적이고 중요한 요인은 무기의 우열이다. 이러한 무기 체계의 개발은 기술 발달과 밀접한 관련을 가지기 때문에, 군사 분야와 관련된 과학기술을 주제로 탐구를 진행할 수 있다. 예를 들어 19세기 말 화학과 물리학의 눈부신 발전으로 1차 세계 대전에서 자동 소총, 기관총, 대포 같은 새로운 무기들이 대거 사용되고 비행기를 이용한 전투, 폭격, 정찰 등이 이루어지면서 막대한 인명 피해가 발생하였다. 또한 2차 세계 대전 때는 레이더, 항공 모함, 원자 폭탄 등이 등장하며 전쟁의 판도를 바꾸었다. 이후 자유주의 진영과 공산주의 진영 간의 핵무기 개발 경쟁이 심화되면서 냉전이 도래했으며, 21세기로 접어든 후에는 IT 기술을 이용한 사이버 테러가 횡행하고 드론과 같은 무인 기체가 다방면으로 운용되며 전쟁의 양상이 변하고 있다. 이와 같은 사례들을 탐구해 보자.

관련 학과 공학계열 전체

《전쟁이 발명한 과학기술의 역사》, 도현신, 시대의 창(2019)

[12국관01-02]

국제 사회를 이해하는 주요 관점인 현실주의와 자유주의를 중심으로 구체적인 국제 관계의 사례를 분석하고, 대안적 관점들을 탐색한다.

➡️ 국제 관계 이해의 현실주의적 관점에서는 군사력과 국가의 이익 및 힘에 의한 세력 균형을 중시한다. 군사력을 강화하고 국가 경제를 발전시키기 위해서는 과학기술의 발전이 필수적이기 때문에 세계의 강국에서는 국방력 강화를 위해 첨단 기술 연구에 매진하고 있다. 현실주의적 관점에서 미국과 중국, 일본, 러시아, 우리나라 등 세계적인 군사 강국들이 국방력을 강화하기 위해 독자적으로 개발한 첨단 기술에 어떤 것이 있는지 파악해 보고, 이러한 기술의 개발이 국가 간의 관계 형성에 어떠한 영향을 미치고 있는지를 조사하는 탐구활동을 수행해 보자.

관련 학과 공학계열 전체

《전쟁과 무기의 진화》, 백상환, 서원각(2023)

국제 문제를 해결하기 위한 다양한 행위 주체의 활동을 탐색하고, 그 성과와 문제점에 대하여 토론한다.

➡ 국제 문제를 해결하기 위해 국가와 국가, 국가와 기업 등이 협력하여 새로운 과학기술을 개발하거나 문제가 발생한 개발도상국에 기술이나 인프라 지원을 하는 사례를 찾아보자. 예를 들어 전기나 수도와 같은 기반 시설이 부족하여 빈곤에 시달리고 있는 개발도상국의 저개발 지역에 선진국 또는 다국적 기업이 전기나 수도 공급망 등의 인프라를 건설해 주거나 현지 사정에 맞는 적정기술을 지원하는 경우를 조사할 수 있다. 또한 이 과정에서 주민들이 얻는 이익과 해당 지역에 새롭게 나타날 수 있는 문제점을 파악한 후 보완할 부분에 관해 토의해 보자.

관련 학과 공학계열 전체

《적정기술, 현대문명에 길을 묻다》, 김찬중, 허원미디어(2021)

단원명 | 균형 발전과 상생

| 🔍 | 국가 간 불평등, 부의 편중, 빈부 격차로 인한 국가 간 갈등, 공정 무역, 공적 개발 원조, 정부 간 국제기구, 국제 비정부기구, 국제 사회의 공동 번영, 대한민국의 위상, 대한민국의 경제 발전

국가 간 불평등의 원인을 파악하고, 이러한 불평등이 야기하는 갈등 상황을 분석한다.

➡ 과학기술의 발전이 국가 간 불평등을 심화시킨다는 주장에 대해 토론을 진행할 수 있다. 일례로 '첨단 기술을 가지고 있는 선진국들이 더욱 큰 부가가치를 가진 4차 산업을 발전시키는 동안 개발도상국들은 노동 집약적 산업에만 종사하고 있어 국가 간의 빈부 격차가 더욱 심해지고 있다'를 주제로 찬반 토론을 진행해 보자. 공신력 있는 국제기구에서 발표한 통계 자료를 찾아 찬성과 반대 의견의 근거를 마련하고 다양한 주장을 펼치는 과정을 통해 과학기술과 국가 간 불평등 지수의 상관관계를 파악할 수 있다.

관련 학과 공학계열 전체

《쌀 재난 국가》, 이철승, 문학과지성사(2021)

공정 무역과 공적 개발 원조 등 국제 사회의 상생을 위한 노력을 조사하고, 다양한 행위 주체의 협력 방안을 탐색한다.

➡ 개발도상국에 대한 지원은 대체로 자본 또는 무역 원조의 형태로 이루어지나, 이들 나라의 자립을 위해서는 선진국의 기술 원조가 더욱 효과적이다. 미국이 2차 세계 대전 이후 유럽과 동남아시아를 재건하기 위해 자국의 기술자를 파견하여 현지인을 훈련시켜 경제 발전을 도운 경우가 대표적이다. 이와 유사한 사례가 있는지 조사해 보자. 또한 4차 산업 혁명 이후 전 세계적으로 데이터의 중요성 및 적절한 활용법이 강조되고 있다. 국제 사회의 불평등 문제의 해결과 상생을 위한 올바른 데이터 수집과 분석법 및 공공 데이터 활용법에 대해 토론해 보자.

관련 학과 공학계열 전체

우리에게는 다른 데이터가 필요하다

김재연, 세종서적(2023)

책 소개

시빅데이터의 개념과 활용법, 나아갈 방향에 이르기까지 시빅데이터의 모든 것을 국내에 본격적으로 소개하는 최초의 책이다. 시빅데이터란 시민을 위한 데이터를 말한다. 저자는 이 책에서 10가지 키워드를 통해 시빅데이터를 설명한다. 시빅데이터의 발전사부터 한국과 미국의 현주소, 미국의 다양한 시빅데이터 활용 사례, 한국이 고민해야 할 지점 등이 담겨 있다.

세특 예시

'책을 통해 세상 읽기' 시간에 '우리에게는 다른 데이터가 필요하다(김재연)'를 읽고 시빅데이터의 개념과 활용법에 대해 알게 된 후 국제 사회에서 발생하는 다양한 문제를 해결하기 위해 공공 데이터 시스템을 활용하는 방안에 대해 고민하게 되었다고 밝힘. 특히 국제적으로 발생하는 난민 문제에 대해 관심을 갖고, 우리나라로 이주한 난민들을 체계적으로 관리하고 교육하기 위한 애플리케이션의 개발을 제안하여 급우들의 호응을 이끌어 냄.

[12국관02-03] ●●●

국제 사회에서 우리나라의 위상을 파악하고, 국제 사회의 불평등 문제를 해결하기 위한 우리나라의 역할을 토론한다.

세계지식재산기구(WIPO)에서 매년 발표하는 세계혁신지수(Global Innovation Index)와 같이 기술 발전의 척도를 나타내는 국제기구의 통계 자료를 조사하는 활동을 통해 우리나라의 과학기술 개발 수준을 파악할 수 있다. 과학기술 혁신을 위한 정부 및 기업의 노력을 알아보고 앞으로의 발전 방향에 대해 토론해 보자. 또한 우리나라에서 정부 또는 기업 주도로 추진하고 있는, 개발도상국에 대한 기술 이전 사업이나 토목 건설 분야의 지원 사례를 구체적으로 알아보고, 세계의 불평등 해소를 위해 국가 차원에서 어떤 노력을 기울이는지 조사하는 탐구 활동을 수행해 보자.

관련 학과 공학계열 전체

《과학기술혁신정책에 대하여》, 이영훈, 부크크(2019)

단원명 | 평화와 안전의 보장

🔍 전쟁, 테러, 팬데믹, 문화 갈등, 국제적 연대 방안, 개인과 국가, 국제 사회의 안전, 민주적 통제, 세계시민의 역할, 한반도의 안보 문제, 대북 전략, 현실주의, 자유주의, 한반도의 평화와 안전 보장을 위한 노력

[12국관03-01] ●●●

인류가 직면한 평화와 안전의 상황을 다각적으로 조사한다.

정보통신기술의 발달로 대부분의 업무가 전산화되면서 IT 관련 데이터를 처리하고 저장하는 공간의 중요성이

강조되고 있다. 정보 처리와 저장 기능을 담당하는 데이터센터가 화재나 해킹 등으로 피해를 입으면 개인 간 연락이 두절되고 금융 거래가 마비되는 현상이 일어나 막대한 경제적 손실이 발생한다. 이처럼 데이터의 파괴나 유출을 노린 사이버 테러가 기업과 민간인에게 피해를 입힌 사례에 대해 조사해 보고, 이를 막기 위해 기업과 각국의 정부는 어떠한 대책을 세우고 있는지 알아보자.

관련 학과 공학계열 전체

《보이지 않는 전쟁 @WAR》, 셰인 해리스, 진선미 역, 양문(2015)

[12국관03-02] ● ● ●

개인, 국가, 국제 사회의 평화와 안전을 위협하는 요인을 정치, 경제, 사회, 문화의 다양한 영역에 걸쳐 파악하고, 이를 해결하기 위한 실천 방안을 탐색한다.

➡ 핵무기, 생화학 무기와 같은 대량 살상 무기의 개발 금지와 수량 감축은 전 지구적인 과제이다. 하지만 핵확산금지조약에 가입하지 않은 국가들이 각종 제재 조치에도 금지된 무기를 개발하는 등 여러 요인들로 인해 제대로 실현되지 않고 있다. 군비의 감축이 목표대로 되지 않는 이유를 사회적, 경제적 요인으로 나누어 조사하고, 공격용 드론처럼 최근 전장에 등장한 첨단 무기들이 야기하는 새로운 문제에 대해서도 탐구해 보자.

관련 학과 공학계열 전체

《포스트-코로나시대 동북아군비 경쟁과 한반도 안보협력》, 장철운 외 6명, 통일연구원(2022)

[12국관03-03] ● ● ●

역동적인 국제 관계 속에서 우리나라가 당면한 평화와 안전의 문제를 파악하고, 평화와 안전을 도모할 수 있는 구체적인 방안에 대하여 토론한다.

➡ 첨단 기술의 발달로 교류의 폭이 더욱 넓어지고 다양해지는 국제 관계 속에서, 최근 사이버 보안 문제가 국가 간의 심각한 쟁점으로 대두되고 있다. 우리나라도 북한으로부터 사이버 테러를 당했던 적이 있으며, 국가 간의 사이버 공격과 기밀정보 해킹 논란이 빈번하게 벌어지고 있다. IT 기술이 발달한 우리나라는 특히 사이버 공격에 민감할 수밖에 없으므로, 사이버 테러 발생 시 대응 방안 및 방어 시스템 구축 방안을 구체적으로 모색하는 활동을 진행해 보자.

관련 학과 공학계열 전체

《사이버안보》, Damien Van Puyvelde· Aaron F. Brantly, 이상현 외 2명 역, 명인문화사(2023)

단원명 | 국제 분쟁의 해결

| 🔍 | 국제 분쟁, 외교의 의미, 외교의 주체, 국제법의 기능과 필요성, 조약, 국제 관습법, 국제 사법 재판소의 역할, 국제법의 구속력과 한계

[12국관04-01] ● ● ●

국제 분쟁을 해결하기 위한 외교와 국제법의 필요성과 기능을 탐색한다.

➡ 지적 재산권의 중요성이 강조되기 시작하면서 특허와 관련된 국제 분쟁이 증가하는 추세이다. 첨단 기술의 특허권과 관련된 각종 분쟁 및 이러한 영역을 규율하는 국제법에 대해 알아보는 탐구활동을 수행할 수 있다. 또

한 과학기술이 발전하면서 그동안 인류에게 미지의 영역으로 남아 있던 극지방과 심해, 우주 공간에 대한 활발한 탐사가 이루어지고 있다. 이러한 지역을 조사하고 개발하기 위해 세계 각국이 맺은 협약의 구체적인 내용을 파악하고, 시대의 변화에 따라 추가되어야 할 내용은 무엇인지 토의해 보자.

관련 학과 공학계열 전체

《세상을 뒤흔든 특허전쟁 승자는 누구인가》, 정우성, 에이콘출판사(2012)

[12국관04-02]   • • •

국제법의 특징과 법원(法源)을 조사하고, 국제 사법 재판소의 역할과 한계를 파악한다.

첨단 기술이 발달하면서 기술의 특허권과 관련된 국제 분쟁이 빈번히 발생하고 있다. 국제 사법 재판소의 특허 분쟁 판례를 찾아보고 이와 같은 판례들이 국내에 끼칠 영향에 대해 논의하는 탐구활동을 진행할 수 있다. 또한 핵무기, 생화학 무기 등 인류의 존속을 위협하는 대량 살상 무기가 개발되면서 더 이상의 확산을 막기 위해 핵확산금지조약, 생화학무기금지협약 등 국제 협약이 맺어졌다. 이러한 협약들의 내용과 참가국 현황, 해당 협약에 반대하는 국가의 주장 등을 통해 국제법의 의의와 한계에 관해 탐구해 보자.

관련 학과 공학계열 전체

《핵무기의 정치》, Andrew Futter, 고봉준 역, 명인문화사(2016)

[12국관04-03]   • • •

국제 사회에서 다양한 지역 통합이 이루어지는 현상과 그 이유를 확인하고, 지역 기구의 구성원으로서 우리나라의 역할을 토론한다.

지역 차원에서 기술을 공유하거나 과학 발전을 위해 협력하고 있는 사례에 대해 탐구할 수 있다. 예를 들어 남극과 북극의 개발, 우주나 심해 탐사처럼 특정 국가의 소유는 아니나 인류 전체의 발전을 위해 공유하고 있는 장소에 대한 각 지역 공동체의 접근 방식에 대해 탐구활동을 수행할 수 있다. 유럽연합의 경우 첨단 기술이 발달한 독일과 프랑스의 주도 아래 우주개발을 위한 공동 프로젝트를 진행하고 있다. 이와 유사한 사례를 찾아보고 첨단 과학기술의 발전을 위해 국가 간 협력이 필요한 이유에 관해 고찰해 보자.

관련 학과 공학계열 전체

《우주개발과 국제정치》, 스즈키 가즈토, 이용빈 역, 한울아카데미(2013)

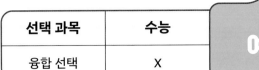

선택 과목	수능	여행지리	절대평가	상대평가
융합 선택	X		5단계	X

단원명 | 행복하고 안전한 여행

| 🔍 | 여행 경험, 여행의 의미, 지리정보기술, 이동 수단, 교통수단, 가상여행, 간접여행, 진로, 체험

[12여지01-01]

다양한 여행 사례와 자신의 여행 경험을 통해 여행의 의미를 파악하고 여행이 삶과 세계 인식에 미치는 영향을 토의한다.

➡ 정해진 레일을 따라 예정대로 달리는 기차는 여행 수단으로서 불편한 점이 많다. 도중에 마음에 드는 곳이 나타나도 멈추거나 목적지를 바꿀 수 없기 때문이다. 그런데 이 불편하고 오래된 교통수단을 여전히 선호하는 데는 이유가 있다. 우선 속도 경쟁에서 자동차를 앞서, 고속도로를 달리는 것보다 더 빠른 고속열차가 등장했다. 기차의 변모는 비단 속도에만 그치지 않는다. 백두대간 협곡열차, 남도 해양열차, 정선 아리랑열차, 서해 금빛 열차 등 테마 관광열차가 새롭게 탄생했다. 철도 여행의 장점과 매력에 대해서 대해 조사하여 발표해 보자.

관련 학과 공학계열 전체

《일본 기차 여행》, 인페인터글로벌, 꿈의지도(2023)

[12여지01-02]

모빌리티의 변화와 발전에 따라 여행자의 이동, 위치, 장소가 어떻게 연결되고 관계를 맺는지 살펴보고, 다양한 지도 및 지리정보기술을 활용하여 안전한 여행 계획을 수립한다.

➡ 과거에는 주로 종이 지도에서 지리 정보를 얻었지만 최근에는 정보통신기술의 발달로 인터넷 전자지도, 항공 사진, 위성 사진 등을 통해 지리 정보를 얻을 수 있게 됐다. 지리정보기술은 지리 정보를 수집하고 활용하는 기술로서 원격 탐사, 위성 위치 확인 시스템, 지리정보체계 등을 포함한다. 오늘날은 스마트폰만 있으면 지리정보기술을 쉽게 활용할 수 있다. 지리정보기술을 활용한 가상의 여행 기행문을 작성하여 발표해 보자.

관련 학과 공간정보공학과, 공간정보시스템공학과, 도시공학과, 드론공간정보공학과, 위치정보시스템학과, 지리정보공학과

《지리 정보 분석 원리》, 데이비드 오설리번·데이비드 언원, 김화환·최진무 역, 푸른길(2022)

단원명 | 문화와 자연을 찾아가는 여행

| 🔍 | 도시, 문화 경관, 감정이입, 공감, 배려, 존중, 지리적 상상력, 지오사이트, 지오투어리즘, 기후경관, 지형경관

[12여지02-01] ● ● ●

인간의 정주공간으로서의 도시를 새로운 관점에서 낯설게 바라보고, 여행지로서의 향유 가능성을 탐색한다.

➡ 도시는 인구가 밀집되어 있고 주로 2·3차 산업을 바탕으로 도시 생산품을 비롯한 각종 서비스를 제공하며, 도시만이 갖는 토지 이용과 기능을 바탕으로 쇼핑, 위락과 같은 여행의 기회를 제공한다. 세계의 주요 도시 중 하나를 선정해, 그 도시의 상징적인 건물, 전시관과 박물관, 공연장 등을 찾아 소개해 보고, 그 도시가 다른 곳과 차별화되는 특징, 역사, 사람들의 독특한 생활양식에 대해 조사하여 발표해 보자.

관련 학과 건축공학과, 건축학과, 공간정보공학과, 공간정보시스템공학과, 도시계획학과, 도시공학과, 토목공학과

55 세계의 도시·건축문화

김철수, 기문당(2018)

책 소개

이 책은 저자가 여행해 본 6대륙 70여 개 나라의 도시들 가운데 그 나라를 대표하는 55개 유명 도시를 골라 역사와 전통문화를 개관하고, 건축물, 거리, 광장, 시장, 기념비 등의 공공장소와 건축에 담겨 있는 공간 문화와 예술, 그리고 미래 비전을 도시 디자이너의 관점에서 글과 사진, 그림으로 조망하고 있다. 피라미드의 도시 카이로부터 마천루의 도시 뉴욕까지 이들 도시에는 5천 년간의 인류 문명의 역사가 흐르고 있다. 세계의 여러 도시를 찾는 여행자들이 도시의 역사와 공간 문화, 건축, 예술을 이해하는 데 도움을 준다.

세특 예시

교과연계 심화독서 활동에서 '55 세계의 도시·건축문화(김철수)'를 읽고 저자가 소개하고 있는 유명 도시 중 5개를 선정해 역사와 전통문화, 도시의 공공장소와 건축 속에 담긴 공간 문화와 예술에 대해 소개함. 개인적으로 좋아하는 도시인 이탈리아 피렌체에 대해서 심층 조사해 '도시의 역사와 지리, 음식 문화, 주요 예술 작품, 주요 건축물'을 주제로 PPT를 준비해 발표함.

[12여지02-02] ● ● ●

다양한 문화 경관의 형성 배경과 의미를 이해하고, 감정이입과 공감의 자세로 여행지 주민을 배려하고 존중한다.

➡ 서울의 이태원에 가면 이슬람 사원이 있다. 우리나라에 거주하는 외국인 이슬람교도와 우리나라의 이슬람 신도들이 예배를 드리는 곳이다. 이태원역에서 사원으로 올라가는 거리에서는 아랍어로 쓰인 간판을 쉽게 만날 수 있으며, 이슬람식 할랄 음식점을 비롯하여 서점, 생활필수품점 등이 빼곡하게 들어서 있다. 우리나라의 다양한 종교 건축물을 조사하고 그 특징을 비교·분석하여 발표해 보자.

관련 학과 공학계열 전체

《종교건축기행34》, 김성호, W미디어(2007)

[12여지02-03] ● ● ●

여행지의 기후 및 기후변화가 여행자와 여행지 주민에게 미치는 영향과 그 차이를 비교하고, 지리적 상상력을 동원한 간접여행을 통해 기후경관을 체험한다.

◗ 최근 지구상 생물들의 생존을 위협하는 가장 큰 이슈는 바로 기후변화다. 지구에서 살아가는 수많은 생물종 중 유일하게 지구를 힘들게 하는 단 한 종이 있으니, 바로 인간이다. 그리고 그들이 만들어 낸 지구온난화는 기후변화를 초래한 가장 큰 요인으로 손꼽힌다. 가속화된 지구온난화는 극심한 기후변화를 야기하여 기온 상승과 강수량의 변화, 계절 변동 등 생태계에 큰 영향을 미치고 있다. 나비를 통해 곤충들이 기후변화에 어떻게 대응해 가고 있는지 조사하여 발표해 보자.

관련 학과 공학계열 전체

《기후변화 나비여행》, 송국, 푸른들녘(2022)

[12여지02-04] ● ● ●

지형 경관이 지닌 자연적 가치, 심미적인 조화, 인간과의 상호 작용과 같은 지오사이트의 선정기준을 조사하고, 지오투어리즘 프로그램을 제안한다.

◗ 자전거 여행이 주는 가장 큰 선물은 몸과 마음의 속박으로부터 해방돼 자유롭게 세상을 보고 여유를 가질 수 있다는 것이다. 자동차 여행은 주마간산 식으로 스쳐 지나가고, 도보 여행은 시간적 한계 때문에 많은 것을 볼 수 없다. 자전거 여행은 이 둘의 단점을 보완해, 언제 어디든 원하는 대로 갈 수 있으면서도 주변 풍경을 온전히 감상할 수 있다 . 자전거 여행만의 특징과 매력을 조사하여 발표해 보자.

관련 학과 공학계열 전체

《자전거여행 1》, 김훈, 문학동네(2014)

단원명 | 성찰과 공존을 위한 여행

🔍 산업유산, 기념물, 인권, 정의, 인류의 공존, 로컬 큐레이터, 공정여행, 생태 감수성, 다크투어리즘, 평화 여행, 여행 콘텐츠, 스토리텔링, 개발과 보전

[12여지03-01] ● ● ●

인류의 물질적, 정신적 발전 과정을 성찰할 수 있는 산업유산 및 기념물을 조사하고 여행지의 가치를 평가한다.

◗ 근래 산업유산과 관련한 정책과 계획은 과거 문화재 보존에 그쳤던 것과 달리 '보전과 활용'이라는 현실적 측면을 고려하며 추진되고 있다. 특히 영국의 테이트 모던 미술관, 독일의 뒤스부르크 노드파크, 중국의 예술특구 따산즈798 등의 사례에서 볼 수 있듯이 산업유산은 지역의 역사적 가치와 정체성을 확립할 수 있는 주요한 자산으로서 도시 재생의 중요한 자원으로 인식되고 있다. 우리나라 산업유산 중 보존하고 전승해야 할 산업유산을 조사하여 발표해 보자.

관련 학과 공학계열 전체

《녹슮에서 반짝임으로》, 강동진, 비온후(2019)

[12여지03-02] ● ● ●

평화, 전쟁, 재난의 상징이 새겨진 지역에 대한 직간접적인 여행을 체험하고 이를 바탕으로 인권, 정의, 인류의 공존을 둘러싼 구조적 문제를 비판적으로 탐구한다.

◗ 지난 수백 년간, 전쟁, 질병, 약은 서로 잘 맞물린 바퀴들처럼 역사를 이끌어 왔다. 무통 분만에 쓰이면서도

2017년 미국에서만 2만 8천여 명을 중독으로 사망하게 한 펜타닐, 제국주의 시절 아프리카 탐험가에게 지급된 기생충 약, 2차 세계 대전 중 상용화된 페니실린, 병사들의 전투력을 높이기 위해 사용된 마약류 각성제는 단순한 우연의 산물이 아니었다. 전쟁이 만든 약의 역사에 대해 조사한 뒤 발표해 보자.

관련 학과 공학계열 전체

《전쟁과 약, 기나긴 악연의 역사》, 백승만, 동아시아(2022)

[12여지03-03]   • • •

문화 창조, 첨단 기술과 같은 새로움을 지향하는 지역의 사례를 조사하고, 내가 살고 있는 지역의 로컬 큐레이터로서 다양한 여행 콘텐츠의 발굴과 모니터링을 통해 지역의 의미와 가치를 탐색한다.

➡ 실리콘 밸리는 미국 첨단 산업, 특히 IT와 반도체 기업과 연구소들의 요람이다. 이 지역에 실리콘 칩 제조 회사들이 많이 모여 있어 이와 같은 이름이 붙여졌다. 현재는 온갖 종류의 첨단 기술 회사들이 이 지역에서 사업을 벌이고 있으며, 미국뿐 아니라 전 세계 기술 혁신의 상징이 되었다. 1인당 특허 수, 엔지니어의 비율, 모험자본 투자 등에서 미국 내 최고 수준을 유지하고 있다. 실리콘 밸리가 최첨단 IT 산업의 중심지가 될 수 있었던 이유를 조사하여 발표해 보자.

관련 학과 공학계열 전체

《실리콘밸리 천재들의 생각 아포리즘》, 김태현, 리텍콘텐츠(2023)

[12여지03-04]   • • •

공정여행을 통해 여행지를 둘러싼 다양한 문제를 탐색하고, 여행자인 나와 여행지 주민인 그들이 연결된다는 점에서 공존의 의미와 생태 감수성에 대해 성찰한다.

➡ 생태 관광이란 생태와 경관이 우수한 지역에서 자연을 보존하면서 현명한 이용을 추구하는 자연 친화적인 관광을 의미한다. 세계적인 생태 관광 지역에는 멕시코의 라칸돈 밀림, 브라질의 페르난도 데 노로냐, 네팔 치트완 국립공원의 사파리 등이 있다. 생태 관광의 필요성에 대해 조사하고, 관심 있는 생태 관광지를 선정해 해당 지역의 자연경관, 생태환경에 대한 소개 글을 작성해 보자.

관련 학과 공학계열 전체

《킨포크 트래블》, 존 번스, 김선희 역, 윌북아트(2022)

단원명 | 미래 사회와 여행

🔍 미디어, 정보통신기술의 발달, 여행 산업의 변화, 여행 트렌드, 가상 여행, 우주여행, 인공지능 여행, 여행 포트폴리오

[12여지04-01]   • • •

미디어와 여행의 상호관계를 통해 여행의 변화양상을 조사하고 미래 사회의 여행자와 여행의 모습을 예측한다.

➡ 우주여행 자체는 1961년 유인우주선 개발 이후 기술적으로 가능해졌다고 할 수 있다. 하지만 천문학적인 비용 문제 때문에 주로 국가적인 수준에서 과학 연구를 목적으로 이루어졌다. 그런데 최근에는 세계 각국에서 '뉴 스페이스' 시대를 주도하기 위한 기업 간의 경쟁이 치열하게 벌어지고 있다. 우주여행의 역사, 우주여행 산

업의 종류와 현황, 비전과 한계점에 대해 조사한 뒤 발표해 보자.

관련 학과) 항공기계공학과, 항공시스템공학과, 항공우주공학과, 항공운항학과, 항공정비학과

우주산업혁명

로버트 주브린, 김지원 역,
예문아카이브(2021)

책 소개

우주 비행의 현주소와 함께 기업들의 우주 경쟁이 우리를 어디로 이끌지를 보여 주는 책이다. 우주 산업에 대한 깊이 있는 통찰을 제공하며 우주 진입을 위한 도전과 성취를 설명한다. 재사용 가능한 로켓, 인간의 화성 정착도 다룬다. 저자는 왜 우리가 우주개발을 해야 하는지를 말하며, 우주로 가는 비용을 상세히 소개하고 우선적으로 탐구할 대상에 대해서도 설명한다.

세특 예시

교과연계 심화독서 활동에서 '우주산업혁명(로버트 주브린)'을 읽고 저자가 말하는 우주 산업의 방법, 우주 산업을 해야하는 이유, 인간이 우주로 가야 하는 이유(지식, 도전, 생존, 자유, 미래), 우주 산업의 현주소에 대해서 정리해 발표함. 추후 활동으로 개인적으로 관심을 갖고 있는 '화성 정착 프로젝트'의 현황과 미래 비전에 대한 보고서를 작성해 제출함.

[12여지04-02] ● ● ●

여행이 주는 가치의 재발견을 통해 자신만의 여행 포트폴리오를 구성하고 나의 삶을 변화시키는 일상 속의 다양한 여행을 실천한다.

➔ 스마트시티를 유럽의회는 '도시 문제를 해결하고 효율적으로 운영하는 첨단 솔루션 집적 도시', IBM 같은 기업들은 '최첨단 기술로 도시 기능을 서로 연결한 지능 도시'로 규정하고 있다. 하지만 최근 앞서 나가는 세계 도시들은 이러한 기술 중심의 스마트시티를 넘어 '시민을 중심에 둔 도시 설계와 운영에 정보통신기술을 적용한 똑똑하고 지속가능한 친환경 도시'라는 좀 더 확장된 개념의 스마트시티를 받아들이고 있다. 스마트시티의 긍정적인 측면과 미래 가치, 자신만의 스마트시티 비전을 탐구하여 발표해 보자.

관련 학과) 공학계열 전체

《도시행정》, 박윤환 외 2명, 윤성사(2022)

선택 과목	수능	역사로 탐구하는 현대 세계	절대평가	상대평가
융합 선택	X		5단계	X

단원명 | 현대 세계와 역사 탐구

| 🔍 | 지역 세계, 연결망, 문화권, 제1차 세계 대전, 제2차 세계 대전, 전후 체제, 복잡성, 연관성

[12역현01-01] •••

현대 세계를 전후 체제 형성의 역사를 중심으로 파악한다.

➡️ 2차 세계 대전은 당시 세계 대부분의 국가가 전쟁에 개입해 연합국과 추축국이라는 적대적인 두 군사 동맹으로 나뉘어 벌인 전쟁이었다. 또한 30개국 이상에서 1억 명이 넘는 군인이 직접 참전한 총력전이었다. 인류 역사상 사망자가 가장 많이 나온 전쟁으로 총 사망자는 7,500만 명 정도로 추정되며 그들 중 대부분이 민간인이었다. 전쟁의 결과와 영향, 전후 처리, 과학기술 발전과 적용 등에 대해 조사한 뒤 발표해 보자.

관련 학과 공학계열 전체

《2차세계대전사》, 존 키건, 류한수 역, 청어람미디어(2016)

[12역현01-02] •••

학습자가 생각하는 현대 세계의 과제를 선정·조사하고 그 특징을 분석한다.

➡️ 탄소중립은 인간의 활동에 의한 온실가스 배출을 최대한 줄이고, 남은 온실가스는 흡수(산림 등), 제거해서 실질적인 배출량을 0(Zero)으로 만든다는 개념이다. 기후위기에 대응해 안전하고 지속가능한 사회를 만들기 위한 2050년까지의 온실가스 감축 목표이자 의지를 담고 있다. 탄소중립 실천 방안, 우리나라의 정부 정책, 해외 우수 사례를 조사하여 발표해 보자.

관련 학과 공학계열 전체

《탄소중립과 사회전환》, 정지범 외 14명, 리스크인텔리전스(2023)

단원명 | 냉전과 열전

| 🔍 | 인권, 평화, 국제연합, 국·공내전, 6·25 전쟁, 베트남 전쟁, 미·소의 핵무기 경쟁, 제3세계, 쿠바 미사일 위기

[12역현02-01] •••

제2차 세계 대전 이후 인권·평화를 위한 국제 사회의 노력과 한계를 파악한다.

국어 교과군
영어 교과군
수학 교과군
도덕 교과군
사회 교과군
부록 교과군

➔ '레이더'는 적군의 움직임을 파악하기 위해 사용하는 군사용 기술이다. 그런데 이 레이더 기술을 일상생활에 응용한 것이 '전자레인지'다. 냉동식품이나 식은 음식을 따뜻하게 데워 주는 전자레인지는 레이더의 핵심 기술인 '마그네트론'을 적용한 가전제품이다. 마그네트론이 극초단파(고주파)를 생성하고 이걸 이용해 순간적으로 뜨거운 열을 만들어 내는 것이다. 마그네트론의 원리, 응용 분야와 전망을 조사하여 발표해 보자.

　 관련 학과 　공학계열 전체

《기술과 국가》, 스티븐 브라이엔, 조용호 역, 드러커마인드(2024)

[12역현02-02]　　　　　　　　　　　　　　　　　　　　　　　　　　● ● ●

냉전 시기 열전의 전개 양상을 찾아보고, 전쟁 당사국의 전쟁 경험을 비교한다.

➔ 나일론(Nylon)은 1935년에 미국인 월리스 캐러더스가 발명한 폴리아마이드 계열의 합성섬유다. 값싸고 질긴 덕분에 널리 보급되면서 합성섬유의 대명사로 알려지게 되었고, 현재에는 일반명으로 사용되고 있다. 20세기 최고의 발명품 중 하나인 나일론의 발명 과정과 나일론이라는 물질의 특징을 조사한 뒤 발표해 보자.

　 관련 학과 　공학계열 전체

《섬유지식기초》, 안동진, 한올출판사(2020)

[12역현02-03]　　　　　　　　　　　　　　　　　　　　　　　　　　● ● ●

세계 여러 지역의 전쟁 관련 기념 시설이 제시하는 기억 방식을 조사하여 분석한다.

➔ 근대적 의미에서 최초의 세계박람회는 1851년 영국 런던에서 개최된 만국박람회(수정궁박람회)라 할 수 있다. 이후 각 국가들이 새로운 과학 문명과 기술을 전시하기 위해 경쟁적으로 세계박람회를 개최해 왔다. 그러나 경쟁적인 박람회 개최로 행사의 질적 저하 등 문제점이 발생하자 이를 해결하기 위해 1928년 프랑스 파리에서 정부 간 기구인 국제박람회기구(BIE)가 설립되었다. 프랑스 파리에 본부를 둔 BIE는 박람회의 개최지를 결정하고 개최 및 참가에 따른 각종 기준을 설정하여 박람회의 질적인 면을 보장하는 역할을 수행해 오고 있다. 엑스포의 배경, 목적, 특징, 역사적 의미를 조사하여 발표해 보자.

　 관련 학과 　공학계열 전체

《상상력의 전시장 엑스포》, 오룡, 다우(2021)

단원명 | 성장의 풍요와 생태환경

🔍 냉전의 완화, 닉슨 독트린, 소련의 변화와 해체, 독일 통일, 동유럽 공산권 붕괴, 중국의 개혁·개방, 자유무역, 신자유주의, 세계화, 정보통신기술의 발달, 기후변화 협약

[12역현03-01]　　　　　　　　　　　　　　　　　　　　　　　　　　● ● ●

세계 경제의 성장과 기술 혁신의 변화 양상을 조사한다.

➔ 수출 중심의 우리나라 경제 구조에서 반도체가 차지하는 비중은 매우 높다. 한국의 반도체 산업은 1965년 미국계 기업의 국내 진출로 처음 시작되었으며, 당시 우리나라는 양질의 저임금 노동력이 풍부하여 조립가공 분야에 진출하였다. 실질적으로 반도체 산업을 시작한 것은 1983년 삼성과 금성, 그리고 현대전자가 메모리반도

국어 교과군

영어 교과군

수학 교과군

도덕 교과군

사회 교과군

부록 교과군

체 분야에 본격 투자하면서부터다. 심한 구조조정을 거쳐 현재는 삼성전자와 SK하이닉스만이 대부분의 반도체를 생산하고 있다. 대한민국 반도체 산업의 역사, 현황, 미래 전망을 조사해 보고서를 작성해 보자.

관련 학과 반도체공학과, 반도체시스템공학과, 나노반도체공학과, 지능형반도체공학과, 반도체응용물리학과, 전자공학과, 전자전기공학과, 기계공학과, 메카트로닉스공학과

반도체 오디세이

이승우, 위너스북(2023)

책 소개

인류 문명의 꽃이자 21세기의 전략 자원인 반도체를 둘러싼 현재의 세계 정세를 알려 주는 책이다. 미국의 반도체 산업 전략, 일본·중국과의 관계 변화, 그 속에서 한국이 반도체 강국으로 성장해 온 과정을 명쾌한 문체로 전달한다. 반도체 전문 애널리스트인 저자는 한국 반도체 산업의 국제적 입지와 현재를 냉정하게 짚은 후 나아갈 방향을 제시하고 있다.

세특 예시

독서로 관심주제 톺아보기 활동에서 '반도체 오디세이(이승우)'를 읽고 상세한 반도체 제조 공정, 실리콘 시대의 거인들, 전략 자원을 둘러싼 헤게모니 경쟁, 인공지능과 반도체, 반도체 산업의 전망 등을 요약·정리하여 발표함. 21세기의 전략 자원인 반도체에 대한 각 나라별 전략과 반도체 선생 속 한국의 위치를 가늠해 볼 수 있이 좋았고, 반도체가 전자 제품에 들어가는 일개 부품이 아닌 인류의 모든 지식과 기술이 집약되어 만들어진 문명의 결정체임을 알게 됐다고 소감을 밝힘.

[12역현03-02] ● ● ●

대중 소비 사회의 형성과 생태환경의 문제 및 극복 노력을 사례 중심으로 탐구한다.

→ 현대 소비 사회의 양적 팽창으로 인해 쓰레기 양이 늘어나면서 관리가 어려워졌고, 이렇게 배출된 쓰레기는 대기 오염, 수질 오염 등 환경 문제를 야기하고 있다. 과학기술을 통해 환경 문제를 해결하는 방안들이 쏟아져 나오고 있다. 첨단 과학기술을 활용한 다양한 환경 문제 해결의 사례를 조사하여 발표해 보자.

관련 학과 공학계열 전체

《기술, 에너지 및 생활과 환경》, 정성화, 자유아카데미(2024)

[12역현03-03] ● ● ●

기후변화와 관련된 협약 및 보고서를 조사하고, 그 의미를 추론한다.

→ 《빌 게이츠, 기후재앙을 피하는 법》이란 책에서 빌 게이츠는 지구온난화 문제 해결을 위한 두 가지 지구공학 기술을 언급한다. 하나는 대기 상층에 인공적으로 미세한 입자를 살포하는 방법으로 미세먼지가 태양빛을 반사하는 특성을 활용한 것이다. 또 하나의 방법은 구름 표백이다. 구름에 소금기 있는 미세한 입자를 뿌리면 응결핵이 증가해 구름 입자 수가 증가하게 되고 더 하얗게 되면서 태양빛을 더 많이 반사하는 원리다. 지구온난화를 막기 위한 지구공학 아이디어를 제안해 보자.

관련 학과 공학계열 전체

《빌 게이츠, 기후재앙을 피하는 법》, 빌 게이츠, 김민주·이엽 역, 김영사(2021)

단원명 | 분쟁과 갈등, 화해의 역사

> |🔍| 종교 갈등, 종족 갈등, 에너지와 환경 문제, 지속가능 개발, 양성평등, 다문화, 다인종, 기후, 신냉전, 난민, 자국 우선주의

[12역현04-01] ●●●

국제 분쟁 및 무력 갈등의 원인과 전개 양상을 사례 중심으로 파악한다.

➡ 러시아-우크라이나 전쟁에 이어 이스라엘과 하마스 간의 전쟁이 발발했다. 이 치열한 전쟁터의 공통점 중 하나는 드론의 활용이다. 이스라엘은 전쟁 이전부터 가자 지구를 관리하는 데 드론을 활용하고 있었다. 이 밖에도 예멘 내전, 이라크와 IS의 전투 등에서도 드론이 중요한 역할을 하고 있다. 우리나라도 북한의 무인기가 서울 용산의 대통령실 인근까지 다녀갔다는 사실이 밝혀지면서 논란이 되었다. 드론이 본격적으로 도입되면서 군사 작전에도 많은 변화가 생기고 있다. 드론 도입으로 인한 군사 작전의 변화, 드론의 군사적 효용성(활용성)과 발전 전략에 대해 조사하여 발표해 보자.

관련 학과 공학계열 전체

《**드론이 여는 미래의 전쟁**》, 김현종, 좋은땅(2023)

[12역현04-02] ●●●

탈냉전 이후 '제3 세계' 국가의 권위주의 체제 변동에 따른 갈등 양상과 특징을 조사한다.

➡ 인도공과대학교(Indian Institute of Technology)는 인도 독립 직후, 과학 발전을 위해 설립된 인도의 최고 명문 국립 대학이다. 인도의 엄청난 인구 중 가려 뽑은 내로라하는 수재들이 모인 대학이다. 세계적으로 유명한 사업가, 기업가, 교수, 과학자와 엔지니어들을 배출했으며 인도를 정보기술(IT) 강국으로 이끄는 데 가장 중요한 역할을 했다. 미국 실리콘밸리에서 일하는 인도계 IT 인재들 대다수가 인도공과대학교 출신이다. 인도공과대학교를 소개하는 글을 작성해 보자.

관련 학과 공학계열 전체

《**IIT 사람들**》, 신디판 데브, 차영준 역, 문이당(2005)

[12역현04-03] ●●●

국내외 분쟁과 갈등을 해결하기 위한 역사 정책 사례를 탐구한다.

➡ 근대 이후 세계사는 기술패권의 역사다. 18세기 후반 1차 산업 혁명 이래 세계사의 큰 줄기는 각 시대를 대표하는 기술을 선점함으로써 세계의 경제·군사 헤게모니를 장악한 패권국과, 그 패권국의 기술력을 추격하며 새로운 질서를 꿈꾸는 주변 열강의 공방으로 전개되었다. 미국은 20세기 초 내연기관과 전기공학을 기반으로 패권국가가 된 이래 유일무이한 초강대국으로 세계를 주름잡아 왔다. 이에 맞서 거대한 인구와 생산력을 무기로 급부상한 중국은 4차 산업 혁명 시대을 맞아 미국의 기술력마저 위협하며 지난 100년간 누구도 넘보지 못한 패권 교체에 도전하고 있다. 미국과 중국의 기술패권 경쟁의 양상을 조사하여 발표해 보자.

관련 학과 공학계열 전체

《**기술의 충돌**》, 박현, 서해문집(2022)

단원명 | 도전받는 현대 세계

| 🔍 | 유럽연합, 신자유주의, 정보통신기술의 발전, 과학·기술 혁명, 에너지 문제, 환경 문제, 지속가능 개발, 경제 양극화, 반세계화 운동, 다원주의, 평화와 공존

[12역현05-01] ● ● ●

경제의 세계화 이후 사회·경제적 변화를 국가, 지역, 세계적 차원에서 파악한다.

➡ 전기자동차는 전기 공급원으로부터 충전 받은 전기 에너지를 동력원으로 사용하는 자동차를 말한다. 전기자동차 자체는 의외로 내연기관차보다 빠른 시기에 개발되었다. 1828년 헝가리 사제 아니오스 예들리크는 최초로 소형 전기차 모형을 만들었고, 1834년 스코틀랜드 발명가 로버트 앤더슨은 최초로 사람이 탈 수 있는 일회용 전기차를 만들었다. 그러나 전기 충전 기술이 없었기 때문에 실제로 이용 가능한 전기차는 납 축전지가 발명된 1859년 이후에야 만들어지게 된다. 전기자동차의 역사를 조사하여 발표해 보자.

관련 학과 공학계열 전체

《전기자동차가 다시 왔다?!》, 박근태, 지성사(2023)

[12역현05-02] ● ● ●

다문화 사회의 갈등 문제를 역사적으로 파악하고, 이를 해결하기 위해 노력한 사례를 조사한다.

➡ 과학기술의 파급 효과가 커지고 부작용도 등장하면서 과학기술과 사회 수용 능력이 동시에 발전하지 않으면 미래를 낙관할 수 없다는 인식이 점차 확산되고 있으며, 이에 과학기술자의 사회적 책임이 중요한 쟁점으로 부상하고 있다. 최근 선진국에서는 과학기술자의 사회적 책임 문제가 매우 중요하게 인식되고 있다. 역사적 관점에서 과학기술자의 사회적 책임과 윤리의식을 조사해 과학기술자의 올바른 윤리적 태도를 제안해 보자.

관련 학과 공학계열 전체

《과학 윤리 특강》, 이상욱·조은희, 사이언스북스(2011)

[12역현05-03] ● ● ●

문화 다양성 관련 국제 규범의 형성 과정을 살펴보고, 그 의미와 한계를 탐구한다.

➡ 초창기 의족·의수는 미관보다는 기능에 치중했지만 기술이 발전하면서 최근에는 인체와 비슷한 '로봇 의족'이 개발됐다. 과거의 의족은 발목과 종아리가 없어 보행 시 정상인보다 20% 이상 에너지를 더 소모했다. 또 양다리의 균형이 맞지 않아 근육 불균형을 초래했고 다른 골격에까지 영향을 미쳤다. 이 밖에 계단을 오르내릴 때 발생하는 충격 때문에 의족과 접하는 피부에 염증과 잦은 멍이 발생했다. 하지만 최근에는 로봇 기술과 보행자 패턴 분석이 결합된 로봇 의족이 개발되어 능동적 보행이 가능해졌다. 로봇 의족·의수 개발 동향과 미래 전망을 조사한 뒤 발표해 보자.

관련 학과 공학계열 전체

《바이오닉맨》, 임창환, Mid(2017)

선택 과목	수능	사회문제 탐구	절대평가	상대평가
융합 선택	X		5단계	X

단원명 | 사회문제의 이해와 탐구

| 🔍 | 사회문제의 의미와 특징, 사회문제를 이해하는 관점, 기능론, 갈등론, 상징적 상호 작용론, 양적 연구, 질적 연구, 연구 절차, 과학적 탐구의 절차, 자료 분석, 추론, 결론 도출, 질적 자료의 해석, 자료의 시각화, 연구 윤리 준수, 객관적·개방적·상대주의적·성찰적·가치중립적 태도

[12사탐01-01] ● ● ●

사회문제의 의미와 특징을 이해하고, 사회문제를 바라보는 주요 관점을 비교한다.

➡ 기술의 발전으로 새롭게 초래된 사회문제의 사례를 탐구하거나, 반대로 기술이 발달하면서 해결된 사회문제의 사례를 찾아 과학의 발전과 사회문제라는 주제를 연결하여 탐구할 수 있다. 또한 갈등론적 관점에서 자원의 불공정한 배분은 사회문제의 중요한 원인이 될 수 있다. 이와 관련해 최적화 기법과 알고리즘을 활용하여 사회적 자원을 공정하게 분배하고, 자연자원을 효율적으로 이용하는 방안을 공학적으로 다루어 보자.

관련 학과 공학계열 전체

《**사회문제 해결을 위한 과학기술과 사회혁신**》, 송위진 외 4명, 한울아카데미(2018)

[12사탐01-02] ● ● ●

사회문제에 대한 과학적 탐구의 필요성을 설명하고, 사회문제 탐구를 위한 연구 방법과 다양한 자료 수집 방법의 특징을 비교한다.

➡ 사회문제 연구에 빅데이터와 인공지능을 활용하는 방안을 주제로 탐구를 진행할 수 있다. 예를 들어 빅데이터 분석을 통해 수집한 자료들을 참고하여 현재 이슈가 되고 있는 사회현상에 관련된 연구 주제를 선정할 수 있다. 또한 문헌 자료를 수집하고 참고문헌을 정리하는 문헌 연구법이나 연구 주제에 적합한 설문과 질문을 작성하는 질문지법에 인공지능을 활용할 수 있다. 인공지능은 수집한 자료의 통계를 산출하고 결과를 도출하는 양적 연구방법에도 이용 가능하다. 이 밖에도 인공지능과 알고리즘, 빅데이터를 사회문제 탐구에 활용할 수 있는 방안이 있는지 토의해 보자.

관련 학과 공학계열 전체

《**인공지능을 활용한 사회과학 연구방법**》, 김태용, 학지사(2024)

[12사탐01-03] ● ● ●

다양한 자료 수집 방법을 적용한 실제 사례를 활용하여 수집된 자료를 분석하고 해석하는 방법을 설명한다.

➡ 인구가 증가하고 산업구조가 복잡해지면서 사회문제에 관련된 데이터의 양이 기하급수적으로 증가하고 있다.

특정 사회문제가 발생할 때마다 수집되는 방대한 양의 질적 자료와 양적 자료를 분석하기 위해 첨단 데이터 기술이 널리 사용되고 있다. 도시의 교통 체증이나 쓰레기 처리 문제, 출생률의 증가 또는 감소, 범죄율의 증가 등 문제 파악과 분석에 다양한 통계 자료가 이용되는 사회문제의 현황을 분석하고, 해결 방안을 모색하는 연구에 인공지능이나 알고리즘 또는 빅데이터 분석 기법을 도입한 사례를 조사해 보자.

관련 학과 공학계열 전체

《**사회과학자를 위한 데이터 과학**》, 박종희, 사회평론아카데미(2020)

[12사탐01-04]

사회문제의 탐구 과정에서 요구되는 연구 윤리를 설명하고, 연구 윤리를 준수하며 사회문제를 탐구하는 태도를 가진다.

➡ 때로는 과학자들이 내놓은 이론이 연구 목적과는 다른 방향으로 사회에 영향을 끼치는 경우가 있다. 방사능 물질의 발견이 원자 폭탄의 투하와 체르노빌, 후쿠시마 원전 사고 등의 비극으로 이어진 것처럼 과학자들의 연구 결과가 사회문제를 발생시킨 사례를 조사하고, '과학 연구의 본질에 사회적 책임이 얼마나 따르는가?', '과학자들은 연구 결과에 대한 책임을 어디까지 져야 하는가?'와 같은 질문을 가지고 토의를 진행해 보자.

관련 학과 공학계열 전체

《**과학과 사회운동 사이에서**》, 존 벡위드, 이영희 외 2명 역, 그린비(2009)

단원명 ｜ 일상생활과 사회문제

| 🔍 | 성 불평등 현상의 원인과 양상, 성 격차 지수, 성 불평등 지수, 성별 영향 분석 평가, 미디어의 기능, 미디어의 비판적 이해, 미디어를 통한 참여와 실천

[12사탐02-01]

일상생활에서 나타나는 성 불평등 문제의 실태를 조사하고, 원인과 해결 방안을 제시한다.

➡ 이공계열에 만연한 성 불평등 현상의 실태를 주제로 탐구활동을 진행할 수 있다. 특히 여성의 선천적 능력에 대한 잘못된 고정 관념으로 인해 여성이 이공계열의 연구직에서 차별받거나 공학과 관련된 고용 시장에서 불이익을 당한 사례를 각종 통계 자료와 사례 연구를 통해 알아보자. 그리고 이를 개선하기 위해 정부에서 실시 중인 제도적인 차원의 해결책과 과학계 내부에서 일어나는 자성의 움직임에 대해 조사해 보자.

관련 학과 공학계열 전체

《**편견의 이유**》, 프라기야 아가왈, 이재경 역, 반니(2021)

[12사탐02-02]

청소년의 미디어 이용 과정에서 나타나는 문제를 조사하고, 원인과 해결 방안을 제시한다.

➡ 미디어 기술이 발전하면서 가상 현실(VR)과 증강 현실(AR) 기법을 사용한 다양한 프로그램이 증가하고 있다. 이러한 기술이 일상생활에 적용된 사례나 본인이 직접 이용한 사례를 찾아 의견을 나누고, 장점과 단점에 대해 토의해 보자. 또한 통신 기술의 발달로 SNS, 동영상 플랫폼 등에서 개인이 촬영과 편집을 담당하고 방송을 하

는 사례가 늘어나고 있다. 인터넷 미디어를 다루는 크리에이터의 증가 현상이 갖는 순기능과 역기능에 대해 탐구해 보자.

관련 학과 공학계열 전체

《뉴미디어와 공간의 전환》, 노기영·이준복, 한울아카데미(2017)

단원명 ┃ 변화하는 세계와 사회문제

🔍 저출산, 고령화, 지방소멸, 지역 불평등, 복지 비용 증가, 양성평등, 인공지능, 사회 양극화, 인공지능의 편향성, 자율성 침해, 인공지능과 윤리

[12사탐03-01] • • •

저출산·고령화로 인해 발생하는 다양한 사회문제의 실태를 조사하고, 해결 방안을 제시한다.

➡️ 저출산 고령화 현상에 대한 공학적 해결 방안을 모색하는 탐구활동을 진행해 보자. 노인 인구의 증가로 노인 대상의 복지 서비스에 대한 수요가 증가하고 있다. 이와 관련해 노인들의 건강 모니터링 시스템 구축, 새로운 이동수단의 개발, 노인들의 사회적 고립을 해소하는 로봇 개발 등이 이뤄질 수 있다. 또한 스마트시티 기술을 통해 고령자 친화적 도시 환경을 조성하여 노인들의 삶의 질을 높이고 사회에서 소외되는 문제를 막을 수 있다.

관련 학과 공학계열 전체

《초고령사회 뉴노멀시리즈 2》, 유선종·최희정, 박영사(2023)

[12사탐03-02] • • •

인공지능 발전 과정에서 나타날 수 있는 다양한 사회문제를 탐색하고, 대응 방안을 제시한다.

➡️ 인공지능 기술이 이용되는 분야를 구체적으로 조사한 뒤 이로 인해 나타난 문제점과 앞으로 일어날 변화에 대해 분석해 보자. 몇몇 보고서에 따르면 생성형 AI는 약 3억 개 가량의 일자리를 대체할 것으로 추정되고, 마케팅과 소셜 미디어 콘텐츠 등 일부 분야에서는 인공지능이 이미 인간의 일자리를 잠식하고 있다. 인공지능으로 인해 발생할 수 있는 실업률 증가, 저작권 침해, 인간의 자율성 침해 등의 문제를 주제로 토론을 진행해 보자.

관련 학과 공학계열 전체

책 소개

이 책은 세계적인 과학 사상가 25인이 인공지능에 관해 궁구한 결과물로서, 장기적인 안목의 비범한 통찰들이 담겨 있다. 가장 첨단의 과학 테크놀로지이자 미래 산업을 견인하는 막강한 엔진인 인공지능 기술의 가능성과 위험 및 한계를 철저하게 짚어 본다. 이들은 현재 각광받는 '딥러닝' 인공지능을 차분히 점검할 뿐 아니라, 앞으로 도래할 '초지능' 인공지능에 대해서도 진지한 논의를 이어 나간다.

세특 예시

'책으로 읽는 세상' 시간에 '인공지능은 무엇이 되려 하는가(스티븐 핑커

국어 교과군

영어 교과군

수학 교과군

도덕 교과군

사회 교과군

과학 교과군

인공지능은 무엇이 되려 하는가

스티븐 핑커·맥스 테그마크,
김보은 역, 프시케의 숲 (2021)

외)'를 읽고 인공지능이 발달하면서 변화하게 될 미래 사회의 모습에 대해 고찰하게 되었다는 소감을 밝힘. 책의 내용을 바탕으로 진행한 모둠별 토의에서 '인류가 경계해야 하는 인공지능의 위험성은 무엇일까?'라는 질문에 인공지능이 제시하는 편향적인 정보들에 대한 무비판적인 신뢰라고 답하며, 인공지능을 유용하게 다루기 위한 인류의 노력이 필수적이라는 주장을 펼쳐 모둠원들의 지지를 얻음.

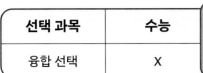

선택 과목	수능	금융과 경제생활	절대평가	상대평가
융합 선택	X		5단계	X

단원명 | 행복하고 안전한 금융 생활

> 🔍 | 자원의 희소성, 합리적 선택, 금융 의사 결정, 재무적 특성, 비재무적 특성, 예방, 금융 소비자 보호 제도, 거시적 요인, 인터넷 뱅킹, 모바일 뱅킹, 간편결제 서비스, 전자화폐, 디지털 금융, 계약, 약관, 금융 사기

[12금융01-01] ● ● ●

행복하고 안전한 금융 생활에 필요한 금융 정보를 탐색하고 평가하며, 단기와 장기의 관점을 고려하여 합리적인 금융 의사 결정을 한다.

➡ 금융 의사 결정은 인간의 합리적인 선택뿐 아니라 비이성적인 선택에 의해서도 발생한다. 비이성적 선택으로 잘못된 결정을 하는 것을 막기 위해 인간의 패턴을 수치화하여 오류를 줄이는 다양한 데이터 기반 의사 결정 과정을 개발할 수 있다. 대규모 데이터 분석을 사용하여 금융 시장의 동향 및 투자 패턴을 예측하는 것도 가능하다. 빅데이터 및 기계학습 기술을 활용하여 금융 시장에서의 의사 결정 패턴을 파악하고 예측 모델을 개발하는 방법을 탐구해 보자.

관련 학과 공학계열 전체

《데이터 과학자의 일》, 박준석 외 10명, 휴머니스트(2021)

[12금융01-02] ● ● ●

디지털 금융 환경에서 나타난 금융 서비스의 변화된 특징을 이해하고 디지털 금융 서비스를 효과적으로 이용한다.

➡ 디지털 금융으로의 전환은 긍정적인 효과와 함께 많은 부작용도 발생시켰다. 인터넷 뱅킹 거래 데이터를 기반으로 빅데이터 분석을 수행하여 사용자의 금융 행동 패턴을 분석하고 예측하는 모델을 개발해 보자. 빅데이터와 기계학습 알고리즘을 활용해 금융 사기를 탐지하고 사용자 경험을 향상시키기 위한 다양한 연구가 이루어지고 있다. 디지털 금융의 다양한 사기 방법을 탐구해 보고, 이를 공학적·수학적으로 해결할 수 있는 방법에 대해 탐구해 보자.

관련 학과 공학계열 전체

《금융 IT와 디지털 대전환》, 황명수, 광문각(2022)

[12금융01-03] ● ● ●

안전한 금융 거래를 위한 계약(약관)의 중요성을 인식하고, 금융 사기 예방과 피해 구제를 위해 마련된 주요 금융 소비자 보호 제도를 탐구한다.

➡ 사이버 보안 기술을 활용하여 금융 기관의 네트워크 및 시스템 보안을 강화하는 방법을 연구해 볼 수 있다. 금

융 소비자의 개인정보와 금융 거래 데이터를 보호하기 위한 고급 보안 솔루션의 개발과 구현이 어떻게 이루어지고 있는지 탐구해 보자. 우리나라의 액티브엑스(Active X)와 같은 보안 프로그램의 효과를 알아보고, 다른 나라가 금융 사기 방지를 위해 사용하는 방법과 비교·분석할 수 있다. 이러한 사기 발생 시 책임 소재와 프로그램의 연관성에 대해서도 함께 탐구를 진행하고 자신의 생각을 덧붙여 발표를 진행해 보자.

관련 학과 공학계열 전체

《디지털 포렌식 한 권으로 끝내기》, 이중, 바른북스(2022)

단원명 | 수입과 지출

> | 🔍 | 근로 소득, 사업 소득, 재산 소득, 총소득, 가처분 소득, 소득에 영향을 미치는 요인, 기초 소득, 소비, 소비 지출, 비소비 지출, 대출 금리, 지불 수단(현금, 카드), 지불 방법(일시불, 할부), 예산, 버킷리스트, 예산 작성, 예산 수립, 예산 평가, 예산 계획서, 기대 수입, 생애주기

[12금융02-01]   •••

소득이 수입의 주요 원천임을 이해하고 소득에 영향을 미치는 다양한 요인을 탐구한다.

➡ 소득과 에너지 소비의 관계를 주제로 탐구를 진행해 보자. 소득 수준이 높아질수록 에너지 소비량이 증가하는 경향이 있는지, 그리고 이는 환경에 어떤 영향을 미치는지를 조사하는 것이다. 에너지 소비량의 측정 방법, 지표, 분포, 추세 등을 분석하고, 에너지 효율성, 재생에너지, 탄소중립 등의 개념을 활용하여 소득이 이러한 지표들에 어떠한 영향을 주고 있는지 탐구해 보자. 또한 소득과 스마트시티의 관계를 연구할 수 있다. 스마트시티가 소득 분배와 빈곤 문제에 어떤 영향을 미치는지 탐구해 보자.

관련 학과 공학계열 전체

《에너지 세계사》, 브라이언 블랙, 노태복 역, 씨마스21(2023)

[12금융02-02]   •••

소비 지출과 비소비 지출을 구분하고 지출에 영향을 미치는 요인을 파악하여 합리적인 소비를 실천한다.

➡ 소비자, 제품과 서비스의 품질, 효율성, 지속가능성, 안전성 등의 측면을 고려하여 공학적 탐구가 가능하다. 예를 들어 제품 설계 및 소비자 만족도를 조사할 수 있다. 소비자의 요구와 선호에 기반하여 제품을 설계하는 방법을 연구해 보자. 제품 디자인, 사용자 경험(UX), 인간공학적 측면을 고려하여 소비자 만족도를 향상시키는 제품을 개발하면 소비가 어떠한 방식으로 변할 것인지도 예측해 보자. 또한 최근 디자인과 공학을 결합시키려는 다양한 시도들이 이뤄지고 있다. 이러한 시도가 소비자들에게 미치는 영향과 공학이 나아가야 할 방향에 대해 자신의 생각을 덧붙여 발표해 보자.

관련 학과 공학계열 전체

《소비자의 마음》, 멜리나 파머, 한진영 역, 사람in(2023)

[12금융02-03]   •••

예산의 의미와 예산 관리 방법을 이해하고 자신의 금융 생활에서 예산을 수립·점검·평가한다.

➡ 예산 관리를 개선하는 데 소비자 애플리케이션, 빅데이터 분석 등과 같은 공학 원리와 기술을 활용할 수 있다. 개인 예산을 효과적으로 관리할 수 있는 온라인 도구 또는 모바일 애플리케이션을 개발해 보자. 이러한 애플리케이션에는 지출 추적, 예산 설정, 금융 계획 작성 등을 지원하고 사용자 경험을 향상시킬 수 있는 다양한 방안들이 포함되어 있어야 한다. 학생들의 소비 패턴을 분석하고 학생들에게 맞는 어플리케이션을 계획하거나 개발해 보자.

`관련 학과` 공학계열 전체

《사용자의 마음을 움직이는 UX 디자인의 힘》, 김동후, 맹그로브숲(2021)

단원명 | 저축과 투자

|🔍| 저축, 금리, 예금, 적금, 주택청약저축, 세금, 물가, 소비, 주식, 채권, 펀드, 금리, 인플레이션, 환율, 투자 정보, 신뢰할 수 있는 정보, 경제 지표, 저축, 투자, 자기 책임, 예금자 보호 제도, 투자자 보호 제도, 구제 방안

[12금융03-01] ● ● ●

저축의 경제적 의의와 다양한 저축 상품의 특징을 이해하고 저축에 영향을 미치는 요인을 탐구한다.

➡ 스마트폰 애플리케이션, 웨어러블 기기 및 기타 기술을 활용하여 개인의 금전 관리 및 저축 촉진을 하는 도구 및 시스템을 개발해 볼 수 있다. 이러한 기술은 저축 목표 설정, 자동화된 저축 계획, 지출 추적, 금융 교육 등에 도움을 줄 수 있다. 최근 자동화된 금전 관리 시스템 및 인공지능 기반의 금융 조언을 해 주는 인공지능 챗봇이 등장하고 있다. 이러한 챗봇이 사용하고 있는 알고리즘 원리를 파악하고, 도움을 줄 수 있는 방안을 모색해 보자.

`관련 학과` 공학계열 전체

《혼돈 속의 혼돈》, 조셉 드 라 베가, 조성숙 역, 스마트비지니스(2023)

[12금융03-02] ● ● ●

기본적인 금융 투자 상품의 종류와 특징을 이해하고 투자에 영향을 미치는 요인을 탐구한다.

➡ 공학 기술을 이용해 효율적인 거래 전략과 알고리즘을 개발하거나 다양한 투자 방법을 연구할 수 있다. 일례로 고빈도 거래(HFT, High-frequency trading)와 AI 기반 투자에 쓰이는 공학적 알고리즘을 탐구해 보고, 빠른 실행 및 네트워크 최적화 방안을 연구할 수 있는 것이다. 다양한 투자에 쓰이는 알고리즘을 분석하고, 어떠한 알고리즘이 쓰였는지 찾아보자. 또한 대량의 금융 데이터를 분석하고 예측하는 방법을 탐구해 볼 수 있다. 기계학습, 데이터 과학 및 통계학을 활용하여 투자와 관련된 데이터가 어떻게 수집되고 있는지 알아보자.

`관련 학과` 공학계열 전체

《인공지능이 비즈니스 모델이 되기까지》, 이지은·정석찬, 생능북스(2022)

[12금융03-03] ● ● ●

저축과 투자의 장단점을 고려하여 자기 책임의 원칙에 따라 저축과 투자를 결정하며, 활용할 수 있는 예금자 보호 제도와 투자자 보호 제도를 탐색한다.

국어 교과군

영어 교과군

수학 교과군

도덕 교과군

사회 교과군

과학 교과군

◆ 새로운 기술 및 혁신적 분야에 대한 투자에 관해 탐구할 수 있다. 최신 설비는 보호를 위한 법적 제도와 장치가 마련되어 있지 않은 경우가 있다. 이러한 상황에서 어떻게 투자하는 것이 현명한 투자인지 고민해 보고 자신의 생각을 덧붙여 발표를 진행해 보자. 그리고 앞으로 투자해 볼 만한 생명과학, 첨단 기술, 인공지능 및 사물인터넷 등의 분야를 찾아보고, 투자의 환경적·사회적 영향을 분석한 뒤 다양한 투자 방법을 찾아보자.

관련 학과 공학계열 전체

《4차 산업혁명 기술 원리》, 임성열, 에이콘출판사(2017)

단원명 | 신용과 위험 관리

| 🔍 신용, 신용카드, 신용 관리, 이자, 할부 수수료, 카드 연회비, 신용 관리 습관, 신용 회복 위원회, 채무 조정, 개인 회생, 신용 회복 지원, 사회 보험, 민영 보험, 자동차 보험, 화재 보험, 실손 보험, 실비 보험, 은퇴, 기대 수명, 공적 연금, 퇴직 연금, 개인 연금, 노후 대비

[12금융04-01] • • •

신용 사용의 결과를 고려한 책임감 있는 신용 관리 태도를 기르고, 신용에 영향을 미치는 요인을 파악하여 자신의 신용을 효과적으로 관리하는 방법을 탐구한다.

◆ 모바일 앱 및 웹 플랫폼을 사용해 개인의 신용 정보를 관리하고 신용 점수를 추적할 수 있는 어플리케이션을 개발할 수 있다. 이러한 어플리케이션에서 가장 중요한 것은 접근성과 정확성이라고 할 수 있다. 어플리케이션에 정확한 알고리즘을 구현할 수 있는 다양한 방안을 고민해 보자. 신용을 올리거나 떨어뜨릴 수 있는 사람들의 행동을 데이터베이스화하고 이를 프로그램으로 옮길 방법을 고민해 보자.

관련 학과 공학계열 전체

《다크 데이터》, 데이비드 핸드, 노태복 역, 더퀘스트(2021)

[12금융04-02] • • •

위험 관리의 필요성과 위험 관리 방법으로서 보험의 원리를 이해하고, 주요 보험 상품의 특징을 비교한다.

◆ 다양한 보험 환경에서 보험 설계와 관련해 공학적 접근이 가능하다. 예를 들어 자동차 보험에서 공학적 접근을 시도할 수 있다. 일례로 자동차 운전 습관에 기초한 보험 모델의 설계 및 구현을 탐구해 볼 수 있다. 공학적으로 데이터를 수집하고 분석하여 운전 습관에 따라 보험료를 책정하는 시스템이 가능할지 생각해 보고, 이를 구현할 다양한 공학적 장치와 알고리즘을 구상하는 것이다. 또한 현대의 자동차는 다양한 센서를 사용하여 운전 및 차량 상태를 모니터링하고 있다. 이러한 센서 데이터를 활용하여 운전자 행동, 사고 위험, 차량 정비 필요성 등을 예측하는 연구도 함께 진행할 수 있다.

관련 학과 공학계열 전체

《자동차보험 사용설명서》, 김진수 외 2명, 라온북(2016)

[12금융04-03] • • •

고령 사회에서 노후 설계의 필요성을 이해하고, 연금의 종류와 특징을 파악하여 안정적인 노후 대비 계획을 설계한다.

➲ 연금 시스템 및 기술, 금융 분석, 데이터 관리, 위험 평가, 보안 및 미래 예측 등을 주제로 다양한 공학적 탐구를 진행할 수 있다. 연금 자산을 효율적으로 관리하고 투자하는 공학 시스템의 개발을 주제로 탐구를 수행해 보자. 일례로 인공지능을 활용하여 연금 포트폴리오를 최적화하는 방법을 연구해 보는 것이다. 또한 사람들이 개발한 다양한 연금에 대한 알고리즘을 분석하거나 연금 관련 빅데이터를 수집하는 방법에 대해서 탐구를 진행해 보자.

〔관련 학과〕 공학계열 전체

《AI 퍼스트》, 서재영, 더블북(2021)

선택 과목	수능	기후변화와 지속가능한 세계	절대평가	상대평가
융합 선택	X		5단계	X

단원명 | 인간과 기후변화

🔍	지구온난화, 해수면 상승, 해양 산성화, 기상 이변, 온실기체, 탄소중립, 탄소 배출, 티핑포인트, 지속가능 에너지, 파리협정

[12기지01-01] • • •

지구적 차원에서 나타나는 기후변화의 심각성을 사례를 통해 파악하고, 기후변화를 바라보는 관점의 다양성을
이해한다.

➡ 북극 빙하가 녹아내리고 있다. 2030년대에 북극 빙하가 완전히 녹이 없어질 수도 있다는 연구 결과도 발표되
었다. 수천 년을 버틴 빙하가 속절없이 무너지고 있는 것이다. 지구온난화의 직격탄을 맞고 있는 북극에서 북
극의 빙하 소멸이 가속화되고 있는 원인, 빙하 축소 및 소멸이 지구생태계와 환경에 미칠 영향, 이를 막기 위한
방안에 대해 조사하여 발표해 보자.

〔관련 학과〕 공학계열 전체

《빙하여 안녕》, 제마 워덤, 박아람 역, 문학수첩(2022)

[12기지01-02] • • •

기후변화는 자연적 요인뿐만 아니라 인간의 다양한 활동 및 산업과 관련되어 있다는 점을 이해하고, 탄소중립
을 위한 사회 변화의 방향을 탐구한다.

➡ 축산에서 발생하는 메탄가스, 아산화질소 등이 지구온난화에 미치는 영향은 이산화탄소의 80배에 이른다. 메
탄가스는 가축의 장내 발효에서 발생하며 아산화질소는 가축 분뇨의 처리 과정, 목초 및 사료 작물 생산 과정
에서 배출된다. 농업 분야 탄소중립과 2030국가온실가스감축목표(NDC) 달성을 위해서는 축산 분야의 탄소 저
감 노력이 요구된다. 축산에서 특히 온실가스가 많이 배출되는 과학적 메커니즘 분석, 탄소 저감을 위한 획기
적인 방안, 실제 축산업 현장에서의 탄소중립 사례를 조사하여 발표해 보지.

〔관련 학과〕 공학계열 전체

《탄소로운 식탁》, 윤지로, 세종서적(2022)

단원명 | 기후정의와 지역문제

🔍	기후재난, 불평등 문제, 기상재해, 해수면 상승, 이상 기후, 온실가스, 기후정의, 경제 양극화, 저탄소 녹색 성장, 지구생태계, 생물다양성

> **[12기지02-01]** · · ·
>
> 세계 여러 지역에서 발생하고 있는 기후재난의 실제를 파악하고, 이를 둘러싼 쟁점을 다양한 자료를 통하여 분석한다.

➡️ 최적의 온도에서 자라는 주곡 작물과 관련해 경험적으로 입증된 법칙은 기온이 1도 상승할 때마다 수확량이 10퍼센트씩 감소한다는 것이다. 다시 말해 기온이 소폭만 상승해도 생산성은 급격히 하락한다는 것이다. 유엔은 현재 사막화나 홍수에 의한 농지 유실, 생물다양성 파괴, 물 부족 등에 노출된 취약 인구를 10억 명으로 예측하고 있다. 지구온난화로 인한 기온 상승이 빈곤과 기아로 연결되는 과학적 메커니즘을 분석해 발표해 보자.

관련 학과 공학계열 전체

《**지구온난화 어떻게 해결할까?**》, 이충환, 동아엠앤비(2023)

> **[12기지02-02]** · · ·
>
> 기후변화의 영향은 지리적 조건 및 사회적·경제적 조건에 따라 차별적으로 나타나고 있음을 이해하고, 이와 관련한 쟁점과 사례를 조사한다.

➡️ 미세 플라스틱은 플라스틱 제품이 분해되는 과정에서 생긴 미세한 플라스틱 조각을 말한다. 화장품 스크럽이나 치약의 연마제, 의약품, 공업용품 등에 사용되는 작은 플라스틱 알갱이인 마이크로비드(microbead) 역시 미세 플라스틱 발생의 원인 중 하나이다. 본질적인 문제는 이게 얼마나 해로우냐는 것인데, 정도의 차이가 있을 뿐 부정적 영향을 준다는 것만은 분명하다. 플라스틱 자체가 환경 호르몬을 포함한 독성이 있는 경우가 많기 때문이다. 미세 플라스틱의 발생 과정, 유해성, 피해 사례, 해결 방안을 조사하고 서로 의견을 공유해 보자.

관련 학과 공학계열 전체

《**플라스틱 수프**》, 미힐 로스캄 아빙, 김연옥 역, 양철북(2020)

> **[12기지02-03]** · · ·
>
> 기후정의의 관점에서 기후변화에 따른 불평등 문제의 해결 방안을 모색하고, 기후변화에 대한 인간의 책임과 의무에 대해 성찰한다.

➡️ 2021년 노벨물리학상은 기후위기에 주목했고, 지구의 복잡한 기후와 무질서한 물질에 대한 이해를 넓힌 물리학자들에게 돌아갔다. 미국 프린스턴대 마나베 슈쿠로 교수는 대기 이산화탄소 층의 두께 증가가 지구온난화와 직접적 관련이 있음을 밝혔고, 클라우스 하셀만 전 독일 막스플랑크 기상연구소장은 기온 상승이 인간의 탄소 배출 때문임을 입증했다. 지구를 구하는 과학기술인 '기후테크'의 최신 연구 성과를 조사한 뒤 발표해 보자.

관련 학과 공학계열 전체

《**기후테크 분야별 혁신기술 R&D전략**》, R&D정보센터, 지식산업정보원(2023)

단원명 | 지속가능한 세계를 위한 생태전환

> 🔍 적정기술, 순환경제, 지속가능 사회, 지속가능 생태계, 생물다양성, 생태전환, 탄소중립, 녹색성장, 저탄소 에너지 경제, 생태도시, 환경 비정부기구(NGO)

국어 교과군

영어 교과군

수학 교과군

도덕 교과군

사회 교과군

부록 교과군

[12기지03-01]   ● ● ● ●

기후변화 대응을 위한 국제 사회의 협력과 시민사회의 노력 사례를 조사하고 기후변화를 둘러싼 이해당사자들의 서로 다른 입장과 가치를 비교한다.

⇨ 환경운동가들은 1970년대 초부터 환경 파괴의 가장 큰 원인을 미국, 유럽, 일본 등 선진국 경제가 모델이 된, 과도한 생산과 소비의 증가에서 찾았다. 생태주의적 관점에서 보면, 물질적 풍요를 삶의 목표로 삼는 대량 생산, 대량 유통, 대량 소비, 대량 폐기의 사회가 지구 자원의 고갈과 환경 파괴의 근본 원인이라는 것이다. 생태주의 발전 모델을 통한 새로운 사회 시스템의 정립은 기존의 자원 과소비형 대량 생산·소비 체계를 넘어서는 지속가능한 생산·소비·폐기의 순환 시스템을 개발하고 사회적으로 정착시키는 데서 출발한다. 생태주의 발전 모델과 이를 위한 대안 기술을 조사하여 발표해 보자.

관련 학과 공학계열 전체

《NBi, 생태주의 브랜드 경영》, 박기철, 커뮤니케이션북스(2009)

[12기지03-02]   ● ● ● ●

기후변화 문제와 관련하여 국가 차원의 대응으로서 정치, 사회, 경제 영역에서의 생태전환을 위한 실천 사례를 조사하고, 이를 분석 평가한다.

⇨ 기록적인 가뭄과 장마, 폭염과 혹한까지 기후위기는 우리의 일상을 무너뜨릴 정도로 심각한 문제가 되었다. '기후기술'이란 기후위기를 해결하기 위한 기술로, 기후위기에 대한 관심이 높아지면서 애플, 테슬라, 마이크로소프트 같은 글로벌 기업과 전 세계 국가들이 이에 주목하고 있다. 기후위기 시대를 맞아 기후기술에 관심이 쏠리는 이유, 기후기술 투자의 큰 흐름에 대해 조사한 뒤 발표해 보자.

관련 학과 공학계열 전체

《기후기술의 시대》, 문승희, 위즈덤하우스(2023)

[12기지03-03]   ● ● ● ●

지역 공동체의 생태전환을 위한 다양한 노력 사례를 조사하고 지역의 지속가능한 사회·생태 체계를 탐색한다.

⇨ 친환경 에너지 도시 설계는 지속가능한 발전을 위한 중요한 과제 중 하나이다. 갈수록 악화되는 대기 오염과 자동차 중심의 도로 정책 등은 오염되고 황량한 도시 공간을 만드는 주범이 되고 있다. 이를 해결하기 위한 방법 중 하나가 '자전거 도시'이다. 네덜란드의 흐로닝언은 자전거와 대중교통을 위해 설계된 대표적인 도시이다. 흐로닝언의 자전거 중심 압축도시 디자인 모습, 자전거 노선 구축 노력, 문제점과 해결 방안을 조사한 뒤 발표해 보자.

관련 학과 건설시스템공학과, 건설환경공학과, 공간정보공학과, 교통공학과, 도시공학과, 도시디자인정보공학과, 도시정보공학과, 도시융합시스템공학과, 물류시스템공학과, 안전공학과, 토목공학과, 토목환경공학과, 환경공학과

《지속가능한 건축과 도시 디자인 원리 101》, Huw Heywood, 상지건축 부설 지속가능연구소 역, 기문당(2022)

[12기지03-04]   ● ● ● ●

기후변화에 대응하기 위한 적정기술과 순환경제의 역할의 중요성을 파악하고, 에너지 전환의 중요성에 대한 이해를 바탕으로 지속가능한 세계의 모습을 제안한다.

⇨ '적정기술'이란 해당 지역사회의 인프라 수준을 고려하여 만드는 기술 또는 그 생산물을 이르는 말이다. 문화

변동 과정에서 비물질 문화의 변동 속도를 물질문화의 변동 속도가 따라잡지 못해 부조화가 일어나는 현상인 '기술 지체'의 해결책 중 하나이다. 기후변화 시대 적정기술의 필요성, 한계점과 그 대안에 대해 조사한 뒤 발표해 보자.

관련 학과 건설환경공학과, 기계공학과, 기계설계공학과, 기계시스템공학과, 로봇공학과, 메카트로닉스공학과, 에너지공학과, 재료공학과, 전기공학과, 조선해양공학과, 조선해양시스템공학과, 화학공학과, 환경공학과

《**적정기술의 이해**》, 신관우 외 16명, 7분의언덕(2019)

단원명 | 공존의 세계와 생태시민

| 🔍 | 지속가능발전목표(SDGs), 지속가능한 세계, 지구생태계, 기후변화, 지속가능한 소비와 생산, 생태시민, 성장의 한계, 생태 발자국, 리우 선언, 생태전환

[12기지04-01] ● ● ●

지속가능발전목표(SDGs)의 의미를 이해하고, 이의 실천과 관련한 지역 사례들을 조사하여 환경적, 경제적, 사회적 측면에서 통합적으로 분석한다.

➡ 지속가능발전목표(SDGs)를 달성하기 위한 여러 이행 수단 중 UN은 특히 과학기술 혁신의 중요성을 강조하고 있다. 과학기술 혁신을 통해 새로운 지식을 창출하고 기술을 개발함으로써 SDGs 달성에 기여할 수 있기 때문이다. 코로나19 팬데믹 사태 때 우리는 과학기술의 혁신이 글로벌 난제 해결에 어떻게 기여할 수 있는지 직접 체험한 바 있다. mRNA 백신으로 대변되는 첨단 백신 플랫폼 기술의 혁신적인 발전 덕분에 10년 이상 걸리는 백신 개발 기간을 10개월로 단축할 수 있었다. 바이오 기술은 감염병뿐만 아니라 17개 SDGs 중 11개 목표 달성에 핵심적인 기여를 할 수 있다. 코로나 팬데믹 이후 지속가능발전을 위한 바이오의약 분야의 독보적인 연구 성과에 대해 조사한 뒤 발표해 보자.

관련 학과 공학계열 전체

《**바이오 신약 혁명**》, 이성규, 플루토(2023)

[12기지04-02] ● ● ●

지속가능한 세계는 개인의 일상생활 방식과 관련되어 있음을 이해하고, 다양한 소비 영역에서 요구되는 지속가능한 생활방식을 탐색하고 실천 방안을 제안한다.

➡ 1970년대부터 환경 보호의 측면에서 논의되어 온 '자원 순환'은 자원의 절약과 재사용을 통해 지속가능성을 추구하는 친환경 경제 모델을 말한다. '공유 경제', '순환 경제'와 유사한 개념으로, 최근 자원 고갈과 환경 문제를 해결할 수 있는 대안이자 새로운 비즈니스 기회로 다시 주목받고 있다. 폐기물을 처리하는 전 과정에서 단순 소각·매립이 아닌, 발생 자체를 억제, 그대로 재사용, 부품 등을 회수하여 제품으로 재제조, 폐기물 내 물질의 재활용, 에너지 등을 회수하는 것을 의미한다. 일례로 태양광 폐모듈 재활용 기술의 동향과 전망을 조사하여 발표해 보자.

관련 학과 공학계열 전체

《**미래 에너지 쫌 아는 10대**》, 이필렬, 풀빛(2022)

[12기지04-03]

정의, 책임 그리고 배려 등과 같은 생태시민의 덕목을 사례 탐구를 통해 이해하고, 인간 및 비인간이 함께 평화롭게 살아가는 공존의 세계를 위한 다층적 스케일에서의 실천 방안을 찾아 적극적으로 참여한다.

➡ 유엔식량농업기구(FAO)에 따르면, 세계 온실가스 배출량의 약 18%가 축산업에서 발생한다고 한다. 또 축산업은 가축 도살에 따른 윤리적 문제, 육식 위주의 식사로 인한 성인병, 고지혈증, 암 등 각종 질병, 다량의 가축 사료 제조로 인한 인간 식량 부족, 목초지를 위한 산림 파괴 문제 등을 유발한다. 이러한 기존 축산업의 문제들을 해결하고, 육류와 유제품을 대체할 수 있는 푸드테크 기술이 많은 주목을 받고 있다. 온실가스를 줄이기 위한 푸드테크 기술의 필요성과 동향에 대해 조사한 뒤 발표해 보자.

관련 학과) 공학계열 전체

《식품 산업의 新혁명 푸드테크》, 정환묵, 스마트산업연구소(2024)

과학 교과군

구분	교과(군)	공통 과목	선택 과목		
			일반 선택	진로 선택	융합 선택
보통 교과	과학	통합과학1 통합과학2 과학탐구실험1 과학탐구실험2	물리학 화학 생명과학 지구과학	역학과 에너지 전자기와 양자 물질과 에너지 화학 반응의 세계 세포와 물질대사 생물의 유전 지구시스템과학 행성우주과학	과학의 역사와 문화 기후변화와 환경생태 융합과학 탐구

공통 과목	수능	통합과학	절대평가	상대평가
	○		5단계	5등급

단원명 | 과학의 기초

🔍 시간, 공간, 길이, 측정, 기본량, 단위, 어림, 분석, 정보, 디지털 변환, 정보통신기술, 현대 문명

[10통과1-01-01] • • •

자연을 시간과 공간에서 기술할 수 있음을 알고, 길이와 시간 측정의 현대적 방법과 다양한 규모의 측정 사례를 조사할 수 있다.

➡ 점, 선, 면은 도형을 구성하는 기본 요소이다. 점이 움직인 자리는 선이 되고, 선이 움직인 자리는 면이 된다. 주변에서 볼 수 있는 공간이나 건축물은 자연과 조화를 이루도록 만들어지며, 길이와 관련된 측정 자료는 건축물을 설계하거나 건물을 지을 때 매우 중요한 요소이다. 건물을 설계하거나 지을 때 사용되는 건축과 관련된 물리량을 조사하고, 어떤 역할을 하는지 정리하여 발표해 보자.

관련 학과 건축공학과, 기계공학과, 도시공학과, 산업공학과, 신소재공학과

알기 쉬운 건축이야기

장정제, 시공문화사(2015)

책 소개

건축과 관련된 여러 이야기를 알기 쉽게 다양한 사진과 도판, 편안하게 전달되는 짧은 글로 풀어낸 책이다. 건축의 기원이나 도시의 건축과 공간, 튼튼한 집을 짓는 방법 등을 소개하고, 좋은 집과 쾌적한 집, 전통 건축과 서양 건축, 서양 건축사와 양식에 대해 알려 준다. 형태를 구성하는 요소인 점, 선, 면에 관해서 설명하고, 건축 도면과 관련된 건축 실무에 관한 내용을 소개한다.

세특 예시

교과연계도서 발표 활동에서 '알기 쉬운 건축 이야기(장정제)'를 읽고 전통 건축과 서양 건축의 차이점을 조사함. 형태를 구성하는 요소인 점, 선, 면이 길이와 공간을 이루는 과학적 요소임을 설명하고, 건축 도면, 배치도, 평면도 등 건축 실무에 관한 내용을 구체적으로 발표함. 안전하고 견고한 건축물을 짓기 위한 다양한 방법을 조사하여 보고서를 제출함.

[10통과1-01-02] • • •

과학 탐구에서 중요한 기본량의 의미를 알고, 자연현상을 기술하는 데 단위가 가지는 의미와 적용사례를 설명할 수 있다.

➡ 다양한 분야에서 전문 지식을 갖고 연구·개발 활동을 하는 사람을 연구원이라고 한다. 일반적으로 대학의 경우에는 전임강사 이상의 교직원, 박사과정 대학원생과 부속연구소 등 연구개발 부서에서 일하는 학사 이상의 학위 소유자 또는 동등 이상의 전문지식을 가진 사람을 의미한다. 대입정보포털 어디가(www.adiga.kr)에 접속한 후 직업정보 메뉴에 들어가, 연구원과 관련된 직업 정보를 검색해 보자. 관심 있는 분야의 연구원을 선택해서 하는 일, 관련 학과, 임금, 직업만족도, 전망, 업무에 필요한 능력과 지식 등을 조사하고 발표해 보자.

(관련 학과) 공학계열 전체

《별난 대표의 경영일지》, 한동빈, 새라의숲(2023)

[10통과1-01-03]　　　　　　　　　　　　　　　　　　　　● ● ●

과학 탐구에서 측정과 어림의 의미를 알고, 일상생활의 여러 가지 상황에서 측정 표준의 유용성과 필요성을 논증할 수 있다.

➡ 측정은 과학적 탐구에서 정확한 자료 수집을 가능하게 한다. 측정된 데이터는 다른 데이터와 비교하거나 패턴을 발견하는 데 활용되어 현상을 이해하고 예측하는 데 도움을 준다. 측정은 이론을 검증하고 검증된 이론을 지지하는 데이터를 제공해서 과학적 이론의 성립과 발견을 끌어내는 중요한 과정이다. 공학 분야에서 측정과 관련된 사례를 조사하고, 측정이 필요하고 중요한 이유를 조사하여 발표해 보자.

(관련 학과) 공학계열 전체

《머신러닝 엔지니어링》, 안드리 부르코프, 구정회 역, 제이펍(2021)

[10통과1-01-04]　　　　　　　　　　　　　　　　　　　　● ● ●

자연에서 일어나는 다양한 변화를 측정·분석하여 정보를 산출함을 알고, 이러한 정보를 디지털로 변환하는 기술을 정보 통신에 활용하여 현대 문명에 미친 영향을 인식한다.

➡ 우리나라는 과거에도 지진이 자주 발생했는데, 지진의 주기적인 발생은 지구가 살아 있다는 증거이다. 지진이 얼마나 큰 규모로 일어나는지는 지진파의 분석을 통해서 알 수 있다. 지진 관측소에서는 지진의 규모, 깊이, 발생 지점 등을 측정하여 지진 활동을 관찰하고, 이러한 정보는 지진 예경과 지진 위험 지역 식별에 도움을 준다. 지진 관측과 같이 자연에서 일어나는 다양한 변화를 측정하고 분석해 정보를 활용하는 사례를 조사하여 보고서를 작성한 후 발표해 보자.

(관련 학과) 건축공학과, 건축학과, 교통공학과, 도시공학과, 조선해양공학과, 토목공학과, 항공우주공학과

《공대생도 잘 모르는 재미있는 공학 이야기》, 한화택, 플루토(2017)

단원명 | 물질과 규칙성

| 🔍 | 천체, 스펙트럼, 원소, 생명체, 우주 역사, 주기성, 규칙성, 결합, 성질, 지각, 단위체, 전기적 성질

[10통과1-02-01]　　　　　　　　　　　　　　　　　　　　● ● ●

천체에서 방출되는 빛의 스펙트럼을 분석하여 우주 초기에 형성된 원소와 천체의 구성 물질을 추론할 수 있다.

➡ 빛은 여러 파장의 빛이 합쳐져 있는데, 파장에 따른 성분의 분포를 스펙트럼이라고 한다. 태양광을 프리즘에 통과시키면 무지개처럼 여러 색이 펼쳐진 스펙트럼을 얻을 수 있다. 빛은 파장에 따라 다르게 굴절하기 때문에

백색광으로 보이는 빛도 여러 다른 파장의 빛들로 구성되어 있다. 스펙트럼은 재료, 에너지, 통신, 환경, 의학 등 다양한 분야에서 활용되며 기술의 발전과 혁신에 중요한 역할을 한다. 공학 분야에서 빛의 스펙트럼을 활용하는 예를 조사하고, 어떤 도구로 활용되는지 분석하여 발표해 보자.

관련 학과 건축공학과, 금속공학과, 기계공학과, 반도체공학과, 산업공학과, 생명공학과, 식품공학과, 신소재공학과, 에너지공학과, 원자력공학과, 토목공학과, 항공우주공학과, 화학공학과, 환경공학과

《빛의 공학》, 석현정 외 2명, 사이언스북스(2013)

[10통과1-02-02] • • • •

우주 초기의 원소들로부터 태양계의 재료이면서 생명체를 구성하는 원소들이 형성되는 과정을 통해 지구와 생명의 역사가 우주 역사의 일부분임을 해석할 수 있다.

⊙ 138억 년 전 우주 대폭발로 우주가 탄생하였고, 지구, 생명, 인간 문명의 역사가 발달했다. 더불어 지리학, 생물학, 고고학, 인류학, 경제학 등 다양한 학문이 함께 발전하면서 인간의 집단 학습과 기술 혁신도 일어났다. 역사에 대한 관점을 인류나 우주 전체의 경과까지 넓게 확장하여 보는 학문적 움직임을 빅 히스토리(Big History, 대역사)라고 한다. 빅 히스토리의 시작인 별과 우주가 탄생하는 과정을 표로 정리하여 발표하고, 항공우주공학에 미치는 의의를 글로 작성해 보자.

관련 학과 기계공학과, 반도체공학과, 산업공학과, 신소재공학과, 에너지공학과, 항공우주공학과

《빅 히스토리》, 데이비드 크리스천 외 2명, 이한음 역, 웅진지식하우스(2022)

[10통과1-02-03] • • • •

세상을 구성하는 원소들의 성질이 주기성을 나타내는 현상을 통해 자연의 규칙성을 도출하고, 지구와 생명체를 구성하는 주요 원소들이 결합을 형성하는 이유를 해석할 수 있다.

⊙ 주기율표는 화학 원소를 체계적으로 배열하여 원소들의 성질을 쉽게 이해할 수 있도록 만든 표이다. 주기율표에서 원소들은 원자 번호 순서대로 배열되어 있으며, 같은 주기에 속하는 원소들은 비슷한 전자 껍질을 가진다. 또한 원소들이 위치한 쪽에 따라 유사한 화학적 특성을 공유하는데, 이는 전자 배치와 연관되어 있다. 주기율표의 중요한 특징 중 하나는 주기성으로, 원자 번호가 증가할수록 원소의 물리적, 화학적 성질이 규칙적으로 변화한다. 금속성, 비금속성, 반응성 등 여러 성질에서 이 주기성을 확인할 수 있다. 주기율표는 화학적 성질뿐만 아니라 전자 배치, 원소의 크기, 이온화 에너지 등 물리적 특성까지 설명할 수 있는 중요한 도구이다. 주기율표의 구조와 원소들의 성질 변화를 분석하고, 이를 바탕으로 공학 분야에서 각 원소의 활용 사례를 조사하여 보고서를 작성해 보자.

관련 학과 식품공학과, 신소재공학과, 에너지공학과, 원자력공학과, 화학공학과, 환경공학과

《읽자마자 과학의 역사가 보이는 원소 어원 사전》, 김성수, 보누스(2023)

[10통과1-02-04] • • • •

인류의 생존에 필수적인 물, 산소, 소금 등이 만들어지는 결합의 차이를 이해하고 각 물질의 성질과 관련지어 설명할 수 있다.

⊙ 물은 생존의 필수 요소로, 우리 몸의 대부분은 물로 이루어져 있고 영양분의 운반, 체온 조절, 대사 과정 등에 관여한다. 물은 청결과 위생에 필수적이며 농업, 산업, 에너지 분야 등에서도 핵심적으로 활용된다. 산소는 인간이 호흡하고 살아가는 데 필수적인 원소이며, 유기 생명체의 활동을 유지하는 데도 중요한 역할을 한다. 산소는 대부분의 유기 화합물에 통합되어 있고, 호흡 과정을 통해 에너지를 생성한다. 소금은 주로 조미료로 사

용되고, 음식의 맛을 개선하는 역할을 한다. 우리 몸의 전기 신호 전달과 수분 균형을 유지하는 데도 필수적이고, 농업 분야에서는 토양의 특성을 개선하는 등 다양한 용도로 활용된다. 인류의 생존에 필수적인 물, 산소, 소금 등이 만들어지는 결합의 차이를 분석하고, 공학에 사용되는 사례를 조사하여 발표해 보자.

관련 학과 금속공학과, 반도체공학과, 산업공학과, 생명공학과, 식품공학과, 신소재공학과, 에너지공학과, 원자력공학과, 화학공학과, 환경공학과

물질 쫌 아는 10대

장홍제, 풀빛(2019)

책 소개

물질의 원자와 분자 단위부터 상태 변화, 반응과 이동, 규칙성과 무질서까지 화학에서 중요한 개념들을 재미있게 설명한다. 물질의 결합을 설명한 후 상전이나 끓는점, 어는점 등 물질의 상태 변화를 안내하고, 물질의 상태를 측정하는 데 필요한 온도, 압력, 농도 개념 및 열의 이동에 관해서도 소개한다. 기체 반응의 법칙, 아보가드로의 법칙 등을 재미있게 설명한 후 화학 반응이 간단한 규칙에 따라 일어난다는 것을 설명한다.

세특 예시

교과연계도서 발표 활동에서 '물질 쫌 아는 10대(장홍제)'를 읽고 인류의 생존에 필수적인 물, 산소, 소금 등이 만들어지는 결합의 차이를 조사하고 보고서를 작성함. 물질의 원자와 분자 단위부터 상태 변화, 반응과 이동, 규칙성과 무질서까지 화학의 중요 개념들을 조사하고, 물질의 결합을 설명한 후 끓는점, 어는점 등 물질의 상태 변화를 조사하여 발표함.

[10통과1-02-05] • • •

지각과 생명체를 구성하는 물질들이 기본 단위체의 결합을 통해서 형성된다는 것을 규산염 광물, 단백질과 핵산의 예를 통해 설명할 수 있다.

⊙ 생명공학과 화학공학 관점에서 지각과 생명체를 구성하는 물질들의 형성 과정을 탐구할 수 있다. 생명공학에서는 단백질과 핵산 같은 생체 분자의 형성이 중요한 연구 주제이다. 단백질은 아미노산이라는 기본 단위체들이 펩타이드 결합을 통해 결합하여 생명체의 구조적, 기능적 역할을 담당하며, 단백질 합성 과정은 세포 내에서 생명 유지에 필수적인 생화학적 반응이다. 핵산은 뉴클레오타이드라는 기본 단위체가 결합하여 유전 정보를 저장하고 전달하는데, 이는 유전자 편집, 유전자 치료 등 생명공학의 핵심 주제와 밀접하게 연결된다. 화학공학에서는 이와 같은 생체 분자들의 화학적 결합 과정을 공정에 적용하는 연구가 주로 이루어진다. 예를 들어, 단백질의 대량 생산을 위한 단백질 공정 기술이나 DNA 합성 기술은 생명공학 제품 개발의 중요한 공정이다. 화학공학에서는 단백질 및 핵산 합성 과정에서 반응 속도, 효율성, 순도 등을 조절하는 방법을 연구하여 산업적으로 활용한다. 단백질과 핵산이 기본 단위체의 결합을 통해 형성되는 과정을 생명공학과 화학공학 관점에서 분석하여, '단백질 합성 공정 최적화 연구'를 주제로 보고서를 작성해 보자.

관련 학과 생명공학과, 식품공학과, 화학공학과, 환경공학과

《세포학》, GEOFFREY M. COOPER, 문자영 외 16명 역, 월드사이언스(2021)

[10통과1-02-06] • • • •

지구를 구성하는 물질을 전기적 성질에 따라 구분할 수 있고, 물질의 전기적 성질을 응용하여 일상생활과 첨단 기술에서 다양한 소재로 활용됨을 인식한다.

➡ 첨단기술의 발전과 산업 혁신을 이끄는 중요한 요소 중 하나는 물질의 전기적 성질을 연구하고 분석하는 것이다. 전기적 성질을 이해하면 나노 물질, 그래핀, 3D 프린팅 소재, 바이오 소재 등과 같은 첨단 소재를 개발하는 데 활용할 수 있다. 이러한 소재들은 현대 기술의 핵심으로, 전자 장치, 의료 기기, 에너지 저장 장치 등 다양한 분야에서 응용된다. 지구를 구성하는 물질 중 하나를 선정하여 그 물질의 전기적 성질을 조사해 볼 수 있다. 일례로 구리는 뛰어난 전기 전도성을 가지고 있어 전기 회로와 전자 제품에 널리 사용된다. 또는 실리콘과 같은 반도체 물질을 연구하면 전자 산업과 컴퓨터 칩 제조에 필수적인 정보를 얻을 수 있다. 주변에서 볼 수 있는 물질을 선정하여 전기적 특성(전기 전도성, 절연성, 반도체 특성 등)을 조사한 후, PPT를 작성하여 발표해 보자.

관련 학과 금속공학과, 반도체공학과, 산업공학과, 신소재공학과, 에너지공학과, 전기공학과, 전자공학과, 조선해양공학과, 항공우주공학과, 화학공학과, 환경공학과

《신소재 4차 산업혁명을 이끄는 힘》, 한상철, 홍릉과학출판사(2019)

단원명 | 시스템과 상호작용

| 🔍 | 태양계, 물질 순환, 에너지, 지권, 판구조론, 중력, 운동, 충격량, 운동량, 화학 반응, 세포, 유전자

[10통과1-03-01] • • • •

지구시스템은 태양계라는 시스템의 구성요소임을 알고, 지구시스템을 구성하는 권역들 간의 물질 순환과 에너지 흐름의 결과로 나타나는 현상을 논증할 수 있다.

➡ 태양계는 태양을 중심으로 여러 천체들이 공전하는 집합체이다. 태양계를 구성하는 행성, 위성, 소행성, 혜성 등은 중력, 궤도 역학, 추진력 등의 물리 법칙에 의해 움직이고 있다. 이러한 천체들의 움직임과 상호 작용에 대한 이해는 우주탐사와 항공우주공학 기술 발전에 중요한 기반이 된다. 지구와 다른 행성 간의 공통점과 차이점을 비교하며, 각 행성의 대기 구성, 중력, 공전 속도 등이 항공우주 기술에 어떤 영향을 미치는지 분석해 보자.

관련 학과 에너지공학과, 원자력공학과, 항공우주공학과, 환경공학과

《태양계의 모든 것》, 마커스 초운, 꿈꾸는 과학 역, 영림카디널(2023)

[10통과1-03-02] • • • •

지권의 변화를 판구조론 관점에서 해석하고, 에너지 흐름의 결과로 발생하는 지권의 변화가 지구시스템에 미치는 영향을 추론할 수 있다.

➡ 지구의 표면이 여러 개의 판으로 이루어져 있고 판들의 이동으로 지질 현상이 발생한다는 판구조론은 우주탐사와 관련된 연구에 중요한 정보를 제공한다. 판들의 이동은 맨틀의 대류에 의해 발생하는데, 항공우주공학에서 우주 탐사선이 착륙할 지점의 지질적 안정성을 평가하는 데 판구조론이 중요한 역할을 하는 것이다. 또한 행성의 지질 활동과 지형 형성 과정은 착륙 장소를 선정하거나 탐사 활동을 설계하는 데 결정적 요소가 될 수 있다. 판구조론의 원리와 과정을 항공우주공학적 관점에서 분석하고, 이를 바탕으로 보고서를 작성하여 발표해 보자.

국어 교과군

영어 교과군

수학 교과군

도덕 교과군

사회 교과군

과학 교과군

관련 학과 건축공학과, 에너지공학과, 원자력공학과, 토목공학과, 항공우주공학과, 환경공학과

《극지과학자가 들려주는 판구조론 이야기》, 박숭현, 지식노마드(2021)

[10통과1-03-03]   ● ● ●

중력의 작용으로 인한 지구 표면과 지구 주위의 다양한 운동을 설명할 수 있다.

➡ 중력은 지구의 모든 물체에 작용하는 인력으로, 우리 주변에서 쉽게 관찰할 수 있는 다양한 현상에 영향을 미친다. 주변에서 관찰할 수 있는 중력에 의한 현상으로 공이 떨어지는 것, 나뭇잎이 땅으로 떨어지는 것, 언덕을 내려올 때 느끼는 힘 등이 있다. 또한 공중으로 공을 던졌을 때, 공이 다시 땅으로 떨어지는 것도 중력의 작용에 의한 것이다. 항공우주 분야의 인공위성도 지구의 중력 때문에 일정 궤도로 지구 주위를 돌 수 있는 것이다. 이 원리를 이해하면, 중력이 물체의 운동에 미치는 영향을 더 깊이 분석할 수 있다. 학교나 학교 주변에서 관찰할 수 있는 중력 작용의 예시를 조사하고, 중력이 어떻게 작용하는지 발표해 보자.

관련 학과 건축공학과, 기계공학과, 산업공학과, 생명공학과, 에너지공학과, 원자력공학과, 토목공학과, 항공우주공학과, 환경공학과

《프린키피아》, 아이작 뉴턴, 박병철 역, 휴머니스트(2023)

[10통과1-03-04]   ● ● ●

상호작용이 없을 때 물체가 가속되지 않음을 알고, 충격량과 운동량의 관계를 충돌 관련 안전장치와 스포츠에 적용할 수 있다.

➡ 두 물체가 상호 작용하지 않을 때 물체는 정지해 있거나 가속되지 않는다. 스포츠 현상 속에 존재하는 다양한 법칙을 발견하고, 스포츠 활동과 연관된 과학적 지식을 추구하는 학문을 스포츠과학이라고 한다. 공학 분야에서는 이러한 역학적 원리를 교통안전, 로봇공학, 재활기구 설계 등에 적용하여 실질적인 성과를 내고 있다. 자동차 에어백이나 스포츠 보호 장구 등을 설계하기 위해서, 충돌 관련 안전 장치에 적용된 과학적 원리를 조사하여 발표해 보자.

관련 학과 기계공학과, 산업공학과, 에너지공학과, 원자력공학과, 토목공학과, 항공우주공학과

이기고 싶으면 스포츠 과학

제니퍼 스완슨, 조윤진 역, 다른(2022)

책 소개

우리에게 친숙한 스포츠를 통해 과학, 기술, 공학, 수학이라는 STEM 개념을 이해하도록 도와주는 책이다. 책 곳곳의 인포그래픽은 스포츠 동작과 과학 원리를 한눈에 보여 준다. 과학 개념뿐 아니라 스위트 스폿, 카보로딩처럼 생소한 스포츠 용어를 풀어서 설명해 주고, 시야를 넓힐 수 있도록 스포츠의 공정성 문제 같은 생각 거리도 던져 준다. 직접 실험을 해보는 코너가 실려 있어 과학적 호기심을 자극한다.

세특 예시

교과연계도서 발표 활동에서 '이기고 싶으면 스포츠 과학(제니퍼 스완슨)'을 읽고 충격량과 운동량의 관계를 통해서 충돌 관련 안전장치를 스포츠에 적용한 사례를 조사함. 우리에게 친숙한 스포츠를 통해 과학, 기술, 공학, 수학이라는 STEM 개념을 이해할 수 있도록 설명하고, 자전거 안전모나 무릎 보호대 등에 들어 있는 힘과 운동의 개념을 정리하여 발표함.

생명 시스템을 유지하기 위해서 다양한 화학 반응과 물질 출입이 필요함을 이해하고, 일상생활에서 활용되는 화학 반응 사례를 조사하여 발표할 수 있다.

→ 생명 시스템은 다양한 화학 반응과 물질 출입 과정을 통해 생명을 유지하고 에너지를 효과적으로 사용한다. 물질대사를 통해 유기물질을 분해하여 에너지를 생산하거나 세포의 구조와 기능을 유지하는 데 필요한 물질을 합성한다. 생명체 내에서 이온 교환과 전기 화학적 반응은 중요한 역할을 하는데, 이온 교환은 세포 내에 필요한 물질을 운반하고 세포 밖으로 불필요한 물질을 배출하는 데 사용된다. 단백질과 아미노산의 특징을 조사하여 생명 시스템 유지에 어떤 역할을 하는지 분석한 후, 생명공학 분야를 연구하는 데 필요한 현상을 조사해 보자.

(관련 학과) 기계공학과, 생명공학과, 식품공학과, 에너지공학과, 화학공학과, 환경공학과

《생명을 만드는 물질》, 기시모토 야스시, 백태홍 역, 전파과학사(2023)

생명 시스템의 유지에 필요한 세포 내 정보의 흐름을 유전자로부터 단백질이 만들어지는 과정을 중심으로 설명할 수 있다.

→ 사람의 몸은 다양한 단백질로 이루어져 있으며, 이 단백질들은 뇌, 근육, 뼈, 털 등 여러 조직에서 중요한 역할을 한다. 단백질 합성 과정은 생명 유지에 필수적이며, 우리가 섭취한 단백질은 아미노산으로 분해된 후, 세포에서 새로운 단백질 합성에 필요한 아미노산을 공급한다. 이 과정은 유전자에 의해 조절되며, 세포 내에서 일어나는 복잡한 과정을 거친다. 단백질 합성 과정은 생명공학에서 매우 중요한 연구 분야이다. 전사와 번역이라는 과정을 통해 유전자 정보가 RNA로 전사되고, 그 후 리보솜에서 mRNA의 정보를 바탕으로 아미노산들이 결합하여 새로운 단백질이 합성된다. 이 과정에서 단백질은 다양한 구조와 기능을 갖게 되며, 우리의 생명 활동을 조절하고 유지하는 데 중요한 역할을 한다. 사람의 생명을 유지하기 위해 단백질이 만들어지는 과정을 조사하고, 이를 PPT로 제작하여 발표해 보자.

(관련 학과) 생명공학과, 식품공학과, 화학공학과, 환경공학과

《10만 종의 단백질》, 뉴턴프레스, 아이뉴턴(2017)

공통 과목	수능	통합과학2	절대평가	상대평가
	○		5단계	5등급

단원명 | 변화와 다양성

> | 🔍 | 지질시대, 생물다양성, 유전적 변이, 자연선택, 광합성, 화석 연료, 산화와 환원, 산과 염기, 중화 반응, 에너지의 흡수와 방출

[10통과2-01-01] ● ● ●

지질시대를 통해 지구 환경이 끊임없이 변화해 왔으며 이러한 환경 변화가 생물다양성에 미치는 영향을 추론할 수 있다.

➡ 지구의 역사를 살펴보면 큰 환경 변화를 거쳐 왔으며, 다양한 생물이 변화된 환경에 적응하며 살고 있음을 알 수 있다. 최근 지구온난화와 이상 기온, 산성비 등 환경 오염이 심각한 문제로 대두되고 있어, 과학과 공학의 원리를 통합하여 생명체가 살아가는 자연환경을 개선해야 할 필요성이 있다. 화학이나 생물학적 원리 및 공학적 방법을 활용한 환경 오염의 측정과 처리, 개선 방법에 대해 탐구하여 발표해 보자.

<kbd>관련 학과</kbd> 기계공학과, 도시공학과, 산업공학과, 생명공학과, 토목공학과, 화학공학과, 환경공학과

《대기환경》, 한국대기환경학회, 동화기술(2022)

[10통과2-01-02] ● ● ●

변이의 발생과 자연선택 과정을 통해 생물의 진화가 일어나고, 진화의 과정을 통해 생물다양성이 형성되었음을 추론할 수 있다.

➡ 인공 진화는 생물의 진화 원리를 모델로 하여 문제해결을 위한 새로운 방법을 개발하는 것이다. 유전 알고리즘 및 진화적 알고리즘을 사용하여 기계적인 시스템, 알고리즘 또는 프로세스를 최적화하는 인공 진화 및 최적화에 대해 탐구해 보자. 또한 로봇의 형태, 행동, 학습 및 적응 능력에 생물학적 진화 원리를 적용한 진화적 로봇공학도 탐구 대상이 될 수 있다. 로봇의 움직임, 센서 및 제어 시스템, 지능과 학습 알고리즘 등에 진화적인 방법을 적용하여 로봇의 효율성과 적응력을 향상시키는 방안을 탐구하여 발표해 보자.

<kbd>관련 학과</kbd> 기계공학과, 메카트로닉스공학과, 반도체공학과, 소프트웨어공학과, 소프트웨어학과, 신소재공학과, 자동차공학과, 정보보안학과, 정보통신공학과, 제어계측공학과, 컴퓨터공학과

《인공지능의 미래 사람이 답이다》, 선태유, 리드리드출판(2017)

[10통과2-01-03] ● ● ●

자연과 인류의 역사에 큰 변화를 가져온 광합성, 화석 연료 사용, 철의 제련 등에서 공통점을 찾아 산화와 환원을 이해하고, 생활 주변의 다양한 변화를 산화와 환원의 특징과 규칙성으로 분석할 수 있다.

➡ 산화 환원 반응을 이용하여 산소, 수소, 질소 등의 원소를 추출하거나 다양한 화합물을 합성하는 연구가 이뤄

지고 있다. 이러한 연구 과정에 적용된 산화 환원 반응 속도와 반응열에 대해 이론적 접근을 해보고, 산화 환원 반응의 효율을 높이기 위한 촉매의 개발과 최적화를 탐구주제로 설정해 보자. 또한 반도체 공정 과정에서 산화 환원 반응이 적용된 박막 생성과 제거 원리에 대해 탐구해 보고, 이러한 과정 연구를 통해 최적의 박막 형성과 공정 과정에 대해 과학적으로 접근하는 탐구활동을 진행하자.

> 관련 학과 공학계열 전체

《알기쉬운 반도체 제조공정》, 김도우, 복두출판사(2023)

[10통과2-01-04] • • •

대표적인 산·염기 물질의 특징을 알고, 산과 염기를 혼합할 때 나타나는 중화 반응을 생활 속에서 이용할 수 있다.

➲ 두 물질 사이에서 일어나는 화학 반응으로 화학물질을 합성하는 과정에 활용될 수 있는 중화 반응은 다양한 분야에서 연구가 이뤄지고 있다. 중화 반응을 이용한 오염물질 분해, 이산화탄소 감축 등 환경 보전 및 개선 방안 연구, 코로나19를 비롯한 신·변종 전염병 연구에 쓰이는 항체 기반 진단기술의 항체 중화 반응 연구가 그 예이다. 화합물의 합성이나 생체 분자의 변화를 통한 중화 반응이 활용되는 의약품 및 생명공학 연구에 대해 탐구해 보자.

> 관련 학과 산업공학과, 생명공학과, 신소재공학과, 화학공학과, 환경공학과

《찐 화학반응공학》, 이태진, 한빛지적소유권센터(2024)

[10통과2-01-05] • • •

생활 주변에서 에너지를 흡수하거나 방출하는 현상을 찾아 에너지의 흡수 방출이 우리 생활에 어떻게 이용되는지 토의할 수 있다.

➲ 에너지 흡수와 방출은 공학 분야에서 중요한 개념이므로, 열역학과 재료의 열 특성에 대한 이해를 넓힐 필요가 있다. 에너지의 흐름과 변환을 다루는 열역학과 관련하여 열, 온도, 압력의 변수가 어떻게 작용하는지 탐구해 보자. 그리고 재료의 열 특성에 따른 열 확장, 열전도, 열 용접 등 재료가 열에 반응하는 방식에 대해서도 탐구해 보자.

> 관련 학과 공학계열 전체

《열역학》, 스티븐 베리, 신석민 역, 김영사(2021)

단원명 | 환경과 에너지

> 🔍 생태계, 생태 피라미드, 생태계 평형, 온실효과, 지구온난화, 수소 핵융합 반응, 에너지 전환, 핵에너지, 신재생 에너지

[10통과2-02-01] • • •

생태계 구성요소를 이해하고 생물과 환경 사이의 상호 관계를 설명할 수 있다.

➲ 생물과 환경의 상호작용은 환경생태학의 주요 주제가 된다. 오염물질의 분해와 제거, 폐기물 처리 등에 생명공학 기술을 활용해 환경 문제를 해결하는 방안을 조사해 보자. 또한 센서와 드론 등의 공학 기술을 활용해 생태

계 상태를 실시간으로 감시하고 환경 문제를 감지하는 환경 감시 및 모니터링 시스템 개발을 주제로 한 보고서를 작성해 보자.

관련 학과 공학계열 전체

《환경생태학》, 김동필 외 14명, 라이프사이언스(2023)

[10통과2-02-02] • • •

먹이 관계와 생태 피라미드를 중심으로 생태계 평형이 유지되는 과정을 이해하고, 환경의 변화가 생태계에 미칠 수 있는 영향에 대해 협력적으로 소통할 수 있다.

➡️ 도시 환경을 구축하려면 도시화로 인한 도시 생태계의 특성과 생태 환경의 변화를 분석할 필요가 있다. 도시 내 녹지 및 생물다양성 보전 방안과 스마트시티 기술을 활용한 환경 개선 방법에 대해 탐구해 보자. 또한 인공지능과 데이터 분석 기법을 활용하여 생태계를 모니터링하고 예측하는 방법을 조사해 보자. 그리고 센서 데이터와 수집한 환경 정보를 분석하여 생태계의 변화를 감지하고 조치하는 방안에 대해 발표하자.

관련 학과 건축공학과, 건축학과, 교통공학과, 도시공학과, 산업공학과, 생명공학과, 소프트웨어공학과, 소프트웨어학과, 전자공학과, 정보통신공학과, 세어세측공힉괴, 컴퓨터공학과, 활경공학과

《도시와 환경》, 권용우 외, 박영사(2015)

[10통과2-02-03] • • •

온실효과 강화로 인한 지구온난화의 메커니즘을 이해하고, 엘니뇨, 사막화 등과 같은 현상이 지구 환경과 인간 생활에 미치는 영향과 대처 방안을 분석할 수 있다.

➡️ 지구 환경 문제인 엘니뇨와 사막화의 기술적 해결에 대한 공학적 연구 자료를 분석하고 대처 방안을 탐구할 필요성이 있다. 엘니뇨와 사막화에 대처하기 위해서는 실시간 기후 모니터링 시스템이나 빅데이터 기술을 활용한 예측이 중요하기 때문이다. 지구 환경 변화에 따른 건축물 내부의 고온·고습 환경 문제를 해결하기 위한 방법이나 면적에 따른 효율적인 에너지 활용법에 대해 탐구하여 발표해 보자.

관련 학과 건축공학과, 건축학과, 도시공학과, 소프트웨어공학과, 소프트웨어학과, 에너지공학과, 정보통신공학과, 제어계측공학과, 컴퓨터공학과, 토목공학과, 환경공학과

《기후변화가 생태계에 미치는 영향 모니터링 체계 구축》, 국립공원관리공단 국립공원연구원, 진한엠앤비(2014)

[10통과2-02-04] • • •

태양에서 수소 핵융합 반응을 통해 질량 일부가 에너지로 바뀌고, 그중 일부가 지구에서 에너지 흐름을 일으키며 다양한 에너지로 전환되는 과정을 추론할 수 있다.

➡️ 태양의 수소 핵융합 반응을 탐구하면 핵물리학, 열역학, 전기공학 등 다양한 공학 분야를 이해하고 태양의 에너지 생산 원리에 대해 파악할 수 있다. 태양 중심부의 높은 온도와 압력 때문에 핵융합 시 질량 결손에 따라 발생한 핵융합 에너지($E=mc^2$)에 대해 탐구한 후, 연계 탐구활동을 진행해 보자. 핵융합 에너지를 열에너지로 변환시켜 전력을 생산하는 핵융합 발전이나 강력한 자기장을 이용하여 초고온의 플라즈마를 제어하는 인공태양, 토카막 장치에 대해 탐구해 보자.

관련 학과 공학계열 전체

《꿈의 에너지 핵융합》, 박덕규, 전파과학사(2017)

국어 교과군
영어 교과군
수학 교과군
도덕 교과군
사회 교과군
과학 교과군

[10통과2-02-05]

발전기에서 운동 에너지가 전기 에너지로 전환되는 과정을 이해하고, 열원으로서 화석 연료, 핵에너지를 이용하는 발전소가 인간 생활에 미치는 영향을 조사·발표할 수 있다.

➡ 체르노빌과 후쿠시마에서 일어났던 원전 사고는 핵에너지 발전이 가진 위험성을 알려 준다. 또한 방사능 폐기물 처리 문제도 해결 과제로 남아 있다. 원자력 발전소는 원자핵의 분열을 이용하여 전력을 생산하는 시설이다. 원자로 내에서 핵분열은 연쇄 반응을 일으키는데, 연쇄 반응의 속도를 조절하는 제어봉 장치에 대해 조사해 보자. 그리고 핵분열에 의해 생성된 열이 냉각재를 증기로 변환시키고 터빈을 돌려 발전기를 구동시키는 열역학의 원리에 대해 탐구해 보자. 추후 활동으로 가압수형 원자로(PWR), 비등수형 원자로(BWR) 등 다양한 유형의 핵 반응로가 어떻게 설계되고 작동하는지, 성능을 어떻게 최적화하는지에 대해서도 탐구해 보자.

관련 학과 공학계열 전체

《다시 생각하는 원자력》, 어근선, MID(2022)

[10통과2-02-06]

에너지 효율의 의미와 중요성을 이해하고, 지속가능한 발전과 지구 환경 문제 해결에 신재생 에너지 기술을 활용하는 방안을 탐색할 수 있다.

➡ 세계 각국의 에너지 소비가 증가하고 있으므로 지속가능한 발전을 위해서는 에너지 효율을 높이는 기술을 탐구할 필요가 있다. 열전달과 열 회수 과정의 효율을 높일 수 있는 요소, 에너지와 엔트로피 등의 열역학적 변수를 조사하자. 또한 열역학 법칙에 대한 물리학적 요소 등을 활용하여 에너지 시스템을 최적화하고 효율성을 높일 수 있는 방안에 대해 탐구해 보자. 추후 활동으로 에너지 저장 시스템과 스마트 그리드 등의 전력 시스템 설계에 대해서도 탐구하여 발표해 보자.

관련 학과 공학계열 전체

《전기 에너지 저장 시스템》, 정대원·김동희, 문운당(2019)

단원명 | 과학과 미래 사회

|🔍| 감염병, 빅데이터, 인공지능 로봇, 사물인터넷, 과학기술의 발전, 미래 사회 문제 해결

[10통과2-03-01]

감염병의 진단, 추적 등을 사례로 과학의 유용성을 설명하고, 미래 사회 문제 해결에서 과학의 필요성에 대해 논증할 수 있다.

➡ 감염병의 전파 경로와 진행 패턴의 수학적 모델링과 시뮬레이션은 감염병의 전파 속도와 범위를 예측하고 효과적인 대응 방안을 수립하는 데 도움을 줄 수 있다. 또한 생체 센서와 환경 센서 등 다양한 센서 기술에 대해 조사한 뒤, 데이터를 수집하고 분석하여 감염병의 조기 탐지와 전파 추적에 도움을 줄 수 있는 방안에 대해 탐구해 보자.

관련 학과 기계공학과, 메카트로닉스공학과, 반도체공학과, 생명공학과, 소프트웨어공학과, 소프트웨어학과, 전기공학과, 전자공학과, 정보보안학과, 정보통신공학과, 제어계측공학과, 컴퓨터공학과

《센서원리 및 응용기술》, 정용택, 진샘미디어(2017)

[10통과2-03-02]

빅데이터를 과학기술사회에서 사용하고 있는 사례를 조사하고, 빅데이터 활용의 장점과 문제점을 추론할 수 있다.

➡ 도시 관련 데이터를 수집하고 분석하여 인구 밀도와 교통 흐름, 환경 영향 등을 평가하고, 지속가능한 도시 개발 및 디자인 전략에 활용할 수 있다. 도시 계획과 설계를 할 때 데이터 기반의 접근을 하거나 건축 데이터를 활용하여 건축 요소에 적용하고, 에너지 효율성을 모델링하는 시뮬레이션을 진행한다. 도시 생활자의 행동 데이터와 공간정보 등의 빅데이터를 도시 계획 및 교통 시스템 설계 등에 활용할 수 있는 방안에 대해 토론해 보자.

관련 학과 건축공학과, 건축학과, 교통공학과, 도시공학과, 산업공학과, 에너지공학과, 환경공학과

《스마트시티, 더 나은 도시를 만들다》, 앤서니 타운센드, 도시이론연구모임 역, MID(2018)

[10통과2-03-03]

인공지능 로봇, 사물인터넷 등과 같이 과학기술의 발전을 인간 삶과 환경 개선에 활용하는 사례를 찾고, 이러한 과학기술의 발전이 미래 사회에 미치는 유용성과 한계를 예측할 수 있다.

➡ 인공지능 로봇은 제조업이나 자동화 시스템에서 중요한 역할을 한다. 인공지능 알고리즘과 공학 기술을 결합한 로봇의 자율주행, 작업 자동화, 센서 퓨전 등에 관심을 갖고 탐구해 보자. 연계 활동으로 사물인터넷 센서 네트워크와 데이터 분석 기술 등을 활용한 생산 라인 설계와 원격 모니터링 등 사물인터넷 기술을 활용한 생산 효율성 개선 및 공정 최적화 방안에 대해 탐구해 보자.

관련 학과 기계공학과, 메카트로닉스공학과, 반도체공학과, 산업공학과, 생명공학과, 소프트웨어공학과, 소프트웨어학과, 자동차공학과, 정보보안학과, 정보통신공학과, 제어계측공학과, 컴퓨터공학과

《라즈베리파이로 구현하는 사물인터넷》, 김경연 외 3명, 광문각(2023)

[10통과2-03-04]

과학기술의 발전 과정에서 발생할 수 있는 과학 관련 사회적 쟁점(SSI)과 과학기술 이용에서 과학 윤리의 중요성에 대해 논증할 수 있다.

➡ 공학 기술의 발전은 사회에 큰 영향을 미치므로, 이에 따른 사회적 책임도 크다고 볼 수 있다. 인공지능, 자율주행차, 자동화에 따른 일자리 감소 문제 등 공학 기술의 개발과 관련된 사회적 쟁점을 조사하고 분석해 보자.

관련 학과 공학계열 전체

《공학윤리의 쟁점》, 송성수, 생각의힘(2013)

공통 과목	수능	과학탐구실험1	절대평가	상대평가
	X		5단계	X

단원명 | 과학의 본성과 역사 속의 과학 탐구

| 🔍 | 과학사, 패러다임 전환, 결정적 실험, 과학의 발전, 과학사의 사례, 과학의 본성, 설명과 추론

[10과탐1-01-01]   • • •

과학사에서 패러다임의 전환을 가져온 결정적 실험을 따라 해보고, 과학의 발전 과정에 관해 설명할 수 있다.

▶ 로켓 기술의 발전은 과학사에서 패러다임 변화를 일으킨 결정적 요소 중 하나이다. 미국의 과학자 로버트 고다드는 1926년 최초로 액체 연료 로켓을 성공적으로 발사하였다. 이 실험은 당시 대부분의 과학자들이 사용하던 고체 연료와는 다른, 혁신적 접근이었다. 고다드는 액체 산소와 연료를 결합한 새로운 추진 방식을 도입하여, 로켓이 대기 중에서도 지속적인 추진력을 유지할 수 있음을 보여 주었다. 실제로 우주에서 로켓을 발사한 것은 아니었지만, 그는 진공 상태인 우주에서도 로켓이 작동할 수 있음을 이론적으로 증명했다. 이 실험은 우주탐사의 초석이 되었으며, 로켓 기술의 발전을 통해 과학과 공학이 어떻게 서로를 발전시키며 패러다임 전환을 이루었는지를 보여 준 대표적 사례라 할 수 있다. 로켓 기술의 발전이 우주탐사와 과학기술 전반에 끼친 영향을 조사하고, 기술 발전 과정을 중심으로 PPT를 제작하여 발표해 보자.

관련 학과 공학계열 전체

판타 레이
민태기, 사이언스북스(2021)

책 소개

600년 가까운 유체 과학사를 살피며 과학이 세상을 어떻게 바꾸고, 또 세상이 과학을 어떻게 진화시키는지를 담은 책이다. 유체역학은 20세기 두 차례의 세계 대전을 거치며 국가의 존망을 좌우했던 항공기와 로켓 기술로 주목받으며 공학 분야로 자리 잡았다. 유체의 개념들은 에너지와 경제의 유동성으로 확장되어 현대 사회의 중요한 흐름을 이끌고 있다. 유체역학에 대한 이해는 '혁명과 낭만의 과학' 시대의 고민과 논쟁을 보다 일관된 시각에서 바라볼 수 있게 해준다.

세특 예시

교과연계도서 발표 활동에서 '판타 레이(민태기)'를 읽고 과학사에서 패러다임의 전환을 가져온 항공기와 로켓 기술에 대한 실험 및 과학의 발전 과정을 조사함. 물리학의 한 분야로, 세계 대전을 거치며 국가의 존망을 좌우했던 항공기와 로켓 기술의 토대로서 공학 분야에 영향을 준 유체역학의 과학적 원리에 대해서 조사하여 발표함.

[10과탐1-01-02] • • • •

과학사의 다양한 사례들로부터 과학의 본성을 추론할 수 있다.

➡️ 과학사의 다양한 사례들은 과학의 본성을 논의하는 데 중요한 통찰력을 제공한다. 갈릴레오 갈릴레이의 지동설, 찰스 다윈의 진화론, DNA의 구조 발견과 같은 혁신적인 발견들은 과학의 본성에 대해 깊이 생각하게 한다. 과학의 본성은 주로 탐구, 관찰, 이해, 설명의 과정에서 형성되며, 증거와 논리에 기반해 지식을 확장하고 개선하는 것이 그 핵심이다. 과학은 고정된 진리가 아니라, 새로운 증거가 나올 때마다 이론과 가설이 수정될 수 있다는 점에서 끊임없이 발전한다. 과학사의 다양한 사례 중 한 가지를 선정하여, 그 사례가 공학의 발전에 어떻게 기여했는지 분석하고, 이를 통해 도출된 과학의 본성을 추론하여 보고서를 작성해 보자.

관련 학과 공학계열 전체

《**과학의 본성**》, 강석진·노태희, 북스힐(2014)

단원명 | 과학 탐구의 과정과 절차

| 🔎 | 관찰, 탐구, 수행, 실험, 가설 설정, 귀납적 탐구, 연역적 탐구, 정성적·정량적 데이터, 협동 연구

[10과탐1-02-01] • • • •

직접적인 관찰을 통한 탐구를 수행하고, 귀납적 탐구 방법을 설명할 수 있다.

➡️ 귀납적 탐구 방법은 관찰이나 패턴을 통해 일반적 결론을 도출하는 추론 과정이다. 관찰된 사례와 증거를 바탕으로 일반적 법칙, 원칙 또는 이론을 만들어 내는 것을 의미한다. 예를 들어, 관찰과 실험을 통해 '모든 물체는 만유인력의 영향을 받는다'는 법칙을 도출할 수 있다. 이러한 법칙은 다양한 물체가 중력의 영향을 받는다는 관찰을 토대로 형성된 것이다. 공학 분야에서도 귀납적 탐구 방법은 건축물의 안전성 분석, 신소재 개발 등에서 널리 활용된다. 관심 있는 공학 분야의 주제를 선정하여, 이 방법을 통해 관찰을 기반으로 한 탐구를 수행하고 도출된 이론을 보고서로 작성한 후, 핵심 내용을 요약하여 PPT로 발표해 보자.

관련 학과 공학계열 전체

《**창의성을 디자인하는 과학탐구활동**》, 채희진, 더블북(2021)

[10과탐1-02-02] • • • •

가설 설정을 포함한 과학사의 대표적인 탐구실험을 수행하고, 연역적 탐구 방법의 특징을 예증할 수 있다.

➡️ 과학에서는 귀납적 탐구 방법과 연역적 탐구 방법을 모두 사용한다. 귀납적 탐구 방법은 관찰과 실험에서 나타나는 패턴을 분석해 일반적 법칙을 도출하는 데 사용되며, 연역적 탐구 방법은 이미 알려진 법칙을 바탕으로 특정 상황에서 결과를 예측하는 데 활용된다. 예를 들어, 염화나트륨과 질산은의 반응 실험을 통해 화학적 반응을 이해할 수 있다. 염화나트륨 수용액과 질산은 수용액을 혼합하면 하얀 앙금인 염화은이 생성되는 반응이 일어난다. 이 실험을 통해 가설 설정, 자료 수집, 실험 수행, 결과 분석 및 과학적 설명을 배울 수 있다. 과학사에서 중요한 탐구실험을 조사하여, 해당 실험에 적용된 연역적 탐구 방법을 정리한 뒤 보고서로 작성해 보자.

관련 학과 공학계열 전체

《**과학탐구보고서, 소논문 쓰기**》, 이철구 외 3명, 상상아카데미(2018)

탐구 수행에서 얻은 정성적 혹은 정량적 데이터를 분석하고 그 결과를 다양하게 표상하고 소통할 수 있다.

➡ 탐구 수행을 위한 데이터 분석은 여러 방식으로 진행될 수 있다. 정성적 데이터는 주로 특정 주제에 따라 발견된 패턴, 현상 또는 관찰된 특징을 설명하고 정리하는 데 사용된다. 이 과정에서 텍스트, 이미지, 표, 도표를 활용하여 통찰을 얻으며, 텍스트 마이닝이나 이미지 분석을 통해 데이터 간의 관계성을 파악할 수 있다. 반면에 정량적 데이터는 통계적 분석을 통해 정보를 도출하고 가설을 검증하는 데 중요한 역할을 한다. 통계 분석 및 수치적 기법을 사용하여 가설 검정, 상관 분석, 회귀 분석, 평균 비교, 시계열 분석 등을 수행할 수 있다. 관심 있는 주제를 선정하여 탐구를 수행한 후, 정성적 데이터 또는 정량적 데이터를 분석해 보고, 표와 데이터 분석 그래프를 적절히 활용하여 그 결과를 보고서로 작성해 보자.

관련 학과 공학계열 전체

데이터 시각화 디자인

나가타 유카리, 김연수 역,
위키북스(2021)

책 소개

데이터를 시각화하기 위해서 대시보드를 만들거나 Excel을 이용해 그래프를 그릴 때 어떻게 하는 것이 가장 좋을지 고민하는 학생을 위한 책이다. 이 책에는 저자가 오랜 기간에 걸쳐 쌓아 온 데이터 시각화의 노하우, 모범 사례, 안티 패턴 등을 정리, 분류한 정수가 담겨 있다. 구체적인 사례와 함께 세세한 설명을 덧붙였으며 산업 현장에서 자주 받는 질문에 대한 답변들도 실었다.

세특 예시

교과연계도서 발표 활동에서 '데이터 시각화 디자인(나가타 유카리)'을 읽고 탐구 수행에서 얻은 데이터를 분석하고 그 결과를 시각적으로 다양하게 표현하는 방법을 조사함. 데이터를 시각화하기 위해서 스프레드시트 프로그램을 사용할 때 어떤 그래프를 이용하는 것이 적합한지 분석하여 보고서를 제출함. 과학 실험 결과 데이터를 시각화하고 그래프를 활용하여 표현하는 방법을 잘 파악함.

흥미와 호기심을 갖고 과학 탐구에 참여하고, 분야 간 협동 연구 등을 통해 협력적 탐구 활동을 수행하며, 도출한 결과를 증거에 근거하여 해석하고 평가할 수 있다.

➡ 최근 대학에서는 공학계열과 관련된 체계적인 교육을 하기 위해 공학교육인증제도를 운영하고 있다. 글로벌 지식 기반 사회에 필요한 수요자 중심의 공학인을 양성하기 위한 노력의 일환이다. 공학교육인증제도는 기업과 사회의 요구를 교과과정에 지속해서 반영하고 개선함으로써 인증과정을 이수한 졸업생들이 공학 실무를 담당할 준비가 되어 있음을 보장하며, 나아가 세계 여러 나라에서 전문 엔지니어로서 동등성을 인정받을 수 있게 해주는 제도이다. 이공계열에서는 연구를 수행하는 과정도 중요하지만 그 결과를 가지고 실험 보고서를 작성하거나 과학기술 논문을 작성하는 과정도 중요하다. 실험 결과를 중심으로 보고서를 작성하는 과정을 조사하여 PPT로 제작한 후 발표해 보자.

관련 학과 공학계열 전체

《**이공계 글쓰기 노하우**》, 김동우 외, 생능출판사(2023)

공통 과목	수능	과학탐구실험2	절대평가	상대평가
	X		5단계	X

단원명 | 생활 속의 과학 탐구

🔍 과학 원리, 생활 속 과학, 놀이 속 과학, 과학 탐구 활동, 과학 개념, 실생활 문제

[10과탐2-01-01] • • •

영화, 건축, 요리, 스포츠, 미디어 등 생활 속의 과학 원리를 실험 등을 통해 탐구하고, 과학 원리를 활용한 놀이 체험을 통해 과학의 즐거움과 유용성을 느낄 수 있다.

➡ 다양한 놀이기구에 적용된 과학적 원리와 제어 시스템에 대해 조사하여 발표해 보자. 일례로 중력과 관성, 가속도 등의 과학적 원리를 기반으로 자이로드롭 같은 놀이기구에서 중력을 제어하는 시스템을 탐구해 보는 것이다. 이 밖에도 놀이기구의 높이 조절, 안전 잠금장치 등의 작동 원리와 센서 원리, 통신 프로토콜 등의 조사와 중력 제어 시스템의 동작 원리 등을 분석하여 발표해 보자.

관련 학과 공학계열 전체

《안전필수 시스템 제어 설계》, 김국현 외 2명, 한빛아카데미(2021)

[10과탐2-01-02] • • •

사회적 이슈나 생활 속에서 과학 탐구 문제를 발견하고, 이를 해결하기 위한 과학 탐구 활동을 계획하고 수행할 수 있다.

➡ 놀이공원에 가면 스릴을 느끼게 하는 재미있는 놀이기구들이 많다. 롤러코스터, 자이로드롭, 회전목마 등에 담겨 있는 다양한 운동 역학에 관해 탐구 활동을 해보자. 스마트 기기의 앱이나 센서 기능을 활용하여 놀이기구의 가속도를 측정하고 데이터를 수집한 뒤, 수집된 가속도 데이터를 분석하고 놀이기구 운동에서 발생하는 가속도와 비교하여 분석해 보자. 이를 통해 놀이기구의 안전성을 확보하고 쾌감을 상승시키기 위한 설계 방안에 대해 창의적인 아이디어를 제시하는 토의를 해보자.

관련 학과 공학계열 전체

《괴짜 물리학》, 렛 얼레인, 정훈직 역, 북라이프(2016)

[10과탐2-01-03] • • •

과학 개념을 적용하여 실생활 문제의 해결 방안을 창의적으로 고안하고, 필요한 도구를 설계·제작할 수 있다.

➡ 스마트 기기를 이용한 오염물질 측정 도구의 설계, 제작은 환경 모니터링 분야에서 중요한 역할을 한다. 특허 등록된 대기 오염 측정 장치로 스마트 자전거와 내비게이션을 활용하여 대기 오염을 측정하고 정보를 전송하는 장치가 있다. 자전거 탑튜브 내에 장착된 대기 오염 측정 센서로 측정한 대기 오염 농도를 GPS를 이용해 지

국어 교과군

영어 교과군

수학 교과군

도덕 교과군

사회 교과군

부록 교과군

도의 해당 위치에 표시함으로써 광범위한 지역의 대기 오염 농도를 휴대전화, 내비게이션을 통해 전송하여 높은 정밀도로 실시간 제공해 준다. 실생활에서 맞닥뜨리는 여러 문제를 해결할 수 있는 도구에 대해 토의하여 발표해 보자.

`관련 학과` 공학계열 전체

《초미세먼지와 대기오염》, 현상민, 씨아이알(2019)

단원명 ┃ 미래 사회와 첨단 과학 탐구

| 🔍 | 첨단 과학기술, 과학 원리, 연구 윤리, 과학 윤리, 안전 사항

[10과탐2-02-01]   • • •

첨단 과학기술 속의 과학 원리를 찾아내는 탐구 활동을 통해 과학 지식이 활용된 사례를 추론할 수 있다.

자동차의 자율주행 기술은 인공지능, 센서, 빅데이터 등의 첨단기술을 활용하여 차량이 스스로 주행하는 능력을 갖춘 것이다. 레이저 펄스를 발사하여 빛이 대상 물체에 반사되어 돌아오는 것을 받아 물체까지의 거리를 측정하고 물체 형상까지 이미지화하는 라이다(LiDAR), 카메라, 레이더 등 센서를 사용한다. 그리고 주변 환경을 감지하고 인공지능 알고리즘으로 데이터를 분석하여 차량의 운전 결정을 내린다. 자율주행 기술에 적용된 첨단 과학기술의 원리를 분석하는 탐구 활동을 해보자.

`관련 학과` 교통공학과, 기계공학과, 메카트로닉스공학과, 반도체공학과, 소프트웨어공학과, 소프트웨어학과, 자동차공학과, 전기공학과, 전자공학과, 정보통신공학과, 제어계측공학과, 컴퓨터공학과

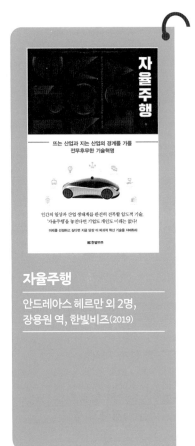

자율주행

안드레아스 헤르만 외 2명,
장용원 역, 한빛비즈(2019)

`책 소개`

미래 산업의 운명을 결정지을 기술인 자율주행에 대한 책이다. 인공지능, 빅데이터, 증강 현실, 사물인터넷 등 모든 기술이 총망라된 자율주행이란 이름으로 4차 산업혁명의 실체가 드러나고 있다. 자율주행차가 일으킬 이동 수단의 혁신은 사람과 물자의 운송 방법, 도로 교통의 모습, 운송 기반시설을 비롯해 우리 생활의 모든 면에 영향을 미칠 것이다. 자율주행을 둘러싼 수많은 궁금증에 대한 답을 담아냈다.

`세특 예시`

36만 제곱미터에 이르는 'K-시티'라는 무인자동차 시험장을 건설해 다양한 교통 상황을 시뮬레이션할 수 있는 환경을 제공한다는 매체 자료를 접하고 자율주행 기술에 적용된 첨단 과학기술의 원리를 분석하는 탐구 활동을 함. 교과연계 독서 활동으로 '자율주행(안드레아스 헤르만 외)'을 읽고 인공지능과 센서, 빅데이터 등의 첨단기술이 자율주행 기술에 어떻게 활용되는지 이해하고, 도서에 기술된 자율주행 기술의 개요와 핵심 요소에 대해 학습함. 이후 센서와 인공지능 알고리즘의 상호작용을 통해 수집된 데이터를 분석하는 방법과 자율주행 기술 사례에 대해 분석하는 탐구 활동을 진행함.

[10과탐2-02-02]   ● ● ●

과학 원리가 적용된 첨단 과학기술 및 탐구 산출물을 발표하고 공유하며, 이를 확산할 수 있다.

➡ 전기자동차 배터리의 성능을 향상시키고 안전성을 개선하기 위해 적용된 첨단기술에 대해 탐구할 수 있다. 배터리의 긴 수명을 제공하는 소재의 개발과 전해질의 안정성 향상, 충전 속도의 개선 등에 다양한 기술이 활용됨을 파악하자. 또한 나노 입자, 나노 섬유, 나노 코팅 등의 기술을 적용하여 충전 용량 및 충전 속도, 수명 등 배터리의 성능을 향상시키는 방안에 대해 탐구하여 발표해 보자.

관련 학과 금속공학과, 기계공학과, 메카트로닉스공학과, 반도체공학과, 신소재공학과, 에너지공학과, 원자력공학과, 자동차공학과, 전기공학과, 전자공학과

《배터리 전쟁》, 루카스 베드나르스키, 안혜림 역, 위즈덤하우스(2023)

[10과탐2-02-03]   ● ● ●

탐구 활동 과정에서 지켜야 할 생명 존중, 연구 진실성, 지식 재산권 존중 등과 같은 연구 윤리와 함께, 과학기술 이용과 관련된 과학 윤리 및 안전 사항을 준수할 수 있다.

➡ 인공지능 기술의 발전으로 개인정보 보호와 윤리적 문제가 부각되고 있다. 인공지능 알고리즘은 대량의 데이터를 처리하는데, 민감한 개인정보도 포함될 수 있다. 연구자는 알고리즘 설계 시 개인정보를 보호하고 윤리적 책임을 준수하기 위해 노력해야 한다. 또한 인공지능이 내포할 수 있는 사회적, 인종적, 성적 편향을 분석하고 완화하기 위한 방법을 구상해야 한다. 인공지능 기술의 개인정보 보호와 윤리적 문제, 편향 문제를 개선하기 위한 방법에 대해 탐구해 보자.

관련 학과 소프트웨어공학과, 소프트웨어학과, 컴퓨터공학과

《4차 산업혁명시대 지식재산권 무엇이 바뀌는가?》, 강충인, 지식공감(2018)

선택 과목	수능	물리학	절대평가	상대평가
일반 선택	X		5단계	5등급

단원명 | 힘과 에너지

| 🔎 | 알짜힘, 돌림힘, 안정성, 뉴턴 운동 법칙, 작용과 반작용, 운동량 보존 법칙, 일과 운동 에너지, 위치 에너지, 역학적 에너지 보존 법칙, 총 에너지, 열과 역학적 에너지, 영구기관

[12물리01-01]   • • •

물체에 작용하는 알짜힘과 돌림힘이 0일 때 평형을 이룸을 알고, 다양한 구조물의 안정성을 분석할 수 있다.

➡ 물리학의 원리가 많이 사용되는 토목공학은 여러 구조물의 안정성과 안전성을 확보하기 위해 다양한 측면을 고려한다. 구조물이 받는 하중을 분석하고, 그에 따른 응력, 변형을 예측하여 재료의 선택과 형태 설계를 최적화한다. 지반의 특성을 조사하고 기초 설계를 통해 지지체를 안정하게 구축하여 구조물이 안전하게 보다 긴 시간 동안 사용될 수 있도록 한다. 재료의 내구성과 노후화 연구도 함께 진행하는 토목공학은 안전하고 지속가능한 인프라 구축을 지원하며 사회에 안정성과 신뢰를 제공하는 학문이다. 토목공학 기술자와 관련된 서적을 읽고, 토목공학 기술자들의 커리어패스를 통해 그들이 현재의 직업을 갖기까지 어떤 일들을 거쳐 왔는지 발표해 보자.

관련 학과 건축공학과, 건축학과, 기계공학과, 토목공학과

《**토목공학기술자 어떻게 되었을까?**》, 캠퍼스멘토, 캠퍼스멘토(2022)

[12물리01-02]   • • •

뉴턴 운동 법칙으로 등가속도 운동을 설명하고, 교통안전 사고 예방에 적용할 수 있다.

➡ 뉴턴의 운동 법칙에 기반한 가속도 운동과 등가속도 운동은 다양한 공학 분야에서 중요한 개념으로 활용된다. 가속도 운동은 물체의 속도가 일정하지 않고 시간이 지남에 따라 변화하는 상태를 의미하고, 자동차 엔진 성능을 테스트할 때 차량의 가속도를 분석한다. 등가속도 운동은 가속도가 일정한 상태에서 운동하는 물체를 의미하며, 중력을 받아 떨어지는 물체가 등가속도 운동을 하는 대표적인 사례이다. 기계공학에서는 컨베이어 벨트 위의 물체가 일정한 가속도를 유지하며 움직일 때 등가속도 운동이 발생한다. 전기공학에서는 전동기의 가속도를 분석해 전기적 성능을 평가하고, 건축공학에서는 엘리베이터가 일정한 속도로 올라가거나 내려갈 때 등가속도 운동이 일어난다. 가속도 운동과 등가속도 운동의 실제 예시를 표로 정리하고, '전동기의 가속도 분석 및 성능 최적화'를 주제로 보고서를 작성해 보자.

관련 학과 공학계열 전체

《**물리의 기본 힘과 운동편**》, 뉴턴프레스, 아이뉴턴(2019)

[12물리01-03]

작용과 반작용 관계와 운동량 보존 법칙을 알고, 스포츠, 교통수단, 발사체 등에 적용할 수 있다.

➡ 발사체에서 작용과 반작용 관계는 뉴턴의 제3법칙으로 설명할 수 있다. 이 법칙에 따르면, 모든 작용에는 반작용이 있으며, 두 물체 사이에 작용하는 힘은 서로 같으면서 반대 방향으로 작용한다. 운동량 보존 법칙은 닫힌 시스템 내에서 전체 운동량이 보존된다는 원리이다. 발사체도 운동량 보존의 법칙이 적용되고, 발사체에서 발사되는 물체에는 힘이 작용하는데 동시에 발사체에도 반대되는 힘이 작용하며 같은 크기의 운동량을 가진다. 로켓에 적용되는 작용과 반작용의 관계와 운동량 보존 법칙을 조사하고, 로켓의 공학적인 구조와 원리를 중심으로 보고서를 작성해 보자.

관련 학과 건축공학과, 건축학과, 교통공학과, 기계공학과, 메카트로닉스공학과, 산업공학과, 에너지공학과, 원자력공학과, 자동차공학과, 조선해양공학과, 토목공학과, 항공우주공학과, 환경공학과

로켓의 과학적 원리와 구조

데이비드 베이커, 엄성수 역, 하이픈(2021)

책 소개

로켓을 작동시키는 기본적인 기술적 원리와 구조와 더불어 1942년 이후 초기 로켓들의 개발과 발전의 역사를 소개하는 책이다. 이 책에는 300여 개에 이르는 삽화와 내부를 보여 주는 단면도가 실려 있다. 풍부한 사진과 그림 자료를 통해 인류의 우주탐사 역사를 뒷받침해 온 로켓의 역사와 성능, 각 로켓에 적용된 다양한 기술과 디자인을 볼 수 있다. 각 로켓의 특징과 디자인, 전반적인 핵심 사항을 쉽게 파악할 수 있게 알려 준다.

세특 예시

교과연계도서 발표 활동에서 '로켓의 과학적 원리와 구조(데이비드 베이커)'를 읽고 로켓에 적용되는 작용과 반작용의 법칙, 운동량 보존 법칙을 조사함. 삽화와 내부를 보여 주는 단면도를 분석하여 로켓을 작동시키는 기본적인 기술적 원리와 구조를 파악하고, 로켓의 공학적인 구조와 작동 원리를 중심으로 보고서를 작성함. 로켓에 적용되는 물리학 법칙을 잘 이해하고 논리적으로 발표함.

[12물리01-04]

일과 운동 에너지의 관계를 이해하고, 위치 에너지와 역학적 에너지 보존 법칙을 설명할 수 있다.

➡ 기계에서의 일은 일반적으로 힘과 이동을 통해 물체를 움직이거나 작업을 수행하는 과정으로, 여기에는 에너지가 필요하다. 일의 크기는 가해진 힘과 이동 거리에 의해 결정되며, 이를 통해 물체에 가해진 힘이 실제로 얼마나 이동하게 되었는지를 알 수 있다. 예를 들어 도르래는 중력의 힘을 분산시켜 무거운 물체를 쉽게 들어 올리거나 내리는 기계로, 작은 힘을 사용해 큰 물체를 움직일 수 있게 해준다. 관심 있는 기계가 어떻게 일을 하고 에너지를 전환하는지를 조사하고, '도르래 시스템을 이용한 에너지 전환 효율 분석'을 주제로 보고서를 작성해 보자.

관련 학과 건축공학과, 건축학과, 교통공학과, 기계공학과, 도시공학과, 메카트로닉스공학과, 산업공학과, 자동차공학과, 조선해양공학과, 토목공학과, 항공우주공학과, 화학공학과, 환경공학과

《물리의 정석: 고전 역학 편》, 레너드 서스킨드·조지 라보프스키, 이종필 역, 사이언스북스(2017)

[12물리01-05]

역학적 에너지가 열의 형태로 전환될 때 에너지 총량이 변하지 않음을 설명할 수 있다.

역학적 에너지가 열에너지로 전환되는 과정은 에너지 보존 법칙에 기반하며, 에너지가 한 형태에서 다른 형태로 변환되더라도 총 에너지의 양은 변하지 않는다. 역학적 에너지는 운동 에너지와 위치 에너지로 나뉘며, 시스템 내에서 외부 힘이 작용하지 않는 한 에너지는 보존된다. 그러나 마찰이나 저항과 같은 요소로 인해 일부 역학적 에너지가 열에너지로 변환될 수 있다. 예를 들어, 운전 중 브레이크를 밟을 때 자동차의 운동 에너지가 브레이크 패드와 디스크 사이의 마찰로 인해 열로 전환되어 차량이 멈춘다. 이때 운동 에너지가 열에너지로 변환되는 과정은 에너지 보존 법칙에 따른다. 이처럼 역학적 에너지가 열에너지로 변환되는 다양한 사례와 과정을 조사하여 발표해 보자.

관련 학과 건축공학과, 기계공학과, 반도체공학과, 산업공학과, 신소재공학과, 에너지공학과, 원자력공학과, 토목공학과, 항공우주공학과, 화학공학과, 환경공학과

《에너지 위기 어떻게 해결할까?》, 이은철, 동아엠앤비(2023)

[12물리01-06]

열이 역학적 에너지로 전환되는 과정의 효율을 정성적으로 이해하고, 영구기관이 불가능함을 사례를 통해 논증할 수 있다.

인류는 오랜 세월 동안 외부 에너지 공급 없이 스스로 영원히 움직이는 장치, 즉 영구기관을 만들고자 도전해 왔다. 자석, 전기, 열, 빛 등을 활용한 다양한 영구기관의 시도가 있었지만, 열역학 제1법칙과 열역학 제2법칙에 의해 영구기관은 실현 불가능하다는 결론이 내려졌다. 공학 분야에서는 스털링 엔진이나 로터리 엔진과 같은 고효율 에너지 장치의 개발이 이루어지고 있으나, 영구적인 운동을 유지하는 것은 불가능하다. 열역학 법칙이 영구기관의 실현을 불가능하게 만드는 이유를 분석하고, '열역학 법칙을 고려한 에너지 시스템 최적화'를 주제로 보고서를 작성해 보자.

관련 학과 교통공학과, 기계공학과, 메카트로닉스공학과, 산업공학과, 에너지공학과, 자동차공학과, 조선해양공학과, 토목공학과, 항공우주공학과, 화학공학과, 환경공학과

《기계의 재발견》, 나카야마 히데타로 저, 김영동 역, 전파과학사(2021)

단원명 | 전기와 자기

| 🔍 | 전하, 입자, 전기장, 자기장, 전위차, 전기 회로, 저항, 소비 전력, 전기 기구, 축전기, 전기 에너지, 센서, 신호 입력 장치, 자성체, 산업 기술, 전류의 자기 작용, 에너지 전환, 전자기 유도 현상

[12물리02-01]

전하를 띤 입자들이 전기장과 전위차를 형성하여 서로 전기적으로 상호작용함을 설명할 수 있다.

전하를 띤 입자들이 전기장과 전위차를 형성하여 전기적으로 상호작용하는 과정은 전자기학의 핵심 개념으로, 이는 전자소자에서 매우 중요한 역할을 한다. 전기장은 전하가 있는 공간에서 발생하는 힘의 장으로, 전하가 이동할 수 있는 방향과 크기를 결정한다. 전위차는 두 점 사이의 전기적 에너지 차이를 의미하며, 전하가 전

기장 안에서 이동할 때 발생하는 일을 설명할 수 있다. 대표적 전자소자로 두 도체 사이에 전기장을 형성하여 전하를 저장하는 콘덴서가 있다. 두 도체에 전위차를 걸어 주면, 전기장이 형성되면서 전하가 도체에 축적된다. 이러한 전기장과 전위차의 상호작용은 전기적 에너지를 저장하고 방출하는 데 중요한 역할을 한다. 다이오드는 전위차에 의해 전류가 한 방향으로만 흐르게 하는 소자로, 전기장의 방향과 전위차에 따라 전하의 이동이 제한된다. 이처럼 전하를 띤 입자들이 전기장과 전위차를 통해 전기적으로 상호작용하는 다양한 전자소자를 조사하여 보고서를 작성해 보자.

관련 학과 금속공학과, 기계공학과, 반도체공학과, 신소재공학과, 에너지공학과, 원자력공학과, 항공우주공학과, 화학공학과, 환경공학과

《**문과생도 알아두면 쓸모있는 반도체 지식**》, 이노우에 노부오·구라모토 다카후미, 김지예 역, 동아엠앤비(2023)

[12물리02-02]   ● ● ●

전기 회로에서 저항의 연결에 따라 소비 전력이 달라짐을 알고, 다양한 전기 기구에서 적용되는 사례를 찾을 수 있다.

➡ 전력은 전기 기기에 사용되는 단위 시간당 에너지로 전압과 전류의 곱으로 표현된다. 전력은 전기 기기에 공급되는 전압에 따라 다른 값을 가지며, 소비 전력의 단위는 와트(W)를 사용한다. 가정에서 사용하는 텔레비전, 냉장고, 세탁기 등 전자 제품은 병렬로 연결되어 사용되고 있다. 가정용 전기 기구에서 주로 사용하는 소비 전력의 단위, 정격 전압과 정격 전력 등의 개념을 조사하여 보고서로 삭성해 보자.

관련 학과 기계공학과, 메카트로닉스공학과, 반도체공학과, 신소재공학과, 에너지공학과, 자동차공학과, 전기공학과, 전자공학과, 제어계측공학과, 조선해양공학과, 항공우주공학과, 화학공학과, 환경공학과

《**전기·전자의 기초**》, 이다까 시게오, 전자회로연구회 역, 대광서림(2023)

[12물리02-03]   ● ● ●

축전기에서 전기 에너지를 저장하는 원리가 각종 센서와 전기 신호 입력 장치 등 실생활 제품에서 활용됨을 설명할 수 있다.

➡ 축전기는 두 개의 금속판 사이에 유전체를 두어 전기 에너지를 저장하는 장치로, 전기공학과 물리학에서 중요한 역할을 한다. 평행판 축전기는 가장 기본적인 형태로, 두 금속판 사이에 전기장이 형성되어 전하가 축적된다. 두 금속판 사이의 간격이 좁을수록 더 많은 전하를 저장할 수 있어, 전기 신호 입력 장치나 다양한 전자 소자에서 활용된다. 축전기는 특히 센서나 필터 역할을 하며, 전력 저장이나 전기 신호의 제어에도 사용된다. 터치스크린 기술에는 손가락이나 도체가 가까이 올 때 전기 용량의 변화를 감지하여 입력 신호로 사용하며, 마이크로폰이나 가속도계 등의 전자소자에서도 축전기의 특성이 활용된다. 다양한 전자소자에서 축전기가 어떻게 활용되는지 조사하고, 그 작동 원리와 특징을 분석한 뒤 보고서로 작성해 보자.

관련 학과 금속공학과, 기계공학과, 반도체공학과, 신소재공학과, 에너지공학과, 항공우주공학과, 화학공학과, 환경공학과

《**반도체소자와 전자회로**》, 양전욱, 패스메이커(2023)

[12물리02-04]   ● ● ●

자성체의 종류를 알고 일상생활과 산업 기술에서 자성체가 활용되는 예를 찾을 수 있다.

➡ 자성체는 전자 기기와 컴퓨터, 발전기와 모터, 자동차와 운송 수단, 센서와 스위치, 의료 기기 등 다양한 산업 분야와 일상생활에 활용되고 있으며, 그 활용 범위는 계속 확장되고 있다. 전기와 기계적 에너지 변환, 분리 및 정렬, 신

호 감지 및 위치 결정, 의료 진단 및 이미지 처리, 에너지 생산 및 저장에 자석의 특성이 유용하게 적용되기 때문이다. 산업 기술이나 공장 자동화 시스템에 자성체가 활용되는 예를 조사하여 보고서를 작성해 보자.

관련 학과 금속공학과, 기계공학과, 반도체공학과, 산업공학과, 생명공학과, 식품공학과, 신소재공학과, 에너지공학과, 항공우주공학과, 화학공학과, 환경공학과

《스마트 팩토리와 공장 자동화》, 송문재, 홍릉(2023)

[12물리02-05]   ● ● ●

전류의 자기 작용을 이용하여 에너지를 전환하는 장치의 원리를 알고, 스피커와 전동기 등을 설계할 수 있다.

➡️ 전류의 자기 작용을 이용하여 에너지를 전환하는 장치는 여러 분야에서 사용되며, 대표적인 예로 스피커와 전동기, 변압기가 있다. 전동기는 전류가 흐를 때 코일에 생성된 자기장을 이용하여 회전 운동을 만들어 내고, 전기 에너지를 기계적 에너지로 변환하여 다양한 기계나 장치에서 회전 운동을 일으킨다. 변압기는 교류 전류가 코일을 통과할 때 생성되는 자기장을 이용해 전압을 변환시키는 장치다. 이처럼 전류의 자기 작용을 이용해 에너지를 전환하는 다양한 장치를 조사하여, 그 원리와 활용 사례를 분석한 뒤 보고서를 작성해 보자.

관련 학과 기계공학과, 반도체공학과, 산업공학과, 에너지공학과, 항공우주공학과

《전자기 쫌 아는 10대》, 고재현, 풀빛(2020)

[12물리02-06]   ● ● ●

전자기 유도 현상이 센서, 무선통신, 무선충전 등 에너지 전달 기술에 적용되어 현대 문명에 미친 영향을 인식할 수 있다.

➡️ 유선통신과 무선통신의 차이는 정보 전달 방식과 특성에 있다. 유선통신은 케이블 또는 전선을 통해 정보를 전송하며, 안정성과 신뢰성이 높지만 설치와 유지 비용이 많이 든다. 반면 무선통신은 전선을 사용하지 않고 정보를 전송할 수 있어 이동성과 유연성이 뛰어나다. 전자공학 분야에서는 이러한 무선통신 기술이 중요한 연구 주제 중 하나이다. 무선통신의 과학적 원리인 전자기 유도와 상호 유도는 무선 신호 전달과 에너지 전송에서 핵심적인 역할을 한다. 전자기 유도는 안테나를 통해 전파를 생성하고 다른 기기에서 신호로 변환하는 과정을 의미하고, 상호 유도는 두 회로 사이에서 유도 전류가 발생하는 원리로 무선충전이나 근거리 통신에 적용된다. 무선통신 시스템의 작동 원리를 분석하고, '전자기 유도 원리를 활용한 무선충전 기술 연구'를 주제로 보고서를 작성해 보자.

관련 학과 기계공학과, 메카트로닉스공학과, 산업공학과, 에너지공학과, 자동차공학과, 전기공학과, 전자공학과, 정보보안학과, 정보통신공학과, 제어계측공학과, 컴퓨터공학과, 항공우주공학과

《공학도를 위한 무선통신시스템》, 안성수·이원철, 사이버북스(2019)

단원명 | 빛과 물질

🔍 빛, 중첩, 간섭, 파동성, 굴절, 렌즈, 입자성, 이중성, 전자 현미경, 양자화된 에너지 준위, 스펙트럼, 고체, 에너지띠, 도체, 부도체, 반도체, 광속, 특수 상대성 이론, 시간 팽창, 길이 수축

[12물리03-01]   ● ● ●

빛의 중첩과 간섭을 통해 빛의 파동성을 알고, 이를 이용한 기술과 현상을 예를 들어 설명할 수 있다.

빛은 파동성과 입자성을 모두 가지고 있으며, 이는 빛의 다양한 현상을 설명하는 데 중요한 역할을 한다. 빛의 파동성을 활용한 대표적인 장치로는 간섭계와 회절격자가 있다. 간섭계는 빛의 간섭 현상을 이용하여 거리나 두 물체 사이의 차이를 매우 정밀하게 측정하는 장치다. 예를 들어, 마이켈슨 간섭계는 두 빛의 경로 차이에 의해 간섭 무늬를 생성하며, 이를 통해 미세한 길이 변화를 측정할 수 있다. 또한 회절격자는 빛이 좁은 틈을 통과하면서 발생하는 회절 현상을 이용한 장치로, 빛을 파장에 따라 분리하는 역할을 한다. 이 장치는 스펙트럼 분석이나 광학 기기에서 빛의 파동성에 기반한 작동 원리를 이용한다. 이처럼 빛의 파동성을 이용한 장치들의 작동 원리를 조사하고, '파동성을 이용한 통신 기술 발전 연구'를 주제로 보고서를 작성해 보자.

관련 학과 공학계열 전체

《빛의 물리학》, EBS 다큐프라임 〈빛의 물리학〉 제작팀, 해나무(2014)

[12물리03-02] • • •

빛의 굴절을 이용하여 볼록렌즈에서 상이 맺히는 과정을 설명하고, 반도체와 디스플레이 제작 공정에서 중요하게 활용됨을 인식할 수 있다.

디스플레이는 정보를 시각적으로 표현하는 장치로, 텔레비전, 컴퓨터, 스마트폰 등 다양한 기기에 사용된다. LCD 디스플레이는 20세기 후반부터 본격적으로 사용되었으며, 액정을 이용해 빛을 차단하거나 투과시키는 방식으로 화면을 구성한다. 이후 유기발광다이오드(OLED) 기술은 더 선명하고 얇은 화면을 제공하며, 휘어질 수 있는 디스플레이를 가능하게 했다. 디스플레이 기술은 해상도, 화질, 소비 전력, 크기 등 여러 측면에서 꾸준히 발전해 왔으며, 앞으로도 AR, VR, 투명 디스플레이, 플렉서블 디스플레이와 같은 신기술이 도입될 예정이다. 디스플레이의 종류와 특징을 조사하고, 자료를 정리하여 보고서를 작성해 보자.

관련 학과 금속공학과, 기계공학과, 도시공학과, 반도체공학과, 산업공학과, 신소재공학과, 자동차공학과, 컴퓨터공학과, 토목공학과, 항공우주공학과, 화학공학과, 환경공학과

《디스플레이 이야기 1》, 주병권, 열린책빵(2021)

[12물리03-03] • • •

빛과 물질의 이중성이 전자 현미경과 영상 정보 저장 등 다양한 분야에 활용됨을 설명할 수 있다.

빛과 물질의 이중성은 물리학과 광학의 핵심 개념으로, 파동과 입자의 성질을 모두 가지고 있다는 것을 의미한다. 빛은 파동처럼 굴절, 반사, 간섭, 회절 등의 현상을 보이지만, 동시에 광자라는 입자 형태로 에너지를 전달할 수 있다. 물질 또한 입자성뿐 아니라 특정 조건에서 파동적 성질을 나타낼 수 있다. 특히 전자와 같은 미세한 입자들은 이중성을 나타내며, 이 원리를 활용한 도구 중 하나가 전자 현미경이다. 전자 현미경의 원리와 사용 분야를 조사한 뒤, 이중성 개념이 어떻게 기술적으로 응용되는지 분석한 보고서를 작성하여 발표해 보자.

관련 학과 건축공학과, 금속공학과, 기계공학과, 반도체공학과, 산업공학과, 생명공학과, 신소재공학과, 에너지공학과, 자동차공학과, 제어계측공학과, 항공우주공학과, 화학공학과, 환경공학과

《주사전자현미경 분석과 X선 미세분석》, 윤존도 외, 교문사(2021)

[12물리03-04] • • •

원자 내의 전자는 양자화된 에너지 준위를 가지고 있음을 스펙트럼 관찰 증거를 바탕으로 논증할 수 있다.

분광기는 빛의 스펙트럼을 분석하는 장비로, 원자 내의 전자가 특정한 에너지 준위로 이동하거나 흡수, 방출하는 에너지의 스펙트럼을 관찰할 수 있다. 다양한 형태의 분광기가 있으며, 대기광선, 물질의 분석, 천체학, 화

학, 화성학, 레이저 등 다양한 분야에서 활용된다. 이 장비들은 원자 내의 전자가 특정한 에너지를 흡수하거나 방출할 때 발생하는 빛의 스펙트럼을 측정하여 분석하는 데 사용된다. 분광기의 구조와 작동 원리를 분석하고, 현재 활용되고 있는 분광기의 종류를 조사하여 보고서를 작성해 보자.

관련 학과 금속공학과, 반도체공학과, 산업공학과, 식품공학과, 신소재공학과, 에너지공학과, 원자력공학과, 제어계측공학과, 조선해양공학과, 항공우주공학과, 화장품공학과, 화학공학과, 환경공학과

《**파비아의 분광학 강의**》, Donald L. Pavia 외 3명, 문석식 외 3명 역, 사이플러스(2018)

[12물리03-05] ● ● ●

고체의 에너지띠 구조로부터 도체와 부도체의 차이를 알고, 반도체 소자의 원리를 설명할 수 있다.

➡ 실리콘, 게르마늄과 같은 반도체 소자는 다양한 분야에서 핵심적으로 활용되며 현대 기술과 일상생활에 놀라운 변화를 가져오고 있다. 반도체는 현대 기술과 생활의 핵심으로 자리 잡고 있으며, 더 나은 성능과 기능을 제공하여 다양한 분야에서 혁신을 이끌고 있다. 최근 자율주행차에 사용되는 반도체의 종류를 조사하고, '자율주행차에 사용되는 반도체 센서 기술 분석'을 주제로 보고서를 작성해 보자.

관련 학과 금속공학과, 기계공학과, 반도체공학과, 신소재공학과, 에너지공학과, 원자력공학과, 항공우주공학과, 화학공학과, 환경공학과

《**자율주행차와 반도체의 미래**》, 권영화, 이코노믹북스(2023)

[12물리03-06] ● ● ●

모든 관성계에서 빛의 속력이 동일하다는 원리로부터 시간 팽창, 길이 수축 현상이 나타남을 알고, 이러한 지식이 사회에 미친 영향을 조사할 수 있다.

➡ 특수 상대성 이론은 아인슈타인이 제안한 물리 이론으로, 상대적인 운동 상태에서 물리 법칙이 어떻게 작용하는지를 설명한다. 이 이론은 모든 관측자에게 빛의 속도가 일정하다는 원리를 바탕으로 시간과 공간의 상대성을 기술한다. 특수 상대성 이론은 두 가지 가정에 기반한다. 첫째, 서로에 대해 등속 운동하는 두 관찰자에게 동일한 물리 법칙이 적용된다. 둘째, 모든 관찰자는 빛의 속도를 동일하게 측정한다. 이 이론은 공학계열에서 다양하게 활용되고 있는데, 일례로 GPS 위성 시스템은 특수 상대성 이론에 기반하여 시간 차이를 계산하고 정확한 위치를 제공하는 기술이다. 또한 입자 가속기에서 고속 입자의 운동을 분석하거나 우주항공 기술에서 우주선의 빠른 속도에 따른 시간 지연 현상을 고려할 때도 활용된다. 특수 상대성 이론이 현대 공학 기술에 어떻게 응용되고 있는지 조사하여 보고서를 작성하고 발표해 보자.

관련 학과 건축공학과, 기계공학과, 반도체공학과, 산업공학과, 에너지공학과, 원자력공학과, 항공우주공학과, 환경공학과

《**13가지 기술 트렌드로 배우는 4차 산업혁명과 미래사회**》, 안병태·정화영, 길벗캠퍼스(2023)

선택 과목	수능		절대평가	상대평가
일반 선택	X	**화학**	5단계	5등급

단원명 | 화학의 언어

| 🔍 | 화학, 과학, 기술, 사회, 단위, 몰, 물질의 양, 화학 반응식, 양적 관계, 실험, 화학 결합

[12화학01-01] ● ● ●

화학이 현대 과학·기술·사회의 발전에 기여한 사례를 조사·발표하며 화학에 흥미와 호기심을 가질 수 있다.

➜ 화학은 현대 공학 분야에서 필수적인 역할을 하고 있다. 촉매 기술은 그중 하나로, 다양한 화학 반응의 속도를 조절하거나 효율을 높이는 데 활용된다. 촉매는 반응 자체에 참여하지 않고도 반응 속도를 높이기 때문에, 산업적으로 매우 중요한 역할을 한다. 이처럼 촉매 기술이 화학공학, 에너지공학, 환경공학 등 공학 분야의 발전에 기여한 사례를 조사하고, 그 기술적 원리와 응용 사례를 분석하여 보고서를 작성해 보자.

관련 학과 공학계열 전체

《화학연대기》, 장홍제, EBS BOOKS(2021)

[12화학01-02] ● ● ●

다양한 단위를 몰로 환산할 수 있음을 이해하고, 물질의 양을 몰 단위로 표현할 수 있다.

➜ 몰은 원자, 분자, 이온 등 물질의 양을 나타내는 기본 단위로, 화학 관련 분야에서 중요한 역할을 한다. 1몰은 아보가드로 상수만큼의 입자를 포함하고 있으며, 이는 원자, 분자, 이온 등의 개수를 표현할 때 사용된다. 분자량이나 원자량과 같은 단위는 몰과 밀접한 관련이 있으며, 화학에서는 이들 단위를 이용해 화학 반응의 양적 관계를 계산하고, 몰 비율을 통해 반응물과 생성물의 비율을 분석한다. 또한 농도, 압력 등의 단위도 몰을 기반으로 환산되며, 이는 공학 분야에서 중요한 데이터를 제공한다. 예를 들어, 화학공학은 반응 공정에서 원료의 양을 몰 단위로 계산하여 반응의 효율을 높이고, 환경공학은 공기 중의 오염물질 농도를 몰 단위로 측정하여 환경 규제에 맞춘 처리 공정을 설계한다. 화학 관련 공학 분야에서 사용하는 단위들을 정리하여 PPT로 제작한 뒤 발표해 보자.

관련 학과 공학계열 전체

《이온과 원소》, 뉴턴프레스, 아이뉴턴(2010)

[12화학01-03] ● ● ●

여러 가지 반응을 화학 반응식으로 나타내고, 화학 반응에서 물질의 양적 관계를 설명할 수 있다.

➜ 식품공학은 화학적 원리와 프로세스를 이해하여 음식을 개발, 제조하고 안전하게 유지하는 데 중요한 역할을 한다. 식품공학 기술자들은 식품 공정, 포장, 저장, 안전 규제 및 식품공학 기술 등 다양한 분야에 대한 전문 지

식을 가진다. 음식의 생산, 가공, 보존, 그리고 포장에 관련된 과학적·기술적 지식을 활용하여 혁신적인 제품을 개발하고 생산 과정을 최적화한다. 식품공학 기술자와 관련된 서적을 읽고, 식품공학 기술자들의 커리어패스를 통해 그들이 현재의 직업을 갖기까지 어떤 일들을 거쳐 왔는지 발표해 보자.

`관련 학과` 기계공학과, 산업공학과, 생명공학과, 식품공학과, 신소재공학과, 전자공학과, 컴퓨터공학과, 화학공학과, 환경공학과

《**식품공학기술자 어떻게 되었을까?**》, 캠퍼스멘토, 캠퍼스멘토(2021)

단원명 | 물질의 구조와 성질

| 🔎 | 실험, 화학 결합, 전기적 성질, 전기 음성도, 주기적 변화, 쌍극자 모멘트, 결합의 극성, 원자, 분자, 루이스 전자점식, 전자쌍 반발 이론, 물리적 성질, 화학적 성질, 분자의 구조

[12화학02-01]

실험을 통해 화학 결합의 전기적 성질을 설명할 수 있다.

➡ 화학자들은 화학 결합의 전기적 성질을 통해 다양한 화학 반응과 물질의 특성, 화학적 반응 속도 등을 예측하고 이해할 수 있다. 화학 결합의 전기적 성질은 물질의 원자나 이온이 서로 어떻게 상호작용하고 연결되는지에 대한 특성을 나타내기 때문에 새로운 물질을 연구하거나 개발하는 데 중요하다. 화학 결합의 원리나 전기적 성질을 활용하여 개발한 신소재를 조사하여 전기적 성질을 분석한 뒤 발표해 보자.

`관련 학과` 금속공학과, 반도체공학과, 산업공학과, 신소재공학과, 에너지공학과, 원자력공학과, 자동차공학과, 전기공학과, 전자공학과, 항공우주공학과, 화장품공학과, 화학공학과, 환경공학과

《**신소재 이야기**》, 김영근·안진호, 자유아카데미(2021)

[12화학02-02]

전기 음성도의 주기적 변화를 이해하고, 결합한 원소들의 전기 음성도 차이와 쌍극자 모멘트를 이용하여 결합의 극성을 판단할 수 있다.

➡ 원소들의 전기 음성도 차이와 쌍극자 모멘트는 화학공정공학, 재료과학, 전기 및 전자공학 등 다양한 공학 분야에서 중요한 역할을 한다. 전기 및 전자공학에서 쌍극자 모멘트는 전기장 내에서의 입자들의 행동과 상호작용을 이해하고 전기장의 특성을 파악하는 데 쓰이고 화학 및 공정공학에서는 전기 음성도 차이와 쌍극자 모멘트가 용매의 극성과 관련된 특성을 설명하는 데 사용된다. 용매의 극성은 화학 반응 속도, 물질의 용해도, 그리고 다양한 화학 공정에서의 물질 성질에 영향을 미친다. 전기 음성도 차이나 쌍극자 모멘트의 성질을 활용하여 첨단 신소재를 개발한 사례를 조사한 후, 물질의 특성과 개발 원리를 분석하여 보고서를 작성해 보자.

`관련 학과` 금속공학과, 반도체공학과, 신소재공학과, 에너지공학과, 자동차공학과, 전기공학과, 전자공학과, 화장품공학과, 화학공학과, 환경공학과

《**유기신소재화학**》, 장우동, 자유아카데미(2019)

[12화학02-03]

원자와 분자를 루이스 전자점식으로 표현하고, 전자쌍 반발 이론을 근거로 분자의 구조를 추론하여 모형으로 나타낼 수 있다.

➡️ 루이스 전자점식은 분자의 전자 구조를 시각적으로 표현하는 유용한 도구로, 이를 통해 분자의 구조와 화학적 성질을 쉽게 이해할 수 있다. 이는 공학적 제품의 설계와 분석에도 중요한 역할을 한다. 예를 들어, 전자 기기에 사용되는 실리콘(Si) 원자는 루이스 전자점식에서 4개의 공유 결합을 형성할 수 있음을 나타내는데, 이는 반도체 산업에서 매우 중요한 특성이다. 또한 폴리머 소재처럼 화학 공정에 사용되는 물질들은 루이스 전자점식을 통해 원자 간 결합 구조를 설명할 수 있다. 또한 물(H_2O), 이산화탄소(CO_2) 등의 간단한 분자도 전자점식을 통해 그 결합 방식을 명확하게 표현할 수 있다. 루이스 전자점식을 활용해 다양한 원자나 분자의 구조를 표현한 후, 이를 PPT로 구성하여 발표해 보자.

관련 학과 공학계열 전체

《**쉽다 화학**》, 이민주, 북랩(2024)

[12화학02-04] • • •

물질의 물리적, 화학적 성질을 분자의 구조와 연관 짓고, 이에 대한 호기심을 가질 수 있다.

➡️ 분자의 구조는 물질의 물리적, 화학적 성질을 결정짓는 중요한 요소로, 이를 이해함으로써 새로운 물질을 설계하거나 특성 성질을 강화할 수 있다. 예를 들어, 탄소 나노튜브는 탄소 원자들이 독특한 나선형 구조로 배열되어 있어 강도, 열전도성, 전기 전도성이 매우 뛰어나다. 이처럼 분자의 구조는 물질의 성질을 좌우하며, 이러한 특성을 연구하고 응용하는 과정은 의학, 전자공학, 신소재 개발 등에서 중요한 역할을 한다. 빛을 흡수하고 방출하는 분자의 구조적 특징을 분석하고, '광학 소재의 분자 구조와 빛 흡수 특성 연구'를 주제로 보고서를 작성해 보자.

관련 학과 금속공학과, 반도체공학과, 산업공학과, 신소재공학과, 에너지공학과, 전기공학과, 전자공학과, 항공우주공학과, 화학공학과, 환경공학과

《**탄소나노소재의 합성 및 응용**》, 이창섭·현유라, 탐구당(2021)

단원명 | 화학 평형

| 🔍 | 가역 반응, 화학 평형 상태, 반응물, 생성물, 농도, 평형 상수, 반응 지수, 진행 방향, 농도, 압력, 온도 변화, 화학 평형의 이동, 화학의 유용함

[12화학03-01] • • •

가역 반응에서 나타나는 화학 평형 상태의 특징을 설명할 수 있다.

➡️ 화학 평형은 화학 반응에서 생성물과 반응물의 농도가 일정하게 유지되는 상태를 나타낸다. 이 상태에서는 순반응과 역반응이 동시에 일어나며, 반응 속도가 같아져 더 이상 농도 변화가 발생하지 않는다. 화학 평형을 이해하고 조절하는 것은 다양한 화학 공정과 산업 프로세스에 필수적이다. 예를 들어, 암모니아 합성 공정에서 화학 평형의 제어는 생산성을 좌우한다. 공학 분야에서 화학 평형의 원리를 사용하는 실제 사례를 조사하고, 그 원리를 분석하여 보고서를 작성해 보자.

관련 학과 금속공학과, 기계공학과, 메카트로닉스공학과, 반도체공학과, 산업공학과, 생명공학과, 신소재공학과, 에너지공학과, 화장품공학과, 화학공학과, 환경공학과

《**하루 한 권, 일상 속 화학 반응**》, 사이토 가쓰히로, 이은혜 역, 드루(2023)

[12화학03-02]

화학 반응에서 반응물과 생성물의 농도 자료를 통해 평형 상수의 의미를 설명할 수 있다.

➡️ 화학 반응에서 평형 상수는 반응이 평형 상태에 도달했을 때 반응물과 생성물의 농도 비율을 나타내는 값이다. 평형 상수는 특정 온도에서만 일정하며, 이 값이 크면 생성물이 많이 형성된 상태임을, 작으면 반응물이 많이 남아 있는 상태임을 의미한다. 이 평형 상수는 화학 공정에서 반응의 효율성을 높이고 최적의 조건을 설정하는 데 중요한 역할을 한다. 반응물과 생성물의 농도를 바탕으로 평형 상수를 계산하고, 이를 공학 분야에서 어떻게 활용하는지 조사하여 보고서를 작성하고 발표해 보자.

`관련 학과` 금속공학과, 기계공학과, 반도체공학과, 산업공학과, 생명공학과, 식품공학과, 신소재공학과, 에너지공학과, 화학공학과, 환경공학과

《세상을 바꾼 화학》, 원정현, 리베르스쿨(2021)

[12화학03-03]

반응 지수의 의미를 알고, 이를 평형 상수와 비교하여 반응의 진행 방향을 예측할 수 있다.

➡️ 반응 지수와 평형 상수는 반응의 진행 방향과 정도를 표현하는 데 사용된다. 반응 지수와 평형 상수는 화학 반응의 진행을 예측하고 설명하며, 반응 조건을 조절하거나 화학 반응의 평형을 이해하는 데 중요한 개념이다. 반응 지수와 평형 상수의 개념을 설명하고, 본인이 관심 있는 공학 분야와 관련 있는 화학 반응을 선택하여 진행 방향을 예측한 뒤 설명해 보자.

`관련 학과` 금속공학과, 기계공학과, 반도체공학과, 산업공학과, 생명공학과, 식품공학과, 신소재공학과, 에너지공학과, 원자력공학과, 화학공학과, 환경공학과

《필수 물리화학》, 토머스 엥겔, 강춘형 역, 카오스북(2018)

[12화학03-04]

농도, 압력, 온도 변화에 따른 화학 평형의 이동을 이해하고, 이를 일상생활 속 현상을 설명하는 데 적용하여 화학의 유용함을 느낄 수 있다.

➡️ 화학 평형은 농도, 압력, 온도의 변화에 따라 반응의 방향과 속도를 조절한다. 이러한 변화는 반응 조건을 최적화하거나 특정 물질을 얻기 위해 사용된다. 평형 이동은 화학공학 및 화학 산업에서 핵심적인 역할을 하고 있다. 화학공학 기술자와 관련된 서적을 읽고, 화학공학 기술자들의 커리어패스를 통해 그들이 현재의 직업을 갖기까지 어떤 일들을 거쳐 왔는지 발표해 보자.

`관련 학과` 금속공학과, 기계공학과, 반도체공학과, 산업공학과, 식품공학과, 신소재공학과, 에너지공학과, 전기공학과, 전자공학과, 항공우주공학과, 화장품공학과, 화학공학과, 환경공학과

《화학공학기술자 어떻게 되었을까?》, 캠퍼스멘토, 캠퍼스멘토(2021)

단원명 | 역동적인 화학 반응

🔍 물, 자동 이온화, 이온화 상수, 수소 이온 농도, pH, 용액, 중화 반응, 양적 관계, 중화 적정 실험, 미지 시료의 농도

[12화학04-01] ● ● ● ●

물의 자동 이온화와 물의 이온화 상수를 이해하고, 수소 이온의 농도를 pH로 표현할 수 있다.

➡ 화학에서 pH는 용액의 산성 또는 염기성 정도를 나타내는 지표로, 수소 이온 농도의 역수의 상용로그를 취한 값이다. 구체적으로 pH는 수소 이온 농도의 상용로그 값에 마이너스를 붙여 계산한다. pH 값은 화학 실험, 물질의 성질 평가, 화학 반응 조절, 의약품 개발 등에 중요한 역할을 한다. 최근에는 용액의 pH 값을 정밀하게 측정할 수 있는 pH 센서가 개발되어, 화학 및 생물학 실험뿐 아니라 환경 모니터링, 식품 제조, 수처리 등에 널리 활용되고 있다. 아두이노를 활용해 화학이나 환경 관련 데이터를 측정하는 센서를 연결한 후, 관련 데이터를 분석하고 'pH 센서를 활용한 수질 모니터링 시스템 설계'를 주제로 보고서를 작성해 보자.

관련 학과 금속공학과, 기계공학과, 메카트로닉스공학과, 반도체공학과, 신소재공학과, 자동차공학과, 전기공학과, 전자공학과, 정보보안학과, 컴퓨터공학과, 항공우주공학과, 화학공학과, 환경공학과

《**모두의 아두이노 환경 센서**》, 로니킴, 길벗(2021)

[12화학04-02] ● ● ● ●

몰 농도의 의미를 이해하고, 원하는 몰 농도의 용액을 만들 수 있다.

➡ 원하는 몰 농도의 용액을 만들기 위해서는 먼저 필요한 몰 수를 계산하고, 그에 해당하는 양의 화학물질을 정확하게 계량한 후 선택한 용매와 혼합해야 한다. 이렇게 제작된 용액은 다양한 공학 분야에서 실험, 분석, 제조, 혼합, 그리고 화학 공정 개발에 사용된다. 특히 화학공학, 환경공학, 재료공학 등 여러 산업 분야에서 유기 화합물과 무기 화합물이 사용되는데, 두 화합물 간의 차이를 이해하는 것은 중요하다. 유기 화합물은 주로 탄소를 포함하고 있으며, 생명체와 관련된 물질들이 많다. 반면 무기 화합물은 탄소가 포함되지 않은 화합물로, 광물이나 금속 등 비생명체와 연관된 물질이 주를 이룬다. 유기 화합물과 무기 화합물의 특성 및 차이를 조사한 후 PPT로 작성하여 발표해 보자.

관련 학과 금속공학과, 기계공학과, 반도체공학과, 산업공학과, 식품공학과, 신소재공학과, 에너지공학과, 전기공학과, 전자공학과, 항공우주공학과, 화장품공학과, 화학공학과, 환경공학과

《**유기화학실험**》, 윤효재·윤용진, 자유아카데미(2023)

[12화학04-03] ● ● ● ●

중화 반응을 이해하고, 중화 반응에서의 양적 관계를 설명할 수 있다.

➡ 중화 반응은 양성 물질과 음성 물질 사이의 반응으로, 이 둘의 성질을 조화시켜 중성으로 만드는 반응을 말한다. 대표적인 중화 반응은 산과 염기의 중화이다. 예를 들어 염산과 수산화나트륨을 반응시키면 소금인 염과 물이 생성된다. 수소 이온과 수산화물 이온이 중화되어 중성 물질로 변하는 과정이 일어난 것이다. 공학 분야에서 볼 수 있는 중화 반응의 예를 조사하고, 중화 반응에서의 양적 관계를 분석하여 발표해 보자.

관련 학과 건축공학과, 금속공학과, 기계공학과, 반도체공학과, 산업공학과, 생명공학과, 식품공학과, 신소재공학과, 에너지공학과, 원자력공학과, 토목공학과, 항공우주공학과, 화학공학과, 환경공학과

《**태어난 김에 화학 공부**》, 알리 세제르, 고호관 역, 윌북(2024)

[12화학04-04] ● ● ● ●

중화 적정 실험을 계획하고 수행하여 미지 시료의 농도를 찾을 수 있다.

⊙ 미지 시료의 농도를 찾기 위해서는 그 특성에 맞는 분석 기술을 선택하는 것이 중요하다. 분광광도법은 시료의 흡광도를 측정하여 농도를 계산하며, 질량분석법은 시료의 질량을 분석해 구성 성분을 확인한다. 크로마토그래피는 시료를 분리해 각 성분의 농도를 파악하고, 전기분석법은 전기적 특성을 이용해 시료의 농도를 측정한다. 중화 적정 실험은 산과 염기의 중화 반응을 이용해 농도를 계산하는 방법으로, 이러한 고급 분석 기법들과 비교해 간단하지만 적용 범위가 제한적일 수 있다. 중화 적정 실험의 장단점을 조사한 후, '중화 적정 실험을 이용한 산·염기 농도 분석'을 주제로 보고서를 작성해 보자.

관련 학과 금속공학과, 기계공학과, 반도체공학과, 산업공학과, 식품공학과, 신소재공학과, 에너지공학과, 전기공학과, 전자공학과, 항공우주공학과, 화장품공학과, 화학공학과, 환경공학과

《화학공학입문설계》, Kenneth A. Solen·John N. Harb, 박진호 외 5명 역, 한티에듀(2012)

선택 과목	수능	생명과학	절대평가	상대평가
일반 선택	X		5단계	5등급

부오 판 판 란

예으 판 판 란

수학 판 판 란

도미 판 판 란

수회 판 판 란

부환 판 판 란

단원명 | 생명 시스템의 구성

| 🔍 | 생명 시스템, 물질대사, 에너지 전환, 소화, 순환, 호흡, 배설, 대사성 질환, 생태계 구조, 생태계 구성 요소

[12생과01-01] ● ● ●

생물 및 생명과학의 특성을 이해하고 생명과학의 성과를 협력적으로 소통할 수 있다.

➡ 공학 기술을 응용해 의료 및 생명과학 분야에 적용한 사례를 찾아보고, 생명과학의 성과에 대해 토의해 보자. 추후 활동으로 인공 장기의 개발, 의료 영상 처리 및 분석, 바이오센서 기술 등 다양한 탐구주제를 선정하여 공학 분야의 원리와 기술을 활용하는 방안에 대해 발표해 보자.

관련 학과 기계공학과, 메카트로닉스공학과, 생명공학과, 소프트웨어공학과, 소프트웨어학과, 신소재공학과, 에너지공학과, 전자공학과, 화학공학과

《바이오테크 시대》, 제러미 리프킨, 전영택·전병기 역, 민음사(2020)

[12생과01-02] ● ● ●

세포에서부터 생태계까지 생명 시스템의 구성 단계의 특징을 바탕으로 체계적인 설명 자료를 만들 수 있다.

➡ 세포의 핵은 생물의 모든 정보를 담고 있으며, 생명 활동을 조절하는 중심이다. 세포의 구조와 기능을 이해하고 조작하는 기술을 포함한 세포공학 기술에 대해 조사해 보자. 세포 배양, 조직공학, 재생의학 등의 분야와 연계하여 유전체 염기서열 데이터를 분석한 유전자 발현, 단백질 상호작용 등에 대한 전문 용어와 개념을 담은 설명 자료를 모둠별로 제작하여 발표해 보자.

관련 학과 생명공학과, 소프트웨어공학과, 소프트웨어학과, 신소재공학과, 전기공학과, 전자공학과

《조직공학》, 서활, 연세대학교출판부(1999)

[12생과01-03] ● ● ●

물질대사 과정에서의 에너지 전환 과정을 바탕으로 다양한 생명 활동에서의 에너지 사용을 추론할 수 있다.

➡ 음식물의 가공, 보존, 제조 등의 과정에서 생명 활동과 물질대사에 영향을 주는 요소들을 조사해 보자. 식품의 열처리, 건조, 발효 등의 가공 방법이 영양 성분 변화와 안전성에 어떠한 영향을 주는지 탐구해 보자. 또한 물질대사와 연계하여 프로바이오틱스와 같은 기능성 식품이 소화기관 건강 개선에 미치는 영향을 탐구하여 발표해 보자.

관련 학과 생명공학과, 식품공학과, 화학공학과

《생활 속 식품과 영양》, 김미라 외 3명, 파워북(2022)

[12생과01-04]

소화, 순환, 호흡, 배설 과정이 기관계의 통합적 작용으로 나타남을 신체의 생리적 변화와 연관 지어 추론할 수 있다.

➡ 인체의 소화와 배설 과정을 모니터링하고 진단하기 위한 의료 기기 개발이 진행되고 있다. 소화와 배설 과정에 관련된 생체 신호를 분석함으로써 소화 효율성에 영향을 주는 식품 성분 농도나 배설물 성분의 변동 데이터를 통해 건강 상태를 추적하거나 질병을 조기에 감지할 수 있다. 일례로 위 내부에서 발생하는 내압 변동을 음식물이 처리되는 동안 압력 센서로 측정하고, 소화 과정에서 나타나는 압력 변화를 신호로 감지하는 것을 들 수 있다. 압력 센서와 같은 공학 기술이 의료 진단, 건강 모니터링 등에 활용되고 있음을 알고, 이러한 공학 기술 활용에 대해 탐구하여 발표해 보자.

관련 학과 기계공학과, 생명공학과, 전기공학과, 전자공학과, 정보통신공학과, 화학공학과

《화학센서와 바이오센서》, Brian R. Eggins, 김학진 외 3명 역, 월드사이언스(2012)

[12생과01-05]

물질대사 관련 질병 조사를 위한 방법을 고안하여 수행하고 대사성 질환을 예방하기 위한 올바른 생활 습관에 대해 토의하며 협력적으로 소통할 수 있다.

➡ 대사성 질환은 물질대사 과정에 이상이 생기거나 조절이 제대로 이루어지지 않아 발생하는 질환이므로 올바른 생활 습관이 예방과 관리에 중요한 역할을 한다. 체내에 지방 조직이 과다한 상태인 비만은 대사성 질환의 위험 요소가 될 수 있다. 포화 지방 및 트랜스 지방 섭취를 피하면서 채소, 과일, 곡류 등 식이섬유와 미네랄 함유량이 높은 음식이 포함된 균형 잡힌 식단으로 적절한 영양소 섭취를 할 필요성이 있다. 또한 규칙적인 신체 활동은 적절한 체중 유지와 심혈관 건강, 인슐린 감수성 향상 등 대사 기능을 개선하는 데 도움을 준다. 현대인의 물질대사 관련 질병을 조사하고 올바른 생활 습관에 대해 토의하여 발표해 보자.

관련 학과 생명공학과, 식품공학과

《비만학》, 서형주 외 3명, 내하출판사(2021)

[12생과01-06]

생태계의 구조를 이해하고 물질의 순환과 에너지의 흐름을 추론하여 생태계 구성 요소들의 중요성을 설명할 수 있다.

➡ 생태계 구성 요소의 중요성을 인식하고, 환경영향평가와 모델링 분석을 바탕으로 생태계 구성 요소의 상호작용과 개발 사이의 균형에 대해 토의해 보자. 생태계 자원의 이용과 처리, 환경 오염 문제, 에너지 효율화 등 생태계 보전을 위한 기술 개발과 시스템 설계의 필요성을 토의 주제로 선정할 수 있다. 도시 계획과 교통 체계, 물과 에너지 관리 시스템 등 인프라 구축이 생태계에 미칠 영향과 보전 방안을 고려하여 지속가능한 발전 방향에 대해 탐구해 보자.

관련 학과 건축공학과, 건축학과, 교통공학과, 도시공학과, 산업공학과, 생명공학과, 에너지공학과, 토목공학과, 환경공학과

《인간과 도시환경》, 김수봉, 대영문화사(2002)

[12생과01-07]

개체군과 군집의 특성을 이해하고 이들의 상호작용의 예를 조사하여 발표할 수 있다.

➡️ 개체군과 군집의 특성을 이해하고 인구 밀도가 높은 지역이나 도시에서의 집단 이해관계를 고려한 지역 인프라 구축과 건설에 대해 분석해 보자. 도시 계획과 교통 체계, 통신 시스템, 에너지 및 전력 그리드, 건축물 설계 등 지역 사람들과의 상호작용 및 조화를 고려한 도시 설계 방안을 탐구해 보자.

관련 학과 건축공학과, 건축학과, 교통공학과, 도시공학과, 산업공학과, 에너지공학과, 원자력공학과, 자동차공학과, 전기공학과, 전자공학과, 정보통신공학과, 제어계측공학과, 토목공학과, 환경공학과

《스마트시티 에볼루션》, 박찬호 외 3명, 북바이북(2022)

단원명 | 항상성과 몸의 조절

🔍 신경 세포, 시냅스, 신경계, 내분비계, 면역, 항원 항체 반응, 혈액의 응집 반응, 백신

[12생과02-01]

신경 세포의 구조와 기능을 이해하고, 신경 세포에서의 전도 과정을 모식도로 표현할 수 있다.

➡️ 신경 세포의 구조와 기능에 대한 이해를 바탕으로 신경 세포에서의 전달 과정에 대해 조사할 수 있다. 신경 세포와 시냅스의 동작 원리와 뇌의 정보처리 원리를 이해하고, 이를 바탕으로 뇌공학에 대해 탐구해 보자. 뇌의 활성 영역과 네트워크를 연구하여 인지 과정, 감정 조절, 운동 제어 등을 이해하고 질병 진단과 치료에 활용될 수 있는 신경 영상에 대해 탐구하여 발표해 보자.

관련 학과 생명공학과, 소프트웨어공학과, 소프트웨어학과, 전기공학과, 전자공학과

《뇌를 바꾼 공학, 공학을 바꾼 뇌》, 임창환, MID(2023)

[12생과02-02]

시냅스를 통한 신경 신호의 전달 과정을 이해하고, 약물이 시냅스 전달에 영향을 미치는 사례를 조사하여 발표할 수 있다.

➡️ 유전자 조작 기술을 활용한 약물이 시냅스 전달에 미치는 영향을 탐구할 수 있다. 일례로 특정 유전자의 발현 억제 또는 증가를 통해 약물 작용과 관련된 단백질의 변화를 조절하는 시냅스 전달 과정에서 생체 반응과의 상관관계를 조사해 보자. 이후 유전자 조작, 세포 및 조직공학, 유전체 및 단백질 분석 등 시냅스 전달에 미치는 영향을 탐구하여 의약품 개발 및 신경질환 치료에 어떤 영향을 끼칠 수 있는지 탐구 활동지를 작성해 보자.

관련 학과 생명공학과, 화학공학과

《합성의약품 시대는 가고 바이오의약품 시대가 온다》, 이형기 외 2명, 청년의사(2023)

[12생과02-03]

사람 신경계의 구조와 기능을 이해하고 중추 신경계와 말초 신경계의 특징을 설명할 수 있다.

➡️ 뇌 신경계 영상으로 뇌경색 같은 질환을 진단하고 경과를 관찰할 수 있는 도구인 MRI(자기공명영상)의 원리를 분석해 보자. MRI는 자기장과 고주파를 이용해 신체 부위의 수소 원자핵을 공명시켜 조직에서 나오는 신호의 차이를 디지털 정보로 변환하여 영상화하는 것이다. MRI는 X-ray처럼 이온화(전리) 방사선이 아니므로 인체에 무해하며, 환자의 자세 변화 없이 원하는 대로 횡축, 종축, 사선 방향 등의 영상을 자유롭게 얻을 수 있다. MRI와 X-ray 촬영의 공학적 원리를 비교 분석하고 추가적인 정보를 얻을 수 있는 자료에 대해 탐구해 보자.

관련 학과 기계공학과, 메카트로닉스공학과, 반도체공학과, 생명공학과, 전자공학과, 정보통신공학과

《**자기공명영상의학**》, 대한자기공명의과학회, 범문에듀케이션(2023)

[12생과02-04] ● ● ●

내분비계와 신경계 작용 원리와 상호작용의 이해를 바탕으로 우리 몸의 항상성이 유지되는 과정을 추론할 수 있다.

➡️ 헬스 케어 및 의료 기기 관련 분야의 비접촉 생체 신호 모니터링 알고리즘 개발에 대한 사회적 관심이 높다. 이러한 기술이 상용화되면 생애 전 주기 질병 예방 및 관리를 통해 인류의 건강한 삶에 기여할 수 있으리라 예측된다. 생체 신호 데이터를 실시간으로 처리하고, 특정 상태나 이상 징후를 감지하는 알고리즘을 설계하여 항상성 유지에 도움을 주는 시스템에 대해 탐구해 보자.

관련 학과 메카트로닉스공학과, 생명공학과, 소프트웨어공학과, 소프트웨어학과, 전자공학과, 정보통신공학과, 컴퓨터공학과

《**생체공학**》, W. Mark Saltzman, 심상준 외 7명 역, 한티미디어(2018)

[12생과02-05] ● ● ●

병원체의 종류와 특징을 이해하고 우리 몸의 방어 작용을 선천적 면역과 후천적 면역으로 구분하여 설명할 수 있다.

➡️ 면역 시스템의 이해를 바탕으로 면역 정보와 데이터 분석 기술의 활용 방안에 대한 매체 자료를 조사해 보자. 외부 침입으로부터 신체를 보호하고, 이상 세포를 인식하여 처리하는 면역 세포에 대해 학습하고, 유전체 정보, 단백질 상호작용 등의 데이터 분석을 통한 치료제와 백신 개발에 대해 조사해 보자. 임상실험 과정을 파악한 뒤, 이를 바탕으로 백신과 치료제를 대량 생산할 수 있는 방법과 제조 공정을 최적화하여 상용화할 수 있는 생산 체계의 구축 방법에 대해 탐구하여 발표해 보자.

관련 학과 기계공학과, 메카트로닉스공학과, 산업공학과, 생명공학과, 제어계측공학과

《**대한민국 신약개발 성공전략**》, 최유나 외 3명, 청년의사(2022)

[12생과02-06] ● ● ●

항원 항체 반응의 특이성을 이해하고, 혈액의 응집 반응 원리를 이용하여 혈액형을 판정할 수 있다.

➡️ 혈액형 정보를 수집하고 분석하여 범죄 현장이나 피해자와의 연관성을 파악하는 과학수사 기법에 대해 조사해 보자. 또한 데이터베이스 기반의 혈액형 대조 분석, DNA 합성 및 비교 분석 등을 활용하여 범죄 해결을 도울 수 있는 방법에 대해 파악해 보자. 면역 및 유전 관련 세포공학 장비, 혈액형 데이터베이스 구축 및 관리 시스템 등 과학수사에 적용될 수 있는 기술에 대해서도 탐구해 보자.

관련 학과 메카트로닉스공학과, 생명공학과, 소프트웨어공학과, 소프트웨어학과, 정보통신공학과, 컴퓨터공학과

《**과학수사**》, 야마자키 아키라, 이영란 역, 성안당(2021)

[12생과02-07] ● ● ●

백신의 종류와 작용 원리를 조사하고 질병의 예방 측면에서 백신의 필요성을 인식하여 협력적으로 소통할 수 있다.

➡️ 백신을 통해 감염병에 대한 효과적인 면역 반응을 유도할 수 있지만, 안전성과 생산성은 과제로 남아 있다. 각

개인의 유전적 차이와 면역 상태에 따라 백신의 효능과 부작용에 차이가 발생할 수 있기 때문이다. 백신의 저장과 유통은 효능을 유지하는 데 매우 중요하다. 특히 저장 온도와 보관 기간 등이 문제가 될 수 있다. 백신의 저장과 유통 과정에서 발생할 수 있는 문제를 해결하기 위한 공정 과정과 저장 기술, 운송 방법 및 포장 재료 등에 대해 탐구해 보자.

> **관련 학과** 생명공학과, 신소재공학과, 전기공학과, 전자공학과, 화학공학과
>
> 《**백신과 자가 면역**》, 토마스 코완, 김윤근·이동민 역, 푸른씨앗(2022)

단원명 | 생명의 연속성과 다양성

> | ρ | 염색체 구조, DNA, 유전자, 생식세포, 체세포, 생물 진화, 생물 분류 체계, 생물의 유연관계

[12생과03-01] ● ● ●

염색체의 구조를 이해하고, DNA, 유전자의 관계를 설명할 수 있다.

➡ 염색체와 DNA의 구조를 이해하고, 특정 유전자의 발현을 조절하는 기술 개발에 대해 조사해 보자. 일례로 유전자 회로 설계와 바이오센서를 활용하여 특정 조건에서 유전자 발현을 증가시키거나 억제하는 시스템에 대한 학술 자료와 매체 자료를 살펴보는 것이다. 또한 다양한 DNA 염기서열 분석 데이터를 통해 생물 정보를 추출하고 응용하는 방법과 유전자 편집 기술에 대해 탐구하여 발표해 보자.

> **관련 학과** 생명공학과, 식품공학과, 전자공학과
>
> 《**유전체 데이터 분석 1**》, 김주한 외 11명, 범문에듀케이션(2023)

[12생과03-02] ● ● ●

생식세포 형성과정을 체세포분열 과정과 비교하고, 생식세포 형성의 중요성을 생명의 연속성 및 다양성과 관련지어 추론할 수 있다.

➡ 귓불 모양, 이마선 모양, ABO식 혈액형, 적록 색맹 등은 한 쌍의 대립 유전자가 형질을 결정하므로 표현형이 뚜렷하게 구분된다. 그러나 사람의 피부색, 키, 몸무게 등은 부모로부터 물려받는 유전 형질이지만 표현형이 매우 다양하게 나타난다. 여러 쌍의 대립 유전자가 형질을 결정하는 데 관여하기 때문인데, 이처럼 다인자 유전 형질은 환경의 영향을 받아 표현형에서 연속적인 변이가 나타나는 경우가 많다. 사람의 유전 형질의 발현에 영향을 미치는 다양한 조건을 조사하고, 각각의 표현형으로 나타날 확률을 분석하여 발표해 보자.

> **관련 학과** 생명공학과
>
> 《**유전자 스위치**》, 장연규, 히포크라테스(2023)

[12생과03-03] ● ● ●

생물 진화의 원리를 이해하고, 생물 진화 연구의 다양한 사례를 조사하여 협력적으로 소통할 수 있다.

➡ 생물체가 가진 다양한 기능을 인위적으로 모방하여 이용하는 생체 모방 기술은 로봇, 건축, 의류 등 다양한 분야에서 주목받고 있다. 동물의 운동 원리를 모방한 로봇 디자인, 식물의 광합성 원리를 활용한 태양광 셀 개발 등의 사례를 분석해 그 공학적 원리를 발표해 보자. 바닷물을 활용한 해수 담수화 기술에 식물의 뿌리를 모방한

사례도 조사해 보자. 기존의 해수 담수화 기술은 증발, 역삼투 방식을 사용하기 때문에 비용과 에너지, 이산화탄소의 발생이 많았으나, 염생 식물인 맹그로브나무 뿌리의 필터링에 착안하여 만든 여과 장치는 별도의 전기적 에너지 없이 담수화가 가능하다. 이처럼 생물 진화의 원리를 바탕으로 한 생체 모방 기술에 대해 탐구해 보자.

관련 학과 건축공학과, 건축학과, 기계공학과, 메카트로닉스공학과, 산업공학과, 신소재공학과, 에너지공학과, 원자력공학과, 자동차공학과

《**자연으로부터 배운다**》, 윤실, 전파과학사(2023)

[12생과03-04] • • •

생물의 분류 체계를 바탕으로 각 분류군의 차이를 이해하고 생물군을 분류 체계에 따라 설명할 수 있다.

➡ 생물 분류 체계를 기반으로 한 인공지능 분류 시스템의 공학적 원리에 대해 파악해 보자. 인간은 눈으로 들어오는 각종 시각 정보를 인식해 판단하고 행동하지만, 인공지능 이미지 인식은 2차원 픽셀 행렬 데이터로 구성되어 인공 신경망을 통해 특징을 추출하는 연산을 수행한다. 이러한 이미지 인식 기술이나 머신러닝 알고리즘을 활용하여 동물이나 식물의 특징을 자동으로 인식하고 분류하는 시스템에 대해 탐구해 보자. 또한 생물 분류 체계를 바탕으로 생체 인식 기술을 개발하고 응용할 수 있는 분야에 대해 토의해 보자.

관련 학과 기계공학과, 메카트로닉스공학과, 생명공학과, 소프트웨어공학과, 소프트웨어학과, 전자공학과, 컴퓨터공학과

《**인공지능의 현재와 미래**》, 〈나는 미래다〉 방송제작팀, 권용중 역, 보아스(2020)

[12생과03-05] • • •

동물과 식물 분류군의 특징을 문 수준에서 이해하고, 생물의 유연관계를 계통수로 나타낼 수 있다.

➡ 지문 인식과 같은 바이오 생체 인증 기술은 금융권, 의료 분야 및 공공 분야 등 다양한 분야에서 사용되고 있다. 총기 사고를 예방하고자 생체 인증 시스템을 장착한 권총(바이오파이어 스마트건), 동물과 식물의 생체 특징이나 유연관계 정보를 활용한 바이오 인증 시스템 개발에 대해 알아보자. 또한 동물의 지문 패턴이나 식물의 잎 모양 등을 인식하여 개인 식별 및 보안 인증에 응용할 수 있는 방법에 대해 탐구해 보자.

관련 학과 기계공학과, 메카트로닉스공학과, 생명공학과, 소프트웨어공학과, 소프트웨어학과, 전자공학과, 정보보안학과, 정보통신공학과, 컴퓨터공학과

《**차세대 바이오(생체) 인식과 수요산업의 비즈니스 현황 및 주요 이슈 종합분석**》, 편집부, IRS Global(2016)

선택 과목	수능	지구과학	절대평가	상대평가
일반 선택	X		5단계	5등급

단원명 | 대기와 해양의 상호작용

| 🔍 해수의 성질, 염분, 용존 산소량, 심층 순환, 표층 순환, 태풍, 악기상, 용승, 침강, 엘니뇨-남방진동

[12지구01-01] ● ● ●

해수의 물리적, 화학적 성질을 이해하고, 실측 자료를 활용하여 해수의 온도, 염분, 밀도, 용존 산소량 등의 분포를 분석·해석할 수 있다.

➡ 해수의 온도, 염분 및 용존 산소량 등 해수의 성질을 실시간 분석하는 센서나 IoT 기기에 대해 조사하고, 해수 데이터 수집 및 저장, 분석 시스템의 활용 방안에 대해 토의해 보자. 해양 구조물에서 발생할 수 있는 부식 현상이나 환경 변화를 감지하고 해양생태계를 보호하기 위해 해수의 성질을 실시간 분석하는 공학 시스템에 대해 탐구해 보자.

관련 학과 기계공학과, 메카트로닉스공학과, 소프트웨어공학과, 소프트웨어학과, 신소재공학과, 원자력공학과, 전자공학과, 정보통신공학과, 조선해양공학과, 컴퓨터공학과, 환경공학과

《해양과학기술의 현재와 미래》, 김웅서·강성현, 한국해양과학기술원(2012)

[12지구01-02] ● ● ●

심층 순환의 발생 원리와 분포를 알고, 표층 순환 및 기후변화의 관련성을 추론할 수 있다.

➡ 지구온난화의 영향으로 해수면이 상승하며 해수 순환에도 변화가 일어나고 있으므로, 해양 환경의 기술적인 문제를 연구할 필요성이 있다. 해양 에너지 시스템이나 해상 구조물의 설계와 건설, 해양 환경 모니터링을 위한 기술과 방법에 대해 조사해 보자. 해수면의 상승과 해수의 흐름을 알기 위한 지리정보 데이터 분석과 시뮬레이션, 해양 열원을 활용한 기후 제어 시스템 설계, 해수에 대한 내식성이 우수한 신소재 등 기후변화에 대응하는 공학적 접근에 대해 탐구해 보자.

관련 학과 건축공학과, 건축학과, 기계공학과, 도시공학과, 에너지공학과, 제어계측공학과, 환경공학과

《해수환경과 재료 및 구조물》, 일본 해수학회 재료·구조물 연구회, 남기우 외 3명 역, GS인터비전(2016)

[12지구01-03] ● ● ●

중위도 저기압과 고기압이 통과할 때 날씨의 변화를 일기도, 위성 영상, 레이더 영상을 종합하여 예측할 수 있다.

➡ 인공위성은 지구의 대기, 해양, 기후 등의 환경 요소를 모니터링하고 연구하는 데 사용되며, 환경 변화 추적, 자연재해 예측, 농업 및 자원 관리 등에 활용된다. 케플러 법칙, 삼각함수, 행렬 및 벡터, 확률과 통계, 신호처리 등 인공위성에 적용되는 다양한 수학적 원리에 대해 탐구해 보자. 일례로 벡터의 덧셈, 뺄셈, 스칼라 곱, 내적 등의

행렬과 벡터 연산은 인공위성의 운동, 위치 변화, 데이터 처리, 상태 추정 등에 필수적으로 적용되며, 정확성, 효율성을 향상시키는 데 중요한 역할을 한다. 인공위성에 적용되는 공학적, 수학적 원리에 대해 탐구한 뒤 발표해 보자.

관련 학과 기계공학과, 메카트로닉스공학과, 전자공학과, 정보통신공학과, 제어계측공학과

《우주시스템 입문》, 도미타 노부유키, 안재명·이기주 역, 경문사(2018)

[12지구01-04] ● ● ●

태풍의 발생, 이동, 소멸 과정 및 태풍 영향권에서 날씨를 예측하고, 뇌우, 집중호우, 폭설, 강풍, 황사 등 주요 악기상의 생성 메커니즘과 대처 방안을 제시할 수 있다.

➡ 구름과 지면 사이에서 발생하는 번개를 '낙뢰'라고 하며, 낙뢰는 우리나라에서 1년에 약 14만 건 발생한다. 낙뢰에 의한 피해는 벤자민 프랭클린이 피뢰침을 발명한 후 획기적으로 줄어들었다. 피뢰침은 번개로 인한 구조물이나 인명의 피해를 막기 위해 설치된 금속 막대 또는 막대 시스템을 의미하는데, 피뢰침의 원리는 정전기 유도와 최소 저항 경로에 있다. 피뢰침과 접지 시스템의 원리에 대해 탐구하여 발표해 보자.

관련 학과 건축공학과, 건축학과, 금속공학과, 기계공학과, 도시공학과, 메카트로닉스공학과, 반도체공학과, 에너지공학과, 전기공학과, 전자공학과

《최신 피뢰 시스템과 접지 기술》, 강인권, 성안당(2004)

[12지구01-05] ● ● ●

대기와 해양의 상호작용의 사례로서 해수의 용승과 침강, 엘니뇨-남방진동(ENSO)의 현상의 진행 과정 및 관련 현상을 설명할 수 있다.

➡ 엘니뇨-남방진동(ENSO)은 열대 동태평양의 바람과 해수면 온도의 불규칙한 주기적 변화로 열대 및 아열대 기후에 많은 영향을 미친다. 수학적 모델링과 통계학적 해석을 통해 엘니뇨-남방진동을 예측할 수 있다면 기상 예보나 기후 연구에 도움이 될 것이다. 엘니뇨-남방진동 관련 데이터를 미국 국립해양대기청(NOAA)에서 찾아 비교하거나, APCC(APEC기후센터)의 기후지수 감시정보, 기상청에서 제공하는 남방진동 지수(SOI)의 데이터를 활용하여 엘니뇨-남방진동의 주기와 강도 변화 패턴을 파악하는 탐구를 진행해 보자.

관련 학과 조선해양공학과, 환경공학과

《동태평양, 과학으로 항해하다》, 남성현·김혜진, 이담북스(2014)

[12지구01-06] ● ● ●

기후변화의 원인을 자연적 요인과 인위적 요인으로 구분하여 설명하고, 인간 활동에 의한 기후변화 문제를 과학적으로 해결하는 방법을 탐색할 수 있다.

➡ 지구온난화를 막기 위해 인위적으로 기후 시스템을 변경하는 방법과 기술을 지구공학(Geoengineering)이라고 한다. 지구공학 기술 중 지구의 반사율을 조절하는 방법, 대기 중 이산화탄소의 농도를 줄이는 방법 등을 조사해 보고, 실현 가능성과 문제점에 대해 탐구해 보자. 또한 국가별 또는 산업 부문별로 온실가스 배출량 데이터를 수집하고 분석하여 배출량 추세와 패턴을 파악해 보자. 후속 활동으로 태양광, 풍력, 지열 같은 재생 가능한 에너지 시스템의 효율성에 대해 탐구해 보자.

관련 학과 건축공학과, 건축학과, 도시공학과, 산업공학과, 에너지공학과, 원자력공학과, 자동차공학과, 토목공학과, 환경공학과

《탄소중립 시기의 CCS》, 이정환 외 8명, 씨아이알(2022)

국어 교과군

영어 교과군

수학 교과군

도덕 교과군

사회 교과군

과학 교과군

단원명 | **지구의 역사와 한반도의 암석**

| 🔍 | 지층, 상대 연령, 절대 연령, 지질시대, 화석, 변동대, 변성작용, 지질 구조, 지질 단면도

[12지구02-01]

지층 형성의 선후 관계를 결정짓는 법칙들을 활용하여 상대 연령을 비교하고, 방사성 동위 원소를 이용한 광물의 절대 연령 자료로 암석의 절대 연령을 구할 수 있다.

➡ 핵연료 사용 후 발생하는 폐기물은 오랜 시간 동안 방사능을 유지하므로 적절한 처리와 폐기가 필요하다. 핵연료는 원자로에서 핵분열 반응을 통해 에너지를 생산하는데, 이때 핵물질이 방출하는 양이 절반으로 감소하는데 걸리는 반감기는 핵연료의 안전 및 관리와 밀접한 관련이 있다. 따라서 다양한 반감기를 가진 원소의 폐기물 관리 기술과 핵연료의 안정성과 지속가능성에 대해 탐구할 필요가 있다. 발전소에서 사용되는 핵연료의 운영과 방사선 안전 관리에 대해서도 탐구해 보자.

관련 학과 에너지공학과, 원자력공학과, 제어계측공학과, 조선해양공학과

《플루토늄》, 프랭크 반히펠 외 2명, 강정민 역, 미세움(2021)

[12지구02-02]

지질시대를 기(紀) 수준에서 구분하고, 지층과 화석을 통해 지질시대의 생물과 환경 변화를 해석할 수 있다.

➡ 지질시대에 살던 생물의 화석을 관찰하려면 지층에서 분리해 내야 하는데, 크기가 매우 작은 화석일 경우 박편을 만들어 편광 현미경으로 관찰한다. 또한 X선, 적외선, 자외선을 이용하여 관찰하거나, 동위 원소 분석법을 이용하기도 한다. 암석을 관찰하는 편광 현미경의 원리 또는 X선, 적외선, 자외선을 이용한 암석의 분석 원리 및 동위 원소 분석법에 대해 비교하는 탐구 활동을 진행해 보자.

관련 학과 건축공학과, 건축학과, 금속공학과, 생명공학과, 신소재공학과, 원자력공학과, 전자공학과, 토목공학과, 환경공학과

《주사전자현미경 분석과 X선 미세분석》, 윤존도 외 5명, 교문사(2021)

[12지구02-03]

변동대에서 마그마가 생성되고, 그 조성에 따라 다양한 화성암이 생성됨을 설명할 수 있다.

➡ 화산 폭발은 예측이 어려운 현상 중 하나다. 공학적인 기술과 지질학적인 지식을 활용하여 화산 폭발을 예측하고 모니터링하는 방법을 조사해 보자. 화산 폭발 전 센서 네트워크, 위성 감지, 지진 모니터링 등의 기술을 사용한 화산 활동의 조기 경보 시스템에 대해 알아보자. 또한 화산 폭발로 일어난 산사태나 지형의 균열과 변화, 수질 오염 등의 재난을 관리하는 시스템을 구축하는 데 공학적 기술이 어떻게 적용되는지 탐구해 보자.

관련 학과 건축공학과, 건축학과, 교통공학과, 도시공학과, 에너지공학과, 환경공학과

《재난관리의 이해》, 서정표, 동화기술(2022)

[12지구02-04]

변성작용의 종류와 지각 변동에 따른 구조를 변동대와 관련지어 설명하고, 지구시스템에서 암석이 순환함을 추론할 수 있다.

➲ 컴퓨터 단층 촬영(CT scan)은 의료 및 과학 분야에서 사용되는 이미징 기술 중 하나로 X선을 이용하여 몸 내부의 단면 이미지를 생성하는 방법이다. 같은 원리로 과학자들은 지진파를 이용하여 간접적으로 지구의 내부를 관찰한다. P파와 S파 등 지진파 관측으로 지구 내부를 어떻게 밝혀 낼 수 있는지, 그 수학적 분석 방법을 탐구해 보자.

[관련 학과] 건축공학과, 건축학과, 도시공학과, 컴퓨터공학과, 토목공학과, 환경공학과

《지구물리 수치해석》, 민동주 외 5명, 씨아이알(2016)

[12지구02-05] ● ● ●

우리나라의 대표적인 지질공원의 지질학적 형성 과정을 추론하고, 지역사회와 함께하는 지질공원의 지속가능한 발전방안을 제안할 수 있다.

➲ '세계의 지붕'이라 불리는 히말라야산맥은 남반구에서 북쪽으로 이동하던 인도 대륙이 유라시아 대륙과 충돌하여 형성되었다. 지대가 높아 눈으로 덮인 히말라야산맥에는 소금이 쌓여 만들어진 암염 퇴적층이 존재한다. 바다에서 멀리 떨어진 히말라야산맥에 사는 사람들은 이 암염을 정제하여 생활에 필요한 소금을 얻는다. 암염 퇴적층이 히말라야산맥에 존재하는 이유를 조사하고, 암염 성분의 분석과 정제하는 방법 및 공정에 관해 탐구해 보자.

[관련 학과] 식품공학과, 신소재공학과, 화장품공학과, 화학공학과

《생존의 물질, 맛의 정점 소금》, 최낙언, 헬스레터(2022)

단원명 | 태양계 천체와 별과 우주의 진화

| 🔍 | 식 현상, 겉보기 운동, 분광형, 흑체복사, H-R도, 허블의 은하 분류 체계, 외부은하, 우주의 진화

[12지구03-01] ● ● ●

태양-지구-달 시스템에서의 식 현상을 이해하고 모형을 이용하여 태양계 행성의 겉보기 운동을 설명할 수 있다.

➲ 일식 현상은 태양, 달, 지구의 위치와 정렬에 의해 발생하는 것이다. 일식 현상이 태양 에너지 발전량에 어떤 영향을 미치는지 파악하고, 태양 에너지 시스템을 설계하거나 개선하기 위한 공학적 방법에 대해 탐구해 보자. 추후 활동으로 지구와 달의 태양 에너지 발전에 영향을 미치는 요소를 조사하고, 태양 에너지 발전량을 비교·분석하는 탐구 활동을 진행해 보자.

[관련 학과] 에너지공학과, 원자력공학과

《열정과 야망의 전기 이야기》, 김석환, 대영사(2021)

[12지구03-02] ● ● ●

별의 분광형 결정 및 별의 분류 과정을 이해하고, 흑체복사 법칙을 이용하여 별의 물리량을 추론할 수 있다.

➲ '천상열차분야지도'는 조선 태조 4년(1395년)에 만든 천문도로, 우리나라 온 하늘에서 볼 수 있는 1,467개의 별이 돌에 새겨져 있다. 별의 밝기에 따라 별의 크기를 다르게 새겼다. 이는 청동기 시대 별 그림부터 고구려 무덤 벽화를 거쳐 전해 내려온 우리나라의 전통적인 별 표현 방법이다. 별의 광도는 별의 에너지 방출량을 기준

으로 측정한 밝기로, 별의 밝기에 영향을 미치는 물리량은 별의 크기와 표면 온도, 거리이다. 흑체복사 법칙과 별의 광도에 영향을 미치는 물리량에 따른 수학적 이론에 근거하여 신도시 설계 시 필요한 야간 가로등의 광도에 대해 탐구해 보자.

관련 학과 건축공학과, 건축학과, 교통공학과, 도시공학과, 에너지공학과, 자동차공학과, 전기공학과, 환경공학과

《웰컴 투 더 유니버스》, 닐 디그래스 타이슨 외 2명, 이강환 역, 바다출판사(2019)

[12지구03-03]   ● ● ●

다양한 질량을 가진 별의 진화 과정을 H-R도에 나타내고 해석할 수 있다.

➡ 공상과학 영화를 보면 주인공이 가슴에 소형 원자로를 부착하고 이를 에너지원으로 사용하는 장면이 나온다. 소형 원자로는 태양의 에너지원인 수소 핵융합 반응이 일어나고 있는 작은 발전기로, 핵융합 반응이 일어날 때의 초고온을 견딜 수 있어야 한다. 이 문제는 자기장을 이용하여 초고온의 플라스마가 닿지 않도록 가둬 두는 도넛형 장치인 토카막으로 해결하기 위해 연구 중이다. 핵융합 반응이 일어날 때 초고온의 플라스마를 가둬 둘 수 있는 토카막 장치의 원리에 대해 탐구해 보자.

관련 학과 기계공학과, 에너지공학과, 원자력공학과, 제어계측공학과

《수소 에너지와 핵융합 에너지》, 뉴턴프레스, 아이뉴턴(2016)

[12지구03-04]   ● ● ●

허블의 은하 분류 체계에 따른 은하의 특징을 비교하고 외부은하의 자료를 이용하여 특이 은하의 관측적 특징을 추론할 수 있다.

➡ 미국의 물리학자이자 전파 공학자인 칼 잰스키(K. Jansky)는 뉴욕과 런던 사이에 처음으로 개설된 무선전화에 잡음이 생긴 원인이 은하수 중심 방향에서 오는 강력한 전파에 있다는 것을 발견하였다. 전파 천문학은 별이 탄생하는 성운이나 성간 물질, 별의 진화나 초신성 폭발에 대한 연구와 은하 중심부 탐색 등에 활용된다. 우리나라는 한국천문연구원의 대덕전파천문대와 KVN(한국우주전파관측망) 연구소에서 전파 천문학을 연구하고 있다. 전파 관측의 원리와 전파 관측을 통해 알 수 있는 우주의 모습에 대해 탐구해 보자.

관련 학과 에너지공학과, 원자력공학과, 전자공학과, 정보통신공학과, 항공우주공학과

**천문대의 시간
천문학자의 하늘**
전영범, 에코리브르(2018)

책 소개

행성, 달, 별, 혜성, 유성 등 밤하늘을 수놓는 다양한 천체 하나하나가 담고 있는 과학에 대해 사진과 함께 설명한 책이다. 많은 사람들이 사계절 즐길 수 있는 밤하늘 관측법부터 천문대 생활, 천문학자의 연구까지 꼼꼼하게 써 내려간 책으로, 과학자들이 이론을 세우고 관측을 통해 검증해 나가는 실험을 구체적으로 살펴볼 수 있는 기회를 제공한다.

세특 예시

뉴욕과 런던 사이에 개설된 무선전화에 생기는 잡음의 원인이 은하수 중심 방향에서 오는 강력한 전파 때문이라는 물리학자의 설명을 접하고, 전파 관측의 원리와 전파 관측을 통해 알 수 있는 우주의 모습에 대해 관심을 가짐. '천문대의 시간 천문학자의 하늘(전영범)'을 읽고 천문대에서 촬

영한 천체 사진을 보며 전파 간섭계를 사용하여 우주에서 오는 전파를 측정함으로써 천체와 우주의 구조를 연구하는 전파 천문학에 대해 탐구함. 천체가 방출하는 전파를 통해 천체를 관찰하는 전파 망원경에 대해 조사하고 회전포물면(파라볼라), 삼각형의 내심과 내접원 등 전파 망원경의 수학적 원리에 대해 탐구하여 발표함.

[12지구03-05] ● ● ●

허블-르메트르 법칙으로 우주의 팽창을 이해하고 우주의 진화에 대한 다양한 설명 체계의 의의를 현대 우주론의 관점에서 비교할 수 있다.

➡ 지구를 대신해 인류의 제2안식처가 될 행성에 대한 연구는 화성 탐사, 외계 행성 및 생명 가능 지대 탐사, 외계 생명체 탐사를 진행하는 원동력이 되었다. 테라포밍(Terraforming)은 대지를 만들어 낸다는 뜻으로 지구가 아닌 다른 외계의 천체 환경을 인간이 살 수 있는 환경으로 변화시키는 것을 말한다. 지구보다 90배나 기압이 크고, 지표면의 온도가 450℃나 되는 금성은 인간이 살 수 없는 환경이므로, 화성을 테라포밍 작업 행성으로 선정하였다. 지구와 금성, 화성의 환경에 맞는 건축 방식에 대해 탐구하여 발표해 보자.

관련 학과 건축공학과, 건축학과, 도시공학과, 환경공학과

《2030 화성 오디세이》, 최기혁 외 21명, MID(2015)

국어 교과군

영어 교과군

수학 교과군

도덕 교과군

사회 교과군

과학 교과군

선택 과목	수능		절대평가	상대평가
진로 선택	X	**역학과 에너지**	5단계	5등급

단원명 | 시공간과 운동

| 🔎 | 물체, 힘, 합력, 운동, 정량적 예측, 뉴턴 운동 법칙, 포물선 운동, 역학적 에너지, 힘의 방향, 운동 방향, 원운동, 케플러 법칙, 중력, 인공위성, 행성의 운동, 역학적 에너지 보존, 탈출 속도, 운동량 보존, 일반 상대성 이론, 우주선의 궤도, 등가 원리, 시공간, 블랙홀, 중력 시간 지연

[12역학01-01]   ● ● ●

물체에 작용하는 여러 가지 힘의 합력을 구하여 물체의 운동을 정량적으로 예측할 수 있다.

➡ 자동차에는 다양한 힘이 작용하고 있다. 엔진에서 발생하는 동력은 주행력을 제공하고, 마찰력은 바퀴와 도로 표면 사이의 상호작용을 통해 전진하는 데 필요한 힘을 제공한다. 이러한 힘들은 공기 저항, 중력, 제동력과 함께 자동차의 운동을 결정하며, 자동차 엔지니어링은 이러한 힘들을 조절하여 안전하고 효율적인 자동차를 설계하고 개발한다. 아두이노를 활용하여 자동차를 제작하여 작동시킨 후, 자동차에 작용하는 다양한 힘을 조사하여 보고서를 작성해 보자.

관련 학과 기계공학과, 도시공학과, 메카트로닉스공학과, 산업공학과, 에너지공학과, 원자력공학과, 자동차공학과, 전기공학과, 전자공학과, 조선해양공학과, 항공우주공학과, 화학공학과, 환경공학과

《**파이썬으로 구현하는 AI 자율주행자동차 with 아두이노 자동차 만들기**》, 장문철, 앤써북(2023)

[12역학01-02]   ● ● ●

뉴턴 운동 법칙을 이용하여 물체의 포물선 운동을 정량적으로 설명하고, 포물선 운동에서의 역학적 에너지를 구할 수 있다.

➡ 포물선 운동은 수평 방향으로는 등속 직선 운동이고, 수직 방향으로는 중력만을 받는 운동이다. 물체가 수직 방향으로 떨어지면서 수평 방향으로도 일정한 속도로 움직이는 모습을 나타내며, 물체의 궤적은 곡선 형태인 포물선을 그리게 된다. 이러한 포물선 운동은 천체의 운동, 던지기 등 다양한 상황에서 발생한다. 뉴턴 운동 법칙과 물체의 포물선 운동이 공학 분야에서 어떻게 활용되는지 조사하여 발표해 보자.

관련 학과 기계공학과, 도시공학과, 메카트로닉스공학과, 산업공학과, 에너지공학과, 원자력공학과, 자동차공학과, 전기공학과, 전자공학과, 조선해양공학과, 항공우주공학과, 화학공학과, 환경공학과

《**Newton의 운동법칙**》, Sanjoy Mahajan, 최준곤 역, 학산미디어(2022)

[12역학01-03]   ● ● ●

물체에 작용하는 힘의 방향에 따라 물체의 운동 방향이 변할 수 있음을 원운동 등 다양한 예를 들어 설명할 수 있다.

➡️ 원운동의 가장 대표적인 예는 중력을 받는 천체의 운동이고, 중력은 항상 물체를 지구의 중심으로 향하도록 작용하므로 물체는 지구 주위를 곡선으로 움직이는 것처럼 보인다. 행성이 별 주위를 공전하는 것도 원운동이나 타원운동으로 설명할 수 있으며, 행성은 별의 중력에 의해 곡선을 그리며 공전하게 된다. 지구 주위를 돌고 있는 다양한 인공위성을 조사해 보고, 지표면에서 볼 때 같은 곳에 정지해 있는 것처럼 보이는 정지 위성의 원리를 분석해 보자.

관련 학과 기계공학과, 메카트로닉스공학과, 반도체공학과, 소프트웨어공학과, 소프트웨어학과, 신소재공학과, 에너지공학과, 자동차공학과, 전기공학과, 전자공학과, 컴퓨터공학과, 항공우주공학과

《**우주궤도를 선점하는 글로벌 리더 인공위성개발자**》, 김명길, 토크쇼(2022)

[12역학01-04]　　　　　　　　　　　　　　　　　　　　　　　　　　　• • •

케플러 법칙으로부터 중력의 존재가 밝혀지는 과학사적 배경을 이해하고, 중력을 이용하여 인공위성과 행성의 운동을 분석하고 설명할 수 있다.

➡️ 태양계 행성들의 궤도가 타원임을 밝혀낸 케플러 법칙은 당시 매우 혁신적인 발견이었다. 천문학과 물리학의 패러다임을 바꾸었고, 근대 과학 발전에 중요한 기초가 되었다. 이처럼 혁신적인 생각은 과학과 공학의 발전에 큰 기여를 해왔다. 그 시대의 통념을 넘어선 혁신적인 생각이 공학 분야에 미친 영향을 조사하고 보고서를 작성해 보자.

관련 학과 금속공학과, 기계공학과, 반도체공학과, 소프트웨어공학과, 신소재공학과, 에너지공학과, 자동차공학과, 컴퓨터공학과, 항공우주공학과, 화학공학과, 환경공학과

《**코페르니쿠스의 거인, 뉴턴의 거인**》, 남호영, 솔빛길(2020)

[12역학01-05]　　　　　　　　　　　　　　　　　　　　　　　　　　　• • •

역학적 에너지 보존을 이용하여 행성에 따라 탈출 속도가 다름을 이해하고, 운동량 보존을 이용하여 우주선이 발사되어 궤도에 오르는 원리를 설명할 수 있다.

➡️ 로켓 발사의 원리는 작용 반작용 법칙과 운동량 보존 법칙에 기반한다. 로켓은 연소를 통해 연료를 뒤로 방출하고 연료가 빠른 속도로 나가면서 로켓에 반작용 힘을 가하게 된다. 이 반작용 힘이 로켓을 앞으로 밀어내고 가속시킨다. 로켓이 연료를 소모하면서 질량이 줄어들게 되고, 질량이 줄어들면 운동량 보존 법칙에 따라 로켓의 속도가 증가한다. 이로 인해 로켓은 충분한 속도를 얻어서 중력을 이기고 궤도로 진입하거나 우주로 나아갈 수 있게 되는 것이다. '로켓 추진 기술의 발전과 미래 기술 전망'을 주제로 보고서를 작성해 보자.

관련 학과 금속공학과, 기계공학과, 반도체공학과, 소프트웨어공학과, 신소재공학과, 에너지공학과, 자동차공학과, 컴퓨터공학과, 항공우주공학과, 화학공학과, 환경공학과

《**우주발사체공학 개론**》, 도미타 노부유키 외 4명, 노웅래·이기주 역, 경문사(2016)

[12역학01-06]　　　　　　　　　　　　　　　　　　　　　　　　　　　• • •

등가 원리와 시공간의 휘어짐으로 인해 블랙홀과 중력 시간 지연이 나타남을 이해하고, 일반 상대론에 흥미를 느낄 수 있다.

➡️ 아인슈타인의 일반 상대성 이론은 중력의 개념과 운동에 대한 새로운 이해를 제시한다. 일반 상대성 이론은 중력을 질량의 속성과 시간과 공간의 곡률로 설명한다. 질량이 시공간을 왜곡시키고, 왜곡된 시공간 속에서 물체가 움직인다는 것이다. 이 이론은 우리가 경험하는 일상적인 현상을 설명하고 예측하는 데 사용되며, 천체의 운동, 물리학적 현상, 우주 비행, 시간의 상대성 등 다양한 분야에서 활용된다. 지구 주위를 돌고 있는 인공위성

에서 나타나는 중력 시간 지연에 관해서 탐구한 후, 전자항법과 GPS를 조사하여 보고서를 작성해 보자.

관련 학과 기계공학과, 메카트로닉스공학과, 반도체공학과, 소프트웨어공학과, 소프트웨어학과, 자동차공학과, 전기공학과, 전자공학과, 컴퓨터공학과, 항공우주공학과

《**전자항법과 GPS**》, 고광섭 외 4명, 북코리아(2022)

단원명 | 열과 에너지

> | 🔍 | 건축, 열에너지, 단열, 열팽창, 과학의 유용성, 상태 변화, 이상 기체, 온도, 압력, 부피, 계에 가해진 열, 계의 내부 에너지, 외부에 한 일, 열기관, 순환 과정, 열효율, 열의 이동, 기체의 확산, 가역 현상, 비가역 현상, 엔트로피

[12역학02-01]   • • •

건축을 포함한 다양한 열에너지 관련 기술에 단열, 열팽창 등이 활용된 예를 조사함으로써 과학의 유용성에 대한 가치를 인식할 수 있다.

➡ 열팽창은 물체가 열을 받아 팽창하는 현상으로, 열을 흡수한 물체는 분자 간 거리가 증가하며 부피가 커지게 된다. 이러한 현상은 고체, 액체, 기체에서 모두 나타난다. 열팽창 계수는 물체의 열팽창 정도를 나타내는 데 사용되는 값이고, 일상생활에서도 열팽창과 관련된 예시를 찾을 수 있다. 열팽창을 고려하여 기차선로를 설치하는 것과 같이 공학 분야에서 찾을 수 있는 열팽창 현상을 조사하여 발표해 보자.

관련 학과 건축공학과, 금속공학과, 기계공학과, 반도체공학과, 산업공학과, 신소재공학과, 에너지공학과, 자동차공학과, 조선해양공학과, 항공우주공학과, 화학공학과, 환경공학과

《**그림으로 배우는 열에너지 공학**》, 김동진 외 2명, 북스힐(2023)

[12역학02-02]   • • •

열에 의한 물질의 상태 변화를 이해하고, 이상 기체의 온도, 압력, 부피의 관계를 설명할 수 있다.

➡ 이상 기체는 분자 간 상호작용이 없고 분자의 크기가 무시될 정도로 작은 기체로, 이상 기체의 온도, 압력, 부피의 관계는 이상 기체 상태방정식에 의해서 설명된다. 상태방정식은 이상 기체의 특성을 설명하는 중요한 도구로, 온도와 압력이 주어졌을 때 기체의 부피를 계산하거나 그 반대로도 계산할 수 있다. 이는 기체의 양, 온도, 압력, 부피 등 상태 변수 간의 관계를 나타내며, 기체의 이상적인 특성을 설명한다. 이상 기체의 상태방정식이 활용되는 분야를 조사하여 보고서를 작성한 후, 정리한 자료를 중심으로 PPT를 제작하여 발표해 보자.

관련 학과 건축공학과, 금속공학과, 기계공학과, 반도체공학과, 산업공학과, 생명공학과, 식품공학과, 신소재공학과, 에너지공학과, 원자력공학과, 토목공학과, 항공우주공학과, 화학공학과, 환경공학과

《**읽자마자 이해되는 열역학 교과서**》, 이광조, 보누스(2024)

[12역학02-03]   • • •

계에 가해진 열이 계의 내부 에너지를 변화시키거나 외부에 일을 할 수 있음을 이해하고, 일상생활 속의 예를 찾음으로써 흥미를 느낄 수 있다.

➡ 자동차에 들어 있는 열기관은 내부 에너지를 변화시키거나 외부에 일을 할 수 있다. 자동차에 저장된 연료는

연료 시스템을 통해 엔진 내로 공급된다. 엔진의 실린더 내에서 피스톤이 상하 운동을 하면서 공기와 연료 혼합물을 압축한다. 압축된 혼합물은 고압 상태에서 스파크 플러그를 통해 불이 켜지고, 이러한 연소 과정에서 화학 에너지가 열에너지로 전환된다. 열에너지는 고온, 고압가스로 전환되고 피스톤을 움직여 크랭크샤프트를 회전시킨다. 이 과정에서 내부 에너지의 변화가 일어나며, 자동차는 에너지를 활용하여 움직인다. 자동차와 같이 내부 에너지를 변화시키거나 외부에 일을 할 수 있는 장치를 조사하여 분석한 후 보고서를 작성해 보자.

관련 학과 금속공학과, 기계공학과, 반도체공학과, 산업공학과, 신소재공학과, 에너지공학과, 자동차공학과, 조선해양공학과, 항공우주공학과, 화학공학과, 환경공학과

《**기계중심의 열역학**》, 엄기찬, 북스힐(2014)

[12역학02-04] ● ● ●

다양한 열기관에서의 순환 과정과 열효율을 설명하고, 열기관의 개발과 활용이 인류 공동체에 미친 영향을 산업발전과 환경 측면에서 평가할 수 있다.

➡️ 열기관은 연료의 연소를 통해 열에너지를 기계적 에너지로 변환하는 장치로, 카르노 사이클, 오토 사이클, 디젤 사이클 등을 통해 열효율을 평가한다. 산업혁명 시기 증기기관의 발명은 대량 생산과 교통 혁신을 가능하게 했으며, 내연기관의 발전은 자동차와 항공 산업을 활성화시켰다. 그러나 연료 연소로 인한 오염물질은 환경 문제를 야기했다. 현대의 열기관 개발은 하이브리드 및 전기차와 같은 친환경 기술로 전환되고 있으며, 이는 지속가능발전을 목표로 한다. 열기관의 효율성과 환경 영향을 평가하는 것은 공학적 연구에서 중요한 주제이다. 현재까지 개발되어 있는 열기관을 조사하고, 각 장치의 열효율을 비교·분석하여 보고서를 작성해 보자.

관련 학과 기계공학과, 반도체공학과, 산업공학과, 신소재공학과, 에너지공학과, 원자력공학과, 항공우주공학과, 화학공학과, 환경공학과

《**최신 자동차공학**》, 김기수 외 2명, 구민사(2024)

[12역학02-05] ● ● ●

열의 이동, 기체의 확산과 같은 비가역 현상을 엔트로피를 이용하여 설명할 수 있다.

➡️ 열의 이동과 같은 비가역 현상은 엔트로피를 통해 설명할 수 있다. 엔트로피는 열역학 제2법칙에 따른 무질서의 측정치로, 시스템 내부의 에너지 분산 및 무질서 정도를 나타낸다. 엔트로피는 열의 이동과 관련이 있고, 열은 항상 고온에서 저온으로 이동하려는 경향이 있다. 열역학 제2법칙에 따르면 열은 엔트로피가 증가하는 방향으로 이동한다. 엔트로피가 높은 곳에서 낮은 곳으로 열이 흐르면 시스템의 무질서 정도가 더 증가하게 된다. 비가역 현상인 엔트로피의 증가는 자연현상에서 무질서의 증가를 나타내는 중요 지표 중 하나이다. 기체의 확산과 같은 비가역 현상을 엔트로피를 중심으로 조사하여 발표해 보자.

관련 학과 금속공학과, 기계공학과, 반도체공학과, 산업공학과, 신소재공학과, 에너지공학과, 원자력공학과, 조선해양공학과, 항공우주공학과, 화장품공학과, 화학공학과, 환경공학과

《**열과 엔트로피는 처음이지?**》, 곽영직, 북멘토(2021)

단원명 | 탄성파와 소리

🔍 용수철 진자, 단진동, 가속도, 변위, 탄성파, 투과, 반사, 도플러 효과, 속도 측정, 음향 장치, 소음 제어, 악기의 소리, 정상파

국어 교과군

영어 교과군

수학 교과군

과학 교과군

사회 교과군

보학 교과군

[12역학03-01] ● ● ●

용수철 진자를 통해 단진동을 이해하고, 가속도와 변위 사이의 관계를 설명할 수 있다.

➲ 변위는 어떤 점이 원래 위치에서 얼마나 멀어졌는지를 나타내는 물리적 양이고, 보통 길이나 거리에 방향을 추가하여 벡터로 표기한다. 가속도는 물체의 속도 변화율을 의미하고, 일정 시간 동안 속도가 얼마나 변화하는지를 나타낸다. 가속도는 벡터로 표현되고 속도의 변화를 시간으로 나눈 값으로 정의된다. 변위와 가속도는 함께 사용되어 운동을 설명하는 데 중요한 역할을 한다. 단진동을 용수철 진자를 중심으로 삼각함수를 활용하여 변위와 가속도를 유도한 후 설명해 보자.

관련 학과 기계공학과, 메카트로닉스공학과, 반도체공학과, 산업공학과, 신소재공학과, 에너지공학과, 자동차공학과, 전자공학과, 조선해양공학과, 토목공학과, 항공우주공학과, 화학공학과, 환경공학과

《기계진동학》, Singiresu S. Rao, 이시복 역, 퍼스트북(2019)

[12역학03-02] ● ● ●

탄성파의 진행, 투과, 반사를 이해하고, 탄성파가 활용되는 예를 찾음으로써 과학의 유용성을 인식할 수 있다.

➲ 파동은 공간이나 물질의 한 부분에서 생긴 주기적인 진동이 시간의 흐름에 따라 주위로 멀리 퍼져나가는 현상이다. 음파는 우리가 듣는 소리의 원천이 되는 파동이고, 탄성파는 탄성 매질을 통해 탄성 진동의 형태로 전파되는 파동이다. 탄성파의 전파 속도는 물질의 밀도나 압력에 영향을 받으며, 재료의 물성, 구조 및 기계적 특성을 조사하는 데 활용한다. 그 외에 감마선, X선, 자외선, 가시광선, 적외선, 휴대전화나 방송통신 등에 쓰이는 전파는 모두 전자기파라고 한다. 파동의 종류에 따른 전파 속도를 조사하고, '전자기파의 전파 속도와 통신 기술'을 주제로 보고서를 작성해 보자.

관련 학과 금속공학과, 기계공학과, 반도체공학과, 신소재공학과, 원자력공학과, 정보통신공학과, 조선해양공학과, 토목공학과, 항공우주공학과, 화학공학과, 환경공학과

《전자기파란 무엇인가》, 고토 나오히사, 손영수 역, 전파과학사(2018)

[12역학03-03] ● ● ●

도플러 효과를 이해하고 물체의 속도 측정 등 다양한 장치에 이용됨을 설명할 수 있다.

➲ 도플러 효과는 파동의 주파수가 송신자와 수신자 간의 상대적인 속도에 따라 변하는 현상으로, 다양한 공학 분야에서 활용된다. 예를 들어, 교통공학에서는 레이더를 이용해 차량의 속도를 측정하는 시스템에 도플러 효과를 이용한다. 차량이 이동하면 레이더에서 발사된 전파가 차량에 반사되어 돌아올 때 주파수 변화가 발생하며, 이 변화를 통해 차량의 속도를 계산한다. 이처럼 도플러 효과는 다양한 분야에서 중요한 역할을 한다. 도플러 효과를 활용한 속도 측정 기술을 조사하고, 이를 기반으로 공학적 응용 사례를 분석하여 보고서를 작성해 보자.

관련 학과 공학계열 전체

《내 사랑 물리 2》, 김달우, 전파과학사(2022)

[12역학03-04] ● ● ●

음향 장치 또는 실내외 공간에서의 소음 제어에 음파의 간섭이 활용됨을 이해하고, 실생활에 사용되는 사례를 조사할 수 있다.

➲ 음파의 간섭은 두 개 이상의 음파가 만나 상호작용하는 현상을 말한다. 보강 간섭은 두 음파가 같은 진폭과 위

상을 가질 때 발생하며, 이로 인해 진폭이 증가하는 현상이다. 상쇄 간섭은 두 음파가 반대 위상을 가질 때 발생하며, 진폭이 감소하거나 완전히 사라지는 현상이다. 노이즈 캔슬링 이어폰은 상쇄 간섭의 원리를 활용한 대표적인 기술이다. 이어폰에 장착된 마이크에 의해 외부 소음이 감지되면, 이어폰은 그 소음과 반대 위상의 음파를 생성해 상쇄 간섭을 일으킨다. 이 과정에서 소음은 거의 제거되어 깨끗한 음질만 사용자에게 전달된다. 음파의 간섭 현상과 잡음 저감 기능의 원리를 조사하고, '노이즈 캔슬링 기술의 음파 간섭 활용 원리'를 주제로 보고서를 작성해 보자.

관련 학과 금속공학과, 기계공학과, 반도체공학과, 신소재공학과, 원자력공학과, 정보통신공학과, 조선해양공학과, 토목공학과, 항공우주공학과, 화학공학과, 환경공학과

《소음진동학》, 김재수, 세진사(2013)

[12역학03-05] ● ● ● ●

현악기, 관악기 등에서 소리를 내는 원리를 정상파를 이용하여 설명할 수 있다.

→ 정상파는 파동이 두 개 이상의 반대 방향에서 서로 만나면서 간섭하여 일정한 진폭을 유지하는 파동으로, 구조 설계, 진동 분석, 통신 시스템 등에서 응용된다. 예를 들어, 기계공학에서는 교량이나 빌딩과 같은 구조물의 진동을 분석할 때 정상파를 이용해 특정 주파수에서 공진하지 않도록 설계한다. 전자공학에서는 무선통신 시스템에서 전파의 전달이나 안테나의 성능을 최적화하기 위해 정상파 이론을 적용하며, 음향공학에서는 스피커나 전자 악기의 음질 개선을 위해 정상파의 원리를 연구한다. 이러한 정상파의 원리가 어떻게 공학적 시스템에서 사용되는지 조사하고, '음향 시스템 설계에서의 정상파 응용'을 주제로 보고서를 작성해 보자.

관련 학과 건축공학과, 금속공학과, 기계공학과, 식품공학과, 신소재공학과, 에너지공학과, 원자력공학과, 항공우주공학과, 화학공학과, 환경공학과

《과학으로 풀어보는 음악의 비밀》, 존 파웰, 장호연 역, 뮤진트리(2022)

선택 과목	수능	전자기와 양자	절대평가	상대평가
진로 선택	X		5단계	5등급

단원명 | 전자기적 상호작용

> 🔍 전하, 전기장, 전기력선, 등전위면, 전기장의 세기와 방향, 정전기 유도, 유전분극, 자기력선, 다이오드, 도선 주위의 자기장, 로런츠 힘, 전자기 유도, 변압기, 인덕터, 저항, 축전기, 트랜지스터, 반도체, 전자 회로

[12전자01-01] ● ● ●

전하 주위의 전기장을 정량적으로 구하고, 전기력선과 등전위면으로부터 전기장의 세기와 방향을 추리할 수 있다.

➡ 점전하로부터 발생하는 전기장은 전기적인 물체가 주변 공간에 만드는 전기장이다. 이 전기장은 해당 전하에 의해 생성되며 다른 전기적인 물체에 전기적 힘을 가하는 역할을 한다. 이는 전자기학과 전기 관련 분야에서 중요한 개념으로, 전기장의 특성을 이해함으로써 전기장으로 인한 상호작용과 전기 기기의 동작을 이해할 수 있다. 점전하에 의해 발생하는 전기력선과 등전위면으로부터 전기장의 세기와 방향을 분석하여 발표해 보자.

관련 학과 금속공학과, 기계공학과, 메카트로닉스공학과, 반도체공학과, 신소재공학과, 에너지공학과, 원자력공학과, 전기공학과, 전자공학과, 컴퓨터공학과, 항공우주공학과

《전자기학의 개념원리》, 홍희식 외 2명, 복두출판사(2024)

[12전자01-02] ● ● ●

정전기 유도와 유전분극을 설명하고, 일상생활에서 적용되는 예를 찾을 수 있다.

➡ 유전분극은 유전체 내부의 원자나 분자가 외부 전기장에 의해 영향을 받을 때 발생하는 현상으로, 이는 다양한 전자 기기와 재료에서 중요한 역할을 한다. 외부 전기장을 가하면 유전체 내부에서 양성자와 전자가 미세하게 이동하거나 재배열되어 양전하와 음전하의 분리가 일어나고, 그 결과 유전체 내부에 전기장이 형성된다. 이는 물질이 전기적으로 극성화되는 것으로, 전자기적 장치에서 전기 신호를 처리하거나 에너지를 저장하는 데 필수적이다. 유전분극은 콘덴서, 센서, 액정 디스플레이, 고주파 소자 등 다양한 전자 기기에 응용된다. 이러한 전자소자의 작동 원리와 응용 사례를 조사하고 분석하여 발표해 보자.

관련 학과 금속공학과, 기계공학과, 메카트로닉스공학과, 반도체공학과, 신소재공학과, 에너지공학과, 원자력공학과, 전기공학과, 전자공학과, 컴퓨터공학과, 항공우주공학과

《짜릿짜릿 전자부품 백과사전 2》, 찰스 플랫, 배지은·이하영 역, 인사이트(2024)

[12전자01-03] ● ● ●

자기력선을 이용하여 전류가 흐르는 도선 주위의 자기장의 세기와 방향을 추리할 수 있다.

➡ 솔레노이드는 전류가 흐르면 자기장을 생성하는 원통형 코일로 전자석 역할을 하며, 자동화 시스템, 제어 기기, 보안 장치 등에서 중요한 역할을 한다. 자동차에서는 연료 주입 밸브의 제어나 도어 잠금 장치에서 솔레노이드가 전기 신호에 반응하여 잠금을 제어하는 방식으로 사용되고, 산업용 자동화 시스템에서는 전동 밸브와 전자석 크레인 등에 사용되어 무거운 물체를 들어 올리거나 이동시키는 역할을 한다. 또한 의료 기기에서는 정밀한 움직임을 유도하는 데 쓰이고, 보안 시스템에서는 전기 신호에 따라 문 잠금 장치에 적용된다. 이처럼 솔레노이드가 사용되는 다양한 분야를 조사하고, '자동차 시스템에서 솔레노이드의 역할'을 주제로 보고서를 작성해 보자.

관련 학과 건축공학과, 금속공학과, 기계공학과, 반도체공학과, 산업공학과, 식품공학과, 신소재공학과, 에너지공학과, 원자력공학과, 토목공학과, 항공우주공학과, 화학공학과, 환경공학과

《김범준의 물리 장난감》, 김범준 저, 이김(2024)

[12전자01-04] ● ● ●

로런츠 힘이 발생하는 조건을 알고, 로런츠 힘과 관련된 현상과 기술을 설명할 수 있다.

➡ 입자 가속기는 전자기장을 이용해 대전 입자를 빛의 속도에 가깝게 가속시키는 장치이며, 가속된 입자들을 서로 충돌시켜 그 과정에서 발생하는 파편을 분석한다. 주로 입자물리학 분야에서 새로운 입자를 발견하거나 이론을 검증하기 위해 활용된다. 또한 입자를 가속할 때 발생하는 빛을 이용해 다양한 물질의 특성을 연구할 때나 암 치료와 같은 의료 목적으로도 사용된다. 국내의 입자 가속기 설치 현황을 조사하고, 입자 가속기에서 발생하는 로런츠 힘과 관련된 물리적 현상을 분석하여 보고서를 작성해 보자.

관련 학과 금속공학과, 기계공학과, 메카트로닉스공학과, 반도체공학과, 신소재공학과, 에너지공학과, 원자력공학과, 전기공학과, 전자공학과, 컴퓨터공학과, 항공우주공학과, 화학공학과, 환경공학과

《세 개의 쿼크》, 김현철, 계단(2024)

[12전자01-05] ● ● ●

자기선속의 변화로 전자기 유도를 이해하고, 변압기, 인덕터 등 전자기 유도의 활용 기술을 설명할 수 있다.

➡ 전자기 유도는 자기장의 변화에 반대 방향으로 유도 전류가 생성되는 원리를 말한다. 전자기력을 활용하여 물체 내에 전기성 자극을 유발하는 과정으로, 전자기장이 변할 때 전기장 내에 있는 물체에 전기적인 힘을 생성하는 현상이다. 전자기 유도는 전자기력의 기본 원리이고 발전기와 전기 변압기 등 다양한 전기 기기와 시스템에서 사용된다. 실제 산업 현장에서 사용하고 있는 변압기의 종류를 조사하고, '산업용 변압기의 종류와 응용 사례 조사'를 주제로 보고서를 작성해 보자.

관련 학과 금속공학과, 기계공학과, 메카트로닉스공학과, 반도체공학과, 신소재공학과, 에너지공학과, 원자력공학과, 전기공학과, 전자공학과, 컴퓨터공학과, 항공우주공학과, 화학공학과, 환경공학과

《전자기학: 쓰임말을 알면 물리가 보인다》, 이주열, 성균관대학교출판부(2024)

[12전자01-06] ● ● ●

저항, 축전기, 인덕터를 활용하는 장치를 찾아 에너지 관점에서 정성적으로 설명할 수 있다.

➡ RLC 회로는 저항, 축전기, 인덕터로 구성된 회로이다. 저항은 전류의 흐름을 제한하고 전류의 크기를 조절하는 역할을 하며, 축전기는 전기 에너지를 저장하고 필요할 때 방출하는 역할을 한다. 인덕터는 전류의 변화를 억제하며, 전류가 흐를 때 자기장을 생성하여 전류의 방향을 바꾸려는 성질을 가진다. RLC 회로는 전자 기기

에서 공명 주파수 설정, 신호 필터링, 그리고 무선통신 장치 등 다양한 분야에서 활용된다. RLC 회로의 고유 주파수를 계산하고, 그 응용 분야를 조사하여 보고서를 작성해 보자.

관련 학과 교통공학과, 금속공학과, 기계공학과, 메카트로닉스공학과, 반도체공학과, 신소재공학과, 에너지공학과, 원자력공학과, 전기공학과, 전자공학과, 컴퓨터공학과, 항공우주공학과

《광속으로 배우는 RLC 회로》, 안성준, 문운당(2018)

[12전자01-07] •••

다이오드, 트랜지스터 등 반도체 소자를 활용하는 전자회로를 분석하고, 현대 문명에서 반도체의 중요성을 인식할 수 있다.

반도체 소자는 현대 전자 기기와 통신 기술의 핵심 구성요소로, 전력 효율성을 향상시키고 전자 장치의 기능을 제어하며 확장하는 데 중요한 역할을 한다. 이러한 소자들은 다양한 전자회로에 사용되며, 디지털 및 아날로그 신호 처리, 통신, 컴퓨팅, 제어 시스템 등 여러 응용 분야에서 필수적인 역할을 담당한다. 예를 들어, 트랜지스터, 다이오드, 집적 회로는 각각의 특성을 가지고 전자회로의 핵심 소자로 사용된다. 전자회로에서 사용되는 다양한 반도체 소자를 조사하고, 각 소자의 특징과 용도를 분석하여 보고서를 작성하고 발표해 보자.

관련 학과 교통공학과, 금속공학과, 기계공학과, 메카트로닉스공학과, 반도체공학과, 신소재공학과, 에너지공학과, 원자력공학과, 전기공학과, 전자공학과, 컴퓨터공학과, 항공우주공학과

처음 만나는 전자회로

황형수, 한빛아카데미(2019)

책 소개

이 책은 전자회로를 처음 배우는 공학계열 학생들을 위한 입문서로, 전자회로를 배울 때 가장 기본이 되는 중요한 내용을 소개한다. 학생들이 어려워하는 회로 해석 과정을 차근차근 다루었으며, 외워야 할 수식들은 직관적으로 보여준다. 기초적인 개념 확립을 확인할 수 있는 객관식 연습문제, 본문의 예제를 통해서 전자회로의 기본을 확실히 다질 수 있다.

세특 예시

교과연계도서 발표 활동에서 '처음 만나는 전자회로(황형수)'를 읽고 전자회로에서 사용되는 다양한 소자를 조사하고 각 소자의 특징을 분석하여 보고서를 작성함. 전자회로를 배울 때 가장 기본이 되는 부품과 회로 해석 과정을 순서대로 정리하여 발표함. 디지털 및 아날로그 신호 처리 방식을 이해하기 위해서 옴의 법칙의 중요성을 파악하고 친구들에게 전자기학의 중요성을 소개함.

단원명 | 빛과 정보 통신

🔍 빛, 간섭, 회절, 홀로그램, 정밀 기술, 렌즈, 거울, 광학 기기, 수차, 편광, 디지털 정보, 광전효과, 빛과 물질, 영상 정보, 광센서, 태양전지, 레이저, 빛의 증폭, 광통신

[12전자01-02]　● ● ●

빛의 간섭과 회절을 알고, 홀로그램 등 현대의 정밀 기술에 활용되는 예를 찾을 수 있다.

➡ 홀로그램은 빛의 간섭과 회절 원리를 이용하여 3D 이미지를 생성하는 기술로, 보안 및 위조 방지용 라벨, 신분증, 신용카드, 고급 포장재와 같은 다양한 분야에서 사용된다. 또한 의료 분야에서는 홀로그램을 통해 3D 이미지로 병리학 및 해부학적 구조를 분석하는 데 활용된다. 빛의 파동성을 활용하면 홀로그램과 같은 현대의 정밀 기술을 여러 산업 분야에서 다양하게 활용될 수 있다. 빛의 특성을 활용하는 정밀 기술을 조사하여 보고서를 작성해 보자.

`관련 학과` 금속공학과, 기계공학과, 메카트로닉스공학과, 반도체공학과, 신소재공학과, 에너지공학과, 원자력공학과, 전기공학과, 전자공학과, 컴퓨터공학과, 항공우주공학과

《**홀로그래피 입문 원리와 실제**》, 구보타 토시히로, 이승현 역, 진샘미디어(2012)

[12전자02-02]　● ● ●

렌즈와 거울을 이용한 광학 기기의 원리와 수차를 설명할 수 있다.

➡ 렌즈와 거울을 이용한 광학 기기는 빛을 조절하고 이미지를 형성하는 데 중요한 역할을 한다. 렌즈는 유리나 투명한 플라스틱으로 만들어진 굴절 매체로, 빛을 굴절하여 물체에서 생성된 이미지를 형성한다. 거울은 빛을 반사해 이미지를 만들어 내고, 주로 평면거울과 곡면 거울로 나뉜다. 렌즈와 거울의 특징을 중심으로 사용되는 분야를 조사하고, '광학 기기 설계에서 렌즈와 거울의 역할'을 주제로 보고서를 작성해 보자.

`관련 학과` 건축공학과, 금속공학과, 기계공학과, 반도체공학과, 산업공학과, 생명공학과, 식품공학과, 신소재공학과, 에너지공학과, 원자력공학과, 토목공학과

《**광학**》, Eugene Hecht, 조재흥 외 2명 역, 자유아카데미(2018)

[12전자02-03]　● ● ●

편광의 원리를 이해하고, 이를 활용한 디지털 정보 기술의 사례를 조사할 수 있다.

➡ 편광은 빛이 진행하는 방향에 수직한 임의의 평면에서 전기장의 방향이 일정한 상태를 말하며, 이러한 전기장의 방향을 기준으로 편광의 방향을 구별한다. 편광은 디지털 정보 기술과 광학 장비에서 중요한 역할을 하는데, 일례로 LCD 디스플레이에서 편광 필터는 빛의 투과와 차단을 제어하여 화면에 선명한 이미지를 구현한다. 또한 편광을 이용한 광통신 기술은 정보 전송의 효율을 높이고 데이터 처리 속도를 향상시키는 데 기여한다. 항공우주공학에서는 편광 센서를 사용하여 비행기 날개의 결빙 상태를 감지하고, 기계공학에서는 편광 현미경을 사용해 재료의 구조적 특성을 활용한다. 편광을 활용한 다양한 공학적 응용 사례를 조사하고, 그 원리와 활용 분야를 분석하여 보고서를 작성해 보자.

`관련 학과` 건축공학과, 금속공학과, 기계공학과, 반도체공학과, 산업공학과, 생명공학과, 식품공학과, 신소재공학과, 에너지공학과, 원자력공학과, 토목공학과, 항공우주공학과, 화학공학과, 환경공학과

《**파동광학**》, 홍경희, 교문사(2021)

[12전자02-04]　● ● ●

광전효과에서 빛과 물질이 상호작용하는 방식을 알고, 디지털 영상 정보, 광센서, 태양전지 등 광전효과와 관련된 다양한 기술을 조사할 수 있다.

⊙ 광전효과의 발견은 빛과 물질의 상호작용을 이해하는 중요한 이정표가 되었으며, 이후 이를 기반으로 다양한 센서 기술이 발전하였다. 이러한 기술 중 빛 센서는 주변 환경의 빛을 감지하고 그 정보를 전기 신호로 변환하는 역할을 하며, 조명 제어, 자동화 시스템, 스마트 장치 등 다양한 응용 분야에서 사용되고 있다. 아두이노는 이러한 센서와 상호작용할 수 있는 간단한 마이크로컨트롤러 보드로, 오픈소스 컴퓨팅 플랫폼을 통해 소프트웨어와 하드웨어를 쉽게 결합할 수 있다. 아두이노를 활용하여 빛 센서 회로를 구성하고, 빛의 세기에 따라 LED의 밝기를 조절하는 시스템을 구현해 보자. 이를 통해 빛 센서의 원리와 실생활에서의 응용 가능성을 탐구하고, 회로 구성과 결과를 분석하여 보고서를 작성한 후 발표해 보자.

관련 학과 교통공학과, 금속공학과, 기계공학과, 메카트로닉스공학과, 반도체공학과, 신소재공학과, 에너지공학과, 원자력공학과, 전기공학과, 전자공학과, 컴퓨터공학과, 항공우주공학과

《한 권으로 끝내는 아두이노 입문 + 실전》, 서민우·박준원, 앤써북(2021)

[12전자02-05] ● ● ●

레이저의 특징과 빛이 증폭되는 원리를 알고, 레이저가 디지털 광통신 등 여러 영역에서 활용됨을 조사하여 현대 문명에서 레이저의 중요성을 인식할 수 있다.

⊙ 레이저는 'Light Amplification by the Stimulated Emission of Radiation'의 머리글자를 딴 것으로, 유도 방출을 통해 빛을 증폭하는 장치를 말한다. 레이저는 전자공학, 기계공학, 생명공학 등 다양한 공학 분야에서 활용된다. 레이저 발진 장치는 두 개의 반사 거울로 구성된 공진기와 매질을 통해 빛을 증폭시키며, 매질로는 고체, 액체, 기체, 반도체 등이 사용될 수 있다. 레이저의 종류로는 CO_2 레이저, 반도체 레이저, 다이오드 레이저 등이 있으며, 각각의 레이저는 산업과 연구에서 다양한 용도로 활용되고 있다. 레이저의 증폭 원리와 각 레이저의 특성, 공학적 활용 분야를 분석하여 보고서로 정리하고 발표해 보자.

관련 학과 금속공학과, 기계공학과, 반도체공학과, 산업공학과, 생명공학과, 식품공학과, 신소재공학과, 에너지공학과, 원자력공학과, 토목공학과, 화학공학과, 환경공학과

《레이저의 탄생》, 찰스 H. 타운스, 김희봉 역, 아카넷(2024)

단원명 | 양자와 미시세계

| 🔍 | 양자, 이중 슬릿, 입자, 파동, 이중성, 확률 파동의 간섭, 중첩, 측정, 상태 변화, 양자컴퓨터, 양자암호통신, 터널 효과, 원자모형, 불확정성 원리, 보어, 별, 핵융합, 스펙트럼

[12전자03-01] ● ● ●

단일 양자 수준의 이중 슬릿 실험을 통해서 입자-파동 이중성을 확인하고, 단일 양자의 분포에 대한 실험 결과를 확률 파동의 간섭을 토대로 해석할 수 있다.

⊙ 단일 양자의 분포를 설명하는 것은 양자역학의 핵심적인 특징 중 하나로, 이는 확률 파동의 간섭에 관련된 현상 중 하나이다. 이를 이해하기 위해서 양자의 이중성인 입자와 파동성을 고려해야 한다. 확률 파동의 간섭은 양자를 진동 파동으로 생각할 때 가장 명확하게 관찰된다. 양자가 물리학적 장벽 또는 슬릿과 같은 구조를 통과할 때, 파동 함수가 각 슬릿을 통과하고 그 후에 다시 결합한다. 양자는 이 파동 함수에 따라 어디에 있을지에 대한 확률적인 분포를 가진다. 단일 양자의 분포에 대한 실험 결과를 간섭 현상을 중심으로 파동 함수를 사용하여 분석한 후 보고서를 작성해 보자.

관련 학과 금속공학과, 기계공학과, 반도체공학과, 신소재공학과, 에너지공학과, 원자력공학과, 전기공학과, 전자공학과, 컴퓨터공학과, 항공우주공학과

《양자역학은 처음이지?》, 곽영직, 북멘토(2020)

[12전자03-02] ● ● ● ●

중첩과 측정을 통한 확률적 상태 변화를 이해하고, 이를 이용한 양자컴퓨터, 양자암호통신 등의 양자 기술이 일상생활과 미래 사회에 미칠 영향을 인식할 수 있다.

양자컴퓨터는 양자 중첩의 지수적인 정보 표현, 양자 얽힘을 이용한 병렬 연산과 같은 양자역학적인 물리 현상을 활용하여 계산을 수행하는 기계이다. 기존의 컴퓨터는 트랜지스터 및 커패시터 기반의 이진법 디지털 전자 컴퓨터로 되어 있다. 전통적인 컴퓨터에서 자료의 양은 비트로 측정되며 데이터가 0 또는 1과 같이 항상 2개의 명확한 상태 중 하나에 있는 이진수로 되어 있다. 양자컴퓨터의 작동 원리와 개발 현황을 조사한 후, '양자컴퓨터와 기존 컴퓨터의 구조적 차이점 연구'를 주제로 보고서를 작성해 보자.

관련 학과 기계공학과, 메카트로닉스공학과, 반도체공학과, 소프트웨어공학과, 소프트웨어학과, 전기공학과, 전자공학과, 컴퓨터공학과, 항공우주공학과

《퀀텀의 세계》, 이순칠, 해나무(2023)

[12전자03-03] ● ● ● ●

터널 효과를 설명하고, 관련된 현상과 기술을 조사하여 발표할 수 있다.

주사 터널 현미경(STM)은 원자 수준의 분해능으로 시료의 영상을 얻을 수 있는 비광학 현미경 중 하나이고, 투과 전자 현미경(TEM)은 편광 전자선을 사용하여 시료를 투과시킨 전자선을 전자 렌즈로 확대하여 관찰하는 전자 현미경으로, 직접 배율의 범위가 100배에서 100만 배에 이른다. 주사 터널 현미경과 투과 전자 현미경의 구조와 특징을 분석한 후 보고서를 작성해 보자.

관련 학과 금속공학과, 기계공학과, 메카트로닉스공학과, 반도체공학과, 산업공학과, 생명공학과, 소프트웨어공학과, 소프트웨어학과, 원자력공학과, 제어계측공학과, 화학공학과, 환경공학과

《투과전자현미경 이론과 응용》, 김긍호 외 3명, 교문사(2013)

[12전자03-04] ● ● ● ●

현대의 원자모형을 불확정성 원리와 확률을 기반으로 설명하고, 보어의 원자모형과 비교할 수 있다.

러더퍼드는 알파 입자 산란 실험을 통해 원자 내부에 (+)전하를 띠는 작고 밀도가 높은 원자핵이 존재함을 발견했다. 그는 양성자가 원자핵 안에 빽빽하게 들어 있고, 전자가 그 주위를 돌고 있는 태양계 모형과 같은 원자모형을 제시했다. 러더퍼드의 모형에 따르면, 원자 질량은 아주 작은 부피를 차지하는 원자핵에 집중되어 있으며, 원자의 대부분은 텅 빈 공간으로 이루어져 있다. 이후 보어의 원자모형은 전자가 고정된 궤도를 따라 움직인다는 개념을 추가했으며, 슈뢰딩거와 같은 학자들은 양자역학을 토대로 현대적 원자모형을 제시하여, 전자는 고정된 궤도가 아닌 확률적인 위치에 존재한다고 설명했다. 보어와 현대적 원자모형의 차이점을 분석하고, 이러한 개념이 반도체, 나노 기술 등 현대 기술 분야에서 어떻게 응용되고 있는지 조사하여 보고서를 작성해 보자.

관련 학과 교통공학과, 금속공학과, 기계공학과, 메카트로닉스공학과, 반도체공학과, 신소재공학과, 에너지공학과, 원자력공학과, 전기공학과, 전자공학과, 컴퓨터공학과, 항공우주공학과

《러더퍼드와 원자의 본질》, 에드워드 안드레이드, 안운선 역, 전파과학사(2022)

별에서 핵융합에 의해 에너지가 생성되고 빛이 방출되는 원리를 알고, 별빛의 스펙트럼에 기반하여 별의 구성 원소를 추리할 수 있다.

핵분열은 원자핵이 더 작은 핵으로 분해되는 과정을 의미한다. 일반적으로 중성자와의 충돌로 인해 원자핵이 두 개의 작은 핵으로 나뉘고, 이 과정에서 중성자와 함께 에너지가 방출된다. 원자력 발전소는 이 핵분열을 이용해 에너지를 생산한다. 반면 핵융합은 두 개의 가벼운 원자핵이 결합하여 하나의 더 무거운 핵을 형성하는 과정이다. 태양 속에서는 수소 원자핵들이 융합하여 헬륨 원자핵으로 변하면서 엄청난 에너지를 방출하는데, 이것이 바로 핵융합 반응이다. 핵융합은 핵분열보다 훨씬 더 많은 에너지를 생성하지만, 이를 상용화하는 기술 개발은 아직 도전 과제로 남아 있다. 핵분열과 핵융합의 사례를 조사하고, 수소와 핵융합의 관계 및 미래 에너지 자원으로서의 가능성을 분석하여 보고서를 작성해 보자.

관련 학과 교통공학과, 금속공학과, 기계공학과, 메카트로닉스공학과, 반도체공학과, 신소재공학과, 에너지공학과, 원자력공학과, 전기공학과, 전자공학과, 컴퓨터공학과, 항공우주공학과

수소 에너지와 핵융합 에너지

뉴턴프레스, 아이뉴턴(2016)

책 소개

이 책은 새로운 에너지 사회를 지탱할 것으로 기대되는 수소와 핵융합에 관해 기초부터 최첨단까지의 정보를 소개한다. 수소는 화석 연료와 달리 무진장한 자원이며, 환경도 해치지 않는 청정에너지이다. 핵융합 발전은 석유보다 800배의 에너지를 발생시킬 수 있고, 연료는 수소의 동위 원소인 중수소와 삼중수소이다. 연구 개발을 하는 리더들의 인터뷰를 통해서 수소와 핵융합에 관한 이야기를 들을 수 있다.

세특 예시

교과연계도서 발표 활동에서 '수소 에너지와 핵융합 에너지(뉴턴프레스)'를 읽고 핵분열과 핵융합의 차이를 조사하고, 수소와 핵융합의 관계에 대해서 분석하여 보고서를 작성함. 핵분열은 원자핵이 가벼운 핵으로 나뉘면서 대규모의 에너지를 방출하고, 핵융합은 가벼운 원자핵이 높은 온도와 압력 하에서 결합하여 더 무거운 핵을 생성하면서 에너지가 방출되는 과정임을 설명함.

선택 과목	수능		절대평가	상대평가
진로 선택	X		5단계	5등급

단원명 | 물질의 세 가지 상태

| 🔍 | 기체, 온도, 압력, 부피, 몰수, 이상 기체 방정식, 혼합 기체, 부분 압력, 몰 분율, 액체, 분자 간 상호작용, 끓는점, 고체, 결정, 비결정, 화학 결합

[12물에01-01] ● ● ● ●

기체의 온도, 압력, 부피, 몰수 사이의 관계를 통합적으로 이해하고, 이상 기체 방정식을 근사적으로 활용하는 사례를 조사하여 화학의 유용함을 인식할 수 있다.

➡ 이상 기체 방정식은 기체의 운동을 설명하는 중요한 물리학적 법칙으로, 다양한 공학 분야에서 기체 시스템을 분석하고 설계할 때 자주 활용된다. 이 방정식은 기체 분자 사이의 상호작용과 기체 분자의 부피를 무시한다는 가정 하에, 압력, 부피, 온도, 기체의 몰수 간의 관계를 나타낸다. 화학공학에서는 반응기 설계와 공정 최적화에 이상 기체 방정식을 활용해 반응 조건에서 기체의 상태를 예측하고, 기계공학에서는 내연기관이나 터빈 엔진의 기체 부피와 압력 변화를 분석하여 열역학적 동력 생성 과정을 예측한다. 다양한 공학 분야에서 이상 기체 방정식을 어떻게 적용하는지 실제 사례를 조사하여, '기체의 상태 변수들 간의 관계 연구'를 주제로 보고서를 작성해 보자.

관련 학과 금속공학과, 기계공학과, 반도체공학과, 산업공학과, 생명공학과, 식품공학과, 신소재공학과, 에너지공학과, 원자력공학과, 화학공학과, 환경공학과

《화학이란 무엇인가》, 피터 앳킨스, 전병옥 역, 사이언스북스(2019)

[12물에01-02] ● ● ● ●

혼합 기체의 부분 압력과 몰 분율의 관계를 알고, 일상생활에서 유용하게 사용되는 혼합 기체에 호기심을 가질 수 있다.

➡ 혼합 기체는 여러 가지 기체가 섞여 있는 기체이다. 혼합 기체가 거시적으로 나타내는 물리적 성질은 단일 기체가 나타내는 것과 같지만, 화학적 성질은 성분 기체의 성질을 그대로 나타낸다. 혼합 기체 분자는 매우 빠른 속도로 불규칙한 운동을 하고 있으므로, 기체의 혼합물은 균일한 상태를 가지는 것으로 생각할 수 있다. 혼합 기체는 신선한 공기 제조나 가스 중독 검출기 제작 등 다양한 용도로 산업 현장에서 사용될 수 있다. 일상생활에서 많이 사용되는 혼합 기체를 조사한 후, '기체의 용도에 따른 구성 및 처리 과정'을 주제로 보고서를 작성해 보자.

관련 학과 금속공학과, 반도체공학과, 산업공학과, 식품공학과, 신소재공학과, 에너지공학과, 화장품공학과, 화학공학과, 환경공학과

《화공열역학》, 도진환, 한티미디어(2016)

국어 교과군

영어 교과군

수학 교과군

도덕 교과군

사회 교과군

부록 교과군

[12물에01-03] ● ● ● ●

물질이 액체로 존재할 수 있는 이유를 분자 간 상호작용으로 이해하고, 액체의 종류에 따라 끓는점이 달라짐을 설명할 수 있다.

끓는점은 주어진 온도에서 액체의 증기압이 주변 대기압과 같은 압력에 도달하여 액체의 표면뿐만 아니라 액체 내부에서도 기화가 시작되는 온도를 말한다. 이러한 끓는점은 액체의 종류에 따라 다르고, 액체 주변의 압력에 의해 변화한다. 대기압에서 물질의 끓는점은 분자 간 상호작용의 상대적인 세기에 따라 결정되는데, 분자 간 상호작용이 클수록 끓는점이 높아지는 경향을 보인다. 끓는점은 다양한 액체의 특성과 용도를 이해하는 데 사용된다. 액체를 끓는점을 기준으로 분류하고, 각 액체의 특징과 활용 분야를 조사하여 보고서를 작성해 보자.

관련 학과 금속공학과, 반도체공학과, 산업공학과, 식품공학과, 신소재공학과, 에너지공학과, 화장품공학과, 화학공학과, 환경공학과

《알기 쉬운 고분자 이야기》, 박오옥, 자유아카데미(2021)

[12물에01-04] ● ● ● ●

고체를 결정과 비결정으로 구분하고, 결정성 고체를 화학 결합의 종류에 따라 분류할 수 있다.

결정성 고체는 입자들이 규칙적으로 배열된 고체로 고유한 물성 및 화학적 특성을 지닌다. 순수한 물질의 고체는 결정성인 경우가 많으며 대표적 예는 염화나트륨이다. 고체를 가열하여 어느 일정한 온도에 달하면 녹기 시작하는데, 비결정성 고체는 결정이 약한 부분부터 단절 현상이 일어나기 때문에 녹는점도 각기 다르게 나타난다. 오늘날 인류는 다양한 고체를 연구하여 기존 물질과 전혀 다른 독특한 특성을 가진 나노미터 단위의 물질을 다룰 수 있게 되었다. 나노 입자, 나노 물질 합성 등 다양한 분야에서 나노화학 기술이 어떻게 활용되고 있는지 살펴보고, '나노 입자의 물리적·화학적 특성 분석'을 주제로 보고서를 작성해 보자.

관련 학과 금속공학과, 반도체공학과, 산업공학과, 식품공학과, 신소재공학과, 에너지공학과, 화장품공학과, 화학공학과, 환경공학과

《나노화학》, 장홍제, 휴머니스트(2023)

단원명 | 용액의 성질

| 🔍 | 액체, 물의 성질, 수소 결합, 실험 데이터, 용액, 농도, 증기압, 끓는점, 어는점, 삼투현상

[12물에02-01] ● ● ● ●

다른 액체와 구별되는 물의 성질을 수소 결합으로 설명하고, 경이로운 물의 성질에 흥미를 느낄 수 있다.

수소 결합은 물의 성질을 결정짓는 핵심 요소 중 하나이다. 끓는점, 녹는점, 밀도가 높고 다양한 온도에서 액체 상태를 유지하는 물의 특성은 수소 결합에서 기인하는 것이다. 이러한 특성은 열공학, 재료공학, 환경공학 등 다양한 공학 분야에서 중요한 요소로 작용한다. 일례로 열교환기 설계에서 물은 높은 열용량을 이용해 효율적으로 열을 전달하는 매체로 사용되며, 수소 결합으로 인해 고온에서도 안정적인 열전달 성능을 가진다. 한편 물의 독특한 밀도와 끓는점은 산업 공정에서 중요한 변수로 작용하는데, 냉각 시스템이나 보일러 설계 시 물의 특성에 대한 고려가 필수적이다. 물과 다른 액체의 물리적, 화학적 성질을 비교하고, 수소 결합이 이러한 특

성에 미치는 영향을 공학적 관점에서 분석한 후, '수소 결합이 열전달 매체로서의 물의 성능에 미치는 영향'을 주제로 보고서를 작성해 보자.

`관련 학과` 금속공학과, 기계공학과, 반도체공학과, 생명공학과, 식품공학과, 신소재공학과, 에너지공학과, 원자력공학과, 화학공학과, 환경공학과

《물과 수소》, 뉴턴프레스, 아이뉴턴(2017)

[12물에02-02]   ● ● ●

실험 데이터를 이용하여 용액의 농도에 따른 증기압, 끓는점, 어는점의 변화를 비교하고, 일상생활에서 나타나는 사례와 연관 지어 설명할 수 있다.

→ 용액의 농도가 증가하면 증기압이 감소하고 끓는점은 상승하며 어는점은 낮아진다. 이는 물질 간 상호작용으로 인해 용액 분자가 희석되거나 더 밀집되어 물질의 특성이 변화하기 때문이다. 이 현상은 용액의 물리적 성질을 변화시켜 다양한 화합물을 처리하고 분리하는 데 활용될 수 있다. MBL과 각종 센서를 활용하여 용액의 농도에 따른 증기압, 끓는점, 어는점 등을 조사한 뒤 실험 데이터를 기록하고 엑셀로 그래프를 그려 보자. 그래프를 분석한 후 용액의 특성과 관련된 실험 보고서를 작성해 보자.

`관련 학과` 금속공학과, 기계공학과, 반도체공학과, 산업공학과, 식품공학과, 신소재공학과, 에너지공학과, 컴퓨터공학과, 화장품공학과, 화학공학과, 환경공학과

《IoT 실습으로 배우는 센서공학》, 정보권, 생능출판사(2022)

[12물에02-03]   ● ● ●

용액의 농도에 따른 삼투현상을 이해하고, 일상생활에서 삼투현상이 나타나는 사례를 찾아 화학 원리가 유용하게 적용됨을 인식할 수 있다.

→ 삼투현상은 물이 농도가 낮은 곳에서 높은 곳으로 선택적 투과성 막을 통해 이동하는 현상으로, 물 분자가 용질의 농도가 낮은 쪽에서 높은 쪽으로 이동하여 농도 차이를 줄이는 과정이다. 예를 들어 소금에 절인 채소가 쪼그라드는 것은, 소금물의 농도가 채소의 내부보다 높기 때문에 물이 채소 내부에서 바깥으로 이동했기 때문이다. 삼투현상은 용액, 용질, 분자량과 같은 화학적 원리와도 깊은 관련이 있는데, 용질의 분자량이 클수록 용질의 이동이 어렵고, 대신 물 분자가 더 활발하게 이동하게 된다. 공장 자동화에서 삼투현상을 활용하는 사례를 조사하고, '삼투압 기반의 공장 자동화 설비 설계 연구'를 주제로 보고서를 작성해 보자.

`관련 학과` 반도체공학과, 생명공학과, 식품공학과, 신소재공학과, 에너지공학과, 원자력공학과, 화학공학과, 환경공학과

《가볍게 읽는 기초화학》, 사마키 다케오 외 2명, 공영태·나성은 역, 북스힐(2019)

단원명 | 화학 변화의 자발성

| 🔍 | 엔탈피, 열화학 반응식, 헤스 법칙, 화학 법칙, 엔트로피, 화학 변화의 자발성

[12물에03-01]   ● ● ●

엔탈피의 의미를 알고, 엔탈피를 이용하여 열화학 반응식을 표현할 수 있다.

→ 열화학 반응식은 화학 공정에서 열에너지의 출입을 이해하는 중요한 도구이다. 화학 공정에서는 열에너지의

변화가 반응 속도, 평형 상태, 공정 효율 등에 큰 영향을 미치기 때문에 이를 정확하게 계산하는 것이 필수적이다. 열화학 반응식은 엔탈피 변화를 통해 화학 반응이 흡열 반응인지 발열 반응인지 확인할 수 있으며, 공정 설계와 에너지 효율성을 최적화하는 데 필수적인 역할을 한다. 다양한 화학 반응에서 열에너지가 어떻게 변화하는지 조사하고, '화학 공정에서 엔탈피 변화가 반응 효율에 미치는 영향 분석'을 주제로 보고서를 작성해 보자.

관련 학과 금속공학과, 기계공학과, 반도체공학과, 생명공학과, 식품공학과, 신소재공학과, 에너지공학과, 화학공학과, 환경공학과

《하루 한 권, 일상 속 화학 반응》, 사이토 가쓰히로, 이은혜 역, 드루(2023)

[12물에03-02] ● ● ●

측정하기 어려운 화학 반응의 엔탈피를 헤스 법칙으로 구하여 화학 법칙의 유용성을 인식할 수 있다.

➡ 헤스 법칙은 화학 반응의 엔탈피 변화를 구할 때 사용되는 중요한 원리 중 하나이다. 이 법칙은 반응의 최종 엔탈피 변화가 반응 경로에 의존하지 않고 반응의 초기 상태와 최종 상태에만 의존한다는 원리를 제시한다. 이러한 헤스 법칙은 공학 분야에서 엔탈피 변화와 열 환경에 관련된 여러 가지 프로세스 및 반응을 이해하고 설계하는 데 활용된다. 전기화학 기기 분야에서 헤스 법칙이 활용되는 예를 조사하고, 어떤 조건을 조절하여 활용하는지 분석하여 보고서를 작성해 보자.

관련 학과 금속공학과, 반도체공학과, 산업공학과, 식품공학과, 신소재공학과, 에너지공학과, 화장품공학과, 화학공학과, 환경공학과

《전화기는 어떻게 세상을 바꾸는가》, 한치환, 처음북스(2019)

[12물에03-03] ● ● ●

엔트로피의 의미를 이해하고, 엔탈피와 엔트로피의 변화로 화학 변화의 자발성을 설명할 수 있다.

➡ 엔탈피와 엔트로피는 열역학에서 중요한 두 가지 개념으로, 공학적 시스템에서 에너지 변화를 이해하는 데 핵심적인 역할을 한다. 엔탈피는 시스템이 가진 열에너지를 나타내며, 엔트로피는 에너지 분포의 무질서도를 측정한다. 열역학 제2법칙에 따르면, 닫힌 시스템 내에서는 엔트로피가 자연스럽게 증가한다. 하지만 이것이 무질서만 증가한다는 의미는 아니다. 시스템이 자발적으로 어떤 방향으로 진행하는지는 엔탈피와 엔트로피의 상호작용으로 결정되며, 이러한 상호작용은 기계공학, 화학공학 등에서 에너지 효율을 높이고 공정의 자발성을 예측하는 데 사용된다. 예를 들어, 냉각 시스템이나 연료 전지에서의 자발적 반응은 엔탈피 변화와 엔트로피 변화의 균형을 통해 이루어진다. 이러한 원리를 바탕으로 다양한 공학적 응용 사례를 조사하고, 엔탈피와 엔트로피 변화를 분석하여 보고서를 작성해 보자.

관련 학과 금속공학과, 기계공학과, 반도체공학과, 산업공학과, 생명공학과, 식품공학과, 신소재공학과, 에너지공학과, 원자력공학과, 화학공학과, 환경공학과

《화학의 미스터리》, 김성근 외 9명, 반니(2019)

단원명 | 반응 속도

| 🔍 | 화학 반응 속도, 자료 해석, 반응 속도식, 1차 반응, 반감기, 반응물의 농도, 유효 충돌, 활성화 에너지, 농도, 온도, 촉매

[12물에04-01]

화학 반응 속도를 반응물의 농도로 표현할 수 있음을 알고, 자료 해석을 통하여 반응 속도식을 구할 수 있다.

● 환경공학에서 화학 반응 속도는 환경 시스템 내에서 발생하는 화학적 변화를 이해하고 예측하는 데 매우 중요하다. 실험을 통해 반응물의 농도와 반응 속도 사이의 관계를 분석하면, 다양한 초기 농도에서의 반응 속도를 측정하여 데이터가 수집된다. 이러한 데이터를 바탕으로 반응 속도식의 형태를 결정하고, 반응 차수도 분석할수 있다. 이 정보는 오염물질 제거 및 환경 정화 과정에서 화학 반응이 어떻게 진행되는지 이해할 수 있게 해주며, 이를 통제하여 환경에 미치는 영향을 최소화하는 것이 환경공학의 목적이다. 환경공학 기술자와 관련된 서적을 읽고, 환경공학 기술자들의 커리어패스를 통해 그들이 현재의 직업을 갖기까지 어떤 일들을 거쳐 왔는지발표해 보자.

관련 학과 금속공학과, 반도체공학과, 산업공학과, 식품공학과, 신소재공학과, 에너지공학과, 화장품공학과, 화학공학과, 환경공학과

《환경공학기술자 어떻게 되었을까?》, 캠퍼스멘토, 캠퍼스멘토(2022)

[12물에04-02]

1차 반응의 반감기가 반응물의 농도에 의존하지 않음을 이해하고, 1차 반응의 반감기가 활용되는 사례를 조사·발표할 수 있다.

● 반감기는 원자, 분자 등의 개수 또는 농도가 절반으로 감소하는 데 걸리는 시간이다. 예를 들어 환자에게 투여된 약제의 혈중 농도가 반감되는 시간 혹은 어떤 특정 방사성 핵종의 원자 수가 방사성 붕괴 때문에 원래의 수의 반으로 줄어드는 데 걸리는 시간을 말한다. 1차 반응의 반감기는 다양한 분야에서 활용될 수 있으며 화학,의학, 환경과학 등에서 다양한 반응의 속도를 측정하고 예측하는 데 사용된다. 공학 분야에서 1차 반응의 반감기를 어떻게 활용하고 있는지 조사하고, '환경 오염물질의 반감기를 활용한 정화 공정 개발'을 주제로 보고서를 작성해 보자.

관련 학과 건축공학과, 금속공학과, 기계공학과, 반도체공학과, 산업공학과, 생명공학과, 식품공학과, 신소재공학과, 에너지공학과, 원자력공학과, 토목공학과, 항공우주공학과, 화학공학과, 환경공학과

《하루 한 권, 생활 속 열 과학》, 가지카와 다케노부, 김현정 역, 드루(2023)

[12물에04-03]

화학 반응에서 유효 충돌과 활성화 에너지의 의미를 알고, 화학 반응이 일어나기 위한 조건에 관심을 가질 수 있다.

● 활성화 에너지는 화학 반응을 일으키기 위해 반응물에 공급해야 하는 최소 에너지를 말한다. 에너지를 저장하거나 변환하는 장치는 활성화 에너지가 중요한 역할을 한다. 신소재를 개발하기 위해 고분자 소재를 합성할 때도 원하는 반응이 나오도록 하기 위해 적절한 활성화 에너지가 필요하다. 화학 공정을 개선하거나 촉매를 설계하는 과정 등 활성화 에너지의 이해는 공학 분야에서 혁신적인 발전을 끌어내는 데 기여하고 있다. 공학 분야에서 활성화 에너지를 중심으로 연구되고 있는 과제를 조사하여 보고서를 작성해 보자.

관련 학과 금속공학과, 반도체공학과, 산업공학과, 식품공학과, 신소재공학과, 에너지공학과, 화장품공학과, 화학공학과, 환경공학과

《핵심 화학반응공학》, H. Scott Fogler, 이윤우 역, 사이플러스(2024)

[12물에04-04]

농도, 온도, 촉매에 따라 반응 속도가 달라짐을 이해하고, 일상생활에서 각각의 예를 찾아 화학의 유용성을 인식할 수 있다.

● ● ●

➡ 반응 속도는 농도, 온도, 촉매와 같은 요인에 의해 영향을 받는다. 농도가 증가하면 반응물 입자들이 더 자주 충돌하여 반응 속도가 빨라지고, 온도가 상승하면 분자들의 에너지가 증가해 활성화 에너지를 넘는 입자가 많아져 반응 속도가 가속화된다. 그리고 촉매는 반응 경로에서 활성화 에너지를 낮춰 반응 속도를 크게 증가시킨다. 예를 들어 화학공학에서는 촉매가 공정 효율을 높이고 에너지 소비를 줄이는 데 사용된다. 또한 자동차 엔진의 촉매 변환기는 배출 가스를 정화하는 데 중요한 역할을 한다. 이러한 반응 속도와 농도, 온도, 촉매의 관계를 분석하고, '온도와 반응 속도의 관계를 활용한 화학 반응 공정 설계'를 주제로 보고서를 작성해 보자.

관련 학과 금속공학과, 기계공학과, 반도체공학과, 산업공학과, 생명공학과, 식품공학과, 신소재공학과, 에너지공학과, 원자력공학과, 화학공학과, 환경공학과

《진짜 하루만에 이해하는 정유·석유화학 산업》, 배진영·라병호, 티더블유아이지(2024)

선택 과목	수능	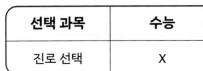 화학 반응의 세계	절대평가	상대평가
진로 선택	X		5단계	5등급

단원명 | 산 염기 평형

| 🔍 | 브뢴스테드, 라우리, 산, 염기, 이온화 상수, 상대적인 세기, 약산, 약염기, 수용액의 pH, 중화 적정 실험, 실험 데이터, 이온화 상수, 염의 가수 분해, 화학 평형, 완충 작용

[12반응01-01] • • •

브뢴스테드-라우리 산과 염기의 정의를 이해하고, 이에 따라 산과 염기를 구별할 수 있다.

➡ 덴마크의 화학자 요하네스 니콜라우스 브뢴스테드와 영국의 화학자 토머스 마틴 라우리는 산은 양성자를 주는 물질이고 염기는 양성자를 받는 물질이라는 이론을 발표했다. 스웨덴의 화학자 스반테 아레니우스의 산과 염기의 정의로부터 확장된 개념이다. 공학 분야에서 주로 사용되고 있는 산과 염기를 활용한 화합물을 조사하고, 각 물질의 특징과 활용 분야를 분석하여 보고서를 작성해 보자.

관련 학과 금속공학과, 기계공학과, 반도체공학과, 생명공학과, 식품공학과, 신소재공학과, 에너지공학과, 화학공학과, 환경공학과
《재밌어서 밤새읽는 화학 이야기》, 사마키 다케오, 김정환 역, 더숲(2013)

[12반응01-02] • • •

이온화 상수를 이용하여 산과 염기의 상대적인 세기를 추론하고, 약산과 약염기 수용액의 pH를 구할 수 있다.

➡ 이온화 상수는 산과 염기의 상대적인 세기를 나타내는 중요한 지표이다. 산은 수소 이온을 방출하고, 염기는 수산화 이온을 형성하며, 이온화 상수가 클수록 산이나 염기의 세기가 강하다는 것을 의미한다. 화학공학에서는 이온화 상수를 사용하여 반응 조건을 최적화하고, 환경공학에서는 폐수 처리 과정에서 오염물질을 제거하는 데 산과 염기의 중화 반응을 활용한다. 다양한 산과 염기의 이온화 상수를 조사하고, 이를 바탕으로 공학 분야에서 산과 염기의 세기를 어떻게 활용하는지 분석한 보고서를 작성해 보자.

관련 학과 금속공학과, 기계공학과, 반도체공학과, 생명공학과, 식품공학과, 신소재공학과, 에너지공학과, 화학공학과, 환경공학과
《주변의 모든 것을 화학식으로 써 봤다》, 야마구치 사토루, 김정환 역, 더숲(2024)

[12반응01-03] • • •

중화 적정 실험의 pH 변화를 데이터에 근거하여 해석할 수 있다.

➡ 중화 적정 실험은 용액이나 물질의 pH를 중화점으로 맞추는 실험으로, 대표적으로 산과 염기를 이용해 pH를 조절하는 실험이 있다. 목표한 pH 값에 도달할 때까지 물질을 추가하거나 덜면서 실험을 진행한다. pH 값을 조절하면서 시료를 중화하는 데 사용되며 실험 결과를 얻기 위한 많은 화학 실험 중 하나이다. 최근에는 MBL이나 아두이노를 활용해 중화 적정 실험을 한다. MBL이나 아두이노를 사용하여 중화 적정 실험을 실시한 후

시간에 따른 pH 변화를 측정하여 그래프로 그려 보자.

관련 학과 금속공학과, 기계공학과, 반도체공학과, 산업공학과, 식품공학과, 신소재공학과, 에너지공학과, 컴퓨터공학과, 화장품공학과, 화학공학과, 환경공학과

《만들면서 배우는 아두이노 IoT 사물인터넷과 40개의 작품들》, 장문철, 앤써북(2024)

[12반응01-04] • • •

이온화 상수를 이용하여 염의 가수 분해를 설명할 수 있다.

➲ 가수 분해는 화학 공정에서 물질을 분해하거나 변환하는 데 중요한 역할을 하며, 화학공학 분야에서 자주 활용된다. 특히 염의 가수 분해는 물과 반응하여 산성 또는 염기성 수용액을 형성하는 과정으로, 이때 이온화 상수를 통해 반응이 어떻게 진행될지 예측할 수 있다. 염의 가수 분해는 산성 또는 염기성 용액을 제어하거나 반응 공정에서 pH를 조절하는 데 필수적으로 사용되며, 이를 통해 원하는 반응 조건을 유지할 수 있다. 이온화 상수를 활용하여 염의 가수 분해 반응을 예측하고, 이러한 원리를 화학 공정에서 어떻게 활용할 수 있는지 조사한 후 보고서를 작성해 보자.

관련 학과 금속공학과, 신소재공학과, 에너지공학과, 화장품공학과, 화학공학과, 환경공학과

《진정일의 화학 카페》, 진정일, 페이퍼앤북(2024)

[12반응01-05] • • •

화학 평형으로 생체 내 완충 작용을 설명하고, 화학 원리의 신비로움을 느낄 수 있다.

➲ 완충 작용은 용액의 pH 변화를 억제하는 능력으로, 다양한 공학 분야에서 화학 반응의 안정성을 유지하는 데 중요한 역할을 한다. 혼합 용액은 완충 용액을 형성하여, 공정 중 발생하는 작은 산성 또는 염기성 변화에도 불구하고 pH를 일정하게 유지하게 한다. 그래서 화학 공정에서는 반응의 최적 pH 범위를 유지하기 위해 완충 용액을 사용하고, 반도체 제조 과정에서는 완충 작용으로 pH 변동을 최소화하여 제품의 품질과 안정성을 보장한다. 생명공학에서도 세포 배양이나 생체 반응 환경을 일정하게 유지하기 위해서는 완충 작용이 필수적이다. 공학 분야에서 완충 작용이 활용되는 사례를 조사하고, 이를 통해 화학 반응의 안정성을 유지하는 방법을 분석한 후, '완충 용액의 설계를 통한 생명공학 세포 배양 환경 최적화'를 주제로 보고서를 작성해 보자.

관련 학과 금속공학과, 기계공학과, 반도체공학과, 산업공학과, 생명공학과, 식품공학과, 신소재공학과, 에너지공학과, 컴퓨터공학과, 화장품공학과, 화학공학과, 환경공학과

《재미있고 쓸모있는 화학 이야기》, 이광렬, 코리아닷컴(2023)

단원명 | 산화·환원 반응

🔍 전자의 이동, 산화수 변화, 산화, 환원, 반쪽 반응식, 화학 전지, 실용 전지, 표준 환원 전위, 전위차, 전기 분해, 생명 현상, 물질의 역할

[12반응02-01] • • •

전자의 이동과 산화수 변화로 산화·환원 반응을 이해하고, 반쪽 반응식을 활용하여 산화·환원 반응식을 완성할 수 있다.

국어 교과군

영어 교과군

수학 교과군

도덕 교과군

사회 교과군

부록 교과군

⊙ 전자의 이동과 산화수 변화를 분석하면 산화·환원 반응을 이해할 수 있다. 산화·환원 반응에서 반쪽 반응식은 반응물이나 생성물 중 하나의 원소만 특정 개수만큼 존재하는 경우를 말한다. 반쪽 반응식을 이용하여 반응의 진행 방향을 결정하거나, 전체 반응식과의 연관성을 고려하여 반응 과정을 정확하게 이해할 수 있다. 신소재 개발에서 반쪽 반응식은 물질의 합성, 구조, 반응 메커니즘 등을 이해하고 설계하는 데 큰 역할을 한다. 산화·환원 반응이나 반쪽 반응식을 활용한 연구 활동이 첨단소재 개발에 활용되는 사례를 조사하여 보고서를 작성해 보자.

관련 학과 금속공학과, 반도체공학과, 산업공학과, 식품공학과, 신소재공학과, 에너지공학과, 화장품공학과, 화학공학과, 환경공학과

《쓸모의 과학, 신소재》, 조용수, 교보문고(2024)

[12반응02-02] ● ● ●

화학 전지의 발전 과정을 조사하여 실용 전지의 구조적 공통점을 추론할 수 있다.

⊙ 화학 전지는 전기화학적 에너지를 저장하는 장치로, 볼타의 전지 개발 이후 다양한 종류로 발전해 왔다. 리튬 이온 전지는 고에너지 밀도와 재충전 기능 덕분에 현대 전자 기기와 전기자동차에서 중요한 역할을 하고 있다. 전기자동차에 사용되는 배터리의 핵심 기술은 전기 에너지를 효율적으로 저장하고 사용하는 것이며, 리튬 이온 전지를 포함해 전고체 배터리와 같은 차세대 기술도 연구되고 있다. 배터리의 성능은 전극 소재, 전해질 안정성, 에너지 밀도와 충전 속도에 영향을 받으며, 공학적으로는 열 관리와 충전 제어가 중요한 요소다. 전기자동차에 사용되는 배터리 기술의 과학적 원리와 공학적 설계 방식을 조사하여 보고서를 작성하고 발표해 보자.

관련 학과 교통공학과, 금속공학과, 기계공학과, 메카트로닉스공학과, 반도체공학과, 산업공학과, 소프트웨어공학과, 신소재공학과, 에너지공학과, 자동차공학과, 컴퓨터공학과, 화학공학과

슈퍼배터리와 전기자동차 이야기
세트 플레처, 한원철 역,
성안당(2020)

책 소개

이 책은 세상에 태어난 지 20여 년이 지난 리튬 이온 전지의 발전 과정을 자세하게 설명한다. 전기의 발견과 에디슨의 노력을 시작으로 전기공학자가 발견한 리튬에 관한 이야기를 자세히 소개한다. 전지의 발전 과정과 밀접하게 관련되어 있는 전기자동차의 과거와 현재를 접할 수 있다. 현재 진행되고 있는 최첨단 전지와 관련 재료 연구의 동향 및 전기자동차의 세계에 대해서도 알려 준다.

세특 예시

교과연계도서 발표 활동에서 '슈퍼배터리와 전기자동차 이야기(세트 플레처)'를 읽고, 전기자동차에 사용되고 있는 전지 기술을 조사한 후 과학적인 제조 원리를 분석하여 보고서를 작성함. 전기의 발견과 리튬 배터리에 대해서 구체적으로 조사하고, 전지의 발전 과정과 밀접하게 연결된 전기자동차의 과거와 현재를 조사함. 현재 진행되고 있는 배터리와 전기자동차에 대해서 구체적으로 발표함.

[12반응02-03] ● ● ●

화학 전지의 원리를 산화·환원 반응으로 설명하고, 표준 환원 전위를 이용하여 전위차를 구할 수 있다.

● 첨단학과는 미래자동차, 바이오헬스, 시스템반도체, 인공지능 등 4차 산업 첨단 분야의 입학정원을 늘릴 수 있도록 규제를 완화하는 '첨단분야 모집단위별 입학정원 기준 고시' 제정안과 '인력양성 특정분야 고시' 개정안에 의해 개설된 학과를 말한다. 전기자동차 기술이 발전하면서 배터리와 관련된 기술 연구가 활발히 진행되고 있고, 배터리 관련 학과도 증가하고 있다. 대입정보포털 어디가(www.adiga.kr)에 접속한 후 학과정보 메뉴에 들어가, 배터리와 관련된 학과를 검색해 보자. 관심 있는 대학을 선택하여 배터리 관련 학과의 교육 과정, 인재상, 졸업 후 진로를 조사하여 발표해 보자.

관련 학과 금속공학과, 기계공학과, 반도체공학과, 산업공학과, 신소재공학과, 에너지공학과, 전자공학과, 화학공학과, 환경공학과

《배터리 전쟁》, 루카스 베드나르스키, 안혜림 역, 위즈덤하우스(2023)

[12반응02-04]   ● ● ●

전기 분해의 원리를 산화·환원 반응으로 설명하고, 산업 현장에서 활용되는 전기 분해의 예를 조사하여 발표할 수 있다.

● 전기 분해는 산화·환원 반응을 활용하여 전기 에너지로 화학물질을 변환하는 반응을 말한다. 전기 분해는 물, 금속 등의 순도가 매우 높은 물질을 생성할 수 있고, 고순도 물질이나 금속이 사용되는 산업 분야에서 중요하게 활용된다. 전기 분해는 지속가능한 에너지와 물질 생산 방식으로, 다양한 분야에서 중요한 역할을 하며 친환경적이고 효율적인 생산 방식으로 주목받고 있다. 산업 현장에서 활용되는 전기 분해의 예를 조사한 후 공정 과정을 분석하여 보고서를 작성하고 발표해 보자.

관련 학과 금속공학과, 기계공학과, 반도체공학과, 산업공학과, 식품공학과, 신소재공학과, 에너지공학과, 전자공학과, 화장품공학과, 화학공학과, 환경공학과

《4차 산업혁명의 미래를 설계한다》, 대한산업공학, 교문사(2018)

[12반응02-05]   ● ● ●

생명 현상 및 화학 전지에서 이용되는 다양한 산화·환원 반응과 그 반응에 이용된 물질의 역할을 조사하여 화학의 신비로움을 느낄 수 있다.

● 생명 현상을 유지하는 데 중요한 산화·환원 반응은 전자의 이동으로 이루어지며, 공학 분야에서도 다양한 방식으로 응용된다. 예를 들어, 전기화학공학에서는 산화·환원 반응을 이용해 전지를 설계하고, 연료 전지에서 화학 에너지를 전기 에너지로 변환하는 데 적용된다. 또한 환경공학에서는 폐기물 처리 과정에서 산화·환원 반응을 활용하여 오염물질을 분해하고 정화하는 역할을 수행한다. 생명체 내에서 일어나는 산화·환원 반응과 이를 기반으로 한 공학적 응용 사례를 조사하고, 이 과정에서 사용되는 물질의 역할과 반응 메커니즘을 분석한 후 보고서를 작성해 보자.

관련 학과 생명공학과, 식품공학과, 신소재공학과, 에너지공학과, 화학공학과, 환경공학과

《K 배터리 레볼루션》, 박순혁, 지와인(2023)

단원명 ┃ 탄소 화합물과 반응

🔍 탄소 화합물, 작용기, 화학 반응, 단위체, 중합 반응, 고분자, 과학, 기술, 사회

일상생활에 유용한 탄소 화합물을 작용기에 따라 분류할 수 있다.

➡ 탄소 화합물은 탄소 원자가 산소, 수소, 질소 등과 공유 결합하여 형성된 화합물로, 대부분 유기 화합물에 속한다. 탄소는 4개의 공유 결합을 형성할 수 있으며, 이를 통해 다양한 구조와 결합 형태를 만들어 낼 수 있다. 작용기는 유기 화합물의 특성이나 반응성을 결정하는 중요한 요소로, 화합물의 물리적·화학적 성질에 큰 영향을 미친다. 예를 들어, 하이드록실기나 카복실기와 같은 작용기는 화합물의 수용성, 산성 또는 염기성, 반응 경로에 직접적 영향을 미친다. 의약품, 플라스틱, 세정제 등 일상생활에서 사용되는 탄소 화합물을 조사한 후, 해당 화합물에 포함된 작용기가 성질과 반응성에 미치는 영향을 분석하여 보고서를 작성해 보자.

관련 학과 금속공학과, 기계공학과, 반도체공학과, 산업공학과, 생명공학과, 식품공학과, 신소재공학과, 에너지공학과, 원자력공학과, 화학공학과, 환경공학과

《**하루 한 권, 탄소**》, 사이토 가쓰히로, 드루(2023)

간단한 탄소 화합물의 화학 반응 예를 찾아 작용기의 변화로 설명할 수 있다.

➡ 작용기는 유기 화합물의 성질과 반응성을 결정하는 중요한 원자단으로, 공학 분야에서도 다양한 탄소 화합물의 특성 분석에 활용된다. 작용기의 종류와 배열에 따라 고분자 재료의 물리적 성질이 달라지는데, 폴리머공학에서는 이를 통해 새로운 소재를 개발하거나 기존 소재의 성능을 향상시킨다. 또한 신소재공학에서는 작용기를 조절하여 화합물의 내열성, 내구성, 전도성 등 특정 특성을 개선하는 연구가 활발히 이루어지고 있다. 공학 분야에서 사용되는 탄소 화합물 중 하나를 선정하여, 그 화합물의 작용기 변화가 화학 반응 및 소재 특성에 미치는 영향을 분석한 후, '작용기 변화에 따른 탄소 나노튜브의 전기적 및 열적 특성 분석'을 주제로 보고서를 작성해 보자.

관련 학과 금속공학과, 기계공학과, 반도체공학과, 산업공학과, 생명공학과, 식품공학과, 신소재공학과, 에너지공학과, 원자력공학과, 화학공학과, 환경공학과

《**진짜 하루만에 이해하는 정유·석유화학 산업**》, 배진영·라병호, 티더블유아이지(2024)

단위체의 중합 반응으로 다양한 고분자가 합성되는 것을 이해하여 화학 반응의 유용성을 인식할 수 있다.

➡ 단위체의 중합 반응은 고분자 재료를 합성하는 핵심적인 과정으로, 화학공학과 재료공학에서 널리 응용된다. 촉매, 열, 압력 등의 다양한 조건에 따라 진행되며, 중합 반응을 통해 다양한 물리적 특성과 화학적 안정성을 가진 플라스틱, 섬유, 수지 등의 재료가 합성된다. 중합 반응을 정밀하게 제어하여 강도, 내열성, 내구성, 유연성 등 원하는 물성을 가진 재료를 생산하는 기술은 산업적 가치를 높인다. 환경공학에서는 자연에서 빠르게 분해되는 생분해성 고분자 개발을 통해 지속가능한 재료 연구가 활발히 이루어지고 있다. 고분자의 합성 과정을 조사하고, 중합 반응을 통해 단위체가 고분자로 변환되는 과정을 분석하여 이를 기반으로 보고서를 작성해 보자.

관련 학과 금속공학과, 반도체공학과, 산업공학과, 식품공학과, 신소재공학과, 에너지공학과, 화장품공학과, 화학공학과, 환경공학과

《**히미 오와 함께하는 탄소화합물 가상탐구**》, 오진호, 좋은땅(2023)

[12반응03-04]

탄소 화합물의 반응을 통해 합성된 새로운 물질이 과학·기술·사회 발전에 끼친 영향을 조사하여 화학의 유용성을 깨달을 수 있다.

탄소 화합물은 대부분 유기 화합물로 분류되지만, 이산화탄소나 탄화칼슘 같은 몇 가지 간단한 탄소 기반 화합물은 무기 화합물로도 분류된다. 탄소 화합물의 다양한 화학 반응을 통해 합성된 신소재들은 여러 산업 분야에서 중요한 역할을 하고 있다. 일례로 그래핀과 같은 탄소 기반 신소재는 전자공학과 배터리 기술에 획기적 발전을 가져왔으며, 탄소 나노튜브는 경량화와 내구성이 요구되는 건축공학 및 항공우주공학에서 새로운 재료로 각광받고 있다. 이러한 탄소 기반 신소재들은 에너지 효율 제고와 환경 보호에 기여하며, 첨단기술 개발에 중추적인 역할을 하고 있다. 이처럼 탄소 화합물을 통해 합성된 신소재들이 에너지 효율, 환경 보호, 첨단기술에 미친 영향을 조사하고, 이를 영역별로 분석하여 보고서를 작성해 보자.

관련 학과 금속공학과, 반도체공학과, 산업공학과, 식품공학과, 신소재공학과, 에너지공학과, 화장품공학과, 화학공학과, 환경공학과

신소재 쫌 아는 10대

장홍제, 풀빛(2020)

책 소개

이 책은 원소에서 물질을 거쳐 석탄보다 유용하고 다이아몬드보다 가치 있는 탄소 신소재를 소개한다. 반도체가 어떻게 만들어지고 어떤 소재를 탄생시켰는지 설명한 후 신소재인 합금과 세라믹을 소개한다. 고분자 신소재와 플라스틱, 나노 과학과 나노 소재들에 대해서도 자세히 안내한다. 원소들이 물리적, 화학적 원리와 관계를 통해 새로운 물질로 바뀌는 과정을 흥미롭게 설명하는 책이다.

세특 예시

교과연계도서 발표 활동에서 '신소재 쫌 아는 10대(장홍제)'를 읽고, 탄소 화합물의 반응을 통해 합성된 새로운 물질이 과학·기술·사회 발전에 끼친 영향을 영역별로 조사하여 보고서를 작성함. 탄소 화합물의 반응을 통해 합성된 신소재는 다양한 산업 분야에 활용되고, 새로운 화합물의 합성은 에너지 연구에도 활용되고 있다고 발표함. 과학·기술·사회의 연관성을 구체적으로 잘 설명함.

선택 과목	수능	세포와 물질대사	절대평가	상대평가
진로 선택	X		5단계	5등급

단원명 | 세포

🔍 탄수화물, 지질, 핵산, 단백질, 세포 소기관, 원핵세포, 진핵세포, 세포막, 물질 수송 과정, 삼투현상

[12세포01-01] • • •

탄수화물과 지질의 종류와 주요 기능을 이해하고 생물체에 들어있는 탄수화물과 지질을 관찰할 수 있다.

➡ 생물체로부터 탄수화물과 지질을 추출하는 공정 과정을 조사한 뒤, 추출 공정의 추출의 효율성 및 정제 공정에 대해 파악하여 개선 방안에 대해 고민해 보자. 또한 생물체로부터 추출한 탄수화물과 지질의 산업적 응용 가능성을 탐구해 보자. 추후 활동으로 식품 및 음료 제조를 위한 탄수화물과 지질의 가공 및 저장 기술, 제품 품질 및 안전성 평가 등을 분석하여 발표해 보자.

관련 학과 산업공학과, 생명공학과, 식품공학과

《알기 쉬운 식품가공저장학》, 김정숙 외 7명, 지구문화(2023)

[12세포01-02] • • •

핵산과 단백질의 기본 구조와 세포에서의 주요 기능을 조사하여 설명할 수 있다.

➡ 홍합이 거센 파도에도 바위에 달라붙어 있을 수 있는 이유는 홍합 표면에 있는 단백질이 강한 접착력을 가졌기 때문이다. 홍합의 접착 단백질은 생명공학기술을 통해 의료용 접착제로 다시 태어났다. 이 접착제는 외과 수술 후 상처 치료에 사용되어 상처 표면을 접착시키고 치유를 촉진하거나 분리된 조직을 접착시키는 데 사용된다. 홍합이 의료 분야에서 조직 접착이나 상처 치료에 사용되는 접착제로 사용되듯이 생물의 특성을 이용한 생명공학기술에 대해 탐구하여 발표해 보자.

관련 학과 생명공학과, 신소재공학과, 화장품공학과, 화학공학과

《바이오테크 시대》, 제러미 리프킨, 전영택·전병기 역, 민음사(2020)

[12세포01-03] • • •

동물세포와 식물세포를 구성하는 세포 소기관의 구조와 기능을 이해하고, 세포 소기관들의 유기적 관계를 추론하여 협력적으로 소통할 수 있다.

➡ 세포 소기관들은 상호작용하며 세포의 기능을 수행하는데, 시스템 생물학적 접근법을 활용하여 세포 소기관 간의 상호작용 관계에 대해 조사할 수 있다. 이를 통해 세포 소기관들의 유기적 관계와 세포의 조절 메커니즘에 대해 탐구해 보자. 세포 소기관들의 유기적 관계를 생명공학에 활용한 응용 사례를 조사하고 응용 가능성에 대해 탐색해 보자.

국어 교과군

영어 교과군

수학 교과군

도덕 교과군

사회 교과군

과학 교과군

관련 학과 생명공학과

《세포》, 남궁석, 에디토리얼(2020)

[12세포01-04]   ● ● ●

원핵세포와 진핵세포의 공통점과 차이점을 설명할 수 있다.

➡️ 콩과 식물은 대부분 뿌리혹을 형성하며 뿌리혹 세균은 질소 고정 능력을 갖고 있다. 콩과 식물은 질소 고정 세균의 도움으로 필요한 질소 화합물을 얻으며 세균과 공생한다. 세균(원핵세포)과 식물의 잎을 구성하는 세포(진핵세포)의 구조를 비교하는 탐구를 진행해 보자. 또한 콩과 식물과 뿌리 부분에 공생하는 질소 고정 세균 간의 상호작용을 통해 농작물 생산 효율을 향상시킬 수 있는 방안에 대해 탐구해 보자. 추후 활동으로 생명공학기술과 연계한 효율적인 질소 고정 세균의 이용이나 콩과 식물의 유전자 조작을 통해 생산성을 향상시킬 수 있는 방안에 대해 탐구해 보자.

관련 학과 생명공학과

《좋은 균, 나쁜 균, 이상한 균》, 류충민, 플루토(2019)

[12세포01-05]   ● ● ●

세포막의 구조와 특성을 이해하고, 세포막을 통한 물질 수송 과정을 추론할 수 있다.

➡️ 국내 연구진은 자성 나노입자 표면을 혈액 세포막으로 감싼 '혈액세포막-자성나노입자'를 개발했다. 이 입자를 체외에서 순환하는 환자의 혈액에 반응시키면 세균이나 바이러스 등 병원체를 붙잡은 뒤 자석으로 회수할 수 있다고 한다. 적혈구나 백혈구 표면에는 병원체를 붙잡아서 인체를 보호하는 특성이 있는데, 이를 이용해 '기능성 자성 나노입자'를 만든 것이다. 인체의 면역 대응 원리를 모사해 감염원 물질을 제거할 수 있는 기술이다. 인체의 면역 대응 원리와 기능성 자성 나노입자에 대해 탐구해 보자.

관련 학과 메카트로닉스공학과, 생명공학과, 전자공학과

《나노구조체와 나노재료》, Guozhong Cao·Ying Wang, 김도진 외 2명 역, 한티미디어(2015)

단원명 | 물질대사와 에너지

🔍 물질대사, 에너지 대사, 광합성, 세포호흡, ATP 역할, 효소, 효소 작용

[12세포02-01]   ● ● ●

물질대사는 생명체에서 생명을 유지하기 위해 일어나는 화학 반응임을 이해하고 에너지의 출입이 동반됨을 추론할 수 있다.

➡️ 해양 플랑크톤이 방출하는 빛으로 물든 홍콩의 밤바다 사진이 화제가 된 바 있다. 또한 미국 캘리포니아 남부 해안에서 '생물 발광' 현상이 관측되면서 많은 사람들이 모여들었다. 스스로 빛을 내는 발광 생물이 넓은 바다에서 밤에 푸른빛을 내면 야광 바다가 된다. 2005년 소말리아 앞바다를 찍은 위성 사진에서 야광 바다가 관찰되었는데, 면적이 15,400㎢에 이르렀으며 3일 동안 발광 현상이 계속되었다. 이러한 현상은 다양한 생물에서 나타나는데, 생물이 빛을 내는 것은 물질대사를 통해 얻은 에너지를 사용한 결과이다. 빛을 내는 데 필요한 에

너지를 발광 생물은 어떻게 생성하는지 물질대사 에너지와 발광 과정에 대해 탐구하여 발표해 보자.

관련 학과 생명공학과, 화학공학과

《**해파리 책**》, 파올라 비탈레, 김지우 역, 원더박스(2023)

[12세포02-02]   ● ● ●

생명 활동에 필요한 에너지를 공급하는 과정에서 광합성과 세포호흡 그리고 ATP의 역할을 설명할 수 있다.

⟶ 국내 연구진이 식물 간에 직접적인 접촉 없이 잎에서 잎으로 냄새를 통해 뿌리에 있는 미생물의 종류를 선별한다는 결과를 세계 최초로 발표하였다. 미생물(유익균)의 영향을 받은 식물이 냄새(기체 성분의 휘발성 물질)로 타 식물에 영향을 미치고, 이러한 냄새에 영향을 받은 다른 식물의 면역이 증가하는 방향으로 변화함을 규명한 것이다. 관련된 연구 자료를 참고하여 유익균과 휘발성 물질을 이용해 뿌리의 미생물을 조절하는 기술에 대해 탐구해 보자.

관련 학과 생명공학과, 식품공학과, 화학공학과, 환경공학과

《**좋은 균, 나쁜 균, 이상한 균**》, 류충민, 플루토(2019)

[12세포02-03]   ● ● ●

효소의 종류와 특성을 이해하고 효소의 활성에 영향을 미치는 요인에 대한 실험을 설계하여 수행할 수 있다.

⟶ 국내 연구진이 단백질을 만드는 효소가 인체 염증을 완화하는 역할까지 한다는 사실을 밝혀냈다. 병원성 세균 감염이나 염증성 장 질환 같은 인체의 염증 환경에서 단백질이 특정 신호 전달 체계를 조정하여 염증을 완화하며 면역 항상성을 유지시킨다는 것을 규명한 것이다. 이는 향후 염증성 질환 진단과 치료 기술 개발에 활용될 수 있을 것으로 기대되고 있다. 관련 연구 자료를 종합하여 단백질 합성 기능과 면역 환경을 조절하는 항상성 유지 기능을 하는 효소 복합체에 대해 탐구해 보자.

관련 학과 생명공학과

《**효소, 내 몸을 살린다**》, 임성은, 모아북스(2010)

[12세포02-04]   ● ● ●

효소의 작용 기작을 이해하고, 생명체 내에서 일어나는 효소 작용의 중요성에 대해 다양한 매체를 활용하여 협력적으로 소통할 수 있다.

⟶ 플라스틱 사용량을 줄이고자 전 세계에서 다양한 노력을 기울이는 가운데, 국내 연구진이 꿀벌부채명나방에서 플라스틱을 분해하는 효소를 발견했다. 왁스라는 물질로 구성된 벌집은 화학적 구조가 플라스틱의 주 원료인 폴리에틸렌과 유사한데, 꿀벌부채명나방이 이 벌집을 먹이로 삼는 것에서 연구 아이디어를 얻었다고 한다. 플라스틱을 먹은 후 장내에서 소화시키는 꿀벌부채명나방의 소화 효소를 활용해 효율적으로 플라스틱을 분해하는 기술을 확보할 수 있을지에 대해 탐구해 보자.

관련 학과 생명공학과, 식품공학과, 신소재공학과, 화학공학과, 환경공학과

《**플라스틱을 갈아 마시면 무슨 맛일까?**》, 박선욱, 지식과감성#(2022)

[12세포02-05]   ● ● ●

효소가 우리 생활이나 산업에 다양하게 이용되는 사례를 조사하여 발표할 수 있다.

➡ 효소를 이용하여 유기 폐기물을 분해하는 기술에 대해 조사해 보자. 유기 폐기물 처리에 있어 효소의 역할과 효소 기반 기술의 적용 사례를 파악하고, 효소의 특성과 효소 기반 기술이 유기 폐기물 처리에 어떤 영향을 미치는지 탐구해 보자. 이를 통해 친환경적인 유기 폐기물 처리 방법과 효소 기반 기술의 잠재력을 탐구할 수 있다. 또한 효소를 이용한 산업 잔류물의 처리와 폐수 처리, 에너지 절약을 위한 촉매 효소 개발에 대해서도 탐구해 보자.

관련 학과 산업공학과, 생명공학과, 화학공학과, 환경공학과

《**효소**》, 폴 엥겔, 최가영 역, 김영사(2023)

단원명 | 세포호흡과 광합성

🔍 미토콘드리아, 세포호흡, 인산화 과정, 발효, 엽록체 구조, 광합성, 전자 전달계

[12세포03-01]　　　　　　　　　　　　　　　　　　　　● ● ●

미토콘드리아의 구조를 이해하고 생명체 내에서의 미토콘드리아의 기능을 추론할 수 있다.

➡ 인체 세포에 있는 DNA는 부모로부터 절반씩 물려받지만 세포 내 에너지 공장인 미토콘드리아의 DNA(mtDNA)는 모계로부터만 물려받는다고 한다. 그 이유는 무엇인지 탐구해 보자. 미토콘드리아 DNA가 모계 유전되는 것은 성숙한 정자에 온전한 mtDNA가 거의 없어 부계 mtDNA가 수정란에 전달되지 않기 때문이라는 연구 결과가 있다. 미토콘드리아는 모든 신체 세포에서 호흡과 에너지 생산을 제어하기 때문에, mtDNA에 돌연변이가 생기면 에너지 소모가 많은 심장, 근육, 뇌 등에 치명적인 장애나 질환이 발생할 수 있다고 한다. 관련 내용에 대해 탐구해 보자.

관련 학과 생명공학과

《**미토콘드리아의 기적**》, 김자영, 청년정신(2016)

[12세포03-02]　　　　　　　　　　　　　　　　　　　　● ● ●

세포호흡 과정의 단계별 특징을 다양한 매체를 활용하여 협력적으로 소통할 수 있다.

➡ 세포호흡은 영양소로부터 ATP를 생화학적 에너지로 전환하는 과정이다. 세포호흡 활동을 측정하는 실험 방법에 대해 탐구 활동을 진행해 보자. 우선 바이오센서나 형광 레이블링된 ATP 분자를 활용하여 세포 내 ATP의 양을 측정할 수 있다. 이를 통해 세포 내 ATP 생성량의 변화를 관찰하고, 세포호흡 활동의 변화를 분석하는 것이다. 이 외에도 세포 내 대사 물질의 변화, pH 변화, 전기 활성 등을 측정하여 세포호흡 활동을 측정하는 실험 방법이 있다. 원인과 결과 사이의 관계를 파악하고 과학적 검증을 하는 실험의 중요성에 대해 토의해 보자.

관련 학과 생명공학과, 화학공학과

《**속 보이는 생물 1: 세포와 항상성 지키기**》, 김대준 외 2명, 동아엠앤비(2020)

[12세포03-03]　　　　　　　　　　　　　　　　　　　　● ● ●

세포호흡 과정에서의 인산화 과정을 기질 수준의 인산화와 산화적 인산화 과정으로 구분할 수 있다.

➡ 인산화 과정은 에너지 생성을 위한 과정이다. 인산화 과정에서 생성되는 에너지의 양과 종류, 에너지 생성에

국어 교과군
영어 교과군
수학 교과군
도덕 교과군
사회 교과군
부록 교과군

영향을 주는 인자들에 대해 조사하자. 세포 대사의 결과물인 이산화탄소와 물의 생성량을 측정하는 방법, 분해 과정에 대해서도 탐구해 보자. 또한 세포호흡과 인산화 과정에서 생성되는 대사 결과물의 역할과 처리 방법을 파악하고, 대사 결과물과 세포 기능 간의 상호작용을 탐구해 보자.

`관련 학과` 생명공학과

《**이해하기 쉬운 생화학**》, 변기원 외 5명, 파워북(2019)

[12세포03-04] ● ● ●

산소호흡과 발효의 공통점과 차이점을 이해하고, 실생활에서 발효를 이용한 사례 조사 계획을 세워 조사할 수 있다.

➡ 최근 바이오 화학물질을 빠르고 효율적으로 생산할 수 있는 '슈퍼 미생물'이 국내 연구진에 의해 개발되었다. 슈퍼급 발효 인공 미생물 제작 기술로 대장균 유전자를 조절하여 화학물질의 생산성을 확대하고 바이오 화학 산업 상용화를 이룰 것이라 기대된다. 또한 이는 음식 및 음료, 바이오 연료 생산 등에도 활용될 수 있다. 발효 효율을 높인 인공 돌연변이 미생물에 대해 조사하고 활용될 산업 분야에 대해 탐구해 보자.

`관련 학과` 생명공학과, 식품공학과, 화학공학과

《**술, 질병, 전쟁**》, 김응빈, 교보문고(2021)

[12세포03-05] ● ● ●

엽록체의 구조를 이해하고 기능과 관련지어 설명할 수 있다.

➡ 엽록체의 광합성 과정을 이용한 에너지 생산 기술에 대해 조사해 보자. 엽록체 기반의 태양광 전지, 인공 광합성 기술, 생물 연료 전지 등에 대해 조사하고, 엽록체의 구조와 기능을 최적화하여 효율적인 에너지를 생산하는 기술에 대해 분석해 보자. 식물의 광합성 원리를 응용한 소자로 엽록체에서 빛에너지를 흡수하는 기능의 색소를 결합시켜 태양전지에 적용한 염료 감응 태양전지 등 엽록체의 광합성 과정 관련 최신 연구 기술에 대해 탐구해 보자.

`관련 학과` 반도체공학과, 생명공학과, 신소재공학과, 에너지공학과, 전기공학과, 화학공학과

《**태양전지 제조기술**》, 이종찬 외 3명, 문운당(2012)

[12세포03-06] ● ● ●

광합성의 명반응과 탄소 고정반응을 단계별로 구분하여 특징을 이해하고 두 반응의 상호 관계를 추론할 수 있다.

➡ 식물이 흡수한 빛에너지는 탄소 화합물에 의해 화학 에너지 형태로 저장되고, 먹이사슬을 통해 전달됨에 따라 생명체가 생명 활동을 유지하는 근원이 된다. 식물은 광합성 색소가 존재하여 빛에너지를 흡수할 수 있다. 광전 효과를 이용한 태양광 발전 시 반도체를 이용해 어떻게 빛에너지를 흡수하는지 그 과정을 조사하고, 태양 에너지를 이용한 발전량과 효율을 높일 수 있는 방안에 대해 탐구해 보자.

`관련 학과` 반도체공학과, 산업공학과, 신소재공학과, 에너지공학과, 전기공학과, 전자공학과

《**실리콘 태양광 기술**》, 장효식 외 3명, 에이퍼브프레스(2023)

[12세포03-07] ● ● ●

광합성과 세포호흡의 전자 전달계를 비교하여 공통점과 차이점을 다양한 매체를 활용하여 설명할 수 있다.

➡ 인공 광합성은 광촉매, 태양전지 등을 활용해 대기 중의 이산화탄소를 포집한 뒤 고부가가치 화합물로 전환하는 화학 공정 기술이다. 인공 광합성 기술 개발은 국내뿐 아니라, 전 세계적으로 진행되고 있으며, 미국은 2010년부터 5년간 1억 달러 이상을 캘리포니아공과대학, 버클리대, MIT의 우수연구자로 구성된 인공 광합성 연구센터에 지원한 바 있다. 우리나라도 2009년부터 정부지원금 500억 원을 인공 광합성 연구센터에 지원하고 있다. 자연 광합성과 염료 감응 태양전지의 유사성을 이용해 개발한 인공 광합성의 원리를 탐구해 보자.

관련 학과 반도체공학과, 신소재공학과, 에너지공학과, 전기공학과, 전자공학과, 화학공학과, 환경공학과

《에너지로 바꾸는 세상》, 임춘택 외 6명, 한국에너지정보문화재단(2019)

[12세포03-08] • • •

광합성 관련 과학사적 연구 결과를 조사하여 시각화 자료를 창의적으로 제작하여 협력적으로 소통할 수 있다.

➡ 국내 연구진이 개발한 이산화탄소를 고부가가치 화학물질로 전환하는 '인공 광합성' 기술 연구 결과가 에너지 환경 분야 국제 저널에 게재되었다. 연구진은 전기화학적 이산화탄소 전환 시스템에서 높은 효율로 일산화탄소를 얻을 수 있는 나노 크기의 산호 형태를 지닌 은촉매 전극 및 대면적 시스템을 개발하였다. 이처럼 지구온난화의 원인이 되는 이산화탄소를 고부가가치를 가진 화학물질로 전환하는 인공 광합성 시스템에 대해 탐구해 보자.

관련 학과 기계공학과, 메카트로닉스공학과, 생명공학과, 에너지공학과, 전자공학과, 화학공학과

《미래를 읽는 최소한의 과학지식》, 최지원 외 17명, 가나출판사(2022)

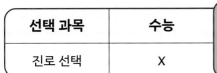

단원명 | 유전자와 유전물질

🔍 유전 형질, 상염색체, 성염색체, 유전병, DNA 구조, 원핵세포, 진핵세포, DNA 복제

[12유전01-01]   ● ● ●

유전 형질이 유전자를 통해 자손에게 유전됨을 이해하고, 상염색체 유전과 성염색체 유전 양상의 차이를 설명할 수 있다.

➡️ 독일은 빈센트 반 고흐와 1/16 정도 같은 유전자를 보유한 고흐 남동생의 증손자로부터 세포를 기증받아 고흐의 잘린 귀를 3D 프린팅 기술로 재현하였다. 미국 보스턴의 브리검 앤드 위민스 병원은 기증받은 증손자의 세포를 성인 귀 크기까지 성장시켰다. 복제한 고흐의 귀는 영양액에 담겨 독일 ZKM박물관에 전시되었다. 생체 조직의 세포를 배양하여 입체적인 생체 조직을 재현하는 3D 바이오 프린팅 기술에 대해 탐구하여 발표해 보자.

관련 학과 메카트로닉스공학과, 생명공학과, 전자공학과

《새 삶을 주는 인공장기》, 김영하, 자유아카데미(2014)

[12유전01-02]   ● ● ●

사람 유전 연구 방법의 어려움을 이해하고, 사람의 유전 현상 분석을 근거로 유전 형질의 유전적 특성을 추론할 수 있다.

➡️ 정보 통신에 활용되는 디지털 정보는 이진법으로 표현되며, 0과 1이라는 두 가지 숫자만을 사용하여 모든 정보를 나타낸다. 생물의 유전 정보는 아데닌(A), 티민(T), 구아닌(G), 시토신(C)의 4가지 염기의 조합으로 표현된다. 메싸이오닌-세린-아르지닌-글루탐산-라이신으로 이루어진 폴리펩타이드가 합성될 수 있는 mRNA의 염기 서열 조합은 몇 가지일지 계산해 보자. 또한 정확한 파악을 위해서는 mRNA의 길이와 특정 염기 서열의 반복 여부 등을 고려하여 계산해야 하는데, 추가적으로 필요한 정보는 무엇인지 조사하여 발표해 보자.

관련 학과 생명공학과

《생물정보학 알고리듬 3/e》, 필립 콤포·파벨 페브즈너, 한헌종·한주현 역, 에이콘출판사(2022)

[12유전01-03]   ● ● ●

사람의 다유전자유전에 대해 이해하고, 유전 현상의 다양성 사례를 조사하여 과학적 근거를 활용하여 협력적으로 소통할 수 있다.

➡️ 세포가 가진 유전 정보를 손실 없이 전달하기 위해 하나의 DNA를 동일한 두 개의 DNA로 만드는 생물학적 과정을 DNA 복제라고 한다. DNA 복제는 매우 정확하게 발생하지만, 사람에서는 한 세대 당 약 109개의 염기 중 하나의 비율로 실수가 발생한다. DNA 복제 실수 사례를 분석하고, 실수로 인해 발생하는 돌연변이의 이점

에 대해 탐구해 보자.

관련 학과 생명공학과

《**DNA: 유전자혁명 이야기**》, 제임스 왓슨·앤드루 베리, 이한음 역, 까치(2017)

[12유전01-04] • • •

염색체와 유전자 이상에 대해 이해하고, 사람의 유전병을 발병 원인별 조사 계획을 세워 조사할 수 있다.

➡ 한국생명공학연구원(KRIBB) 바이오나노연구센터팀은 실시간으로 대기 중에 존재하는 병원성 박테리아를 검출할 수 있는 플랫폼을 개발하였다. 공기 중 부유하는 병원성 박테리아를 시각적으로 검출할 수 있는 바이오센서를 개발한 것으로, 스마트폰 앱을 통해 쉽고 빠르게 분석 가능하다. 전문가가 아니더라도 현장에서 신속하게 공기 중에 퍼져 있는 생물학적 유해물질의 존재 여부를 확인할 수 있게 된 것이다. 한국생명공학연구원의 홈페이지를 방문하여 스마트폰 앱을 통한 실제 박테리아 검출 화면 등을 확인하고 관련 내용에 대해 탐구해 보자.

관련 학과 메카트로닉스공학과, 생명공학과, 소프트웨어공학과, 소프트웨어학과, 컴퓨터공학과, 환경공학과

《**바이오센서의 신전개**》, 천병수 외 3명, 유한문화사(2011)

[12유전01-05] • • •

DNA의 구조와 유전물질 규명 관련 과학사적 연구 결과를 설명하기 위한 발표 자료를 창의적으로 제작할 수 있다.

➡ 우울증의 원인으로 유전적 소인, 내분비 이상, 스트레스, 성격적 특성, 대인관계의 문제 등과 함께 체내 신경 전달 물질의 불균형을 꼽을 수 있다. 우리나라 감염병연구센터 연구팀은 세로토닌을 실시간으로 모니터링할 수 있는 바이오센서 개발에 성공하였다. 신경 전달 물질은 신경의 끝에서 분비되어 연결된 다른 신경에 정보를 전달하는 미세한 물질인데, 센서가 이 세로토닌과 반응하며 발생한 전기적 신호를 실시간으로 모니터링하는 것이다. 전기적 신호를 모니터링하는 바이오센서의 원리에 대해 탐구하고 다른 분야에 어떻게 활용될 수 있을지 토의하여 발표해 보자.

관련 학과 생명공학과, 소프트웨어공학과, 소프트웨어학과, 전자공학과

《**바이오센서**》, 오종학, 아이티씨이씨(2022)

[12유전01-06] • • •

원핵세포와 진핵세포의 유전자 구조와 유전체 구성을 이해하고, 공통점과 차이점을 비교하여 설명할 수 있다.

➡ 국내 연구진이 녹조 발생 및 사멸 과정의 미생물 상호작용 네트워크 분석을 통해, 녹조의 발생과 소멸에 대한 생물학적 메커니즘을 규명하였다. 향후 이를 활용한 신개념의 녹조 제어 기술이 개발되면 식수원의 효율적 관리에 큰 기여를 할 것으로 기대된다. 녹조 원인종인 마이크로시스티스(Microcystis)는 유전적 변이가 매우 높은 박테리아로 환경 조건에 따라 유전형의 구성이 민감하게 변화하는 것으로 알려져 있다. 마이크로바이오 및 네트워크 분석 기술을 녹조 연구에 어떻게 적용시켰는지 탐구하여 발표해 보자.

관련 학과 생명공학과, 화학공학과, 환경공학과

《**녹조의 번성**》, 강찬수, 지오북(2023)

[12유전01-07] • • •

반보존적 DNA 복제 과정을 이해하고 그 의미를 추론하여 협력적으로 소통할 수 있다.

➔ 반보존적 DNA 복제 기술에 대한 매체 자료와 학술 자료를 통해 최신 동향을 조사한 뒤, 반보존적 DNA 복제를 이용한 유전자 치료와 유전자 편집, 유전자 합성 등의 응용 분야에 대해 탐구를 진행해 보자. 한국생명공학연구원(KRIBB)의 우수 연구성과에 올라와 있는 〈신규 유전자가위(Cpf1-linked base editors)의 정확성 최초 입증〉의 내용을 확인하고, 향후 염기 교정 유전자가위를 활용한 유전 질환 및 세포 치료제 개발에 대해 탐구해 보자.

관련 학과 생명공학과

《유전자 임팩트》, 케빈 데이비스, 제효영 역, 브론스테인(2021)

단원명 ┃ 유전자의 발현

🔍 전사와 번역 과정, 유전자 발현 과정, 유전 정보, 세포 분화, 단백질 합성

[12유전02-01]   ● ● ●

전사와 번역 과정을 거쳐 유전자가 발현되는 중심원리를 이해하고, 모형을 이용하여 유전자 발현 과정을 설명할 수 있다.

➔ 개구리의 수정란이 올챙이로 발달하는 데 걸리는 시간은 약 4일이다. 이 기간 동안 수정란 내에서 올챙이의 머리와 꼬리의 방향이 형성되고, 내장 및 기타 조직의 발달이 진행된다. 올챙이의 각 기관 발생이 어떻게 결정되는지 유전자 발현 과정과 관련하여 탐구해 보자. 또한 개구리 발달 과정에서 유전자의 기능과 신경 발생 과정을 조사하자. 신경세포의 분화와 신경 발생에 관련된 유전자들의 동적인 발현 과정에 대해 탐구하여 발표해 보자.

관련 학과 생명공학과

《발생생물학》, Michael J. F. Barresi·Scott F. Gilbert, 전상학 외 11명 역, 라이프사이언스(2023)

[12유전02-02]   ● ● ●

유전 부호를 이해하고, 유전 부호 표를 사용하여 유전 정보를 해독할 수 있다.

➔ 비만은 여러 요인이 복합적으로 작용하여 발생하며, 유전적 영향도 존재한다. 개인의 유전 정보를 분석하면 유전적 특성과 대사 능력을 파악할 수 있다. 식욕 조절 관련 유전자, 탄수화물 대사와 관련된 유전자 등을 분석하여 개인의 대사 유형을 판별하는 과정에 대해 탐구해 보자. 그리고 개인의 대사 유형에 따른 맞춤형 다이어트와 식단, 운동 계획 프로그램 구성에 대해 토의해 보자.

관련 학과 생명공학과

《비만코드》, 제이슨 펑, 제효영 역, 시그마북스(2018)

[12유전02-03]   ● ● ●

원핵생물과 진핵생물의 유전자 발현 조절 과정을 비교하기 위한 설명 자료를 다양한 매체를 활용하여 제작할 수 있다.

➔ 사람의 간세포와 수정체 세포는 동일한 유전자를 가지고 있지만, 각각 알부민과 크리스탈린이라는 서로 다른 단백질을 합성한다. 동일한 유전자를 가진 간세포와 수정체 세포에서 어떻게 서로 다른 유전자가 발현되는지 그 과정에 대해 조사해 보자. 또한 진핵생물은 원핵생물과 달리 물질대사 과정에서 동시에 발현되어야 하는 유전자들이 여러 염색체에 분산되어 있는데, 이러한 유전자들이 통합적으로 발현될 수 있는 원리에 대해 탐구해 보자.

관련 학과 생명공학과

《유전자 임팩트》, 케빈 데이비스, 제효영 역, 브론스테인(2021)

[12유전02-04]   • • •

생물의 발생 과정에서 세포 분화가 유전자 발현 조절 과정을 통해 일어남을 추론할 수 있다.

> 유전자 조작 기술을 활용한 세포 분화 제어는 암 치료, 조직 재생, 면역학 연구 등에 활용될 수 있다. 유전자의
> 편집, 조절 또는 추가 등의 방법을 통해 세포 분화 과정을 조절하고, 새로운 세포 유형의 생성이나 조직 재생
> 등에 응용할 수 있는지 그 가능성을 탐구해 보자. 또한 세포 분화 기술을 특정 질병으로 손상된 조직의 치료 또
> 는 대체에 활용할 수 있는지 조사하고, 세포 분화 기반의 질병 치료 전략의 장점과 한계를 분석해 보자.
>
> **관련 학과** 생명공학과
>
> 《DNA 혁명 크리스퍼 유전자가위》, 전방욱, 이상북스(2017)

[12유전02-05]   • • •

생물의 유전자 발현 조절 및 발생에 대한 연구가 인류 복지에 기여한 사례를 조사하여 협력적으로 소통할 수 있다.

> 특정 유전자의 발현 조절을 임상 응용에 활용하는 바이오의료공학 관련 연구 사례를 조사해 보자. 유전자 발현
> 조절이 인공 장기 개발, 조직 재생, 암 치료 등의 분야에 어떻게 활용되는지 탐구해 보고, 바이오의료공학이 인류
> 복지에 어떻게 기여하는지 토의해 보자. 또한 특정 유전자의 발현 조절을 조작하여 식품의 품질을 개선하거나
> 보존기간을 연장한 사례를 조사하고, 유전자 발현 조절이 식품가공 기술에 어떤 영향을 미치는지 탐구해 보자.
>
> **관련 학과** 생명공학과, 식품공학과
>
> 《교실 밖에서 듣는 바이오메디컬공학》, 임창환 외 6명, MID(2021)

단원명 | 생명공학기술

> 🔎 생명공학기술, 단일클론항체, 줄기세포, 유전자 편집 기술, 난치병 치료, 생명윤리, 유전자 변형 생물체
> (LMO)

[12유전03-01]   • • •

생명공학기술 발달 과정에서의 주요 사건을 조사하고 다양한 매체를 활용하여 발표할 수 있다.

> 시합을 통해 정정당당하게 실력을 겨루는 스포츠는 선수들의 실력도 중요하지만 어떤 장비를 사용하느냐가
> 승패나 기록에 영향을 줄 수 있다. 일례로 상어 비늘이 표면에 생기는 물의 저항을 줄여 주는 원리를 적용한 전
> 신 수영복이 개발되었다. 2000년 시드니 올림픽에서 수영 종목에 걸린 33개의 금메달 중 25개를 전신 수영복
> 을 입은 선수들이 땄을 정도로 이 수영복은 기록 향상에 큰 도움을 주었다. 이 수영복에는 근육을 압착하여 물
> 의 저항을 줄이고, 피로 유발 물질인 젖산의 축적을 막아 주는 효과가 있다고 한다. 이에 국제수영연맹(FINA)은
> 2010년부터 선수들의 첨단 수영복 착용을 제한하는 규정을 만들었다. 이처럼 생물의 특징을 활용한 제품에
> 대해 조사하고 신소재나 과학적 원리에 대해 탐구해 보자.
>
> **관련 학과** 기계공학과, 메카트로닉스공학과, 생명공학과, 신소재공학과, 자동차공학과, 화학공학과
>
> 《신소재, 4차 산업혁명을 이끄는 힘》, 한상철 외 4명, 홍릉과학출판사(2019)

[12유전03-02]

단일클론항체, 줄기세포, 유전자 편집 기술이 난치병 치료에 활용된 사례를 조사하고, 이러한 치료법의 전망에 대해 협력적으로 소통할 수 있다.

➡ 세포 검사 기사는 질병 진단을 위해 환자의 세포 표본을 채취하고 분석하는 역할을 수행하며, 암이나 바이러스, 박테리아 등 병원을 발견해 낸다. 세포를 채취하여 검사 기준과 조건에 따라 세포의 모양, 색깔, 크기의 이상 유무를 검사하는데, 이는 환자의 진단 및 치료에 결정적인 역할을 한다. 세포 검사 기기와 같이 병원에서 사용되는 의료 기기의 물리적 원리를 탐구하고, 인간 생활이나 질병 검사에 필요한 검사 기구의 종류나 분야에 대해 토의하여 발표해 보자.

관련 학과 기계공학과, 메카트로닉스공학과, 생명공학과, 전자공학과

《피로세포》, 이동환, 쌤앤파커스(2022)

[12유전03-03]

생명공학기술 관련 학문 분야를 이해하고 우리 생활과 산업에 활용 사례를 조사하여 창의적으로 설명 자료를 제작할 수 있다.

➡ 1997년 독일의 식물학자 빌헬름 바르트로(Wilhelm Barthlott)는 전자 현미경으로 식물 잎의 표면 구조를 관찰하다 먼지나 얼룩 없이 늘 청정한 상태를 유지하는 잎이 있다는 것을 알게 되었고, 이러한 현상을 연잎 효과(Lotus effect)라고 이름 붙였다. 최근 국내에서는 전자 기기에 연잎 효과를 접목시킨 사례가 등장했다. 전자소자 표면에 연잎 위 돌기처럼 나노선을 덮고 화학물질에 담가 코팅했는데, 이 화학물질이 연잎 돌기의 기름 성분과 같은 역할을 한다고 한다. 연구팀은 차세대 메모리 소자로 각광받는 R램에 물을 떨어뜨려도 전원이 안정적으로 유지되는 것을 확인했다. 이처럼 생물의 특성을 공학에 활용한 사례와 원리에 대해 탐구해 보자.

관련 학과 생명공학과, 신소재공학과, 전자공학과, 화학공학과

《생체모방기술》, 김인선, 계명대학교출판부(2017)

[12유전03-04]

유전자 변형 생물체(LMO)의 특징을 이해하고 인간과 생태계에 미치는 영향을 추론할 수 있다.

➡ LMO(Living Modified Organisms)는 생명공학기술을 이용하여 얻어진 유전적 물질의 고유한 조합을 함유하는 생물체를 말하는데, 생식과 번식을 할 수 있는 유전자 변형 생물체를 지칭한다. 프랑스의 연구진은 유전자가위 기술과 합성생물학 기술을 이용하여 공기 정화 능력을 가진 실내용 유전자 변형 화초를 개발하였고, 영국에서는 비타민C 함량이 두 배인 감자 품종을 개발하기 위해 연구 중이다. 유전자 변형 생물체의 연구 동향에 대해 분석하고, 생명공학기술의 발전에 대해 토의해 보자.

관련 학과 생명공학과, 식품공학과

《GMO사피엔스의 시대》, 폴 뇌플러, 김보은 역, 반니(2016)

[12유전03-05]

생명공학기술의 활용 과정에서 나타나는 문제점과 이에 대한 사회적 책임을 인식하고 생명윤리 쟁점에 대해 의사 결정할 수 있다.

➡ 한국바이오안전성정보센터(www.biosafety.or.kr)에 접속하여 생명공학기술을 활용한 유전자 변형 생물체(LMO/

GMO), 유전자가위, 합성생물학에 대한 정보를 살펴보자. 이를 바탕으로 글로벌 식량 위기 대응을 위한 유전자 변형 작물의 개발 및 도입 사례, 유전자 변형 작물의 환경적 영향과 안전성 등에 대해 탐구해 보자. 더불어 개인 유전자 정보 보호, 유전자 검사와 윤리 등 생명공학기술과 관련된 윤리적 측면을 논의해 보자.

관련 학과 생명공학과, 소프트웨어공학과, 소프트웨어학과, 컴퓨터공학과

《**GMO사피엔스의 시대**》, 폴 뇌플러, 김보은 역, 반니(2016)

국어 교과군

영어 교과군

수학 교과군

도덕 교과군

사회 교과군

부록 교과군

단원명 | 지구 탄생과 생동하는 지구

| 🔍 | 지구시스템, 탄소의 순환 과정, 판구조론, 플룸 구조 운동, 암석의 순환 과정, 화산 활동, 지진파

[12지시01-01] • • •

지구의 탄생 이후 지구 대기, 원시 바다, 생명체 탄생 등의 과정을 통한 지구시스템 각 권역의 형성 과정을 추론할 수 있다.

➡ 컴퓨터 및 통신 기술, 교통수단, 공장의 가동 등 현대 사회에 쓰이는 에너지의 사용량은 증가하고 있으며, 지속 가능한 에너지의 생산과 재생 가능한 에너지의 개발의 중요성은 나날이 커지고 있다. 지구시스템인 수권, 지권, 기권에서의 에너지 생산량과 효율을 비교하고, 미래의 지속가능한 에너지 생산의 방향에 대한 탐구를 진행해 보자.

관련 학과 도시공학과, 산업공학과, 에너지공학과, 원자력공학과, 전기공학과
《에너지 과학》, John Andrews·Nick Jelley, 윤린 외 5명 역, 한티미디어(2023)

[12지시01-02] • • •

지구시스템이 진화해온 역사에서 물, 탄소, 산소의 순환 과정을 통해 지권, 수권, 기권이 변화해 왔음을 추적할 수 있다.

➡ 과학자들은 여러 가지 방법으로 지구의 연령을 측정하고 있는데, 절대 연대 측정법은 방사성 원소의 반감기를 이용하는 방법이다. 절대 연대 측정법으로 지각의 암석을 조사한 결과, 가장 오래된 암석의 연대는 약 40억 년 전으로 측정되었다. 그리고 많은 운석의 연령이 약 45~46억 년으로 측정되었다. 과학자들은 이들 운석을 태양계가 형성될 때 미행성체를 이루고 있던 물질로 간주하며, 운석의 연령을 근거로 지구의 연령을 약 46억 년으로 설명하고 있다. 방사성 원소의 반감기를 이용한 절대 연대 측정법에 대해 조사하고, 반감기를 활용하는 분야에 대해 탐구해 보자.

관련 학과 에너지공학과, 원자력공학과, 전기공학과, 화학공학과, 환경공학과
《지구의 깊은 역사》, 마티 러드윅, 김준수 역, 동아시아(2021)

[12지시01-03] • • •

판구조론의 발달사와 관련지어 판을 움직이는 맨틀의 상부 운동과 플룸에 의한 구조 운동을 구분할 수 있다.

➡ 오스트레일리아 지구과학연구원은 GPS 좌표의 오차를 줄이기 위해 위도와 경도 좌표를 수정하여 사용하기로 하였다. 현재 오스트레일리아에서 지도나 GPS 위성에 사용하는 좌표는 1994년에 정한 것으로 2016년에 측

정한 좌표와 약 1.5m의 차이가 있다. 적어도 3개 이상의 위성으로부터 오는 전파를 분석하여 2차원 위치(위도, 경도)를 계산하고, 4개 이상의 위성을 이용해야 3차원 위치(고도)를 계산할 수 있다. 위성으로부터 정확한 위치와 시각을 수신하여 관측점까지 소요 시간을 계산함으로써 관측점의 위치를 구하는 범지구적 전파 항법 시스템인 GPS의 원리와 응용 방법에 대해 탐구해 보자.

관련 학과 건축공학과, 건축학과, 교통공학과, 도시공학과, 자동차공학과, 정보통신공학과, 제어계측공학과, 토목공학과, 항공우주공학과, 항공운항학과

《위성통신 시스템공학》, 김광영, 진한엠앤비(2012)

[12지시01-04]　● ● ●

암석의 순환 과정에서 화산 활동의 역할과 화산 활동으로 생성되는 암석의 특성을 추론할 수 있다.

➡ 과거 냉전 시대에는 최첨단 무기의 원료를 확보하기 위한 광물자원 전쟁이 치열했지만, 현재는 전자, 정보통신 및 자동차와 항공기 등에 들어가는 첨단 기초소재를 확보하기 위해 경쟁한다. 희소금속과 희토류는 기초 철광과 달리 특정 지역과 국가에만 보존되어 있어, 이를 확보하기 위한 경쟁을 '제2의 자원 전쟁'이라고 한다. 21세기 최고의 전략 자원이라고 불리는 희토류 원소와 그 성질, 용도에 대해 탐색해 보자. 이러한 희소금속과 희토류가 자동차, 반도체, 전자, 정보통신, 스마트폰 등의 산업에 어떤 기능과 용도로 쓰이는지에 대해서도 탐구해 보자.

관련 학과 금속공학과, 기계공학과, 메카트로닉스공학과, 반도체공학과, 산업공학과, 신소재공학과, 자동차공학과, 전자공학과, 화학공학과

《세계자원확보전쟁의 주인공 희토류》, 비피기술거래, 비피기술거래(2018)

[12지시01-05]　● ● ●

지진파의 종류와 특성을 이해하고, 지진파를 이용하여 지구 내부구조를 알아내는 과정을 탐구할 수 있다.

➡ 2011년 일본 동북쪽 바다의 해저에서 발생한 규모 9.0의 동일본 대지진은 원자력 발전소의 가동 중단과 방사능 물질의 누출까지 일으켰다. 2016년 우리나라 경주에서도 규모 5.8에 해당하는 지진이 발생하여 큰 경제적 손실을 남겼다. 건물의 구조물을 강화하여 지진에 대한 내성과 저항성을 증가시키고 구조물의 변형을 최소화하는 내진 설계 방법에 대해 탐구해 보자. 또한 지진에 의한 지표면의 흔들림보다 지진 경보 발령이 휴대폰으로 먼저 도착하는 이유에 대해 분석해 보자.

관련 학과 건축공학과, 건축학과, 원자력공학과, 전자공학과, 정보통신공학과

《구조물의 동적응답해석에 의한 내진·내풍 설계》, 이명우, 씨아이알(2017)

단원명 | 해수의 운동

|🔍| 에크만 수송, 지형류, 해파, 전해파, 심해파, 해일, 조석

[12지시02-01]　● ● ●

에크만 수송과 관련지어 지형류의 발생 원리를 설명할 수 있다.

⊙ 약 100년 전에 편지를 넣어 바다에 띄운 해류병이 해류를 따라 움직여 수천 ㎞ 떨어진 곳에서 발견되었다고 한다. 해류에 영향을 미치는 대기 대순환과 해류에 작용하는 힘(수압경도력, 전향력), 마찰층에서 평균적인 해수의 이동인 에크만 수송에 작용하는 힘 등을 연계하여 해류병을 이동시킨 해류는 어떻게 생성된 것인지 탐구해 보자. 또한 해수에 작용하는 수압경도력이 같을 경우, 위도에 따라 지형류의 속도가 어떻게 바뀌는지 그 관계에 대해 분석하여 발표해 보자.

관련 학과 조선해양공학과, 항공우주공학과, 항공운항학과, 환경공학과

《**물리해양학**》, John A. Knauss · Newell Garfield, 조양기 외 3명 역, 시그마프레스(2019)

[12지시02-02] ● ● ●

해파의 발생 과정을 이해하고, 천해파와 심해파의 차이점을 비교·설명할 수 있다.

⊙ 출렁거리는 바다 위에 떠 있는 갈매기의 움직임을 보면 해파의 진행에 따라 위로 올라갔다가 회전하며 내려오는 원운동으로 처음의 위치에 돌아오는 것을 알 수 있다. 해파는 앞으로 진행하는 것처럼 보이지만, 실제로 물 입자는 제자리에서 원운동하며 제자리로 돌아온다. 여름철 바다 위에 떠 있는 튜브나 공이 해안 쪽으로 이동해 오지 않는 이유가 무엇인지 해파의 운동과 관련지어 분석해 보자. 또한 심해파의 파장에 따라 잠수부가 해파의 영향을 받지 않는 깊이, 즉 심해파의 파장과 수심의 관계식에 대해 파악해 보자.

관련 학과 에너지공학과, 조선해양공학과

《**최신 해양과학**》, Alan P. Trujillo · Harold V. Thurman, 이상룡 외 6명 역, 시그마프레스(2017)

[12지시02-03] ● ● ●

해일이 발생하는 여러 가지 원인을 이해하고, 피해 사례와 대처 방안을 제안할 수 있다.

⊙ 2011년 3월 11일 일본 동북부 태평양 연안에서 규모 9.0의 초대형 해저 지진이 발생했다. 초대형 지진 해일의 발생으로 연안 지역에 인적, 물적 피해가 발생하였으며, 지진 발생 50분 후 높이 약 15m의 지진 해일이 방호벽을 넘어 후쿠시마 원자력 발전소를 덮쳐 발전소가 파괴되고 방사능이 유출되는 사고가 일어났다. 건축물의 안전성을 향상시키기 위해 지진에 대비한 건축물의 강성 및 내진 설계, 해일로부터 보호하기 위한 건축물의 구조에 대해 탐구해 보자.

관련 학과 건축공학과, 건축학과, 도시공학과, 원자력공학과, 조선해양공학과, 토목공학과

《**내진설계일반 해설서**》, 한국지진공학회, 한국지진공학회(2019)

[12지시02-04] ● ● ●

조석의 발생 과정을 이해하고 자료 해석을 통해 각 지역에서의 조석 양상을 설명할 수 있다.

⊙ 1992년 6월 UN 기후변화 협약 이후, 우리나라는 조류를 이용해 전기를 생산하는 친환경 시스템을 구축하기 위해 아시아 최초의 조류 발전소인 '울돌목 시험조류발전소'를 2009년 준공했다. 150kW급 사용 조류 발전 시스템을 설치하였으며, 1MW급 조류 발전 상용화 시스템을 개발 중에 있다. 순수 우리 기술로 구축된 울돌목 시험조류발전소의 전기 생산 과정과 역할에 대해 탐구해 보자.

관련 학과 건축공학과, 건축학과, 산업공학과, 에너지공학과, 전기공학과, 정보통신공학과, 제어계측공학과

《**바다가 만든 자연에너지**》, 이광수·박진순, 지성사(2013)

단원명 | 강수 과정과 대기의 운동

국어 교과군
영어 교과군
수학 교과군
도덕 교과군
사회 교과군
과학 교과군

| 🔍 | 선택적 흡수체, 지구 생명체 존재 조건, 지구 평균 열수지, 대기의 안정도, 정역학적 균형, 바람의 발생 원리, 행성파, 편서풍 파동

[12지시03-01] • • •

대기를 구성하는 기체들이 선택적 흡수체임을 이해하고, 온실효과 및 태양 자외선 차단 효과, 물의 존재 등으로 지구 생명체 존재 조건을 추론할 수 있다.

→ 지구온난화 문제를 과학적으로 해결하는 방법으로 최근 이산화탄소 포집 및 저장 기술(CCS)이 주목받고 있다. 대기 중의 이산화탄소를 포집하는 기술로 액체 흡수 및 압축, 화학적 반응을 이용해 포집하고, 포집된 이산화탄소를 지구 내부에 주입하여 장기 저장하는 기술이다. 이 기술을 이용해 노르웨이의 한 석유 회사는 1996년부터 천연가스 생산 과정에서 발생한 이산화탄소를 분리해 해저 지층에 저장하고 있는데, 그 양이 1년에 약 99만 톤에 이른다고 한다. 이산화탄소 포집 및 저장 기술을 이용한 탄소 포집 및 저장 과정에 대해 탐구해 보자.

관련 학과 도시공학과, 산업공학과, 화학공학과, 환경공학과

《공정 개선을 통한 에너지 절감, 이산화탄소 포집 및 미활용에너지 활용기술》, 조정호, 아진(2018)

[12지시03-02] • • •

지표와 대기의 열 출입과 관련된 물리 과정 및 전 지구 평균 열수지를 해석할 수 있다.

→ 도시 환경의 전반적인 계획과 관련하여 열수지와 도시 설계를 주제로 탐구해 보자. 일례로 '친환경 도시 계획과 건축 설계 탐구'와 같은 소주제를 선정한 뒤 건축 설계를 통해 도시의 열수지 문제를 해결하는 방법이 기록된 학술 자료나 연구 자료를 찾아보자. 충분한 공원과 녹지 확보를 통해 도시의 열섬 효과를 해결하는 친환경 도시 설계에 대한 기획안을 작성하여 발표해 보자.

관련 학과 건축공학과, 건축학과, 교통공학과, 도시공학과, 에너지공학과, 환경공학과

《인간과 도시환경》, 김수봉, 대영문화사(2002)

[12지시03-03] • • •

기온의 연직 분포와 대기의 안정도와의 관계를 이해하고, 단열변화를 통해 안개나 구름이 생성되는 과정 및 강수 과정을 분석할 수 있다.

→ 대류권에서는 위로 올라갈수록 기온이 약 6.5℃/㎞의 비율로 낮아지지만, 위로 올라갈수록 기온이 높아지는 역전층이 나타나기도 한다. 바람이 약하고 날씨가 맑은 날 밤에는 지표면의 복사 냉각으로 지표 근처의 공기가 냉각되어 역전층이 생긴다. 이때 생긴 역전층은 절대 안정한 층으로 공기 덩어리의 대류가 일어나지 않는다. 따라서 대기로 배출된 오염물질이 확산하지 못하고, 지표 부근에 쌓여 호흡기 질환을 일으키는 등 인간의 건강에 나쁜 영향을 준다. 도시의 주택 및 생활공간을 설계할 때 교통량과 교통 체계, 공장 가동 환경 등 사전에 분석해야 할 내용에 대해 탐구해 보자.

관련 학과 건축공학과, 건축학과, 교통공학과, 도시공학과, 산업공학과, 자동차공학과, 환경공학과

《요즈음 건축》, 국형걸, 효형출판(2022)

기압의 연직 분포로 정역학적 균형을 이해하고, 대기 중 연직 운동의 발생 원인을 추론할 수 있다.

➡ 지구상의 공기 대부분은 지표면에 집중되어 있으며 공기의 99%는 고도 30km 내에, 공기의 약 50%는 5km 이하의 높이에 존재한다. 한편 기압은 고도가 높아질수록 감소한다. 최근 100층이 넘는 초고층 건축물들이 들어서고 있는데, 100층 건축물인 경우 한 층의 높이가 3m라면 건물의 높이는 300m가 된다. 고도 10m 높이마다 기압은 약 1.3hPa씩 낮아지므로 100층의 기압은 1층보다 약 130hPa이 낮다. 바람은 기압 차이에 의해 발생하는데, 구름은 하늘에 떠 있다. 이는 기압의 연직 분포에 따른 정역학적 균형 상태와 관련이 있다. 구름이 하늘에 떠 있는 이유에 대해 탐구해 보자.

관련 학과 건축공학과, 건축학과, 도시공학과, 환경공학과

《**기상 역학**》, 이우진, 휴앤스토리(2019)

지균풍, 경도풍, 지상풍의 발생 원리와 관련된 힘의 작용을 설명할 수 있다.

➡ 초고층 건물의 건축 설계와 도시 설계에서는 바람에 의한 건물 주변의 압력과 빌딩풍에 대한 모의실험이나 시뮬레이션이 매우 중요하다. 바람이 건물에 가하는 힘으로 인해 발생하는 진동 현상을 분석하고 풍력 하중, 공진 주파수, 구조적 안전성 등을 고려하여 건물의 진동 특성을 연구하고 안정성 확보 방안에 대해 탐구해 보자. 풍동 실험과 시뮬레이션을 활용해 바람이 건축물에 미치는 영향에 대해 탐구한 뒤 건축 설계 방안에 대해 토의해 보자.

관련 학과 건축공학과, 건축학과, 도시공학과

《**건축물 내풍설계**》, 하영철, 구미서관(2023)

행성파의 발달 과정을 이해하고, 지상 고·저기압 발달에서 편서풍 파동의 역할을 평가할 수 있다.

➡ 항공기나 우주 비행체 설계 시 대기 중의 행성파 영향이 어떻게 작용하는지 조사해 보자. 행성파에 의한 공기의 밀도 변화, 압력 분포 등을 고려하여 행성파가 비행체에 미치는 영향과 안전성에 대해 탐구해 보자. 또한 비행체의 날개에 작용하는 힘인 양력과 베르누이 방정식, 작용 반작용 법칙 등에 대해 조사하고, 편서풍 파동이 항공기나 비행체의 이동에 어떠한 영향을 미치는지 분석하는 탐구 활동을 진행해 보자.

관련 학과 기계공학과, 자동차공학과, 조선해양공학과, 항공우주공학과, 항공운항학과

《**항공종사자를 위한 비행의 원리**》, 진원진, 성안당(2022)

국어 교과군

영어 교과군

수학 교과군

과학 교과군

사회 교과군

보학 교과군

선택 과목	수능	행성우주과학	절대평가	상대평가
진로 선택	X		5단계	5등급

단원명 | 우주탐사와 행성계

| 🔍 | 태양계, 우주탐사, 태양 활동 감시 시스템, 케플러 법칙, 소천체, 외계 행성계

[12행우01-01] ● ● ●

태양계 탐사선의 활동을 통해 알아낸 성과를 이해하고, 인공위성을 활용한 우주탐사의 필요성을 토론할 수 있다.

➡️ 인공위성의 자세 제어 시스템의 구동 장치인 자세 제어용 센서의 종류와 측정 기술에 대해 탐구해 보자. 인공 위성에 필수적인 태양 센서는 입사되는 태양 빛의 방향을 측정하며, 태양전지를 이용해 태양 에너지를 전기 에 너지로 바꾸고 전환되는 전기 에너지의 크기를 비교하여 입사각을 결정하는 방식으로 작동된다. 이 외에도 운 동 가속도에 의해 관성체에 작용하는 관성력을 검출하여 측정하는 관성 센서, 각운동량 보존 법칙에 근거한 방 식으로 회전축의 관정좌표계에 대한 상대적인 변위각을 측정하는 자이로스코프 센서 등이 있다. 자세 제어용 센서에 적용된 공학적 기술과 원리에 대해 탐구해 보자.

관련 학과 기계공학과, 메카트로닉스공학과, 반도체공학과, 에너지공학과, 원자력공학과, 자동차공학과, 정보통신공학과, 제어 계측공학과, 항공운항학과

《제어시스템 공학》, Norman S. Nise, 박진배 외 4명 역, 홍릉(2021)

[12행우01-02] ● ● ●

태양 활동 감시 시스템과 지구 접근 천체를 비롯한 지구를 위협하는 우주 위험 감시 기술의 중요성을 우주 재난 측면에서 인식할 수 있다.

➡️ 망원경의 400년 역사를 조사하고, 천문학과 관측 기술의 발전에 대해 살펴보자. 초기의 굴절 망원경은 색수차 로 인해 상이 뚜렷하지 않아, 이후 색수차를 해결하기 위해 대형화할 수 있는 반사 망원경을 개발하였다. 굴절 망원경에서 색수차가 나타나는 이유와 해결 방법에 대해 탐구하고, 반사 망원경을 8.4m 이상으로 제작하기 어려운 이유와 해결 방법에 대해 탐구하여 발표해 보자.

관련 학과 기계공학과, 메카트로닉스공학과, 제어계측공학과, 항공우주공학과

《천체망원경은 처음인데요》, 박성래, 들메나무(2019)

[12행우01-03] ● ● ●

태양계를 지배하는 힘이 태양의 중력임을 이해하고, 케플러의 세 가지 법칙을 이용하여 태양계 구성 천체들의 운동을 설명할 수 있다.

➡️ 인류는 태양계 행성을 탐사하기 위한 많은 탐사선을 발사했다. 행성 탐사선이 어떤 궤도를 그리며 목표한 천체 까지 비행하는지 조사해 보고, 지구에서 화성으로 가는 가장 빠른 방법에 대해 분석해 보자. 한편 화성 탐사선

발사는 지구와 화성의 공전 궤도와 주기, 거리 등을 고려한 최적 시기가 있다. 지구에서 발사하는 화성 탐사선의 발사 주기에 대해 탐구해 보자.

관련 학과 항공우주공학과

《현대천체물리학 PART 1》, Bradly W. Caroll 외 1명, 강영운 외 2명 역, 청범출판사(2009)

[12행우01-04] ● ● ●

행성과 소천체의 정의를 구분하여 이해하고, 소천체 탐사 자료를 통해 이들의 특징을 추론할 수 있다.

➡ 유럽우주국(ESA)의 화성 탐사선 '마스 익스프레스'는 화성 궤도를 돌면서 고성능 레이더 장치를 사용해 물 성분의 얼음을 탐지했다. 마스 익스프레스에 탑재된 레이더 장비 MARSIS가 보내온 자료를 분석한 결과, 화성 북극 주변 지하에 있는 여러 겹의 퇴적층 가운데 맨 위층이 얼음이며 이 얼음은 2% 정도만 먼지에 오염된 거의 순수한 물 성분인 것으로 밝혀졌다. 학자들이 근적외선 분광계를 이용해, '엽상(葉狀) 규산염'으로 불리는 광범위한 진흙층을 밝혀냈는데 이는 화산석인 현무암이 오랫동안 물에 잠겨 형성된 것이다. 즉, 화성에 물이 존재한다는 것이 밝혀진 것이다. 마스 익스프레스에 탑재된 MARSIS(화성 지하 및 전리층 탐색레이더)의 근적외선 분광계의 원리에 대해 탐구해 보자.

관련 학과 기계공학과, 메카트로닉스공학과, 항공우주공학과, 화학공학과, 환경공학과

《적외선센서의 원리와 응용》, 정용택, 인포더북스(2012)

[12행우01-05] ● ● ●

외계 행성계 탐사의 원리를 이해하고, 외계 행성에 생명체가 존재할 수 있는 조건과 외계 생명체의 존재 가능성에 대해 논증할 수 있다.

➡ 1972년 발사된 보이저 1호에는 '지구의 속삭임'이라는 이름의 타임캡슐이 실려 있다. 12인치 크기의 황금 디스크인데, 여기에는 약 60개 언어로 된 인사말, 인간 문화와 음악, 자연 음향, 115장의 사진 정보가 담겨 있다. 다른 항성계의 고등 외계인이 지구를 이해하도록 돕기 위한 것으로, 보이저 1호는 현재 교신이 끊긴 상태로 태양계 밖으로 나가 항해 중이다. 보이저 1, 2호가 차갑고 어두운 우주 공간을 항해하는 동력을 얻는 방법에 대해 탐구해 보자.

관련 학과 신소재공학과, 에너지공학과, 원자력공학과, 항공우주공학과, 화학공학과

《플루토늄》, 프랭크 반히펠 외 2명, 강정민 역, 미세움(2021)

단원명 | 태양과 별의 관측

🔍 광구, 흑점, 태양의 자전 주기, 시차, 시선속도, 접선속도, 질량-광도 관계, 맥동변광성, 폭발 변광성

[12행우02-01] ● ● ●

태양의 광구와 대기에서 나타나는 현상을 설명하고, 이러한 현상이 다양한 파장의 관측 자료에서 어떻게 나타나는지 비교·분석할 수 있다.

➡ 플레어는 태양의 표면에서 엄청난 양의 빛과 에너지를 일시적으로 표출하는 현상으로 C-클래스 플레어, M-클래스 플레어, X-클래스 플레어로 나뉜다. 이 중 X-클래스 플레어는 위성 통신, 전력망, GPS 기술 시스템에 영향

을 미칠 수 있다. 우주환경센터(spaceweather.kasa.go.kr)를 통해 실시간 태양 영상(SDO 및 SOHO 위성 영상)과 오늘의 우주환경(태양 흑점수 현황, 태양풍 현황, 행성 간 자기장 현황) 데이터를 분석해 보자. 태양의 플레어가 발생하는 원리와 플레어가 위성 통신이나 GPS 시스템에 미치는 영향에 대해서도 탐구해 보자.

관련 학과 에너지공학과, 원자력공학과, 전자공학과, 정보통신공학과, 항공우주공학과

《지구물리학》, 윌리엄 로리, 김희봉 역, 김영사(2022)

[12행우02-02] ● ● ● ●

별의 시차와 밝기를 이용하여 거리를 측정하는 다양한 방법을 비교·평가할 수 있다.

➡ 어떤 물체가 얼마나 멀리 떨어져 있는지 알 수 있는 것은 인간의 두 눈과 물체가 삼각형을 이루기 때문이다. 멀리 있는 사물을 손으로 잡을 수 있는 이유는 인간의 눈이 두 변이 같은 이등변 삼각형의 원리를 이용해 위치를 가늠하기 때문인 것이다. 두 눈 사이의 거리 때문에 서로 다른 상이 맺히는 시차의 원리에 대해 학습하고, 별의 시차와 거리의 관계식을 도출해 보자. 또한 어떤 한 점의 좌표와 거리를 삼각형의 성질을 이용하여 알아내는 삼각측량법에 대해 탐구해 보자.

관련 학과 건축공학과, 건축학과, 교통공학과, 도시공학과, 토목공학과, 항공우주공학과, 항공운항학과

우주의 측량
안상현, 동아시아(2017)

책 소개

이 책은 고대 그리스의 천문학부터 현대 천체물리학까지 체계적으로 소개하며, '우주의 측량'을 천문학·물리학·과학사학적으로 한 권에 담아냈다. 우주에 대한 호기심을 해결해 주는 책으로 태양과 달, 별, 수많은 은하들을 발견하고 측량하고 이해할 수 있을 것이다. 행성과 별과 성운, 은하와 우주와 시공간을 과학적으로 연구한 학문이 천문학이며, 천문학의 기본인 우주의 크기 측량에 집중한 책이다.

세특 예시

별의 시차와 밝기를 이용한 거리 측정 방법에 대해 학습하고 천문학의 기본이 되는 우주의 크기 측량으로부터 얻을 수 있는 천문학적 지식에 대해 관심을 가짐. 단원연계 독서 활동으로 '우주의 측량(안상현)'을 선정하여 읽고, 각크기, 각지름거리, 케플러 제3법칙 등의 개념을 통해 태양계와 우리은하의 중심으로부터의 거리를 측량하는 방법에 대해 조사함. 또한 망원경의 분해능, 별의 밝기와 등급, 도플러 효과, 나선 은하의 회전 속도 곡선 등 우주를 측량하는 데 필요한 개념과 수학, 물리학의 접근 방법에 대해 탐구하여 발표함.

[12행우02-03] ● ● ●

별의 시선속도와 접선속도의 합으로 공간 운동이 나타남을 이해하고, 별자리를 구성하는 별들의 장시간에 걸친 형태 변화를 추론할 수 있다.

➡ 자동차의 차간 거리 측정 레이더는 자율주행 차량 및 차량 간 통신 기술을 기반으로 발전하고 있다. 주행 중 다른 차량과의 안전거리를 유지하고, 자동차들 간의 효율적인 통신을 통해 실시간 정보를 공유해 차간 거리를 최

적으로 조절한다. 별의 시선속도가 스펙트럼 선의 도플러 효과를 이용하듯이, 도플러 효과를 이용한 자동차의 전방 레이더가 물체의 속도를 측정하고 적정한 차간 거리를 유지하도록 하는 것이다. 전자파를 이용해 물체를 감지하는 자동차의 레이더 원리와 자율주행자동차의 시스템 적용에 대해 탐구해 보자.

관련 학과 교통공학과, 기계공학과, 메카트로닉스공학과, 자동차공학과, 정보통신공학과

《자율주행자동차공학》, 정승환, 골든벨(2023)

[12행우02-04] ● ● ●

쌍성의 관측 자료를 이용하여 항성의 질량을 직접적으로 구할 수 있음을 이해하고, 질량-광도 관계를 이용하여 쌍성이 아닌 별의 질량을 구할 수 있다.

➡️ 천체물리학에서 별의 질량과 광도 사이의 관계에서 주어지는 방정식에 대해 조사하고, 정유체역학 방정식, 상태 방정식 등을 이용하여 주계열성의 질량-광도 관계식을 유도해 보자. 또한 추후 활동으로 핵융합 에너지와 핵분열 에너지의 차이점을 분석한 뒤, 핵융합을 이용하여 에너지를 생성하기 위한 조건에 대해 분석해 보자. 핵융합 에너지의 효율성과 안전성, 활용 가능성에 대해서도 탐구해 보자.

관련 학과 에너지공학과, 원자력공학과, 전기공학과, 전자공학과, 제어계측공학과, 화학공학과

《태양을 만드는 사람들》, 나용수, 계단(2024)

[12행우02-05] ● ● ●

광도곡선의 특징을 비교하여 맥동변광성과 폭발 변광성을 구분하고, 폭발 변광성 중 초신성 관측 자료를 통해 알 수 있는 과학적 사실을 추론할 수 있다.

➡️ 잡지 〈네이처 애스트로노미〉에 보고된 내용을 살펴보면 1,500광년 떨어져 있는 별 HD74423은 한쪽만 밝기가 변하는 맥동변광성이라고 한다. 이는 근처에 위치한 적색왜성의 중력의 영향을 받아 나타나는 것으로, 우주 망원경을 이용하여 별빛의 곡선이 나타나는 현상을 통해 분석한 것이다. 천체의 중력이 빛의 굴절을 만들어 내는 중력 렌즈 효과로 1915년 발표된 아인슈타인의 일반 상대성 이론에 의해 예측되었다. 아인슈타인의 일반 상대성 이론과 중력 렌즈 현상에 대해 탐구해 보자.

관련 학과 항공우주공학과

《중력렌즈》, 박명구, 경북대학교출판부(2010)

단원명 | 은하와 우주

🔍 성단, 맥동변광성, 성간 소광, 은하 회전 속도, 적색 편이, 분광 관측, 현대 우주론, 은하 장성, 보이드

[12행우03-01] ● ● ●

성단의 C-M도를 이용하여 성단의 나이와 거리를 비교하고, 맥동변광성의 주기-광도 관계를 이용하여 우리은하의 구조와 규모를 추론할 수 있다.

➡️ 관측 기술의 발달로 점점 더 멀리 있는 천체까지 거리를 측정할 수 있게 되었다. 가까운 천체의 거리를 구한 결과를 바탕으로 먼 천체까지의 거리를 측정할 수 있게 되어 거리의 측정 영역이 확대된 것이다. 연주시차를 이용해 우리은하 내 가까운 별들의 거리를 측정하는 방법, 먼 성단이나 은하 속의 세페이드 변광성의 변광 주기

를 관측하여 광도와 거리를 측정하는 방법, 허블 법칙을 이용하여 멀리 떨어진 은하의 후퇴 속도를 관측해 은하까지의 거리를 측정하는 방법 등 천체의 거리 측정법의 수학적 원리를 조사해 보자. 이러한 수학적 원리를 적용할 수 있는 지표면의 측정이나 거리 측정법에 대해서도 탐구해 보자.

관련 학과 건축학과, 교통공학과, 토목공학과, 항공우주공학과

《우주의 측량》, 안상현, 동아시아(2017)

[12행우03-02] ● ● ● ●

성간 소광 자료를 통해 성간 티끌의 존재를 추론하고, 성간 티끌의 특징을 설명할 수 있다.

➡ 항성 계수법은 별의 크기와 온도, 질량 등을 측정하는 천문학적 방법 중 하나로 별의 표면 온도, 질량, 밝기, 화학 구성을 알아내는 데 도움이 된다. 항성 계수법을 이용하여 암흑 성운이 있는 영역과 없는 영역의 성간 소광량을 비교하는 탐구 활동을 해 보자. 추후 활동으로 암흑 성운 뒤쪽에 있는 별들의 분포를 알아내려면 어떤 파장 영역으로 관측하는 것이 적합할지 조사해 보자.

관련 학과 에너지공학과, 항공우주공학과, 항공운항학과

《성간물질과 별탄생》, 후쿠이 야스오 외 5명, 노세형 외 3명 역, 지성사(2015)

[12행우03-03] ● ● ● ●

은하의 회전 속도 곡선을 이용하여 질량 분포를 이해하고 은하에 빛을 내지 않는 물질의 존재를 추론할 수 있다.

➡ 미국의 천문학자 베라 루빈(Vera C. Rubin)은 은하 회전에 관한 연구에서 선구자적 업적을 남겼다. 케플러 법칙에 따르면 태양에 가까운 행성일수록 공전 속도가 빠르고, 먼 행성일수록 공전 속도가 느리다. 베라 루빈은 은하 회전 곡선이 케플러의 법칙과 다르다는 것을 발견했고, 이는 암흑물질 이론의 바탕이 되었다. 베라 루빈이 은하수에 속해 있는 푸른 별들의 이동 속도를 관측하였더니 은하 중심으로부터의 거리에 관계없이 같은 속도로 회전하고 있었다. 이것은 뉴턴의 법칙에 어긋나는 현상으로 베라 루빈이 관측한 것이 현실적으로 가능하기 위한 근거에 대해 분석하는 탐구 활동을 해 보자.

관련 학과 항공우주공학과

《은하의 발견》, 리처드 베렌젠 외 2명, 이명균 역, 전파과학사(2000)

[12행우03-04] ● ● ● ●

대규모로 이루어진 외부은하의 적색 편이 탐사의 성과를 이해하고, 은하의 공간 분포를 파악함에 있어서 분광 관측 자료의 중요성을 인식할 수 있다.

➡ 과학자 1,000여 명의 공동 연구로 이론적으로 예견만 되던 중력파가 직접 탐지되었다는 발표가 2016년 2월에 있었다. 아인슈타인이 일반 상대성 이론에서 중력파의 존재를 예측한 지 100년 만의 일이다. 중력파는 그 세기가 너무 작아서 아인슈타인의 이론 가운데 100년이 넘도록 검증되지 않았던 마지막 과제였다. 블랙홀과 같은 고밀도 천체는 빛이나 전파로는 관측할 수 없지만 중력파로는 가능하다. 광학 망원경, 전파 망원경의 시대를 지나 '중력파 망원경'으로 천체를 관측하는 시대가 온 것이다. 아인슈타인의 상대성 이론을 통해 중력파의 원리에 대해 탐구해 보자.

관련 학과 에너지공학과, 원자력공학과, 정보통신공학과, 항공우주공학과

《중력파, 아인슈타인의 마지막 선물》, 오정근, 동아시아(2016)

은하의 공간 분포 자료를 통해 은하의 집단을 이해하고, 은하 장성, 보이드 등 우주의 거시적인 구조를 현대 우주론과 관련지어 설명할 수 있다.

➡ 미국의 우주 탐사선 '딥 임팩트'는 2005년 1월 12일에 발사되었고, 2005년 7월 4일에 지구에서 1억 3,400만 ㎞ 떨어진 곳을 지나는 혜성 템펠1과 구리로 만든 372kg의 임팩터를 충돌시키는 실험을 하였다. 목표 천체를 근접 통과하거나 궤도를 돌면서 촬영, 분석한 것이 아니라 충돌기를 직접 혜성으로 낙하시켜 충돌시킨 후 혜성의 핵으로부터 분출된 물질의 성분을 분석하였다. 충돌구 덩어리(Cratering Mass)를 구리로 제작한 이유에 대해 조사하고 충돌 속도에 따른 충돌기의 운동 에너지는 어느 정도인지 분석해 보자.

관련 학과 금속공학과, 신소재공학과, 에너지공학과, 원자력공학과, 자동차공학과, 항공우주공학과

《물리의 정석: 고전 역학 편》, 레너드 서스킨드·조지 라보프스키, 이종필 역, 사이언스북스(2017)

선택 과목	수능	과학의 역사와 문화	절대평가	상대평가
융합 선택	X		5단계	X

단원명 | 과학과 문명의 탄생과 통합

> 🔍 인류, 문명, 지혜, 그리스, 철학자, 중세 시대, 유럽, 중동 지역, 종교, 문화, 과학, 르네상스, 과학혁명, 사회문화적 배경, 예술, 신념, 세계

[12과사01-01] ● ● ●

인류 문명의 탄생 과정에서 인류의 지혜가 담긴 과학적 사례를 발견하고, 이를 통해 과학이 인류 문명의 형성 과정에 기여하였음을 이해할 수 있다.

➡ 고대 이집트의 피라미드, 메소포타미아의 수리학, 중국의 대운하는 과학과 공학이 초기 인류 문명의 발전에 어떻게 기여했는지를 잘 보여 준다. 이들 사례는 당시 사람들이 과학적 원리와 기술을 활용해 대규모 건축과 수리 시스템을 구축한 과정을 보여 주며, 현대 공학과의 비교를 통해 과학과 공학이 문명의 발전에 미친 영향을 평가할 수 있다. 이러한 역사적 사례를 분석하고, 우리나라의 과거와 현재를 잇는 중요한 과학적 사건을 조사하여, '고대 문명과 현대 공학 기술의 비교 분석'을 주제로 보고서를 작성해 보자.

관련 학과 공학계열 전체

《지질학, 지구사 그리고 인류》, 장기홍, 전파과학사(2024)

[12과사01-02] ● ● ●

고대 그리스 철학자의 과학적 사고나 주장 등을 조사하고, 그리스 문명이 고대에서 현대에 이르기까지 인간의 삶에 미친 영향을 설명할 수 있다.

➡ 고대 그리스에는 탈레스, 피타고라스, 헤라클레이토스, 파르메니데스, 데모크리토스 등의 철학자가 있었다. 탈레스는 첫 번째로 알려진 과학 철학자로 자연현상의 이유와 원인을 탐구하였다. 그는 만물의 근원이 '물'이라고 주장하였으며, 이는 초기의 천문학적 연구와 지리학적 관찰의 출발점이 되었다. 고대 그리스 철학자의 과학적 사고나 주장 등을 조사하고, 그리스 문명이 고대에서 현대에 이르기까지 인간의 삶에 미친 영향을 분석한 후, '고대 그리스 철학자의 자연관과 현대 공학 기술의 연관성 탐구'를 주제로 보고서를 작성해 보자.

관련 학과 공학계열 전체

《세상에 존재하는 모든 물리학》, 곽영직, 세창출판사(2023)

[12과사01-03] ● ● ●

중세 시대 유럽과 중동 지역을 중심으로 종교나 문화가 과학에 기여한 바를 이해하고, 고대 그리스의 과학과 중세 과학의 특징을 비교할 수 있다.

◑ 중세 시대 유럽과 중동 지역의 종교와 문화는 과학 연구를 지원하고 활성화하는 역할을 하였다. 중세 시대에 이루어진 과학적 발견과 연구는 현대 과학의 기초를 마련하는 데 이바지했다. 특히 이 시기 중동 지역에서는 고대 그리스와 고대 이슬람 지식을 번역하고 보존하는 작업이 활발히 이루어졌고, 이러한 작업은 유럽에 전해 져 수학, 천문학, 의학, 건축 등의 분야에서 과학 연구를 촉진했다. 특히 중세 이슬람 학자들은 실험과 수학적 분석을 통해 기계 시스템과 건축 구조의 원리를 발전시켰으며, 이는 현대의 구조공학, 기계공학 발전에 기여 했다. 중세 시대 유럽과 중동의 과학 연구가 어떻게 현대 공학 기술의 발전에 영향을 미쳤는지 분석하고, '중세 이슬람 학자의 과학적 업적이 현대 공학에 미친 영향'을 주제로 보고서를 작성해 보자.

관련 학과 공학계열 전체

《세계사를 바꾼 화학 이야기》, 오미야 오사무, 김정환 역, 사람과나무사이(2022)

[12과사01-04] ● ● ●

르네상스와 과학혁명이 일어난 사회문화적 배경을 조사하고, 과학과 예술 사이의 융합적 사례를 설명할 수 있다.

◑ 르네상스와 과학혁명 시기에는 공학과 예술의 융합이 중요한 발전을 이루었다. 이 시기 예술가들은 과학적 사고를 작품 창작에 적용했고, 공학자들은 예술적 요소를 고려한 혁신적인 설계를 만들어 냈다. 레오나르도 다빈 치는 융합적 사고를 대표하는 인물로, 그의 예술 작품과 기계 설계는 모두 과학적 관찰과 수학적 비율에 기반 했다. 그는 해부학, 기계공학, 건축, 물리학 등 여러 분야에 대해 연구하며, 창의적인 공학 설계와 예술적 아름 다움을 결합시켰다. 또한 과학혁명 시기 천문학과 수학의 발전은 건축과 예술에도 큰 영향을 미쳤다. 건축가들 은 기하학적 비율과 원근법을 사용해 더 정교하고 아름다운 설계를 만들었고, 이는 르네상스 건축의 특징이 되 었다. 이처럼 공학과 예술의 융합이 일어난 다양한 사례를 조사하고, 그 기여를 분석한 보고서를 작성해 보자.

관련 학과 공학계열 전체

《세계사를 바꾼 화학 이야기2》, 오미야 오사무 저, 김정환 역, 사람과나무사이(2023)

[12과사01-05] ● ● ●

과학 지식의 형성 과정에서 과학자의 신념이나 세계관이 영향을 준 사례를 조사하여 발표할 수 있다.

◑ 과학자들의 사회적, 종교적, 철학적 배경이 그들의 과학적 발견과 공학 기술 발전에 어떻게 기여했는지 찾아볼 수 있다. 예를 들어, 아이작 뉴턴은 기계론적 세계관을 바탕으로 우주를 설명하고자 했다. 그는 신이 창조한 질 서 있는 세계를 이해하기 위해 자연 법칙을 탐구했고, 그 과정에서 중력 법칙과 역학의 기본 법칙들을 발견했 다. 이러한 법칙들은 이후 기계공학, 전기공학, 항공우주공학 등 다양한 분야에서 기술 혁신을 이끌어 내는 데 활용되었다. 이처럼 과학자의 신념과 세계관은 과학적 발견에 영향을 미치며, 공학 기술의 발전으로 이어지기 도 한다. 과학자의 신념이 공학 발전에 영향을 미친 사례를 조사하여 보고서로 작성한 후 발표해 보자.

관련 학과 공학계열 전체

《과학적 신념은 어디에서 오는가》, 막스 플랑크, 이정호 역, 전파과학사(2019)

단원명 | 변화하는 과학과 세계

| 🔎 | 상대성 이론, 현대 과학, 사회문화, 사회적 가치, 과학자, 논쟁, 토론, 의사소통, 예술 작품, 건축물, 과학적 원리, 문화, 감염병, 교통수단, 산업혁명

[12과사02-01]

상대성 이론 등과 같은 현대 과학의 등장이 당시의 사회문화에 끼친 영향을 이해함으로써 과학의 사회적 가치를 느낄 수 있다.

알베르트 아인슈타인의 상대성 이론은 현대 과학에 큰 혁명을 일으켰을 뿐만 아니라, 당대 사회와 문화에도 깊은 영향을 미쳤다. 상대성 이론의 등장으로 시간과 공간에 대한 기존의 고정된 개념이 깨졌고, 이는 과학뿐만 아니라 철학, 예술, 문학 등 다양한 분야에서 새로운 사고방식을 불러일으켰다. 뉴턴의 절대적 물리학을 기반으로 세상을 이해했던 기존의 세계관을 뒤집었던 것이다. 또한 상대성 이론은 기술 혁신에도 직접적인 영향을 주었다. 일례로 GPS 기술은 위성의 시간 차이를 고려하여 정확한 위치를 계산하는데, 이 과정에 상대성 이론이 적용된다. 이렇듯 과학적 이론이 사회와 문화에 미친 영향을 토대로, '과학적 혁명과 공학 기술의 사회적 가치'를 주제로 보고서를 작성해 보자.

관련 학과 공학계열 전체
《물리의 정석: 일반 상대성 이론 편》, 너드 서스킨드·앙드레 카반, 이종필 역, 사이언스북스(2024)

[12과사02-02]

현대 과학의 등장 과정에서 나타난 과학자들의 논쟁이나 토론 사례를 조사하고, 과학적 의사소통에서 지켜야 할 규범과 태도를 이해할 수 있다.

천동설과 지동설의 논쟁은 과학사에서 중요한 전환점으로, 과학자들이 새로운 증거를 바탕으로 기존 이론에 도전하면서 과학적 사고를 발전시킨 과정을 보여 준다. 코페르니쿠스와 갈릴레이는 지동설을 통해 우주에 대한 새로운 이해를 제시했고, 갈릴레이는 망원경으로 목성의 위성들을 관찰하여 지동설을 입증할 근거를 제공했다. 이 논쟁은 과학이 증거와 이론을 통해 어떻게 진보하는지를 보여 주는 대표적인 사례다. 현대 과학에서도 과학자들 간의 논쟁과 토론은 매우 중요하며, 공학자가 되려면 과학적 토론에서 객관성을 유지하고, 비판적 사고로 논리적 오류를 찾아낼 수 있어야 한다. 상대방의 의견을 존중하고 새로운 아이디어에 개방적인 태도를 가지며, 협력을 통해 집단 지성을 활용하는 능력도 필요하다. 현대 과학의 발전 과정에서 나타난 논쟁과 토론 사례를 조사하고, 훌륭한 공학자가 되기 위한 과학적 토의 및 토론의 규범과 태도를 정리하여 발표해 보자.

관련 학과 공학계열 전체
《청소년을 위한 나의 첫 토론 수업》, 홍진아, 슬로디미디어(2024)

[12과사02-03]

현대 예술 작품이나 건축물에 과학적 원리가 적용된 사례를 조사하고, 과학과 문화의 관련성을 추론할 수 있다.

건축공학자는 예술과 공학을 접목해 건축 작품의 안정성과 실용성을 보장하면서도 아름다움과 혁신을 담은 건축을 창조한다. 건축공학자는 시대의 흐름과 기술의 발전에 부응하여 현대 예술의 특징을 반영하고, 지속가능한 디자인, 혁신적 구조, 환경 친화적 재료 등을 활용하여 건축물을 설계한다. 건축공학자의 역할은 건축 작품을 예술적, 기능적, 기술적으로 완성도 높게 구현하는 데 있다. 건축공학자와 관련된 서적을 읽고, 건축공학자들의 커리어패스를 통해 그들이 현재의 직업을 갖기까지 어떤 일들을 거쳐 왔는지 발표해 보자.

관련 학과 건축공학과, 건축학과, 교통공학과, 금속공학과, 기계공학과, 도시공학과, 산업공학과, 신소재공학과, 에너지공학과, 전기공학과, 전자공학과, 정보통신공학과, 토목공학과, 환경공학과
《건축사, 건축공학기술자 어떻게 되었을까?》, 캠퍼스멘토, 캠퍼스멘토(2021)

[12과사02-04]

감염병이 사회에 영향을 미친 대표적인 사례를 찾고, 과학이 사회 문제 해결에 기여함을 인식할 수 있다.

감염병은 인류 역사 전반에 걸쳐 큰 영향을 미쳤다. 대표적으로 흑사병이 14세기 유럽을 강타하며 인구의 약 3분의 1이 사망했으며, 이는 사회적, 경제적 붕괴를 초래했다. 이후에도 콜레라, 독감, 에볼라, 최근의 COVID-19와 같은 감염병은 전 세계적으로 대규모 혼란을 일으켰다. 특히 COVID-19는 사회적 거리 두기, 봉쇄 정책, 의료 시스템의 과부하를 초래했으며, 경제적 충격과 공공 의료 시스템 강화를 촉발시켰다. 그러한 상황에서 공학 기술은 사회 문제 해결에 중대한 기여를 했다. 의료 분야에서는 공학 기술을 활용하여 백신, 진단 키트, 의료 기기를 신속히 개발했고, 정보통신기술을 활용한 원격 진료, 접촉 추적 앱 등이 활성화되었으며, 인공지능을 이용한 감염병 예측과 데이터 분석 기술은 공공보건 대응력을 높였다. 이를 바탕으로 '사회 문제를 해결한 공학 기술'이라는 주제로 논설문을 작성하여 발표해 보자.

관련 학과 공학계열 전체

《세계사를 바꾼 10가지 감염병》, 조 지무쇼, 서수지 역, 사람과나무사이(2021)

[12과사02-05]

과학기술이 교통수단의 발달에 미친 영향을 인식하고, 교통수단의 발전이 가져올 미래 사회의 변화를 예측할 수 있다.

공학 기술의 발전은 미래 사회에 놀라운 변화를 가져올 것으로 예측된다. 자율주행자동차는 운전자의 개입 없이 교통 흐름을 최적화하고 사고 발생률을 낮출 것이고, 전기차는 친환경 에너지를 사용해 대기 오염을 줄이며 환경 보호에 기여할 것이다. 드론과 하이퍼루프 기술은 물류 시스템의 혁신을 이끌어 배송 속도를 크게 단축하고, 도시와 농촌 간 경제적 격차를 줄이는 데 기여할 것이다. 또한 미래의 공학 기술은 교통수단의 혁신을 넘어, 우리 삶의 방식을 근본적으로 바꿀 것이다. 원격 근무와 학습이 보편화되고 하늘을 나는 택시와 드론 덕분에 출퇴근 시간이 단축될 것이며, 환경 문제에 대한 인식이 높아지면서 지속가능한 발전을 위한 기술적 노력도 더욱 강화될 것이다. 미래의 공학 기술 발전이 우리 사회에 미칠 영향을 심도 있게 분석하는 것은 매우 중요하다. 20년 후의 공학 기술이 가져올 변화를 예측하고, 우리가 맞이할 변화에 대해 소감문을 작성해 보자.

관련 학과 공학계열 전체

《스마트 모빌리티 지금 올라타라》, 모빌리티 강국 보고서, 매일경제신문사(2021)

[12과사02-06]

산업혁명 이후 나타난 과학기술이 인류 문명에 미친 긍정적 효과와 부정적 효과에 대해 토론할 수 있다.

산업혁명은 1760년대에 영국에서 시작되어 각지로 파급된 기계의 발명과 기술의 변화, 그리고 이로 인해 일어난 사회 및 경제 변화를 가리킨다. 기계화, 산업화, 전기화 등 혁신적인 발전으로 생산성이 향상되며 삶의 방식이 크게 달라졌다. 새로운 에너지원이 발견되고, 교통과 통신 수단이 발달하면서 지리적, 사회적 제약이 줄어들었다. 정보 기술의 발달로 전 세계의 정보 및 지식 공유가 쉬워져 교육과 연구의 효율성이 크게 향상되었다. 그러나 산업혁명은 노동 환경 악화, 환경 오염, 사회 불평등 등 부정적인 측면도 가져왔다. 산업혁명 이후 급속히 발달한 공학 기술이 사회에 미친 긍정적, 부정적 효과를 조사하고, '산업혁명이 현대 제조 공학에 미친 영향'을 주제로 보고서를 작성해 보자.

관련 학과 공학계열 전체

《4차산업혁명의 이해》, 4차산업혁명 융합법학회, 박영사(2024)

단원명 | 과학과 인류의 미래

| 🔍 | 과학기술, 문화적 변화, 예술 작품, 콘텐츠, 미디어, 과학 용어, 음악, 인공지능, 로봇, 심미적 가치, 인간과 기계, 사물, 기술 발전, 가상 현실, 증강 현실, 의사 결정

[12과사03-01] ● ● ●

과학기술의 발전을 통해 새롭게 나타난 문화적 변화를 찾아보고, 과학을 주제로 하는 예술 작품이나 콘텐츠를 제작하여 발표할 수 있다.

➡ 공학 기술의 발전은 문화적 변화를 이끌고 있다. 디지털 기술이 발전하면서 인터넷과 모바일 통신이 보편화되었고, 이를 통해 정보 접근이 쉬워졌을 뿐만 아니라, 미디어 콘텐츠의 생산과 공유도 급격히 증가했다. 특히 시각 예술과 음악 분야에서 디지털 기술이 중요한 역할을 하여, 창의성과 표현의 다양성이 확대되었다. 가상 현실과 증강 현실 같은 신기술이 등장하면서 예술과 엔터테인먼트의 형태도 변화를 겪었고, 이는 교육과 문화적 이해를 촉진하는 중요한 도구로 자리 잡았다. 공학 기술을 통해 새롭게 형성된 문화적 변화를 조사하고, '디지털 미디어 기술과 창작의 융합 사례 연구'를 주제로 보고서를 작성해 보자.

관련 학과 공학계열 전체

《미술관에 간 화학자》, 전창림, 어바웃어북(2013)

[12과사03-02] ● ● ●

일상생활이나 미디어에서 사용되는 과학 용어를 조사하고, 과학 용어가 우리 사회에 미치는 파급효과를 설명할 수 있다.

➡ 공학 기술 용어는 현대 사회에서 중요한 역할을 하며, 기술의 발전과 함께 우리의 일상과 사회 전반에 큰 영향을 미친다. 예를 들어, 인공지능, 빅데이터, 로봇공학, 클라우드 컴퓨팅과 같은 용어들은 최근 몇 년 동안 빠르게 확산되며, 다양한 분야에서 널리 사용되고 있다. 이 용어들은 단순한 개념을 넘어, 신기술이 우리 삶에 가져오는 변화를 반영한다. 인공지능과 빅데이터는 산업, 교육, 의료 등 여러 분야에서 혁신을 일으키고, 로봇공학과 클라우드 컴퓨팅은 생산성 향상과 효율적인 자원 활용에 있어 핵심적인 역할을 하고 있다. 관심 있는 공학 기술 용어를 선정하고, 그 용어의 뜻과 적용 사례를 PPT로 제작하여 발표해 보자.

관련 학과 공학계열 전체

《과학 용어 도감》, 미즈타니 준, 윤재 역, 초사흘달(2020)

[12과사03-03] ● ● ●

과학기술의 발전이 음악에 영향을 끼친 사례를 탐색하고 인공지능으로 음악을 창작하거나 로봇을 활용한 연주를 통해 과학의 심미적 가치를 느낄 수 있다.

➡ 인공지능은 인간 고유의 능력을 컴퓨터에서 구현해 보고자 시작되었으며, 학습과 문제해결 능력을 모방하는 컴퓨터 시스템 또는 소프트웨어를 가리킨다. 이 기술은 데이터 분석, 패턴 인식, 결정 제공 등을 통해 인간과 유사한 수준의 학습, 추론, 문제해결 능력을 구현하는 데 사용된다. 현재 인공지능은 음성 인식, 이미지 분석, 의료 진단, 자율주행자동차, 음악 창작 등 다양한 분야에서 혁신적인 응용이 이루어지고 있다. 인공지능 전문가와 관련된 서적을 읽고, 인공지능 전문가들의 커리어패스를 통해 그들이 현재의 직업을 갖기까지 어떤 과정을 거쳐 왔는지 발표해 보자.

관련 학과 소프트웨어공학과, 소프트웨어학과, 정보보안학과, 정보통신공학과, 컴퓨터공학과
《인공지능전문가 어떻게 되었을까?》, 박성권, 캠퍼스멘토(2020)

[12과사03-04] •••

인간과 기계, 사물 등을 연결하는 과학기술의 발전 동향을 파악하고 미래 사회의 변화를 예측할 수 있다.

→ 사물인터넷은 세상에 존재하는 다양한 사물들이 인터넷을 통해 상호 연결되어 새로운 서비스를 제공하는 기술을 말한다. 사물인터넷은 기존에 무선 인터넷이 가능했던 휴대전화나 컴퓨터 외에도 책상, 자동차, 가방, 반려동물 등 모든 사물과 연결되어 데이터를 주고받는다. 이로 인해 편리함과 효율성이 크게 증가했지만, 보안 취약성과 개인정보 보호 문제로 안전성에 대한 우려가 있다. 다양한 사물인터넷 장치를 조사한 후, 그 장단점을 분석하여 보고서를 작성해 보자.

관련 학과 교통공학과, 기계공학과, 메카트로닉스공학과, 소프트웨어공학과, 소프트웨어학과, 식품공학과, 자동차공학과, 전기공학과, 전자공학과, 정보보안학과, 정보통신공학과, 컴퓨터공학과

《사물인터넷 개론》, 서경환 외 3명, 배움터(2023)

[12과사03-05] •••

가상 현실이나 증강 현실을 활용한 우리 주변의 사례를 조사하고, 이러한 기술이 미래 사회에 미칠 수 있는 영향에 대해 토론할 수 있다.

→ 가상 현실과 증강 현실은 다양한 분야에서 빠르게 확산되고 있다. 게임과 엔터테인먼트 분야에서는 몰입감 있는 경험을 제공하고, 교육에서는 가상 실험이나 역사적 현장 체험을 통해 학습 효과를 높이고, 의료 분야에서는 가상 현실과 증강 현실이 수술 훈련, 진단, 치료에 활용되어 수술의 정확성과 효율성을 높인다. 제조와 건설에서는 증강 현실이 설계 및 생산 공정에서 실시간 정보를 제공하여 작업 효율을 높인다. 소비자 및 상업 분야에서는 증강 현실을 활용한 가상 쇼핑과 광고가 소비자 경험을 혁신적으로 변화시킨다. '가상 현실과 증강 현실이 스마트 제조 시스템에 미치는 영향'을 주제로 보고서를 작성해 보자.

관련 학과 공학계열 전체

《가상현실 증강현실의 미래》, 이길행 외 8명, 콘텐츠하다(2018)

[12과사03-06] •••

집단적 의사 결정을 통해 과학기술과 관련된 사회적 문제를 해결한 사례를 조사하여 과학기술에 대한 시민의 이해와 균형 있는 가치 판단의 필요성을 인식할 수 있다.

→ 2010년 칠레의 코피아포 광산 구조 작업은 공학 기술과 과학적 의사 결정이 중요한 역할을 한 대표적인 사례이다. 광산 붕괴로 지하 700m에 갇힌 33명의 광부를 구출하기 위해 전 세계의 전문가들이 협력했다. 최신 탐사 장비와 기술을 사용하여 광부들의 생존 위치를 확인했으며, 고성능 드릴과 특수 장비를 동원해 안전한 구조 통로를 만들었다. 이 구조 작업에서 중요한 것은 공학자와 구조 전문가의 협업으로 가장 안전하고 효율적인 구조 방안을 찾아냈다는 점이다. 여기에 각국에서 지원한 기술력과 자원이 더해져 성공적인 구조가 가능했다. 이 사례는 공학 기술과 과학적 분석이 실시간 위기 대응에서 어떤 역할을 하는지를 잘 보여 준다. 재난 상황에서 공학 기술이 어떻게 활용되고 어떤 결과를 가져왔는지를 구체적으로 분석한 후 보고서를 작성해 보자.

관련 학과 공학계열 전체

《데이터 과학》, 존 켈러허·브렌던 티어니, 권오성 역, 김영사(2019)

선택 과목	수능		절대평가	상대평가
융합 선택	X	**기후변화와 환경생태**	5단계	X

단원명 │ 기후와 환경생태의 특성

| 🔍 | 날씨, 기후, 기후시스템, 되먹임 과정, 생태지도

[12기환01-01] ● ● ●

날씨와 기후의 특성을 이해하고, 이를 비교하여 설명할 수 있다.

➡ 기상청에서 사용하는 슈퍼컴퓨터는 기상 예측 및 기후 모델링 같은 작업에 사용되는 고성능 컴퓨터 시스템이다. 막대한 양의 데이터를 처리하고 복잡한 계산을 수행하여 정확하고 상세한 기상 정보를 제공하는 데 중요한 역할을 한다. 초고속 프로세서와 대용량 메모리 등 고성능 하드웨어를 갖추고 있으며, 실시간으로 수집된 다양한 기상 센서 데이터와 위성 데이터, 레이더 정보를 신속하게 분석하여 정확한 예보와 모델링 결과를 도출해낸다. 복잡한 기상 모델링과 시뮬레이션 등 데이터 처리 과정에 대해 분석하는 탐구 활동을 해보자.

관련 학과 소프트웨어공학과, 소프트웨어학과, 정보보안학과, 컴퓨터공학과

《대기모델링, 자료동화, 그리고 예측가능성》, Eugenia Kalnay, 이승재 외 2명 역, 시그마프레스(2012)

[12기환01-02] ● ● ●

기후시스템이 유지되는 되먹임 과정을 이해하고 생물권과 다른 권역 간 상호작용을 설명할 수 있다.

➡ 기후변화는 인간 사회의 일상에 직접적인 영향을 끼치고 있다. 도시 계획자와 지역의 이해관계자들이 함께 만드는 도시 계획 및 설계 과정을 위한 툴킷에 대해 조사해 보자. 기후변화에 대응하기 위한 재생에너지 기술 개발과 도시 계획 및 인프라 구축을 위해 고려해야 할 내용에 대해 탐구 활동을 진행하자. 효율적인 에너지 활용을 위한 건축물 설계, 교통 및 녹지 공간 조성, 자연 소재를 활용한 생태 시스템 및 도시 계획 솔루션에 대해 탐구한 뒤 이상적인 미래형 도시에 대해 발표해 보자.

관련 학과 건축공학과, 건축학과, 교통공학과, 도시공학과, 에너지공학과, 환경공학과

《공학의 눈으로 미래를 설계하라》, 연세대학교 공과대학, 해냄출판사(2019)

[12기환01-03] ● ● ●

기후변화가 생태계와 우리의 생활환경에 영향을 미친 사례를 조사하여 발표할 수 있다.

➡ 재생에너지와 스마트 그리드 기술은 기후변화 및 탄소중립 문제 해결에 중요한 역할을 한다. 한 학기 또는 학년에 걸친 주제를 심화, 확장하여 탐구해 보자. 에너지 저장 시스템의 구축과 스마트 미러링 및 제어 시스템의 개발, 전력 수요 예측과 관리를 위한 네트워크 개발 등 탄소중립과 스마트 그리드와 관련된 다양한 주제로 확장하여 탐구 활동을 하자.

단원명 | 기후위기와 환경생태 변화

> | 🔎 | 기후위기, 융해와 열팽창, 극한 기상 현상, 미래 생태계 변화 예측 보고서, 꽃의 개화 시기, 기후변화, 물꽃 현상, 생물다양성, 곤충 매개 감염병

[12기환02-01] • • •

기후위기가 일어나는 주요 원인을 이해하고, 기후위기의 심각성을 인식할 수 있다.

➡ 우리나라도 지구온난화의 영향으로 기후가 빠르게 변하고 있다. 기상청에서 운영하는 기후 및 환경 데이터를 제공하는 웹사이트인 기상자료개방포털(data.kma.go.kr)을 통해 다양한 한반도 기후 통계 자료를 조사해 보자. 기후통계분석 카테고리에 있는 여러 자료를 분석하여 기후변화 경향성에 대해 수리학적 관계식을 도출해 보자. 이를 분석하여 미래 건축공학의 변화 양상과 인간 활동에 필요한 에너지 사용의 변화에 대해 탐구해 보자.

관련 학과 건축공학과, 건축학과, 에너지공학과, 환경공학과

《제로 에너지 건축물과 BIPV》, 박성진 외 7명, 신구문화사(2023)

[12기환02-02] • • •

빙상의 융해와 열팽창으로 인한 해수면 상승을 기후변화와 연계하여 설명할 수 있다.

➡ 최근 동해에 해파리 떼가 출현해 사람을 위협하고 어장까지 황폐화하고 있다. 해파리의 대량 발생 주기는 50년 정도였으나 근래 2~3년으로 짧아졌고, 출몰하는 기간도 길어지고 있다. 전문가들은 해파리가 한반도 연근해에 급증한 원인으로 지구온난화로 인한 수온 상승과 해양 환경의 변화를 꼽는다. 기후변화에 관한 정부 간 협의체(IPSS)의 6차 보고서에 따르면 2100년까지 해수면의 온도가 최근 20년과 비교해 최대 4.8℃ 상승하고, 해수면이 약 81㎝ 높아질 것이라고 한다. 해수면의 온도와 높이의 상관관계에 대해 분석해 보자.

관련 학과 조선해양공학과, 환경공학과

《물리해양학》, John A. Knauss·Newell Garfield, 조양기 외 3명 역, 시그마프레스(2019)

[12기환02-03] • • •

극한 기상 현상의 종류와 원인을 이해하고 극한 기상 현상이 환경생태에 미친 영향을 사례를 들어 설명할 수 있다.

➡ 극한 기상 현상은 재난 관리, 안전 대응 방법에 영향을 미칠 수 있다. 극한 기상 현상의 예보 및 경보 시스템에 대해 조사하고 신속히 예보할 수 있는 방법에 대해 토의해 보자. 그리고 기상 관측 장비와 센서를 이용한 실시간 기상 데이터의 수집, 기상 요소들의 통계적 모델링과 컴퓨터 알고리즘을 사용한 데이터 처리와 해석 방법에 대해 파악해 보자. 추후 활동으로 신속한 날씨 예보 시스템의 원리에 대해 탐구해 보자.

관련 학과 소프트웨어공학과, 소프트웨어학과, 정보통신공학과, 제어계측공학과, 컴퓨터공학과, 환경공학과

《기상분석과 일기예보》, 홍성길, 교학연구사(2013)

국어 교과군

영어 교과군

수학 교과군

과학 교과군

사회 교과군

부록 교과군

[12기환02-04]

기후변화 시나리오에 따른 미래 생태계 변화 예측 보고서를 찾아보고, 미래의 기후와 생태계의 변화 양상을 추론할 수 있다.

➡ '밀란코비치 이론'은 지구의 공전 및 자전 운동의 변화에 따라 지구의 기후 패턴이 변화한다는 이론이다. 약 10만 년을 주기로 찾아오는 빙하기에 대해 지구 공전 궤도의 변화와 밀란코비치 이론을 근거로 기후 예측 탐구 보고서를 작성해 보자. 태양 복사 에너지의 양과 분포, 밀란코비치 이론을 근거로 한 기후변화 주기의 패턴에 대해 이해한 후, 수학적 계산 과정을 통해 태양 에너지 발전량과 건축의 연관성에 대해 발표해 보자.

관련 학과 건축공학과, 건축학과, 도시공학과, 에너지공학과

기후변화 과학

Teruyuki Nakajima·
Eiichi Tajika, 현상민 역,
씨아이알(2020)

책 소개

최근 우리 삶에 다가온 가장 중요한 키워드는 단연코 '기후위기'이다. 이 책은 최근의 기후위기를 잘 이해하고자 하는 목적에서 기후변화의 궁극적 원인에 대해 다루고 있다. 지구 관측에서 얻어낸 풍부한 데이터와 슈퍼컴퓨터를 활용한 대규모 기후 모델을 통해 지구온난화에 대한 연구가 어떻게 수행되고 있는지를 보여 준다.

세특 예시

기후변화에 따른 생태계의 변화 양상에 대해 학습하고, 단원연계 독서 활동으로 '기후변화 과학(Teruyuki Nakajima 외)'을 선정하여 읽음. 독서 활동과 매체 자료를 활용하여 기후에 영향을 미치는 물리 법칙과 온실효과, 양산효과에 따른 21세기 기후 예측에 대해 분석함. 또한 지구의 공전 및 자전 운동의 변화에 따라 지구의 기후 패턴이 변화한다는 밀란코비치 이론과 지구 궤도 요소 변화, 하인리히 이벤트에 대해 조사함. 이후 지구의 기후 패턴의 변화에 대한 수학적 해석을 하였으며, 이를 적용한 차세대 기후 모델과 기후 예측 프로그램에 대해 발표함.

[12기환02-05]

꽃의 개화 시기 변화 자료를 조사하고, 꽃의 개화 시기 변화가 우리 생활에 끼치는 영향을 추론할 수 있다.

➡ 도시 설계에서 도시 경관을 관리하고, 도시 공간을 충분히 확보하고 서로 연결하여 도시를 건축하는 것은 중요한 과제다. 도시의 녹지 공간은 자연적인 환경을 조성하고 도시 내의 생태계를 지원하는 역할을 한다. 또한 개화 시기를 고려하여 식물의 종류와 정원 구성 요소를 선택하면 도시의 시각적인 아름다움을 더할 수 있다. 꽃의 개화 시기 변화 자료를 조사한 뒤, 앞으로의 도시 경관, 도시 공간, 도시 건축의 방향성에 대해 탐구하여 발표해 보자.

관련 학과 건축공학과, 건축학과, 도시공학과, 환경공학과

《도시생태 및 녹지계획》, 조현길, 문운당(2022)

[12기환02-06]

꿀벌을 비롯한 곤충의 개체 수 감소 원인을 기후변화와 연계하여 설명할 수 있다.

➲ 기후변화에 따른 꿀벌이나 곤충 개체 수의 감소는 생태계에 큰 위험 요소다. 곤충 개체의 서식지나 이동 패턴, 번식 활동 등을 실시간으로 모니터링하는 자동화 시스템 개발 방법에 대해 토의해 보자. 곤충들의 서식지나 이동 패턴을 감지하는 센서와 데이터 수집 및 분석 방법, 머신러닝 알고리즘을 활용하는 방법에 대해 탐구해 보자.

관련 학과 생명공학과, 소프트웨어공학과, 소프트웨어학과, 정보통신공학과, 컴퓨터공학과, 환경공학과

《마스터 알고리즘》, 페드로 도밍고스, 강형진 역, 비즈니스북스(2016)

[12기환02-07]   • • •

수생태계의 물꽃 현상을 이해하고, 기후변화가 수생태계의 생물다양성에 끼치는 영향을 추론할 수 있다.

➲ 수생태계 환경에서 발생하는 물질 및 환경 요소들을 실시간으로 모니터링하는 자동화 시스템에 대해 조사할 수 있다. 물속의 pH와 산소 포화도에 대한 실시간 감시와 데이터 수집을 통해 유해 물질의 유입에 대해 분석하고, 기후 요인과 수질 조건, 유입량 등 다양한 변수들 간의 상관관계를 종합할 수 있는 알고리즘 구축 방법에 대해 탐구해 보자. 후속 활동으로 정보를 활용하여 수생태계의 변화와 생태학적 영향의 관계, 그리고 생물다양성 증진과 생태학적 균형 회복에 도움을 줄 수 있는 여러 방법(자연 복원 방법, 인공 서식지 설치 등)에 대해 탐구해 보자.

관련 학과 도시공학과, 생명공학과, 소프트웨어공학과, 소프트웨어학과, 정보통신공학과, 컴퓨터공학과, 화학공학과, 환경공학과

《실시간 모니터링 시스템을 만들며 정복하는 MEVN》, 주홍철, 비제이퍼블릭(2021)

[12기환02-08]   • • •

모기나 파리와 같은 곤충 매개 감염병이 새롭게 출현하거나 급격히 확산되는 현상을 기후변화와 연계하여 설명할 수 있다.

➲ 기후변화로 인해 곤충 벡터의 분포와 확산이 변동하는 상황을 모니터링하는 데 사물인터넷(IoT) 기술이 이용될 수 있다. 센서 네트워크와 데이터 통신 기술을 활용하여 곤충의 위치, 개체 수, 이동 경로 등 실시간 벡터의 동태를 모니터링할 수 있는 시스템을 구상해 보자. 또한 날개 진동이나 소리와 같은 곤충들의 생체 신호를 측정하고 처리하는 전자회로나 신호 처리 알고리즘에 대해 탐구해 보자. 이를 통해 곤충 벡터의 행동 패턴이나 군집 형성 유무, 병원체로서 감염 여부 등에 대한 정보를 수집하고, 수집된 정보를 분석하여 감염병 예방 및 대응 전략에 활용할 수 있는 방안에 대해 토의해 보자.

관련 학과 생명공학과, 소프트웨어공학과, 소프트웨어학과, 전자공학과, 정보통신공학과, 컴퓨터공학과, 환경공학과

《데이터 과학을 활용한 통계》, Chester Ismay·Albert Y. Kim, 양승훈 역, 자유아카데미(2023)

단원명 | 기후위기에 대응하는 우리의 노력

🔍 백화현상, 해양생태계, 바다 사막화, 탄소중립 사회, 탄소 저감 과학기술

[12기환03-01]   • • •

산호의 멸종으로 인한 백화현상의 예를 통해 기후변화가 해양생태계에 미치는 영향을 살펴보고, 바다 사막화를 예방하거나 복원할 수 있는 과학기술의 사례를 제시할 수 있다.

➲ 해양 재생에너지 기술은 바다 사막화를 예방하거나 복원할 수 있는 과학기술 중 하나이다. 해상 풍력 발전 및 파력 발전과 같은 신재생 에너지 시스템을 도입하여 바다 생태계를 보존하거나 탄소 배출량을 감소하는 데 기

여할 수 있다. 해수 환경 모니터링 시스템의 구축 방안에 대해서도 조사해 보자. 또한 해수 중 플라스틱 분해와 회수 시스템, 정화 설비의 설치, 해양 쓰레기 처리 및 재활용 기술 등 다양한 해양 쓰레기 관리 기술에 대해 탐구하여, 바다 사막화를 예방하거나 복원할 수 있는 과학기술에 대해 발표해 보자.

관련 학과 건축공학과, 건축학과, 기계공학과, 메카트로닉스공학과, 에너지공학과, 정보통신공학과, 제어계측공학과, 화학공학과, 환경공학과

《**해양환경공학**》, 한국해양환경공학회·에너지학회, 동화기술(2018)

[12기환03-02] ● ● ●

기후변화에 따라 가속화되는 사막화, 대형산불, 지역적 가뭄과 홍수 등을 이해하고, 이를 극복하기 위한 인류의 노력에 대해 토의할 수 있다.

➔ 각종 재해 발생 시 발령되는 경보 시스템은 조기 경보 및 대응을 위해 설계된 것이다. 이러한 경보 시스템은 다양한 센서, 데이터 수집 및 분석 기술을 활용해 위험 상황을 모니터링하고 관련 정보를 전달하는 원리로 작동한다. 자연재해의 초기 징후를 탐지하고 예측함으로써 인명 피해와 재산 손실을 최소화하는 데 도움을 주는 통신 시스템의 원리에 대해 탐구해 보자.

관련 학과 전자공학과, 정보통신공학과, 제어계측공학과, 컴퓨터공학과

《**국가 위기관리와 긴급재난경보**》, 이연, 박영사(2022)

[12기환03-03] ● ● ●

탄소중립 사회를 이루기 위한 탄소 저감 관련 과학기술 개발 현황을 알아보고, 이의 적용 사례를 제시할 수 있다.

➔ 기후변화에 지속적으로 대비하기 위해서는 기온 상승의 원인이 되는 온실기체(이산화탄소, 메테인 등)의 배출량을 줄여 기후변화를 완화시켜야 한다. 이산화탄소, 메테인 등이 많이 배출되는 산업을 파악해 보자. 또한 이산화탄소의 배출 억제, 분리, 포집 및 저장 기술에 대해 조사하고, 개발 방법과 상용화하기 위한 공정 과정에 대해 탐구해 보자.

관련 학과 기계공학과, 메카트로닉스공학과, 산업공학과, 화학공학과, 환경공학과

《**액상흡수제를 이용한 연소배가스 중의 이산화탄소 포집공정의 설계**》, 조정호 외 5명, 아진(2016)

[12기환03-04] ● ● ●

기후위기와 환경생태 변화에 대응하기 위한 국제사회의 노력을 알아보고, 민주시민으로서 참여 방안을 제안할 수 있다.

➔ 기후위기와 환경생태 변화에 대응하기 위한 친환경 건축과 도시 계획에 대해 탐구해 보자. 환경 친화적인 건축과 도시 계획은 도시 개발 및 인프라 구축에 중요한 역할을 한다. 저탄소 건축, 친환경 교통 시스템, 자율주행 기술 및 대중교통 시스템의 개선, 그린 인프라 등 도시의 지속가능성을 증진시키는 연구와 기술에 대해 조사해 보자. 이를 바탕으로 친환경 기술과 솔루션에 대한 탐구 보고서를 작성하자.

관련 학과 건축공학과, 건축학과, 교통공학과, 도시공학과, 에너지공학과, 자동차공학과, 전자공학과, 환경공학과

《**친환경미래도시와 건축의 발전된 건축물**》, 에코탑월드북 편집부, 에코탑월드북(2024)

선택 과목	수능	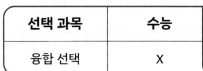	절대평가	상대평가
융합 선택	X		5단계	X

단원명 | 융합과학 탐구의 이해

| 🔍 | 인류 사회, 문제해결, 융합적 탐구, 예술, 창작, 탐구 과정, 데이터의 종류와 가치, 지식의 창출

[12융탐01-01] ● ● ●

과학이 다양한 분야와 연계하여 인류 사회의 문제해결에 기여하였음을 이해하고, 융합적 탐구의 유용성을 느낄 수 있다.

➡ 공학은 전자공학, 기계공학, 화학공학 등 다양한 분야와 연계하여 환경 문제를 해결하는 데 기여하며, 이러한 협력은 복잡한 문제에 대한 효과적인 해결책을 찾는 데 중요한 역할을 한다. 공학과 사회 전반에 대한 융합적 탐구를 통해 공학의 윤리적 측면과 사회적 영향을 이해할 수 있다. 지속가능한 에너지원 개발, 대기 및 수질 오염 제어 기술은 공학이 환경 문제 해결에 기여한 대표적인 사례이다. 공학이 다양한 분야와 협력하여 인류 사회의 문제를 해결한 사례를 조사하고, 그 과정에서 공학적 결정이 사회에 미친 영향에 대해 토론해 보자.
관련 학과 공학계열 전체

《문과 남자의 과학 공부》, 유시민, 돌베개(2023)

[12융탐01-02] ● ● ●

예술에서의 창작이나 사회과학적 탐구 과정을 이해하고, 과학적 탐구 과정과의 공통점과 차이점을 비교할 수 있다.

➡ 공학적 탐구 과정은 기계공학, 전자공학, 소프트웨어공학 등 다양한 기술 분야에서 이루어진다. 설계 및 기술적 문제를 다루며, 실험과 데이터 분석을 통해 최적의 해결책을 찾고 신기술을 개발한다. 창작은 주로 제품 설계와 사용자 경험을 고려하는 과정에서 나타나며, 산업 디자인, 건축 설계, 사용자 인터페이스 및 사용자 경험 설계 등이 이에 해당한다. 한편 사회과학적 탐구는 공학 기술의 사회적 영향과 사용자의 요구를 분석하며, 그 결과는 기술 실용화 및 정책 수립에 중요한 기여를 한다. 공학 기술의 발전 과정에서 예술적 창작과 사회과학적 분석이 기술 개발 및 실용화에 어떻게 영향을 미치는지 조사하고, 이를 바탕으로 발표해 보자.
관련 학과 공학계열 전체

《과학을 보다》, 김범준 외 3명, 알파미디어(2023)

[12융탐01-03] ● ● ●

과학적 탐구 과정에서 사용되는 다양한 데이터의 종류를 이해하고, 지식의 창출 과정에서 데이터의 가치와 중요성을 인식할 수 있다.

➡️ 과학적 탐구는 공학적 문제해결을 위해 다양한 데이터를 활용하는 과정이다. 여기에는 실험 데이터, 시뮬레이션 결과, 기계 설계 도면, 전자회로 시뮬레이션, 열역학 분석 자료, 구조적 테스트 결과 등이 포함된다. 공학적 탐구 과정에서 데이터의 가치는 매우 크며, 설계 초기부터 테스트 및 개선 단계까지 기술 개발 전반에서 의사결정에 중요한 역할을 한다. 데이터를 분석함으로써 설계 오류를 발견하거나 제품 성능을 향상시킬 수 있는 새로운 방법을 도출할 수 있다. 다양한 데이터를 공학적 문제 해결 과정에서 어떻게 활용하고, 이를 통해 새로운 지식을 창출하는지 조사하여 '실험 데이터를 활용한 신소재 개발 연구'를 주제로 보고서를 작성해 보자.

관련 학과 공학계열 전체

《**지속가능한 미래를 위한 기후변화 데이터북**》, 박훈, 사회평론아카데미(2021)

[12융탐01-04] • • •

인공지능을 포함한 디지털 탐구 도구나 기술의 활용 사례를 조사하고, 과학적 탐구 과정에서 디지털 탐구 도구와 기술 활용의 의의를 평가할 수 있다.

➡️ 컴퓨터 시뮬레이션, CAD 소프트웨어, 머신러닝 알고리즘, 빅데이터 등의 디지털 탐구 도구는 공학 연구와 기술 개발에 새로운 가능성을 열어 주고 있다. 기계공학에서는 재료 분석을 통해 구조물의 응력 분포를 시뮬레이션하고, 전자공학에서는 회로 설계 소프트웨어로 회로 성능을 가상으로 테스트할 수 있다. 빅데이터 분석 도구는 내규모 데이터를 처리해 최적화된 설계 방안을 도출하는 데 도움을 준다. 가상 현실 기술은 복잡한 공학 시스템을 시각화하거나 가상 환경에서 테스트하는 데 유용하다. 항공우주공학에서는 가상 현실로 항공기 조종석 환경을 시뮬레이션하고, 자동차공학에서는 자율주행차의 도로 주행 상황을 가상 환경에서 테스트할 수 있다. 온라인 협업 도구는 전 세계 공학 연구자들 간의 협력을 촉진해 글로벌 기술 개발에 기여한다. 이처럼 다양한 디지털 도구와 기술이 공학 연구에 혁신을 어떻게 가져오는지 조사하고, 구체적 활용 사례를 분석하여 발표해 보자.

관련 학과 공학계열 전체

《**디지털 교육 트렌드 리포트 2024**》, 박기현 외 12명, 테크빌교육(2023)

단원명 │ 융합과학 탐구의 과정

🔍 관찰, 경험, 데이터, 탐구 문제, 모형, 고안, 문제해결, 탐구 도구, 데이터 수집, 타당성, 신뢰성, 시각 자료, 평균, 표준편차, 가설, 분석 결과, 결론 도출, 발표, 토론

[12융탐02-01] • • •

실생활에서 관찰이나 경험을 통해 직접 얻은 데이터나 공개된 데이터를 가공하여 융합적 탐구 문제를 스스로 발견할 수 있다.

➡️ 공학 분야에서 실생활 데이터를 활용한 융합적 탐구는 중요한 연구 방식이다. 관찰이나 경험을 통해 얻은 데이터를 바탕으로 문제를 정의하고, 이를 해결하는 과정에서 신기술을 개발하거나 시스템을 최적화하는 것이 데이터 과학의 핵심이다. 에너지공학에서는 스마트 가전의 에너지 사용 데이터를 분석해 가정에서 에너지 효율을 극대화할 수 있는 방법을 연구하고, 교통공학에서는 도시 내 교통 흐름 데이터를 분석해 교통 체증을 줄일 수 있는 최적의 신호 체계와 도로 설계를 개발한다. 이러한 데이터 기반 연구는 스마트 도시, 친환경 기술 등 다양한 공학 분야에 적용될 수 있다. 데이터 과학자들은 정부의 공개 데이터, 센서 데이터, 사용자 피드백 등을

바탕으로 환경, 에너지, 교통 등의 문제를 해결하는 데 기여하고 있다. 다양한 융합적 탐구 문제를 발견하고 해결하는 데이터 과학자들의 연구 방법과 사례를 조사하여 발표해 보자.

관련 학과 공학계열 전체

《데이터 과학자의 일》, 박준석 외 10명, 휴머니스트(2021)

[12융탐02-02] ● ● ●

융합적 탐구 문제해결을 위한 가설이나 모형을 고안하고, 문제를 해결할 수 있는 방법이나 절차 등을 설계할 수 있다.

➡️ 도시를 중심으로 한 공학적 탐구는 다양한 문제해결에 도움을 줄 수 있다. 일례로 스마트 도시 개발과 관련해 '스마트 교통 시스템 도입이 도시의 교통 혼잡을 줄이고 에너지 효율을 높일 수 있다'라는 가설을 세우고, 이를 검증하기 위해 시뮬레이션을 통해 교통 데이터를 분석하고, 도시의 교통 혼잡 완화 효과와 에너지 소비량 변화를 측정하는 방법과 절차를 설계할 수 있다. 그리고 자율주행 차량 및 교통 신호 시스템의 통합, 대중교통과의 연계성 강화, 실시간 교통 모니터링 및 데이터 분석을 통한 교통 흐름 최적화 등의 해결책을 제안할 수 있다. '스마트 도시 개발이 교통 기술 발전에 미치는 영향'을 주제로 보고서를 작성해 보자.

관련 학과 공학계열 전체

《시그널 코리아 2024》, 이규연 외 14명, 광문각출판미디어(2023)

[12융탐02-03] ● ● ●

디지털 탐구 도구를 포함한 다양한 도구를 활용하여 데이터를 수집하고, 수집한 데이터의 타당성과 신뢰성을 평가할 수 있다.

➡️ 공학에서 디지털 탐구 도구는 연구와 문제해결을 지원하는 데 사용되는 디지털 도구와 소프트웨어를 말한다. 스프레드시트 프로그램은 데이터를 수집, 정리하고 분석하는 데 유용한 도구다. 이를 통해 데이터를 시각적으로 표현할 수 있으며, 통계 분석을 통해 문제해결에 필요한 유의미한 정보를 도출할 수 있다. 일례로 지역의 에너지 소비량이나 교통 흐름 데이터를 스프레드시트를 이용해 체계적으로 수집하고 분석할 수 있는 것이다. 관심 있는 분야의 자료를 수집하고, 수집한 데이터를 기반으로 타당성과 신뢰성에 대해서 토론해 보자.

관련 학과 공학계열 전체

《엑셀 데이터 분석 바이블》, 최준선, 한빛미디어(2021)

[12융탐02-04] ● ● ●

융합적 탐구 과정을 통해 얻은 데이터를 탐구 목적이나 맥락에 맞게 시각 자료로 표현할 수 있다.

➡️ 복잡한 데이터를 시각적 형태로 변환하는 데이터 시각화는 공학 연구에서 탐구 목적에 맞는 인사이트를 도출하고, 결과를 효과적으로 표현하는 데 유용하게 쓰인다. 화학공학에서는 '화학 반응 속도와 온도의 상관관계'에 대한 데이터를 수집하고, 이를 그래프와 차트로 시각화할 수 있고, 생명공학에서는 '유전자 발현 분석을 통한 특정 질병 발생률 예측'이라는 주제로 데이터를 수집한 후 시각 자료로 구성할 수 있다. 그래프와 차트, 색상 배합, 레이아웃 배치, 시간 축 시각화 등의 방법을 활용하여 데이터를 시각화한 후, 이를 인터넷 공유 사이트에 게시하여 결과를 전시해 보자.

관련 학과 공학계열 전체

《엑셀 기초와 데이터 시각화》, 유현배, 홍릉(2023)

국어 교과군

영어 교과군

수학 교과군

도덕 교과군

사회 교과군

과학 교과군

[12융탐02-05]

평균, 표준편차 등을 바탕으로 데이터의 특성을 파악하고, 이를 토대로 가설이나 모형을 평가할 수 있다.

데이터 분석의 기초인 평균과 표준편차를 활용하여 공학 데이터의 특성을 파악하고, 이를 바탕으로 가설이나 모형을 평가한다. 다양한 공학 데이터셋을 수집하여 평균, 중앙값, 표준편차 등의 기초 통계량을 계산하고, 데이터의 분포와 특성을 분석한다. 그런 다음, 이러한 통계량을 활용하여 특정 공학적 가설을 설정하고 이를 검증하는 과정에 대해 연구한다. 예를 들어, 특정 재료의 강도가 온도 변화에 따라 어떻게 달라지는지 분석하거나, 특정 공정이 제품의 품질에 미치는 영향을 평가하는 모형을 구축할 수 있다. 이러한 분석을 통해 얻은 결과를 바탕으로 모형의 적합성을 평가하고, 이를 개선하기 위한 방법을 모색한다. 또한 데이터 분석 결과의 신뢰성을 높이기 위한 다양한 통계 기법과 그 응용 방법을 학습하여 실제 공학 문제에 적용해 보는 경험을 쌓는다. 이를 통해 공학 데이터 분석의 중요성과 그 응용 가능성을 이해하고, 실제 공학 문제해결에 필요한 통계적 사고 능력을 기른다. 관심 있는 공학 분야에서 사용되는 평균이나 표준편차 등의 데이터를 조사한 후, '평균 및 표준편차를 활용한 공학 연구'를 주제로 보고서를 작성해 보자.

`관련 학과` 공학계열 전체

《통계학 대백과 사전》, 이시이 도시아키, 안동현 역, 동양북스(2022)

[12융탐02-06]

데이터 분석 결과를 바탕으로 결론을 도출하고 평가할 수 있다.

지속가능한 기술 개발을 주제로 연구 활동을 진행하려면, 먼저 공학적 데이터셋을 수집하고 이를 체계적으로 분석해야 한다. 예를 들어, 새로운 재료나 공정이 환경에 미치는 영향을 평가하는 연구를 수행할 수 있다. 먼저 데이터의 평균, 중앙값, 표준편차 등 기초 통계량을 계산하고, 시각화를 통해 데이터의 특성을 파악한다. '친환경 소재가 기존 소재보다 내구성이 높다'와 같은 구체적인 가설을 설정한 뒤, 통계적 기법을 적용해 데이터를 분석하고, 분석 결과를 바탕으로 가설을 검증한 후 결론을 도출한다. 이때 분석 과정에서 발생할 수 있는 오차나 한계를 고려하여 결과의 신뢰성을 평가하고, 이를 보완할 수 있는 개선 방안을 제시한다. 지속가능한 기술 개발과 관련된 주제를 선정하여 데이터를 수집하고, 그 결과를 시각 자료나 영상으로 제작하여 발표해 보자.

`관련 학과` 공학계열 전체

《교과세특 탐구활동 솔루션》, 한승배 외 2명, 캠퍼스멘토(2023)

[12융탐02-07]

다양한 표현 방법을 활용하여 융합적 탐구 문제, 과정, 결과, 결론 등을 효과적으로 발표하고 토론할 수 있다.

전자공학이나 전기공학과 관련된 융합적 탐구 문제를 해결하기 위해 '에너지 효율을 높이는 스마트 그리드 시스템의 효과 평가'를 주제로 탐구할 수 있다. 먼저, 전력 소비량, 전력 손실, 재생에너지 사용 비율, 전력망 안정성 등의 데이터를 수집한다. 이 데이터를 바탕으로 스마트 그리드 시스템 도입이 전력 소비 감소, 재생에너지 활용 증대, 전력망 효율성 개선에 미치는 영향을 분석한다. 탐구 과정에서는 수집한 데이터를 분석하고, 그래프와 차트 등의 시각 자료를 활용해 데이터를 명확하게 시각화한다. 분석 결과를 중심으로 스마트 그리드 시스템이 에너지 효율 향상과 전력망 안정성에 어떤 영향을 미치는지 분석하여 보고서를 작성해 보자.

`관련 학과` 금속공학과, 기계공학과, 도시공학과, 메카트로닉스공학과, 반도체공학과, 산업공학과, 소프트웨어공학과, 소프트웨어학과, 에너지공학과, 자동차공학과, 전기공학과, 전자공학과

《알기 쉬운 기술과 공학 이해》, 김중호·권대규, 두남(2024)

단원명 | 융합과학 탐구의 전망

🔍 과학기술, 미래 사회, 융합과학기술, 인류의 난제, 탐구 윤리, 윤리적 쟁점, 사회문제 해결

[12융탐03-01] ● ● ●

과학기술의 변화와 발전을 고려하여 미래 사회에 등장할 새로운 융합과학기술을 예측할 수 있다.

➡ 과학기술의 발전으로 새롭게 등장한 융합 기술 중 하나는 전자공학과 재생에너지 기술이 결합된 스마트 그리드 시스템이다. 이 기술은 태양광, 풍력 등 재생에너지를 효율적으로 저장하고 배분하는 에너지 관리 시스템으로, 에너지 효율을 크게 향상시키는 데 중요한 역할을 한다. 또한 3D 프린팅과 인공지능의 결합은 개인 맞춤형 의료 기기 제조에 혁신을 가져왔으며, 나노 기술을 의료 분야에 적용한 나노 의학은 진단 및 치료 기술이 비약적으로 발전하고 있다. 관심 있는 공학 분야에서 연구·개발 중인 융합과학기술을 조사하고, 그 발전 가능성을 분석하여 보고서를 작성해 보자.

관련 학과 공학계열 전체

《**세상을 바꿀 미래기술 12가지**》, 한국현, 위키북스(2023)

[12융탐03-02] ● ● ●

오늘날 인류가 겪고 있는 난제를 융합과학기술을 활용하여 해결할 수 있는 방안에 대해 토의할 수 있다.

➡ 오늘날 인류가 겪고 있는 난제 중 가장 심각한 것은 지구온난화로 인한 기후변화이다. 이로 인해 해수면 상승, 극지방의 생태계 변화, 자연재해의 증가, 농작물 생산량 감소 등의 문제가 발생하고 있다. 이는 전 세계적인 협력과 대책 수립이 필요한 긴급한 문제이다. 지속가능한 에너지 소비, 친환경 기술 개발, 산업구조 변화, 그리고 기후변화에 적응할 수 있는 정책과 협력이 필요하다. 기후변화 문제를 해결하기 위해, 현재 개발된 제품 중 하나를 골라 지속가능한 방향으로 변경시키는 방법을 고안한 후 제품 설계도를 제작하여 발표해 보자.

관련 학과 금속공학과, 기계공학과, 반도체공학과, 산업공학과, 생명공학과, 식품공학과, 신소재공학과, 에너지공학과, 자동차공학과, 전자공학과, 컴퓨터공학과, 토목공학과, 항공우주공학과, 화학공학과

《**기후변화 쫌 아는 10대**》, 이지유, 풀빛(2020)

[12융탐03-03] ● ● ●

융합과학 탐구 과정에서 준수해야 할 윤리에 대해 알아보고, 과학기술의 발달에 따라 발생할 수 있는 윤리적 쟁점을 토론할 수 있다.

➡ 융합과학의 탐구 과정에서 윤리는 중요한 부분이고, 과학적 탐구와 기술 개발 시에는 환경, 안전, 인권, 도덕 등의 윤리적 책임이 고려되어야 한다. 기술이 사회에 미치는 영향을 평가하고 개발된 기술이 공정하고 평등한 이익을 가져올 수 있도록 해야 한다. 데이터 사용 시에는 프라이버시를 보호하고 데이터 무단 사용을 방지하기 위해 윤리적인 지침을 준수해야 하고, 다양한 분야의 전문가, 규제 기관, 윤리위원회와 협력하여 탐구 과정에서 윤리적 문제를 신중하게 고려해야 한다. 인간의 소비 방식을 중심으로 과학기술이 발달하면서 발생할 수 있는 윤리적 쟁점을 조사하여 발표해 보자.

관련 학과 공학계열 전체

《**착한 소비는 없다**》, 최원형, 자연과생태(2020)

국어 교과군

영어 교과군

수학 교과군

도덕 교과군

사회 교과군

과학 교과군

[12융탐03-04]

융합과학기술을 활용하여 사회문제를 해결하는 과정에서 시민참여가 문제해결에 도움을 준 사례를 제시할 수 있다.

● ● ●

'시민 과학'은 전문적 과학 인력이 아닌 일반인의 참여로 행해지는 과학 활동을 말하며, 일반인이 연구 프로젝트에 참여하여 데이터를 수집하거나 분석하는 데 기여한다. 이 과정에 융합과학기술이 활용되는데, 일례로 스마트폰 앱을 활용한 환경 모니터링이 있다. 시민들이 스마트폰 앱을 통해 대기 오염, 수질, 기후 등의 데이터를 수집하고, 수집된 데이터는 환경 문제를 분석·파악하는 데 활용된다. 이렇듯 시민 참여를 통해 대량의 데이터를 수집하고 과학적인 분석에 활용함으로써, 환경 문제에 대한 해결책을 모색할 수 있는 것이다. 시민 참여형 도시 개발 프로젝트를 진행하기 위해, 시민들의 의견을 수렴하고 이를 도시 계획에 반영하는 과정을 구상하여 '도시 계획에서 빅데이터와 AI를 활용한 시민 과학 사례 연구'를 주제로 보고서를 작성해 보자.

관련 학과 건축공학과, 건축학과, 교통공학과, 도시공학과, 산업공학과, 에너지공학과, 정보통신공학과, 토목공학과, 화학공학과, 환경공학과

《도시를 움직이는 모든 것들의 과학》, 로리 윙클리스, 이재경 역, 반니(2020)

교과세특 탐구주제 바이블 _공학계열(2022 개정 교육과정 적용)

1판 1쇄 찍음   2025년 2월 3일

출판   (주)캠토
저자   이남설·김래홍·허정욱·전소영·고재현·은동현·강서희·김강석·한승배·서수환·
유홍규·안병선·안준범

총괄기획   이사라 (lsr@camtor.co.kr)
디자인   Gem
R&D   오승훈·민하늘·박민아·최미화·강덕우·송지원·국희진·양채림·윤혜원·송나래·황건주
미디어사업   이동준
교육사업   문태준·박홍수·정훈모·송정민·변민혜
브랜드사업   윤영재·박선경·이경태·신숙진·이동훈·김지수·조용근·김연정
경영지원   김동욱·지재우·임철규·최영혜·이석기·노경희
발행인   안광배

주소   서울시 서초구 강남대로 557(잠원동, 성한빌딩) 9F
출판등록   제 2012-000207
구입문의   (02) 333-5966
팩스   (02) 3785-0901
홈페이지   www.campusmentor.co.kr (교구몰)

ISBN 979-11-92382-45-6
ISBN 979-11-92382-41-8 (세트)